2012

任城年鉴

RENCHENG YEARBOOK

任 城 区 人 民 政 府 主 办
任城区地方史志办公室编

任城区地方史志编纂委员会

名誉主任：王宝海

主　　任：岳根才

第一副主任：王业成

副 主 任：闫春雷　李　安　刘　岭　陈庆民
于永润　田胜金　侯福战　苏玉杰

委　　员：党同义　秦朝宁　郝书祥　姜香菊
孟庆波　杨晓春　李玉宽　李长青
祝自稳　李　兵　杨建军　李龙涛
胡荣敏　王全臣　刘元仁　熊继梅
张志安　王国华

《任城年鉴》（2012）编审人员

主　　审：王业成

副 主 审：刘　岭　秦朝宁　胡荣敏

主　　编：王国华

编　　辑：姚京燕　张猛猛　冯　钊
任广琴

英文翻译：何飞飞　杨　敏　张丽娜

数据审核：汤英惠　刘德响

我愛故鄉——我的故鄉在任城

2012年1月1日，市委书记、市人大常委会主任马平昌（前排左二）到任城区视察

2011年12月15日，市委副书记、市长梅永红（右三）到任城区视察

2011年12月11日，区委书记、区人大常委会主任王宝海（前排左三）到薛口社区视察

深入实施招大引强，全年签约项目30个，总投资39.8亿元。积极培植壮大装备制造、医药健康、新材料、新能源四大主导产业，各类机械加工企业发展到86家，加工生产1000多个品种。博特精工股份有限公司在天津股权交易所科技创新板成功上市。集中打造孔圣医药健康产业基地，成功承办中国健康产业儒商高峰论坛，医药物流园区成为苏鲁豫皖乃至全国较强影响力的医药物流基地。

市长梅永红（左二）到开发区视察

大孔府与广育堂主题沙龙活动

“开发区要发展，我要怎么做”演讲比赛

济北高新技术产业园

JI BEI GAO XIN JI SHU CHAN YE YUAN

济北高新技术产业园是市委、市政府确定的全市六大化工产业园之一，总体规划10平方公里，核心区规划占地4.3平方公里。以先进的煤化工、生物化工为基础，以可持续发展为目标，发展高附加值、高技术含量的煤化工产业、精细化工产业、生物制药产业及相关产业世界级水准的科技产业园区。

区域优势：园区位于日兰高速和105国道交叉口，南跃进沟与京杭大运河相通，周边4处煤矿年产原煤达500万吨，资源、交通优势为园区的快速集聚发展奠定坚实基础。**配套设施**：园区储备土地2800余亩，建成7公里“四路二桥一景观渠”和日处理能力5万吨污水处理厂一座；园区东拓南扩10平方公里控制性、110Kv变电站开工建设，天然气、自来水入园工程完工，专线热气入园、化工码头、人工湿地、仓储物流完成规划设计。**经济基础**：产业园企业实现年产值54.6亿元，实缴税金1.36亿元，出口创汇6904万美元，发展成为街道整体经济最主要的支撑点。**产业集群**：以精细化工为主导的产业链条不断延伸，上、中、下游全面发展，发展成为系列化、集约化、区域化的资源精深加工体系。入驻企业19家，形成精细化工、机械制造等几大产业规模化生产。**龙头带动**：济宁碳素集团有限公司总资产32亿余元，涉足冶金、化工、热电、地产、金融、机械加工等行业，煤焦油深加工居全国第三位，是国内最大的铝用商品碳阳极生产企业，区域循环经济效应日趋明显。**发展潜力**：园区投资开发公司与街道办事处积极开展招商引资工作，严格兑现招商

济北高新技术产业园总体规划图

园区远景

原市委书记孙守刚（左二）到园区视察

新项目奠基

引资优惠政策，吸引大批国内外客商前来投资创业，有4个亿元项目即将建成投产，7个亿元项目积极筹建，20余个项目深入洽谈中。随着园区的迅速发展，一座现代化、高端化、专业化的百亿园区正在加速崛起，成为全区新的经济增长极和转型发展的新平台。

园区厂景

企业一角

园区道路

任城区地图

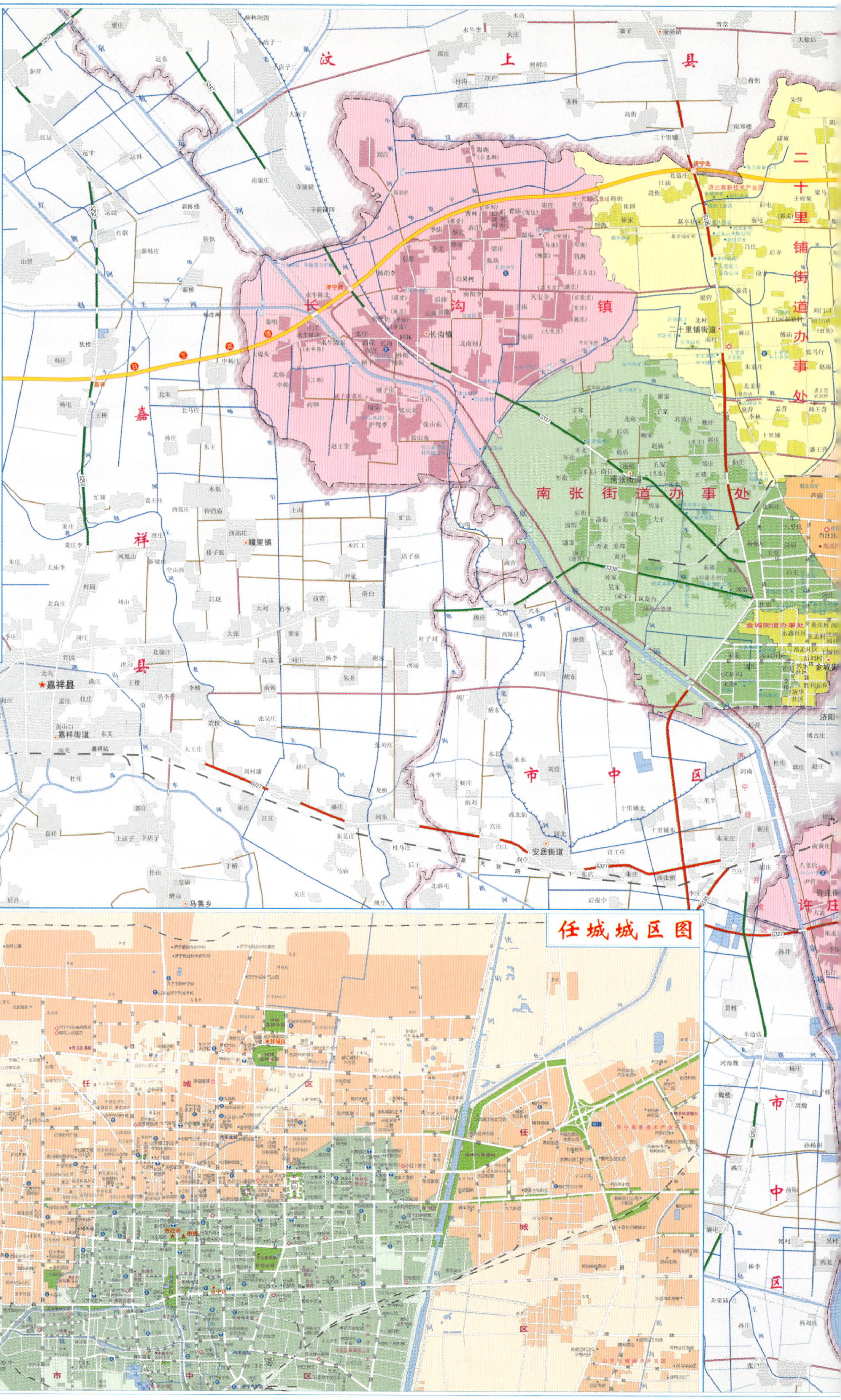

汶上县
长沟镇
二十里铺街道办事处
南张街道办事处
嘉祥县
嘉祥县
嘉祥街道
市中区
安居街道
金城街道办事处
二十里铺街道
南张街道
长沟镇
疃里镇
马集乡
任城城区图
任城区
任城区
市中区

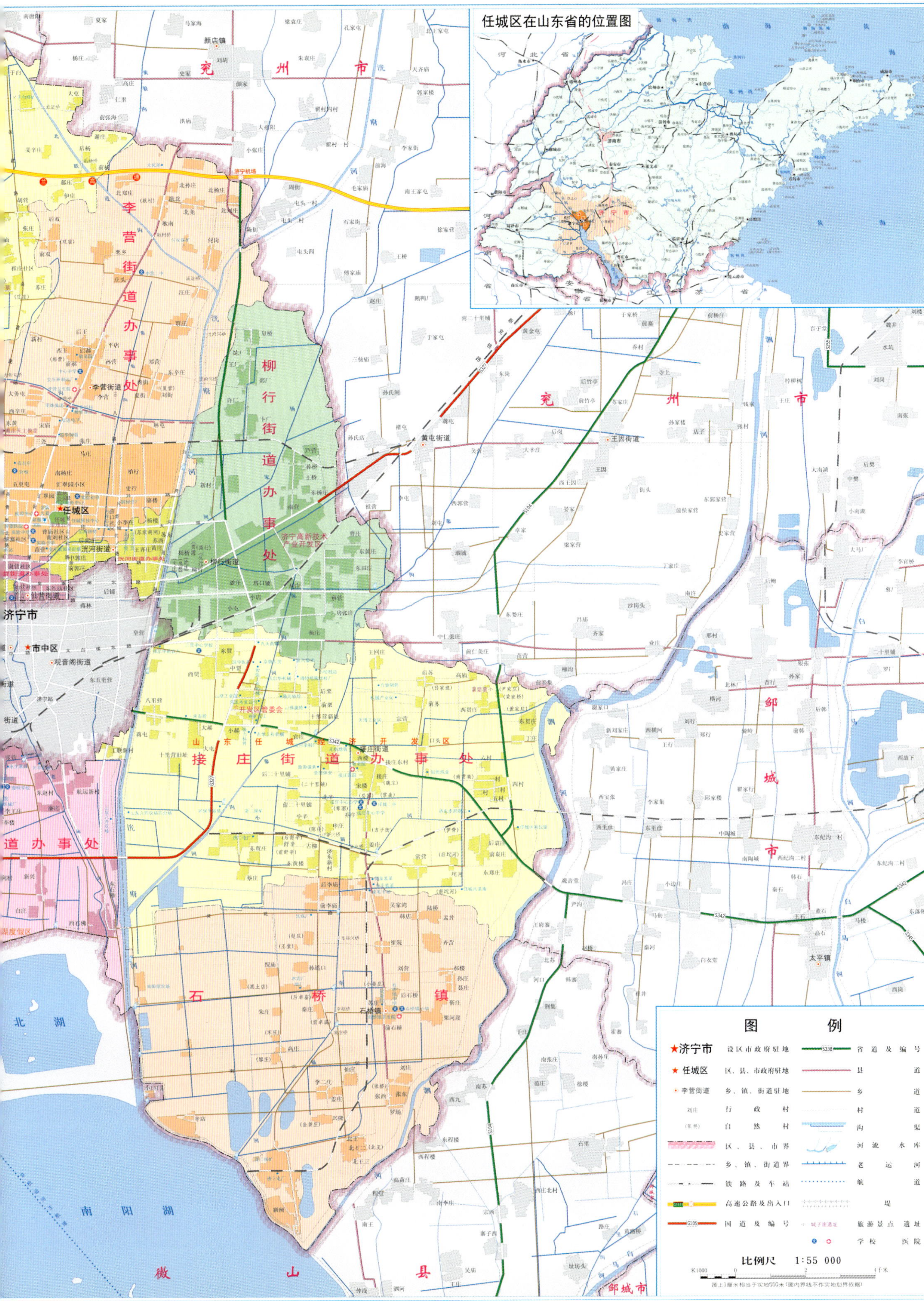

任城区在山东省的位置图
兖州市
李营街道办事处
柳行街道办事处
济宁高新技术产业开发区
接庄街道办事处
山东任城经济开发区
石桥镇
济宁市
任城区
市中区
李营街道
柳行街道
黄屯街道
王因街道
接庄街道
石桥镇
太平镇
邹城市
微山县
南阳湖
北湖
济宁机场
图例
济宁市 设区市政府驻地
任城区 区、县、市政府驻地
李营街道 乡、镇、街道驻地
行政村
自然村
区、县、市界
乡、镇、街道界
铁路及车站
高速公路及出入口
国道及编号
省道及编号
县道
乡道
村道
沟渠
河流 水库
老运河
航道
堤
旅游景点 遗址
学校 医院
比例尺 1:55 000

清流瀑歌　　苏士刚/摄

序

《任城年鉴》（2012）是济宁市任城区人民政府主办的首部年鉴。经过全区史志工作者的辛勤努力，现在同广大读者见面了。这是全区政治、经济、文化、生活中的一件大事，是文化强区建设的重要成果，值得庆贺。

2011年，全区广大干部群众在区委、区政府的坚强领导下，坚持以科学发展、跨越发展为主题，以转方式调结构为主线，以富民强区为主旨，深入实施新型工业化、新型城镇化、农业现代化“三化同步”战略，全力打造现代新城区、产业发达区、生态宜居区、和谐首善区，经济社会保持了又好又快的发展态势。

《任城年鉴》编纂是一项浩繁、宏大的文化建设工程，工作繁重，任务艰巨。在编纂过程中，广大史志工作者始终坚持辩证唯物主义和历史唯物主义的观点，广泛征集资料，严格筛选取舍，反复审核修改，以高度的责任意识、无私的奉献精神和精益求精的工作态度，历时一年，高标准高质量完成编纂任务。全书横陈各业、纵述史实、体例完备、文约事丰，详实记载了2011年全区政治、经济、文化、社会等方面的建设情况，充分展示了任城区改革发展取得的巨大成就，做到了资料性、科学性和思想性的有机统一，具有鲜明的时代精神和浓郁的地方特色，是名副其实的任城“百科全书”。

盛世修志，功在当代，惠泽千秋。各级各部门要注重发挥《任城年鉴》“资政、教化、存史”的重要功能，使其更好地服务于全区改革开放和现代化建设。把《任城年鉴》作为深刻认识任城昨天的一面镜子，汲取经验教训，促进科学决策，指导工作实践；把《任城年鉴》作为思想道德建设的一部乡土教材，进一步激发全区人民热爱家乡、建设家乡的豪迈情怀，调动和凝聚一切积极力量投入到任城的改革建设中；把《任城年鉴》作为宣传介绍任城的一个窗口，让异乡游子、海内外宾朋和八方客商了解熟悉任城，深入研究任城，吸引他们来任城投资兴业，共创辉煌。

任城的明天会更好！

中共济宁市任城区委书记：王宝海

济宁市任城区人民政府区长：岳根才

编 辑 说 明

一、《任城年鉴》坚持以马克思列宁主义、毛泽东思想、邓小平理论和“三个代表”重要思想为指导，深入贯彻落实科学发展观，以《地方志工作条例》《山东省地方史志工作条例》为依据，坚持存真求实、质量第一的原则。

二、《任城年鉴》是由任城区人民政府主办、区地方史志办公室编纂的综合性资料年刊。旨在为各级领导科学决策提供区情依据，为各行业提供信息服务，为国内外各界人士了解任城、研究任城、投资和建设任城提供窗口和媒介，为续修地方志储备资料。

三、《任城年鉴》（2012）是任城区首部年鉴，客观记述2011年全区政治、经济、文化和社会发展情况，重点反映社会主义现代化建设进程中的新成就、新经验和新举措。为增强信息的时效性、资料的连续性和完整性，部分资料适当上溯或下延。

四、《任城年鉴》为图文混排体例。按栏目框架设特载、大事记、任城概况、中共任城区委员会、任城区人民代表大会、任城区人民政府、政协任城区委员会、群众团体、军事·政法、综合经济管理、农业、工业·信息产业、招商引资·经济园区、商业、城乡建设·环境保护、交通·邮政、财政·税务、金融、科学技术、教育·体育、文化·旅游、卫生、社会生活、镇·街道、人物、媒体任城和附录等27个栏目。

五、《任城年鉴》分类目、分目、条目三个层次。条目为主要信息载体和基本撰写形式，条目标题用黑体，外加【　】，部分条目下设子目。各类目、分目间交叉重复的资料，区别视角、各有侧重分别记述。

六、《任城年鉴》检索方法有目录和索引两种，分设在卷首和卷尾。目录有中、英文两种，中文目录编排到条目，英文目录编排到分目；索引采用主题索引方式制作，按首字汉语拼音字母顺序排列。

七、年鉴资料由各承编单位提供，文中数据以2011年任城区国民经济和社会发展统计公报为准，均经单位领导审签。

八、年鉴在编纂过程中，得到各级领导、全区各部门（单位）、有关专家及稿件撰写人员的大力支持，在此深表诚挚的谢意！因水平所限，错误与纰漏在所难免，恳请广大读者批评指正。

目录
CONTENTS

特　　载

大事记

任城概况

中共任城区委员会

任城区人民代表大会

任城区人民政府

政协任城区委员会

群众团体

军事　政法

综合经济管理

农　　业

工 业 信息产业

招商引资 经济园区

商 业

城乡建设　环境保护

交通　邮政

财政　税务

金　融

社会生活

镇　街道

人　物

媒体任城

附　录

索　引

CONTENTS

Special Issue

Chronicle of Events

General Situation of Rencheng

Rencheng District Committee of the Communist Party of China

Rencheng District Standing Committee of People's Congress

Rencheng District People's Government

Rencheng District Committee of the Chinese People's Political Consultative Conference

Mass Organizations

Military Politics and Law

Economic Management

Agriculture

Industry Information Construction

Attract Investment Economic Park

Commerce

Urban and Rural Development Environmental Protection

Transportation Post

Finance Revenue

Finance

Science and Technology

Education Sports

Culture Tourism

Health

Social Life

Town or Subdistrict

Personage

Media as Rencheng

Appendix

Index

特　　载

加速转型　跨越发展
全面建设民富区强文明和谐新任城

——在中国共产党济宁市任城区第十三次代表大会上的报告
（2011年12月27日）

王 宝 海

同志们：

现在，我代表中共济宁市任城区第十二届委员会向大会报告工作，请予审议。

一、在崛起跨越发展征程上阔步前进的五年

区第十二次党代会以来，全区上下在市委的坚强领导下，高举邓小平理论和“三个代表”重要思想伟大旗帜，认真落实科学发展观，牢牢把握崛起跨越基调要求，积极应对区划调整、金融危机、宏观调控等重大变革和挑战，同心同德干事业，群策群力谋发展，顺利完成了区第十二次党代会确定的各项任务，进一步开创了任城经济社会发展新局面。

综合实力显著增强。2011年，预计实现地区生产总值232亿元，年均增长14.93%；地方财政收入18.67亿元，年均增长29.08%；固定资产投资完成110亿元，年均增长28.13%。转型发展成效明显，全区三次产业比例由2006年的12.8：56.3：30.9调整为8.6:56.4:35。都市农业成效初显，农村“六大重点工程”全面启动，市级以上重点农业龙头企业发展到15家，合作经济组织发展到146个，“三品”认证农产品达到25个。工业经济扩量提质，规模以上工业企业发展到116家，机械制造、精细化工、食品医药三大主导产业占规模以上工业总产值的比重达到50%。现代服务业快速膨胀，对经济增长的贡献率不断提高。战略性新兴产业实现突破，一批“四新”项目签约落地或建成投产。

城乡面貌明显改观。积极抢抓济宁中心城区建设和区划调整带来的重大机遇，紧紧围绕“三年大建设、三年大变样”目标要求，全力推进新区开发、老城改造和镇村建设，全区城市建成区面积达到24.63平方公里，城镇化率提高到52.3%。坚持规划先行，高标准编制完成各级各类规划80余部，形成了较为完善的规划体系。举全区之力建设任城新区，先后实施26项重点工程，完成投资38亿元，现代森林阳光、宜业宜居宜商形象初步展现。同步推进老城改造，顺利实施棚户区拆迁200多万平方

米，薛口、桃园等11个社区建成回迁，曹刘、常青等8个社区改造基本竣工。小城镇改造提升行动取得初步成效，新型农村社区建设稳步推进。大力整治城乡环境，不断加强基础设施建设，新建改建城区道路及综合管网21.5公里，105国道、济邹路以及城市出入口升级改造基本完成，新增绿化面积265万平方米，为济宁市创建国家园林城市做出了积极贡献。

发展活力大幅提升。深入推进区镇机构改革、财政体制改革和行政审批制度改革等，不断强化园区、项目、科技人才、生态环保等要素支撑，区域发展活力和对外吸引力明显增强。招商引资和项目建设成果丰硕，实际到位区外国内资金259.9亿元，实际利用外资6621万美元，完成外贸进出口总额68463万美元；实施亿元以上项目192个，5亿元以上项目34个，完成固定资产投资401亿元。园区平台更为坚实，任城经济开发区“八路三桥一景观”工程基本完工，“九通一平”面积拓展到20平方公里；济北高新技术产业园园区扩容和功能提升扎实推进，4.3平方公里园区道路及管网建设基本完成；森达美跃进港建成运营，临港产业园和南张物流园加快建设。科技支撑更加有力，累计投入技改资金119亿元，占工业固定资产投资的比重达到63.6%，国家级实验室发展到5家，高新技术产业产值占规模以上工业总产值的比重达到21%；创建中国驰名商标3个、省著名商标15个，连续五次被评为“全国科技进步先进区”。生态环境不断改善，相继实施了湖口生态湿地、截污导流、污水处理厂建设及采煤塌陷地治理等重点生态项目，全面完成了“十一五”节能减排目标，顺利通过“迎淮治污”项目验收。民营经济快速发展，被授予“全国百家全民创业示范区”。

社会事业全面进步。认真落实各项强农惠农政策，坚持每年兴办为民利民“十件实事”。城镇居民人均可支配收入达到21730元，农民人均纯收入达到9346元。就业水平不断提升，城镇新增就业2.2万人，转移农村劳动力4.4万人，城镇登记失业率控制在4%以内。社会保障体系日趋完善，五大保险参保人数达到86.8万人次，新型城乡居民社会养老保险实现全覆盖；累计完成保障性住房12.5万平方米，改造农村危房780户。教育事业再上新台阶，教育教学质量持续提高，省市规范化学校占比达到44%。医疗卫生事业快速发展，医药卫生体制改革稳步推进，国家基本药物制度全面实施，规范化卫生室建设通过省级验收，新农合参合率达到99.8%，被评为“全国基层（社区）中医药工作先进区”。人口和计划生育工作深入扎实，荣获“山东省计划生育优质服务区”称号。高度重视民兵预备役和双拥工作，连续四次被评为“全省双拥模范先进区”。文化基础设施不断完善，群众文化活动丰富多彩，成功创建“全省社会文化先进区”。广播、电视、体育、老龄等工作也取得新的成绩。

和谐建设扎实推进。深入实施“四德工程”，大力弘扬“任城精神”，积极开展“城乡文明创建”、“乡风文明行动”、“五项十佳”评选等活动，省级“精神文明建设工作先进区”成果更加巩固。支持人大、政府、政协依法履行职能，班子整体合力不断增强。认真做好统战工作，各级各界代表的民主权益得到有效保障。依法完成了第九、第十届村民委员会换届选举，以村民自治和政务、财务公开为主要内容的基层民主政治建设进一步加强。广泛开展“六五”普法，全区干部群众依法行政、依法办事的意识和能力明显增强。扎实推进“平安任城”、“和谐任城”建设，坚持以群众工作统揽信访稳定工作，深入推进“四条线、两个面”的综治工作新格局，建立健全三级技防网络，狠抓安全生产监督管理，始终保持了稳定和谐的良好局面。

党的建设不断加强。学习实践科学发展观和“创先争优”活动不断深化，领导干部素质提升大讲堂等多种形式的党员干部教育活动成效明显。认真执行《干部选拔任用工作条例》和四项监督制度，注重干部德的考察和一线干部的提拔重用，进一步激发了党员干部队伍活力。坚持“书记抓、抓书记”基层党建工作责任制，新农村建设帮扶和“城乡联建创五好”活动取得新的成效，城市社区

大党委探索稳步推进，农村党员分层次积分量化考核等做法收到良好效果，城乡统筹基层党建新格局初步形成。工会、共青团、妇联等群团组织建设也得到新的加强。深入推进党风廉政建设，认真落实《党员领导干部廉洁从政若干准则》，严格执行党风廉政建设责任制和“一岗双责”制度，注重抓好以“三资五制”为重点的农村基层党风廉政建设，严肃查处违法违纪案件，纯洁了党风政风，密切了党群干群关系。积极开展“双评”和整治“无错不为”现象等活动，建立健全指挥部工作体制和“三重”工作目标责任体系，不断完善领导班子和领导干部考核评价体系及办法，有力促进了干部作风转变和工作效能提升。

同志们，五年来，我们走过的道路很不平坦，取得的成绩令人瞩目。这些成绩来之不易，是省市委正确领导的结果，得益于历届区级班子打下的良好基础，凝聚着全区党员干部群众的智慧和汗水，离不开各民主党派、各界人士以及离退休老同志的关心支持。在此，我代表十二届区委，向所有为任城改革和建设事业做出积极贡献的同志们、朋友们，表示衷心的感谢和崇高的敬意！

在充分肯定成绩的同时，我们必须清醒地看到发展中存在的矛盾和问题：经济结构性矛盾仍较突出，非煤工业经济规模不大，新兴产业成长不快，现代服务业发展相对滞后，自主创新能力不强，节能减排和环境保护任务艰巨；城市建设起步较晚，功能还不完善，经营管理体制机制还不健全，加快推进新型城镇化进程的力度还需进一步加大；社会事业发展水平相对较低，城乡差距依然较大，经济社会转型期间矛盾问题增多，加强和创新社会管理的任务异常繁重；部分干部特别是领导干部的思想观念、工作方法、工作作风还不完全适应新形势新任务的要求等。对这些问题，我们务必高度重视，切实采取有效措施，努力加以解决。

二、坚定不移迈向民富区强奋斗目标

今后五年，是任城转型发展的攻坚期、城市扩张的加速期，也是提前建成全面小康社会的关键冲刺阶段。从宏观形势看，我们既面临着国内经济持续平稳增长的有利环境，同时也面临着世界经济增长放缓、不稳定性不确定性上升的复杂局面；从区域竞争看，我们既面临着济宁组群结构大城市加速融合带来的重大机遇，同时也面临着周边县市特别是“一城四区”竞相发展的激烈竞争；从我区发展看，我们既迈过了打基础、拉框架、定格局的初步阶段，同时也面临着土地、环境、人才特别是资金等发展瓶颈的严重制约，产业层次较低，竞争实力不强，尤其是缺乏大企业大项目的带动支撑等。总起来讲：形势复杂多变，各种矛盾交织；机遇与挑战并存，困难与希望同在。但只要我们积极面对、科学把握，坚定信心、创新实干，就一定能够趋利避害，化“危”为“机”，乘势谱写任城科学发展跨越发展的新篇章。综合分析当前形势，与“十二五”规划相衔接，今后五年，总的工作要求是：**高举邓小平理论和“三个代表”重要思想伟大旗帜，认真践行科学发展观，牢牢把握转方式调结构发展主线，不断强化科技创新、项目带动“两个”支撑，深入实施新型工业化、新型城镇化、农业现代化“三化同步”战略，加快构建现代新城区、产业发达区、生态宜居区、和谐首善区“四区”格局，统筹推进经济、政治、文化、社会和党的建设，为全面建设民富区强、文明和谐新任城而努力奋斗！**

今后五年，经济社会发展的主要目标是：

——综合实力显著提升。全区地区生产总值、地方财政收入年均增长分别达到15%和17%以上，绝对值分别达到470亿元和40亿元，均实现翻番目标；固定资产投资年均增长20%以上，三次产业比例调整为5：52：43，其中高新技术产业产值占工业总产值的比重达到30%以上，稳居全市第一方阵，跨入全省一流县区。

——城镇品质显著提升。统筹推进城区、小城镇、新型农村社区建设，城市建成区面积扩展到50平方公里，城镇化率达到65%，基本构建起以任城新区为龙头、现代城镇为支撑、新型社区为基础，功能设施较为完善、管理水平明显提高的现代城镇体系。

——文化水平显著提升。文化体制改革深入推进，文化发展活力日益增强，文化基础设施不断完善，文化产业格局初步成型，进一步呈现传统文化与现代文明交相辉映、文化事业与文化产业协调发展的良好局面。

——环境质量显著提升。生态区建设规划得到严格落实，重点生态工程运行良好，生态治理和生态修复及时有效，各项节能减排任务全面完成，绿色低碳生活方式成为人们的自觉行动，人与自然友好相处的局面进一步形成。

——民生状况显著提升。确保民生投入年均增长12%以上，城镇居民人均可支配收入和农民人均纯收入年均增长均在15%以上，劳动就业比较充分，保障体系更加健全，社会事业协调发展，社会治安状况良好，社会文明程度不断提高，提前建成全面小康社会。

实现上述目标，是时代赋予我们的光荣使命，是全区人民寄予我们的殷切重托，更是全区各级党组织和广大党员干部义不容辞的政治责任。

要牢牢把握科学发展主题，进一步深化对科学发展观的学习和认识，全面、深入、系统地掌握科学发展理论，特别要立足任城资源型县区的实际，切实增强转方式调结构、推进科学发展的紧迫感、责任感和使命感，真正做到思想上坚定、行动上自觉、措施上有力、成效上明显。

要牢牢把握执政为民理念，始终把保障改善民生作为发展的第一追求，作为工作的最终目标，作为衡量发展成果的根本标尺，统筹考虑社会各阶层的利益，认真解决人民群众最关心、最直接、最现实的问题，真正做到发展全部为了人民、发展成果人民充分共享，努力实现改革发展与和谐建设互促共进的良好局面。

要牢牢把握关键发展环节，全面强化科技人才、重大项目、发展环境、生态环保等要素支撑，更加突出招大引强和重大项目建设，并始终作为“要中之要”、“重中之重”来抓，牢牢扭住不放，强力攻坚推进，务求以关键环节和重点工作的突破，促进转型跨越，实现更好更快发展。

要牢牢把握队伍建设根本，坚持“教育”与“约束”并重，“激励”与“惩处”并举，引导广大党员干部切实增强危机意识、紧迫意识和拼抢意识，进一步解放思想、提升境界，始终保持创业的激情、实干的作风、奉献的精神，真正把全部心思和精力投入到加快发展、跨越发展上来。

三、加快培植转型发展新优势

始终突出产业这一发展的主要载体，瞄准绿色低碳、高质高端目标，加快完善城区、开发区和高新技术产业园等区域发展布局，着力培育以高新技术产业为引领、先进制造业和现代服务业为支撑的现代产业体系。

（一）着力培强壮大工业经济。深入实施“新型工业化”驱动战略，全面提升工业经济整体实力和竞争力。加快改造传统产业。积极运用高新技术和先进工艺改造提升传统优势产业，推动传统产业向规模化、品牌化、高端化发展。集中培育机械制造、精细化工、食品医药“三大百亿产业”，拉长产业链条，壮大产业集群，力争到2016年，三大产业占规模以上工业总产值的比重提高到70%以上。大力发展新兴产业。积极对接国家和省、市战略性新兴产业发展重点，落实新兴产业发展规划，努力在新医药、新能源、新信息、新材料、高端装备等五大领域形成产业规模和竞争力，力争全区规模以上新兴产业销售收入年均增长30%以上。培植壮大骨干企业。大力实施龙头企业和品牌培育工程，选择一批发展前景好、自主创新能力强的重点企业，加大扶持力度，积极引导企业通过上市融资、内引外联、嫁接改造等途径壮大规模实力，力争培育1个百亿级企业、2个50亿级企业、8个20亿级企业。深度推进园区开发。任城经济开发区要立足“千亿园区”目标定位，充分发挥现有承载优势，更加突出招大引强和重点项目建设主线，全力攻坚大企业，全员奋战大项目，力争到2016年规模以上工业企业突破100家，利税突破25亿元，形成基础设施完善、功能分区科学、主导产业突出、竞争实力强劲的装备制造、现代医药、新材料等集聚区。立足生态型、高科技、现代化化工园区目标，加快济北高新技术产业园10平方公里基础设施建设，大力推进重点项目建设，打造鲁西南重要的精细化工产业基地。优化整合镇街中小企业园区，努力实现集群集约、精专特色发展。

（二）加速膨胀提升现代服务业。现代服务业是转方式调结构的重要突破口，也是任城跨越发展的最大潜力所在，务必促其快速发展壮大，力争到2016年服务业增加值达到200亿元，占GDP的比重达到43%以上。加快构建服务业发展新格局。要进一步完善我区服务业发展规划布局，坚持以金宇路为“轴线”，以运河扩能升级为牵引，积极推进城区北部、西北部片区开发，大力发展城市综合体、商贸物流等服务业态，着力构建“水陆相连、业态齐全、模式现代、规模发展”的现代服务业发展新格局。加快推进开发区医药物流园建设，着力打造立足济宁、辐射鲁西南、面向全国的区域性医药物流基地；大力发展大宗商品仓储物流业和现代商贸服务业，快速推进南张综合物流园和临港产业园建设，全面打响“运河物流”品牌；积极推进集研发、生产、仓储、销售于一体的仙营电子城建设，打造区域信息产业发展高地。积极发展新兴服务业态。坚持把房地产业作为重要的潜在优势产业来抓，研究完善促进房地产业平稳健康发展的政策措施，重点引进资质高、实力强、信誉好的国内外知名大型房地产企业，着力提升房地产业实力和档次。加快发展休闲旅游业，进一步整合旅游资源，搞好文化、休闲、体验等重点旅游项目开发，建设都市生态休闲旅游目的地。积极发展金融保险、总部经济、楼宇经济等城市商务经济，促进服务业全面繁荣。不断完善服务业基础设施。结合新型城镇化建设，坚持一手抓传统商业设施提档升级，一手抓新型商业载体规划建设，进一步加强城乡专业市场、集贸市场建设，努力繁荣城乡经济。

（三）加快发展都市农业。坚持以农村“六大重点工程”为抓手，以现代农业为发展方向，进一步调整农业结构，优化农业布局，大力发展休闲观光农业，重点培植苗木、葡萄等“四大基地、四大园区”，推动农业“接二连三”，实现农业功能多元化。加快农业产业化进程，大力培育和引进农业龙头企业，加强农产品流通体系建设，规范发展各类合作经济组织，积极推进农业标准化、安全化生产，力争到2016年全区80%以上的农产品通过“三品一标”认证。不断强化农业基础支撑，着力抓好农技农机、农村金融、农业保险等服务工作，高标准实施全省小型农田水利重点县项目，深入推进水源保护、水系整治等工作，全面增强农业抗灾减灾和综合生产能力。

四、全力推进新型城镇化进程

城市是发展的综合载体，加快推进新型城镇化进程是各地发展的大势所趋，也是任城当前面临的一项十分重大而紧迫的课题。

（一）高标准打造中心城区。统筹抓好新区开发、老城改造和工业新城建设，坚持高起点规划、高标准建设、高水平管理，不断完善城市功能，显著提升城市品质。着力加快新区建设。任城新区是我区的主城区，是全区城镇化建设的龙头，也是济宁市中心城区的重要组成部分，必须坚持不懈、环环紧扣推进开发建设。要按照“行政办公、商务金融、文化休闲、现代物流”四大功能板块规划布局，坚持分步实施、分区开发、确保续建、突出重点的原则，加快推进商务中心、汇翠园小区等重点在建项目建设，大力招引和推进高端商业地产和城市综合体项目，促进产城一体、协调发展，实现规模、功能、人气与活力的同步提升，力争到2016年，新区面积达到20平方公里，吸纳常驻人口15万人。持续推进老城改造。按照“整体改造、连片开发”的思路，积极推进金城、仙营两个街道重点片区建设，打造一批特色街区和示范街区，改善人居环境，提升老城形象。积极建设工业新城。以太白路贯通为契机，坚持“镇园一体、区城融合”，高标准实施开发区洸府河以东片区和蓼沟河片区整体开发，打造济宁东部城区重要功能板块。

（二）大力推进镇村建设。坚持规划一次到位、建设分步实施、产业同步发展、功能全面完善的原则，积极推进镇街驻地升级改造，努力打造一批人口集中居住、资源集约利用、产业集聚发展的小城镇。李营、南张要主动接受城市辐射，加速与中心城区对接；接庄、二十里铺要坚持镇园一体，建设生态工业新城；长沟、石桥要分别突出运河重镇、滨湖生态主题，精心打造省级中心镇、生态休闲镇。稳妥有序推进新型农村社区建设，全面完成8个试点社区建设任务，支持鼓励镇街驻地村、园中村、压煤搬迁村、经济强村等具备条件的村庄先行启动，发挥示范带动作用，逐步推动村庄变社区、农民变居民。统筹推进城乡基础设施建设。突出抓好北二环建设，进一步完善城区“三横六纵”九条主干道；对接运河扩能升级，加快内河航道、港口建设，实现水陆衔接、交通畅通。完善城区给排水、供热供气、人防等公共设施，加强以公园、路街、城市出入口为重点的绿化亮化等景观建设，巩固提升国家园林城市创建水平。

（三）突出强化城乡管理。加快创新完善城乡管理体制机制，努力探索城乡管理市场化、专业化的运营机制，着力构建“两级政府、三级管理、四级服务”的城镇管理新格局。要深入推进法制化管理，建立健全城乡管理的法规和制度，特别要加大对违章建筑、沿街摊点的治理力度，大幅改观城乡秩序和形象。要深入推进精细化管理，层层落实责任，分片包干负责，实现管理的网格化、全时段，确保管理全覆盖、无疏漏、不间断。要深入推进科技化管理，逐步建立城乡综合管理信息系统，加快推行数字化管理，努力提高管理的直接性、有效性和快速反应能力。要深入推进人性化管理，不断增强管理为民、管理惠民意识，积极创新社会、企业、公众多元参与的管理模式，切实把城乡管理变成全社会的自觉行动。要持续强化城乡环境综合治理，一方面要集中“治标”，坚决改变城乡环境“脏乱差”现象；另一方面要着力“治本”，进一步完善设施，健全队伍，落实制度，努力形成常态长效工作机制。

五、切实强化发展要素支撑

要紧紧抓住制约发展的瓶颈环节，持续强化各种要素支撑，务求快速打通转型跨越的发展通道。

（一）深入实施科技强区战略。牢固树立科技是第一生产力的思想，不断健全科技创新体系，更加注重自主创新和成果转化，确保科技进步对经济增长的贡献率达到58%以上。加大科技创新投入，加快建立“政府引导、企业主体、市场运作、多元集聚”的科技投融资体制，保证科技投入占地方财政支出的比重达到1.3%以上，规模以上工业企业研发经费占销售收入的比重达到2.8%以上。加快任城生产力促进中心等科技创新平台建设，支持重点企业积极创建研发中心，加强与国内外科研机构、著名高校的科技合作，促进产学研结合，努力掌握一批拥有自主知识产权的核心技术和共性技术，力争到2016年，建成国家级实验室和企业技术中心7家，新增省级研发中心10家；培育中国名牌产品5个、山东省著名商标10个，创建省级知识产权示范区。扎实推进人才队伍建设，全面实施中长期人才发展规划，积极开展人才开发重点工程，加大对高层次科技创新人才和优秀创新团队的引进培养，完善人才创新创业的体制机制，营造人才荟萃、人尽其才、才尽其用的良好环境。

（二）突出强化重大项目支撑。项目特别是大项目在区域经济发展中发挥着特殊重要的支撑带动作用。任城区位优越，自然禀赋良好，但多年来在大项目建设方面一直未能实现根本性突破，这应当引起全区上下的高度警醒和深刻反思。要进一步增强开放意识，紧盯国际国内两种资源、两个市场，坚持不懈地开展“大招商、招大商”活动，加快实现由招商引资向择商选资、招大引强的转变，切实改进招商方式，不断强化政府、园区、企业等招商主体责任，紧紧围绕区域发展布局和支柱产业、优势资源、重点企业开展招商，特别要瞄准世界500强和国内综合实力100强等大财团、大集团，大力引进战略投资者，务求在引进大企业、大项目和新技术上实现新突破，强势推动产业升级，快速壮大经济实力。

（三）大力优化发展环境。环境是发展的生命线。要牢固树立“投资任城就是造福任城”的思想理念，大力营造亲商安商富商的浓厚氛围，着力构建快捷高效的政务环境、安定和谐的社会环境、灵活优惠的政策环境和健康向上的人文环境。要切实增强服务意识，尽力精简项目、简化程序，深入推进“行风评议”，扎实做好经济环境综合测评，坚决杜绝“吃拿卡要”行为，重拳打击各类“霸、恶”势力，努力把任城打造成为“投资兴业的洼地、区域竞争的高地”。同时，要注重解决影响发展环境的深层次问题。继续深化各项改革，加快建立充满活力、富有效率、更加开放、有利于科学发展的体制机制，建立健全土地、劳动力、技术、信息、产权交易等要素市场，努力完善现代市场体系。

（四）高度重视生态文明建设。坚持生态优先、环保优先，扎实推进生态任城建设。对照“十二五”节能减排目标要求，进一步完善节能减排考核体系，全面落实重点行业、重点企业节能减排措施，加快淘汰落后产能，严控“两高一资”项目，积极开发利用集约节约先进技术，确保完成节能减排目标。加强生态环境保护，加快推进污水处理厂、截污导流、湖口湿地等重点生态工程建设与运营，不断加大工业点源、农业面源污染治理力度，扎实做好植树造林、采煤塌陷地治理等工作，积极推进低碳社会建设，努力实现绿色发展。

六、大力提升社会文明幸福指数

切实树牢民本理念，更加注重以保障和改善民生为重点的社会建设，努力提高全社会的文明指数、安全指数和幸福指数。

深入推进精神文明建设。围绕加强社会主义核心价值体系建设，大力倡树“崇仁尚诚、开放包容、强毅力行、负重奋争”的任城精神，打牢全社会共同奋斗的思想基础，凝聚奋发有为的精神动力。扎实推进社会公德、职业道德、家庭美德、个人品德建设，深入开展“乡风文明行动”、“城乡文明结对共建”等群众性精神文明创建活动，高度重视“城市”意识和文明行为的养成，不断提高城乡文明水平，争创省级文明城区。加强和改进未成年人思想道德建设，切实强化网络监管，努力净化网络环境，促进青少年健康成长。坚持正确宣传导向，积极引导舆论热点，大力弘扬新风正气，营造健康向上的社会环境。

繁荣发展文化事业和文化产业。认真落实党的十七届六中全会精神，深入推进文化体制改革，充分激发文化事业和文化产业发展活力。积极推进区群众艺术馆、图书馆和文化站、农家电子书屋等城乡文化阵地建设，加快实现城乡公共文化设施全覆盖。广泛实施文化惠民工程，加强社区文化、企业文化、校园文化、节庆文化建设，不断满足人民群众多样化文化需求。加强文化资源、文化遗产的保护、修复和开发，深入挖掘、研究、整理具有任城特色的地域文化，精心设计推出一批底蕴丰厚、辐射广泛的文化项目和文化产品，增强任城文化对外影响力和渗透力。大力发展文化旅游、文化创意、广告会展、数字动漫等文化产业，扎实推进重点文化项目建设，扶持培育文化骨干企业，加快构建“一区两点三带”文化产业发展格局，着力推动文化产业与三次产业融合发展、同步提升，努力为转型跨越提供强有力的文化支撑。

积极发展各项社会事业。千方百计促进就业。坚持把就业作为民生之本，实施更加积极的就业政策，健全区、镇、村三级基层公共就业服务平台，突出抓好高校毕业生、“零就业家庭”、农村转移劳动力、城镇就业困难人员等重点群体就业，鼓励自主创业、自谋职业，力争每年培训就业创业人员4000人次以上，五年新增就业岗位5万个，确保城镇登记失业率控制在4%以内。健全完善社会保障体系。加快建立各类保障标准与经济发展同步提高的自然增长机制，努力建设普惠型、增长型社会保障体系。深入推进新型农村社会养老保险和城镇居民社会养老保险试点工作，着力解决好被征地农民、采煤塌陷失地农民等特殊群体的社会保障问题，建立健全城乡最低生活保障、特殊困难群众社会救助体系，努力做到动态管理下的应保尽保、应助尽助。加大保障性住房建设力度，确保城乡居民“住有所居”。大力发展社会事业。坚持教育优先发展，不断加大教育投入，进一步优化教育布局，加强办学条件标准化建设，全面推进素质教育，在全市率先实现教育现代化。积极发展医疗卫生事业，全面构建区、镇、村三级公共卫生服务网络，不断深化医药卫生体制和公立医院改革，进一步健全基本药物保障体系，逐步解决群众“看病难、看病贵”的问题；健全疾病预防控制体系和突发公共卫生事件应急处置体系，强化食品、药品、餐饮卫生监管，保障人民群众食品卫生安全。广泛开展全民健身运动，不断提升竞技体育水平，为办好第23届省运会作出积极贡献。认真落实计划生育基本国策，稳定低生育水平，改善人口结构，提高人口素质，促进人的全面发展。大力发展妇女儿童事业，更加重视老龄工作，积极发展残疾人事业，促进各项社会事业协调均衡发展。

大力加强民主法制建设。坚持和完善人民代表大会制度，支持和保证人大及其常委会依法履行职责。坚持和完善中国共产党领导的多党合作和政治协商制度，支持和保证人民政协围绕团结和民主履行职能、发挥作用。充分发挥民主党派、工商联、无党派人士的作用，积极做好民族、宗教、对台、侨务工作，巩固壮大最广泛的爱国统一战线。支持工会、共青团、妇联、科协等人民团体依照法律和各自章程开展工作。巩固扩大基层民主，进一步完善村党组织领导下的充满活力的村民自治机制，继续深化党务、政务、厂务、村务公开，保证人民群众依法直接行使民主权利。深入推进“法治任城”建设，广泛开展“六五”普法，营造全社会自觉学法守法用法的浓厚氛围。加强全民国防教育，扎实做好民兵预备役和双拥共建工作。

切实加强和创新社会管理。按照“党委领导、政府负责、社会协同、公众参与”的要求，积极探索加强基层社会管理的有效路径，不断健全社会管理新格局，逐步构建社会管理多元参与和社会协同新机制。强化基层社会管理服务，完善基层管理网络，突出抓好城乡社区建设，加强实有人口、特殊人群和非公有制经济组织、新社会组织的服务与管理，着力解决影响稳定的根本性、基础性问题。坚持以群众工作统揽信访工作，强化领导接访，落实“一岗双责”，广泛开展重大决策、重大项目、重大事项社会稳定风险评估，充分考虑和照顾不同群体的利益和承受能力，尽可能从源头上预防和减少社会矛盾的发生。进一步完善不稳定因素排查化解机制和应急管理机制，提高保障公共安全和处置突发事件的能力。深入推进“四条线、两个面”的综治工作新格局，加强社会治安综合治理，严厉打击各类违法犯罪活动，促进社会和谐稳定。切实树牢安全发展理念，严格落实企业主体、政府监管和属地管理“三个责任”，促进我区安全生产形势持续稳定。

七、全面提升党的建设科学化水平

事业兴旺，关键在党。要紧紧围绕保持党的先进性和提高执政能力这条主线，全面推进党的思想、组织、纪律、作风建设，不断提升党的建设科学化水平，切实为转型跨越提供坚强的政治保证。

着力夯实团结进取的思想基础。坚持不懈地用邓小平理论和“三个代表”重要思想武装头脑，深入学习实践科学发展观，坚定理想信念，打牢为党和人民事业不懈奋斗的思想政治基础。深入推进学习型党组织建设，突出抓好党委中心组学习，不断完善干部学习培训制度，实施好领导干部素质提升工程，努力培养造就高素质干部队伍。大力弘扬理论联系实际的优良学风，引导党员干部学以立德、学以增智、学以创业，努力在学习理论上求真知、在学以致用上下真功、在推动工作上见真效。

着力打造坚强有力的战斗堡垒。基层组织是党的全部工作和战斗力的基础，务必下大气力夯实打牢。要以“创先争优”活动为载体，以强化基层党建标准化考核为抓手，大力加强镇（街道）党（工）委和村级组织建设，努力打造干事创业、团结进取、清正廉洁、为民务实的战斗集体。突出加强村级组织建设，不断规范和完善以“四议两公开”为重点的工作运行机制，着重抓好薄弱村的治理整顿和发展提高，同步建强村委会和青年、妇女、民兵等村级组织，努力形成以党支部为核心的整体合力。着眼于观念统筹、资源统筹和工作统筹，加快构建统筹城乡基层党建一体化新格局，不断深化“书记项目”等有效做法，扎实做好驻村帮扶工作，积极推进非公有制经济组织和社会组织党建工作“全覆盖”，推动基层组织建设再上新水平。

着力造就堪当重任的干部队伍。推动科学发展跨越发展，班子是核心，队伍是根本。要牢牢坚持民主集中制，进一步完善各级领导班子议事、决策制度，大力发展党内民主，不断推进决策的科学化、民主化和制度化。要把团结共事作为干好工作的首要前提，坚持讲党性顾大局，讲原则守纪律，切实以区委班子的团结带动几套班子和全区上下的团结。认真落实《党政领导干部选拔任用工作条例》和四项监督制度，坚持把干部的德放在首要位置，大力选拔任用政治坚定、原则性强、道德高尚的干部，富有改革创新精神、锐意进取、工作实绩突出的干部，工作求真务实、埋头苦干、默默奉献的干部，切实树立起鲜明的用人导向。进一步优化领导班子结构，加强对年轻干部、妇女干部和党外干部的培养使用，满怀感情做好老干部工作。继续深化干部人事制度改革，进一步健全完善以科学发展为导向的党政领导班子和领导干部考核评价体系，加大公开选拔、竞争上岗、轮岗交流等竞争性选拔干部工作力度，充分激发调动干事创业的热情和活力。

着力营造风清气正的发展环境。坚持标本兼治、综合治理、惩防并举、注重预防的方针，以改革创新精神扎实推进反腐倡廉建设。进一步健全完善惩治和预防腐败体系，加强党性党风党纪教育和廉政文化建设，引导广大党员干部牢固树立秉公用权、廉洁从政的价值理念，切实筑牢拒腐防变的思想道德防线。认真落实党风廉政建设责任制、领导干部任期经济责任审计和责任追究制，加强廉政风险防控机制建设，有效防止权力失控、决策失误和行为失范。深入推进农村党风廉政建设，严格落实《农村基层干部廉洁履行职责若干规定(试行)》，完善农村基层党风廉政建设长效机制。旗帜鲜明地开展反腐败斗争，加强对重要决策、重点领域、重大项目的监督检查，严肃查处各类违法违纪案件，努力以反腐倡廉的实际行动取信于民。

着力培树务实高效的工作作风。面对复杂多变的宏观形势，面对前所未有的困难挑战，面对慢进则退的竞争压力，实现既定的发展目标，靠的是各级党员干部，拼的是顽强过硬的工作作风。要进一步强化担当意识，勇挑重担不推卸，勇于担责不避难，切实当好表率，发挥好中流砥柱作用。要进一步强化创新意识，主动研究新情况，积极面对新问题，善于从政策中发现机遇，善于借鉴外地经验找寻出路，善于发挥干部群众的聪明才智集思广益，努力推动各项工作不断攀上新境界。要进一步强化实干意识，不提不切实际的空指标，不喊哗众取宠的空口号，大力精简会议文件，更多地深入基层，靠在一线，研究具体问题，解决实际困难，扎扎实实地把各项工作落到实处。要进一步强化效能意识，大力发扬“快节奏、高效率、满负荷”的工作作风，今天的事绝不拖到明天，自己的事绝不推给别人，上级交办的事绝不讨价还价，切实做到政策快对接、工作快推进、任务快落实，努力在全区上下形成比学赶超、竞相发展的生动局面。

各位代表，同志们，肩负光荣使命责任重大，展望光明前景催人奋进。让我们更加紧密地团结在以胡锦涛同志为总书记的党中央周围，在省、市委的坚强领导下，全身心投入转型跨越的伟大实践，更加斗志昂扬，更加满怀激情，更加奋发有为，为建设民富区强、文明和谐新任城而努力奋斗！

济宁市任城区人民代表大会常务委员会工作报告

——2012年1月7日在济宁市任城区第十七届人民代表大会第一次会议上

贾存琰

各位代表：

我受区十六届人大常委会的委托，向大会报告工作，请予审议，并请列席会议的同志提出意见。

换届以来工作的回顾

区十六届人大一次会议以来，全区上下同心同德、团结拼搏，群策群力、转型跨越，任城经济社会快速发展、综合实力显著增强。区人大常委会在中共任城区委的坚强领导下，坚持党的领导、人民当家作主和依法治国的有机统一，紧紧围绕全区工作大局和经济建设中心，以科学发展观为统领，以加快转变经济发展方式为主线，以加强社会主义民主法制建设为根本任务，以保障和改善民生为立足点，依法履行职责，扎实开展工作，举行常委会会议31次，主任会议76次，听取审议“一府两院”专项工作报告131项，作出决议、决定和审议意见154项，开展视察、执法检查活动163次，较好地发挥了地方国家权力机关的职能作用，为促进全区科学发展跨越发展和社会和谐稳定做出了积极贡献。

一、围绕中心、服务大局，着力推动全区经济社会又好又快发展

常委会始终坚持党的领导，自觉把人大工作置于区委领导之下，紧紧围绕区委决策部署，科学务实，积极作为，对事关全区改革发展的大事积极支持，对经济社会发展的重点工作全力推进，为促进转型跨越发展积极发挥了支撑保障作用。

围绕推动全局性重大事项的贯彻落实努力发挥作用。为促进任城新区建设与老城改造统筹实施、一体联动，推动新老城区加速融合，常委会对城市重点工程项目建设进行视察调研，听取审议了区政府关于任城新区建设和城乡规划建设管理情况的报告，要求区政府要切实处理好群众承受能力与适度超前发展、城市建设与经济发展和民生改善的关系，用科学发展的理念引领城乡规划，创新城建机制，按照“以建促扩、以改促升、整体推进”的发展思路，把任城新区精心打造成任城政治经济文化中心区和新型城市的典范。为编制好“十二五”规划，组织代表对“十一五”规划实施情况进行检查，适时召开了“十二五”规划编制座谈会，听取规划编制情况汇报，审议通过了“十二五”规划纲要。为加强生态区建设，专题听取了区政府关于生态区建设规划编制情况的报告，审查批准了生态区建设规划，并督促政府认真抓好贯彻落实。为强化计划预算的实施，坚持每年听取审议区政府关于国民经济和社会发展计划执行情况的报告、区级预算执行情况的报告，在审查和批准决算的同时，听取审计机关关于上一年度预算执行和其他财政收支情况的审计工作报告。为解决重大项目融资难题，常委会批准了区政府关于将开发建设任城新区还贷资金、科技中心项目建设回购资金、济北高新技术产业园污水处理厂处理费用支出列入财政预算的报

告。围绕投融资体系改革和机制创新，防范政府债务风险，听取了关于政府性债务情况的报告，在认真审议的基础上，作出了决议、决定。督促区政府积极探索建立政府融资行为的监控机制和债务风险预警机制，制定和落实偿债保障措施，做到责、权、利统一，借、用、还衔接，评、管、审紧扣，切实防范融资风险，确保信贷资金的使用效益。常委会始终坚持党管干部和依法任免相统一原则，依法任免了国家机关工作人员263人次，为促进经济社会科学发展提供了组织保障。今年是区镇人大换届之年，常委会紧紧依靠党的领导，充分发扬民主，严格依法办事，圆满完成了区镇两级人大代表选举工作。

围绕保障和促进经济又快又好发展努力发挥作用。常委会立足区情强化经济监督，围绕加速经济转型发展履职尽责。通过听取工作汇报、开展视察调研等方式，对全区工业经济运行、民营经济发展、重点项目建设进行专题调研。提出要加快发展循环经济，促进经济效益、社会效益、生态效益相统一的意见，并对审议意见落实情况以无记名投票的方式组织票决，现场公布结果，交办整改意见，实施跟踪督办。围绕经济发展转型升级这条主线，对济北工业园区、经济技术开发区、森达美港区、仙营3C电子城进行视察调研，审议了现代服务业、高新技术产业、楼宇总部经济、建设用地整治挖潜、节能减排和环境保护、招商引资工作等方面的报告，督促政府大力推进信息化、工业化“两化融合”，促进机械制造业、精细化工业、食品医药“三大百亿产业”快速发展，加速膨胀提升现代服务业，为推动全区经济又快又好发展发挥了积极作用。

围绕“三农”工作努力发挥作用。常委会听取审议了农业综合开发、农村环境整治、农村六大工程建设、农业机械推广等工作报告，对集体林权制度改革、动植物疫病防控和农产品质量检测体系建设等事关农业和农村经济发展的重点工作进行视察，促进了农村各项支农惠农政策的贯彻落实。为加强农村水利基础设施建设，改善农业生产基础条件，常委会听取审议了关于农村水利基础设施建设管理情况的报告。针对我区农村水利基础设施年久失修、配套不完善、资金投入不足、经营管理长效机制严重滞后等问题，提出了顺应城乡统筹发展趋势，全面提升农村水利设施建设水平的意见。区政府高度重视，研究制定和全面启动了农村水利基本建设规划，建立健全了在水利设施资金投入、工程建设和设施管理方面的三大长效机制，为农业快速发展奠定了坚实的基础。为加快推进农业产业结构调整步伐，促进农业增效、农民增收，常委会组织人大代表，对全区农业产业结构调整进行专项评议，评议实况通过新闻媒体向社会公开，极大增强了农业部门的工作动力。围绕全区农业发展方向这一课题，采取平时调研与集中调查相结合的方法，开展了多种形式的调查研究，形成了《关于我区都市农业发展问题的调查报告》，向区委区政府提出了大力发展农业园区、推动农业与二三产业和城市建设融合发展的意见。区委区政府高度重视，出台了我区加快都市农业发展的意见，推动了全区农业现代化水平有了新的提升。

二、牢记宗旨、执政为民，着力推进民生持续改善

常委会始终坚持履职为民的宗旨，把保障改善民生作为工作的出发点和落脚点，依法履职，主动作为，积极推动社会事业发展，确保人民群众共享改革发展的成果。

关注民生，全力督促民生工程落实。为民利民“十件实事”、旧城改造、危房改造、新型农村社区建设、保障性住房建设、采煤塌陷地治理等惠民工程是常委会关注的重点。多次组织人大代表深入基层、走访群众、召开座谈会、听取汇报、察看现场，对民生工程进行调查研究、视察评议和督促检查，全面推动了民生工程的落实。目前，10处公办中心幼儿园建设工程已全部建成并投入使用，农村饮水安全工程和新农保工程已全面启动，教师工资已实现全区统筹，村两委班子主要成员的养老保险得到圆满解决等，一大批群众盼望的民生工程得到落实。

维护民利，切实保障公民和法人的合法权益。

常委会先后对《义务教育法》、《妇女儿童保护法》、《消费者权益保护法》、《食品安全法》等十余部法律法规的贯彻执行情况进行执法检查，督促有关部门依法行政，保护群众的切身利益。常委会高度重视公共文化体系建设、社会保障体系建设、医药体制改革、就业再就业、人口与计划生育、城乡环境综合整治及民事案件执行等事关群众切身利益方面的工作，通过听取报告、组织视察、专项评议等方式，督促有关部门进一步关注民生、维护民利。2008年，常委会对公共卫生体系建设工作进行审议，提出了全面构建区、镇、村三级公共卫生服务网络，健全基本药物保障体系，调整住院补偿比例的意见，政府认真落实，让群众得到了更多实惠。2009年，对区政府治安管理工作、公安机关“三基”工程建设专题调研，积极推动区政府以开展“三项重点工作”、强化“四大建设”为主线，“打防管控”多管齐下，建立“四条线、两个面”的综治工作新格局。全区民事案发率、刑事犯罪率逐年下降，为人民群众安居乐业营造了良好的社会治安环境。

畅通民情，扎实做好信访工作。常委会把办理人民群众来信来访作为了解社情民意、开展监督工作的重要渠道和方式，进一步健全完善了人大信访督办制度，对涉及群众切身利益的重要信访案件，常委会主要领导亲自过问，及时批示，协调处理。区十六届人大一次会议以来，共受理人民来信396件，接待群众来访513起689人次，办理上级人大转办的信访事项36件，审查涉法涉诉案件458件，按照法律、政策规定，本着“分级负责、归口办理”的原则，及时予以转办、督办，维护了人民群众特别是弱势群体的合法权益。

三、强化措施、健全机制，着力加强民主法制建设

常委会坚持把推进民主法制建设作为根本任务，把保证法律法规的遵守执行作为重要职责，不断强化法律监督，促进全区社会和谐稳定。

加强普法监督，提高全民法律素质。为充分发挥法制宣传教育在推进依法治区、构建和谐任城中的重要基础作用，常委会听取审议了区政府“五五”普法年度工作报告，审查批准了“六五”普法和依法治区规划，作出了《关于在全区公民中开展法制宣传教育的决定》。要求“一府两院”紧扣全区“十二五”规划目标，突出重点对象，完善工作机制，增强法制宣传教育的针对性和实效性，加快推进依法治区进程，把“六五”普法和依法治理工作不断推向深入。

加强执法监督，提高依法行政水平。常委会听取审议了区政府关于优化经济发展环境的报告，提出要着力构建快捷高效的政务环境、安定和谐的社会环境的意见。审议公安机关执法规范化建设工作，督促公安机关全面加强思想作风建设，全方位加大执法监督力度，规范执法行为，完善工作机制，提升执法水平。几年来，常委会先后对《建筑法》、《行政许可法》、《劳动合同法》、《公务员法》、《环境保护法》等二十多部法律的贯彻执行情况进行了视察、调查或执法检查。督促执法机关加强对法律法规的学习宣传，促进了相关法律法规在全区深入贯彻实施。2010年，常委会出台了《规范性文件备案审查办法》，对区政府制订的规范性文件开展备案审查工作，为保障法律法规的正确实施，维护人民群众合法权益，构建了又一长效机制。

加强司法监督，努力维护司法公正。常委会高度重视司法工作，多次到法、检两院视察调研，听取审议了刑事审判、行政审判、民事行政检察和《检察官法》、《法官法》贯彻执行情况的报告，强化了法院审判中立理念，推动了检察机关法律监督工作的深入开展，不断树立了司法权威和公信力。常委会对法院实行人民陪审员制度给予大力支持，适时调整任命了部分陪审员，并采取以会代训、组织陪审员开展庭审观摩活动等方式，提高陪审员的政治思想素质和业务能力水平。常委会积极支持司法机关依法独立行使职权，努力为司法机关公正执法创造了良好的社会环境。

四、完善机制、强化服务，着力加强和改进代表工作

人大代表是人民代表大会主体。常委会始终把代表工作作为基础工作来抓，支持和保障人大代表依法履职、发挥作用。

把拓宽知情知政渠道作为人大代表依法履职、发挥作用的重要环节。坚持常委会组成人员联系代表、代表联系选民“双联制度”，开通了人大代表与政府负责同志联系的“绿色通道”，定期召开政情通报会，多种方式及时向人大代表通报区人大常委会重大事项；组织全国、省市区人大代表开展视察和调研，发挥人大代表参与管理国家事务和社会事务的积极性；按照有计划、有场所、有经费、有措施的“四有要求”，完善了代表小组活动的意见；坚持每年召开两次全区人大工作暨代表小组活动经验交流会，推动各镇街代表小组围绕新城区建设、经济园区建设、新农村建设、基础设施建设等重大问题，积极开展视察调研等活动。镇街人大代表工作的有效开展，对促进经济社会发展，加强基层民主政治建设发挥了重要作用。

把提高人大代表素质作为人大代表依法履职、发挥作用的重要保证。常委会严把人大代表入口关，优化和改善了代表结构；采取以会代训、专题讲座等形式对代表进行法律知识、业务知识培训，增强了代表履职意识，开展代表定期向选民述职活动，增强了责任意识；组织代表进行跨行业交叉视察，促进了代表对区情的了解，提高了议案建议质量；邀请部分代表列席区人大常委会会议，参加区人大组织的执法检查、建议督办和调研活动，提高了人大代表的法制意识和履职能力。

把认真办理议案建议作为人大代表依法履职、发挥作用的重要途径。常委会把提高代表建议办理质量作为尊重代表权力、激发代表履职积极性、推动“一府两院”工作的一件大事来抓。换届以来，代表共提出建议、批评和意见156件，常委会办事机构及时转交“一府两院”，提出办理要求。对代表提出的重点建议，坚持主任会议专题研究、跟踪督办。认真审议区政府《关于代表建议、批评和意见办理情况的报告》，督促“一府两院”进一步增强做好办理工作的主动性和责任感，采取有效措施，抓好落实。所有建议均按要求办理并答复代表，办复率100%，满意率和基本满意率97%。针对代表提出的“关于加快推进新型农村社区建设的建议”，区政府成立了新型农村社区和住房建设指挥部，出台了《关于加快新型农村社区和农村住房建设的实施意见》，并与各镇街签订了目标责任书。2011年新建续建的18个示范工程，完成了建设面积30多万平方米。为落实代表提出的“关于建立城乡环境长效保洁机制的建议”，常委会围绕全区城乡环境综合整治这一议题，开展视察调查，听取工作汇报，认真进行审议。区政府出台了《加强城乡环境卫生管理工作的意见》，深入开展城乡环卫一体化工作。投资626万元，新建公厕30座，购买了垃圾运输车，创新保洁模式，投资300万元，建立了849人的管理队伍，城乡环境卫生明显改善。

五、求真务实、开拓创新，着力抓好常委会自身建设

常委会高度重视自身建设，以提高依法履职能力为重点，注重从思想、组织、作风、制度等方面打牢基础、强化保证。

坚持正确的政治方向，把思想政治建设摆在首位。认真践行科学发展观，扎实开展“创先争优”活动，着力解决在思想观念、工作机制、干部作风等方面存在的问题。以创建学习型机关为抓手，坚持党组中心组学习和干部在线学习制度，举办专题讲座，深入学习中国特色社会主义理论体系、5·17·5换届纪律，增强了机关干部依法履职的使命感和责任感。

严格依法按程序办事，把制度建设作为基础性工作来抓。认真贯彻民主集中制，严格执行常委会议事规则，充分发扬民主，严格依法办事，坚持集体决定重大事项，集体行使法定职权。为提高常委会议事质量，按照把握规律性、体现时代性、富于创造性的要求，根据《监督法》等相关法律的规定，修订和完善了《人事任免办法》、《专项工作评议办法》等十七项制度，做到了议有目标、行有结果、议行结合，进一步提高了常委会工作的科学化、规范化、制度化水平。

加强与人民群众的联系，把作风建设的成效体现在以人为本、履职为民上。以开展创先争优活动为载体，全面落实区委改进作风、整肃纪律的规定，把作风建设贯穿工作始终，把密切联系群众、加强调查研究作为基本功，不断创新监督形式，实现由程序性监督向实质性监督转变，特别是抓住事关全局的重大问题，深入调查研究，努力发挥人大在体察民情、反映民意、集中民智方面的优势和作用，使常委会各项工作更加符合人民群众的意愿。常委会领导班子成员积极投身到城市建设、园区建设、项目建设的第一线，参与指挥部工作，包保重点企业项目，机关干部积极参与新农村建设、招商引资、协税护税等重点工作，为促进全区经济社会科学发展作出了积极贡献。

保持团结奋进的工作氛围，把提高能力素质作为机关建设的重中之重。常委会围绕自身建设积极开展“建学习型机关、做学习型干部”活动，提高了常委会组成人员和机关工作人员履职能力和工作水平。大力加强和改进人大宣传与理论研究工作，全方位、深层次、多角度宣传人民代表大会制度的优越性和民主法制建设的新成就，反映人大围绕中心、服务大局的新进展，展示人大代表履职尽责、服务人民的新风采。常委会把政治性、政策性很强的老干部工作列入了重要日程，高度重视和支持老干部工作，采取有效措施，从多方面多渠道积极为老干部办实事、办好事，让老干部老有所学、老有所教、老有所为、老有所乐。

回顾本届人大常委会的工作，我们深深体会到：围绕中心、服务大局是人大工作的根本原则。实践证明，只有坚持和依靠党的领导，始终保持人大工作与党委意图同频共振，围绕中心，服务大局，才能保证人大工作正确的政治方向，才能充分发挥人大职能作用。牢记宗旨、关注民生是人大工作的坚定目标。只有加强与代表和人民群众的联系，把维护人民群众根本利益作为人大工作的出发点和落脚点，才能最大限度地调动人民群众的积极性和创造性，人大工作才能赢得群众的信任和支持。宪法至上、依法履职是人大工作的内在要求。人大与“一府两院”虽然职责分工不同，但目标是完全一致的，都要在党的领导下协调一致地开展工作。只有坚持监督与支持的有机结合，保持与“一府两院”工作的良性互动，加强沟通，相互协调，才能从根本上保证宪法和法律得到有效实施，保证公民合法权益切实得到维护和尊重。强化服务、凝心聚力是人大工作的坚实基础。人大工作的基础和依托是代表，人大工作的潜力和优势在代表，人大工作的创新和发展靠代表。只有努力为代表履职提供有效的平台和服务，着力提高代表履职能力，才能充分发挥人大代表的作用，推动人大工作的开展。积极进取、开拓创新是人大工作的不竭动力。创新是地方人大工作永葆生机与活力的源泉。只有坚持从实际出发，不断研究新情况、学习新知识、拓宽新思路，在实践中探索，在探索中创新，在创新中提高，才能不断给人大工作注入新的生机和活力。

各位代表！区十六届人大常委会认真履行法定职责，圆满完成了各项任务目标，这是区委正确领导和社会各界大力支持的结果，是“一府两院”自觉接受监督和密切配合的结果，是全体人大代表、常委会组成人员积极参与、共同努力的结果。在此，我代表区十六届人大常委会向各位代表，向所有给予人大关心、支持和帮助的同志们表示崇高的敬意和衷心的感谢！

面对新的形势和任务，我们也清醒地认识到，区人大常委会工作中还存在不少需要改进的地方。主要是：思想观念有待进一步更新，监督工作的针对性、实效性有待进一步增强，代表参政议政的渠道有待进一步拓宽，常委会自身建设有待进一步加强。这些问题都需要在今后的工作中认真加以解决。

今后五年工作的建议

各位代表，今后五年，是任城转型发展的攻坚期、城市扩张的加速期，也是提前建成全面小康社会的关键冲刺阶段。面对艰巨繁重的任务，新一届人大常委会要把思想和行动统一到区第十三次党代会的决策部署上来，充分发挥地方国家权力机关的积极作用。总体要求是：以邓小平理论和“三个代表”重要思想为指导，认真践行科学发展观，在中共任城区委的坚强领导下，坚持党的领导、人民当家作主和依法治国有机统一，紧紧围绕全区科学发展主题，牢牢把握转方式调结构发展主线，以加强社会主义民主法制建设为根本任务，把保障和改善民生作为出发点和落脚点，切实履行宪法和法律赋予的监督职责，积极促进全区经济社会科学发展，努力开创人大工作新局面。

一、坚持党的领导，致力于在促进科学发展中形成合力。区人大及其常委会作为地方国家权力机关，在全区经济社会发展中肩负着重大责任，要自觉把人大工作置于区委领导之下，善于把区委重大决策和重要意图通过法定程序变为全区人民的共同意愿，要更加清醒地认识面临的新形势和新任务，增强工作的责任感和自觉性，要更好地发挥常委会与人大代表、人民群众紧密联系的优势，最大限度地调动和发挥全区人民全面建设小康社会的积极性，切实形成社会关注、党委部署、政府推进、人大监督的合力，为促进全区经济社会科学发展做出积极的贡献。

二、依法实施监督，致力于在推进转型发展中奋发有为。常委会要认真贯彻落实《监督法》，把关系全区改革发展稳定的重大问题、人民群众和社会普遍关注的热点难点问题、在执法检查调查中发现的突出问题以及群众来信来访集中反映的问题作为监督的重点，充分运用《监督法》规定的监督形式，切实加强对“一府两院”的监督。今后工作中，特别要运用好听取审议专项工作报告、执法检查、询问、质询、特定问题调查等手段，着力推动区委区政府重大决策的贯彻落实，要紧紧围绕区十三次党代会提出的要求，高度关注全区新型工业化、城市化、农业现代化建设进程，关注重大项目建设、文化事业建设和社会管理创新中的问题，加强调查研究和监督工作，确保党委重大决策的、政府着力推进的、群众普遍关心的事关全区发展大局的事项得到有效落实。

三、做好代表工作，致力于在崛起发展中发挥作用。人大代表是人民代表大会的主体，代表工作是人大工作的基础。人大代表只有充分依法行使权力，把人民的意志及时转化为国家意志，把国家意志转化为全体人民的行动，使通过的国家意志能更好更多地体现人民的利益，才能代表人民管理好国家事务，才能为推动经济社会发展发挥作用。常委会要健全代表学习培训机制，增强培训的针对性和实效性，提高代表依法履职的能力和水平；要健全闭会期间代表活动的组织、激励和保障机制，创新活动形式，丰富活动内容，进一步提高代表活动的实效；要努力营造全社会尊重代表、支持代表依法履职的良好氛围，保障代表的合法权益不受侵犯；要完善代表建议督办机制，规范办理程序，强化跟踪督办，及时反馈办理结果，把办理代表建议作为调动代表履职积极性和推动工作的重要渠道。

四、加强自身建设，致力于在服务和谐发展中激发活力。区十三次党代会深入分析国际国内形势，确定了今后五年经济社会发展的宏伟目标和战略举措。新的征程、新的任务，对人大工作提出了新的更高要求。新一届人大常委会要主动适应新形势新任务需要，大力提升战略思维、科学发展、开拓创新、执行落实、沟通协调“五大能力”，积极弘扬顾全大局、真抓实干、亲民爱民、勤奋学习、清正廉洁“五种作风”，把人大自身建设提升到一个新的高度，全力推动经济社会和谐发展，努力开创任城人大工作新局面。

各位代表，面向未来，我们站在新的历史起点上，时代赋予重任，人民寄予厚望。让我们紧密团结在以胡锦涛同志为总书记的党中央周围，在中共任城区委的坚强领导下，继往开来，锐意进取，开拓创新，为全面建设小康社会，构建民富区强、文明和谐新任城而努力奋斗！

政府工作报告

——2012年1月6日在济宁市任城区第十七届人民代表大会第一次会议上

岳根才

各位代表：

现在，我代表济宁市任城区人民政府向大会报告工作，请予审议，并请各位政协委员和其他列席会议的同志提出意见。

过去四年工作回顾

区十六届人大一次会议以来，面对复杂多变的宏观环境，金融危机的巨大冲击，行政区划的重大调整，全区上下紧紧依靠市委、市政府和区委的坚强领导，在区人大、区政协的监督支持下，以科学发展观统揽全局，团结拼搏，砥砺奋进，各项既定目标任务圆满完成，“十二五”实现平稳开局，任城发展站在了新的起点上。

综合实力稳步提升。2011年，预计完成地区生产总值232亿元，是2007年的1.8倍，年均增长14.4%；地方财政收入达到18.67亿元，是2007年的2.81倍，年均增长29.51%，迈入全市第一方阵，4个镇街跻身亿元镇街行列；固定资产投资完成110亿元，四年累计完成349亿元，年均增长26.42%。三次产业比例由2007年的10.4：54.9：34.7调整为8.6：56.4：35。工业加快调整振兴。机械制造、精细化工、食品医药产业产值占规模以上工业总产值比重达到50%，规模以上工业企业发展到116家。累计完成技改投资115.2亿元，占工业固定资产投资比重达到77.5%。战略性新兴企业发展到38家。高新技术产业产值占规模以上工业总产值比重达到21%，科技对经济增长的贡献率提高到55%。现代服务业迅速成长。限额以上服务业企业发展到199家。“两大综合物流园区、四大专业物流中心”初具规模，开发区医药物流园成为省级重点服务业园区。都市农业特色初显。“四大园区、四大基地”格局基本形成。25个农产品通过“三品一标”认证，长沟葡萄成为国家地理标志保护产品，李营苗木在国家工商总局注册“李营牌”商标。市级以上农业产业化龙头企业发展到15家，合作经济组织发展到146个。农村六大工程全面启动。被列入山东省小型农田水利建设重点县。改造中低产田6万亩，粮食连年增产丰收。集体林权制度改革顺利完成。动植物疫病防控和农产品质量检测监管体系日益健全。农业机械化水平达到90.6%。水产养殖面积发展到4.05万亩。

城乡建设统筹推进。积极抢抓济宁中心城区扩张和行政区划调整机遇，坚持规划引领，全力推动城乡“三年大建设、三年大变样”。城市建成区面积达到24.63平方公里，城镇化率提高到52.3%。任城新区成为中心城区北延的重要板块，“六纵三横”路网形成，城市框架大幅拉开，商务中心、科技中心等一批地标性建筑拔地而起，现代森林阳光、宜业宜居宜商形象初步展现。老城改造稳步推进，实施拆迁改造200多万平方米，整治背街小巷60余条。济宁大道、临菏路建成通车，105国道、济邹路、济梁路及城市主要出入口升级改造基本完成。小城镇提升行动扎实推进。薛口、桃园等11

个新型农村社区建成回迁。城市管理体制进一步理顺，城乡环卫一体化、综合执法一体化水平不断提高。城市绿地达到589万平方米。新修农村公路152公里。城乡环境面貌、基础设施、发展水平全面提升。

发展后劲逐步增强。投资拉动、创新驱动、园区带动一体推进，转型发展的基础更加稳固。累计招引项目1252个，到位区外国内资金240.3亿元，实际利用外资6621万美元。园区持续扩区增容。任城经济开发区、济北高新技术产业园建成面积分别达到20平方公里和4.3平方公里，森达美跃进港区、南张综合物流园区加快集聚成型。科技人才支撑日益凸显。连续五次成功创建“全国科技进步先进区”。建立国家级实验室5家、省级企业技术中心和工程技术研究中心11家、省市级院士工作站2家，累计引进高层次人才948名。参与制定修订国家标准、行业标准、地方标准、企业标准46项。创出中国驰名商标3个，山东省著名商标15个。农村综合配套改革、区镇财政体制改革等扎实推进，发展的内生动力进一步增强。持续推动全民创业，民营业户发展到3.06万户，民营企业发展到4038家。生态环境得到改善。“十一五”节能减排目标全面完成。探索出“治用保防控”结合的治污减排新模式，先后实施截污导流中水库、洸府河入湖口人工湿地等5个重点生态项目。顺利通过国家淮河流域治污检查。秸秆禁烧长效机制基本形成。森林覆盖率达到23.32%。

民生状况显著改善。城镇居民人均可支配收入21730元、农民人均纯收入9346元，年均分别增长12.1%和12%。坚持每年兴办为民利民十件实事，财政累计安排民生支出20.9亿元。就业形势持续稳定，累计城镇新增就业岗位1.85万个，转移农村劳动力4.1万人，城镇登记失业率控制在4%以内。社会保障体系日趋完善，五大保险参保人员达到86.8万人次，新型城乡居民社会养老保险实现全覆盖，纳入国家级试点县区。新农合参合率达到99.8%。累计建设保障性住房12.5万平方米，改造农村危房780户。学前教育三年行动计划启动实施，免费义务教育全面实现，高中阶段教育基本普及。新建、改造校舍1.5万平方米，省市级规范化学校分别达到8所和21所，占全区学校总数比例提高到44%。医药卫生体制改革稳步推进，国家基本药物制度全面实施。基层卫生医疗服务体系不断完善，服务水平不断提高，成功创建“全国基层社区中医药工作先进区”。与齐鲁医院合作、托管基层卫生院及“先看病，后付费”等模式取得成功经验。甲型H1N1流感、手足口病等重大传染疾病得到有效防控。食品药品监管不断加强。

和谐局面巩固发展。认真执行区人大及其常委会的决议，坚持重大事项向区人大常委会报告、向区政协通报制度，主动接受人大法律监督和政协民主监督，累计办理人大代表建议156件，政协委员提案533件。政府机构改革顺利完成，政府职能加快转变，依法行政迈出新的步伐。着力打造“平安任城”，构建起“四条线、两个面”的综治工作格局，“小档案促大平安”经验在全国推广。安全生产形势稳定。普法工作深入开展。基层民主政治建设得到加强。第九、第十届村民委员会换届依法完成。建立起以“三资五制”为重点的村级民主决策长效机制。城乡精神文明创建活动广泛开展，公民道德素质不断提升。公共文化服务体系逐步健全，建设农村文化大院300个、农村书屋300处，庄户剧团等富有地方特色的民间文艺团体大量涌现。非物质文化遗产项目达到332项。人口自然增长率控制在6.5‰以内。先后荣获全国科普示范区、全省社会文化先进区、全省平安建设先进区、全省双拥模范先进区、全省计划生育优质服务区等称号。广电新闻、民族宗教、外事侨务、对台事务、防震减灾、应急管理、统计、审计、物价、档案、老龄、妇女儿童、残疾人、红十字会等事业统筹推进，和谐稳定的局面不断巩固发展。

各位代表！四年的成绩来之不易。这些成绩的取得，靠的是市委、市政府和区委的坚强领导，得益于历届领导班子打下的良好基础，离不开区人大、区政协的监督支持，得到了各民主党派、工商联、各界人士和离退休老同志的关心帮助，凝聚着包括各位代表、各位委员在内的全区人民的心血汗水。在此，我代表区人民政府，向所有为任城改革和建设事业作出积极贡献的同志们、朋友们，表示衷心的感谢并致以崇高的敬意！

在肯定成绩的同时，我们也清醒地看到，全区经济社会发展还面临不少困难和问题，政府工作也存在一些差距和不足：经济结构性矛盾比较突出。煤电产业占比较大，路径依赖没有打破，产业竞争优势不够明显，缺乏支撑带动作用突出的大企业、大集团，现代服务业和新兴产业成长不快，节能减排和环境保护任务十分艰巨。城乡建设管理水平亟需提升。城市建设起步较晚，规划、建设、管理、经营水平有待提高，辐射带动功能不强，新型城镇化进程需要进一步加快，城乡环境面貌有待进一步改善。社会建设存在薄弱环节。城乡居民持续增收的基础不够稳固，社会保障体系尚未健全，部分群众生活比较困难。经济社会转型期间矛盾问题增多，创新完善社会管理的任务异常繁重。政府自身建设需要加强。政府职能转变还不能完全适应新形势新任务要求，干部的创新能力、执行能力有待进一步增强，在更新思想观念、改进工作作风方面有待继续加大力度。对这些问题，我们务必保持清醒头脑，采取有效措施，认真加以解决。

今后五年政府工作的总体要求和目标任务

今后五年，是任城发展实现更大突破、加快建设全面小康社会的重要时期，也是我们爬坡过坎、负重奋起的关键阶段。从宏观形势看，我们既面临着国内经济持续平稳增长的有利环境，也面临着世界经济增长放缓，不确定、不稳定性上升的复杂局面；从区域竞争看，我们既面临着济宁组群结构城市加速融合带来的重大机遇，也面临着周边县市区特别是“一城四区”竞相发展的激烈竞争；从产业结构看，我们既取得了资源型县区转型发展的新成果，也面临着产业层次不高、缺乏大企业大项目支撑，土地、资金、人才、环境等瓶颈制约带来的压力。综观发展大势，虽然形势复杂多变，但机遇挑战并存、机遇大于挑战。我们有信心、有能力与先进县市区并肩比拼，勇当转型崛起的先行军，再谱任城发展的新篇章！

今后五年政府工作的总体要求是：**高举邓小平理论和“三个代表”重要思想伟大旗帜，认真践行科学发展观，按照区十三次党代会既定部署，牢牢把握转方式调结构主线，不断强化科技创新、项目带动“两个支撑”，深入实施新型工业化、新型城镇化、农业现代化“三化同步”战略，加快构建现代新城区、产业发达区、生态宜居区、和谐首善区“四区”格局，统筹推进经济、政治、文化、社会和政府自身建设，为全面建设民富区强、文明和谐新任城而努力奋斗！**

立足实现“经济翻一番，城乡同发展，提前达小康，生态得改善”，经济社会发展的主要目标是：

——*经济转型实力提升*。地区生产总值、地方财政收入年均增长分别达到15%、17%以上，绝对值分别达到470亿、40亿元；固定资产投资年均增长20%以上，绝对值达到270亿元，均实现翻番目标。资源型经济向城市经济转型取得重大进展，三次产业比例调整为5：52：43。精细化工、机械制造、食品医药三大产业占规模以上工业总产值比重提高到70%以上，培育出1个百亿级企业、2个50亿级、8个20亿级企业。新兴产业销售收入年均增长30%以上。服务业增加值突破200亿元。高新技术产业产值占规模以上工业总产值比重达到30%以上。基本建立以高新技术产业为先导、先进制造业和现代服务业为支撑的现代产业体系，整体实力跃升一个新台阶，稳居全市第一方阵，跨入全省一流县区。

——*城乡统筹一体发展*。城市建成区面积达到50平方公里，城镇化率达到65%。任城新区一体两翼、三面拓展，建成面积达到20平方公里，常住人口突破15万，基本实现由新区向新城、由建设城市向经营城市转变。金城、仙营成为引领服务业发展的时尚街区、精品城区。南张、李营加速融入主城区。任城经济开发区坚持产城融合，统筹产业聚集与新型城镇化，高标准开发洸府河以东片区和蓼沟河片区，打造东部工业新城。石桥北接工业新城、西连北湖新城，形成具有湿地特色的滨湖生态城镇。二十里铺依托济北高新技术产业园，加快驻地改造提升，建设生态工业新城。长沟镇发挥区位优势，打造交通枢纽型、产业带动型的省级中心名镇、运河物流重镇。农村社区化水平不断提高。城乡一体化加快推进，构建起同发展、共繁荣的新型城乡关系。

——文化强区加快建立。社会主义核心价值体系全面体现，任城精神广泛弘扬，公民道德素质和社会文明程度显著提高。公共文化服务网络基本健全，城乡文化惠民工程深入实施，群众基本文化权益得到切实保障。文化体制改革深入推进，文艺精品力作、优秀文化人才不断涌现，塑造出一批彰显任城特色、社会影响广泛的文化品牌。文化发展主要指标、文化事业整体水平、文化产业综合实力走在全市前列。

——生态环境明显改善。生态任城建设取得阶段性成果，“治用保防控”结合的生态保护模式全面落实，节能减排各项约束性指标如期完成。发展低碳经济、推动绿色增长，节约能源资源和保护生态环境的产业结构、增长方式、消费模式加快形成，走出经济发展与生态保护双赢的可持续发展之路。森林覆盖率达到28%以上，城市绿地率达到40%以上。

——全面小康提前实现。城镇居民人均可支配收入、农民人均纯收入年均增长均保持在15%以上，实现城乡居民收入“双倍增”。民生投入年均增长12%以上，“学有所教、劳有所得、病有所医、老有所养、住有所居”的目标加快实现，普惠型、增长型的社会保障体系实现全覆盖。教育总体发展水平跨入全省先进行列，城乡基本公共卫生服务更加均等。提前建成全面小康社会，群众的幸福感普遍增强。

各位代表！未来五年的发展，任务光荣艰巨，前景光明美好。只要我们只争朝夕、奋发努力，就一定能够早日把任城建成产业发达、优势凸显、综合实力不断增强的县区，建成城乡秀美、生态良好、人居环境不断改善的县区，建成文化繁荣、事业进步、文明程度不断提升的县区，建成社会和谐、公平公正、安定团结良好局面不断巩固发展的县区，建成民生殷实、生活富足、城乡群众幸福指数不断提高的县区，让任城大地焕发出更加蓬勃的生机与活力！

2012年政府工作安排

今年是新一届政府的开局之年，做好各项工作意义重大。工作的总体思路是：按照“稳定增势、高位求进、加快发展”的工作基调，坚持“全党抓经济、重点抓工业、突出抓城建、关键抓项目”，统筹做好稳增长、调结构、惠民生、保稳定各项工作，开创全区经济社会又好又快发展新局面。主要预期目标是：地区生产总值增长13%，地方财政收入增长16%，固定资产投资增长25%，社会消费品零售总额增长20%，城镇居民人均可支配收入、农民人均纯收入均增长13%，实际利用外资增长10%，人口自然增长率控制在7‰以内，全面完成市里下达的节能减排约束性指标。围绕实现上述目标，着力抓好以下八个方面的工作：

一、做大做强工业经济，建设现代产业体系

就我区来讲，抓经济，重点就是抓工业；转方式，重点就是转变工业经济发展模式；调结构，重点就是调整优化工业结构。我们要坚持工业强区理念不动摇，实施高端高质高效发展战略，不断推动工业经济增量提质。

增强优势主导产业支撑力。把着力点放在调整优化结构、增强配套能力上，大力实施“双轮驱动”，一手抓传统产业升级，一手抓新兴产业发展，加快推进40个投资2000万元以上的重点工业项目。机械制造产业，突出抓好工程机械及机床配件、汽车零部件等项目，积极向高附加值的整机制造、终端产品发展；精细化工产业，突出抓好卡松绿色环保液压油、小松油品研发中心、云天化氨化造粒复合肥等项目，推动化工产品深度开发、高端发展；食品医药产业，突出抓好方健制药、天博食品工业园等项目，着力提高科技含量；新兴产业，抓好晨阳碳素沥青基碳纤维、碳碳复合材料等项目，加速形成一批特色产业链，放大引领带动效应。年内力争新增规模以上工业企业10家，三大工业主导产业销售收入增幅保持在25%以上，占工业经济比重提高5个百分点，技改投资占工业固定资产投资比重保持在65%以上。

增强骨干龙头企业带动力。年内力争销售收入过5亿元企业突破30家，其中过50亿元企业1家，过20亿元企业2家。实施“百户企业扶持工程”和“百名高管人才培训工程”，选择70家传统企业、30家新兴企业重点扶持，对100名高层企管人员重点培训。围绕建设企业梯队，把加快培育大企业、大集团摆在突出位置，选择成长性好的重点骨干企业，积极寻求与区外大企业的合资合作，通过强强联合、兼并重组、技改扩能、资本运作等途径，推动重点企业裂变倍增。鼓励中小企业围绕优势产业和骨干企业开展技术协作与产品配套，形成“专精特新”的中小企业群体。加大政策扶持力度，在要素保障、扶持上市等方面，制定落实更具突破性、更有含金量的政策，给予更多个性化的“贴身”服务，重大项目一事一议，引导优质资源向优势企业倾斜。优选部分重点企业进行信息化改造，加快推进两化融合。

增强特色工业园区集聚力。坚持产业集聚、项目集中、开发集约，打造主导产业清晰、带动作用突出的特色园区。任城经济开发区按照“千亿园区”定位，严格落实功能分区和区中园规划，不断优化项目布局，增强配套功能。坚持“小机构、大服务”，实行强镇扩权、松绑减负，创新完善体制机制，激发释放内生动力，集中精力主攻产业发展，加快打造装备制造、现代医药和新兴产业聚集区。济北高新技术产业园依托碳素集团等行业龙头企业，吸引高端关联项目入驻，打造高端化、生态化、循环型的精细化工园区。建立资源共享、利益分享的发展机制，吸引镇街工业项目、招商引资项目、退城入园项目入驻两大工业园区，不断提高项目密度、投入力度和产出强度。

二、加快成长现代服务业，增创区域竞争新优势

现代服务业是任城转型跨越的最大潜力所在。我们要协调发展传统服务业与现代服务业、生产性服务业与生活性服务业，促进现代服务业与先进制造业高端发展融合互动，着力构建“水陆相连、业态齐全、模式现代、规模发展”的现代服务业发展新格局，力争年内服务业增加值占比提高1.6个百分点。

积极发展商贸服务业。统筹推动商业服务与城市开发建设，科学规划商业设施，预先留足发展空间。加快传统商贸业提档升级，完善城市商业网点，兴建一批各具特色的美食、购物、休闲“一条街”。积极引进大型城市综合体，沿金宇路、济安桥路布局亿丰时代广场、太平洋商业广场、金宇商贸城、娱乐城片区综合体等项目，打造业态全、层次高、贡献大的“城中之城”，带动西部城区、任城新区商贸服务业，崛起中心城区北部商圈。

突出发展现代物流业。港区、园区、城区多区联动，煤炭物流、苗木物流、医药物流、化工物流、综合物流齐头并进，建设区域性物流中心，打响“运河物流”品牌。统筹布局新上项目，加快推进金宇汽配城二期，推动南张综合物流园集聚成型。抓住长沟船闸泵站、南水北调输水与通航结合工程机遇，规划建设长沟临港产业园、石桥航运物流园和二十里铺化工码头。鼓励物流企业紧贴产业链条，推广应用电子商务，搭建信息化、数字化的公共物流信息平台，完善仓储、运输、加工、配送等实体配套，积极发展第三方物流。

优先发展新兴服务业。积极引进银行、保险证券、担保抵押、小额贷款公司等金融机构，完善金融服务体系。整合区内楼宇资源，吸引企业总部入驻，发展特色楼宇经济。启动大唐高鸿电信、仙营3C商圈建设，促成国内知名数码企业落地，实现研发、生产、仓储、销售一体发展，打造鲁西南信息产业高地。积极发展科技研发、工业设计、文化创意、中介咨询等新兴服务业态，培植新的经济增长

点。依托周边旅游资源，借力借势发展旅游经济，加快交通中转、住宿餐饮、网络信息平台等旅游要素建设，建设区域性旅游集散地。

健康发展房地产业。研究完善促进房地产业平稳健康发展的政策措施，引导区内骨干房地产企业做大做强，引进国内外实力雄厚、理念先进的大型房地产企业参与城市开发建设。加快蓝天花园二期、长安花园三期等续建项目进度，启动蓝天豪庭、新华片区一期、华任尚品小区等新建项目，打造高品质房产，形成地标性建筑。科学安排商品房和保障性住房供应比例，满足不同层次的住房需求。大力发展商业地产，持续提高经济贡献比重。

三、打造都市农业亮点，促进产业延伸融合

坚持以“农村六大重点工程”为抓手，用工业化的理念经营农业、产业化的理念提升农业、合作化的模式发展农业，推动农业“接二连三”，积极发展标准农业、品牌农业、旅游农业。

提升城郊型农业。围绕城市特点、市民需求，有针对性地调整农业结构，巩固发展长沟三韩蔬菜、石桥池藕、二十里铺千户特菜、孟营西红柿、崔庄黑木耳基地，建设城市居民的“菜园子”。结合发展都市农业，突出南水北林特色，依托李营苗木、长沟葡萄、石桥荷花，加快运作推进中国北方名优花木集散中心、长沟葡萄休闲园、接庄吉康精准农业示范园、二十里铺塌陷区生态观光园等“四大园区、四大基地”重点项目，更好地满足市民近郊出游、休闲观光、体验参与的多样化需求，实现旅游助农富农。

打造标准化农业。坚持“高效、生态、品牌”理念，健全完善动植物疫病防控、农产品技术标准研究、质量检测检验和追溯体系，加强从地头到餐桌的全过程质量监管，推进农产品质量认证和产地认定，建设农产品质量安全示范区，力争2个农产品通过“三品一标”认证。以农业标准化带动农业品牌化，打造一批市场信誉较高的地域性知名品牌，争创“乔禾王”国家苗木名牌。

发展设施化农业。高标准实施全省小型农田水利重点县项目，利用3年时间，完善提升10.07万亩耕地的水利设施，建设旱能浇、涝能排，现代化、生态化的高产良田。启动南、北跃进沟、幸福河等骨干河道治理和涝洼地综合治理，抓好二十里铺项目区土地综合开发、长沟高标准农田建设示范工程，进一步增强农业综合生产能力。实施农机化效益提升工程，建设3个万亩机械化作业示范推广基地。以林业有害生物防治为重点，完善农业防灾体系，确保农业生态安全。加快农业科技进步，大力推广应用农业新技术新成果，提升对农民增收的支撑能力和对转变农业发展方式的引领能力。

推动产业化经营。坚持强龙头、建基地、扩规模、伸链条，进一步构建市场牵龙头、龙头带基地、基地连农户的产业化经营格局。培育扶持一批加工型、品牌型农业龙头企业，力争年内新增市级以上产业化龙头企业3家。规范合作经济组织，发展适度规模经营，推动土地向龙头企业、专业合作社和种养大户等经营主体集中。大力发展现代物流、连锁经营、配送专卖等现代流通方式，渐进推动“区超对接”，加快实现超市“直购”、农产品“直供”，提高农产品生产、流通环节的组织化水平。

四、统筹推动城乡发展，加速新型城镇化进程

深入开展“城市建设管理年”活动，协调推动外延扩张与内涵提升，促进城市空间布局优化、服务功能完善、特色魅力彰显。

高点打造中心城区。统筹抓好新区开发、老城改造和工业新城建设，推动中心城区扩容提质。任城新区重点突出功能完备和产业成长。按照“行政办公、商务金融、文化休闲、现代物流”四大功能板块规划布局，坚持分步实施、分区开发、确保续建、突出重点，提速推进商务中心、科技中心、疾控中心、汇翠园小区、金融大厦、翠都国际、鲁西矿业小区和金宇变电站等重点工程建设，年内完成党政机关搬迁，汇翠园小区具备入住条件。加快成长新区产业项目，湿地公园东部商务区启动中德商业广场，西部商务区推进信用联社、电信大楼建

设，协调推动产业业态提升和城市布局优化。老城区重点突出改造提升与疏朗空间。坚持整体改造、连片开发，加快防爆电机厂片区、南岱商业街区开发建设，协调提升服务功能、城市形象与居住环境。推动城区工业企业退城入园、退二进三，进一步拓展城市经济成长空间。任城经济开发区重点突出打造东部城区重要功能板块，实施蓼沟河景区东部行政办公、商贸服务、高端社区建设，尽快初具新城雏形。启动省道338线、供销路北延、任兴路东延和金宇路升级改造，进一步完善城市基础设施。

稳步推进镇村建设。全面完成镇村规划修编，明确发展定位，界定功能分区，形成各具特色的小城镇建设格局。加快镇街驻地改造提升，引进有实力的开发企业参与小城镇基础设施建设，配套进行商业开发，同步实施景观改造，吸引农村人口向小城镇聚集。坚持村为主体、先建后拆，优先启动具备条件的城郊村、园中村、驻地村、压煤搬迁村规划建设，推进刘堤头社区、史行社区、石桥社区等农村新型社区建设，加快和谐社区搬迁。强化社区管理服务职能，配套建设各类服务设施，让群众享受到更完善、更满意的公共服务。启动桃源、曹刘等社区回迁商业街区建设，探索完善壮大村居集体经济的有效实现形式和分配方式，增强社区的持续发展和社会保障能力。

全面加强城乡管理。大力推行“社会化城管”，按照责权利对等原则，科学划分区、镇街、村居权责，完善“两级政府、三级管理、四级服务”的管理格局，提高城乡管理的精细化、网格化、数字化、专业化水平。围绕清脏、治乱、拆违、造靓，进一步健全环卫队伍，完善环卫设施，配置环卫设备，健全常态长效保洁机制，下决心使城乡环境实现大的改观。严格市容执法、规划执法和专项执法，不断增强执法刚性，维护城乡建设秩序。

五、突出抓好项目带动，增强产业升级后劲

坚定不移地以投资保增长、以项目促调整，集中开展“大项目突破年”，形成投产一批、在建一批、签约一批、在谈一批、盯住一批的良性循环，在扩大投入中优化投资结构、升级产业结构。力争引进过亿元项目10个，过5亿元项目3个，过10亿元项目1个。

扩大开放引进项目。国内盯住长三角、珠三角、京津唐，国外主攻日韩、欧美，形成新的招商攻势。抓好产业招商，围绕四大主导产业、新兴产业、现代服务业和都市农业，着力引进关联度大、配套性强、产业链长的基地型、龙头型项目，实施更多上下游配套协作项目，推进招商引资由“点式”向“链式”转变。抓好企业招商，进一步凸显企业的招商主体地位，鼓励骨干企业和成长性好的企业舍得拿出优势资产，积极寻求与区外大企业、大集团的合资合作，以开放促裂变、以存量换增量，引进战略投资者落地兴业，依托大型龙头企业，做大做强主导产业。抓好园区招商，按照产业园区的功能定位和优势特点，分类集聚，有效对接，打造特色鲜明、集群发展的经济增长极。

择商选资优选项目。紧扣产业转型升级，注重研究政策、对接政策，研究产业、对接产业，研究客商、对接客商，主攻世界500强、国内100强、跨国公司、大型央企和民营巨头，了解掌握国内外大企业大集团的发展动向和投资重点，科学研判重点区域的资本流向、产业转移信息，增强招商的针对性和实效性。加强项目筛选论证，严把用地控制、投入强度、财税贡献、节能环保等标准，进一步提高项目门槛，促成更多大项目、好项目落地。

优化环境服务项目。紧扣环境生命线，牢固树立“投资任城就是造福任城”的思想理念，着力营造优质高效的政务环境、公平透明的法制环境、开放包容的人文环境和灵活优惠的政策环境。加强项目服务，开辟绿色通道，有效解决从前期运作到落地建设中的突出问题，提供从洽谈签约到投产达效的全过程、一条龙、规范化、系列化服务。集中开展施工环境、涉企检查、规范执法专项整治等工作，下大力气纠风治乱、治庸治懒，整治不作为、慢作为和无错不为现象，把任城打造成投资洼地、服务高地、兴业宝地。

六、强化科技人才支撑，引领服务转型发展

深入落实科技兴区、人才强区战略，进一步加快由投资拉动向创新驱动、资源依赖向科技依托、任城制造向任城创造转变。

增强自主创新能力。突出企业主体地位，完善自主创新体系，支持企业与著名高校、大院大所深化合作，建立长期稳定的产学研合作创新联盟，在机械制造、精细化工、食品医药等领域，依托重大科技专项，实施核心技术、关键共性技术联合攻关。建立社会化、网络化的服务创新体系，构筑科技资源共享、投融资、技术交易等中介服务平台，提高创新成果的转化率及产业化水平。力争新增2个以上省级企业研发中心和技术中心，高新技术产业产值占规模以上工业总产值比重达到23.6%以上。推动科技资本与风险资本、金融资本紧密融合，促成高技术服务企业上市融资。年内力争卡松科技进入上市辅导期，做好在创业板上市的前期工作。

实施知识产权战略。开展山东省知识产权示范区创建活动，提升知识产权的创造、运用、保护和管理水平。支持有条件的企业争创名牌产品和著名商标，参与各类标准的制定修订，加快培育一批研制先进标准、采用先进标准的优势企业群体。调整用好政策杠杆，更多地重奖创新、重奖标准、重奖品牌，增强任城企业的市场“话语权”，年内力争新创2个国家级名牌。

构筑区域人才高地。提升智力资本作用，加快由招商引资向招才引智、由项目牵引向人才引领转变。深入推进九大重点人才工程，培养集聚高层次创新人才、高素质管理人才、高技能实用人才。采取“人才+项目”的方式，依托产业园区、重点企业和创新项目，集聚具有创新能力、发展潜力的优秀人才、领军人物和研发团队。在任城经济开发区探索设立“人才特区”。积极构建创业孵化、科技评估、金融支撑、政策保障体系，进一步形成助推创新型企业发展和创新型人才成长的良好环境。

七、改善生态环境质量，全面推进绿色发展

坚持生态优先、环保优先，更好地统筹地上与地下、当前与长远、生产与生活，增强可持续发展能力。

大力推进节能降耗。分解落实重点用能单位目标责任，逐步强制淘汰落后产能。严格项目用能审核，严控“两高一资”项目。加强用能审计，发展清洁生产，开展工业锅炉改造和余热余压利用，扶持发展循环示范企业，把任城经济开发区、济北高新技术产业园打造成循环经济示范园区。积极发展节能环保产业，大力推广应用节能技术、节能设备、节能工艺、节能材料，组织实施绿色照明、热电联产、炉窑改造等重点节能项目，继续抓好公共机构、交通运输和建筑节能改造，持续降低能耗水平。

强力抓好治污减排。实施治污减排动态管理，对重点排污企业实行污染物浓度和排放总量双重控制，不断加大工业点源、农业面源污染治理力度。加强环保专项执法，整治违法排污企业，清理取缔“十五小”、“新五小”企业。创新资源利用模式，大力推进中水回用，推动工业入园集中发展、企业用水综合调配；综合治理“三尘两气”，整治取缔城区燃煤小型炉具，改善城区空气质量；加强工业固体废物污染防治、生活垃圾无害化处理和综合利用，进一步提高资源循环利用水平。

着力加强生态建设。年内完成三个污水处理厂建设，完善配套管网，改善河流水质，确保2013年南水北调东线通水过境水质安全。实施采煤塌陷地水质净化和生态修复，推进洸府河入湖口人工湿地建设，打造独具特色的湿地群、水世界。严格考核土地投资强度和投入产出率，抓好土地增减挂钩置换和土地开发复垦整理，清理闲置低效用地，节约集约利用土地，保障城乡发展特别是重点项目建设用地需求。完备林业生态体系，年内新增造林3000亩。扎实推进生态镇街、环境优美社区等生态创建活动，打造一批卫生庭院、干净街巷、美丽村庄。

八、注重保障改善民生，不断加强社会建设

从完善政策、健全制度、增加投入入手，尽心尽力解决关系群众切身利益的实际问题，继续为民办好10件实事，真正让城乡群众生活年年都有新改善，一年更比一年好。

增加城乡居民收入。不折不扣地落实各项强农惠农政策，加快农村人口向城镇、园区和非农产业有序转移，多渠道增加农民收入。坚持创业带动就业、市场调节就业、政府促进就业，落实促进就业各项政策，突出“零就业”家庭、“4050”人员、高校毕业生、复退军人、被征地农民等重点群体，多渠道扩大就业容量。完善区镇村三级公共服务平台，在8个镇街、50个村居建设人力资源社会保障服务机构。启动任城人力资源市场建设，加强就业指导和技能培训，年内新增城镇就业4500人，转移农村劳动力4000人，城镇登记失业率控制在4%以内。实施“彩虹计划”，实现集体劳动合同和企业工资集体协商全覆盖，构建和谐劳动关系。

提高社会保障水平。坚持广覆盖、保基本、多层次、可持续，进一步构建更高水平、覆盖城乡的社会保障体系。逐步提高保障标准，形成正常增长机制。加大企业减负力度，将企业职工基本养老保险单位缴费比例从20%下调到18%。完善社会救助体系，关心关注鳏寡孤独、残疾人等困难群体生活，利用2—3年时间对镇街敬老院进行改造，实施贫困肢体残疾人康复救助。开工建设保障性住房1400套、10.7万平方米，让更多老百姓安居乐业。

完善基本公共服务。落实教育优先战略，继续实施学前教育三年行动计划，加快推进普通中小学标准化建设，争创省级规范化学校2所、市级规范化学校4所。重视加强校园安全，优化校园周边环境。启动23届省运会任城赛区体育场馆建设，实现全民健身工程全覆盖。深化医药卫生体制改革，实施9项基本公共卫生服务和6项重大公共卫生服务项目。以区中医院为龙头，积极发展特色中医。加强重大传染病防控，提高突发公共卫生事件应急处置能力。启动基层医疗卫生机构债务清理化解工作。新改建县乡公路34.3公里。升级改造农村电网，建设30个标准用电村。继续推进农村公共供水工程，扩大建设二十里铺水厂，启动建设长沟水厂，加快农村供水城市化、城乡供水一体化。

加强社会管理创新。把握新形势下群众工作新特点，进一步巩固党委领导、政府负责、社会协调、公众参与的社会管理格局。突出抓好社会稳定风险评估、群众诉求渠道畅通和社会矛盾源头治理，加强实有人口和特殊人群的管理服务，切实把问题化解在基层、消除在萌芽状态。健全城乡社区管理体制和组织体系，完善城市社区、农村群众的自治机制，发挥非公有制经济组织和社会组织作用。深化“平安任城”建设，强化社会治安综合治理，完善治安防控体系，依法严厉打击各种违法犯罪活动。狠抓生产、消防、交通和食品药品领域的安全管理，保护群众生命财产安全。

全面发展社会事业。协调发展公益性文化事业和经营性文化产业，完善公共文化服务设施，实施文艺精品工程，进一步加强非物质文化遗产保护和文化市场管理。广泛开展精神文明创建活动，提高公民文明素质和城乡文明程度。持续稳定低生育水平，优化人口结构，提升人口素质。深入开展国防教育，加强民兵预备役工作，大力推进双拥共建。关心支持青少年、妇女儿童、老龄和残疾人事业，统筹做好广电新闻、民族宗教、外事侨务、对台事务、防震减灾、统计、审计、物价、史志、档案、红十字会等工作，促进各项社会事业全面进步。

加强政府自身建设

富民强区的重任，历史地落在我们肩上。面对人民的期望、组织的重托，必须坚定不移地加强政府自身建设，始终做到为民、务实、清廉，努力建设人民满意的政府。

与时俱进，建设创新政府。能否顺应时代要求、担当起引领发展的重任，是对政府施政能力的重大考验。我们将始终把解放思想作为破解发展难题、推进科学发展的一大法宝，紧密结合任城实际，深入开展新一轮“解放思想跨越发展大讨论”，进一步提升境界，拉高标杆，凝聚共识，增强合力，激发起不甘落后的斗志和争先进位的精气神。把深化思想解放与建设学习政府结合起来，认真学习领会科学发展观的理论体系和精神实质，学习掌握法律法规、产业发展、财税金融、城市建设等方面的知识，保持思想和能力上的与时俱进，增强工作的主动性和创造性。

依法行政，建设法治政府。依法行政是政府的施政之本。我们将把依法行政贯穿政府决策、执行、监督的全过程。坚决执行区人大及其常委会的各项决议，坚持重大事项报告制度，主动加强政府信息公开，自觉接受人大法律监督、政协民主监督和社会公众监督。严格按照法定权限和程序行使权力、履行职责，注重运用法律手段解决发展中的矛盾问题。完善行政决策的程序规则，重大决策必须经过公众参与、专家论证、风险评估、合法性审查和集体研究，适时进行决策后评估，真正纳入规范化、科学化、法制化的轨道。严格落实行政执法责任制和执法过错追究制，切实做到有权必有责、用权受监督、侵权要赔偿、违法受追究。

牢记宗旨，建设为民政府。用人民赋予的权力为人民谋求福祉，是每个政府工作人员的政治责任和本色天职。我们将始终坚持以民为本、以民为先、以民为重，深入开展"机关干部下基层活动"，紧紧抓住群众最关心、最直接、最现实的利益问题，顺应群众对就业收入"多元普惠"、文教社保"人人享有"、城乡发展"统筹一体"、生态环境"宜人宜居"的新要求，把公共财政资金用到发展最需要、群众最受益的地方，努力使城乡群众都能感受到党和政府的温暖，让每个家庭都能享受到幸福美好的生活。

勤恳务实，建设效能政府。务实高效是政府作风建设的重要内容。我们将把作风建设牢牢抓在手上，重实干、办实事、求实效，始终保持饱满的工作热情，带头弘扬"五加二"、"白加黑"精神，聚精会神干事业，一心一意谋发展。对各项工作决策，定了就干、马上就办，言必信、行必果，跟进抓好政务督查、效能监察和绩效考核，切实增强政府的执行力和公信力。每个政府工作人员都要牢固树立正确的政绩观，不搞劳民伤财的形象工程，不求急功近利的虚假政绩，不讲不切实际的盲目攀比，力戒华而不实的形式主义和表面文章，一步一个脚印地推动发展。

惩防并举，建设清廉政府。廉政建设关系政府形象和民心向背。我们将讲党性、重操守，既创发展新业、又开廉政新风。进一步完善教育、制度、监督并重的预防和惩治腐败体系，坚持用制度管权、按制度办事、靠制度管人，健全领导干部重大事项报告、经济责任审计、财政投资评审等制度，深化工程招投标、土地招拍挂、政府采购、产权交易等重点领域的专项治理。支持纪检监察机关依法依纪办案，坚决纠正侵害群众利益的不正之风，以反腐倡廉的实际成效取信于民。

各位代表！任城发展正处在继往开来的重要历史时期。宏伟蓝图已经绘就，前进号角已经吹响。让我们在市委、市政府和区委的坚强领导下，紧紧依靠全区人民，积极投身任城跨越崛起的伟大事业，进一步解放思想、抢抓机遇，勇于担当、真抓实干，奋发有为、激情创业，为建设民富区强、文明和谐新任城而努力奋斗！

政协第七届济宁市任城区委员会常务委员会工作报告

——2012年1月5日在政协第八届济宁市任城区委员会第一次会议上

郑艳秋

各位委员：

我受政协第七届济宁市任城区委员会常务委员会的委托，向大会作工作报告，请予审议。

一、四年工作的回顾

政协第七届济宁市任城区委员会任期的四年，是中共济宁市任城区委团结带领全区人民，推动各项改革，各项事业取得历史性进步，圆满完成“十一五”规划，经济社会科学发展的四年。四年来，在区委的领导下，区政协常委会高举爱国主义、中国特色社会主义旗帜，牢牢把握团结和民主两大主题，紧紧围绕全区科学发展大局，认真履行政治协商、民主监督、参政议政职能，团结动员全区各党派、各团体、各阶层和各界人士，齐心协力谋发展、凝心聚力促转型、尽心竭力惠民生，为推进任城的崛起跨越做出了重要贡献，谱写了政协事业发展的新篇章。

（一）加强学习凝聚共识，提高境界把握方向。始终把加强学习作为推进政协事业发展的重要基础，努力建设适应时代发展需要的学习型政协组织。抓好政协常委会的理论学习。七届一次会议以来，常委会坚持理论中心组学习制度，着重学习了中国特色社会主义发展的重要理论、科学发展观、构建社会主义和谐社会等重大战略思想，中共中央三代领导集体关于统一战线和人民政协的重要论述、《中共中央关于加强人民政协工作的意见》、胡锦涛总书记在庆祝人民政协成立60周年大会上的讲话精神，以及中共十七届三中、四中、五中、六中全会和省、市、区委政协工作会议精神等。抓好政协委员的学习培训。建立健全政协委员学习制度，将委员学习培训工作不断引向深入。换届初，我们就对全体政协委员进行了集中学习培训，让广大委员对人民政协的性质、地位和作用，新时期政协工作的重要性以及政协委员的职责有了深刻系统的学习认识，增强了做好政协工作的自觉性。几年来，坚持委员学习日制度，把委员学习培训贯穿到政协的各项活动当中，并为每位委员订阅一份《联合日报》和《春秋》杂志，还通过印发学习资料、编印《任城政协》信息等形式，引导委员自学。抓好政协机关的学习提高。以深入学习实践科学发展观活动为契机，认真组织政协机关干部学习党的大政方针以及政协统战理论知识等。坚持理论学习与提高思想认识相结合、集中学习与自学相结合、突出政协特色与解决实际问题相结合、把握理论脉搏掌握方针政策与在实践中学习运用相结合。通过层次分明、形式多样的学习，进一步深化了对区委、区政府实施崛起跨越科学发展重大决策部署的理解和认识，坚定了推动“十二五”时期我区提前全面建成小康社会的信心和决心。

（二）围绕中心服务大局，协商建言富有成效。欲谋一域，须谋全局。七届区政协以来，把推动经济发展作为政协工作的第一要务，着力构建全委会集体、常委会专题、主席会重点协商的议政格局，有效推动党政工作的开展。认真组织全委会集体协商。历次全委会议上，全体委员以高度的政治责任感和使命感，对政府工作报告、国民经济和社会发展计划报告、财政预决算报告和法院、检察院的工作报告等进行了认真的协商讨论，就全区重大决策部署的制定和全局性工作提出意见建议。四年来，通过界别专题座谈会，有90多位委员就调整优化产业结构、转变经济发展方式、新农村建设、第三产业发展、教育医疗卫生社会事业发展等问题与区委、区政府领导进行了面对面的交流，达成了加速崛起跨越发展的共识，推动了工业化、城市化“双轮驱动”发展战略的实施，明确了科学跨越发展的方向。有效实施常委会专题协商。七届一次会议以来，召开常委会议18次，坚持听取经济社会每半年运行情况、提案办理情况的通报，就区划调整情况、“十二五”规划纲要、制定产业规划、沿运河经济带商贸业规划、任城新区规划、任城经济开发区和济北高新技术产业园规划、城乡总体规划、迎淮治污检查工作情况等关系全区发展的重大事项进行协商议政。创新了常委会议协商模式，把会议开在重点工程建设现场、重大项目开发现场、重点工作推进现场，现场协商、现场办公、现场推进工作，取得了事半功倍的效果。积极推动主席会议重点协商。就全区重大项目、重点工程、重要事项，人事安排，社情民意，提案办理，委员调研视察，委员履职机制建设等内容先后召开了27次主席会议协商讨论，积极建言献策，为区委、区政府的决策科学化、民主化做出了积极努力。

（三）察情知政反映民意，民主监督力度加大。始终坚持与党委政府合力合拍，与人民群众合心合意的原则，寓监督于支持之中，积极探索民主监督的新形式，拓展民主监督的新领域，把民主监督贯穿到各项经常性工作始终。七届区政协常委会议共听取11个部门报告了工作情况，知情明政、知情参政、知情监督。开展专项视察问情监督。围绕经济发展重点，对全区重点项目建设、高新技术与战略性新兴产业发展、招商引资等21个专题进行视察，就产业结构和项目建设提出了调整升级经济结构、发展培育新兴产业、科学制定招商规划、优化投资环境等方面的意见建议，有力促进了项目建设；围绕社会事业发展及重大民生问题，对水利工程、农村困难户危房改造工程、农村文化基础设施、全民健身工程建设情况、新型农村合作医疗、社区卫生医疗工作等26个专题进行视察，促进了重大民生事项的解决落实；围绕城市建设，对任城新区、任城经济开发区工业新城建设情况等8项关键性项目进行视察，有力推动了工程的进度；围绕国家法律法规的贯彻实施、推进依法行政和创新社会管理，对《合同法》《环境保护法》《义务教育法》和《土地管理法》等14部法律法规的贯彻实施情况以及加强社会管理等3项专题工作进行视察，提高了政府部门工作效能，强化了社会管理，依法治理的良好氛围逐步形成。探索观摩评议、特别视察问效监督。认真组织委员对全区的“三重”工作、整治“无错不为”现象、部门行风评议和公开承诺践诺等活动进行观摩评议。参与否决不符合产业发展方向的“三高”项目17项、影响生态环境项目6项，促进了全区的科学发展。并就迎淮治污项目建设情况和校园及周边安全秩序专项整治工作开展“特别视察”，向区委、区政府报送了专项视察报告。区委、区政府领导作出重要批示，有关部门认真抓好落实。加强特约监督工作，四年来，政协委员中有近百人次被区纪委、政法机关及政府职能部门等30多个单位聘请为特约监督员，参与了行政执法和党风廉政建设及部门工作的监督检查，受到聘任部门和社会的好评，为促进部门工作作风的转变和效率的提高发挥了重要监督作用。关注民生集聚民意监督。积极反映社情民意。紧跟科学决策需要、贴近社会民生需求，充分发挥政协优势，广开视野、广辟言路，及时将区委、区政府的政令决策带下去，把基层群众的建议要求带上来，做到与广大群众心相连、意相通、情相融，使政协成为群众通达党委政府的桥梁和纽带。四年来，各界委员体察民情、集中民智、反映民意，向区政协报送社情民意信息600多条，区政协编发400多条，有100多条被区领导批示办理。这些社情民意，不仅为区委、区政府科学决策提供了重要依据，而且一些事关民生、社会反映强烈的问题得到重视和解决。

（四）履职尽责助推发展，参政议政重点突出。紧紧抓住事关我区经济社会发展大局的综合性、全局性、前瞻性的重大问题，着眼实效，综合运用调研报告、撰写提案、建议案、政协论坛等形式参政议政。突出重点，组织专题调研参政议政。调查研究是政协履行职能的前提和基础。各专委会与有关部门密切配合，周密安排，精心选题，深入调研，反复论证，围绕全区跨越发展的重大问题以及群众关注的热点、难点问题开展调研，共撰写提交调研报告16篇，引起了区委、区政府的高度重视，多数建议被采纳。着眼于经济发展方式的转变和产业的调整升级，组织委员认真分析我区的产业现状，针对辖区内煤炭资源丰富，煤化工产业粗放，产业链没有形成的现实情况深入调研，提出了建设以碳素公司为龙头的煤化工产业园。目前，规划10平方公里的济北高新技术产业园（煤化工产业园）的路网、管网建设已经全部完成，已有9家企业入驻，园区承载能力大幅提升，规模效益逐步显现。着眼于维护社会和谐稳定，组织委员对社会治安三级防控网络体系建设情况进行专题调研，在充分知情论证的基础上，提出了操作性很强的建议。从2008年起，区政府加大了投入力度，基本实现了全区技防工作的全覆盖。着眼于民生的改善，社会事业的全面进步，组织委员对职业教育和职业技能培训工作，镇街卫生院（室）硬件建设及人才队伍建设情况进行调研，提出了符合我区客观情况的建议。区委、区政府把这些意见建议已纳入到加强对教育卫生的工作中通盘考虑、统筹安排。关注热点，积极运用提案参政议政。七届区政协常委会把组织委员撰写提案参政议政摆在工作的首位，不断强化提案质量、办理质量、服务质量三方面的工作，提案工作呈现出质量稳步上升、承办单位更加重视、办理程序更加规范、社会反响更加积极的良好局面。四年来，共收到提案560件，立案556件，提案的办复率100%，采纳落实率达90%，把握关键，运用建议案、政协论坛参政议政。建议案是一个高层次建言献策、参政议政的重要载体。围绕现代物流业的发展，组织委员分赴8个镇街深入调查研究，先后召开7次座谈会，广泛咨询论证，综合调研情况，撰写了高质量的调研报告。经区政协七届十一次常委会议审议通过后，向区委、区政府提交了《关于加快发展我区现代物流业的建议案》。区委主要领导作出批示，指出：“本建议案情况把握准，优势分析透，建议提得好。”区政府分管区长召集发改、商务等有关部门，专题研究现代商贸物流业的发展问题，跟进督办落实，并在区政协七届十六次常委会议上作了办理情况的专题通报，有力推动了我区现代物流业快速发展，促进了经济转型升级。举办“科技创新”论坛，搭建参政议政新平台。先后开展了科技创新论文征集评选、电视访谈专题节目录制播放、专家教授专题辅导报告活动，同时，进行了优秀获奖论文的大会交流发言，形成了一批有独到见地、有理论深度的观点和思路，提出了一些具有较高咨政价值的对策和建议，为党委政府科学决策提供了参考。

（五）同心同德广泛联谊，凝心聚力共建和谐。以实现大团结、大联合为目标，发挥政协联系广泛的优势，为维护安定团结的政治局面、构建和谐任城奠定了良好基础。广泛联谊合作共事。发挥各民主党派、人民团体作用。运用团体提案、座谈会等形式，听取社会各界人士的意见建议。四年来，各党派、团体提交了76份较高质量的提案。常委会组织的重要学习、座谈，开展的调研、视察、考察、专项评议等活动都邀请民主党派、无党派人士参加，促进了各民主党派、各人民团体和各界人士的团结合作。利用元旦、春节、国庆、中秋等重大节日，举办茶话会、座谈会等联谊活动，广交朋友，加深理解，增进团结。倾力参与中心工作。积极参与经济建设。主席会议成员都有各自联系的企业和项目，或者到指挥部担任重要职务，签定目标责任书，实行严格的包保责任制。充分发挥政协人才荟萃、联系广泛的优势，在做好本职工作的同时，主动承担社会责任，积极开展招商引资，广泛参与科技下乡、义诊咨询、抗震救灾等公益活动，支持光彩事业。四年来，共向区委、区政府提供有价值经济合作信息80多条，累计引进项目49个，到位资金25.6亿元。向四川汶川、青海玉树、甘肃舟曲等灾区捐款捐物价值近200万元。全区规模以上企业中，七届区政协委员领办创办的企业现已发展到49家，服务中心工作的导向更加明确，助推经济发展的整体实力持续提升。发挥文史宣传优势。坚持“存史、资政、团结、育人”的宗旨，广泛征集区政协成立后政协委员和统一战线中代表人士的“亲历、亲见、亲闻”史料。努力做好文史资料收集工作，编撰出版了《济宁市任城区政协志》和《七届区政协资料汇编》。隆重召开人民政协成立60周年暨任城区政协成立25周年庆祝大会，编制了履职画册，举办了图片展，取得了良好的社会效果。组织广大委员，积极参与省、市新中国成立六十周年和人民政协成立六十周年书画、摄影、征文等系列活动。加大宣传力度，利用报刊杂志、广播电视等新闻媒体广泛宣传政协履职作用，举办《委员风采》，宣传统战政协理论，及时介绍政协工作动态，全面展示政协委员形象。四年来，在《人民政协报》、《中国经济导报》、《联合日报》等新闻媒体上刊发稿件30多篇，为履行职能创造了良好的舆论环境。

*（六）求真务实改进作风，自身建设不断加强。*始终坚持把自身建设放在重要位置，充分发挥常委会领导核心作用、委员的主体作用、专委会的基础作用和机关的保障作用。常委会的核心领导作用得到强化。为提高常委会的议事决策能力，推进工作的制度化、规范化、程序化建设，区政协出台了《关于加强常务委员会自身建设的意见》，制定了常务委员会议事规则，以制度来强化常委会的核心领导地位。充分发挥委员主体作用。认真落实《联系委员工作制度》，定期走访委员，使委员与政协组织志相同、心相通、情相连，进一步活跃了政协工作，增强了政协的凝聚力。深入开展“六个一”活动，四年来，全区政协委员参与的调研视察达586人次；提交提案560件，参与提案委员计948人次；报送社情民意623条；扶助困难学生467名。健全和完善委员履职档案，对委员参加活动、出席会议等情况进行量化记录，将履职情况作为委员评先树优及换届继续提名的重要依据。区委、区政协联合发文，隆重表彰了为全区政协工作作出突出贡献的59名优秀政协委员、10件优秀提案撰写者和10名提案办理先进个人。强化政协机关的服务保障作用。坚持在继承中求发展，在发展中求创新，在创新中求突破的工作思路，以建设学习型、服务型、创新型、和谐型机关为目标，结合学习实践科学发展观和“创先争优”等活动，开展了爱岗敬业、勤政廉洁、无私奉献、求真务实专题教育活动。机关服务委员、服务基层、服务发展的能力明显增强，效率明显提高，形成了团结协作，勤奋务实，热心奉献的良好局面。

七届区政协工作在历届政协工作的基础上取得了新的成绩、新的进展，圆满完成了各项任务。这既是中共济宁市任城区委的正确领导、区人大和区政府及有关部门大力支持配合的结果，也是全体政协委员无私奉献、积极参与、认真履职的结果。在此，我代表常委会向全体委员表示诚挚的敬意！向所有关心和支持政协工作的各级领导和社会各界表示衷心的感谢！

二、工作经验和体会

四年来，七届区政协履行职能的各项工作取得了明显的成效，概括起来，主要有以下四个方面的经验和体会：

*必须坚持党的领导，把握正确的政治方向。*常委会认真贯彻落实党的路线、方针、政策，始终自觉接受区委对政协工作的领导，坚持重大问题、重要活动向区委请示报告制度。充分发挥政协党组的领导核心作用，保证区委各项决定和部署贯彻执行。区委始终坚持把政协工作列入重要议事日程，统筹安排，切实发挥政协作用，努力为政协履行职能营造良好氛围。实践证明，只有坚持党的领导，政协工作才能始终保持正确的政治方向。

*必须坚持围绕中心，注重履行职能的实效。*围绕党和政府中心工作，凝聚各方面力量和智慧，广泛协商讨论、建言献策，是人民政协发挥作用的充分体现。常委会始终坚持与区委、区政府思想上同心，目标上同向，工作上同步，在履行职能中力求站得高一点、看得远一点、想得深一点、抓得实一点。四年中，政协开展的各项视察、考察、调研、

座谈活动都体现了围绕中心、服务大局的原则。实践证明，人民政协只有主动积极地围绕全区工作大局，才能真正体现自身的价值。

*必须坚持两大主题，营造和谐的工作氛围。*团结和民主是人民政协工作永恒的主题。常委会始终坚持在增进团结的过程中发扬民主、在发扬民主的基础上巩固团结，坚持求同存异、体谅包容、平等待人、协商议事的原则，形成了发扬民主，畅通渠道，广开言路的良好局面，调动了委员的参政议政热情。实践证明，只有把团结和民主贯穿于政协工作的全过程，创造宽松和谐的工作氛围，才能不断增进和巩固共同政治基础上的大团结、大联合。

*必须坚持开拓创新，提高科学化工作水平。*创新是本届政协工作的显著特点。常委会始终坚持解放思想，抓重点，解难点，出亮点，创造性的开展工作，在探索履行职能的途径和方法上进行了新的尝试，七届区政协开展的“六个一”、政协委员述职、政府部门报告工作、政协论坛等活动，都是在继承和学习先进经验基础上的创新和发展，收到了良好的效果。实践证明，人民政协事业是一项在实践中不断发展的事业。只有始终保持与时俱进的精神状态，不断研究新情况，探索新方法，创造性地履行职能，才能紧跟时代步伐，永保蓬勃向上的生机和活力。

七届区政协工作在全区经济社会发展中发挥了重要作用，但与新时期人民政协工作的要求还存在着一定的差距和不足，主要是：民主监督工作有待进一步加强；调动委员的积极性，发挥委员主体作用的有效形式还需要进一步探索；履行职能的制度化、规范化、程序化还需要推进，这些都应在今后的工作中认真研究，加以改进。

三、今后工作的建议

各位委员，七届区政协已完成了历史使命，八届区政协正处于全面落实“十二五”规划和深入实践科学发展观的重要历史时期，任城科学发展跨越发展的机遇难得，任务繁重，政协义不容辞。今后五年区政协的总体工作思路是：在中共济宁市任城区委的领导下，坚持以中国特色社会主义理论为指导，深入学习实践科学发展观，紧紧围绕区第十三次党代会确定的奋斗目标，坚持把促进发展作为履行职能的第一要务，把“三化”建设作为履行职能的重要标准，把团结民主作为履行职能的永恒主题，把谋民福祉作为履行职能的不懈追求，把提质高效作为履行职能的目标要求，同心协力搞好政治协商，积极稳妥推进民主监督，扎实有效开展参政议政，为率先建成全面小康的幸福任城作出积极贡献。为此我们对新一届政协提出如下建议：

*（一）牢固树立科学发展理念，坚持把促进发展作为履行职能的第一要务。*以科学发展为主题、以转型跨越发展为主线，紧紧围绕实施工业化、城镇化、农业现代化“三化同步”战略，加快构建现代新城区、产业发达区、生态宜居区、和谐首善区“四区”格局，充分发挥政协的人才优势、智力优势，为推动经济转型跨越发展的重大问题建睿智之言、献务实之策。认真开展政治协商，着力就我区经济社会发展中事关全局的重大问题，区委、区政府的重大决策，重大改革方案，事关民生的重大事宜，主动加强与区委、区政府的联系沟通，确定政治协商计划，不断完善协商的方式和渠道，全面提高协商的质量和成效。深入开展专题调研，以开展“任城政协围绕中心、政协委员助推发展”活动为抓手，深入开展调查研究，认真搞好协商讨论，用科学发展的眼光和思路提出对策建议。积极开展知情议政视察活动，组织委员认真开展进企业、问经营，进农村、问增收，进社区、问和谐的“三进三问”主题实践活动，察实情、讲实话、献良策。组织好对党委政府已作出决策部署而责任部门落实不力的工作和人民群众关注的老大难问题的“特别视察”，知情问政，督促落实。

*（二）牢固树立协商民主理念，坚持把“三化”建设作为履行职能的重要标准。*协商民主是把协商与民主统一起来，以协商的方式体现民主的机制，推进民主政治建设，保障人民当家做主的权利，更好地咨政履职。牢固树立协商民主理念，认真贯彻落实《中共济宁市任城区委关于加强人民政协政治协商制度建设的意见》，推进协商议政形式的创新，增强常委会议议政的深度，扩大主席会议

议政的广度，加大委员参与议政的力度，不断提高履职的制度化、规范化、程序化水平。努力推动政治协商纳入决策程序，力争做到重大问题协商在区委决策之前，人大审议通过之前，政府实施之前。重视制度化建设，使政协工作有制可依。以政协章程为依据，以制度创新为抓手，以解决工作中的现实问题为突破口，围绕更好地履行职能，大胆地进行工作制度的探索和创新，增强工作的实效性、长效性和计划性。着力抓好部门报告工作、委员述职等活动，以协商议政实绩，促进协商民主发展，推动民主政治建设。

（三）牢固树立和谐共建理念，坚持把团结民主作为履行职能的永恒主题。继续高举爱国主义、中国特色社会主义旗帜，牢牢把握团结和民主两大主题。充分发挥人民政协协调关系、维护稳定、汇聚力量的重要作用，主动协助党委政府宣传政策，理顺情绪，化解矛盾，积极促进民族关系、宗教关系、阶层关系、海内外同胞关系的和谐，扩大团结面，增强包容性，加强同各人民团体和社会各界人士的团结，进一步发展爱国统一战线，充分调动各方面的积极性和主动性，广泛凝聚各方面的智慧和力量，为促进任城全面和谐进步发挥应有的作用。充分发挥政协在加强和创新社会管理中的独特作用，形成共建和谐的社会氛围。通过界别渠道做好争取人心、凝聚力量的工作，努力促进各党派、各团体、各民族、各阶层及一切爱国者的最广泛的团结；把事关大局、事关人民群众根本利益的提案作为重要提案办好，并在落实中加强跟踪问效。继续做好团结联谊工作，广交新朋友，深交老朋友，加强同海内外友好人士的联系交流，积极为招商引资牵线搭桥。继续做好文史资料收集和整理工作，发挥好文史资料存史资政、团结育人的独特作用。

（四）牢固树立以人为本理念，坚持把谋民福祉作为履行职能的不懈追求。民生问题不仅是重要的经济问题、社会问题，也是重大的政治问题。牢固树立"以人为本、履职为民"的理念，高度重视民生，时刻关注民生。紧紧抓住劳动就业、社会保障、医疗卫生、教育体制改革、保障性住房建设、社会救助等群众最关心、最直接、最现实的利益问题，知民所想、思民所虑、急民之难、解民之忧，深入开展调研视察和议政建言活动，促进民生政策落实和民生问题解决。充分发挥政协渠道畅通、联系广泛的优势，多思利民之举，多建利民之言，多谋利民之事。进一步加强反映社情民意信息工作，不断提高提案征集办理质量，深入基层，深入实际，倾听群众呼声，体察群众情绪，及时了解和反映不同群体的利益诉求。

（五）牢固树立终身学习理念，坚持把提质高效作为履行职能的目标要求。事有所成，必是学有所成；学有所成，必是读有所得。学习是工作之基、能力之本，是干好一切工作的前提和基础，创建学习型政协是做好新形势下政协工作的客观要求。政协常委会作为人民政协履行职能的核心，必须围绕党委政府工作大局，在创新中发展，总结政协工作的好经验好做法，积极探索做好新形势下政协工作的新途径新举措，切实发挥在本职工作中的带头作用、在政协工作中的核心作用和代表作用，努力推动科学发展、社会和谐。政协委员要以发展政协事业为己任，充分发挥主体作用，努力推动政协工作上水平。自觉遵守政协章程，踊跃参加政协组织的各项活动，相互学习、加强联系，把继承优良传统同改革创新结合起来，思想上与时俱进，工作上开拓创新，履职上争做模范。不断深化"学习型、服务型、创新型、和谐型"机关建设，努力造就一支政治坚定、学识丰富、业务熟练、作风优良的高素质政协干部队伍。着力提高全局观念，服务意识，坚持一流的标准、一流的作风、一流的服务，切实增强服务能力和统筹协调能力，为有效履行职能，扎实开展工作提供有力保障。

各位委员、同志们，高风疾帆远，盛世铸辉煌。新的目标鼓舞人心，新的任务催人奋进，新的征程任重道远。政协事业使命光荣，政协工作舞台广阔，政协前途大有可为。让我们在中共济宁市任城区委的领导下，全面贯彻落实区第十三次党代会精神，把智慧和才华付之于实践，把愿望和追求转化为行动，振奋精神，同心同德，开拓创新，为实现区强民富、文明和谐新任城的目标而努力奋斗！

大　事　记

1 月

5日　市委书记、市人大常委会主任张振川，市委副书记、代市长梅永红带领全市科学发展现场观摩会与会人员，先后到任城经济开发区、济北高新科技产业园区，观摩转方式、调结构重点项目及园区建设。区委书记、区人大常委会主任孔维民，区委副书记、区长许风伦随同观摩。

6日　第三届中国（李营）法桐节在任城区举办。省林业局副局长吴庆刚、中国花卉报社通联部主任方成、省种苗协会秘书长闫大成、市政府副秘书长曹旭、市林业局局长程福华，区委常委、副区长车莉莉等出席开幕式。李营苗木种植面积6.5万亩，其中法桐繁育面积5万亩，成为全国最大的法桐苗木生产销售基地。

△全区第九届文化艺术节开幕式暨“三下乡”活动启动仪式在石桥镇举行。区委常委、宣传部部长汪金厚，副区长李玲出席启动仪式。

9~12日　政协第七届任城区委员会第四次会议召开，到会委员219人。

10日　全区违法违规用地清理整顿会议召开。传达市政府《关于加强土地执法监管共同责任机制的意见》和《关于坚决刹住违法违规用地行为的紧急通知》，通报全区2010年度土地违法违规清理整顿暨第十一次卫片检查情况，签订2011年度国土资源管理目标责任书。区委副书记、区长许风伦，区委常委、区纪委书记王业成，副区长范德元等出席会议。

10~13日　任城区人大第十六届代表大会第四次会议召开，到会代表222人。

11日　全区重点产业项目论证评审会议召开。区重点产业项目论证评审委员会详细论证任城新区东商务区开发、电信大楼、信用联社大楼、金宇220KV变电站项目，形成专家组意见。

13日　全区企业家座谈会召开。区委书记、区人大常委会主任孔维民致辞，区委副书记、区长许风伦讲话。副区长李晓彤主持座谈会，区政协主席郑艳秋、区人大常委会第一副主任贾存琰等出席座谈会。

18日　任城区第六届特邀纪检监察员聘任仪式举行。区委常委、区纪委书记王业成向18名特邀纪检监察员颁发聘书。

22 日　任城新区项目集中签约仪式举行。任城新区核心区东商务区项目、汇翠园二期房地产项目、任城农村信用合作联社办公楼项目、220KV 金宇变电站项目、里能鲁西矿业有限公司职工宿舍项目集中签约。区委书记、区人大常委会主任孔维民，区委副书记、区长许风伦等出席签约仪式。

23日　国务院南水北调办公室副主任张野到任城区考察长沟泵站工地建设。区委副书记、区长许风伦等陪同考察。

24日　济宁市五项经济指标考核组到任城区考核2010年度重点经济指标完成情况。区委书记、区人大常委会主任孔维民，区委副书记、区长许风伦等陪同。

△国家淮河流域治污及南水北调东线一期工程现场调度会

在任城区召开。区委书记、区人大常委会主任孔维民，区委副书记、区长许风伦等出席会议。

25日 市联合考核组到任城区考核2010年度省级经济开发区、新型乡镇建设工作。区委副书记、区长许风伦等陪同。

30日 市委常委、市总工会主席韩军到任城区走访慰问建国前入党老党员、生活困难老党员和敬老院老人。区委书记、区人大常委会主任孔维民，区委常委、组织部部长李功川等陪同慰问。

2月

2日 省迎淮治污检查组到石桥镇东石佛水质监测站、截污导用节制闸督导检查。区委书记、区人大常委会主任孔维民，区委副书记、区长许风伦等陪同。

8日 市委书记张振川，市委常委、秘书长陈民，市委常委、副市长侯端敏到任城区视察抗旱工作和农资供应情况。区委书记、区人大常委会主任孔维民，区委副书记、区长许风伦等陪同视察。

14日 区政府全体（扩大）暨依法行政工作会议召开。区委副书记、区长许风伦要求不折不扣抓重要工作事项分解落实，持之以恒抓作风强保障提升政府执行力，着力破除制约发展瓶颈，全面加强法治政府建设。区委常委、副区长郭庆林主持会议。

15日 全区组织工作会议召开。区委常委、组织部部长李功川作工作报告。区委书记、区人大常委会主任孔维民出席会议并讲话，区委常委、办公室主任杜庆节主持会议。

17日 全区干部大会召开。总结2010年工作，部署2011年经济社会发展的各项任务，表彰2010年度作出突出贡献的先进集体和先进个人，发放奖金1998.6万元。区委书记、区人大常委会主任孔维民出席会议并讲话，区委副书记、区长许风伦主持会议。

27日 国务院参事、科技部原副部长刘燕华到任城经济开发区检查指导工作。市委副书记、市长梅永红，区委书记、区人大常委会主任孔维民，区委副书记、区长许风伦等陪同。

3月

3日 全区宣传思想文化工作会议召开。传达省市有关会议精神，对2011年宣传思想工作作出安排部署，表彰2010年在宣传思想战线上取得优异成绩的先进集体和先进个人。区委书记、区人大常委会主任孔维民出席会议并讲话，区委常委、宣传部部长汪金厚主持会议，副区长李玲等出席。

4日 全区人口和计划生育工作会议召开。总结2010年全区人口和计划生育工作，安排部署2011年人口和计划生育工作，表彰人口和计划生育工作先进镇（街道）、模范村（社区）和模范家庭。区委书记、区人大常委会主任孔维民作重要讲话，区委副书记、区长许风伦主持会议。

8日 区委书记、区人大常委会主任孔维民视察土地整治挖潜工作。区委常委、区纪委书记王业成，副区长范德元等陪同视察。

15日 省科协副主席林兆谦到任城区督导检查创建全国科普示范区活动。区委书记、区人大常委会主任孔维民，区委副书记、区长许风伦等陪同。

16日 全区村“两委”换届选举工作动员会议召开。安排村“两委”换届选举工作。区委书记、区人大常委会主任孔维民出席会议并讲话，区委常委、办公室主任杜庆节主持会议。

19日 市委副书记、市长梅永红到任城区视察淮河流域水污染防治工作，查看长沟镇中水截蓄导流工程。梅永红强调要站在讲政治、讲大局的高度，迎接国家检查考核工作，以得力的举措和扎实的行动打赢迎淮治污攻坚战。区委书记、区人大常委会主任孔维民，区委副书记、区长许风伦等陪同视察。

20日 省委宣传部副部长刘保聚到任城区调研文化产业发展情况。区委书记、区人大常委会主任孔维民，区委常委、宣传部部长汪金厚等陪同调研。

23~24日 国家淮河治污考核组到任城区核查南水北调、迎淮治污、水污染防治情况，考核组对任城区迎淮治污工作给予充分肯定。市委书记、市人大常委会主任张振川，市委副书记、市长梅永红，区委书记、区人大常委会主任孔维民，区委副书记、区长许风伦等陪同。

26日　市委副书记、市长梅永红到任城区督导检查“创城夺杯”活动进展情况。区委副书记、区长许风伦等陪同。

4 月

2日　全区新型农村养老保险试点工作动员会议召开。区委副书记、区长许风伦讲话，安排部署新型农村养老保险试点工作。区委常委、副区长郭庆林主持会议。

7日　市委常委、宣传部部长刘成文到任城区视察文明城市创建工作。刘成文先后到仙营街道世纪花园社区、金城街道兴东社区、梦圆社区实地察看，对任城区文明城市创建工作给予充分肯定。区政协主席郑艳秋，区委常委、宣传部部长汪金厚等陪同视察。

12日　区委书记、区人大常委会主任孔维民到接庄街道调研村“两委”换届工作。孔维民对当前村“两委”换届工作给予充分肯定，对下步工作提出指导意见。区委常委、办公室主任杜庆节，副区长胡钦等陪同调研。

13日　区政协主席郑艳秋带领政协主席会议成员视察任城新区建设。区委常委、副区长郭庆林等陪同视察。

15日　区人大常委会第一副主任贾存琰到金城街道、仙营街道、任城经济开发区等视察社区屋顶绿化、停车场建设等工程进展情况，对创城夺杯工作提出要求。副区长范德元等陪同视察。

19日　副市长周桂萍到任城区视察创城项目进展情况，对任城区创城工作提出要求。区委副书记、区长许风伦等陪同视察。

20日　中央综治委副主任、中央综治办主任陈冀平到任城区检查指导村级综治工作档案建设。陈冀平对任城区村级综治工作档案在维护基层社会发挥的稳定作用表示肯定，欣然题词：小档案促大平安。区委副书记、区长许风伦，区委常委、政法委书记张玉泉等陪同。

23日　任城经济开发区重点项目集中开工奠基仪式举行。区委副书记、区长许风伦致辞，副区长李晓彤主持奠基仪式。

25日　市委常委、市纪委书记迟丽华到任城区调研信访接待月和新农村帮扶工作。区政协主席郑艳秋，区委副书记许修航（挂职），区委常委、区纪委书记王业成等陪同调研。

27日　全区推进企业剥离非核心业务座谈会召开。区委常委、副区长郭庆林出席会议并讲话，副区长李晓彤主持会议。

29日　全区回眸“十一五”展望“十二五”主题展览开幕。围绕“回眸‘十一五’，展望‘十二五’”主题，综合采用图片、文字、数据、实物等多种表现手段，充分展现五年来在经济建设、政治建设、社会建设等方面取得的成就，全面描绘“十二五”发展目标。区政协主席郑艳秋，区人大常委会第一副主任贾存琰，区委常委、副区长郭庆林等出席开幕仪式。

5 月

6~7日　省集体林权制度主体改革工作验收组到任城区检查验收林改工作。区委副书记、区长许风伦，区委常委、副区长车莉莉等陪同。

7日　全区“法纪教育直通车”活动暨财税系统廉政教育报告会召开。区委常委、区纪委书记王业成主持会议并讲话。

14日　区委书记、区人大常委会主任孔维民会见上海亿丰集团董事长张凤叶。双方就济宁亿丰时代广场奠基典礼及继续加强合作等进行沟通交流。翌日，亿丰时代广场二期工程开工奠基仪式举行。

20日　市委常委、组织部部长何思清到任城区视察北二环路建设进展情况，对北二环路建设提出要求。区委副书记、区长许风伦，区委常委、组织部部长李功川等陪同视察。

25日　“杰出华商财富济宁行”在任城区开幕。市委副书记、市长梅永红致辞，区委书记、区人大常委会主任孔维民主持开幕式。

27日　省政协副主席王新陆到任城区视察第三产业发展情况。市政协主席赵树国，区委书记、区人大常委会主任孔维民，区政协主席郑艳秋，区委常委、副区长郭庆林等陪同视察。

31日　全区首批新型农村养老保险金发放仪式在长沟镇举行，为276位老人发放养老保险金15997.4元。

6月

1日　省委常委、省纪委书记李法泉到任城区视察工作。李法泉先后到李营街道薛口社区便民服务大厅、群众工作室、人民调解室视察基层党风廉政建设，看望纪检监察干部，到接庄街道考察村级“三资”管理工作。区委书记、区人大常委会主任孔维民，区委副书记、区长许风伦，区委常委、区纪委书记王业成等陪同。

9日　市人大常委会第一副主任梁之安带领市人大常委会全体成员及部分全国、省、市人大代表到任城区视察创建国家园林城市工作。区委副书记、区长许风伦，区人大常委会第一副主任贾存琰等陪同视察。

12日　全国基层中医药工作先进单位省级检查评估组到任城区检查验收。9月15日，任城区被授予全国社区中医药工作先进单位。

13日　市委副书记、市长梅永红到任城区视察“三夏”农业生产。区委副书记、区长许风伦，区委常委、副区长车莉莉等陪同视察。

17日　全国双拥模范城检查组到济宁市第十三中学检查双拥创城工作。区委书记、区人大常委会主任孔维民，副区长胡钦等陪同。

28日　市委书记、市人大常委会主任张振川到任城区视察城市防汛抗旱工作，对任城区城市防汛抗旱工作提出要求。区委副书记、区长许风伦陪同视察。

29日　市委常委、市纪委书记迟丽华到任城区慰问老党员、优秀党员和困难党员代表。区委副书记、区长许风伦，区委常委、区纪委书记王业成等陪同慰问。

7月

7日　市委书记、市人大常委会主任张振川带领全市科学发展现场观摩会与会人员到任城经济开发区，观摩山东孔圣健康产业园方健制药中药产业园项目、山东博特精工股份有限公司关键功能部件产业化项目和中邮重汽物流项目。区委书记、区人大常委会主任孔维民，区委副书记、区长许风伦随同观摩。

8日　全区“政风行风热线”座谈会暨听评员聘任仪式举行。通报“政风行风热线”开播情况，聘任15名“政风行风热线”听评员。区委常委、区纪委书记王业成出席会议并讲话。

11日　省委非公经济组织党工委纪检书记、省工商联纪检组长司学志带领商务厅、农业厅、海洋与渔业厅、地税局、消费者协会到任城区就贯彻落实省政府《关于对全省促进民营经济发展情况进行督查的通知》和全省促进民营经济发展大会会议精神落实情况进行督查。副市长周洪，区委副书记、区长许风伦，区政协副主席、区工商联主席王正军等陪同。

14日　全区村（社区）党支部书记、主任培训班开班典礼举行。区委书记、区人大常委会主任孔维民作重要讲话。区委常委、组织部部长李功川主持会议。

25日　任城区新型农村养老保险、城镇居民养老保险纳入国家级试点。中央和省财政按照60%的比例、市财政按照8%的比例对任城区补助2330万元。

27日　广东博澳鸿基集团董事局主席韩庆云到任城区考察。市委书记、市人大常委会主任张振川，市委常委、秘书长陈民，区委书记、区人大常委会主任孔维民，区委副书记、区长许风伦等陪同考察。

8月

3日　全区推进基层党务公开工作会议召开。区委书记、区人大常委会主任孔维民出席会议并讲话，区委常委、组织部部长李功川主持会议。

14日　任城区“国民休闲汇”启动仪式在任城新区湿地公园举行。市旅游局副局长陈晓霞，区委常委、副区长车莉莉参加启动仪式。

17日　省廉政文化示范点

考核组到区地税局检查验收省级廉政文化示范点创建工作。20日，区地税局被授予“山东省廉政文化示范点”荣誉称号。

18日 省环保厅厅长张波到任城区检查指导洸府河入湖口人工湿地水质净化工程建设。市政府特邀顾问商建设，区委副书记、区长许风伦，副区长李晓彤等陪同。

21日 国家发改委中国投资协会会长张汉亚到任城区检查淮海经济区龙头城市投资论坛暨资源型城市经济转型投资峰会筹备工作。副区长胡钦陪同。

24 日 区委召开常委会议，集体学习“5·17·5”换届纪律。区委书记、区人大常委会主任孔维民根据中央和省市委有关精神，就严肃换届纪律提出要求。

25日 国务院国资委副主任黄淑和到济三煤矿视察“E矿山”安全信息管理系统。市委常委、副市长崔洪刚，副市长周洪，区委副书记、区长许风伦等陪同视察。

9 月

7日 市人大常委会副主任刘明远到区人民法院视察指导审判工作。区委书记、区人大常委会主任孔维民，区委常委、政法委书记张玉泉等陪同视察。

7~9日 区委书记、区人大常委会主任孔维民，区委副书记、区长许风伦，区政协主席郑艳秋，区人大常委会第一副主任贾存琰等分组到部分中小学校走访慰问教师员工。

10日 全区教师节庆祝表彰大会召开。区委书记、区人大常委会主任孔维民出席会议并讲话，区委副书记、区长许风伦主持会议。

14日 区委副书记、区长许风伦视察区创城夺杯迎查工作进展情况，就如何全面做好迎查工作提出具体要求。副区长范德元陪同视察。

15日 住房和城乡建设部国家园林城市专家组到任城区考查。副市长陈颖、佘春明，区委书记、区人大常委会主任孔维民，区委副书记、区长许风伦，区人大常委会第一副主任贾存琰等陪同。

22日 市人大常委会副主任段修龙带领驻济全国、省、市部分人大代表到任城区视察农村环境综合整治和生态建设。区人大常委会第一副主任贾存琰、副区长范德元等陪同视察。

23~24日 市委副书记、市长梅永红，副市长周洪到任城区考察森达美跃进作业区。区委书记、区人大常委会主任孔维民，区委副书记、区长许风伦等陪同考察。

24日 全国政协人口资源环境委员会副主任、国务院南水北调办公室原主任张基尧到长沟泵站检查指导南水北调工程建设。省南水北调局局长孙义福，市委常委、副市长侯端敏，区委副书记、区长许风伦等陪同。

27日 第二届中国儒商健康产业高峰论坛在任城区召开。副市长陈颖主持开幕式，市委常委、统战部部长张开朗，区委书记、区人大常委会主任孔维民分别致辞。中国工程院院士、卫生部原副部长王陇德，国家中医药管理局副局长李大宁，区委副书记、区长许风伦，区人大常委会第一副主任贾存琰及全国知名医药企业家代表出席开幕式。

29日 市政协副主席蒙建华带领部分市政协常委、委员视察任城区招商引资和项目建设工作进展情况。副区长胡钦、区政协副主席李云峰等陪同视察。

30日 “金宇杯”济宁商贸服务业发展高峰论坛开幕。副市长佘春明出席会议并讲话，区委副书记、区长许风伦等出席开幕式。

10 月

7日 区委副书记、区长许风伦检查指导“三秋”农业生产，查看秸秆还田、禁烧、土地深松等工作，对小麦播种进行调研。区委常委、区纪委书记王业成，副区长李晓彤等陪同。

11日 全区农村食品安全综合整治工作会议召开。区委常委、副区长郭庆林出席会议并讲话，副区长李玲主持会议。

12日 省人大常委会副主任崔曰臣到任城区视察保障性安居工程建设。崔曰臣先后到明苑小区、御德新城、鑫源小区、红西佳苑保障性安居工程现场察看，对相关工作取得的成绩给予充分肯定，对做好下一步工作提出具体要求。市人大常委会副主任段修龙，区人大常委会第一副主任贾存琰，区委常委、副区长郭庆林等陪同视察。

16日 全省润滑油领域首个院士工作站在卡松科技有限公司成立。副市长陈颖，区委书记、区人大常委会主任孔维民分别致辞，区委常委、副区长郭庆林宣读《中国科学院兰州化学物理研究所贺信》。中国工程院院士薛群基、省科技厅副厅长王晓斌、区政协主席郑艳秋、区人大常委会第一副主任贾存琰等出席揭牌仪式。

20日 “青春助力——关爱农民工子女”2011青年文明号爱心助学活动举办。17家青年文明号与17名困难农民工子女结对资助。区委常委、宣传部部长汪金厚出席会议并讲话，团区委书记孙恒民主持会议。

21日 区工商业联合会第六届会员代表大会暨区总商会第一届会员代表大会召开。区委书记、区人大常委会主任孔维民出席会议并讲话，区政协副主席、工商联主席王正军主持会议。

28日 原中国农业科学院副院长许越先带领中国农业国际合作促进会专家到任城区考察指导工作。区委常委、组织部部长李功川，副区长李晓彤陪同考察。

29日 任城区党员领导干部莲心社揭牌仪式举行。市委常委、纪委书记迟丽华，区委书记、区人大常委会主任孔维民共同为莲心社揭牌。区委常委、区纪委书记王业成等出席揭牌仪式。

11 月

1日 省国土资源厅验收组到任城区验收复垦置换项目。区委书记、区人大常委会主任孔维民，区委常委、副区长郭庆林等陪同。

2日 全区区镇两级人大换届选举工作会议召开。区委书记、区人大常委会主任孔维民出席会议并讲话，区人大常委会第一副主任贾存琰主持会议。

4日 省科协巡视员许素海到任城区调研科普工作。市委常委、市总工会主席韩军，市科协主席张宪常，区委书记、区人大常委会主任孔维民等陪同调研。

9日 区委书记、区人大常委会主任孔维民到李营街道、二十里铺街道敬老院视察冬季供暖工作。区委常委、办公室主任杜庆节等陪同视察。

15日 市工商局局长张庆军带领全市工商行政管理工作现场观摩会与会人员到任城区观摩“学习型工商建设年”及规范化建设。观摩团查看活动现场及相关活动资料，对任城区工商系统学习型工商建设工作给予高度评价，就工商系统进一步巩固扩大学习型工商建设年建设成果，提出明确要求。

△省商务厅副厅长魏华祥到任城区调研医药物流发展情况。魏华祥先后参观国药控股济宁有限公司、山东瑞中医药有限公司等企业。市商务局局长苗兴华，区委常委、副区长郭庆林等陪同调研。

25日 任城区通过全国科技进步先进区考核，连续第五次被授予“全国科技进步先进区”荣誉称号。全区国家高新技术企业发展到10家，中国专利山东省明星企业发展到6家，拥有国家级实验室5家、省级工程技术研究中心3家、省级企业技术中心6家。

△第23届省运会场馆建设土地报件协调会在李营街道召开。副区长李玲对场馆建设、征地补偿和群众稳定等工作提出明确要求。

12 月

4日 区委书记王宝海等到仙营街道调研经济社会发展情况，就发展城市经济、提高民生水平提出要求。

5日 全区“双评”活动动员会召开。传达全市“双评”活动会议精神，安排部署2011年“社会各界代表评机关”和“民主评议行风”活动。区委常委、组织部部长李功川宣读《2011年度全区“双评”活动实施细则》。区委副书记朱勇志出席会议并讲话，区委常委、区纪委书记杨力新主持会议。

6~9日 区委副书记、代区长岳根才先后到金城街道、二十里铺街道、南张街道、长沟镇、李营街道、仙营街道、接庄街道、石桥镇，就农村经济、城市经济、机械加工和服务业发展进行调研。区委常委、副区长王业成等陪同调究。

8日 市人大常委会副主任刘明远到任城区检查指导区镇两级人大换届选举工作，走访慰问部分市人大代表。区委副书记、代区长岳根才，区人大常委会第一副主任贾存琰等陪同慰问。

9日 区政府与市人民警察训练基地合作建设第23届省运会任城赛区比赛场馆项目签约。区委副书记、代区长岳根才致辞，济宁人民警察训练基地党委书记、主任张旭东等出席签约仪式。

13日 市公安局帮扶石桥镇倪庙村警民共建路建设开工。市公安局局长王金城宣布警民共建路开工，区委副书记、代区长岳根才致辞。区委副书记、区帮扶工作团团长许修航（挂职）主持开工仪式。

14日 区委书记王宝海，区委副书记、代区长岳根才，区委副书记朱勇志到任城新区调研，就加快新区建设提出要求。区委常委、副区长王业成等陪同调研。

15日 市委副书记、市长梅永红到任城调研。区委书记王宝海，区委副书记、代区长岳根才等陪同调研。

16日 国药控股济宁有限公司揭牌仪式举行。副市长陈颖，市政协副主席贾丽建，区委副书记、代区长岳根才，区政协主席郑艳秋等出席揭牌仪式。

20日 市人大常委会第一副主任祝金焕带领驻济省人大代表到任城新区视察。祝金焕对任城新区开发建设取得的成绩给予高度评价，就进一步加快任城新区建设提出意见和建议。区人大常委会第一副主任贾存琰，区委常委、副区长王业成等陪同视察。

22日 全区农民工工资清欠及环境整治工作会议召开。区委副书记、代区长岳根才出席会议并讲话，区委副书记朱勇志主持会议。

23日 中共济宁市任城区第十二届委员会第十三次全体会议召开。区委书记王宝海出席会议并讲话，区委副书记、代区长岳根才主持会议。

△省军区首长机关训练官兵到任城区开展冬季野营训练。区委书记王宝海看望慰问参训部队官兵。区委副书记朱勇志，区委常委、区人武部政委林华等陪同慰问。

△全区史志工作暨《任城年鉴》编纂动员会议召开。市地方史志办公室主任黄崇民对任城地方志工作取得的成绩给予充分肯定，对任城史志事业发展提出要求。区委常委、副区长王业成对《任城区志》编修工作进行总结，对《任城年鉴》编纂工作进行安排部署。区政府办公室主任刘岭主持会议。

27~30日 中共济宁市任城区第十三次代表大会召开，到会代表308人。会议选举产生中共济宁市任城区第十三届委员会委员、候补委员，中共济宁市任城区纪律检查委员会委员和出席中共济宁市第十二次代表大会的代表。

28日 省委政法委常务副书记张建华带领省检查组到任城区检查落实党风廉政建设责任制进展情况和推进惩防体系建设工作。市委常委、政法委书记步士金，区委书记王宝海，区委副书记、代区长岳根才，区委常委、副区长王业成等陪同。

△全区水利工作会议召开。区委副书记朱勇志宣读《济宁市任城区人民政府关于今冬明春农田水利基本建设的实施意见》。区政府党组成员刘刚代表区政府与二十里铺街道、南张街道签订责任书。区委书记王宝海出席会议并讲话，区委副书记、代区长岳根才主持会议。

31日 区委书记王宝海，区委副书记、代区长岳根才等先后到区财政局、区国税局和区地税分局看望慰问财税系统干部职工。

任城概况

建置沿革

【地理位置】 任城区位于鲁西南平原，南阳湖北端，东经116°23′~116°35′，北纬35°14′~35°33′。北枕汶上县，南连微山县，东临兖州市、邹城市，西依嘉祥县。东西最大横距32.5公里，南北最大纵距37.1公里，总面积542.87平方公里。

【建置隶属】 任城历史悠久，夏为有仍国或任国（古仍、任通用）。商、周为任国、郜国。于公元前221年（秦始皇二十六年）设任城县、亢父县，属砀郡（一说属薛郡）。西汉为任城、亢父、樊三县，均属东平国。公元9年，王莽篡汉为新，改任城为延就亭、改亢父为顺父，存樊，均属有盐。公元25年，东汉建立，废延就亭、顺父，复任城县、亢父县。公元84年（东汉章帝元和元年），任城、亢父、樊三县改属任城国。223年（三国魏黄初四年），任城、亢父、樊三县属任城郡。227年（晋武帝咸宁三年）复属任城国。307年（晋永嘉元年），废任城国，樊县并入任城县，任城、亢父二县同属任城郡。420年（南朝宋永初元年），任城县并入亢父县，属高平郡。518年（北魏神龟元年），复任城县，与亢父县并属任城郡。556年（北朝齐天保七年），亢父县并入任城县，属高平郡。596年（隋开皇十六年），任城县属鲁郡。唐及五代前期沿隋制。952年（后周广顺二年），任城县改属济州。1275年（元至元十二年），任城县并入济州，属济宁府。1286年（元至元二十三年），复任城县，属济州。1348年（元惠帝至正八年），任城县属济宁路。1368年（明洪武元年）任城县属济宁府。1385年（洪武十八年），任城县并入济宁州，属兖州府。1724年（清雍正二年），济宁升格为为直隶州，属山东布政使司。1730年（清雍正八年），济宁直隶州降为散州（不领县），属兖州府。1776年（清乾隆四十一年），复为直隶州，属山东布政使司。1780年（清乾隆四十五年），属兖沂曹济道。1913年，中华民国废府州制，设济宁县，属岱南道，次年改属济宁道。1928年废道，济宁县直属山东省。1946年1月，中国人民解放军第一次解放济宁，将济宁县城区划出设立济宁市。1946年8月，析济宁县北部四个区，新建济北县。1951年2月，济北县改称济宁县。1958年11月，并入济宁市（县级）。1965年5月，恢复济宁县建制。1983年9月，济宁地区改为济宁市，撤销济宁县，原行政区改称济宁市郊区（县级）。1993年12月，更名为济宁市任城区。

【行政区划】 2011年，任城区辖石桥、长沟2个镇，接庄、李营、二十里铺、南张、仙营、金城等6个街道办事处，329个自然村，301个行政村，15个社区，15个居委会。

自然环境

【地质】 地处鲁中南泰沂蒙山麓倾斜平原与鲁西南黄泛平原交

接洼地的中心地带，属山东地台尼山穹窿与鲁西沉降带之结合部。西部为鲁西沉降带边缘，东部、北部为山东地台边缘。基岩除东部石桥镇为中生代晚株罗系花岗岩外，其余均为古生代二迭系粘土岩或砂岩。古生代奥陶系下统岩石仅在长沟镇的张山、王山以孤丘的形式外露存在。境内有两组南北向断层，其一为刘堤头断层，位于中部偏西，自中区喻屯镇南田村起经南张街道刘堤头村北至汶上；其二为孙氏店断层，位于东部，自石桥镇北王村起，经接庄街道贾庄村东南、兖州市孙氏店村西至李营街道耿村。北部边境处尚有一个东西向断裂带，西起李营街道耿村，向东经兖州大磁阳，延伸至曲阜市时庄村附近，与尼山断层相交。境内上部地层均系新生界第四系上组松散物堆积，属全新统。梁济运河以东为汶泗山麓冲积层，以西100米以上为黄河冲积物夹湖相沉积物，其下为巨厚的粘土物质，系湖相沉积物或山前冲积平原前缘堆积。90米以内沙层较为普遍集中，多为2~4个含水组，沙层累计厚度在5~25米之间。

【地貌】 境内除长沟镇的张山、王山为奥陶系石灰岩突出地表外，其他地貌以平原为主，占98.4%。西部、南部为黄河决口冲积扁形潜平洼地；东部、北部为倾斜平原缓平岗地。境内平原海拔高程33~43米，至高点在长沟镇的张山玉皇顶，海拔高程85.4米。东部为河漫滩向湖盆的过渡段，东高西低向湖倾斜，坡降在1/1000~1/3000之间，表土田质为湖相沉积物；西部为黄沙平原的浅线区，西高东低倾斜于湖，城降在1/3500~1/7000之间，表土母质为黄沙冲积物及湖相深积物；北部系山麓倾斜平原，地面起伏较大，岗洼相间，经向排列。

【气候】 任城区位于东亚季风气候区，属暖温带大陆性季风气候，气候条件优越，具有四季分明、光照充足、雨热同季、降水集中、干湿交替、无霜期长、偶有灾害等特点。年平均气温13.3~14.1℃，年平均降水量579~820毫米，年平均无霜期为199天，主要气象灾害有暴雨、寒潮、大风、干旱、冰雹等。

【水系】 境内河湖属淮河水系，南四湖流域。有9条河流，其中干流4条。河网密度0.4公里/平方公里。

泗河 古称泗水，发源于新泰市太平顶山西侧，流经泗水、曲阜、兖州，于接庄街道东贯庄村入境，经接庄街道郑庄村、石桥镇栗河崖村，至石桥镇新闸村南入南阳湖。全长159公里，段长18.6公里，流域面积5.88平方公里。

洸府河 源于宁阳县大汶河左岸（城屯），流经宁阳、兖州，于李营街道何岗村东入境，至石桥镇辛店村西入南阳湖。宁阳汉马河口以上段为洸河，汉马河口以下段称洸府河，全长84公里。段长24.7公里，流域面积157.69平方公里。汇入的支流有北跃进沟、蓼沟河。

梁济运河 全长87.8公里，自长沟镇陈庄村北入境，至龙拱河口入湖，段长26公里。支流有小新河、南跃进沟、幸福沟。

幸福河 为石桥镇的骨干引、排水河道，源于石桥镇后李庙村东，至辛店村东南入南阳湖。全长10公里，流域面积75平方公里。

【土壤】 境内土壤以粘质土为主，占63.8%；壤质土次之，占32.6%；沙质土最少，仅占3.6%。土壤有机质含量较低，氮、磷、钾比例失调，普遍缺氮，严重缺磷，多数富钾。缺全氮和速效氮的面积占97.2%，缺速效磷的面积占96.3%，缺速效钾的面积占19.3%。土壤容重偏大；总空隙度大，有效空隙度偏小。土类为钙性土，均呈微碱，适宜作物生长。土壤类型划分褐土、潮土、砂姜黑土、水稻土4大类，10个亚类，20个土属，133个土种。

土壤分布 阶梯状分布，海拔43~38米为褐土，40~34米碟形洼地为砂姜黑土，36~34米为潮土和水稻土。地域性分布，西部黄泛平原为潮土，东部、北部山麓倾斜平原为褐土，中部、北部洼地为砂姜黑土，南部沿湖地带为水稻土。复域性分布，褐土区内局部洼地发育着黑土，砂姜黑土区中岗地分布着潮褐土，潮土区内高坡地分布着褐土化潮土和盐化潮土。冲击母质形成的土壤，其机械组成分选性明显，缓岗多属轻壤、砂壤，岗坡一般为中壤、轻壤，洼地则是重壤、粘土。

褐土　亦称褐色土，俗称黄土、立黄土，成土母质为泰沂蒙山区冲积、洪积物。主要分布于境内北部及东部的长沟、李营、南张、接庄等镇（街道）。褐土为地带性土壤，一般通体褐色较鲜艳，石灰反应弱，中性至微碱性，潜水埋深在3~5米。土壤土体深厚、构型好，熟化程度高，保肥保水，通透性良好。

潮土　俗称夜潮土、黄潮土、二合土，成土母质为黄泛冲积物及泗河泛滥冲积物。潮土亚类和盐化潮土亚类分布于接庄街道、石桥镇沿泗河漫滩一带；湿潮土亚类分布于长沟镇西部、石桥镇西部沿湖一带。海拔在34~36米，土层深厚，沉积层理明显，耕层质地差异大，以粘土、重壤、中壤为主，轻壤、沙壤次之。潮土的生产性能较差，湿潮土易旱，保肥性差；普通潮土、盐化潮土易旱易涝，存有次生盐碱化威胁。

砂姜黑土　俗称砂姜土、黑粘土，成土母质为浅湖湖积物。主要分布于境内长沟、南张、李营、二十里铺等镇（街道）。耕层质地以粘土、重壤为主，中壤次之；地形部位为海拔34~40米的碟形洼地或浅平洼地。砂姜黑土呈中性或微碱性，土质粘重，耕层浅薄，通气不良，易旱易涝，肥力低，耕性差，影响农作物产量。

水稻土　由湿潮土、普通潮土、砂姜黑土等经长期种植水稻逐渐发育形成的一种土壤，成土母质为黄泛冲积物及湖积物。石桥镇、南张街道有少量分布。耕层质地以粘土为主，重壤次之，海拔在34~36米。水稻土水耕熟化程度低，土壤肥力高，质地粘重，通气不良。

【植被】　属暖温带落叶阔叶林植被区，植被种类约90科、200种。地带性植被为以栎、槐、榆、椿、杨、柳为代表的落叶阔叶林；平原地区自然植被已被农业植被代替，栽培农作物为冬小麦、玉米、水稻、棉花、大豆、花生、地瓜、杂粮、蔬菜等；经济林木植被为苹果、桃、枣、葡萄等。

自然资源

【水资源】　境内年平均水资源总量约1.27亿立方米。其中地表水0.65亿立方米，地下水0.62亿立方米。地表水主要来源于自然降水，为境内河流、坑塘等地表水的动态水量。地下水基本呈均布状态，主要是大气降水和地表水入渗补给。

【土地资源】　任城区土地面积43090.27公顷。耕地27319.42公顷，占土地总面积的63.4%；园地222.22公顷，占土地总面积的0.52%；林地830.82公顷，占土地总面积的1.93%；城镇村及工矿用地8308.47公顷，占土地总面积的19.28%；交通用地2330.45公顷，占土地总面积的5.41%；水域及水利设施用地3716.81公顷，占土地总面积的8.63%；其他土地248.72公顷，占土地总面积的0.58%。人均耕地0.90亩，低于全市1.1亩的平均水平。

【矿产资源】　矿产资源丰富，探明一定储量的5种，主要有煤炭、建筑用灰岩、水泥用灰岩、砖瓦粘土、建筑用砂等，矿产保有储量34.7亿吨。煤炭资源储量大，煤层厚，煤质优，易开采，探明资源量34.1亿吨，煤区面积395.8平方公里；建筑用灰岩探明储量为494万吨，保有储量159万吨；水泥用灰岩探明储量461.1万立方米，保有储量198万立方米；砖瓦粘土探明储量937.1万立方米，保有储量549.7万立方米；建筑用砂探明储量4375.9万立方米，保有储量532万立方米。

人口　民族

【人口】　人口继续保持低速增长。年底，全区总人口46.1万人，比上年增加0.44万人。城镇人口35.56万人，占总人口的77.13%；农业人口10.54万人，占总人口的22.87%。全年出生人口5282人，出生率11.57‰；死亡人口1904人，死亡率4.17‰；人口自然增长率7.4‰。

【民族】 任城区是一个多民族聚居区。除汉族外，少数民族23个，3535人。其中回族3211人，占少数民族人口的91%；满族128人；蒙古族48人；土家族25人；苗族19人；壮族24人；朝鲜族21人；傣族16人；侗族10人；黎族10人；羌族9人等。分布特点是“大分散、小集中”，回族集居在王回庄村、东郑庄村、李王庄村，其他少数民族散居在境内部分村庄。

国民经济与社会发展

【概况】 全年实现生产总值231.89亿元，按可比价格计算，比上年增长11%。其中第一产业增加值21.09亿元，增长2.8%；第二产业增加值129.51亿元，增长11.4%；第三产业增加值81.29亿元，增长12.6%。三次产业比例为9.09：55.85：35.06。全社会固定资产投资107.89亿元。实现财政总收入37.3亿元，增长5.6%；地方财政一般预算收入18.67亿元，增长18%。年底金融机构人民币各项存款余额137.68亿元，比年初增加7.59亿元，人民币各项贷款余额89.70亿元，比年初减少0.52亿元。

【农业】 全年农林牧渔实现总产值42.47亿元，比上年增长8.7%。粮食总产26.44万吨，比上年增长5%；棉花总产188.6吨，增长5.1%；油料总产1079吨，增长0.8%；水果总产3.12万吨，增长6.1%；蔬菜总产47.99万吨，增长8.1%；水产品总产2.16万吨，增长4.85%。肉类总产2.9万吨，增长10.01%；禽蛋总产3.5万吨，增长24.87%；奶类总产1.6万吨，减少9.4%。新增造林面积0.35万亩，农田有效灌溉面积30.29万亩，农机总动力46.64万千瓦。

【工业 建筑业】 全年实现工业增加值115.7亿元，比上年增长15.1%。规模以上工业企业116家，完成工业总产值280.76亿元，增长12.28%；实现主营业务收入278.4亿元；实现利税51.67亿元，增长30.6%；实现利润35.25亿元，增长34.9%。工业经济效益综合指数为218.45。全区规模以上工业亏损企业7家。资质三级及以上建筑企业49家，完成建筑业总产值36.64亿元，增长19.18%；实现利税3.09亿元，增长43.66%。

【建设 环保】 年末城镇化率52.4%。城市人均道路面积20.7平方米，人均绿地面积17.8平方米，建成区绿化覆盖率36.5%。自来水普及率99%，燃气普及率70%，集中供热普及率56%。经济适用住房建设竣工7.5万平方米，交付816万套。村镇建设投资16亿元。建成污水处理厂3座，污水集中处理率67.2%，无害化垃圾处理率34.4%。城市空气质量良好率75%，水环境功能区达标率90%，道路交通声环境质量处于“较好”水平以上。

【交通 邮电】 公路通车里程536.39公里，其中高速公路通车里程25.6公里。公路完成客运量240万人次，比上年减少27.3%；完成货运量3790万吨，增长9.98%。港口货物吞吐量1200万吨，减少29.4%。邮政业务总量2250万元，增长15.96%。年末固定电话用户6.44万户，增长17.1%，移动电话用户38.8万户，增长13.45%，宽带用户6.43万户，增长53.1%。

【贸易 旅游】 全年实现社会消费品零售总额86.8亿元，比上年增长14.98%。其中城镇市场零售额76.3亿元，增长16.96%；乡村实现消费品零售额10.3亿元。实现进出口总额2.28亿美元，增长15.1%，其中出口2.22亿美元，增长19.9%。实际利用外资910万美元，减少54.5%。新批境外企业（机构）2家，协议投资总额30万美元。对外劳务合作完成营业额303万美元；外派人员365人次，增长8%。主要旅游景点有凤凰台、萧王庄汉墓、戴庄花园、长沟葡萄园、李营苗木、石桥万亩荷花生态园等。全年接待国内外游客90万人次。实现旅游总收入6000万元，增长42.9%，其中国内旅游收入5780万元，增长45.2%。

【教科文卫体】 有中等职业、技工学校2所，在校生2475人。普通高中3所，在校生6717人。初中14所，在校生18095人。小学42所，在校生21177人。特殊教育学校1所，在校生61人。取得各类重要科技成果41项，其中省级科技进步奖1项，市级科技进步奖9项，区级科技进步奖31项。专利申请量1008项，授权专利732项。档案馆1个，图书室300个，文化馆（站）9处，城镇村（社区）文化大院300个。广播、电视人口综合覆盖率均达100%。有卫生机构331个，其中医院、卫生院19个，社区（村）卫生服务中心309个，妇幼保健院（站）1个，疾病预防控制中心1个。各类卫生机构有床位1640张，卫生技术人员3594人，其中执业医师及执业助理医师1087人，注册护士1756人。有体育馆1座，新增群众体育健身活动场地12万平方米。全年参加市级以上体育比赛获奖牌156枚，其中金牌73枚。

【社会 生活】 城镇居民人均可支配收入21747元，增长12.18%；人均消费性支出12484元，增长11.35%；人均住房建筑面积33.87平方米。农村居民人均纯收入9322元，增长11.7%；人均住房面积48.6平方米。全区企业参加养老保险职工21615人，全区参加失业保险职工34323人。社会保险基金总收入5.93亿元，增加2.08亿元；支出3.51亿元，增加8849.11万元。新型农村养老保险参保21.3万人，参加新型农村合作医疗32.2万人。全区城乡最低生活保障救助8522人，其中城镇低保2309人，农村低保6213人，农村特困救济253人。收养性社会福利单位6个，收养877人。社会福利企业9个，安置残疾人员124人。

组织机构和领导人

【区级领导班子】

中共任城区委员会

书　　记：孔维民（~2011.11）
　　　　　王宝海（2011.11~）
副 书 记：许风伦（~2011.11）
　　　　　岳根才（2011.11~）
　　　　　许修航（挂职）
　　　　　朱勇志（2011.11~）
常　　委：郭庆林（~2011.11）
　　　　　张玉泉（~2011.12）
　　　　　杜庆节（~2011.11）
　　　　　王业成
　　　　　范德元（2011.11~）
　　　　　车莉莉（女）
　　　　　汪金厚
　　　　　杨力新（2011.11~）
　　　　　李功川
　　　　　王玉奇（~2011.4）
　　　　　林　华（2011.4~）
　　　　　张成俊（2011.12~）

任城区人大常委会

主　　任：孔维民
　　　　　王宝海（2012.1~）
副 主 任：时培岳（~2011.1）
　　　　　贾存琰（2011.1~）
　　　　　刘艳宾（女）
　　　　　苏永祯
　　　　　陈德生
　　　　　孙宗良
　　　　　唐庆民（2012.1~）
党组书记：孔维民（~2011.11）
　　　　　王宝海（2011.11~）
副 书 记：时培岳（~2011.1）
　　　　　贾存琰（2011.1~）
　　　　　苏永祯

任城区人民政府

区　　长：许风伦（~2011.12）
　　　　　岳根才（2012.1~）
代 区 长：岳根才（2011.12~）
副 区 长：郭庆林（~2011.12）
　　　　　王业成（2011.12~）
　　　　　车莉莉
　　　　　　（女，~2011.12）
　　　　　范德元
　　　　　李　玲（女）
　　　　　李晓彤
　　　　　胡　钦
　　　　　刘　刚（2012.1~）
党组书记：许风伦（~2011.11）
　　　　　岳根才（2011.11~）
副 书 记：郭庆林（~2011.11）
　　　　　王业成（2011.11~）

政协任城区委员会

主　　席：郑艳秋（女）
副 主 席：刘鹭威
　　　　　李云峰
　　　　　任卫华
　　　　　王万川
　　　　　王正军
　　　　　朱　玉（2011.1~）
党组书记：郑艳秋（女）
副 书 记：任卫华（2011.1~）

中共任城区纪律检查委员会

书　　记：王业成（~2011.11）
　　　　　杨力新（2011.11~）
副 书 记：于永润

张秀敏（女）
常　　委：马月美（女）
张　奇
邓昆鹏
李书争

任城区人民武装部
部　　长：杨　凯
政　　委：王玉奇（~2011.3）
林　华（2011.3~）
副 部 长：杨　兵
党委第一书记：
孔维民（~2011.11）
王宝海（2011.12~）
党委书记：王玉奇（~2011.3）
林　华（2011.3~）
副 书 记：杨　凯

【区委工作机构】

区委办公室
主　　任：杜庆节（~2011.11）
闫春雷（2011.11~）
副 主 任：谢瑞延
房　强
范留照
党同义

台湾工作办公室
主　　任：谢瑞延
副 主 任：孙新强

组织部
部　　长：李功川
副 部 长：田胜金
刘光福（~2011.11）
秦　明
朱　玉（~2011.1）
王　超

宣传部
部　　长：汪金厚
副 部 长：祝自稳
孙念平
侯福战
张文海

统战部（民族宗教局）
部　　长：吕秋艳
（女，~2011.11）
车莉莉
（女，2011.11~）
副 部 长：杜本星
周　川
张继雨

民族宗教局
副 局 长：周　川
曹　锋（2011.11~）

政法委（综治办）
书　　记：张玉泉（~2011.12）
张成俊（2011.12~）
副 书 记：张成俊（2011.11~）
苏玉杰
郝国建
赵体稳
马星彦（挂职）

综治办
副 主 任：陆　振

老干部局
局　　长：刘光福（~2011.11）
吕秋艳
（女，2011.11~）
副 局 长：周玮玮
（女，~2011.11）

信访局
局　　长：范留照
副 局 长：李取勇

区直机关工委
书　　记：朱玉娥（女）
副 书 记：陈　延（女）

机构编制委员会办公室
主　　任：朱　玉
副 主 任：李志忠

【区政府工作机构】

政府办公室
主　　任：刘　岭
副 主 任：侯广卫
关文新
秦朝宁
王　品
王贻标
党组书记：刘　岭

发展和改革局（粮食局、物价局）
局　　长：唐庆民
副 局 长：刘元仁
牛秋姝（女）
胡新轩
刘绪伟
党组书记：唐庆民
纪检组长：冯尚根

粮食局
局　　长：张学栋
副 局 长：刘全法
刘德娥（~2011.9）
樊孝俊（2011.11~）
党委书记：张学栋
纪委书记：赵　峰

物价局
局　　长：陈桂玲
副 局 长：郭庆社
邱跃鲁
郝占存

党组书记：陈桂玲
纪检组长：贾连群

经济和信息化局（商务局）
局　　长：郝书祥
副 局 长：张　涛
　　　　　王秋霞（女）
　　　　　侯建伟
党组书记：郝书祥

商务局
局　　长：杨建军
副 局 长：张忠恋
　　　　　汤延军
工会主席：李友忠
党组书记：杨建军

教育体育局
局　　长：戴兴岭
副 局 长：赵来珠
　　　　　鲍齐新
　　　　　赵占坤
党委书记：吴景元
纪委书记：苏延年

科学技术局
局　　长：姜香菊（女）
副 局 长：任　淑（~2011.7）
　　　　　刘元宁
　　　　　闫香革
党组书记：姜香菊（女）

民政局
局　　长：孟庆波
副 局 长：李守然
　　　　　顾黎明
　　　　　韩际会
党组书记：孟庆波
纪检组长：孟令梅（女）

司法局
局　　长：程守全
副 局 长：刘衍波（女）
　　　　　史志勇
　　　　　刘克江
党组书记：程守全
纪检组长：杨传岭

监察局
局　　长：于永润
副 局 长：李　澎
　　　　　郑兆伟

财政局
局　　长：杨晓春（女）
副 局 长：杨银轩（~2011.11）
　　　　　左振宇
党组书记：杨晓春

人力资源和社会保障局
局　　长：朱　玉
副 局 长：杨　林（~2011.9）
　　　　　朱　坤（~2011.11）
　　　　　熊继梅（女）
　　　　　路则端
　　　　　张福前
　　　　　韩宗智
党组书记：朱　玉
纪检组长：郭长锁

住房和城乡建设局
局　　长：李玉宽
副 局 长：接金梅（女）
　　　　　王凤海
　　　　　刘霄昆
　　　　　张新合
党组书记：李玉宽
纪检组长：邱　静（女）

交通运输和港航局
局　　长：李守俭
副 局 长：李敬波
　　　　　蒋永进
　　　　　杜本磨
党组书记：李守俭
纪检组长：廉　洁

水务局
局　　长：姚兴勇
副 局 长：邵为安
　　　　　王书明
　　　　　付　强
党组书记：姚兴勇
纪检组长：扈友良

农业局（林业局）
局　　长：李长青
副 局 长：李长河
　　　　　姜景葵
　　　　　韩继生
　　　　　刘德峰
　　　　　王兆民
党组书记：李长青
纪检组长：王继兰（女）

林业局
局　　长：张继伟
副 局 长：黄以星
　　　　　王瑞席
　　　　　段启旺
工会主席：李继生
党组书记：张继伟

文化广电新闻出版局
局　　长：祝自稳
副 局 长：孔令琨
　　　　　张兆琦（女）
　　　　　王文镇
党组书记：祝自稳
纪检组长：杨水东

卫生局
局　　长：陈守勤
副 局 长：王爱民（挂职）

赵体良（2011.11~）
姚红波
侯宪敏（女）
党委书记：陈守勤
纪委书记：廉月玲（女）

食品药品监督管理局
局　　长：胡苏秦
副 局 长：魏永强（2011.11~）
温敬玉（女）
党组书记：胡苏秦
纪检组长：楚奉春（女）

人口和计划生育局
局　　长：李中民
副 局 长：张吉东
陈忠勤
唐延忠
党组书记：李中民
纪检组长：李遵爱（女）

审 计 局
局　　长：李　兵
副 局 长：王香莲（女）
孟凡波
许允鹏
党组书记：李　兵

环境保护局
局　　长：陈建学
副 局 长：魏德富
朱申先
王景春
张启前
党组书记：陈建学

统 计 局
局　　长：屈盛君（~2011.11）
副 局 长：张志安
张深敬（~2011.11）
吴成彬
党组书记：屈盛君（~2011.11）

安全生产监督管理局
局　　长：陈允强
副 局 长：徐守英（女）
张玉才
陈瑞军
党组书记：陈允强
纪检组长：郑金峰

【区属事业单位和经济组织】

党校（行政学校）
校　　长：孔维民（~2011.11）
王宝海（2011.11~）
副 校 长：宫德忠
孙高远
李文全
赵晓华（女）
张　铭
党委书记：孙宗良

行政学校
校　　长：许风伦（~2011.11）
岳根才（2011.11~）
副 校 长：孙宗良
孙高远
李文全
赵晓华（女）
路则端

党史研究室
主　　任：沙惠民
（回，~2011.11）
副 主 任：王全臣
胡长乐
侯明霞（女）

老龄委办公室
主　　任：周志华
副 主 任：邵爱菊（女）

档案局（馆）
局（馆）长：李龙涛
副局（馆）长：
王　静（女）
白树信

行政审批中心
主　　任：关文新
副 主 任：袁传刚

政府采购管理局
局　　长：李传师
副 局 长：谢建波

机关事务管理局
局　　长：周庆余
副 局 长：张六一
张旭东
党支部书记：
周庆余

统筹城乡发展推进委员会办公室
主　　任：孙念国（~2011.11）
副 主 任：马　庆

畜牧兽医局
局　　长：魏　军
副 局 长：刘玉玺
李月峰
党组书记：魏　军

农 机 局
局　　长：邵长武
副 局 长：庞国兴
姜东宝（2011.11~）
工会主席：陈德华
党组书记：邵长武
纪检组长：姜东宝（~2011.11）

水 产 局
局　　长：傅家隆
副 局 长：赵厚国

张　文
党组书记：傅家隆

旅游局
局　　长：马文利
副 局 长：闫雯雯
（女，~2011.11）
党组书记：马文利

煤炭局
局　　长：陈允杰
副 局 长：朱　青
张玉岗
党组书记：陈允杰

中小企业局
局　　长：谭锡祥
副 局 长：梁卫华
马文新
党组书记：谭锡祥

经济合作局
局　　长：张洪春
副 局 长：兰　天
王晓峰
党组书记：张洪春

城市管理综合执法分局
局　　长：仲爱军
副 局 长：赵　芳
孙　猛
党组书记：仲爱军
纪检组长：李国庆

市容管理局
局　　长：徐炳纪
党组书记：徐炳纪

任城新区管理委员会
主　　任：江新军
副 主 任：居胜春
翟兴众
卢全喜
党工委书记：
江新军

航运服务中心
主　　任：李敬波
副 主 任：伊成涛
袁继成（2011.11~）
党组书记：李敬波

红十字会办公室
主　　任：曹景瑞

供销合作社联合社
理事会主任：
陈德山
副 主 任：张　波
汪孔刚
工会主席：崔　瑛（女）
党委书记：陈德山

商业集团总公司
总 经 理：李兴伟
副总经理：杨贵岭
工会主席：王振鲁
党委书记：杨建军

济宁市实验中学
校　　长：廉克海
副 校 长：王汉岭
史作仁
陈瑞礼
侯代平
工会主席：强玉芬（女）
党委书记：戴兴岭
纪委书记：刘　辉

济宁市第二人民医院
院　　长：崔　涛
副 院 长：王玉莲（女）
高　航
杨　宁
刘树民
李　玮
工会主席：杨　宁
党委书记：刘长洲
纪委书记：刘振涛

【法院 检察院】

法　院
院　　长：李永生（~2011.12）
卞玉杰（2011.12~）
副 院 长：孙宗生
张　锦
工会主席：孙传军
执行局局长：
毛建昌
党组书记：李永生（~2011.11）
卞玉杰（2011.11~）
纪检组长：张　林（~2011.11）

检察院
检 察 长：张　斌
副检察长：韩庆鹏
吴士勇
反贪局长：杨海军
党组书记：张　斌

【区人大专门委员会及办事机构】

办公室主任：
李　安
研究室主任：
陈振冉
人事代表工作室主任：
张铁军
信访工作室副主任：
陈　洁（女）
法制工作室主任：
权宝庆
财经工作室主任：
李　虎

农业工作室主任：
刘相存
教科文卫民侨外工作室主任：
崔冬梅（女）
城乡建设环境保护工作室主任：
姜　笋
机关老干部科科长：
张芳君（女）

【区政协专门委员会及办事机构】

区政协党组成员、秘书长、办公室主任：陈庆民
办公室副主任：
吴　健
研究室副主任：
王志强
提案委主任：
方红军
经济委主任：
王永祥（~2011.12）
教科文卫体委主任：
陈瑞军
教科文卫体委副主任：
宋美英（女）
民族宗教港澳台侨委主任：
程宪福（~2011.12）
文史资料委主任：
李　毅（女）

【区纪委（监察局）派驻机构】

第一纪检组（监察室）
组长（主任）：
于永润
副组长（副主任）：
李遵爱（女）

第二纪检组（监察室）
组长（主任）：
张秀敏（女）
副组长（副主任）：
郭长锁

第三纪检组（监察室）
组长（主任）：
马月美（女）
副组长（副主任）：
邱　静（女）

第四纪检组（监察室）
组长（主任）：
张　奇
副组长（副主任）：
廉月玲（女）

第五纪检组（监察室）
组长（主任）：
孟凡臣
副组长（副主任）：
王继兰（女）

第六纪检组（监察室）
组长（主任）：
杨广林
副组长（副主任）：
冯尚根

【群众团体】

总工会
主　　席：王万川
副 主 席：张茂鹏
杨生保
党组书记：张茂鹏

团区委
书　　记：孙恒民（~2011.11）
副 书 记：王胜男（女）
马　宁（女）

妇　联
主　　席：吴　云
（女，~2011.11）
周玮玮
（女，2011.11~）
副 主 席：周　燕（女）
魏哲玲（女）
侯　艳（女）
党组书记：
吴　云
（女，~2011.11）
周玮玮
（女，2011.11~）

科　协
主　　席：何　雯（女）
副 主 席：吕培强（2011.11~）
赵　林
党组书记：何　雯（女）

工商联
主　　席：王正军
副 主 席：杜本星
廉素芳（女）
李卓伟
党组书记：杜本星

残　联
理 事 长：武忠平
副理事长：孔庆忠
苗建敏（女）
党组书记：武忠平

【驻区垂直管理部门】

国土资源分局
局　　长：侯成之（2011.5~）
副 局 长：周　澎
孙殿华
李建国
郝　明（2011.5~）
党组书记：侯成之（2011.5~）
纪检组长：巩秀妮（女）

公安分局

局　　长：王玉峰（女，~2011.7）

政　　委：黄伦成

副 局 长：王启银
陈　平
常广冰
李　剑

党委书记：王玉峰（女，~2011.7）

纪委书记：张兴杰

质监分局

局　　长：胡显东（~2011.12）
马志文（2011.12~）

副 局 长：李庆响
梁　军（女）
纪永光

党组书记：胡显东（~2011.12）
马志文（2011.12~）

纪检组长：梁　军（女）

规划分局

局　　长：尹大卫

副 局 长：周　辉

工商分局

局　　长：张传喜

副 局 长：李新华
李祥思
张　凯

党组书记：张传喜

纪检组长：张建安

国税局

局　　长：朱传银（~2011.3）
王燕利（女，2011.4~）

副 局 长：田承秋
张　伟
赵　宏

党组书记：朱传银（~2011.3）
王燕利（女，2011.4~）

地税分局

局　　长：杨中革

副 局 长：王福军
李　辉
王寿静（女）

党组书记：杨中革

纪检组长：邓振营

【镇 街道】

石桥镇

党委书记：臧建设（~2011.11）
赵红雨（2011.11~）

党委副书记、镇长：
赵红雨（~2011.11）
樊培涛（2011.11~）

党委副书记：
潘若尧

党委委员、武装部长、副镇长：
张启刚

组织委员：赵启波（~2011.11）
魏东辉（2011.11~）

宣传委员：刘国芹（女，2011.11~）

纪委书记：刘　华（~2011.11）

人大主席：汤忠东

副 镇 长：孟凡华（~2011.11）
王庆东（2011.11~）

长沟镇

党委书记：张成俊（~2011.11）
谢晓华（2011.11~）

党委副书记、镇长：
谢晓华（~2011.11）
扈友臣（2011.11~）

党委副书记：
樊培涛（~2011.11）
程志伟（2011.11~）
刘相存（挂职）

纪委书记：赵士峰

组织委员：臧　东

党委委员、武装部长、副镇长：
范孝俊（~2011.11）
王凤响（2011.11~）

宣传委员：陈艳霞（女，2011.11~）

副 镇 长：王凤响
王克勇（2011.11~）

人大副主席：
谢庆义（2011.11~）

接庄街道

党工委书记、人大工作室主任：
李　铮

办事处主任：
李　铮（~2011.11）

党工委副书记、办事处主任：
杨银轩（2011.11~）

党工委副书记：
赵体良（~2011.11）
王宪同（2011.11~）

纪委书记：魏永强（~2011.11）
陈伯勇（2011.11~）

党工委委员：
魏永强（~2011.11）
李沛成（~2011.11）
陈伯勇
荆春华（2011.11~）
汪　岩
赵　猛

办事处副主任：
荆春华（2011.11~）
孟凡华（2011.11~）

李华筠
（女，2011.11~）
人大工作室副主任：
邵卫华（女）

李营街道

党工委书记、人大工作室主任：
闫春雷（~2011.11）
孙兴格（2011.11~）
党工委副书记、办事处主任：
孙兴格（~2011.11）
孔晓军（2011.11~）
党工委副书记：
孔晓军（~2011.11）
李　涛（2011.11~）
张福前（挂职）
组织委员：李　涛（~2011.11）
孙　艳
（女，2011.11~）
党工委委员、办事处副主任：
荆春华（~2011.11）
王作斌（2011.11~）
纪工委书记：
赵开拓
宣传委员：孙　艳
（女，~2011.11）
王海仁（2011.11~）
委员、武装部部长：
王作斌（~2011.11）
赵　建（2011.11~）
党工委委员：
张　亮（2011.11~）
人大工作室副主任：
王登柱
办事处副主任：
李兆新
赵　建（~2011.11）
周庆才（2011.11~）

二十里铺街道

党工委书记：
赵才文（~2011.11）
陈元强（2011.11~）
党工委副书记、办事处主任：
陈元强（~2011.11）
孙恒民（2011.11~）
党工委副书记：
宋　乾
人大工作室主任：
肖兴森
纪工委书记：
朱兆清（~2011.11）
张茂军（2011.11~）
党工委委员、武装部长、办事处副主任：
杨兆民
组织委员：张茂军（~2011.11）
李明国（2011.11~）
宣传委员：吕培强（~2011.11）
贾滢泉
（女，2011.11~）
办事处副主任：
姜文顺
（挂职，~2011.11）
韩广林（~2011.11）
王凤梨
（女，2011.11~）

南张街道

党工委书记、人大工作室主任：
赵　岗
党工委副书记、办事处主任：
范永全
党工委副书记：
潘　震
纪工委书记：
林宪政
党工委委员、武装部长：
彭玉悦
党工委委员：
刘　虎（2011.11~）
党工委委员、办事处副主任：
李另立（2011.11~）
宣传委员：李另立（~2011.11）
林新刚（2011.11~）
组织委员：李雪梅
（女，~2011.11）
左彩虹
（女，2011.11~）
办事处副主任：
田文月（~2011.11）
韩广林（2011.11~）
人大工作室副主任：
林新刚（~2011.11）
刘华臣（2011.11~）

仙营街道

党工委书记：
卢　静
（女，~2011.11）
赵文卫（2011.11~）
党工委副书记、办事处主任：
赵文卫（~2011.11）
李雪梅
（女，2011.11~）
党工委副书记：
赵联华（~2011.11）
李俊杰（2011.11~）
纪工委书记：
孔凡中
宣传委员：王洪岩（女）
组织委员：郑宏强
党工委委员、武装部长、办事处副主任：
尚若文（~2011.11）

武装部部长、办事处副主任：
邵小雷（2011.11~）
办事处副主任：
邵小雷（~2011.11）
赵鲁峰（2011.11~）
人大工作室副主任：
程艳春
（女，~2011.11）

金城街道

党工委书记：
刘　刚（~2011.11）
赵才文（2011.11~）
党工委副书记、办事处主任：
孟凡璋
党工委副书记：
韩爱芹（女）
纪工委书记、武装部长：
魏玉华（~2011.11）
纪工委书记：
尚若文（2011.11~）
组织委员：周广岭
党工委委员、办事处副主任：
郑志成
党工委委员：
邵静斌
（女，2011.11~）
党工委委员、武装部长：
邵红波（2011.11~）
宣传委员：姜文顺（2011.11~）
办事处副主任：
田文月（2011.11~）
高　磊（2011.11~）

中共任城区委员会

重要会议

【区委常委扩大会议】 2月9日，区委常委扩大会议召开，区委书记、区人大常委会主任孔维民主持会议并讲话。区委副书记、区长许风伦传达市委书记、市人大常委会主任张振川在全市抗旱动员电视会议上的讲话。各位常委、副区长就2011年工作计划作汇报发言。区委常委，区人大常委会副主任，区政府副区长，区政协主席、副主席，区人武部部长等出席会议。孔维民就有效执行、狠抓落实问题，讲四点意见：一要重事业勇担当；二要重学习强素质；三要重示范讲方法；四要重实干转作风。

【全区干部大会】 2月17日，全区干部大会召开，区委书记、区人大常委会主任孔维民出席会议并讲话。区委副书记、区长许风伦主持会议，区委常委、副区长郭庆林宣读区委、区政府《关于表彰2010年度全区综合考核先进集体、先进个人的决定》。区委常委，区人大常委会副主任，区政府副区长，区政协主席、副主席，区人武部部长等参加会议。孔维民回顾总结2010年的工作，深入分析面临的形势，具体部署2011年经济社会发展的各项任务，动员全区上下进一步坚定信心，振奋精神，乘势而上，推动任城在新起点上实现更好更快发展。大会确定2011年工作要求是：全面贯彻党的十七大和十七届三中、四中、五中全会精神，坚持以邓小平理论和“三个代表”重要思想为指导，以科学发展为主题，以转变发展方式为主线，牢牢把握崛起跨越总基调，深入推进工业化、城市化双轮驱动战略，加快实现由依靠资源消耗向创新驱动转变、由粗放式增长向集约型发展转变、由城乡二元结构向城乡一体化发展转变，着力扩总量、调结构、惠民生、强保障，确保“十二五”开好局、起好步，以优异成绩迎接建党90周年。

【全区干部作风建设大会】 2月23日，全区干部作风建设大会召开，区委书记、区人大常委会主任孔维民出席会议并讲话。区委副书记、区长许风伦主持会议，区委常委、副区长郭庆林宣

2月17日，全区干部大会召开

读《关于表彰2010年度全区十佳服务窗口基层站所的通报》，区委常委、纪委书记王业成通报2010年度查处的典型案件。区委常委，区人大常委会副主任，区政府副区长，区政协主席、副主席，区人武部部长等出席会议。孔维民指出加强干部作风建设的重要意义，安排全区干部建设的各项任务措施，持续提升干部作风建设的境界和水平。

【全区统筹城乡发展工作会议】2月27日，全区统筹城乡发展工作会议召开，区委书记、区人大常委会主任孔维民主持会议并讲话。区委副书记、区长许风伦，区委常委、办公室主任杜庆节，区委常委、区纪委书记王业成，区委常委、副区长车莉莉，区委常委、宣传部部长汪金厚等出席会议。孔维民指出要始终坚持“三化同步”新理念统筹城乡发展，坚定不移加快新型城镇化进程，全面提升农村整体发展水平，深入开展城乡环境综合整治。

【全区政法维稳工作暨主题教育实践活动动员大会】3月4日，全区政法维稳工作暨主题教育实践活动动员大会召开，区委书记、区人大常委会主任孔维民出席会议并讲话。区委副书记、区长许风伦主持会议，区委常委、副区长郭庆林，区委常委、政法委书记张玉泉，区委常委、办公室主任杜庆节等出席会议。孔维民指出要清醒认识政法维稳工作面临的形势，不断提升做好政法维稳工作的能力和水平，切实担负起保一方平安的政治责任。

■ 3月16日，全区创建文明城市动员大会召开

【创建文明城市动员大会】3月16日，创建文明城市动员大会召开，区委书记、区人大常委会主任孔维民出席会议并讲话。区委常委、宣传部长汪金厚等出席会议。孔维民指出要充分认识创建文明城市工作的重要性，坚决打好创建文明城市工作攻坚战，扎实推动创建城市工作再上新水平。

【全区人才工作会议】3月25日，全区人才工作会议召开，区委书记、区人大常委会主任孔维民出席会议并讲话。区人大常委会第一副主任贾存琰，区委常委、副区长郭庆林，区委常委、办公室主任杜庆节，区委常委、组织部部长李功川等出席会议。孔维民指出要切实增强做好人才工作的责任感和紧迫感，努力开创人才辈出、人尽其才的新局面，切实提高党管人才科学化水平。

【全区新农村建设帮扶工作2009~2010年度总结表彰暨新一轮帮扶工作动员大会】3月31日，全区新农村建设帮扶工作2009~2010年度总结表彰暨新一轮帮扶工作动员大会召开，区委书记、区人大常委会主任孔维民出席会议并讲话。区委副书记、区长许风伦主持会议，区委常委、组织部部长李功川宣读关于表彰2009~2010年新农村建设帮扶工作先进集体和先进个人的决定，区政协主席郑艳秋，区人大常委会第一副主任贾存琰，区委副书记许修航（挂职），区委常委、办公室主任杜庆节，区委常委、纪委书记王业成，区委常委、副区长车莉莉，区委常委、宣传部部长汪金厚等出席会议。孔维民指出要切实增强做好新农村建设帮扶工作的责任感、使命感，努力开创新农村建设帮扶工作新局面，确保新农村建设帮扶工作扎实推进。

【全区“创城夺杯”工作调度会议】5月31日，全区“创城夺杯”工作调度会议召开，区委书记、区人大常委会主任孔维民出席会议并讲话。区委常委、办公室主任杜庆节主持会议，区人大常委会第一副主任贾存琰等出席会议。孔维民指出要坚定“创则必成”的信心决心，保质保量推进各项工作，迅速进入决战决胜的工作状态。

【庆祝中国共产党成立90周年暨先进集体先进个人表彰大会】 6月24日，庆祝中国共产党成立90周年暨先进集体先进个人表彰大会召开，区委书记、区人大常委会主任孔维民出席会议并讲话。区委副书记、区长许风伦主持会议。区委常委、组织部部长李功川宣读区委关于命名表彰先进基层党组织、优秀共产党员和党务工作者的决定。区委常委，区人大常委会副主任，区政府副区长，区政协主席、副主席，区人武部部长等出席会议。孔维民指出要认真回顾历史，总结经验，不断坚定推进全区科学崛起跨越的信心和决心，要务必牢记使命，锐意进取，在推进科学发展中创先争优，要坚持党要管党，从严治党，全面推进党的建设新的伟大工程。

【全区科学发展现场观摩会议】 7月12~13日，全区科学发展现场观摩会议召开，会议采取现场观摩和集中开会相结合的形式进行。12日，与会人员一同现场观摩各镇（街道）、任城经济开发区、任城新区、各重点工程建设指挥部上半年新上项目和重点工程建设情况，进行测评打分。13日上午，集中开会，区委书记、区人大常委会主任孔维民出席会议并讲话，指出要更加坚定崛起跨越的信心和决心，努力实现“十二五”发展良好开局，要进一步营造大干实干的浓厚氛围。区委副书记、区长许风伦对全区上半年工作进行总结，对下半年工作进行安排部署，区委常委、副区长郭庆林主持会议。区委常委，区人大常委会副主任，区政府副区长，区政协主席、副主席，区人武部部长等出席会议。

7月12~13日，全区科学发展现场观摩会议召开

【区委理论中心组读书会】 8月6~10日，区委理论中心组读书会召开，会议采取自学与集中学习相结合、理论学习与外出考察相结合的形式。6~8日，区委理论学习中心组全体成员、列席人员在本单位自学。9日，区委书记、区人大常委会主任孔维民，区委副书记、区长许风伦带领党政考察团赴兰考县、巨野县、单县学习考察。10日上午，集中开会，区党政班子成员分别作交流发言，汇报上半年的工作进展情况及下半年工作打算。

【区第十二届委员会第十一次全体会议】 8月10日，区第十二届委员会第十一次全体会议召开，区委书记、区人大常委会主任孔维民主持会议并代表区委常委会讲话。区委副书记、区长许风伦就加快推进城市化问题提出重要意见。区委委员、区委候补委员出席会议。非区委委员和候补委员的区人大常委会副主任，区政府副区长，区政协副主席，区人武部部长等列席会议。孔维民指出要深入学习贯彻胡锦涛总书记“七一”重要讲话，要进一步增强历史使命感，加快推进产业转型升级，要着力提升经济发展水平，加大城乡统筹力度，持续推进城乡协调发展。

【区第十二届委员会第十二次全体（扩大）会议】 10月14日，区第十二届委员会第十二次全体

（扩大）会议召开，区委书记、区人大常委会主任孔维民主持会议。区委常委、组织部部长李功川作《关于召开中国共产党济宁市任城区第十三次代表大会的决议（草案）》有关问题的说明。会议集体审议并表决通过《决议（草案）》。第十二届区委委员、候补委员出席会议。区纪委委员，非第十二届区委委员、候补委员的镇（街道）党（工）委书记、区直党（工）委书记等列席会议。孔维民代表区委常委会向全委会报告2011年全区基层党建工作情况，指出今年以来，全区各级党组织认真贯彻落实中央和省、市、区委决策部署，紧紧围绕全区工作大局，以深入开展创先争优活动为契机，以“党建领航、科学发展”为主题，扎实推进基层党建各项工作，形成求真务实抓党建、凝心聚力促发展的可喜局面，管党责任进一步落实，基层党建科学化水平进一步提升，基层党组织和党员的创造力、战斗力进一步增强。主要表现在创先争优活动扎实推进，村“两委”换届成效显著，基层党员队伍建设不断加强，“两新”组织党建扩面提质，基层党建工作创新亮点纷呈。

【全区第三季度经济工作调度会议】 10月17日，全区第三季度经济工作调度会议召开，区委书记、区人大常委会主任孔维民出席会议并讲话。区委常委、副区长郭庆林通报全区1~9月份经济运行情况，区委常委、办公室主任杜庆节主持会议。区委常委，区人大常委会副主任，区政府副区长，区政协主席、副主席，区人武部部长等出席会议。孔维民指出要牢固树立决战决胜的信心，突出抓好经济运行，全力推进“三重”工作，确保完成节能减排任务，高度重视保障改善民生，切实维护社会和谐稳定。

【区第十二届委员会第十三次全体会议】 12月23日，区第十二届委员会第十三次全体会议召开，区委书记王宝海出席会议并讲话。区委副书记、代区长岳根才主持会议。区委委员、区委候补委员出席会议，区纪委委员列席会议。会议决定，12月27~30日召开中国共产党济宁市任城区第十三次代表大会。讨论并原则通过中共济宁市任城区第十二届委员会向区第十三次党代表大会提交的报告，决定将这个报告修改后提交区第十三次党代表大会审议。酝酿讨论并原则通过中共济宁市任城区第十三届区委委员、候补委员，区纪委委员。投票表决确定任城区出席市第十二次党代表大会代表候选人预备人选。酝酿讨论并通过山东省出席党的十八大代表候选人初步人选推荐人选。

【区第十三次党代表大会】 12月27~30日，区第十三次党代表大会召开。选举产生中国共产党济宁市任城区第十三届委员会委员、候补委员，中国共产党济宁市任城区纪律检查委员会委员和出席中国共产党济宁市第十二次代表大会的代表。审议通过《中国共产党济宁市任城区第十三次代表大会关于中国共产党济宁市任城区第十二届委员会工作报告的决议》和《中国共产党济宁市任城区第十三次代表大会关于中国共产党济宁市任城区纪律检查委员会工作报告的决议》。大会充分肯定十二届区委工作。大会同意报告提出的今后五年全区经济社会发展的指导思想、目标要求和主要任务。指出今后五年，

12月27~30日，任城区第十三次党代表大会召开

是任城转型发展的攻坚期、城市扩张的加速期，也是提前建成全面小康社会的关键冲刺阶段；全区上下要高举邓小平理论和“三个代表”重要思想伟大旗帜，认真践行科学发展观，牢牢把握转方式调结构发展主线，不断强化科技创新、项目带动“两个”支撑，深入实施新型工业化、新型城镇化、农业现代化“三化同步”战略，加快构建现代新城区、产业发达区、生态宜居区、和谐首善区“四区”格局，统筹推进经济、政治、文化、社会和党的建设，为全面建设民富区强、文明和谐新任城而努力奋斗！

【区第十三届委员会第一次全体会议】 12月30日，区第十三届委员会第一次全体会议召开。第十三届区委委员、候补委员出席会议。区委书记王宝海主持会议并讲话。会议通过区委十三届一次全体会议选举办法（草案）、监票人名单；投票选举产生中国共产党济宁市任城区第十三届委员会常务委员会委员和书记、副书记。王宝海指出要始终做到政治坚定、服从大局，始终做到恪尽职守、真抓实干，始终做到真心为民、造福群众，始终做到和衷共济、团结协作，始终做到严以律己、清正廉洁。

■ 12月30日，任城区第十三届委员会第一次全体会议召开

重要决策和部署

2月26日，中共济宁市任城区委、济宁市任城区人民政府印发《关于加强城乡环境卫生管理工作的意见》。提出建立环境卫生管理长效机制，提高城乡环境卫生管理水平，全面推行环境卫生管理工作规范化运作，建立统一领导、专业队伍与基层组织相结合的管理体制。

△中共济宁市任城区委、济宁市任城区人民政府印发《关于实施六大重点工程加快推进新农村建设的意见》。区委、区政府决定实施农村六大重点工程，力争用三年左右的时间，夯实农业农村发展基础，全面提升农村整体发展水平和农民生活水平，努力构建城乡经济社会发展一体化新格局。

△区委办公室、区政府办公室印发《〈2011年城乡环境综合整治“百日会战”实施方案〉的通知》。要求结合迎淮治污检查和“创城夺杯”活动，集中力量，紧抓时机，按照硬化、净化、绿化、亮化、美化的要求，以治脏、治乱、治差为重点，全民参与、城乡联动，大干100天，改观城乡面貌。

△区委办公室、区政府办公室印发《〈2011年创建国家园林城市暨争夺“宜居杯”活动实施方案〉的通知》。遵循“狠抓进度、突出特色、因地制宜、注重实效”原则，坚持规划建绿、拆墙透绿、沿河布绿、随路植绿、屋顶种绿、见缝插绿，充分利用城区苗圃、河湖湿地等自然资源，以增加城区绿量、凸显绿化特色为着力点，按照“待定项目抓筹划、确定项目抓启动、在建项目抓进度”的总体要求，动员全区上下认识再提高、力量再集中、力度再加大，着力破解创建过程中存在的困难和问题，加快“创城夺杯”工作整体进度，7月底，全面完成城区园林绿化及市政基础设施建设改造任务，打造“生态任城、魅力任城、宜居任城”城区品牌。

3月3日，中共济宁市任城区委、济宁市任城区人民政府印发《关于进一步加强社会治安综合治理基层基础建设的意见》。提出大力推进社会治安综合治理基层组织建设，落实社会治安综合治理工作各项措施，提升全区维护社会政治稳定和驾驭社会治安局势的能力，推动“平安任城”建设向纵深发展。

3月9日，中共济宁市任城区委、济宁市任城区人民政府印发《关于进一步加强科学技术普及工作的意见》。就进一步加强“十二五”期间科学技术普及工作提出意见，安排部署“十二五”期间科普工作。

3月15日，区委办公室、区政府办公室印发《<济宁市任城区深化文明城市创建活动实施方案>的通知》。要求以建设社会主义核心价值体系为根本，以提高公民文明素质和社会现代文明程度为重点，广泛开展以文明城市创建为龙头的各类群众性文明创建活动，扎实推进文化、生态和社会建设，努力把任城区建设成为经济实力更强，城市化进程更快，文明程度更高，人民生活更富的现代化文明城区。

△中共济宁市任城区委、济宁市任城区人民政府依法《关于做好村“两委”换届选举工作的意见》，安排部署全区村“两委”换届选举工作。

3月24日，中共济宁市任城区委、济宁市任城区人民政府印发《<济宁市任城区中长期人才发展规划纲要（2011~2020年）>通知》。结合全区人才工作实际，制定济宁市任城区中长期人才发展规划纲要（2011~2020年）。

△中共济宁市任城区委、济宁市任城区人民政府印发《关于加快高层次人才引进的实施意见》。围绕全区经济社会发展战略，立足装备制造、精细化工、食品医药等“百亿产业”，坚持“以用为本”，构建更加灵活的用人机制，集中引进一批能够突破关键技术、发展高新产业、区域发展急需和紧缺的高层次创新创业人才、团队和具有领军作用的学科带头人和项目负责人，为提高自主创新能力、增强区域竞争力提供强有力的人才智力支撑。

△中共济宁市任城区委、济宁市任城区人民政府印发《关于在全区开展“增强为民意识、争做执行表率”主题活动的实施意见》。紧紧围绕全区加速崛起跨越发展大局，以“增强为民意识、争做执行表率”为主题，以群众满意、基层满意和市场主体满意为目标，抓住干部作风中存在的突出问题，综合施治、集中突破，努力实现执行能力明显增强、服务效率明显提速、发展环境明显优化、群众满意度明显提高，为实现“十二五”良好开局提供强有力的作风保障。

3月29日，中共济宁市任城区委印发《关于实行部门包村干部驻村加快推进新农村建设的意见》。围绕新农村六大重点工程建设的总体要求，以培养锻炼干部、推进新农村建设为目标，按照“分类帮扶、转化升级，培养典型、示范带动”的原则，从全区选择一批经济薄弱村和“难点村”，分别由区直部门单位和镇（街道）党政班子成员包保两年，并选派区直机关干部驻村帮扶。

4月13日，中共济宁市任城区委、济宁市任城区人民政府印发《<关于2011年全区党风廉政建设和反腐败工作任务分工意见>的通知》。按照党风廉政建设责任制规定和“谁主管、谁负责”的原则，对全区党风廉政建设和反腐败工作提出分工意见。

7月26日，中共济宁市任城区委、济宁市任城区人民政府印发《关于加快水利改革发展的实施意见》。坚持把水利作为基础设施建设的优先领域，把农田水利作为农村基础设施建设的重点任务，把严格水资源管理作为加快经济发展方式转变的战略举措，坚持“民生优先、统筹兼顾、人水和谐、政府主导、改革创新”的原则，加快节水型社会建设，全面提升水利现代化水平。

8月16日，区委办公室、区政府办公室印发《<关于在全区农村实施“乡村文明行动”的实施意见>的通知》。以“讲文明、改陋习、树新风”为主题，以行政村和新型农村社区为基本单位，坚持围绕中心、科学规划、分类指导、注重创新、以人为本原则，大力实施“乡村文明行动”，引导农民群众不断提高思想道德素质、科学文化素质和身体健康素质，逐渐养成良好生活习惯，身体力行改造农村环境，力争用五年时间实现农民思想观念大转变、文明行为习惯大改观、农村文明程度大提升，建设经济繁荣、设施完善、生态良好、环境优美、文明进步的现代化新农村。

8月22日，中共济宁市任城区委印发《关于加强和改进新形势下党史工作的意见》。加强和改进新形势下党史工作，实现以史鉴今、资政育人的根本任务。

8月24日，中共济宁市任城区委印发《<济宁市任城区“十二五”期间社会主义精神文明建设规划>的通知》。围绕推进任城崛起跨越总基调，以社会主义核心价值体系建设为根本，以建设“文明任城”为主线，以提高公民文明素质和社会文明程度为目标，以群众性精神文明创建活动为载体，适应新形势，探索新途径，采取新措施，创造新经验，把全区精神文明建设工作提高到一个新水平，推进任城现代化建设进程。

9月9日，中共济宁市任城区委、济宁市任城区人民政府印发《<济宁市任城区中长期教育改革和发展规划纲要（2011~2020年）>的通知》。结合任城经济社会发展实际，制定《济宁市任城区中长期教育改革和发展规划纲要（2011~2020年）》。

12月23日，中共济宁市任城区委印发《关于召开中国共产党济宁市任城区第十三次代表大会的通知》。决定中国共产党济宁市任城区第十三次代表大会12月26日召开预备会议，12月27~30日召开正式会议。

办公室工作

【概况】 区委办公室是中共任城区委办事机构，设行政科、秘书一科、秘书二科、政研室、区委督查室、区保密办（保密局）、区委机要局（密码管理局）、信息化管理中心等8个科室，行政编制24人，事业编制7人，机关工勤人员编制3人，设主任1人、副主任3人。2011年，紧紧围绕区委中心工作，以“三个满意”（让领导满意、让基层满意、让群众满意）为目标，以“三项服务”（服务领导、服务基层、服务群众）为宗旨，着眼“上台阶、创一流、求突破”的总体要求，注重发挥办公室作为参谋部、作战部和后勤部的作用，积极创新服务理念，切实强化参政职能，努力提高服务水平，全面加强自身建设，为区委工作有序、高效运转发挥重要作用。

【政研工作】 政研室始终把握“围绕中心、总揽全局、突出重点、适度超前”的工作原则，服务全局、服务领导、服务部门、服务基层，着力提升文稿撰写水平和调研水平，提速提质，切实为领导当好参谋助手，各项工作取得新的成绩。

树立精品意识，撰写一流文稿 按照区委对任城发展的科学研判和深刻谋划，加强学习和调研工作创新，努力紧跟领导思维，适应领导要求，撰写区人代会、区政协会、全区干部大会、区科学发展观摩会、区委全委扩大会等重要会议讲话以及各种专报、汇报等重要文稿60篇，近600页。抽调30名文字材料人员组建班子，在仔细分析形势，深入调查研究，广泛征求和综合各种意见的基础上，紧密结合任城区情，认真贯彻落实科学发展观的要求和加快经济增长方式转变的主线，编制完成区委十三次党代会报告。

深入调查研究，服务重大决策 把调查研究工作作为服务区委决策的重中之重，按照区委中心工作和重大部署，紧紧围绕新型工业化、新型城镇化、现代服务业、社会管理创新等经济社会发展中的重大问题，深入开展综合调研、专题调研和典型调研，力求参到点子上，谋到关键处，不断推出有价值、有分量的决策建议和典型经验，为区委科学决策和决策实施提供可靠依据。全年完成重大课题3个，编发《任城通报》7期。针对如何改善民生、促进社会和谐，积极借鉴先进经验等问题，联合区人社局、区民政局等部门深入调研，形成《任城区保障和改善民生工作调查与思考》调研报告；围绕群众工作创新深入开展调查研究，联合区委群众工作部、区委政法委等部门，主动研究如何创新做好新形势下的群众工作，形成《坚持以群众工作统领信访稳定工作》课题报告；围绕企业科技创新、人才领军、质量领军，对山东卡松科技有限公司推进科技创新深入剖析，形成《看创新基因如何“化蛹为蝶”》调研文章。

围绕提升能力，加强自身建设 认真学习党的十七届五中全会、中央经济工作会议以及省市委重要会议精神，学习中央领导重要讲话。紧紧围绕全区发展的最新实践，在现代产业、城市建设、社会管理等方面进行广泛的学习和涉猎。积极谋求工作创新，着力钻研中央、省市文件及领导讲话等材料，加强对区委主要领导所思所想的关注，深化对各类新生事物的认识和把握。围绕领导关注重点，大力开展学习和交流，统一思想，创新思维，努力将创新的成果转化到对区委主要领导的政务服务上，体现在各类决策和建议中。坚持充分调动全室干部的积极性，定期召开全室工作会议，鼓励干部学习，着力提高干部工作的主动性和创造性，形成齐心协力干事业的良好局面。

【督查工作】 督查室按照“有作为、有力度、有权威”的“三有”目标，在抓好各项日常督查的基础上，围绕经济转型升级、城乡统筹发展、“三重”工作推进落实、招商引资等工作开展重点督查；围绕区委重大决策部署、领导批示件和群众反映的热点难点问题进行跟踪督查，有效推动工作落实和问题解决，确保区委政令畅通。坚持把催办转办与直督直查结合起来，把日常督查与明察暗访结合起来，探索出一条增强督查实效的新路子。全年开展专项督查活动30余次，其中大型督查活动5次，办理市、区两级领导批示件近300余件，上报各类督办件40余件，编发《任城督查》27期、《督查专报》48期，其中区委主要领导批示5期。

【机要工作】 区委机要局以“两个确保”“两个绝对”为指针，以开展机要文化建设年活动为主线，加强密码保密管理，精心组织密码电报译传办理，狠抓制度和规范化建设，进一步提高机要工作管理水平。全年坚持24小时值班，办理密码电报402份，明传电报584份，下发明传电报260份，未出现压误、错办电报事件，确保党委政府政令畅通。认真做好区镇（街道）商用密码通信网络运行和维护工作。较好发挥机要工作“生命线、保障线、指挥线”的作用。2011年，被评为全市机要工作先进单位。

【保密工作】 区保密办（保密局）高度重视保密工作，严格按照中央、省、市委和区委区政府有关文件精神，全面完成各项任务，充分发挥保密工作“保安全、促稳定；保安全，促发展”的积极作用，全区未发生失泄密事件。

加强电子邮箱保密管理 制定下发《关于严禁使用电子邮箱存储、处理、传输涉密和内部办公信息的紧急通知》，严格要求全区各单位高度重视电子邮箱保密管理，认真开展电子邮箱检查，深入开展保密教育培训，明确保密职责。

加强国家秘密载体印制保密管理 转发《关于加强国家秘密载体印制保密管理的通知》，要求全区各单位做好国家秘密载体印制保密管理，有针对性地开展自查，及时消除隐患，堵塞漏洞。

做好高考保密管理 检查人员按照高考保密室有关标准要求，逐项对照检查，要求区招办加强高考保密室管理，严格遵守各项保密规定，确保高考保密室安全。

加强手机使用保密管理 制定下发《关于加强手机使用保密管理的通知》，就全区党政机关领导干部和涉密单位及涉密人员手机使用保密管理提出意见，要求做到高度重视手机安全保密，严格手机使用管理，加强手机使用保密管理督促检查。

规范定密管理 制定印发《关于规范定密和加强保密管理工作的通知》，根据《保密法》有关规定，为规范定密和加强保密管理工作，提出要求。

加强保密检查，消除失泄密隐患 重点开展计算机信息系统及网络保密检查，先后制定下发《关于开展全区保密检查的通知》《关于在全区组织开展专项保密检查的通知》，检查全区40余家单位，针对检查中发现的问题，现场对有关单位提出整改意见，要求限期整改。

【信息化管理】 信息化管理中心紧紧围绕区委、区政府中心工作以及年初确定的各项工作重点，认真做好信息收集、整理、上报和下发工作，确保信息畅通，较好地发挥信息工作参谋助手作用。

信息网络日益完善 信息网络是做好信息工作的基础和前提，针对政府机构改革和人员变动较大的实际情况，专门下发《关于上报党委信息工作人员的通知》，要求各镇（街道）、区直部门明确1名信息工作分管领导和1~2名专职信息员，确保信息工作有序开展。

信息质量不断提高 面对新形势下信息工作新特点，更加突出信息的针对性和时效性，在信息采集、整理、编发等环节上下功夫，及时编发高质量信息，其中多篇信息被市、区领导批示。

信息上报稳中有升 不拘泥于信息上报指标要求，多角度、全方位采编上报信息，积极向上级领导全面展示任城经济社会发展成果。全年上报各类任城信息600余篇，网络舆情信息1000余篇，被市委信息刊物采用110余篇，编发《任城信息》90期、《领导参阅》45期、《舆情快报》23期。其中市委书记张振川对《任城区实行量化积分考核加强农村党员日常教育管理》作出重要批示；市委副书记张术平对《任城区建立村级综治工作档案以“小档案”促“大平安”》作出重要批示。

【行政后勤工作】 紧紧围绕区委中心工作，秘书科认真履行职责，切实提高公文处理工作的质量和效率，严格办文程序，加快办文流程，抓好文件审核把关，确保区委政令畅通。认真做好办公室值班、各类会议的筹备和接待工作。全年下发通知110余份，组织筹备区委全委会、全区干部大会等各种会议100余次，组织外出考察1次，接待上级领导视察调研和兄弟单位参观考察30余次。制发区委文件70余份，办公室文件50余份，制发两办通知60余份，控制文件升级20余次。行政科切实加强国有资产管理，严格办公用品出入库登记和大宗物资采购审批制度。严格遵守财经纪律，严格执行接待制度，积极开源节流。加强车辆管理，保证领导、机关用车和安全驾驶。人事科按照政策规定，做好工资调整、人员培训、人事档案管理、文明单位创建、推进党务公开等各项工作，较好完成本职工作。文档科以收发、阅办、归档三个环节为重点，确保公文快速有序流转。全年收到中央、省、市三级公文289件，办理发文4528份，其中机密件189份，处理区委及办公室承办的发文200余件近30000份，收集归档文件材料1500余份，无缺文丢文或失泄密现象发生。

（党同义　贾洪雷）

组织工作

【概况】 区委组织部为正科级区委工作部门，设办公室、调研信息科、干部科、组织科、新型经济社会组织党的建设联席会议办公室、干部教育科和干部监督科等7个科室，辖组织员办公室1个正科级行政单位和区人才工作办公室、区农村党员干部现代远程教育中心（区委组织部党员电化教育中心）和区干部信息中心3个正科级事业单位，行政编制17人，事业编制16人。2011年，区委组织部紧紧围绕年初既定工作目标，坚持以抓大事带动各项重点工作整体推进，取得新进展和新成效，为全区“十二五”开好局、起好步提供坚强组织保证。

【创先争优】 年初，制定《关于在全区党的基层组织和党员中开展创先争优、争做崛起跨越先锋活动的实施方案》，把创先争优活动分解成26个时间段，每个时间段突出一个活动主题，将活动内容条目化，活动要求具体化，切实增强创先争优活动的针对性和可操作性。把建设学习型党组织作为创先争优的一项重要内容，采取举办培训班、专家辅导、重温入党誓词、外出参观、上党课等形式，邀请专家和先模人物宣讲、辅导86场次，举办党员培训班220期，组织党员到先进地区参观学习130次。以“争做崛起跨越先锋”为载体，深入开展“带富先锋、和谐先锋、服务先锋、敬业先锋、兴业先锋、维稳先锋、攻坚先锋、银龄先锋和励志先锋”等“九大先锋”评选活动，评选树先锋基层党组织

98个，先锋党员127名，基层党建创新项目10个。涌现出全国巾帼文明岗（地税局征税大厅）、全国优秀司法所（李营司法所）、全省优秀基层党组织（薛口社区党支部）等先进集体，谢福收、薛恩波、张怀森为代表的一批先锋模范人物，中央创先争优活动简报专题刊登谢福收先进事迹。突出以公开承诺增强党组织和党员队伍活力，按照科学定“诺”、公开示“诺”、扎实践“诺”、跟踪问“诺”、民主评“诺”、窗口单位负责人在任城电视台公开承诺，增强党员的先锋模范意识。突出“立足岗位比奉献，促进党员争创佳绩”的主题，在机关单位开展“活力团队、效能机关、先锋党员”活动，在企事业单位开展业务练兵、技能培训、劳动竞赛、科技创新等活动，形成比学赶超、争创一流的干事创业氛围。扎实推进窗口服务行业创先争优，广泛开展“党员示范岗”“星级窗口”“流动红旗”“服务进社区”等主题实践活动。在农村，通过党员承诺践诺、创业带富“十百千工程”等活动，为群众办实事好事1400多件。建立“半月一调度、一月一例会、一季一考核、半年一小结”工作制度，制定《全区创先争优活动阶段量化考核评估标准》，量化各阶段活动内容，每季度进行1次百分制考核，编发《工作简报》57期。

【领导班子和干部队伍建设】 坚持举办领导干部素质提升大讲堂，邀请北京大学经济研究所所长睢国余作“宏观经济形势分析与区域经济”专题报告，培训干部430人；在浙江大学开设“城市规划与建设”专题研修班，集中培训相关部门及镇（街道）负责人、业务骨干近50人；在济宁市高级职业学校封闭式培训当选的村党支部书记、村主任；组织50名专业村、示范村党支部书记到江苏省江阴、昆山等地学习考察。坚持正确用人导向，注重德才兼备、以德为先，在全市率先实行干部“德”的考察评价，对5名干部进行诫勉谈话，该经验做法被中组部《组工信息》刊载。注重关注基层、重视一线，提拔使用的干部75%以上来自镇（街道）、重点工程指挥部、信访稳定及招商工作一线。加大竞争性选拔干部力度，先后对5名副科级职位进行公开竞争上岗；对6名镇（街道）党政正职、3名区直部门正职和5名镇（街道）党（工）委副书记实行公开差额提名和差额考察、差额票决；公开选拔2名团区委副书记；面向镇（街道）公开考选2名镇（街道）党政班子成员和16名副科级干部；对6名镇（街道）党（工）委书记和6名镇长（办事处主任）进行公开差额初始提名。大力推进中层干部交流轮岗，全区35个单位的456名干部进行交流轮岗。严格干部监督管理，强化选任监督，深化全程记实制度，在全省干部选拔任用全程记实试点工作座谈会上作典型发言；推行干部考察“双向承诺”制，增强干部考察各个主体的责任意识；建立组织部长约谈、年度考核反馈谈话、干部巡察等制度，对干部存在的苗头性问题早发现、早提醒、早纠正。扎实做好区、镇（街道）领导班子换届工作，把握政策规定、关键程序、重点环节，分析镇（街道）领导班子结构，准备各项换届预案，印发学习手册和学习卡

■ 6月11日，全区领导干部素质提升大讲堂举办

片、督导检查、闭卷测试等，学习宣传换届纪律，保障换届工作有序进行。

【基层党组织和党员队伍建设】在村“两委”换届中，针对任城压煤搬迁村、拆迁村、城中村和矿区村较多，村情民情相对复杂的实际，严格落实矛盾排查“信访线”、一村一警“政法线”和领导包保“专办线”的“三线联动”工作机制，实现受理环节、调查环节和反馈环节有效链接，确保小问题不出村、一般问题不出镇、大问题不出区。此经验做法受到上级充分肯定。杜绝发展“关系党员”，进一步深化发展党员全程记实制度。建设10处党员创业带富示范基地，依托济宁农校和区农业科技部门，成立由33人组成的专家顾问团，开展创业项目策划和致富技能推广。广大党员在致富带富过程中充分发挥先锋作用，结成党员群众帮扶420余对。突破传统的非公企业党建资源分散配置方式，在任城经济开发区成立企业党员服务中心，发挥覆盖“孵化”新建党组织、帮扶转化后进党组织、示范打造优秀党组织等作用，促进“建组织扩覆盖”活动深入开展。实行农村党员分层次量化考核和党员群众帮扶结对在全市推广。

2月25日，全区人才工作会议召开

【人才队伍建设】充实调整区人才工作领导小组，出台《任城区人才工作领导小组议事制度》等5项人才工作制度，明确各部门职责、权限和任务。本着把人才用在产业上、推到生产一线的原则，瞄准全区装备制造、精细化工、食品医药等“百亿产业”，编制《中长期人才发展规划》。出台《关于引进高层次人才的实施意见》，到山东大学、南京工业大学、天津科技大学等重点院校举办人才招聘活动，引进博士2名、急需专业硕士研究生85名、高技能人才476名。建立人才智力“柔性引进”机制，开展“百名专家任城行”活动，加强与高等院校的友好往来与合作交流。区财政每年列支人才发展专项资金300万元，建立重大建设项目人才配套经费制度，鼓励企业和社会组织加大人才开发投入，带动骨干企业对人才开发投入120万元。投资建设高层次人才服务中心，设立人才招聘、人事代理等6个服务窗口，有力提升服务水平。实施“任城英才”成长工程，首批评选表彰21

9月30日，任城区党（工）委书记抓基层党建述职会议召开

名，3年内每人每年给予6000元政府津贴。启动“乡村之星”人才开发、“金蓝领”人才培养、社会工作人才开发等工程。

【现代远程教育】 区委组织部与区联通公司合作，加快互联网村村通工程建设，从区管党费中拨付资金对上网费用进行补助，基层站点入网率96%，对119名村级站点管理员进行调整充实和业务技能培训。健全《站点管理制度》《设备操作规程》《集中学习管理制度》等一系列制度。组织基层党员干部群众集中学习收看《山东省村“两委”换届宣传片》《山东省村“两委”换届动漫》等课件。在任城党建网定期上传创先争优活动信息，在区电视台开办庆祝建党90周年《崛起跨越先锋》和《镇（街道）党（工）委书记谈党建》专栏，搭建党建网站、远程教育网络、电视专题栏目“三位一体”服务平台。发挥组织工作宣传窗口作用，制作反映组织工作典型经验、先进党组织和优秀共产党员事迹课件17部，在山东卫视播发新闻3条，齐鲁先锋专题节目3部，济宁党建新闻10条，在《党的生活》杂志社发稿2条，在《济宁日报》发稿5条。远教中心实施远教创业致富联合体创新项目，整合农村党员创业带富工程示范基地和专家顾问团等现有优势资源，通过“示范基地+远教站点+种养大户”“专家顾问团+远教站点+农业协会”等形式，组织基层党员群众开展学用活动。《济宁日报》和农业部网站等专题宣传报道该做法。推出组织工作创新亮点、先进基层党组织、优秀党员、学用典型创业路、运河文化五大系列，在省委组织部入库课件40部，播发30部，入库总量和播发数量均居全市第一。

【新农村建设帮扶】 区帮扶办与各帮扶部门签订《帮扶目标承诺责任书》，明确“一把手”负总责，建立健全“帮扶干部打前锋，帮扶部门作后盾”的责任体系。每月对帮扶干部在岗在位情况、帮扶工作进展情况进行督查，对存在的问题督促整改落实。每周与各工作队、工作组进行沟通联系，每月召开一次帮扶工作队长调度会。把信息上报工作纳入帮扶工作年度考核体系，明确各阶段的宣传重点和具体措施，有针对性地抓好典型的挖掘、培养和推广工作。全年，新挖沟渠堰34千米，铺设灌溉管道1200米，新打机井83眼，硬化路面21.4千米，架设电线24.8千米，安装路灯400盏，铺设自来水管道17.3千米，新上变电设备20台，修建村级组织活动场所16处，新建文体场所21处，新建农家书屋15个，安装监控设施726个，到位无偿资金776.8万元，有偿资金210万元，到位物资折合资金1450余万元。

【企业党员服务中心】 突破传统党建资源分散配置方式，综合考虑企业状况、辖区资源、党员分布等因素，在任城经济开发区建设面积达1500平方米的企业党员服务中心，配备12名党务工作人员，设置“一厅、两中心、三站、四室”（综合服务大厅，党员活动中心、培训中心，远程教育站、人才工作站、志愿者服务站，办公室、阅览室、谈心室、档案室）。在党员服务中心成立党总支，重点发挥“孵化”新建党组织、转化后进党组织、打造先进党组织三大功能。突出党员发展区域化，向未组建党组织的企业选派党建指导员，做好入党积极分子培养和党员发展工作；突出党员教育开放化，定期开设“党建课堂”“党员论坛”，开展观摩评比；突出党员管理动态化，先后开展示范党组织评比活动和创建“活力和谐企业”“创在本职、争在平时”等主题实践活动。

【自身建设】 深入推进“讲党性、重品行、作表率”活动，大力加强“四讲”团队建设，组织部机关全体党员到羊山革命战争纪念馆开展向革命烈士敬献花圈、重温入党誓词，坚定理想信念，强化党性锻炼。在全区组织系统启动“组工文化建设年”活动，引导组工干部从工作、学习、生活等方面形成严密的行为规范，养成公道正派的行为习惯。坚持“周学习日”制度、每两月读一本书制度，开展“三重”（重点工程、重大项目、重要事项）一线学习观摩、能力拓展训练等活动，组工干部能力素质不断提升。严格落实《区委组

2月15日，全区组织工作会议召开

织部工作制度规范》，提升工作效率和服务质量。坚持“三个从严”（从严治部、从严律己、从严带队伍），严格执行各项纪律规定，树立组织部和组工干部的良好形象。（秦　明　刘来相）

宣传工作

【概况】 区委宣传部设办公室、新闻科、宣传教育科和理论与党员教育科等4个科室，辖区精神文明建设委员会办公室、区委对外宣传办公室和区互联网管理办公室3个事业单位。2011年，围绕中心、服务大局，超前谋划、积极作为，宣传思想文化工作呈现重点突出、亮点增多、成效显著的良好态势，为促进任城加速崛起跨越发展，提供强有力的思想保证、精神动力、舆论支持和文化条件。

【理论武装】 强化领导，精心组织，“两带一创”主题学习活动全面开展　成立学习活动领导小组，督导推进学习型党组织建设。制定印发《关于推进全区学习型党组织建设的实施方案》和《关于在全区深入开展“两带一创”主题学习活动的实施方案》。大力开展“三项活动”，以区委理论学习中心组为牵动，深入开展“一个班子一个龙头”活动，倡导各级领导班子带头学习、带头宣讲、带头撰文、带头调研，制定下发《关于进一步加强和改进基层党委（党组）中心组理论学习工作的意见》，组织编写区委理论学习中心组学习材料，区委理论学习中心组集中学习9次，举办专题辅导6次，开展学习笔记展评活动1次，在市以上媒体发表理论文章106篇。在基层深入开展“一个党组织一个堡垒”活动，以“三会一课”为主要载体，不断加强基层党组织的班子建设、思想建设、作风建设、制度建设和阵地建设。在广大党员中开展“一名党员一面旗帜”活动，具体开展“四个一”学习活动，即每半月集中学习一次；每季度读一本好书；每半年撰写一篇学习心得体会或理论文章；每年至少接受一次学习培训。通过活动，有效提升广大党员的思想素质、理论水平和工作能力。

精心设计载体，增强活动带动力　把精力放在活动载体的搭建上，将设计载体的着眼点放在端正学习的动机上，促进干部真学、真懂、真信、真用。充分运用各类媒体宣传报道，在全区营造“两带一创”学习型党组织创建活动浓厚的舆论氛围。区分不同层次、不同岗位、不同职级的党员和党组织，分门别类推荐阅读书目。采取主题讲座、读书会、知识竞赛、征文比赛和演讲比赛等多种形式，扎实推进学习型党组织建设工作。开展学习型党支部观摩活动，以学习型党支部示范带头，提高广大基层党员参与学习型党支部创建的热情。积极探索和创新社区党员教育模式，以“一名党员一堂课”为载体，让普通党员上讲台，强化党员自我教育，实现党课教育互动。区分不同层面开展活动，扩大学习活动范围。以“企业党员读书会”为平台，在企业中定期定主题举办读书会，大兴企业党员学习之风。在金城街道、仙营街道社区中创设“小区讲堂”，开设时事政治、卫生保健、文明礼仪等讲座。各镇（街道）紧密结合工作实际，以“机关干部下村联民心日”为抓手，开设“联村党课”，深入农村，深入群众，指导各村学习型党支部创建，有效增强村级党组织的学习力、执行力和公信力。着眼提升区委中心组理论学习水平，通过邀请专家辅导、举办领导干部素质提升大讲堂、组织中心组成员集体研讨和专题调研相结合的形式，强力推进中心组学习。7月份，邀请浙江大学经济学教授、浙江大学总裁班特聘教授孙家良先生在全区创先争优素质提升大讲堂中作有关《经济学理论》的专题辅导报告，大大提升领导干部的专业素质，拓宽干部教育培训渠道。

积极构筑阵地，增强活动影响力　以强化学习阵地建设为切入点，全面有效地整合教育资源，积极搭建学习平台，为学习型党组织建设构筑坚固的阵地。建立宣教基地。充分发挥区委党校、基层党校、综合文化站、村文化大院的作用，积极构建区、镇（街道）、村（社区）三级理论教育网络基地。宣教基地的建立，在全区形成“统一安排、分类组织、宏观管理、协调配合、多方联动、多维立体”的教育培训阵地。开辟网上学习平台。积极打造以实现党组织、党员和全民学习全覆盖为目的的“网络学习平台”，在中国任城网、任城党建网开通理论学习窗口，协调联通、移动公司面向党员开通手机报，根据党员、干部学习需要，设置学习专栏，适时更新学习内容，努力构建面向社会全方位、立体化学习网络。不断完善机制，增强活动推动力。以学习制度化、规范化、常态化为目标，不断完善学习机制，推动党组织、党员的学习上层次。创新动力机制。以“要我学”变“我要学”为基本要求，深入挖掘党组织和党员自觉学习的动力源，提高学习吸引力。通过广泛宣传，教育引导干部树立学习工作化、工作学习化观念，使党员学习的主动性进一步增强。在学习方式上，由灌输式学习向互动式学习转变，使党员干部都能自觉主动、认真地学习。完善学习制度。建立健全学习考勤、学习档案、学习通报、学习调研、督促检查等制度，建立促进学习的竞争机制、激励机制和考核机制，把党员干部的学习情况与干部的奖惩、评优、晋升和使用挂钩，努力形成党员干部学习的长效机制。完善培训制度。逐步完善日常学习、脱产学习、集中培训、岗前培训、业务培训、晋职培训、理论培训等制度，学习培训实现规范化、常态化、多样化。

建立巡学制度　通过巡听、巡查、巡考，采取抽听、抽查、抽考的方法，由区委中心组成员分别组成巡学组，强力推动各级党组织和党员的学习。制定巡听评分内容、标准，坚持全区层面每半年巡学一遍。严格按照巡听评价标准给巡听单位打分评价、现场评点，形成书面材料。先后开展巡听活动30余场次，扎实推进学习型党组织建设。区委理论学习中心组被评为全市先进县级党委理论学习中心组。利用社科普及周和科技活动周，广泛开展面向基层的宣讲活动，联合有关部门举办宣讲辅导120余场次，普及群众3万多人次。不断强化重大理论实践问题研究，形成一批有价值、有深度的理论研究成果。

【精神文明建设】　深入开展文明城市创建　召开全区创建文明城市工作动员大会，成立创建文明城市活动领导小组及办公室。开展“不文明行为巡访大劝阻”活动，集中发放《市民文明手册》和创城宣传画1万余份，整理上报迎查资料36册，市第二人民医院、市第十三中学、金城街道兴东社区、李营街道等14个单位顺利通过省考核检查组的检查验收。

切实加强未成年人思想道德建设工作　健全学校、社会、家庭“三结合”的未成年人教育网络；在全区中小学深入开展中华经典诵读活动，建设乡村少年宫4所。扎实做好全省未成年人思想道德建设测评迎查工作。整理上报迎查资料15册，石桥中学、兴东小学等4个点实现全部达标。

深入开展文明社区创建活动　制订《关于在全区开展农村精神文明创建工程暨乡风文明建设年活动的实施方案》，5月31日，在南张街道召开全区创建文明社区现场工作会议。下发《关于开展第三批城乡文明结对共建活动的通知》，组织省、市级文明单位与村（社区）开展共建活动，实现共建共赢。

加强群众性文明创建活动 深入开展文明单位、文明机关、文明村镇、文明社区创建，努力扩大覆盖面和群众参与度。全区成功创建省级文明单位15个，省级文明村镇7个，省级文明社区4个，市级文明单位54个，市级文明村镇12个，市级文明社区7个。

切实加强文明单位的创建与管理 召开全区文明单位创建经验交流会，顺利完成2011年度文明单位复查和申报工作。与区总工会、区妇联、团区委联合开展全区第二届道德模范评选活动，经过初评、组织考察、征求意见、网络投票、基层代表投票和区级领导投票等环节，评选出敬业奉献、见义勇为、助人为乐、孝老爱亲、诚实守信等五类道德模范10人。

【新闻宣传】 *主题宣传声势浩大* 紧紧围绕区委、区政府中心工作，先后就全区干部大会、环境综合整治百日会战、创建国家园林城市、文明城市创建、村"两委"换届选举、秸秆禁烧活动、两蛾防治活动等，制定宣传报道方案20余件（次），在任城人民广播电台、任城电视台、中国任城网开辟专栏，播发100余期。配合市区科学发展观现场观摩会议、城镇化工作会议，组织导播，制作区情汇报课件，制作《任城》画册2期。

切实加强宣传报道 全年在市级以上媒体发稿2000余篇，其中《济宁日报》发稿1000余篇，重点稿件80余篇，位居全市前列；省级以上媒体发稿200余篇；电台、电视台发稿800余篇。其中《农民日报》《大众日报》刊登的《李营：探寻苗木产业多元化发展之路》，山东卫视《新闻联播》播出的《济宁薛口社区民主决策富裕生活》《任城区运河物流带快速崛起》等一批重点稿件，引起强烈反响。区委宣传部荣获《大众日报》《农村大众报》新闻报道先进集体，连续8年被评为全市党报党刊发行工作先进集体。

加强对外宣传和文化交流 组织参加文博会、高新技术产品博览会等大型经贸、文化活动，加大全区经济社会发展情况的对外宣传力度。实施外宣"精品"工程，编辑出版任城外宣画册、宣传折页和宣传片，打造外宣平台。利用报纸、杂志、广播电视、手机快报及时发布全区重大项目、重点工程、重大举措的进展情况和实施情况，进一步提高任城知名度，发送手机短信569条。

加强新闻宏观管理 对热点难点问题和重大突发事件，强化研究，提前介入，及时化解，及时处置。以中国任城网为平台，认真监管网上论坛、贴吧信息，密切关注网上舆情，及时删除各类不良信息，有效维护改革发展稳定大局和任城形象。修订完善《2011年新闻宣传奖励办法》，推行新闻例会制度、信息直报点制度，每季度召开一次全区通讯报道组长会议，举办"2011年全区骨干通讯员（网络信息员）培训班"。

【社会宣传】 加强和改进思想道德建设工作，继续组织实施"四德工程"建设，进一步引导广大干部群众树立正确的人生观、价值观。抓典型培养，南张街道敬老院杜永霞、区法院许莉入选全市《时代先锋—改革开放以来济宁市重大典型风采录》。组织开展纪念中国共产党建党90周年系列庆祝活动，4月28日，举办"永远跟党走"文艺演出，在实验中学举办全区"回眸'十一五'，展望'十二五'"主题展览，制作展位33个，展区面积3000余平方米，参观人数2万余人；与区委组织部、区全民科学素质领导小组办公室、区科协、区教体局、区文广新局联合举办"党旗在我心中、科普走进万家"庆"七一"科普文艺作品评选活动。6月20日，在区政府南楼大会议室举办庆祝建党90周年合唱比赛；成功举办"金宇文化艺术节"；10月16日，同区工商分局联合举办"企业法律法规知识竞赛"；与济宁市羽毛球联合会、济宁奥冠羽毛球俱乐部联合举办2011年第三届全球华人羽毛球团体锦标赛暨第三届全球华人羽毛球文化节开幕式。不断加强企业文化建设，以"五重一创"为内容的企业文化建设工程深入实施。继续深入开展"百城万店无假货”活动，4个单位被评为省级先进。下发《关于申报企业政工人员专业职务的通知》，确保职称工作的顺利开展。做好经常性的社会宣传工作，会同有关部门，抓好民主法制建设、党的建设、党风廉政建设、计划生育、环保世纪行、国防教育等方面的宣传教育，取得了明显的社会效果。

（孙念平　魏　文）

纪检　监察

【概况】　中共济宁市任城区纪律检查委员会（简称中共任城区纪委）与济宁市任城区监察局（简称区监察局）合署办公，实行一套工作机构，两个机关名称的体制，履行党的纪律检查和政府行政监察两种职能。设办公室、监察综合室、研究室、干部管理室、宣传教育室、案件审理室、信访室、党风室、执法监察室和纪检监察室等10个科室，辖区行政机关办事效率投诉中心和区优化发展环境委员会办公室2个正科级事业单位，设书记1人、副书记2人、常委7人、委员27人。2010年，中共任城区纪委对纪检监察派驻机构实行统一管理，设立6个派驻区直纪检组（监察室），各室（中心）、派驻组干部职工77人。中共任城区纪委、区监察局深入贯彻落实科学发展观，坚持反腐倡廉方针，以服务科学发展跨越发展为目标，以维护群众利益为根本，以转变干部作风为保障，以构建惩防体系为重点，以改革创新为动力，以制度创新为抓手，忠实履行职责，党风廉政建设和反腐败工作取得新成效。2011年，中共任城区纪委、区监察局先后被定为全省反腐倡廉宣传教育工作联系点，被评为全省纪检监察调研工作先进集体、省级文明单位。

【监督检查】　围绕科学发展主题和加快转变经济发展方式，以工程建设、土地出让、“三重”工作、民生保障和环境保护、“三公”消费、换届选举等为工作重点，认真开展监督检查。深化工程建设领域突出问题专项治理，对非法改变土地规划用途或违法用地的16家单位罚款370万元，补缴建设规费552万元，对3名违法项目责任人给予党纪处分，对23名违规用地责任人进行责任追究。严厉打击非法采砂行为，加大淮河流域水污染防治、秸秆禁烧和全区环境集中整治工作监督检查力度，生态环境得到有效治理。加强村“两委”换届选举工作监督，出台《关于对村“两委”换届选举中违纪违法行为处理的暂行办法》，村“两委”换届选举工作有序进行。

【信访及案件查办】　坚决查办违纪违法案件，始终保持查办案件的强劲势头。严肃查办发生在重点领域和关键环节中的违纪违法案件、严重违反政治纪律和组织人事纪律的案件、重大责任事故和群体性事件涉及的失职渎职及背后的腐败案件，严肃查办发生在基层政权组织和重点岗位以权谋私、滥用职权的案件，有效遏制腐败案件易发多发势头。坚持依法文明办案，积极开展依纪依法安全文明办案教育月活动，实行“一案三卡”（办案告知卡，告知被调查人的权利和义务；办案监督卡，监督调查人员是否有违法乱纪、滥用职权等行为；廉洁自律卡，落实是否办理人情案、关系案等办案人员廉洁自律情况）和“一案三卷”（检查卷、总结卷、安全卷）。受理群众信访152件次，初核违纪线索138起，立查案件113起，查结88起，党政纪处理95人，移交司法机关13人，挽回经济损失800万元，其中自办案件57起，重点案件31起。创新审理方式，建立“聘审制”，从公检法等部门聘请案件审理特邀助审员6名，充分发挥镇（街道）案件助审助辩人才库作用，增强案件审理工作透明度，实现“千起案件无申诉”，每起案件都经得起历史和法律的检验。

【优化发展环境】　以“增强为民意识、争做执行表率”为主题，持续转变干部作风，不断优化发展环境。对46个区直部门的公开践诺承诺活动实行网上评议，认真开展“社会各界代表评机关”和“民主评议政风行风”活动。完善涉企收费检查备案制度，深化涉企收费“一费制”改革，与114家企业签订协议，定费2103万元。执行中层干部定期轮岗交流制度，35个单位356人通过竞职、竞聘等形式进行轮岗交流。聘请优化发展环境监督员200名，建立优化发展环境联系点248个，优化环境网络不断完善。深入开展整治“无错不为”活动，通过明察暗访，查处上班期间上网聊天、炒股、玩游戏的18个单位23名工作人员。开展“机关作风暨优化发展环境集中宣传月”活动，营造“转作风、优环境、促发展”的浓厚氛围；开展“服务‘三重’工作、优化平安环境”专项整治活动，抓捕破坏发展环境的违法犯罪分子26人。完善“政风行风热线”，实行听评员制度，镇（街道）、区直部门负责人96名走进直播间，接听群众热线231人次，解决热点、难点问题118个，促进政风行风进一步好转。

【领导干部廉洁自律】 组织全区578名副科级以上干部填报《个人重大事项报告表》，进行述职述廉、民主评廉。区纪委同下级党政主要负责人谈话9人次，领导干部任前廉政谈话55人次，对年度考核居于全区后三位的单位班子成员进行诫勉谈话。落实厉行节约七项要求（严格公款出国（境）旅游、严格公务用车配备使用管理、控制公务接待费用支出、严禁领导干部在参加会议学习培训期间用公款相互宴请、控制各种庆典节会论坛等活动、控制党政机关办公楼等楼堂馆所建设、控制一般性支出、严禁党政机关以各种名义向企事业单位转嫁、摊派和报销费用），各项公务支出同比下降9%。积极开展公务用车专项治理，审核机关事业单位购进和处置的公务用车，清查登记公务用车383辆。扎实推进基层党组织党务公开，编制四类党务公开目录，制定出台十项规章制度，进一步提高党务工作透明度。

【党风廉政宣传教育】 认真贯彻新修订的《中国共产党员领导干部廉洁从政若干准则》，以“反腐倡廉教育深化年”为载体，注重关口前移，着眼预防在先、警示在先，充分发挥反腐倡廉教育基础性作用，开展中国特色社会主义理论体系和党性党风党纪教育，在全区党员干部中开展“增强制度意识、争做执行表率”主题教育，引导党员干部认真学习、严格遵守党章，坚定理想信念，筑牢思想防线，讲党性、重品行、作表率。组织开展财税系统廉政教育报告会，财税系统300余名党员干部接受廉政教育，组织新一届村（社区）“两委”班子成员及村（社区）报帐员到任城监狱接受任前廉政教育。开展“五个一”工程，最大限度地教育、保护和挽救干部。构建一个格局，即修订完善反腐倡廉宣传教育成员单位联席会议制度，细化职责任务，充实完善反腐倡廉宣传教育大格局。开展一个活动，即在区直部门单位开展“法纪教育直通车”，制定《关于在全区开展“法纪教育直通车”活动的实施方案》，把全区79个区直部门的党员干部划分为三个类别开展廉政教育（对区直部门党政班子成员，围绕正确运用权力开展廉政教育，提高坚持党性原则、发扬优良作风、模范遵纪守法的自觉性；对管人管钱管物等权力集中的重点部门和关键岗位，开展预防职务犯罪教育，防止滥用权力、以权谋私；对普通党员干部，加强岗位职责教育，提高依法行政和廉洁从政意识），全年开展法纪教育直通车活动7场次，教育党员干

■ 市委常委、市纪委书记迟丽华(左一)为莲心社揭牌

部1200余名。举办一项比赛，即举办廉洁短信创作大赛，接受原创廉洁短信191条。开通一个网站，即开通“任城清风网”，拓宽廉政教育宣传新渠道。建设一个基地，在金城街道创办党员干部莲心社，出台《任城区党员领导干部廉政谈话制度》，旨在通过任职廉政谈话、诫勉谈话和警示谈话等形式，与党员干部进行面对面地真诚沟通、真心交流、真情互动，让他们在温馨的环境中得到春风化雨、润物无声的教育与警醒。

【制度创新】 认真落实中央《建立健全惩治和预防腐败体系2008~2012年工作规划》和省委部署，围绕完善反腐倡廉制度体系，深入开展“制度创新年活动”。

创新农村集体“三资”管理模式　探索建立农村基层党风廉政建设长效机制，围绕加强农村集体“三资”管理，出台《关于创新村集体“三资”管理模式的实施意见》，全面推行驻村廉政监督员、村级财务委托代理、资产资源动态管理、村级印章集中监管、重要经济事项招投标和大宗物质集中采购等制度。

建立特邀助审员制度　出台《区纪委监察局关于实行特邀助审员制度的暂行规定》，创新审理方式，实行“聘审制”，从公检法等部门聘请案件审理特邀助审员6名，建立镇（街道）案件助审助辩人才库，改变“坐堂办案”“自我封闭”的单一审理模式，把审理工作置于社会监督之下，增强案件审理工作透明度。特邀助审员参与审理区纪委自办的重大、疑难、复杂案件，参与审理镇（街道）纪（工）委和区纪委（监察局）派驻纪检组（监察室）查办的疑难复杂案件，参与审理区纪委受理的重要复杂申诉复查案件，对区纪委案件审理工作实行监督。

创新信访举报工作机制　采取六步预警排查法，对排查出的突出信访问题和重要信访线索，实行“定责任单位、定责任领导、定责任人员、定办理要求、定办理时限”的“五定”措施方案，做到“件件有着落、件件有结果”。规范信访监督行为，实行“三书两谈”制度，对监督对象及时下发“信访反映通知书”“信访提醒通知书”“信访整改通知书”，对相关责任人进行信访约谈、诫勉谈话。

【自身建设】 坚持围绕中心、服务大局，把纪检监察工作放在全区经济社会发展大局中谋划部署。坚持加强思想政治建设，用中国特色社会主义理论体系武装头脑、指导实践、推进工作。在全区纪检监察系统开展以“提升学习力、提升创新力、提升执行力”为主题的“三提升”实践活动。活动围绕实现全区“三先”目标，把握“加速崛起、跨越发展”总基调，引导广大纪检监察干部严格按照“政治坚强、公正清廉、纪律严明、业务精通、作风优良”的职责要求，着力提升学习力，强素质提本领，夯实理论基础；着力提升执行力，强时效提效能，促进工作落实；着力提升创新力，解难点破重点，打开工作局面；抓住纪检监察干部作风中存在的突出问题，综合施治，集中突破。严格落实“安全、保密、文明”办案要求，加强办案点标准化建设。以济宁饭店为依托，投资60余万元，高标准建设具有全面监控、信息互动、智能呼叫、红外预警等防控功能的省级标准办案点。该办案点实行封闭式管理，内设13个功能室，其中1个门岗室、4个约谈室、4个“两规”室、1个监控室、1个会议室、1个医护室、1个后勤室。为办案人员配备办案用车2辆、购置便携式复印机1台、数码相机2部、数码录像机2部、录音笔3只、电脑5台、电视机12台、打印机2台等。提升办案工作的现代化、科技化和规范化水平，进一步提高自办案件效率和质量。完善纪检监察体制机制，强化职能，理顺关系，充分发挥派驻纪检机构的作用。

【重要会议】 全区党风廉政建设和反腐败工作会议　1月28日召开。区委书记、区人大常委会主任孔维民出席会议并讲话，区委副书记、区长许风伦主持会议。会上，通报表彰2010年度全区纪检监察工作先进集体和先进个人，与各镇（街道）、区直部门签订《2011年度党风廉政建设责任书》。区委常委、纪委书记王业成作《坚持以人为本不断改

1月28日，全区党风廉政建设和反腐败工作会议召开

革创新努力取得党风廉政建设和反腐败工作新成效》报告。

县（市、区）干部作风建设座谈会 6月3日召开。市纪委副书记、监察局局长、作风办主任陈希忠出席会议并讲话，市纪委常委、监察局副局长屈新华主持会议。任城区区委副书记、区长许风伦致辞；区纪委副书记、区监察局局长于永润作《践行宗旨意识创新体制机制，抓好作风建设服务科学发展》的典型发言；会议回顾总结全市作风建设、优化发展环境工作，研究部署下步工作任务。各县（市、区）纪委监察局、济宁高新技术开发区、济宁北湖度假区纪工委分管书记、常委（副局长），投诉中心（优化办、作风办）主任，任城区区委常委、纪委书记王业成，区纪委常委马月美参加会议。

中共济宁市任城区第十三届纪律检查委员会第一次全体会议 12月30日召开。会议采取无记名投票方式，选举产生区纪委常务委员会委员7人，其中杨力新任书记，于永润、张秀敏任副书记。

（邓昆鹏　葛爱忠）

6月3日，县（市、区）干部作风建设座谈会召开

统战工作

【概况】 区委统一战线工作部（简称区委统战部），与区民族宗教局合署办公，是区委主管统一战线工作的职能部门，编制6人，设部长1人、副部长3人。2011年，区委统战部围绕中心，服务大局，求实创新，重点突破，统一战线工作不断取得新成绩，为建设民富区强、文明和谐的新任城作出积极贡献。

【为经济社会发展服务】 立足履行基本职能，为崛起跨越发展贡献力量。发动社会各界人士广泛开展招商引资活动，为更好的促进服务非公有制经济发展和非公有制经济代表人士成长搭建平台。全区统战系统引进各类项目10多个，其中投资1亿元的山东健桥药业物流项目投入运营；投资2亿元的九星地毯、投资1.2亿元的山推奥特机械挖掘机配件项目正式投产。会同工商联为任城非公有制企业在土地征用、项目立项、资金协调、化解企业与地方的各种矛盾等方面做大量工作。组织企业与农行、招商银行等举办对接洽谈会，解决中小企业融资难的问题，农行、招商银行为23家会员企业贷款8亿元，银行授信额度15亿元。在法律范围内，为企业反映处理各类诉求8件，避免和挽回经济损失近千万元。

【多党合作和政治协商制度建设】 协助区各民主党派、区工商联圆满完成换届选举任务。与区委组织部紧密配合、规范操作，深入细致地做好民主党派、工商联成员和与会代表的思想政治工作，统一思想。民建和区工商联先后召开代表大会，领导班子选举候选人均高票当选。发挥优势作用，积极融入中心，为各界人士参政议政畅通渠道。牵头组织各民主党派、区工商联和无党派人士积极围绕区委、区政府的工作重点，围绕群众关心的热点、难点问题，积极开展调查研究。利用政协提案和各类通报会等途径，充分发挥民主党派、无党派、区工商联等社会各界代表人士的专长优势，为其履行参政议政职能提供便利。2011年，两会期间提出建议、提案近60件，民建任城支部《关于建设济宁市任城区物流信息平台的建议》、致公党任城支部《关于加强公办幼儿园建设的建议》被区政协确定为重要提案。民盟任城支部《推动集体土地流转、大力发展规模经营》、民建任城支部《关于完善中小企业扶持资金体系的建议》和九三任城支社《关于实行药品统一配送、保证农民用药安全的建议》被列为重点提案，成为区政协主席亲自督办的提案，促进任城经济和社会各项事业又好又快发展。畅通社会各界人士进言献策的渠道，通过多种形式组织民主党派负责人、民族宗教界人士、工商联界政协委员，广泛征求对重大决策的意见和建议，区委领导亲自参与党派座谈，有18件民主党派代表人士的建议得到采纳。认真做好区政协换届人事安排的相关筹备工作。召开各镇（街道）副书记、组织委员、宣统委员和区直有关单位部门分管负责人参加的区八届政协委员推选提名会议，对政协换届工作全面部署。按照“统筹兼顾、全面安排”的原则分配名额，名额分配情况分别与各民主党派、工商联、人民团体进行沟通、协商达成共识。本届政协设置25个界别，人选的提名推荐采取自下而上、归口推荐，党委（党组）负责考察，区委组织部、统战部共同把关。提名人选的质量和代表性都有明显提高，各项比例符合要求。12月下旬，协商提出222名（其中无党派人士85名、民主党派42名）八届区政协委员名单和40名政协常委（含政协主席、副主席、秘书长8名）名单，为区政协八届一次会议的顺利召开奠定坚实的组织基础。

【关注民生创先争优促和谐】 深入开展“为民服务、创先争优”活动，区委统战部积极引导各界人士积极回报社会，关注民生。民盟任城支部分别到南张街道凤凰台村和李营街道戴庄、李堂、黄楼、黄庄开展帮困扶贫、健康义诊活动，免费为群众查体400余人次，捐款捐物2万余元。民建任城支部多次捐赠农家书屋和农村学校图书室，积极参与国家、省、市、区的爱心捐款活动，被评为民建全国先进基层组织。农工党任城支部到接庄街道后苏小学慰问农村儿童，捐助牛奶50箱，书包、篮球各30个；在李营街道敬老院免费为60余名老年人健康查体。致公党任城支部为南张街道、石桥镇中心小学捐建“致公爱心图书室”和“致公党同心书屋”，捐献图书6000余册；组织济宁医学院附属医院的医疗专家举行义诊活动，为8个村（社区）70岁以上的老人和2个学校500余名学生健康查体，建立健康档案。“九三”任城支社启动科技进村入户工程，发放种植、养殖技术资料3000多份，在全区8个新农村建设帮扶村，筛选主推农业技术3项和主推农作物、畜禽优良品种5个，在150户科技示范户中推广示范。与接庄街道卫生院开展“九医合作”，发挥学社卫生、科技界别优势，推动智力帮扶和技术帮扶，解决农村群众看病难、看病贵问题。区工商联组织广大非公有制经济人士开展扶贫济困、捐资助学、修路架桥等慈善福利活动，每年捐资达500余万元。其中济宁金宇家具城50余万元，北城集团30余万元，张山水泥厂100余万元。金亿丰照明有限公司捐资25万元帮助村里修路。民建会员、北城集团董事长陈瑞涛筹资1000万元成立陈涛慈善基金。山东嘉华建设工程有限公司成立的山东嘉华星雨孤独症慈善基金救助110户困难孤独症儿童家庭。4月2日，在运河城广场开展“世界自闭症日”纪念活动，播放专题片，发表演讲，发放宣传材料近万份，免费培训100多人次。董事长张景斌被评为济宁市道德模范助人为乐先进个人、任城区第二届道德模范。

【民族 宗教】 民族工作 充分认识新形势下民族工作的重要性，高度重视民族团结和稳定工作，认真贯彻落实党的民族政策，为全面推进全区民族团结进步事业发展提供强有力保障。深入进行以“学法律、讲权利、讲义务、讲责任”为主要内容的法制宣传教育，加强对行政执法的监督与协调，积极推动少数民族“五五”普法工作。节日期间走访少数民族困难户，发放慰问金和物品，帮助解决生活中的困难。定期组织义诊下乡、送书下乡等活动，联系少数民族困难群众30余人。深入王回庄村、廉庄村、郑庄村搞好民族经济发展专题调研，帮助少数民族村制定经济发展思路，推广王回庄村新农村建设的经验和做法，着力改善少数民族群众的生产生活条件，全面实施沼气池建设。

宗教工作 结合省市宗教系统“五五”普法工作，开展宗教工作业务培训活动。总结贯彻落实宗教法律法规的好做法好经验，研究探索宗教工作规律。集中时间，集中力量，重点深入调研贯彻执行《宗教事务条例》情况、境外宗教渗透和抵御渗透情况、清理整治基督教私设聚会点情况、宗教团体工作情况、滥建庙宇和滥塑宗教造像的治理情况等，为区委、区政府科学决策提供依据。加强宗教行政执法能力建设，把依法管理、规范管理贯穿于宗教事务管理的全过程，切实做到依法行政。为全面掌握宗教活动情况，组织专门力量，定期或不定期地对宗教活动情况进行深入细致摸底调查和排查，做到设立宗教活动场所、成立宗教团体，全部依法按程序事前向市局汇报备案。“把创建和谐宗教活动场所”和构建和谐社会联系起来，把依法管理宗教事务、维持活动场所的良好秩序，作为创建活动深入开展的重要任务，确保宗教活动场所规范和宗教活动安全有序，坚决维护宗教领域的和谐稳定，服务社会发展的大局。坚持依法管理宗教事务，注重发挥宗教团体和信教群众的积极作用，引导宗教与社会主义社会相适应，在构建和谐社会中发挥积极作用。把依法管理宗教活动秩序，履行执法程序，纳入到社会治安综合治理的范畴，有效地规范宗教活动秩序。全年有6个宗教活动场所达到创建标准。抵御境外宗教渗透工作。坚持独立自主、自办原则，加强对宗教团体和宗教活动场所的规范管理。坚持堵疏并举的方针，坚决制止各种违法非法宗教活动的发生，依法制止和打击境外宗教势力的渗透。对境外渗透势力利用金钱拉拢宗教团体人员和以向场所投资名义干涉宗教内部事务等问题，积极配合公安系统进行宗教行政执法，坚决打击决不姑息迁就。（张雪建　陈升海）

信访工作

【概况】 区信访局（区委群众工作部），设人秘科、接访科和督查科3个科室，行政编制7人，事业编制18人，设局长1人、副局长2人。2011年，全区信访总量655起（件），其中来信75件，办结率100%；来访580起，3325人次，同比下降11%。

【学习宣传《信访条例》】 每半年组织一次全区信访干部培训班，加强对《信访条例》的学习和研讨，不断提高信访工作水平。注重加强《信访条例》等政策法规的宣传，正确引导上访人员按《信访条例》依法上访、依法维护自己的合法权益。

【集中整治专项活动】 在全区开展社会矛盾动态排查、集中排查和专项排查活动，年内排查出矛盾纠纷隐患260余件，对排查出来的矛盾纠纷进行集中交办和跟踪督办，有效预防、及时阻止多起涉军人员、原民师等群体组织的去省进京集体上访和个人极端行为的事件发生。4月，在全区范围内开展信访问题集中排查化解月活动中，集中交办全区重点信访案件17件，限期结案。开展信访工作规范化建设年活动，推进信访工作和信访行为的双向规范。完善办信、接访、来电处理和复查复核工作制度，规范信访事项的受理、办理和答复等环节，提高信访事项的办理效率和质量。

【开展“大接访、大下访”活动】 扎实开展领导干部“大接访、大下访”活动，区委书记每月1日、区长每月16日，定期公开接访，其他区级党政领导，每个工作日轮流接访，按接访领导的分工范围约访和带案下访。镇（街道）和区直部门每个工作日，安排党政班子成员接访。活动开展以来，全区各级领导干部公开接访3000余起、上万人次，有效化解大量影响社会稳定的问题。

【全区稳定工作会议】 3月4日，全区稳定工作会议召开，安排部署全区信访稳定工作，区委、区政府与各镇（街道）、区直有关部门主要负责人签订《2011年度群众工作信访工作目标责任书》。12月5日，全区信访工作领导小组会议召开，调整信访工作领导小组成员单位，制定下发《信访工作领导小组例会制度》。 （姚宏伟　李夫友）

3月4日，全区稳定工作会议召开

机构编制

【概况】 区机构编制委员会办公室（简称区编办），是区机构编制委员会（简称区编委）的常设办事机构，列入区委机构序列，设综合科、行政机构编制科、事业机构编制科和监督检查科等4个科室，编制9人，设主任1人、副主任2人。2011年，区编办深化行政管理体制改革，积极进行政府机构改革评估工作，完成镇（街道）机构改革各项任务；开展事业单位改革、事业单位清理规范工作和基层医疗卫生机构绩效考核工作；依法进行事业单位登记管理，完成事业单位登记年检工作；加强日常机构编制管理，严格控制机构编制增长。

【行政管理体制改革】 组织专门人员实地调研政府机构改革后各部门职责履行中出现的新情况、新问题，听取部门机构改革汇报内容，查阅相关书面资料，重点评估验收各部门转变政府职能、理顺职责关系、强化部门职责、优化组织结构、规范机构编制管理、提高政府效能等方面工作，及时反馈评估中发现的问题，敦促各部门对“三定”规定进行再学习、再理解，进一步落实政府机构改革部门职责调整，巩固机构改革成果。搞好镇（街道）机构改革工作。按照《山东省乡镇分类办法和机构编制核定标准》，开展镇（街道）机构改革工作，划分一类街道4个(接庄街道、南张街道、李营街道、金城街道)，二类镇（街道）4个（仙营街道、二十里铺街道、石桥镇、长沟镇）。在机构设置上，镇（街道）设置党政工作机构36个，财政拨款事业机构44个。在行政编制总额内，重新核定镇（街道）行政编制249人，镇（街道）在编制标准的高限与低限之间，核定事业编制328人。

【事业单位改革】 10月，开展事业单位清理规范工作。抽调精干人员组成事业单位改革办公室，具体负责事业单位清理规范工作，起草制订《任城区事业单位清理规范工作实施方案》，明确清理规范工作重点、关键环节和方法步骤，提高全区事业单位对清理规范工作重要性的认识。充分调查摸底，深入了解各个事业单位人员现状、领导配备，以及机构的运转情况，严格审核各类上报资料，提出各单位清理规范意见，为以后事业单位科学分类奠定基础。根据市政府会议精神，区编办健全机构，起草制定《济宁市任城区医疗卫生机构绩效考核实施办法》，对任城区的基层医疗卫生机构进行绩效考核工作，确保医药卫生体制改革后基层医疗卫生机构高效运转。

【事业单位登记管理】 1月，区编办下发《关于开展事业单位法人年度检验的通知》，部署2010年度事业单位年检工作，重点审查事业单位的业务工作开展情况和资产运行情况，全区78个单位参加本次年检，年检合格73个，年检率93%。严格事业单位法人登记制度，按照受理、审核、核准、发证等程序予以办理，在工作中注重把好“两关”（把好事业单位法人的审查关，要求事业单位法人财务、资产等情况要经过其主管部门审核；把好事业单位变更事项的真实性、合法性审查关），凡事业单位登记事项发生变更的，都要求提交相关文件或证明材料；涉及到事业单位法定代表人变更的，要求其提供有关文件依据。

【日常机构编制管理】 贯彻落实《地方各级人民政府机构设置和编制管理条例》文件精神，强化对机构编制管理工作重要性的认识，加强对机构编制的控制和管理，始终坚持机构编制管理“三个一”审批制度，涉及机构增设、升格和人员编制、领导职数增加等问题，严格按照审批权限和程序报批。配合区人社局认真盘点2011年末编制人员情况，上报招考公务员计划25名、参照公务员法管理的事业单位招考计划3名、事业单位招考计划224名。认真完成机构编制统计年报工作。根据市编办的统一部署，区编办严把质量关，认真审核，做到统计数据真实、准确、完整，按时完成机构编制统计年报工作。 （李志忠　王国丽）

党校工作

【概况】 区委党校与区行政学校、区社会主义学校合署办公，一个机构，三块牌子。设办公室、教研室、教务部、社会教育部、科研部、公务员培训部、团委和微机培训中心等8个部室，教职工39人，其中高级讲师6人、讲师13人。党校校长由区委书记王宝海兼任，行政学校校长由区长岳根才兼任，设党委书记兼常务副校长1人、副校长6人。区委党校以科学发展观为统领，以落实《中国共产党党校工作条例》《2010~2020年干部教育培训改革纲要》和省市干部教育培训会议精神为主线，以落实“大规模培训干部、大幅度提高干部素质”为己任，以深入开展创先争优活动为动力，以提高教学质量、强化管理、提升科研、推进信息化、增强后勤服务能力五项工作为重点，以班子、队伍、制度三项建设为保障，坚持“服务中心、务实创新、从严治校、提升形象”的工作思路，紧紧围绕区委、区政府的工作部署，充分发挥“三个阵地”“一个熔炉”的作用，进一步解放思想、求真务实、开拓奋进，各项工作都取得新进展。

【干部培训】 以抓学风和纪律建设为突破口，以办示范班为创

9月27日，任城区委党校秋季开学典礼举行

新手段，严格学员管理，打造优质办学环境，提升办学档次，切实做好干部培训工作，全年举办各类培训班13期。其中举办科局级干部进修班2期，每期1个半月，培训82人；举办青年干部培训班1期，时间2个半月，培训46人；举办团干部培训班1期，时间1周，培训30人；举办村（社区）党组织书记、主任培训班1期，时间1周，培训300人；举办行政执法人员培训班1期，时间3天，培训200人；举办行政执法人员公共法律知识培训班4期，每期3天，培训780人；举办通讯报道员培训班1期，时间1周，培训80人；举办入党积极分子培训班1期，时间3天，培训104人；举办社会保障培训班1期，时间3天，培训70人。

3月3日，调研课题成果鉴定

【科研工作】 坚持科研以服务教学为重点，以服务区委、区政府决策为突破口，积极发挥思想库作用。在课题选择上坚持“三个围绕”（围绕马克思主义中国化的最新成果进行科研；围绕任城改革、发展、稳定的需要，加强区情方面的调查研究；围绕教学课题进行科研，达到理论与实践相结合）。采取科研小组和教研人员相结合，根据专题和教学需要，深入部门、镇（街道）、村（社区）、企业一线，到主体班学员中开展调研活动。修订和完善科研管理、调研工作和优秀科研成果奖励制度，为调研、学术交流、参观考察、理论研讨、成果转化和文章发表搭建平台，疏通渠道，坚持教科研一体化，调动教研人员的积极性。在《中国科技教育》《山东党校通讯》《理论学刊》《济宁论坛》《济宁日报》等报刊杂志上发表论文14篇、学术会议理论研讨交流论文2篇；省市级科研项目（课题）结项4项，立项5项，讲授新课题4个。完成《任城区“十一五”期间社会经济发展成果、经验》《任城区转变发展方式的基本情况及主攻方向》《任城区干部执行力的状况及提升对策》等3个重大调研课题任务。市委书记张振川批示科研课题《济宁市农民“老有所养”问题研究》，转发有关部门。省级社会调研课题《关于民生建设的调查研究》，在全区科技大会上获得社会科学二等奖。

【教学管理】 坚持以教学管理为中心，围绕落实教学新布局，不断加大教学内容、教学方式方法、教学手段、教学管理改革力度，努力提高教学水平。继续完善各项教学管理、教学质量评估考核制度。采取集体备课、新课试讲和教学观摩，对一些重要课题和更新专题，实行多人备课、竞争讲课。坚持评“四优”奖励制度，增强教研人员创新的主动性，全年进行集体备课和听课评课28次。加强学科建设。发挥6个教研组的作用，按照计划分组开展科研、调研、教学交流等活动，促进整体教研水平的提高。坚持“请进来、走出去”的方法。组织部分教师到省、市委党校培训学习，选派15名教师到省、市委党校进行学习培训；聘请上级和区直有关部门的专家、教授、业务骨干18人，作为客座教师。

【队伍建设】 围绕“强班子、练队伍”，结合党校实际，深化创先争优、争做“五型”党校工作者等活动，充分发挥机关党支部、工会、妇联和团委的作用，形成团结和谐干事创业合力。

加强领导班子建设。继续抓好校党委理论学习中心组的学习，大力推进“学习型”党校建设。以《党校工作条例》要求规范行为，做到廉洁勤政。坚持创造性地开展工作，坚持民主集中制，提高综合决策和驾驭全局能力。加强教职工队伍建设。抓好全员政治学习、思想教育、作风纪律，开展“忠诚党校事业、争创一流党校”活动。重点实施“人才强校”战略，突出抓好人才培训、引进、岗位自学“三大工程”，为中青年教师快速成长积极营造良好的工作环境和发展空间。建立“有为才有位”的激励机制，充分调动广大教职工的积极性。利用各种机会，组织中青年教师到上级党校、有关单位参加业务培训、教学观摩、学术交流和参观考察学习。聘请上级党校、市区部门的专家学者、有关领导、企业劳模来校讲学。

（宫德中　孟凡涛）

4月16日，任城党校在山东莒南县进行革命传统教育

机关党建

【概况】 区直机关工委设机关武装部和办公室2个部室，编制5人，设书记1人、副书记1人，区直机关人武部部长1人。2011年，围绕推进任城“加速崛起跨越发展”总基调，把握服务中心、建设队伍，全面加强机关党的思想、组织、作风、制度和反腐倡廉建设，广泛开展创先争优活动，为区委、区政府各项工作圆满完成提供强有力的思想和政治保证。

【思想作风建设】 扎实开展“创学习型机关，建学习型组织，做学习型党员”活动。在机关党员干部中开展以“日学一小时、月读一本书、半年一交流、年底一考评，领导干部带头推荐一本好书、党员干部互相交流一本好书”为主要内容的“六个一”读书活动，按照“爱读书、肯实干、操守正”的新型干部要求，把读书学习作为一种工作责任、一种生活需要、一种精神追求，在工作中学习，在学习中工作，营造崇尚学习的浓厚氛围。组织开展“三会一课”制度，建立和实施“周学习日”制度。深入开展创先争优活动，基层党组织争做“五个好”（领导班子好、党员队伍好、工作机制好、工作业绩好、职工群众反映好），党员争做“五带头”（带头学习提高、带头争创佳绩、带头服务群众、带头遵纪守法、带头弘扬正气）。健全和完善党员承诺制，建立和实施党组织和党员公开承诺制度，出台落实党组织、党员承诺制的文件和承诺制考核办法。党员公开承诺内容为岗位承诺、实事承诺两个方面。党组织、党员公开承诺接受广大人民群众的监督和考核，年底对承诺践诺进行评议。

【基层组织建设】 5月初，在各党支部和党员中深入开展创先争优活动，争创先进基层党组织，争做优秀共产党员。把这项工作作为牵动机关党建工作全局的任务来抓，设计活动载体，丰富活动内容，各单位成立活动领导小组，制定实施方案，召开推进会，选树典型。配合区委宣传部、区委组织部、区文广新局举办任城区“庆七一、歌颂党、唱红歌”合唱比赛。6月，举办区直机关党务干部培训班，强化机关党务干部队伍建设，提升党务干部业务素质。按照区委对党建

"月督导、季调度、年底大考核"的要求，结合"创先争优活动"开展，采取"听、查、看"等方式，8月底9月初配合区委组织部对区直机关基层党组织进行创先争优活动开展及党务工作百分制考评，促进党建责任落实。

【严格党员发展程序】 在党员发展工作上，党工委定期召开会议，研究、制定党员发展计划，实行党员发展工作全程纪实。发展党员工作严格遵循"坚持标准、保证质量、改善结构、慎重发展"的方针；过程中坚持"两推荐""两票决""三公示""四全程"的原则。加强对入党积极分子培训，坚持不培训不发展的原则，培训考试不合格的，不能列为发展对象。9月中旬，对104名入党积极分子进行为期一周的集中培训。全年发展预备党员53名，转正党员58名。

（陈 延 黄 静）

9月14日，区直机关入党积极分子培训班开班

党史工作

【概况】 区委党史研究室为正科级全额预算管理事业单位，设办公室、编研科和宣教联络科3个科室，编制11人，设主任1人、副主任3人。2011年，深入贯彻落实科学发展观，积极探索发挥党史资政育人重要作用的新途径，紧贴中心，服务大局，在地方党史资料征集、《回顾与展望》编辑出版、党史宣传教育、领导班子党风廉政和精神文明建设等方面取得新成绩。

【党史资料征编】 区委办公室印发《区委组织部、区委党史研究室、区档案局关于开展党史资料集中征集工作的通知》，进一步强化工作力度，扩大征集范围，创新征集形式，安排专人负责征集材料的归档工作，电子存档，初步建立任城区党史资料库。

【《回顾与展望》编纂】 制定征编方案，与各位书记或家属、子女取得联系，向有关单位及本人或家属发出《征集史料函》《致历任区（县）委书记的一封信》《征集内容》《登记表》，征集到建国以来16位区（县）委书记大量有重要价值的文史资料，160余张珍贵照片，形成书稿35万余字。7月，出版发行。该书内容为建国以来在任城区工作过的历任区（县）委书记的生活、工作、事迹等，采用文字记述，配以图片，真实再现历任区（县）委书记带领全区干部群众艰苦奋斗，开拓创业的光辉历程和取得的辉煌成就。

【党史宣传】 5月初，转发中共中央组织部、宣传部和党史研究室有关通知，与区委组织部、区委宣传部共同做好《中国共产党历史》第二卷学习宣传和征订工作，组织广大干部、党员认真学习。6月初，与区委创先争优活动办公室联合开展"庆祝建党90周年党史知识竞赛"活动，广大党员积极参与学习答题，收到答题卡8000余份。进一步丰富党员生活，增进与党的感情。6月下旬，区委党史研究室、济宁市实验中学、仙营街道党工委共同举办以"光辉的历程、永远的丰碑"为主题的图片宣传活动。向济宁市实验中学，任城区实验小学赠送党史书籍，对中小学生进行爱国主义和革命传统教育。

【党史工作会议】 8月24日，全区党史工作会议召开。会上，区委书记、区人大常委会主任孔维民要求，高度重视党史工作，

■ 8月24日，全区党史工作会议召开

不断从党的历史经验中汲取开拓进取的智慧和力量；坚持正确方向，不断深化党史研究，牢牢把握党的历史发展主题和主线、主流和本质，认真做好党史资料的抢救、征集和编纂工作；突出以史育人，把党史学习、教育同建设学习型党组织结合起来，同正在开展的创先争优活动结合起来，纳入各级党员领导干部培训必修课，努力提高思想政治素质和领导水平；注重资政辅政，把党史工作的出发点和落脚点，放在服务任城科学发展、跨越崛起上来；创新拓展载体，提高宣传实效。孔维民强调指出，切实加强对党史工作的领导，各级党委把党史工作纳入党委工作的整体布局，建立健全党委统一领导、有关部门密切配合的工作机制，进一步完善党史工作的制度和规定，加强党史工作队伍建设，大力培养优秀党史工作人才，保障党史工作顺利开展。区委常委、组织部部长李功川传达全国、省、市党史工作会议精神。会议下发《中共济宁市任城区委关于加强和改进新形势下党史工作的意见》。各镇（街道）党（工）委书记、区直各部门单位主要负责人、各镇（街道）组织委员、区直各部门单位政工科长、有关学校负责人参加会议。区委常委、办公室主任杜庆节主持会议，就贯彻落实会议精神提出具体要求。　（侯明霞　樊　雷）

档案工作

【概况】 区档案局（馆）为正科级全额预算管理事业单位，设人秘科、业务指导科、档案管理科、技术科和编研科等5个科室，编制11人，设局（馆）长1人、副局（馆）长2人。区档案馆为国家二级馆、山东省特级馆，拥有两个档案库，馆藏档案全宗105个，档案资料64663卷（册），其中档案50606卷、图书资料12891册。档案分为革命历史档案（建国前档案）和现行档案（建国后档案）两大部分。反映地方特色的珍贵重要图书资料主要有志书、家谱和古籍资料。

【档案公共服务】 区档案局（馆）把加强档案公共服务能力建设作为一项重点工作来抓，积极建立广大人民群众档案利用服务体系，加强民生档案建设，开展民生档案接收进馆工作，进一步增强档案服务经济社会发展、

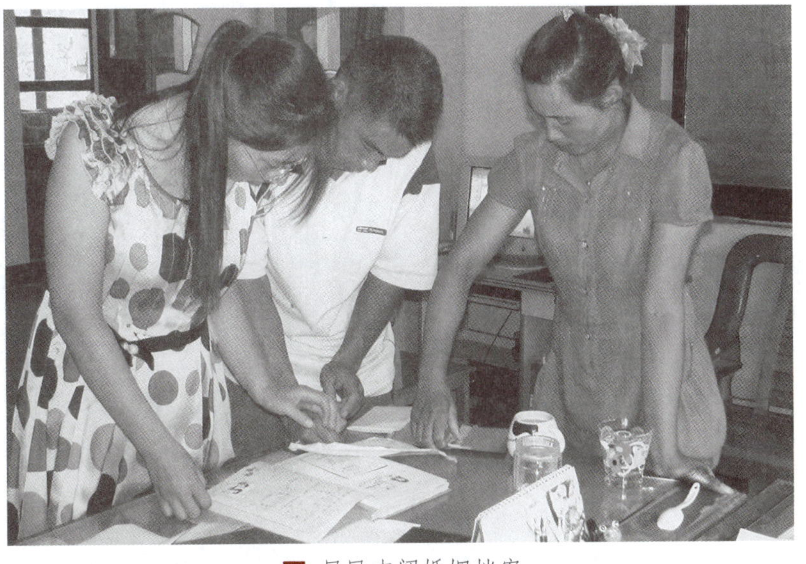

■ 居民查阅婚姻档案

服务人民群众的能力。全年接待各方面查档850人次，调卷1300余卷（件）次。群众查档明显增多，内容涉及有关知青、土地、房产、婚姻等各个方面。档案在落实政策、维护权益、推动发展、促进和谐建设方面，发挥积极作用。

【档案征集】 根据市委办公室〔2011〕26号来电要求，区委办公室先后印发《关于征集档案资料的通知》《关于征集档案资料的通告》，征集老干部捐赠重要照片21张、重要图书251册。全年完成档案资料接收进馆611卷（册），征集接收电子照片档案487张。

【基层档案建设】 加强档案法律法规宣传，推进档案依法治理和档案依法行政，进一步加强与各级各部门的协调配合，形成有效监督检查机制。加强农村土地承包档案管理工作，区档案局与区农业局联合印发《关于转发鲁农经管字〔2011〕11号文件，加强农村土地承包档案管理工作的通知》；继续深入新农村建设档案工作，区档案局与区民政局、区农业局联合印发《关于转发济档发〔2011〕11号文件，做好新农村建设档案工作的通知》；加强林权改革档案工作，区档案局（馆）与区林业局配合协调，深入各镇（街道）开展工作，切实加强对林改档案的跟踪指导和业务培训，确保林改档案材料齐全、完整，促进和保障档案工作顺利开展。

■ 1月10日，市档案局局长刘凡营（右二）视察档案建设

【档案资源开发利用】 档案信息化、数字化进程加快，区政府把区档案信息网建设纳入政府系统档案网站建设格局，任城档案信息网建成运转。档案“四库”建设继续加强，档案资料数字化资料2万页，目录48万余条。开展《辉煌的足迹》编写工作，完成《任城区志》档案部分的编写，完成《中国共产党山东省济宁市组织史资料2000~2009》的编写任务。参与《中共济宁简史》审稿工作。该书33.6万字，由中共党史出版社出版发行。7月，与市中区电视台合作推出专题片《“红色经典”之济宁特支》和《“红色经典”解放济宁》。

【档案规范管理】 开展档案年检活动，推动档案规范化建设。4月，全区新农村建设档案工作座谈会召开，印发《2011年全区档案工作要点》《关于开展2010

■ 档案工作人员进行档案资料录入

年度归档文件集中整理活动的通知》等文件。6~11月，督导检查全区各级各部门单位档案工作，加强对各镇（街道）和区直部门档案监督指导，推进新领域档案工作，全区档案规范化建设水平进一步提高。全区有5家单位通过省一级以上规范化管理先进单位考核，8个镇（街道）和84个区直部门达到省级规范化管理先进单位标准（其中省特级8个，省一级36个），国税、地税、工商和公安系统档案规范管理达到省二级以上水平。

（陈雷　夏琨）

任城区人民代表大会

综　述

【概况】 任城区第十六届人民代表大会常务委员会组成人员25人，经区第十六届人大一次会议选举产生25人，其中常委会主任1人，副主任5人，委员19人。设办公室、研究室、人事代表工作室、信访工作室、法制工作室、财经工作室、农业工作室、教科文卫民侨外工作室、城乡建设环境保护工作室和老干部科等10个正科级办事机构。全年开展视察、执法检查活动4次，召开常委会9次，主任会议4次，较好地发挥了地方国家权力机关的职能作用。

【关注民生，进一步增强监督工作实效】 对发展工业经济、加强税源建设、严格财经纪律等方面的工作提出建议和意见，维护财政预算的严肃性。提出坚持以人为本，尊重农民意愿，规划统筹、计划管控，因地制宜、量力而行，健全农村基础设施、公共服务设施等意见建议。区人大常委会批准区政府将济北高新技术产业园污水处理厂污水处理费列入财政预算的报告及将开发建设任城新区还贷资金列入年度财政预算的报告，加快全区经济建设步伐，促进经济运行转型升级。贴近民生，促进社会事业和谐发展。对全区文化产业发展情况调研，针对存在的问题，提出加大文化基础设施建设和招商引资力度，积极鼓励社会力量投资文化产业，参与文化产品的生产、流通等文化经营活动，引进、培养专业文化人才队伍，促进全区文化产业转型提高。针对教育发展部平衡、投入相对不足、学前教育管理体制亟待健全完善等问题，提出要继续强化督导检查，推进教育综合改革，完善经费保障机制，加强学前幼儿教育等意见，对贯彻落实审议意见的情况进行票决。就城乡环境综合治理工作，加强宣传教育，形成城乡环境综合治理的强大合力。加强标本兼治，统筹推进整治工作向纵深开展，充分发挥垃圾处理厂、污水处理厂的作用，切实抓好国家园林城市创建工作。加强机制，完善措施，实现城乡环境综合治理的持续高效，要建立健全环境治理长效机制，实现标准化、规范化、人性化、常态化。针对全区农村水利基础设施建设情况，形成《审议意见》并对区政府贯彻落实情况进行票决，将票决结果通过新闻媒体向社会公布。

【加强民主法制建设，推进依法治区进程】 制定《济宁市任城区人民代表大会常务委员会规范性文件备案审查办法（试行）》。强化法院审判中立理念，推动检察机关法律监督工作的深入开展，不断树立司法权威和公信力。对法院实行人民陪审员制度给予大力支持，适时调整任命部分陪审员，采取以会代训、组织陪审员开展庭审观摩活动等方式，提高陪审员的政治思想素质和业务能力水平。提出要全面提升执法主体思想建设水平；科学谋划，积极推进执法规范化建设向纵深发展。多措并举，全方位加大执法监管力度，认真落实干警执法责任制。努力建立一整套科学有效的规章制度和执法操作流程，健全执法工作长效机制等意见，努力造就一支政治坚定、业务精通、作风优良、执法公正的公安队伍。

【改进工作，强化服务，发挥代表作用】 认真办理代表建议，督促“一府两院”加强和改进工作。针对代表们提出的建议、批评和意见，常委会及时转交“一府两院”及有关部门，提出办理要求，专题听取区政府关于代表建议、批评和意见办理情况的报告，督促“一府两院”进一步增强做好办理工作的主动性和责任感，采取有效措施，抓好落实。推进镇（街道）人大工作开展。4月，在石桥镇召开镇（街道）人大工作经验交流座谈会，观摩全区11个基层人大阵地建设和人大工作开展情况，交流探讨做好新形势下镇（街道）人大工作的经验和措施。通过区镇联动等方式，组织代表依法开展调研、视察活动，认真履行宪法和法律赋予的职责，使镇（街道）人大工作，做到有计划、有目标、有行动、有效果。各镇（街道）人大工作的开展，对促进区域经济发展，维护社会稳定，加强基层民主政治建设发挥重要作用。

【提高素质，转变作风，加强常委会自身建设】 认真践行科学发展观，扎实开展“创先争优”活动和党务公开活动，着力解决在思想观念、工作机制、干部作风等方面存在的问题。以创建学习型机关为抓手，坚持党组中心组学习和干部在线学习制度，举办专题讲座，增强机关干部依法履职的使命感和责任感。建党90周年，区人大常委会组织全体委员及工作人员参加市人大常委会举办的报告会。加强工作作风转变。常委会组成人员和全体机关干部牢记党的宗旨，把作风建设贯穿工作始终，把密切联系群众、加强调查研究作为基本功，围绕全区工作大局和人民群众普遍关注的热点难点问题，确定审议议题，强化会前调研。坚持民主集中制原则，充分发扬民主，严格依法办事。注重加强与镇（街道）人大的联系，坚持邀请镇（街道）人大负责同志及部分人大代表列席常委会会议，注重总结吸收和推广基层工作经验。常委会领导班子成员积极投身到园林城市建设、园区建设、项目建设的第一线，参与指挥部工作，包保重点企业项目，机关干部积极参与新农村建设、招商引资、协税护税等重点工作，为促进全区经济社会科学发展作出积极贡献。加强自身素质提升。常委会围绕自身建设积极开展“建学习型机关、做学习型干部”活动，提高常委会组成人员和机关工作人员履职能力和工作水平。大力加强和改进人大宣传与理论研究工作，全方位、深层次、多角度宣传人民代表大会制度的优越性和民主法制建设的新成就，反映人大围绕中心、服务大局的新进展，展示人大代表履职尽责、服务人民的新风采。高度重视和支持老干部工作，采取有效措施，从多方面多渠道积极为老干部办实事、办好事，让老干部老有所学、老有所教、老有所为、老有所乐。

重要会议

【任城区第十六届人民代表大会第四次会议】 任城区第十六届人民代表大会第四次会议于1月10~13日召开，到会代表222人。会议听取、审议区长许风伦作的《政府工作报告》，印发并审议《关于任城区2010年国民经济和社会发展计划执行情况与2011年国民经济和社会发展计划（草案）的报告》《关于2010年任城区财政预算执行情况与2011年任城区财政预算（草案）的报告》，听取、审议区人大常委会第一副主任时培岳作的《任城区人大常委会工作报告》、区人民法院院长李永生作的《任城区人民法院工作报告》、区人民检察院检察长张斌作的《任城区人民检察院工作报告》，并分别作出相应决议。

【常委会会议】 第23次会议1月4日召开。区人大常委会第一副主任时培岳主持会议并讲话。区人大常委会副主任刘艳宾、苏永祯、陈德生、孙宗良，区人大常委会委员15人出席会议。表决通过区人大常委会关于接受刘伟辞去济宁市任城区第十六届人民代表大会代表职务的决定。根据区人大常委会人事任免办法，以无记名投票的表决方式，补选许风伦、仲伟金为济宁市第十五届人民代表大会代表。

第24次会议　1月7日召开。区人大常委会第一副主任时培岳主持会议并讲话。区人大常委会副主任刘艳宾、苏永祯、陈德生、孙宗良，区人大常委会委员16人出席会议。本次会议有十三项议题：一、听取审议区政府关于新型农村社区建设工作情况的报告，表决通过区人大常委会对区政府关于新型农村社区建设工作情况报告的审议意见；二、听取审议区政府关于区“十一五”规划执行和区“十二五”规划编制情况的报告，表决通过区人大常委会对区政府关于区“十一五”规划执行和区“十二五”规划编制情况报告的审议意见；三、听取和审议区十六届人大常委会代表资格审查委员会关于代表变动及补选代表资格审查情况的报告，表决通过区人大常委会关于确认补选的代表资格的决定；四、听取和审议区人大常委会办公室关于区十六届人大四次会议筹备情况的汇报，表决通过关于召开区十六届人大四次会议的决定；五、审议通过区十六届人大四次会议建议议程（草案）；六、审议通过区十六届人大四次会议主席团、秘书长建议名单（草案）；七、审议通过区十六届人大四次会议议案审查委员会、计划审查委员会、预算审查委员会主任委员、副主任委员、委员建议名单（草案）；八、审议确定区十六届人大四次会议列席人员建议名单；九、审议通过区人大常委会提交区十六届人大四次会议审议的区人大常委会工作报告；十、预审提交区十六届人大四次会议审议的区“十二五”规划纲要；十一、预审提交区十六届人大四次会议审议的2010年国民经济计划执行情况和2011年国民经济计划（草案）的报告；十二、预审提交区十六届人大四次会议审议的2010年财政预算执行情况和2011年财政预算（草案）的报告；十三、人事任免事项。

第25次会议　2月28日召开。区人大常委会第一副主任贾存琰主持会议并讲话。区人大常委会副主任刘艳宾、苏永祯、陈德生、孙宗良，区人大常委会委员16人出席会议。本次会议有三项议题：一、审议通过区人大常委会2011年工作要点；二、区人大常委会副主任陈德生同志受主任会议委托提请关于调整区人大常委会工作委员会组成人员的议案，表决通过关于调整区人大常委会工作委员会的决定；三、听取和审议区政府关于全区农村水利基础设施建设管理情况的报告，表决通过区人大常委会对区政府关于全区农村水利基础设施建设管理情况报告的审议意见。

第26次会议　5月4日召开。区人大常委会第一副主任贾存琰主持会议并讲话。区人大常委会副主任刘艳宾、苏永祯、陈德生、孙宗良，区人大常委会委员13人出席会议。本次会议有六项议题：一、审议通过区人大常委会关于规范性文件备案审查办法；二、听取和审议区政府关于全区建设用地整治挖潜工作情况的报告，表决通过区人大常委会对区政府关于全区建设用地整治挖潜工作情况报告的审议意见；三、听取和审议区政府关于全区教育工作情况的报告，表决通过区人大常委会对区政府关于全区教育工作情况报告的审议意见；四、听取和审议区政府关于全区公安机关执法规范化建设工作情况的报告，表决通过区人大常委

5月4日，任城区十六届人大常委会第26次会议召开

会对区政府关于全区公安机关执法规范化建设工作情况报告的审议意见；五、听取和审议区政府关于将济宁市济北高新技术产业园污水处理厂污水处理服务费用列入区财政预算的报告并作出相关决定；六、人事任免事项。

第27次会议　6月27日召开。区人大常委会第一副主任贾存琰主持会议并讲话。区人大常委会副主任刘艳宾、苏永祯、陈德生、孙宗良，区人大常委会委员12人出席会议。本次会议有四项议题：一、听取和审议区政府《关于济宁市任城区2010年区级财政决算的报告》，审查批准济宁市任城区2010年区级财政决算；二、听取和审议区政府《关于济宁市任城区2010年度预算执行及其他财政收支的审计工作报告》；三、听取和审议区政府关于将开发建设任城新区还贷资金列入年度财政预算的报告并作出相关决定；四、人事任免事项。

第28次会议　9月2日召开。区人大常委会第一副主任贾存琰主持会议并讲话。区人大常委会副主任刘艳宾、苏永祯、陈德生、孙宗良，区人大常委会委员17人出席会议。本次会议有十项议题：一、听取和审议区政府关于2011年国民经济和社会发展计划上半年执行情况的报告，表决通过区人大常委会对区政府关于2011年国民经济和社会发展计划上半年执行情况报告的审议意见；二、听取和审议区政府关于2011年财政预算调整情况的报告，表决通过相关决议；三、听取和审议区政府关于2011年区级财政预算上半年执行情况的报告，表决通过区人大常委会对区政府关于2011年财政预算上半年执行情况报告的审议意见；四、听取和审议区政府关于区十六届人大四次会议以来代表建议、批评和意见办理情况的报告，表决通过区人大常委会对区政府关于区十六届人大四次会议以来代表建议、批评和意见办理情况报告的审议意见；五、听取和审议区人民法院关于《法官法》贯彻执行情况的报告，表决通过区人大常委会对区人民法院关于《法官法》贯彻执行情况报告的审议意见；六、听取和审议区人大常委会关于《环保法》执法检查情况的报告，审议区政府关于《环保法》贯彻执行情况的报告，表决通过区人大常委会关于《环保法》执法检查情况报告的审议意见；七、听取和审议区政府关于"五五"普法、依法治区情况和"六五"普法规划的报告，审查区政府关于在全区公民中开展法制宣传教育第六个五年规划（草案）和济宁市任城区2011~2015年依法治区规划（草案），表决通过区人大常委会关于批准在全区公民中开展法制宣传教育第六个五年规划的决议和《济宁市任城区2011~2015年依法治区规划》的决议；八、听取和审议区政府关于区人大常委会对区政府《关于全区教育工作情况的报告》的审议意见贯彻落实情况的报告，组织票决；九、听取和审议区政府关于区人大常委会对区政府《关于全区农村水利基础设施建设管理工作情况的报告》的审议意见贯彻落实情况的报告，组织票决；十、人事任免事项。

第29次会议　10月31日召开。区人大常委会第一副主任贾存琰主持会议并讲话。区人大常委会副主任苏永祯、陈德生、孙宗良，区人大常委会委员15人出席会议。本次会议有六项议题：一、听取和审议区政府关于《科技进步法》贯彻执行情况的报告，表决通过区人大常委会对区政府关于《科技进步法》贯彻执行情况的审议意见；二、听取和审议区政府关于《建筑法》贯彻执行情况的报告，表决通过区人大常委会对区政府关于《建筑法》贯彻执行情况报告的审议意见；三、听取和审议区人民检察院关于《检察官法》贯彻执行情况的报告，表决通过区人大常委会对区人民检察院关于《检察官法》贯彻执行情况报告的审议意见；四、听取和审议区人大常委会主任会议提请的关于《济宁市任城区区、镇两级人大换届选举工作安排意见（草案）》的议案，表决通过济宁市任城区区、镇两级人大换届选举工作安排意见；五、听取和审议区人大常委会主任会议提请的关于任命区、镇选举委员会组成人员的议案；六、审议通过济宁市任城区人大常委会关于区、镇两级人民代表大会换届时间和新一届代表名额的决定（草案）。

第30次会议　12月5日召开。区人大常委会第一副主任贾存琰主持会议并讲话。区人大常委会副主任刘艳宾、苏永祯、陈德生、孙宗良，区人大常委会委员16人出席会议。区人大常委会副主任陈德生受主任会议委托提请关于任免区人大常委会办事机构工作人员职务的议案；区委常委、副区长范德元受区长许风伦委托提请关于任命岳根才等职务的议案；区人民法院副院长孙宗生受院长李永生委托提请关于任命区人民法院工作人员职务的议案。会议表决通过关于接受许风伦辞去区政府区长、郭庆林辞去区政府副区长、车莉莉辞去区政府副区长、李永生辞去区法院院长、孙恒民辞去区人大常委会委员职务的决定。会议根据投票表决结果，决定任命：岳根才为区政府副区长、代理区长；王业成为区政府副区长。

第31次会议　12月24日召开。区人大常委会第一副主任贾存琰主持会议并讲话。区人大常委会副主任刘艳宾、苏永祯、陈德生、孙宗良，区人大常委会委员16人出席会议。本次会议有九项议题：一、听取审议区十六届人大常委会代表资格审查委员会关于区第十七届人民代表大会代表资格的审查报告；二、听取审议区人大常委会办公室关于区十七届人大一次会议筹备情况的汇报；三、审议通过区十六届人大常委会提交区十七届人大一次会议审议的区人大常委会工作报告；四、审议通过区十七届人大一次会议建议议程（草案）；五、审议通过区十七届人大一次会议主席团、秘书长建议名单（草案）；六、审议通过区十七届人大一次会议议案审查委员会、计划审查委员会、预算审查委员会主任委员、副主任委员、委员建议名单（草案）；七、审议决定区十七届人大一次会议列席人员建议名单；八、预审提交区十七届人大一次会议审议的2011年国民经济计划执行情况和2012年国民经济计划（草案）的报告；九、预审提交区十七届人大一次会议审议的2011年财政预算执行情况和2012年财政预算（草案）的报告。　（崔　磊）

任城区人民政府

重要会议

【区政府常务会议】 第一次常务会议　2月25日晚，区委副书记、区长许风伦主持召开区政府第1次常务会议。审议《关于加强政府投资项目监督管理工作的意见》和《济宁市任城区财政投资评审管理办法》；听取区水务局关于全区农村水利基础设施建设管理情况的汇报；听取区住建局关于全市住房和城乡建设工作会议精神及贯彻落实意见的汇报，审议《全区城乡建设工作要点》；听取区综合执法分局关于全市城乡环卫一体化建设现场会会议精神及贯彻落实意见的汇报，审议《关于加强城乡环境卫生管理工作的意见》《关于开展综合执法队伍派驻辖区镇（街道）工作的实施意见》；审议《2011年创建国家园林城市活动暨争夺宜居杯活动实施方案》；听取关于迎接淮河流域水污染防治工作检查有关情况的汇报；审议《全区城乡规划要点》；听取区统筹办关于中央和省市农村工作会议精神及贯彻落实意见的汇报，审议《关于实施六大重点工程加快推进新农村建设的实施意见》；听取区计生局关于人口和计划生育工作情况的汇报。

第二次常务会议　9月1日下午，区委副书记、区长许风伦主持召开区政府第2次常务会议。听取区国土资源分局关于建设项目使用新增建设用地指标等有关情况及卫片检查相关工作的汇报；听取区住建局关于贯彻《国务院征收补偿条例》和省市补偿办法及农村住房建设和保障性住房建设的汇报；听取区政府督查室关于“创城夺杯”相关工作的汇报；听取区城北片区指挥部关于心酒厂片区城市综合体项目运作情况的汇报；听取区发改局关于济宁亚泰实业（集团）总公司改制方案的汇报；听取区卫生局关于济宁烧伤整形医院改制情况、《济宁市任城区基层卫生医疗机构综合改革实施方案》及镇(街道)卫生院专业技术人才招考工作的汇报；听取区人社局关于全区公益性岗位招考工作的汇报；听取区统筹办关于农村六大工程建设情况的汇报；听取区安监局关于全区安全生产工作的汇报；听取相关单位关于区十六届人大常委会第二十八次会议有关事项的汇报。

第三次常务会议　12月19日，区委副书记、代区长岳根才主持召开区政府第3次常务会议。听取区发改局关于2011年1~11月份固定资产投资完成情况及2012年固定资产投资建议计划的汇报；听取区住建局关于2012年度重点城建项目、房屋征收、保障性住房建设实施计划的汇报；听取区水务局关于小型农田水利重点县项目和农村饮水安全工程项目情况的汇报；听取区科技局关于科技经费支持情况及2011年区级科技计划安排情况的汇报；听取区法制办关于贯彻落实《山东省行政程序规定》的汇报；听取区政府办公室关于2012年政府工作报告起草情况的汇报；安排部署当前工作。

第四次常务会议　12月26日晚，区委副书记、代区长岳根才主持召开区政府第4次常务会议。审议《2011年全区财政预算执行情况和2012年预算草案的报告》；审议《2011年全区国民经济和社会发展计划执行情况和2012年计划草案的报告》；听取关于2012年区政府为民办实事项目征集情况的汇报；审议2012年政府工作报告（草案）。

【区长办公会议】 第52次区长办公会议 1月3日下午，区委副书记、区长许风伦主持召开第52次区长办公会议。听取区发改局关于"十二五"规划纲要草案修改情况的汇报；听取区政府办公室关于政府工作报告起草情况的汇报。

第53次区长办公会议 2月12日下午，区委副书记、区长许风伦主持召开第53次区长办公会议。听取区政府办公室关于区政府全体（扩大）暨依法行政工作会议筹备方案的汇报；审议《关于2011年重要工作事项责任分工的意见》；审议《关于全面推进依法行政加强法治政府建设的意见》；听取区水务局关于抗旱保苗情况的汇报；安排当前全区城乡环境综合整治工作。

第54次区长办公会议 3月10日下午，区委副书记、区长许风伦主持召开第54次区长办公会议。听取区人才工作领导小组办公室关于人才工作的汇报；审议《全区镇（街道）中心幼儿园建设意见》；审议《济宁市任城区消防工作"十二五"规划》；听取关于2008年、2009年冬季城镇退伍义务兵和2009年、2010年春季转业士官安置考试及档案核实情况的汇报；听取区人社局关于区财政投资评审中心和区政府投资审计中心招聘专业技术人员的汇报；听取区环保局关于济北高新技术产业园污水处理厂有关问题的汇报；审议《全区职业病防治规划（2010~2015年）》；议定区政府领导同志工作分工；安排近期重点工作。

第55次区长办公会议 3月27日下午，区委副书记、区长许风伦主持召开第55次区长办公会议。听取区财政局关于2011年预算收支计划编制情况和关于进一步调整完善镇（街道）财政管理体制的汇报；听取区人社局关于开展事业单位和民间非营利组织工作人员参加工伤保险有关问题的汇报关于开展新型农村社会养老保险工作的汇报；听取区财政局关于开展社会综合治税工作的汇报；听取区经济合作局关于全区招商引资工作会议筹备情况及2008年以来招商引资项目兑现奖励情况的汇报，审议《招商引资若干政策规定》《2011年度招商引资责任目标考核奖惩办法》《招商引资项目认定暂行办法》；听取区政府采购管理局关于规范政府采购工作的汇报；听取区规划分局关于贝尔高林公司北外环绿化设计有关情况的汇报；听取区金融办关于大唐科技大厦综合楼及土地房屋征收有关情况的汇报；审议《2011年全区林业改革发展工作意见》。

第56次区长办公会议 5月6日上午，区委副书记、区长许风伦主持召开第56次区长办公会议。听取区人社局关于复员军人岗位编制的汇报；听取区政府办公室关于贯彻市政府全体（扩大）暨廉政建设依法行政审计工作会议精神的汇报；听取区商务局关于推进企业剥离非核心业务优化产业结构以及《济宁市任城区酒类流通管理工作实施方案》的汇报；听取区科技局关于科技大会筹备情况的汇报；听取区法制办关于《济宁市任城区依法行政五年规划》的汇报；听取区金融办关于《济宁市任城区人民政府和大唐高鸿股份有限公司合作协议》补充协议的汇报；听取区水务局关于农田水利建设规划的汇报；听取区农业局等六单位关于新农村建设六大工程实施方案的汇报。

第57次区长办公会议 7月3日下午，区委副书记、区长许风伦主持召开第57次区长办公会议。听取区教体局关于全区教师招考有关工作的汇报；听取区审计局关于济宁亚泰实业（集团）总公司审计情况的汇报；听取区统计局关于全区第6次人口普查及上半年经济运行情况的汇报；听取区人社局关于做好高校毕业生就业工作的汇报。

第58次区长办公会议 12月4日下午，区委副书记岳根才主持召开第58次区长办公会议。审议《2011年重点经济指标考核奖励办法》《2011年经济社会发展考核办法》和《济宁市任城区对企业的奖励办法》；审议《合作建设2014年山东省第23届体育运动会任城赛区比赛场馆的协议》；会议就区政府班子自身建设和当前工作提出具体要求；议定区政府领导同志工作分工。

【区政府部分专题会议】 1月10日，在区政府三楼会议室，副区长范德元召集区综合执法分局、区市容管理局、区公路局、南张街道、唐口煤矿等单位负责人召开专题会议，安排部署济嘉公路任城段环境卫生综合整治工作。与会人员现场查看路域环境，分析研究重点路段、难点问题。

1月18日，在常委会议室，副区长范德元召集区财政局、区审计局、区物价局、区政府采购中心、区国土资源分局、接庄街道等单位负责人，专题研究土地复垦置换工作。

2月16日下午，在区政府接待室，副区长范德元主持召开会议，专题研究李营街道苗营村综合整治问题。

2月24日上午，在区政府接待室，区委副书记、区长许风伦听取区财政局《关于加强政府投资项目监督管理工作的意见》《任城区政府投资项目管理操作规程》《济宁市任城区财政投资评审管理办法》的汇报。

3月13日下午，副区长范德元召集区市容管理局、区规划分局、区住建局、区环保局、南张街道办事处、金宇汽配城等单位负责人实地查看金宇汽配城生活污水排放情况，专题研究生活污水排放问题。

4月11日，在区人大会议室，副区长范德元主持召开会议，专题研究解决济宁大道景观绿化工程及济安桥路北延、古槐路北延、共青团路北延、任兴路西段道路绿化工程建设问题。

4月20日，在三楼常委会议室，副区长范德元召集区住建局、区规划分局、区财政局、区环保局、区发改局、区物价局、区国土资源分局及南张街道等单位负责人，专题安排部署保障性住房建设。

5月13日下午，副区长范德元召集区住建局、区规划分局、区综合执法分局及李营街道等单位负责人，专题研究部署李营街道南杨庄旧村改造工作。

5月18日上午，在区委常委会议室，副区长范德元主持召开会议，专题研究市区建设北路非法职业中介“马路市场”清理整顿工作。

6月18日，在南张街道办事处二楼会议室，区委副书记、区长许风伦召集会议，专题研究南张街道办事处部分村民聚集唐口煤矿矿区集体维权的有关事宜。

7月14日上午，在区住建局会议室，区委副书记、区长许风伦主持召开会议，专题研究城市防汛工作。

7月29日下午，在金城街道三楼会议室，副区长胡钦主持召开会议，专题研究社区工作人员管理关系。

8月3日上午，在区政府接待室，区委常委、副区长车莉莉主持召开会议，专题研究区粮食收储中心搬迁新建事宜。

8月3日上午，在常委会议室，副区长范德元主持召开会议，专题研究大唐高鸿项目建设工作。

8月7日下午，在区政府接待室，区委副书记、区长许风伦主持召开会议，专题研究省道338济董线西张庄至前王段省级立项推进工作。

8月19日上午，在区委常委会议室，区委常委、副区长郭庆林主持召开会议，专题研究淄矿集团驻区煤矿剥离非核心业务、合作事宜。

9月6日，在区政府常委会议室，副区长范德元主持召开会议，专题研究创建国家园林城市验收迎查准备工作。

10月14日下午，在区政府接待室，区委常委、副区长郭庆林召集区发改局、区国土资源分局、区规划分局、区文广新局及任城经济开发区（接庄街道）等单位负责人，专题研究部署加快推进东方文博城项目建设工作。

重要决策和部署

2月13日，济宁市任城区人民政府印发《关于全面推进依法行政加强法治政府建设的意见》。要求深入贯彻党的十七大和十七届五中全会精神，全面落实科学发展观和依法治国基本方略，加快任城区法制政府、学习政府、服务政府、效能政府、廉洁政府建设，提出实施意见。

△济宁市任城区人民政府印

发《关于成立济宁市任城区全面推进依法行政工作领导小组的通知》。提出切实加强全面推进依法行政工作的领导，成立济宁市任城区全面推进依法行政工作领导小组。

△济宁市任城区人民政府印发《关于印发2011年重要工作事项责任分工意见的通知》。要求切实把区委部署和十六届人大四次会议批准的《政府工作报告》各项任务目标落到实处，区政府制定《2011年重要工作事项责任分工意见》。要求各责任单位根据工作任务，逐项分解细化，层层明确责任，采取得力措施，高标准、高效率、高质量完成各项任务。

3月22日，济宁市任城区人民政府印发《关于加强政府投资项目监督管理工作的意见》。要求进一步加强对政府投资项目的监督管理，建立健全科学民主、规范高效的投资项目决策实施程序。

3月29日，济宁市任城区人民政府印发《关于开展新型农村养老保险试点的实施意见》。提出进一步健全社会保障制度，加快建立覆盖城乡居民的社会保障体系，制定新型农村养老保险试点实施意见。

5月3日，济宁市任城区人民政府印发《关于进一步加强和改进政府采购工作的意见》。要求进一步加强政府采购管理，规范政府采购行为，充分发挥政府采购在提高资金使用效益、维护国家利益和社会公共利益、预防腐败等方面的积极作用。

5月17日，济宁市任城区人民政府印发《关于加快城乡建设用地增减挂钩工作实施意见》。要求促进城乡统筹和新型农村建设，改善农民居住生活条件，推进节约集约用地。

6月13日，济宁市任城区人民政府印发《关于进一步加强地方税收保障工作的意见》。提出加强税源控管，提高征管质量，切实增加地方财政收入，实现经济与税收协调增长。

7月8日，济宁市任城区人民政府印发《关于公布全区最低工资标准的通知》。调整全区最低工资标准，向社会公布。

12月20日，济宁市任城区人民政府印发《关于印发济宁市任城区对企业的奖励办法的通知》。鼓励企业膨胀规模，推进科技创新，加快做大做强，区政府制定对企业的奖励办法。

12月24日，济宁市任城区人民政府印发《关于今冬明春水利基本建设的实施意见》。提出加强农田水利基本建设，改善农业水利基础设施条件，提高农业用水效率，增强农业抗灾减灾能力和生产能力。

办公室工作

【概况】 任城区政府办公室为区政府工作部门，设综合科、文秘科、机要科、信息科、人事科、电子政务科、政策研究室、督查室、法制办公室、地方史志办公室、外事侨务办公室、应急管理办公室等12个科室。行政编制30人，事业编制9人，工勤人员编制3人，设主任1人、副主任3人。2011年，牢牢把握加速崛起、跨越发展总基调，紧紧围绕区委、区政府各项重大决策部署，以“参谋、服务、协调、督办”为重点，团结进取，创新实干，政务服务质量持续提升，综合协调功能明显增强，政务督查落实富有成效，应急保障能力不断增强，依法行政进程全面加快，史志、金融、侨务等工作扎实推进，为促进全区转型发展作出积极贡献。

【政务调研】 区政府政策研究室牢牢把握“加速崛起、跨越发展”总基调，深入学习实践科学发展观，紧扣区政府中心工作和重大部署，解放思想、开拓创新、提质增效、争先创优，圆满完成区领导交办的各项任务，为任城区“十二五”规划谋好篇开好局作出应有贡献。

提高认识，加强领导，高度重视调研工作 高度重视调研工作，始终把调查研究作为工作的重中之重，把涉及全区经济社会发展的全局性问题和战略性问题，确定为重点调研课题。把调研作为掌握新情况、解决新问题、提高工作水平、提高办事效率的重要途径。全年完成32个重点调研课题，形成各类调研报告50余篇，注重搜集整理本地动态、外地经验、专家观点，把其转化为政府工作决策重要依据。

围绕中心，服务决策，充分发挥参谋助手作用　紧紧围绕促进经济社会发展、转变经济发展方式、保障和改善民生等关系全局的重大问题，按照区政府领导对任城区发展的科学研判和深刻谋划，政策研究室加强学习和调研工作，紧跟领导思维，适应领导要求，充分发挥以智辅政、以文辅政的作用，真正当好政府决策的参谋、落实推动的助手。撰写科学技术奖励大会任城分会、全区人才工作会议、全区领导干部会议、全区科学发展现场观摩会、梁济运河流域防汛抗旱指挥部第一次会议、第27个教师节庆祝表彰大会、全区农村食品安全综合整治工作会议等重要会议讲话文稿300余篇，区长办公会议及各类专题会议纪要20余期，出色完成任城区政府工作报告等全局性的综合材料，为新区建设、“创城夺杯”活动、东方文博城项目等重大工作提供中肯建议和详实报告，为领导决策和全区发展提供强大智力支持。

创先争优，完善管理，打造严谨高效的实干队伍　全体人员比学习、比工作、比贡献，努力在服务区政府决策、推动科学发展中实现理想追求和人生价值。崇尚实干，鼓励创新，倡导追求卓越、争创一流的精神，又好又快地完成各项工作任务，形成一支严谨高效的实干队伍。不断探索按制度办事、用制度管人的新办法，完善岗位责任制、限时办结制，强化工作要点，细化工作环节，做到分工明确、责任到人，确保各项工作规范有序高效运转。　　（卞根柱　何　斌）

【政务信息】　政务信息紧紧围绕政府中心工作，紧扣全区经济、社会热点，以新的思路新的措施努力实现工作转变，在反映区情、辅助决策中发挥重要作用。全年上报政务信息602篇，被各级采用80篇，其中被国务院办公厅和省政府办公厅综合采用8篇，被市政府要情、专报采用5篇；市政府领导批示5次，区委、区政府领导批示5次。2011年，政务信息工作实现跨越赶超、争先进位，全市综合考评492分，综合成绩居全市第二位。

及时客观反映全区发展成就　依据任城区为新型农村社会养老保险试点，寻找亮点、挖掘特色，编辑上报《任城区高标准启动新型农村社会养老保险试点建设》；根据全区服务业发展势头猛、后劲强的状况，对服务业发展亮点进行归纳总结，编写《任城区2011年将投资80亿元加快服务业项目建设》《任城区建成鲁西南最大医药物流园》；围绕市区两级确定的10件为民实事，编写《任城区投资1.5亿元实施3处农贸市场改造》《任城区自今年起到2013年完成32个公办幼儿园建设项目》，以上信息被市政府《政务信息》采用，为市府领导了解任城发展提供有效途径。

积极宣传推介任城经验　根据普遍存在的村集体“三资”管理混乱、村民上访频繁的现状，结合全区村集体“三资”管理工作亮点，对“三资”管理做法深入挖掘提炼，形成《任城区创新农村集体“三资”管理模式涉“三资”信访量降三成》，被市政府《要情快报》采用，宣传推广任城“三资”管理经验，为市领导解决村集体“三资”管理问题提供参考。针对农民工和企业招工难问题，结合石桥镇实施“艳阳工程”培训农村青年劳动力的做法，总结区政府出资办学的经验做法，编写《任城区实施政府出资“镇校联合”办学解决农民工就业和企业招工难题》。4月，任城区建立项目论证制度，进一步优化投资结构、提高投资质量，避免盲目建设、重复建设，编写《任城区建立项目论证制度把好项目准入关》。“看病贵、看病难”是全国上下普遍关注的热点问题，市二院率先在全市二级综合医院全面实施“先看病、后付费”，为该模式在全市综合医院推广提供成功案例，联合市政府办公室信息科深入市二院调研，对该院规避风险、加强监督机制、提升服务质量的做法进行提炼，形成《济宁市第二人民医院在全市二级综合医院率先全面实施“先看病、后付费”》。市委常委、常务副市长崔洪刚和副市长陈颖先后批示，充分肯定和高度评价市二院做法。

为领导决策提供重要依据　针对规划审批制约发展空间、土地供需矛盾制约项目落地、规费征收制约城市建设、土地收益政策制约拆迁等影响新区建设进程的问题，进行多次调研，编写上报《任城区建议市对任城新区建设给予政策扶持》，被市政府《专报信息》采用，市长梅永红对该信息做出重要批示，要求相关部门对任城新区进行调研，为有效解决任城新区土地、政策及资金问题争取政策，加快任城新区建设速度。针对金城街道实行“全员聘用、竞争上岗、双向选择、绩效奖励”的改革做法进行专题调研，编写《金城街道改革人事制度激活力提效能的做法值得关注》，被区领导批示，要求区人社局就此项改革进行深度调研，为各镇（街道）、各部门做好用人才工作提供借鉴和参考。针对市区两级创城夺杯活动中各单位采取的做法，编写《区交通运输和港航局立足实际大力推进创城夺杯工作》，被区领导批示，力促创城夺杯全面胜利。

（李成栋　高芳芳）

【政务督查】　按照区政府、政府办公室的总体工作部署和具体要求，紧紧围绕区委、区政府中心工作，坚持令出督随，以决策督查和专项督查为重点，切实强化工作措施，不断提升服务水平，积极推动区政府重要决策、重大工作部署的贯彻落实。2011年，督查室被评为全市政府系统建议提案办理暨督查工作先进单位。

决策督查　督查室完成市、区两级督查166项。其中围绕区委、区政府重要会议、重大工作部署开展专项督查48项，办理区政府及办公室领导临时交办的督查事项30项，接收落实市政府办公室下达的督查事项88项。起草、综合督查落实情况反馈报告40件，编发《政务督查专报》51期，制发《督查通知》28件。采取印发书面通知、电话催办、现场督查、联合督查、督查调研、召开督查协调会议等形式，积极督促政府决策落实，及时向区政府领导和有关部门反馈通报督查落实情况，促进政府工作顺利开展，为领导决策提供有益参考。对市政府办公室交办的重大决策落实事项，按规定时限和要求，及时开展督查落实，客观真实地综合上报有关情况。

领导批示件督查办理　组织办理落实领导批件121件，其中市级领导批件26件，区级领导批件95件。区别不同情况，采取多种形式，督促承办单位认真落实领导批示意见。对办理结果严格把关，对达不到办理要求的，退回重办；对正在解决、落实的问题，跟踪督查，确保解决。严格按规定渠道及时反馈办理结果，整理、报送领导批示事项督查落实情况报告100余件（次），做到件件有结果、事事有反馈。

人大建议办理　区十六届人大四次会议，区人大代表提出涉及政府工作的建议23件。其中属于新农村建设、塌陷地治理方面的7件；交通、水利方面的5件；人社、教育、民政方面的4件；项目及园区建设方面的3件；环境治理方面的2件；服务业方面的2件。所有建议均按要求办理并答复代表，办复率100%，代表满意和基本满意率100%。

政协提案办理　区政协七届四次会议，区政协委员提出涉及政府工作的提案125件。其中属于农业、新农村建设方面的13件；人事、劳动方面的14件；科、教、文、卫方面的41件；城建、交通、环境治理方面的17件；经信、金融、服务业方面的15件；公安、综治、民政、残联方面的13件；计生、侨务、旅游等其他方面的12件。市政府转来市级政协提案6件。所有提案均按要求办理并答复委员，办复率100%，委员满意率和基本满意率100%。

省长、市长、区长公开电话（信箱）办理　从健全工作机制、提升服务能力和工作水平入手，不断加大督查办理力度，促进公开电话（信箱）事项妥善及时解决。全年，接转收听受理省长信箱、市长公开电话（信箱）、区长公开电话400余件（次），其中省长信箱6件，市政府批示市长公开电话（信箱）5件，提请区政府领导批示11件，办结率100%。

无线电管理　保障重点工程无线电通信需求，密切跟踪3G公众网、城市建设、森达美港口建设等重大项目建设，为重点工程建设提供无线电频率资源保障；引导无线高速宽带和数字集群业务发展，组织模拟网逐步向数字网过渡；制定无线电应急管理预案。结合推广3G业务和城市建设需要，从城市规划、控制电磁辐射等方面修订完善原基站管理办法（草案）；推进省无线电管理条例的贯彻落实；加大无线电管理行政执法培训力度。试点发布重点地区和重点频段的电磁环境情况，提高全社会保护电磁环境的意识；加强监测数据的应用研究，充分发挥无线电监测数据资源的应用价值；全面规范无线电监测和检测工作，不断提高完成监测与检测任务的能力。

（姚　箐　张晓丽）

【文秘工作】 紧紧围绕区政府和政府办公室的重大决策和工作部署，特别是围绕土地管理、城市规划建设、重点道路建设等工作，紧贴领导思路，切实做好公文制发工作，严把公文质量关、效率关，完成区政府、政府办公室文件的起草、审核、校对、印刷、装订、发送等任务。全年制发济任政发文件30件、济任政呈文件51件、济任政字文件51件、济任政纪文件36件、济任政发明电1件、济任政办发文件109件、济任政办字文件24件、济任政办呈文件2件、济任办发明电112件。全面调查摸底，科学分配任务，超额完成《山东省人民政府公报》《山东经济战略研究》的征订任务。（韩传水　任兰臣）

【机要工作】 按照年初工作要求和工作目标，开拓进取，扎实工作，圆满完成全年工作任务。认真做好文管工作。文管工作是机要科一项中心工作，文件种类多，办理要求高。及时接收、登记办理，领导阅办后按时清退、销毁。严格办理密码电报工作，按照密级等级，做好登记、阅办工作，随时掌握密电行踪，注意保密，按时清退、销毁。做好国家、省、市政府系统文件网上接收办理工作。及时上网查收档，登记、拟办后交办公室主任审批，按照审批意见分发、传阅，领导阅示后发送有关部门、镇（街道）办理，最后整理归档。做好明传电报和传真的接收、办理和下发工作。不分工作日和节假日，坚守工作岗位，及时接收、发送各类明传电报、传真件。做好区政府、区政府办公室各类文件的编号、审查、用印工作。严格遵守领导签批制度，按程序办文，规范文件格式，印刷后及时发送领导和部门单位，并做好存盘、备查工作。做好信息、邮件接收、分发、管理工作。把上级下发信息，区直机关、镇（街道）上报信息，各类邮件，及时分类、送交领导。全年接收各类文件、电报、传真3600余份，邮件6000多份，严格按照管理规定办理，及时登记、拟办、传阅、分发、存档，保证时效、准确、安全。

（杜宏志　黄贵芳）

【新农村建设帮扶】 3月31日，全区新一轮新农村建设帮扶工作动员会议召开。按照区委、区政府安排，区政府办公室与区行政审批中心共同帮扶长沟镇后陈村，帮扶工作组由2人组成，区政府办公室史志办主任胡荣敏任组长。帮扶工作组到村后，制定“十要十不要”帮扶工作纪律，认真执行帮扶工作各项规章制度，坚持不吃村里一顿饭、不拿群众一根线。积极开展调查研究工作，先后组织召开村干部座谈会、党员座谈会、群众代表座谈会、村经商办企人员恳谈会等10余次，走访群众220余人次，撰写《后陈村村情报告》《2011~2012年帮扶工作规划》《2011年度帮扶工作计划》。4月，筹集资金3000余元，为村“两委”办公室购置部分办公家具，改善办公条件；参与、指导村党支部和村委会换届选举。7月，工作组积极与长沟镇政府协调，争取资金3万元维修路面，改善通行条件。10月20日，区政府办公室主任刘岭到帮扶村调研，实地察看后陈村农业结构调整情况、村内1纵5横道路和5处自来水供水塔情况，对下步农业生产和公益设施建设提出意见和建议。11月，工作组在与村民座谈中，得知村民李红玲因病致贫的情况后，与区、镇民政部门申请、协调，为李红玲解决大病医疗救助补贴5000元。12月，制定《长沟镇后陈村创建“文明村庄和谐家园”实施方案》，在全村开展“二讲”“三评”“四送”“五化”（二讲：户户讲清洁，家家讲卫生；三评：评选“卫生示范户”“敬老模范户”“好媳妇、好婆婆”；四送：送戏下乡、送电影下乡、送图书下乡、送书画下乡；五化：村内道路硬化、绿化、亮化、净化、美化）活动，突出抓好环境卫生综合整治和精神文明创建活动，着力提高农民思想道德素质、科学文化素质和环境卫生素质。12月中下旬，工作组与村“两委”筹资2万元完成“亮灯工程”，走访慰问送温暖活动，慰问特困户、残疾人、贫困学生、老党员、复员老军人、高龄老人20户（人），发放慰问金和慰问物资，让村民度过一个欢乐祥和的龙年春节。

附：

“十要十不要”
帮扶工作纪律

帮扶工作要一心，不要二心；
帮扶思维要用心，不要随心；
熟悉村情要尽心，不要分心；
了解民意要虚心，不要傲心；
观察分析要细心，不要粗心；
思想教育要耐心，不要烦心；
对待群众要诚心，不要戒心；
面对挫折要信心，不要灰心；
处理问题要公心，不要私心；
完成任务要决心，不要惰心。

（胡荣敏）

政府法制

【概况】 区法制办公室（简称区法制办）为区政府办公室内设机构，设主任1人、副主任2人。政府法制工作以“三个代表”重要思想和科学发展观为指导，紧紧围绕建设法治政府的目标，认真贯彻落实国务院《全面推进依法行政实施纲要》和《国务院关于加强法治政府建设的意见》，明确全面推进依法行政的目标任务和保障措施，强化对行政机关工作人员的法制培训，加强规范性文件制定和备案审查工作，落实行政执法责任制，履行行政复议职能、依法开展行政应诉工作，深入开展依法行政宣传和调研活动，健全依法行政考核奖惩机制。政府法制工作取得明显成效，依法行政工作取得突出进展。2011年，依法行政工作在全市科学发展综合考核中居全市第一位，行政复议应诉案卷被评为全市优秀案卷。

【依法行政的目标任务和保障措施】 2月14日，区政府召开政府全体（扩大）暨依法行政工作会议，成立以区政府主要领导任组长的全区全面推进依法行政工作领导小组。制定区政府《关于全面推进依法行政加强法治政府建设的意见》《济宁市任城区依法行政第五个五年规划（2011~2015年）》和《关于全面推进依法行政工作职责分工的通知》等政府法制工作文件9件，明确全区依法行政和法治政府建设的目标任务、责任分工、保障措施，为全面推进依法行政、加强法治政府建设提供制度保证。将依法行政工作纳入全区党政领导班子和领导干部督查考核体系，制定《任城区依法行政工作考核标准》，注重对考核指标的完善与细化，把年终考核、部门互评、日常监管和满意度调查有效结合，增强依法行政考核的科学性、准确性。成立由18名法律专家、高校教授、知名律师组成的区政府法律咨询委员会，印发《关于成立任城区人民政府法律咨询委员会的通知》，为区政府依法行政、科学决策提供智力支持和法律保障。

【行政复议应诉】 坚持“以人为本、复议为民”的原则，进一步完善办案程序，畅通复议渠道，切实提高行政复议的办案效率和质量。加强行政复议机构设备和队伍建设，新配备笔记本电脑、数码相机、摄像机、录音笔、打印机等办案用品。参与全省行政复议示范单位创建，积极筹备成立行政复议委员会。改进行政复议审理方式，积极将调解手段引入行政复议，将办理行政复议与法制宣传教育相结合，综合运用书面审查、实地调查、听证等办案手段，受理行政复议案件3件，其中2件维持，1件和解，达到“定纷止争、案结事了”的目的，有力促进社会和谐。依法行使诉讼权利、自觉履行应诉义务，全年收到行政诉讼案件16件，主要集中在土地征用、房屋拆迁、采煤塌陷地补偿等领域，3件当事人上诉至市中院、省高院，1件申诉至最高人民法院。受理16件，其中审理判决8件，调解结案1件，原告撤诉1件，审理中5件，协调解决中1件，依法维护区政府和当事人的合法权益。

【规范性文件制定和备案】 制定《关于加强规范性文件制定和备案审查工作的意见》，印发《关于实行规范性文件统一登记统一编号统一公布制度的通知》，明确规范性文件制定流程。4月底，制定公布《2011年度区政府部门单位规范性文件制定计划》，切实提高制度建设的前瞻性。全年制定规范性文件12件，及时向市政府法制办和区人大报送备案，在任城区政府法制网站上及时公布。认真做好区政府及各部门合同协议、重要事项的合法性审查论证工作，审查论证政府及其部门合同、协议、合作事项60余份，所提意见建议均被区政府或有关部门采纳，切实发挥在依法行政、科学决策方面的参谋、助手作用。

【行政执法监督指导】 抓好行政执法责任制的督促落实，将行政执法责任制与日常工作有机结合，指导相关部门建立健全执法依据、执法职权、执法程序、执法责任的随机调整机制，实现行政执法权力与责任相统一。开展行政执法主体专项清理活动，公布区级行政执法主体43个，进一步明确其执法资格、界定执法权限，落实执法责任。开展行政强制事项清理，全区有15个行政执法主体涉及行政强制事项66项，其中行政强制措施35项，行政强制执行31项。健全行政复议告知制度，4月11日，印发《关于做好行政执法文书行政复议权利告知格式等项工作的通知》，依法告知相对人享有陈述权、申辩权、听证权、救济权等权利。积极整合执法资源，指导区综合执法分局以下沉执法队伍、委托执法的形式，提高镇（街道）基层执法能力。加强行政执法证件管理，审验行政执法人员执法证件557名，合格率100%。集中开展行政执法案卷评查活动，采取单位自查、区法制办抽查、部门互评的形式，从案卷是否完整、证据是否充分、法律适用是否正确、裁量是否合理、程序是否正当、文书是否规范等6个方面，评查各单位行政许可、行政处罚案卷，表彰通报评选出的优秀案卷14份。完善《任城区依法行政工作考核标准》，注重对考核指标的完善与细化，评选表彰全区规范行政执法示范单位12个。

【依法行政教育培训】 完善领导干部学法制度，把领导干部公共法律知识培训作为建设学习型政府计划的重要内容，研究制定2011年度全区依法行政教育培训计划。建立区政府常务会议和镇（街道）、部门领导班子会议会前学法制度，全年区政府党组会议、常务会议、区长办公会议会前学法5次。对全区行政机关工作人员进行分层分类法制教育培训3次，举办科局级干部依法行政研讨班、行政机关工作人员公共法律知识轮训班、行政执法人员执法资格培训班，全年培训机关干部和执法人员1500余人次，印发《行政法律规章选编》等培训资料2000份，组织法律法规知识测试3次。积极参加全省举办的《山东省行政程序规定》《国有土地上房屋征收与补偿条例》专题培训班。

【政府法制宣传调研】 创办《政府法制工作简报》，全年编发24期，其中《济宁市任城区政府常务会议专题学习〈山东省行政程序规定〉》《济宁市任城区建立依法行政工作统计报告制度》2篇法制工作信息被国务院法制办公室主办的“中国政府法制信息网”采用。认真开展《行政强制法》《国有土地上房屋征收与补偿条例》《山东省行政程序规定》等新法律法规学习宣传，编写《规范行政强制避免权力滥用》《我省各级政府将有统一的“程序标准”》等新法律法规学习辅导材料。与区工商分局联合举办全区工商法律法规电视知识竞赛。积极发挥在政府依法行政、科学决策中的参谋助手作用，加强对事关全区改革、发展、稳定的重要现实法律问题的研究，形成《关于土地和房屋征收工作中依法行政问题的调查研究》《关于加强我区行政复议诉讼工作的调研与思考》《关于行政复议适用调解工作的探讨》等调研报告3篇，就依法行政、复议诉讼中的热点问题提出意见建议，受到区政府和市法制办领导高度评价，市法制办主任展鑫专门批示调研报告：调研报告份量重、质量高、决策参谋作用发挥得好，值得在全市学习和推广。

（邵青青）

应急工作

【概况】 区政府办公室应急管理办公室（简称应急办）为区政府办公室内设机构，设主任1人、副主任1人。2011年，认真贯彻落实《中华人民共和国突发事件应对法》《关于推进全省应急管理工作规范化建设的意见》和《关于加强全省基层应急队伍建设的意见》，建立健全社会预警体系，切实推进应急管理工作，形成指挥统一、功能齐全、反应灵敏、运转高效的应急机制，提高政府保障公共安全和处置突发事件的能力，最大程度地预防和减少各类突发事件及其造成的损失，保障公众的生命财产安全，维护公共利益和社会稳定。

【应急管理宣传与培训】 年初，制定年度应急培训计划，全年培训党政领导干部、应急管理人员和一般管理人员1200人次。深入机关、厂矿、学校、镇（街道）、社区开展应急知识“五进”活动。《中华人民共和国突发事件应对法》颁布实施四周年纪念日，采用上街宣传、发放宣传材料、大屏幕播放和设备演示等形式，向公众宣传公共安全知识，提高公众应对突发事件的能力。

【切实加强制度建设】 应急办建立健全《处置突发事件工作流程》《值班信息报告制度》《值班人员首问负责制》《交接班制度》《电话记录制度》等10项规章制度。规范信息报告模式，明确基层信息报告的程序和格式，确保信息报告及时、准确、畅通。建立完善新闻发言人制度，及时通报突发公共事件和回复人民群众关心的社会热点问题。区政府办公室制定《任城区突发事件信息接报及处置规程》，从突发事件接报、情况处置、现场协调、事后总结等方面进行详细规定。

11月1日，应急工作人员向市民发放宣传资料

【完善应急预案体系】 根据市政府要求，针对新形势、新任务的需要，进一步充实完善专项应急预案。相继制订《任城区突发公共卫生事件应急预案》《任城区重大传染病疫情应急预案》《任城区食物中毒事件应急处理预案》《任城区急性职业中毒卫生应急救援预案》《手足口病防控工作方案》《两蛾疫情防控应急预案》《突发环境污染事件应急预案》《任城区教育系统突发公共事件应急预案》等一系列预案。各项预案都制订详细具体的工作措施，明确具体任务和工作方法，基本形成针对性强、可操作性强的应急预案体系。全区进行重大食品安全事故演练、公共卫生事故演练、火灾事故演练、防空演练和环境监测演练、校园安全事故演练等20多次较大规模的应急演练。2011年，确定济宁市第十三中学、石桥镇中心小学和瑞中医药为应急管理示范点。

【应急队伍建设与物资储备】 强化各类区级专业应急队伍和厂矿企业应急处置队伍，进一步充实区消防大队、区公安防暴大队、区巡逻大队力量，协调炮兵预备役三团二营民兵预备役，购置较为先进的装备，建立统一高效的专业应急救援体系。各镇（街道）组建16~32人的专职应急巡逻中队，与平安警务室巡警一起，承担全区应急处置任务。多方筹资，不断加大应急装备和救援物资储备力度。配齐防汛指挥车和各专业防汛设备，常年储备一定数量的救灾物资、应急医疗药品、应急粮食和应急资金，为更好地实施应急处置和救援打下坚实的基础。

（宋 刚　张 涛）

史志工作

【概况】　区地方史志办公室（简称区史志办）为副科级全额预算管理事业单位，隶属区政府办公室领导，编制5人。2011年，全区史志工作以服务地方经济社会和谐发展为中心，认真贯彻落实国务院《地方志工作条例》《山东省地方志工作条例》，“志、鉴、库、馆、开发服务”五业并举，科学统筹，协调发展，任城史志事业开创新局面。相继出台规范性文件，依法推进二轮修志，启动年鉴编纂工作，改版升级区情网站，开展读志用志活动，依法指导编写部门志5部，开展岗位练兵活动，举办“争先创优”业务技能大赛。6月，在全省开展的“齐鲁新方志奖”评选活动中，区史志办被评为全省读志用志先进单位；区史志办副主任王国华被山东省政府办公厅评为“齐鲁新方志奖”先进个人；《任城公路志》被评为优秀基层志书；长沟葡萄确定为“国家地理标志产品”，获读志用志成果奖。

【法制化建设实现新突破】　依据两个《条例》，区史志办先后印发《任城区地方志工作管理办法》和《任城区地方史志事业“十二五”发展规划》。《任城区地方志工作管理办法》和《任城区地方史志事业“十二五”发展规划》明确任城史志工作的指导思想、任务目标和方法措施，成为史志工作法规体系建设的纲领性文件。任城区是全省较早制定出台专业性史志管理办法和五年发展规划的县市区之一。3月，区政府办公室出台《2011年地方史志工作实施方案》（济任政办发〔2011〕24号），确定以加快推进第二轮修志工作为重点的10项工作和任务。

【《任城区志》编修进展顺利】　区史志办把第二部《任城区志》编修作为2011年度重点工作。历时11个月，全区100多个单位，200余名专兼职人员参与。区史志办先后组织调研36次，召开志稿专题座谈会20余次，形成志书初稿120余万字。该志设30篇，全面系统详实地记述1996~2010年任城区自然、政治、经济、文化和社会的历史、发展与现状。

【区情网站改版升级】　由区史志办主办的任城区情网，第二次改版升级，12月16日，上网试运行。网站由北京翔宇网科信息技术有限公司设计制作，框架合理，动画准确清晰，整体风格简洁明快、清新亮丽、庄重大方。主页按照网站的服务功能设“新闻中心”“史志工作”“任城区情”“文学艺术”四大版块，每个版块设多个专题栏目，新增史志工作情况介绍、修志人之歌、学术交流、文学天地、艺术长廊等10个栏目，上网资料客观、权威，网站数字化资料600万字，信息涵盖量更加丰富、表现形式更加灵活多样。新版区情网站加大任城史志工作的比重，使用文字、图片、视频等多种信息媒介，多角度、全方位反映任城史志工作进展、最新成果和经济社会发展情况。新版区情网站设置栏目内容检索，检索信息更加方

12月16日，试运行的任城区情网

便快捷。区史志办特别邀请省史志办主任刘秋增题写“任城区情”网站名，制定《任城区情网站管理办法》。任城区情网站被市史志办推荐参加山东省“优秀网站”评选。

【全区史志工作暨《任城年鉴》编纂动员会召开】 12月23日，区政府全区史志工作暨《任城年鉴》编纂动员会议召开。对《任城区志》编修工作总结，对《任城年鉴》编纂工作安排部署。市史志办主任黄崇民对任城地方志工作取得的成绩给予充分肯定，对任城史志事业发展提出新要求。区委常委、常务副区长王业成作重要讲话，从思想认识、工作责任、志书质量、加强领导等方面，深刻阐述新形势下史志工作的重要地位和做好史志工作的重要意义，明确《任城年鉴》编纂任务，并提出具体要求。区政府办公室主任刘岭主持会议并讲话。

【积极开展送志书活动】 围绕区委、区政府中心工作，拓宽读志用志渠道，为社会各界提供志书服务，广泛开展送志书下基层活动，向部门、村居、企业、学校、档案馆捐赠志书200套。为普及任城区情教育、宣传区情知识做出积极贡献，营造全社会了解、关心、支持史志事业的浓厚氛围。

【上报信息采用量居全市第一位】 按照史志工作信息上报的新任务和新要求，努力探索信息工作的内在规律，重新审视传统运作模式，拓宽史志工作信息上报渠道，在创新中推动信息工作实现新突破。2011年，区史志办向《中国方志通讯》《山东省情网》《济宁市情网》上报信息60条，采用40条，信息采用总量居全市第一位。

【部门志编修初见成果】 2011年，区人武部、区政协、区教体局、区财政局、岱庄煤矿分别启动《任城区军事志》《任城区政协志》《任城区教育志》《任城区财政志》和《岱庄煤矿志》编纂工作。区史志办积极对其进行业务指导，解决编修过程中遇到的问题，促使编修工作顺利开展。12月，《任城区军事志》由黄河出版社出版发行。该志以邓小平理论和“三个代表”思想为指导，设序、凡例等13个部分，以历史顺序为主线，综合运用述、记、志、表、图、录、传等志体，通过大量翔实的资料，真实记述任城区165年来重大军事事件、武装组织、兵役和人武部建设等情况。《岱庄煤矿志》编修中，其余3部志书初稿完成。

（王国华　姚京燕）

12月23日，全区史志工作暨《任城年鉴》编纂动员会召开

外事侨务

【概况】 区政府办公室外事侨务办公室（简称区侨办）为区政府办公室内设机构，设主任1人、副主任1人。外事侨务工作坚持以科学发展观为统领，以“为国家总体外交服务、为地方经济和社会发展服务、为侨服务”为宗旨，努力拓展对外交往渠道，创造加快经济发展、建设和谐社会的良好涉外环境，在服务全区经济社会又好又快发展作出积极贡献。

【执行国家涉外方针政策，从严出国手续审批】 国家和省、市先后下发一系列有关因公出国（境）的文件，对公务出访工作，作出明确、严格、细致的规定。区侨办严格执行《关于进一步加强全区党政干部因公出国（境）管理若干规定》，在审批过程中，严格外事纪律，杜绝违反政策和纪律的出访。严格审核出国任务和团组人员组成结构，特别是对党政干部出访人数加强控制，杜绝搭车出访和利用公款出国旅游。全年办理因公出国（境）团组6批15人次，其中区级领导5人次。

【坚决维护涉侨合法权益，真心为侨办实事解难题】 以全面贯彻实施《中华人民共和国归侨侨眷权益保护法》《中华人民共和国归侨侨眷权益保护法实施办法》和《山东省归侨侨眷权益保护法实施办法》为主线，扎实做好维侨护侨工作。仙营办事处归国华侨沈惠中年事已高，行动不便，区侨办接到求助后，积极协调区民政局，上门为其办理低保工作。3月11日，日本大地震发生后，按照省市外侨办工作安排，积极做好任城区在日本人员的信息统计和救援工作。开展归侨侨眷知识分子情况调查，积极推荐济宁市实验中学教师鹿文鹏参加国侨办举办的外派教师培训班。（赵福祥）

行政审批

【概况】 区行政审批中心为正科级全额预算管理事业单位，隶属区政府领导。设人秘科、综合科、业务科和督查科等4个科室，编制6人，设主任1人、副主任1人。2011年，区行政审批中心进驻政府部门单位17个、中介服务机构3个，设服务窗口21个，工作人员51人，承担行政审批项目68项。全年受理行政许可事项及非行政许可事项23878件，办结23830件，按时办结率99.8%，接受群众来人来电咨询、解答网上疑问3000余次。区交通运输和港航局服务窗口被评为全区“十佳”文明窗口，区工商分局服务窗口在区双评活动中被评为“十佳”窗口。

【深化审批制度改革，提升服务效能】 积极推进“三集中、三到位”办理机制。认真落实《行政许可法》，抓住机构改革的机遇，协调区直有关部门设立行政许可科，从机制上解决授权不到位、体外循环、运转不顺畅、人事不符的问题，真正实现“进一个部门，办所有事”。简化审批手续和办事流程，优化审批流程，实行网上审批、并联审批。完善集中年检制度，联合审批制度，弘扬“马上就办”的良好政风，力求决策快、运作快、落实快，加快推动区委、区政府决策事项的顺利实施和落实。加快建设以区行政审批中心为核心，以镇（街道）、村（社区）便民服务中心为平台，多层次、全覆盖的三级行政审批服务体系，推行三级电子联网。

【加强审批中心建设，构建高效运行机制】 完善相关机制，为行政审批中心发展提供制度保障。加强行政审批中心制度建设，强化行政审批监督制度化、规范化建设，形成完备的制度保障体系，明确中心的职能定位和监管手段，为行政审批中心发展提供政策支持。建立定期调研、督导检查机制，与区纪委监察局、区法制办等部门单位，成立联合检查组，定期深入区直部门进行调研检查，逐一督导镇（街道）行政服务工作。建立行政审批制度改革工作联席会议制度，进一步转变政府职能，提高行政效率，加快行政审批制度改革，建立任城区行政审批制度改革工作联席会议制度，明确联席会议主要职责、会议成员单位、工作规范和要求，指导和协调全区行政审批制度改革工作。

【强化基础工作，完善服务功能】 夯实行政审批中心建设基础，拓宽行政审批中心功能。加强对基础便民服务网络的指导，引导镇（街道）行政服务中心完善机制，拓宽服务领域，确保镇（街道）便民服务中心职能充分发挥，高效运行，促进全区发展环境不断优化。深化行政审批中心政务信息公开制度，建立行政审批信息公开机制，对行政审批项目的依据、程序、条件、时限、收费标准等，通过政府公文、政府网站、行政审批中心门户网站等形式向社会公示。推行审批绿色通道，办结即时告知制度，对拟列入省、市、区的重点项目和招商引资项目，可申请启动行政审批绿色通道程序，实现上下联动、左右互动，一次受理、并联审批。申办事项办结，通过电话、短信、邮件等形式即时告知申请人。

【加强窗口人员监管，改进工作作风】 深入贯彻落实服务承诺制、首问负责制、限时办结制，大力推行第一时间服务、零距离服务、全过程服务。加强对行政审批中心窗口和工作人员的监督管理，不断改进工作作风，提高办事企业群众的满意度。结合创先争优活动，对原有规章制度进行全面梳理，及时调整完善考勤、考核、外出登记等规章制度，建立长效激励约束机制。邀请部分人大代表、政协委员和群众监督员对中心工作进行督察评议，设立“共产党员示范岗”，在区行政审批中心形成重服务、讲效率、强落实的良好作风。要求入驻单位选派思想素质高、业务能力强的业务骨干到窗口工作，保持人员相对稳定，原则上两年轮岗一次。加强《行政许可法》及业务许可等方面法律法规学习，先后组织行政服务、计算机操作、公文写作等方面的培训，不断提高干部队伍的理论水平。 （袁传刚 高同生）

政府采购

【概况】 区政府采购管理局为正科级全额预算管理事业单位，隶属区政府领导，编制5人，设局长1人、副局长1人。按照“集中监督管理和统一进场交易”的总体要求，着力创建“职能分设、管办分离、统一进场、集中监管”的新机制，建立廉洁、公开的招标采购体制，合理配置行政资源，杜绝浪费，增收节支，树立良好的公信形象。2011年，实施公开招标、邀请招标、竞争性谈判、单一来源采购、询价等政府采购活动97次，1159项，实现政府采购金额14195.22万元，其中货物和服务类采购额3542.84万元、工程类采购额10652.38万元，节约资金1754.53万元，平均节支率12.4%。

【建章立制，形成长效约束管理机制】 全面贯彻落实《政府采购法》和《招标投标法》和省市会议精神，制定印发《济宁市任城区人民政府关于进一步加强和改进政府采购工作的意见》《济宁市任城区政府采购项目审批规程》《济宁市任城区工程类采购操作细则》《济宁市任城区货物（服务）类采购操作细则》《济宁市任城区政府采购中介机构库使用管理暂行办法》等文件。采购工作有法可循，有章可依，依法采购，提高政府采购的主动性和自觉性，有效推动全区政府采购工作顺利开展。

【强化措施，形成政府采购规范机制】 规范政府采购行为，做到“阳光采购”。采购单位认真填写采购申报表等有关资料，报区政府采购管理局审核，由区政府采购管理局依法确认采购方式，严格工作程序，促进政府采购工作规范化。在工作中做到：严格执行《政府采购法》和《任城区政府采购操作规程》，杜绝暗箱操作，做到招标信息公开，招标过程公开，招标结果公开，增强政府采购工作的透明度。严格执行政府集中采购目录和政府采购限额标准，避免随意采购、盲目采购等无序采购的现象，采购管理工作更加规范。按照市招监办要求，全面实现招标信息、投标报名、开标程序、评标办法、中标公示的“五公开”和交易场所、交易规则、审查文件、规范运作、监督管理的“五统一”服务制度。

【公开透明，建立切实有效的监督机制】 把政府采购工作置于社会的监督之下，加强人大的法律监督、政协的民主监督、新闻媒体的舆论监督和人民群众的公开监督。完善落实内部监督制度。在实施采购中，按照工作程序，各部门之间相互衔接，相互制约，项目受理后，一环扣一环，完成的时间、质量一目了然。积极发挥监督职能部门的作用。采购机构与监督部门主动协调、紧密配合，对所有公开招标、邀请招标、竞争性谈判的项目，主动邀请监督机关全过程监督，现场公证。主动接受群众和社会监督。公开监督电话，每项采购活动都在政府采购网和招标投标网公开发布，坚持做到采购项目公开，采购程序公开，采购结果公开，增强政府采购工作的透明度。

【加强内部建设，强化服务意识】 加强干部队伍建设，完善工作制度。制定《政府采购管理局岗位责任制》《服务承诺制》《任城区政府采购管理局限时办结制度》《机关工作人员学习制度》等多项工作制度。对干部职工高标准、严要求，努力锻造政治思想强、综合素质高、专业技术精，工作热情饱满、充满朝气，“实干型”与“学习型”相结合的政府采购干部队伍，提高工作质量和效率。加强“深入开展创先争优、争做崛起跨越先锋活动”的学习，认真贯彻落实党风廉政建设责任制，深入开展廉政风险防控，自觉接受监督，维护政府采购良好形象。

（谢建波　张　昊）

机关事务管理

【概况】　区机关事务管理局为正科级全额预算管理事业单位，设办公室、人事科、行政科、节能科、房产管理科、维修管理科和保卫科等7个科室，设局长1人、副局长2人。按照区委、区政府中心工作要求，围绕“房、宅、车、节、购”职责，拓宽工作渠道，协助做好汇翠园小区房产预售证办理；对区机关办公房产进行调查核实、登记造册；积极做好公务用车清查核实工作；建立全区公共机构节能联络员“飞信”信息平台；举办全区公共机构能耗数据填报培训班。

【会议服务】　认真做好区机关各项会议的服务工作，从抓服务、抓细节入手，不断改进会务服务措施，提高会务服务质量和服务水平。对会标制作悬挂、音响效果、会场卫生、鲜花摆放等环节力求规范，努力做到精益求精，确保会务质量。在区党代会、区人代会、区政协会期间，全体人员加班加点，尽职尽责做好会场、住所等各项服务工作，确保区“三个会议”的顺利召开。会务服务工作受到区委、区政府的一致好评。

【公共机构节能】　建立全区公共机构节能联络员信息平台，开辟利用网络传递节能信息和收集节能数据通道。举办全区公共机构能耗数据填报培训班，制定《全区公共机构节能联络员制度》。组织开展以“节能低碳新生活、公共机构做表率”为主题的“公共机构节能宣传周”活动和“低碳生活体验日”活动，集中宣传全区“十一五”期间公共机构节能减排取得的经验和成就，进一步提高公共机构节能意识，推动节能工作有序开展。

【物业管理】　学习借鉴现代企业先进的管理理念，进行物业管理制度改革。加强基础设施维修保养，创造条件进行设备更新换代。加强同物业保洁公司的协调、调度，强化卫生监督检查力度，定期安排专人对办公区、宿舍区环境卫生进行检查。积极做好夏季蚊蝇消杀和卫生防疫工作，加强区机关院内绿化、美化管理，提高绿化档次，维护绿化效果。

【能源管理】　抓好照明系统节电。机关院落和宿舍实行间隔开灯，推广使用可再生能源路灯、草坪灯。除重大庆祝活动外，一律关闭景观照明灯。利用自然光照明，坚持随手关灯，杜绝“白昼灯”“长明灯”现象。使用节能照明灯具，推广应用智能开关。加强对用电设备的使用管理，及时关闭计算机、打印机、复印机等办公设备，减少电热水器等用电设备的开启数量和时间，重点监测网络机房、食堂、

6月16日，机关事务工作人员宣传《公共机构节能条例》

开水间、锅炉房等用能设施设备，切实降低设施设备能耗。

（张旭东　谢华光）

人力资源工作

【概况】　区人力资源和社会保障局为区政府工作部门，设办公室、规划监督科、公务员管理科、事业单位人事管理科、劳动关系与监察科、人力资源市场管理科、就业促进科、工资福利科、专业技术人员管理科、教育培训与职业能力建设科、社会保险科和外国专家管理科等12个科室，行政编制20人，设局长1人、副局长3人。设立人才专项基金300万元，选拔“任城英才”21人，在任城经济开发区设立高层次人才服务中心，在卡松科技公司设立全省首个润滑油领域院士工作站，建立国家级重点实验室5家、省级工程技术中心3家、省级企业技术中心6家、博士后工作站4处，引进博士3人、急需专业硕士研究生40人，新增高技能人才208名人。到山东大学组团招聘，达成用人意向130项。开展任城生源高校毕业生信息数据普查、全区企业人才状况及需求调查，为人才储备和就业对接奠定基础。9月，被山东省人力资源和社会保障评为山东人力资源和社会保障宣传工作先进单位。

【人才队伍建设】　印发区政府人事任免通知9件，办理各级、各类奖励备案135人。根据区纪委监察局查处行政事业单位工作人员违纪情况，逐一落实2010年度受党纪政纪处分机关事业单位工作人员的年度考核、降职、降低工资级别档次等待遇。组织实施任城区2011年公务员招录工作，面向社会公开招考8个岗位11名公务员，全区有900人经审核确认符合报考条件并参加笔试。对全区11435名机关事业单位工作人员进行2010年度考核备案，认真审核基本称职（合格）等次7人，不称职（合格）等次4人，未定等次222人。根据市委、市政府、区委、区政府考核意见，安排部署任城区2011年度考核工作，印发《全区机关事业单位2011年度考核工作的通知》（济任考办〔2011〕1号）。组织全区专业技术人员经济、统计、卫生、职称外语、职称计算机、注册税务师、技术工人等级考核报名1600多人次，发放各级各类证书1100余本。组织2011年度职称评审专业考试466人次，组织教育、工程、农业、药品技术、群文档案初级职称评审520人次。

【事业单位人事管理】　采取笔试、面试说课的方式，从大专学历以上未就业毕业生中公开招聘高中、初中、小学、幼儿园教师，录用教师123人，其中研究生学历13人、本科学历74人，教师队伍的知识、年龄结构得到优化。11月，组织全区2家事业单位和8家企业参加济宁市人力资源和社会保障局开展的“孔孟文化圣地、创新创业之城—山东济宁”大型校园招聘系列活动，赴山东大学进行招聘，提供招聘职位180个。

【引进国外智力】　先后组织济宁碳素集团有限公司、济宁迪拓路面养护机械有限公司、济宁原种猪场、任城蔬菜服务中心等项目单位实施引智工程，引进海外高层次人才11人，其中“三领型”人才1人。市级引智示范园4处，在济宁原种猪场建成省级引智示范园的基础上，积极申报国家级引智示范园项目。济宁碳素集团有限公司引进的首位海外高层次人才，原美国帕玛斯公司总部技术经理、中国区首席执行官、加拿大纽宾士域大学化学工程工艺硕士谭正立，为济宁碳素集团有限公司新上年产1万吨等静压光伏石墨材料项目提供核心技术支持。济宁迪拓路面养护机械有限公司聘德国工程机械专家汉斯任总经理。总经理汉斯带领团队攻克核心技术难关，成功研制世界首台无线遥控自行走灌缝机并申请国家专利，产品出口德国、瑞士、伊朗等多个国家。济宁原种猪场采取“龙头带基地、基地连农户”方式，成功引进法国大约克种猪，改良后建成全省优良种猪养殖示范基地。

【高校毕业生就业】　印发《任城区人民政府关于做好2011年高校毕业生就业工作的实施意见》和《关于<任城区人民政府关于做好2011年高校毕业生就业工作的实施意见>的实施细则》。

4月，开展以“强力推进政策落实，助推劳动者就业创业”为主题的就业政策宣传月活动。8月，设立106个基层公益性岗位，安置106名高校毕业生就业。启动“大学生到村（社区）任职”“教师特岗计划”和“全科医师计划”等活动，接收20名省招募的大学生到村任职、1名“教师特岗计划”教师和6名“全科医师计划”医生。10月，新设立济宁碳素集团有限公司、山东沃尔华集团有限公司等6处高校毕业生就业见习基地，在任城经济开发区、济北高新技术产业园各设立1个大学生创业园或孵化基地。举办招聘会15次，参加招聘单位370家，提供就业岗位7020个，参加应聘毕业生1463人。返回生源地高校毕业生1931人，就业1824人，未就业107人，年度内实现就业率94.45%。与重点项目对接开展“订单式”培训，实施“1+1”就业技能培训，参加就业培训157人，创业培训102人，创业带动就业286人。

【军转干部安置】 4月28日，收看全国全省全市军队转业干部安置工作电视电话会议，召开全区军队转业干部安置工作会议。总结“十一五”时期军队转业干部安置工作，对“十二五”时期的军转安置工作提出要求，部署2011年军队转业干部安置任务。2011年，省市下达全区军转干部安置计划4人，其中计划分配3人（副营职2人，副连职1人）、自主择业1人（技术6级），随调家属1人。安置工作坚持公开、平等、竞争、择优的原则，采取考试考核、量化计分、择优选岗的方式进行。计划分配军转干部参加济宁市组织的全省军转干部安置笔试。对档案记载的立功受奖情况进行考核量化计分，按照笔试成绩占60%，考核成绩占40%的比例计算总成绩，排定选岗顺序。军转干部按顺序依次进行选岗。

【工资福利】 根据考核结果，审批机关、事业单位9000余人的晋级晋档工资；按照岗位设置情况，审批职务、职称变动人员工资福利；审批新招录公务员、千名人才、引进人才、人事调配等约200人的档案查阅、条件认定、工资套改等；给予机关事业单位到龄退休人员280人办理退休手续。1月，根据鲁人社〔2011〕4号文为全区3129名退休、退职人员调整养老金，人均月增资129.68元。联合区财政局、区卫生局完成区直公共卫生事业单位绩效工资改革。7月，联合区财政局完成区直机关公务员规范津贴补贴，出台相关文件，明确津贴补贴标准。全面实施区直其他事业单位绩效工资制度，调整区直义务教育学校绩效工资标准。配合其他部门开展有关单位整体划拨、事业转参公、企业转事业等工作中有关工资福利审批工作。全年为机关事业单位3157名离退休人员（离休人员187名，退休人员2970名）和421名享受遗属生活困难补助人员，支付各项待遇资金11237万元，其中离休1053万元，退休9904万元。（熊继梅　崔艺献）

政协任城区委员会

综　述

【概况】　区政协第七届委员会设办公室、研究室2个办事机构，设提案委员会、经济委员会、教科文卫体委员会、法制人口资源环境委员会、民族宗教港澳台侨委员会和文史资料委员会等6个专门委员会。2011年，常委会组成人员38人，委员225人。其中中共委员89人，占委员总数的39.6%；非中共委员136人，占委员总数的60.4%；大专以上学历204人，占84.7%；具有中高级职称89人，占37%。

【调研视察】　坚持把推动发展作为政协履行职能的第一要务，按照科学发展观的要求，自觉融入区委、区政府中心工作，紧紧抓住事关全区经济社会发展大局的综合性、全局性、前瞻性的重大问题，着眼实效，综合运用视察、调研、建议案等形式参政议政，全力服务任城跨越发展。视察活动以突出重点、关注民生、解决热点为着眼点，对任城新区建设情况、区交通运输和港航工作、全区农村贫困家庭危房改造、保险业发展情况、全区群众（信访）工作、采煤塌陷地治理与压煤搬迁村建设、公办中心幼儿园建设、全区规模以上工业企业及战略性产业发展情况、全区基层文化基础设施建设、全区城乡规划建设工作、台侨属领办创办企业、全区公安基层基础建设工作和《科普法》贯彻执行情况，进行视察，提出意见建议。

各专委会与有关部门密切配合，周密安排，精心选题，深入调研，反复论证，围绕全区跨越发展的重大问题以及群众关注的热点、难点问题开展调研。组织委员对全区都市农业发展进行专题调研，向区委、区政府提交《关于全区都市农业发展情况的调研报告》。提出用现代理念谋划都市农业，完善细化发展规划；用重点项目带动都市农业，推动有序发展；实施品牌农业战略，提升农业产业化水平；强化执行抓好落实，完善都市农业产业发展保障机制。组织医药卫生、社会保障等界别委员对全区镇（街道）卫生院人才队伍建设进行专题调研，向区委、区政府提交《区政协关于全区镇街卫生院人才队伍建设情况调研报

4月12日，区政协主席郑艳秋（左三）视察污水治理

告》。提出科学定位长远规划，为基层卫生院发展创造有利条件；加大培训力度，多渠道、多途径培养镇（街道）卫生人才；加强管理考核，招考、引进一批专业人才；深化卫生强基工程，建立长效帮扶机制。

【建言献策】 围绕现代物流业发展，组织委员分赴8个镇（街道），深入调查研究。先后召开座谈会7次，广泛咨询论证，综合调研情况，撰写高质量专题调研报告1份。经区政协七届十一次常委会议审议通过后，向区委、区政府提交《关于加快发展任城区现代物流业的建议案》。区委主要领导作出重要批示，指出本建议案情况把握准，优势分析透，建议提得好，责成区政府分管区长召集发改、商务等有关部门，专题研究现代商贸物流业的发展问题。区直有关部门专门进行研究，跟进督办落实，在区政协七届十六次常委会议上作办理情况专题通报，有力推动全区现代物流业加速崛起和经济转型升级。

【提案工作】 政协第七届任城区委员会第四次会议收到提案129件，其中委员提案98件，民主党派提案21件，人民团体提案1件，专门委员会提案1件，工作组提案8件。区政协提案委员会依据《政协济宁市任城区委员会提案工作条例》的有关规定，认真审查提案，立案129件，占提案总数的100%，其中围绕经济建设方面提出提案47件，占立案提案总数的36.4%；围绕建设生态宜居城市、统筹城乡发展方面提出提案14件，占立案提案总数的10.8%；围绕科技、教育、文化、卫生方面提出提案34件，占立案提案总数的26.4%；围绕政法、组织、统战、人力资源和社会劳动保障、社会事业等方面提出提案34件，占立案提案总数的26.4%。区委、区政府把提案办理工作纳入重要议事日程，主要领导过问提案办理情况，多次作出重要批示。所有立案提案分管书记和分管区长均进行办前阅批，要求各级党委、政府和有关部门及时认真办理提案，立足解决问题，切实办出成效。区政协从加强提案办理的组织领导、提案办理的质量、效率和办理要求等方面，对提案办理工作进行规范。各承办单位加大工作力度，认真办理提案。在提案办理过程中，大多数承办单位领导参与研究办理方案，明确分工和责任，通过调研、座谈、走访等多种形式，主动与提案者沟通，交流意见，研究问题，提出解决办法，予以办理落实。许多承办单位实行一把手负责制，把提案办理纳入目标责任制考核内容，健全工作机制，创新工作方法，召开提案办理面商会，认真听取委员的意见和建议，努力提高提案办理质量。10月28日，七届四次会议所立129件提案全部办理完毕，委员对办理落实情况满意率或基本满意率98%以上。

【政协论坛】 7~9月，不断拓展全区科学发展思路，提高科学发展质量，把办好以“科技创新”为主题的政协论坛作为全年履职的工作重点。区政协办公室、研究室、教科文卫体委员会，会同区科技局、区科协、区工商分局，制定《关于举办“任城政协论坛”的实施方案》，成立活动领导小组。活动小组下设办公室、征文评审组、电视专栏组、论坛会务组和材料组五个工作机构，具体组织实施。先后开

7月29日，“科技创新”论坛专题辅导报告会暨优秀论文交流会召开

展科技创新论文征集评选活动；录制播放电视访谈专题节目；聘请山东大学材料科学与工程学院院长、工学博士、博士生导师赵国群教授作专题辅导报告。进行优秀获奖论文的交流，一些有见地、有理论深度的观点和思路，具有较高的资政价值。

【文史宣传】 坚持“存史、资政、团结、育人”的宗旨，开展《任城政协志》编纂工作。全面系统地研究区政协成立以来的历史，确立编纂政协志的指导思想，起草政协志编纂方案、篇目设置，精心搜集历史资料，认真收集整理所存档案、文献、会议原始纪录材料等内容，力求通过对任城区政协成立以来大事记、组织、会议、活动、人物、文献等内容的编纂，全面反映区政协的重要成就，进一步做好政协工作。12月底，《任城政协志》出版发行。按照省、市政协的通知要求，完成《任城文史》资料、任城区汉画像石收集、《长江三峡工程移民纪实》任城区部分内容的上报工作。举办《委员风采》电视栏目，多篇稿件在《人民政协报》《联合日报》等报刊杂志上发表，宣传区委、区政府对政协工作的关心关注、支持政协履职的经验和做法。委员履职建言的重大成就，委员双岗奉献、双岗建功的先进事迹，进一步提升政协的社会影响力。

【民主监督】 以突出重点、关注民生、解决热点为着眼点，先后视察任城新区建设情况、区交通运输和港航工作、农村贫困家庭危房改造、保险业发展情况、全区群众（信访）工作、采煤塌陷地治理与压煤搬迁村建设、公办中心幼儿园建设、规模以上工业企业及战略性产业发展情况、基层文化基础设施建设、城乡规划建设工作、台侨属领办创办企业、公安基层基础建设工作和《科普法》贯彻执行情况，促进有关问题的解决和政策法规的落实。组织政协委员和担任特邀监督员的委员对国家机关及工作人员开展工作评议、行风评议等各类民主监督活动。解决一批热点难点问题，推动各项方针政策的贯彻落实，促进党风、政风和行风的转变，提高工作效能。关注民生，利用各种会议、视察调查、委员活动日等形式，把党派团体和委员们掌握的大量新鲜的有价值的社情民意整理编写成《社情民意专报》，以《任城政协》信息的形式积极为区委、区政府建言献策。

重要会议

【政协第七届任城区委员会四次会议】 1月9~12日，政协第七届任城区委员会四次会议召开。应出席会议委员225人，实到219人。区政协副主席王乐宁主持会议，七届区政协主席郑艳秋受政协七届常委会委托向大会作常委会工作报告，七届区政协副主席王万川向大会作提案工作报告。与会委员听取并审议区政协七届常委会工作报告和提案工作报告，听取并讨论政府工作报告及其他报告。委员们对过去一年政府工作取得的巨大成就，给予高度评价，表示满意。对做好2011年的工作，实现经济社会发展各项任务目标充满信心。会议要求，区政协要继续肩负起时代赋予的使命，全面履行政协各项职能。会议期间收到提案129件。

【常委会会议】 第13次会议 1月6日，区政协七届十三次常委

1月6日，任城区政协七届十三次常委会议召开

会议召开。区政协常委会全体组成人员出席会议，常务副区长，区委办公室、区政府办公室负责人，区发改局局长，非区政协常委的工作组组长、区政协机关各委室正、副主任列席会议。区政协副主席王乐宁主持会议。听取区政府关于区政协七届三次会议以来提案办理情况的通报；听取区政府关于制定《济宁市任城区国民经济和社会发展第十二个五年规划纲要》（草案）的说明；听取关于召开区政协七届四次会议筹备情况的汇报；审议通过区政协七届四次会议有关报告、决定、决议草案；审议通过区政协2011年工作要点（草案）；审议通过人事任免事项。

第14次会议　1月12日，区政协七届十四次常委会议召开。区政协主席郑艳秋主持会议。听取大会秘书处关于各组对各项报告、决议讨论情况及酝酿协商选举事项审议情况的综合汇报；通过关于接受政协第七届济宁市任城区委员会常务委员会部分组成人员辞呈的决定（草案）；通过政协第七届济宁市任城区委员会第四次会议选举办法（草案）；通过政协第七届济宁市任城区委员会第四次会议总监票人、监票人、计票人名单（草案）；通过增补政协第七届济宁市任城区委员会副主席、秘书长、常务委员会委员候选人名单（草案）。通过大会四项决议：一、关于七届区政协常委会工作报告的决议（草案）；二、关于七届区政协常委会提案工作报告的决议（草案）；三、提案审查情况的报告（草案）；四、区政协七届四次会议政治决议（草案）。

第15次会议　4月12日，区政协七届十五次常委会议召开。副主席刘鹭威、李云峰、任卫华、王万川、王正军、朱玉，秘书长陈庆民出席会议。区委常委、副区长车莉莉应邀列席会议。区政协主席郑艳秋主持会议。会议期间，视察济宁市截污导流工程蓄水区（中水水库）、洸府河入湖口人工湿地水质净化工程和山东任城经济开发区污水处理厂的建设情况，书面传达全国、省、市政协会议精神，听取区委常委、副区长车莉莉代表区政府所作的关于《全区淮河流域水污染防治迎查工作情况》的通报。区政协主席郑艳秋就贯彻落实全国、省、市政协会议精神、突出抓好重点工作、发挥整体合力、科学履职，提出具体要求。

第16次会议　7月26日，区政协七届十六次常委会议召开。副主席刘鹭威、李云峰、王万川、王正军、朱玉，秘书长陈庆民出席会议。区委常委、常务副区长郭庆林，副区长李晓彤应邀列席会议。区政协主席郑艳秋出席会议并讲话，区政协副主席任卫华主持会议。学习胡锦涛总书记在庆祝中国共产党成立90周年大会上的讲话精神（摘要）；听取区委常委、常务副区长郭庆林代表区政府所作的关于《全区上半年经济社会发展情况》的通报；听取副区长李晓彤代表区政府所作的办理《关于加快发展我区现代物流业的建议案》情况的通报。郑艳秋提出要求：一、全面深入领会，把握讲话实质，明确履职的方向和使命；二、着眼全区大局，参议工作重点，助推任城科学跨越发展；三、扭住关键环节，抓落实促实效，全面完成年内各项工作。下步工作中，要求各工作组和专委会对照区政协2011年工作要点，对照年初的计划进度表，认真进行总结回顾，尽快采取推进措施，统筹安排，确保年内完成各项任务。

第17次会议　10月28日，区政协七届十七次常委会议召开。区政协主席郑艳秋，副主席李云峰、王万川、王正军、朱玉，秘书长陈庆民出席会议。区委常委、常务副区长郭庆林应邀列席会议。区政协副主席任卫华主持会议。传达学习中共十七届六中全会精神，听取区委常委、常务副区长郭庆林代表区政府所作的关于区政协七届四次会议以来提案办理情况的通报，听取区农业局、区商务局、区文化广电新闻出版局的工作报告。郑艳秋就学习贯彻落实好中共十七届六中全会精神，进一步做好新形势下政协工作和全力以赴做好新一届政协换届工作提出具体要求。

【工作会议】　10月25日，全区政协工作会议召开。区委常委，

10月25日，全区政协工作会议召开

区人大常委会第一副主任，副区长，区政协主席、副主席、秘书长，区法院院长，区检察院检察长，人武部部长，各镇（街道）党（工）委书记、副书记、宣传委员，区直各部门单位主要负责人，区级各民主党派、工商联负责人，区政协常委，区政协各工作组组长，区政协机关各委（科室）负责人参加会议。区委常委、副区长郭庆林主持会议。区委书记、区人大常委会主任孔维民作重要讲话，区政协主席郑艳秋传达省市政协工作会议精神。会议隆重表彰为全区政协事业发展做出突出贡献的先进集体和先进个人。

（王志强　寻长征）

群众团体

区工商业联合会

【概况】　区工商业联合会（简称区工商联）是任城区以非公有制企业和非公有制经济人士为主体的人民团体和商会组织，编制6人，设主席1人、副主席3人。10月21日，按照市工商联（民间商会）换届精神要求，成立任城区总商会，选举产生第一届理事会，理事会由21人组成，其中会长1人、副会长10人、理事10人。认真履行民间商会职能，切实加强非公有制经济人士的思想政治工作，积极开展经济咨询、信息服务和社会公益事业等活动，密切加强与国内外工商社团的联络工作，努力引进资金、技术、人才，为加快全区跨越发展作出积极贡献。

【商会建设】　始终坚持“抓组织、促发展”的工作方针，以非公有制企业和非公有制经济人士为主体，按照广泛性和代表性相结合的原则，做好会员发展和行业商会组建工作，不断扩大区工商联会员覆盖面，优化会员结构，增强组织代表性。在充分调研的基础上，针对镇（街道）商会组织不健全的情况，报经区委同意，下发《进一步加强区工商联工作的意见》，对建立健全镇（街道）商会组织提出具体要求。规范全区8个镇（街道）商会的名称。年底，全区工商联（总商会）有会员企业1058家，区直属商会1家，镇（街道）商会8家。2011年，李营、接庄街道商会被评为省级五好商会。

【服务会员企业】　把为会员企业服务放在日常工作的首位，不断改变工作思路和工作方法，充分发挥协商与服务作用，在实际工作中开展“一勤、二定、三服务”（一勤是要求机关全体同志与非公有制经济代表人士勤联系，二定是定重点企业、定期联系，三服务是发现困难随时服务、有求必应尽力服务、关键时刻上门服务）活动。坚持以统战性为主，不断加强经济性载体探索，充分拓展民间性的优势，围绕服务非公有制经济人士思想进步和企业发展做文章，不断探索为会员企业服务的新方式、新途径。积极为会员企业开展维权和融资服务。上半年与市招商银行联合举办银企对接洽谈会，为42家会员企业贷款8亿元，银行授信额度15亿元。为会员企业参与经贸活动服务。组织会员参与“杰出华商财富济宁行”“中国国际孔子文化节暨第二届中国健康产业儒商高峰论坛”活动，组织部分会员企业到新疆喀什地区进行经贸洽谈、项目投资、产品汇展活动。建立定期为会员企业家健康查体、保健咨询、营养指导等制度，9月，组织执委以上的会员企业家健康查体。

【非公有制经济组织党建工作】　大批非公有制经济组织成为任城区经济发展的生力军，非公有制经济组织的经济总量在国民生产总值中占有相当大的比重，全区财政收入60%以上来自非公有制经济。全年成立党组织16个，发展党员47名。年底，439家非公有制企业中党组织297个，党员1396名。在经济系统、执纪执法系统选派164名政治素质高、熟悉经济工作、掌握法律法规的党政领导干部担任企业党建工作指导员。

【光彩事业】 教育引导企业家爱国、敬业、诚信、守法、贡献，致富思源、富而思进，自觉接受党的领导，自觉履行义利兼顾、扶贫济困的社会责任，积极投身光彩事业。企业家以各种途径和形式向贫困农民、学生和下岗职工伸出援助之手，在扶贫济困、捐资助学、安置就业等方面作出积极贡献。“山东嘉华星雨孤独症慈善基金”“陈涛慈善基金”等慈善组织相继成立。全年投身“光彩事业”的会员企业50余家，捐款捐物200余万元，助学30余人。山东北城集团被评为省公益之星。

【参政议政】 注重宣传先进、树立典型，在全区上下达成共识，形成良好的舆论氛围。通过发挥典型引路的作用，调动方方面面的积极性，做到民营企业有样板，民主党派有典型，知识分子有标杆。区工商联通过各种渠道及时反映非公有制企业发展中的重要情况和建议意见，发挥区工商联服务区域经济发展的作用。配合区委统战部，积极向各级人大、政协推荐人选，为非公有制经济代表人士参与经济社会事务提供平台。本届区级以上党代表、人大代表、政协委员中，有56人是区工商联会员代表。一批非公有制经济代表人士在政府部门和其他团体担任社会职务。两会期间提案、建议63件，为政府决策提供可靠的参考依据。

【区域交流与招商引资】 精心组织，多方联系，动员各界人士围绕区委、区政府中心工作，积极开展招商引资工作。邀请淄博鲁西南商会、淄博机械行业商会到任城区考察交流，加强经贸往来，积极为推动两地经济合作创造有利条件。招商引资工作稳步推进。区工商联以联招商、以联促商，加强行业商会之间、地区商会之间、各级工商联与各类行业商会之间的服务合作，引导广大会员主动联系和诚邀海内外客商到任城投资兴业。全年引进项目2个，完成投资额1.2亿元，圆满完成招商引资任务。

【基层组织工作】 注重发挥镇（街道）商会、行业商会等基层组织的作用，加强对基层商会工作的指导，积极推进镇（街道）基层组织建设，全区8个镇（街道）成立区工商联分会，在推动区域经济发展方面发挥积极作用。适时调整会员发展方向，实现由注重会员数量到注重会员质量的转变。通过行业商会集中发展会员，注重发展规模大、有影响的企业会员，增强相关产业会员企业的集中度和会员企业的代表性。重点发展一批经济实力强、思想觉悟高、热爱工商联工作、热心社会公益事业的人士入会，提高会员的整体素质，区工商联队伍不断壮大，人员素质进一步提高，有力地促进社会各项事业的发展。

【创先争优】 非公有制经济组织党工委指导企业深入开展创先争优活动，紧密结合企业的重点与中心工作，注重实践特色，注重活动成果转化工作，取得明显成效。各企业党支部认真组织党员干部学习中央、省、市、区领导重要讲话精神，召开创先争优活动动员大会，相应成立活动机构，制定方案，定制高标准的党建园地展板，各项制度上墙。广大党员积极参加创先争优活动，争做“兴业先锋”，争当富民兴企的排头兵；党组织创先进带动企业创先进、以党员争优秀带动职工群众争优秀，形成党建带群建、全员争先进的良好氛围。全年，非公有制企业参加活动的党组织169个，党员1022人；非公经济代表人士提出合理化建议100条，开展技术革新项目85个，合理化建议、开展技术革新带来的经济效益237.9万元；为群众和社会做好事、实事300件，完成急难险重任务87项。

【机关建设】 切实加强自身建设，不断提高履行职责、发挥作用的能力。六届一次执委会上，选举增补部分副主席、常委、执委，进一步选好配强领导班子。加强思想和作风建设，采取多种方式、通过不同渠道，认真组织全体工作人员学习党的方针、政策、法律法规，宣传有关发展非公有制经济的决定、意见，不断提高全体人员的政策理论水平和业务能力。建立健全各项工作制度，依据工商联章程，建立服务会员、联系会员制度，推进服务会员、联系会员工作的常态化、规范化。建立健全各项规章制度，出台《济宁市任城区工商联（总商会）各项制度汇编》，着力推进机关工作的制度化、规范化和程序化。（李卓伟）

区总工会

【概况】 区总工会为参照公务员法管理的群团机关，隶属任城区委领导，设办公室、组织部、宣传教育部、法律保障部、困难职工帮扶中心、经审委、财务部、女工部、民管部、生产保护部等10个部室，辖困难职工帮扶中心1个副科级单位，编制9人，设主席1人、副主席3人。2011年，被评为全市工会财务工作先进单位、区机关作风建设先进单位、区精神文明单位。

【工会组织建设】 按照市总工会组织工作会议精神，研究分析全区工会组建工作的空白点，把非公有制企业建会和农民工入会作为建会的突破口，与各镇（街道）总工会签订组建任务目标责任书，努力使具备法人资格的非公有制企业建立工会组织，鼓励农民工入会。全年组建基层工会60个，发展会员6089人，完成市总工会下达的组建工会和发展会员分别增长10%的任务目标，外商投资企业工会组建率86%。全区288家非公企业和56家社会组织全部建立党组织和工会组织。

【职工队伍素质建设】 加强学习，以加强邓小平理论、“三个代表”重要思想、科学发展观以及政策、法律法规学习为基础，加强政治理论和业务知识学习，坚持每两周集体学习一次。严格坚持民主集中制原则，充分调动工作人员的积极性，严格按议事规程办事，事前征求意见，集思广益，为抓好各项工会工作奠定强有力的组织基础。加强机关制度建设，出台《关于加强机关作风建设的意见》，修订完善《考勤制度》《学习制度》等工作制度，严格按制度办事，内部管理工作走向制度化、规范化轨道。深入推进“女职工建功立业工程”和“女职工素质提升工程”，将两大工程的推进工作，融入到职工经济技术创新活动和“创建学习型组织、争做知识型职工”活动中。开展创先争优活动，引导职工立足岗位建功立业。各级工会组织按照制定的规划，组织职工开展形式多样的岗位练兵、技术比武活动。活跃职工业余文化生活，积极号召全区350多家单位在节假日开展丰富多彩、健康向上的文体活动，参加活动的职工近3万人次，有力地推动全区群众性文体活动的开展，热爱学习、参与运动的职工明显增多，广大职工的精神风貌得到明显改善，营造健康时尚的生活工作氛围。

【职工权益维护】 深化“劳动关系和谐企业”创建活动。全区劳模企业家单位开展“劳动关系和谐企业”创建活动，加强对职工安全教育，进一步完善安全防范措施。深化“劳动关系和谐企业”创建活动，建立健全工会维权机制，开展职工普法教育，完

12月2日，区总工会2011年度职业技能培训班开班典礼仪式

善劳动关系三方协调机制和劳动关系矛盾预警应急处置机制，召开劳动关系三方会议，商讨有关影响劳动关系的问题。

【工资集体协商】 各级各部门根据经济和社会发展、劳动生产率、劳动就业、城镇居民消费价格指数、职工工资水平等情况，定期制定并公布企业工资增长宏观调控指导政策。工会代表职工与企业通过集体协商，确定工资增长水平。双方就职工年度工资水平、年度工资调整办法和年度工资总收入等进行协商，签订工资专项集体合同。签订一年期专项集体合同的企业，签订年度工资专项集体合同；签订两年期以上专项集体合同的企业，每年进行工资集体协商。

【全区劳动模范评选】 做好全区劳动模范的推荐评选工作，区政府成立区劳动模范评选委员会，负责全区劳动模范的评选推荐和表彰大会的筹备工作。4月28日，全区“五一”国际劳动节庆祝大会召开，向杨晓春等20人颁发任城区“五一”劳动奖章；向区供电公司等10个集体颁发任城区“五一”劳动奖状；授予山东鲁亚制药有限公司质检室等10个岗位（班组）任城区“工人先锋号”称号。

【送温暖活动】 针对困难职工实际情况，先后开展“送温暖”和“金秋助学”活动。区各级工会非常重视困难职工的帮扶工作，解决职工生活困难。区总工会通过查询特困、困难职工档案、座谈和走访等方式，掌握困难职工状况。全区困难职工540人，其中特困职工66人。全年各级工会筹措资金40余万元用于帮扶困难职工和金秋助学。加强区帮扶中心建设，实现困难职工群体信息全覆盖。7月，区总工会开展“金秋助学”活动，救助困难学生，通过逐户调查摸底，确保困难职工和农民工子女不因经济困难而辍学。8月，区总工会开展“爱心助学月”活动，发动各级工会组织开展形式多样的助学活动。（杨　帆）

4月28日，任城区庆祝“五一”国际劳动节大会召开

共青团任城区委员会

【概况】 共青团济宁市任城区委员会（简称团区委）为正科级参照公务员法管理的群团机关，设组宣统研部、学维工农部2个部，编制5人，设书记1人、副书记2人。2011年，坚持党建带团建，着力加强团的基层基础工作，充分发挥共青团组织、引导、服务青年和维护青少年合法权益的职能，围绕中心、服务大局，团结带领广大团员青年为任城“十二五”发展开好局、起好步贡献青春、智慧和力量。

【青春建功行动】 全区各级团组织认真学习贯彻党的十七届五中、六中全会，区委十二届十次全会和团市委第十七届二次全委会精神，深刻理解“十二五”时期发展的主题主线、目标任务和重大举措。团区委定期召开常委（扩大）学习读书会、机关干部学习会，多次召开镇（街道）团干部座谈会，切实把团干部、团员青年的思想和行动统一到区委的部署要求上来。围绕“十二五”规划，全力开展“奋战‘十二五’·青春献任城”主题实践活动。引领青年投身“三重”（重点工程、重大项目、重要事项）工作战场，在抗旱保春播、文明创城、城乡环境卫生综合整治、创城夺杯、节能减排倡导低碳生活等活动中作出积极贡献。深入推进青年文明号、青年岗位能手计划，促进青年岗位建功，为富民强区做贡献。建立健全专业志愿服务队伍和管理体系。3月底，成立区青年志愿者协会，开展健康进校园、清洁家园、大手拉小手·文明在手中、科技进大棚等“青春任城·志愿先锋”系列活动，在全面构建“高端产业区、商贸服务区、生态宜居区和和谐首善区”中大显身手，树立团员青年良好的社会形象。

【团的基层基础工作】 稳妥推进《关于加强新形势下基层党建带团建工作的意见》落实，抓住村“两委”换届机遇，深入镇（街道）调研团的基层基础建设工作，大力推动村团支部书记通过依法选举进入村“两委”。依托“牵手基层行动”，以点带面，深入实施“争红旗、创特色”基层团组织标准化创建活动，重点加强镇（街道）团组织建设和试点基础团组织办公设施建设。在全部完成镇（街道）团组织格局创新工作的基础上，完善后续工作，持续抓好“两新组织”团建工作，强力推进青年农民工群体、建筑行业团建。9月23~25日，在区委党校举办2011年直属团组织书记培训班，60余名团干部参加。培训班采取集中培训和户外素质拓展的方式，不断增强团干部的服务意识和服务本领，加强对团干部的管理力度，配合党组织选拔好团干部，不断深化推优入党工作。持续深化共青团创先争优活动，以创建“组织覆盖好、团员教育好、活动开展好、青年反映好”五四红旗团组织，争当“带头坚定信念、带头刻苦学习、带头爱岗敬业、带头弘扬新风”优秀共青团员为主题，紧密结合团的重点工作，扎实开展党团共建创先争优、承诺践诺评诺和领导点评活动。通过“五四”表彰，以宣传基层团组织、基层青年创先争优典型为切入点，掀起学习先进、赶超先进、争创先进的热潮。

9月23日，区直团干部培训

【青少年教育引导】 以开展庆祝建党90周年和辛亥革命100周年活动为契机，积极营造“热爱党、坚信党、跟党走”浓厚氛围，精心策划“红色纪念”系列活动，内容包括“庆五四迎七一”红色经典音乐汇、区直团干部“三人制”男子篮球比赛、“青春·赢在任城”红色论坛等。举办“我与祖国共奋进”形势政策宣讲会，开展以“绽放青春·红心向党”“四个一”（开展一次重温入团誓词活动，举办一场国旗下演讲活动，举行一场成人宣誓仪式，观看一部红色影视剧）为主题的实践活动。高质量刊发《任城共青团要讯》，对外发布宣传报道50余篇，切实把团的主张、团的工作、团的服务，宣传到各类青年群体当中去。深化未成年人思想道德建设，发挥“五老”（老干部、老战士、老专家、老教师、老模范）作用，积极开展感恩教育、中华诗文诵读、才艺培养活动。

【服务青年成长成才】 护航青年就业创业，积极推进农村青年创业小额贷款工作。全年落实贷款600余万元，扶持青年创业50

■ “青春助力—关爱农民工子女”2011青年文明号爱心助学活动

余人，带动就业青年300余人。组织全区创业者23人参加全市青年创业大赛，青年就业创业热情显著高涨。深化“青年就业创业见习基地”建设，积极开展各类订单式培训。先后联合国家产业技术体系济南综合试验站专家、区农业局、区蔬菜中心，开展新型青年农民培训，培训人员3000人次。全面落实关爱农民工子女志愿服务工作，扎实开展“青春关爱行动”“捐书献爱心”“我与农民工子女手拉手、心连心”等“青春助力—关爱农民工子女”志愿服务系列活动，持续开展面向困难青少年群体的爱心同行送温暖活动。

【青少年权益维护】 着力深化“共青团与人大代表、政协委员面对面”活动，探索建立镇（街道）人大代表、政协委员青少年事务工作站。扎实开展“走进青年—团区委书记恳谈日”主题活动，走进聋童学校，爱心同行送温暖；走进镇（街道）“三夏”现场，服务农村青年，深入工厂车间，赠送科技书籍；倾听青年呼声，帮助青少年特别是弱势群体办实事、解难题。联合区司法局、区综治办，到村（社区）开展未成年人法律法规宣传及贯彻落实工作；开展“12355阳光行动”，完善青少年维权岗创建机制；开展青少年自护教育活动，引导青少年树立健康生活理念。

（王胜男）

区妇女联合会

【概况】 区妇女联合会（简称区妇联）为正科级参照公务员法管理的群团机关，设办公室、维权部、儿童部、组织宣传部、发展部和妇儿工委办等6个部室，编制5人，设主席1人、副主席3人。2011年，率先在全市进行“五好文明家庭”“好媳妇、好婆婆”评选，实现家政服务进社区，成立巾帼创业先锋协会，设立党支部，这一系列工作均获得市创新工作奖，被市妇联评为济宁市维护妇女权益先进集体。

【参与经济发展】 实施“巾帼创业行动”，推进城乡妇女创业就业。与市妇联“诚信大姐美万嘉”联合，在李营、南张和仙营街道开展家政服务。各镇（街道）基本建成“诚信大姐美万嘉”服务机构、创业基地以及指导队伍三位一体的妇女创业就业服务体系。实施信贷助推农村妇女创业行动，积极推进妇女小额担保贷款贴息工作，先后为20名妇女发放担保贴息贷款120万元。协调农行任城支行发放信贷30万元，扶持30名农村妇女发展“种养加”项目。创建“巾帼示范基地”5个，发展妇女专业合作经济组织1个，带动农村妇女在农业产业化经营中实现增收致富。开展农村妇女新技术培训5次，培训2000人次。在有关部门、行业，广泛开展“巾帼文明岗”“巾帼建功标兵”争创活动，引导妇女立足岗位建功创优。全区创建全国“巾帼文明岗”1处，省级“巾帼文明岗”1处，市级“巾帼文明岗”2处，市级“巾帼文明示范窗口”2个。

【特色工作品牌创建活动】 推进“四德”教育、文明新风、生态文明、和谐文化“四进家”活动，实施“节能减排家庭社区行动”。倡导低碳理念，普及低碳生活知识，创建省级“节能减排家庭社区”1个。开展“平安家庭”创建活动，组织妇女参与群防群治，引导广大妇女以德治家、文明立家、节约持家、平安保家。开展“好媳妇、好婆婆”评选活动，在全市引起轰动，受到市区两级领导的好评，在全市推广。开展“巾帼志愿服务”行动，引领社会文明风尚，全区巾帼志愿者2500名；以“送温暖、献爱心”为主题，积极开展爱心奉献志愿服务活动，弘扬志愿服务精神，传播社会文明新风。推进家庭教育工作，促进儿童健康成长，创办网上家长学校，开办“农村父母课堂”，开展“争做合格家长、培养合格人才”等活动，普及家教知识，优化儿童成长环境。

【维护妇女儿童合法权益】 做好农村女性进“两委”工作，对全区所有村妇代会主任、各类女性致富带头人的基本情况进行调查摸底、登记造册，建立女性参选人才库，确保每个村至少有2名优秀女性参选。加大宣传培训力度，争取政策支持，为女性进“两委”营造良好氛围。区妇联以书面形式向换届办提交《区妇联为确保女性进“两委”的五点建议》，得到有效落实。多形式开展妇女儿童维权宣传教育活动，严厉打击侵害妇女儿童权益的违法犯罪活动。协同公安机关建立家庭暴力110投诉站，协同区法院成立维护妇女儿童合法权益合议庭、刑事少年审判庭。建立特邀妇女陪审员制度，区妇联两名副主席常年担任法院人民陪审员，对涉及妇女权益案件严格把关。年底，区镇（街道）建立妇女儿童维权站（点）329处、家庭调解站9处。开展维护女职工劳动权益、农村卫生保健、禁止使用童工、网吧和互联网监管、“扫黄打非”等专项检查活动，建立妇女权益保障机制，社会化维权机制初步形成。

【实施妇女儿童民生项目】 积极参与以保障和改善民生为重点的社会建设，推动建立为妇女儿童办实事的长效工作机制。继续开展“阳光洒满童心，和谐你我共享”贫困儿童帮扶救助活动，结对捐赠贫困儿童365人，孤儿生活补贴增加到每人每月600元。二十里铺街道妇联筹资20万元设立“诚阳爱心基金”，开启全市基层妇联通过设立救助基金开展“春蕾计划”的先河。关爱农村妇女健康，开展“两癌”检查。1月，区妇联递交《关爱农村妇女健康，为农村妇女进行“两癌”筛查》提案，得到区委、区政府领导高度重视，将这一民生问题列入为民办十件实事，全年为全区7万多名农村适龄妇女进行专项健康查体。

【推进党建带妇建】 区妇联坚持党建带妇建、妇建服务党建，积极争取党委和组织部门支持，推动出台有关政策措施。与组织部门联合下发文件，通过召开会议、评选表彰先进、举办培训等形式，推动妇联基层组织建设，纳入基层党建总体布局，以党的建设带动妇联组织建设。区、镇（街道）妇联紧跟党建步伐，积极探索创新基层组织设置方式。以女经纪人、女科技致富带头人、女私营企业家为主体，建立“巾帼创业先锋协会”，有3个镇（街道）相继建立协会，在协会中建立党支部。协会之间相互交流、相互提高，在相互担保贷款、设立爱心基金等方面发挥着巨大作用，在社会上引起极大反响。为优秀创业妇女加入党组织，提高自身发展提供很好的平台。

【开展基层组织规范化建设】 区、镇（街道）两级妇联积极推进党群共建、创先争优，下大力气推动妇代会换届直选、村妇代会主任进村“两委”，配强配好班子，解决“无人干事”的问题。村“两委”换届期间，先后举办4期培训班，参训人数600余人，极大地提高农村及社区妇女组织负责人参政议政积极性。通过选举，173名农村妇代会主任当选为村委会委员。积极在全区村（社区）建立“妇女之家”，努力实现“有阵地做事”。加强干部能力建设，强化教育培训、注重实践锻炼，妇联组织凝聚力、战斗力不断增强，为妇女工作创新发展奠定坚实的基础。

（邵　蕾）

区科学技术协会

【概况】 区科学技术协会（简称区科协）为正科级参照公务员法管理的群团机关，设科普部、学会部、科技事业部、办公室等4个部室，辖区老科技工作者协会办公室1个副科级事业单位，编制4人，设主席1人、副主席2人。镇（街道）设立科协组织机构8个、企事业科协57个，区级学会22个，企业科协49个，农村专业技术协会166个。认真贯彻实施《科普法》和国务院《全民科学素质行动计划纲要》，立足职能，服务群众，创新科普工作形式和内容，大力实施科学素质建设基础工程，积极开展科学普及、学术交流、科技咨询和自身建设等工作，充分发挥科普工作主力军、学术交流主渠道和“科技工作者之家”的作用，全面提升全民科学素质。2011年，任城区被评为2011~2015年度全国科普示范区，区科协被中国科协评为全国科普画廊建设先进单位。

【科普工作】 创建全国科普示范区 按照上年度工作安排，在创建工作领导小组的基础上，利用广播、电视、网络等新闻媒体，大力宣传科学、文明、健康的社会风尚，在任城电视台开设“科普大篷车”栏目。区政府加大科普经费投入，区级专项科普经费由原来的人均0.2元，增加到人均1元。

建设科普阵地 全年全区财政投资1.5亿元，建设包括文化馆、图书馆、青少年科技馆在内的任城科技中心，建筑面积2.7万平方米；协助区实验小学、石桥中心小学等学校建立科普活动室；投资50万元，在长沟葡萄基地、李营街道驻地、仙营绿地、西红庙社区、薛口社区、西刘社区、葛亭社区等8处公共场所，建设长30米、LED显示屏科普画廊；投资61.5万元，在全区建设“科普村村通”宣传栏535个；投资10.6万元，在仙营、金城街道人口密集处建设“科普社区通”宣传栏150个，总长度1200米。深入实施一站、一栏、一员、一校“四个一”建设，8个镇（街道）全部建成中心站，村村成立村级科普活动站，科普宣传栏完好率99%。提供各类技术服务、科技咨询8400余人次，开展学术交流21场，赠送各类科技书籍4.6万册。

【协会工作】 构建以区科协为龙头，镇（街道）科协为纽带，村（社区）科普协会、农村专业技术协会为主体，示范基地、示范户为基础的四级科普服务网络，进一步扩大科协、学会组织的覆盖面。登记全区协会、学会数量，新增农村专业技术协会6个，全区各类协会、学会会员11488人。开展科普志愿者登记工作，科普志愿者人数扩大到403人。重新组建230人的科普惠农专家服务团。全区形成由科普专家、科技工作者和科普志愿者组成，专群结合、专兼结合的科普服务队伍，开展科技咨询、技术推广、现场传授、跟踪服务等活动121次。制定《农民科学素质培训教育三年规划》和培训计划，从山东农业大学、省农科院聘请专家教授传经授课，举办培训班6期，培训农技协骨干人员589人次。拥有科普惠农示范镇

8月23日，全市（县市区）科协主席到任城区观摩科普阵地建设

（街道）3处，科普基地37处，各类科普示范基地面积14万亩，辐射面积35万亩，带动农户6000余户，有力促进农业增效、农民增收和农村繁荣。分批改造长沟葡萄、李营苗木、石桥荷花等27个科普示范基地，形成集农技办、培训基地、示范基地、示范户于一体，富有特色、效益明显的科普示范网络。在区科协的指导下，长沟镇投资600万元，在葡萄种植示范基地建设全长2.4公里的高标准科普观光长廊。6月，石桥池藕协会被列为全国“科普惠农兴村计划”项目，二十里铺千户特菜基地郝延安被省科协评为全省科普带头人。

【学会工作】 各类区属学会积极开展各项科普教育活动。区农经学会配合“三夏”“三秋”生产，组织农业专业技术人员深入农村田间地头，积极开展农业技术服务推广工作。区护理学会开展护士职业素养培训、技能比赛、评选“十佳”优秀护士和优护示范病房等活动，努力提高护理水平。区青少年辅导员学会开展“关爱生命、拒绝邪教、构建和谐校园”为主题的教育活动，组织学生积极参加全市青少年科技节、科普大篷车进校园、科普文艺汇演等各种实践活动。在全市青少年科技节，任城区获得一等奖6个、二等奖7个、三等奖7个。建党九十周年，开展以“党旗在我心中、科普走进万家”为主题的科普文艺作品汇演活动，全区各部门积极报名参与，13个作品参加汇演，其中3个作品被市科协选中，参加全市科普作品汇演活动。

【老科学技术工作者协会工作】 老科学技术工作者协会（简称区老科协）以提高全民科学素质，促农民增收为宗旨，以科普宣传、三下乡活动、建言献策为主要形式，突出服务“三农”、科技教育、文化建设三个重点，多渠道、多形式发挥老科技工作者的作用，推进老科协总体工作上新台阶。3月29日，二届五次理事会议召开，表彰先进集体8个、先进个人37名。11月，在山东省老科协第七次会员代表大会上，区老科协被评为全省老科协工作先进集体。全年印发《任城老科协会刊》3期，20余万字，老科协组织的凝聚力和创新力得到提高。

建言献策 老科技工作者结合自身工作特点，着眼落实科学发展观，从制约全区经济社会发展的瓶颈因素着手，开展调查研究，积极建言献策，发挥较好的参谋助手作用。完成《关于加强任城区水资源管理工作的几点思考》《任城区中小学家庭教育情况调查报告》两篇调研报告。

“三下乡”活动 坚持“三为主”方针，即以专业委员会为主、以小型为主、以进村入户为主。组织相关专业技术人员深入田间、大棚、养殖场等固定联系点开展技术指导11次；组织各类老专家开展以科普赶大集为主的大型“三下乡”活动6次。发放各类明白纸16000余份，科普书籍2000册，解答各类咨询1660多人次，培训人员2300余人次，深受群众欢迎。充分展示广大老科技工作者“发挥余热、老有所为”的奉献风采。

“中医药健康在任城”活动 4月，开展“中医药健康在任城”的全民健康行动。组织有关中医药专家及工作人员深入到镇（街道）开展多种形式的宣传、义诊活动2次，受益群众360余人。8月20日，在山东省中医药保健与科学发展报告会上，区老科协选送的常振森《关于促进基层中医药事业发展的几点思考》，王永林《中年抗衰之要》，何爱国《简练的震撼》《中医药是人类健康的使者》《现代科技与中医学的发展》等5篇论文作品入选中医药保健与科学发展报告会优秀论文集。

（赵 林 张 健）

军事 政法

人民武装

【概况】 中国人民解放军山东省济宁市任城区人民武装部（简称区人武部）为军队建制正团级单位，设军事科、政工科、后勤科3个科室，辖民兵训练基地、民兵武器装备仓库2个副科级事业单位和基层武装部13个，设部长1人、政委1人、副部长1人、纪检组长1人。2011年，区人武部坚持以能力建设和先进性建设为主线，不断加强自身建设。把学习和实践科学发展观活动作为提高素质和增强能力的手段，贯穿到各项具体的工作中。党委班子认真贯彻民主集中制，坚持用“十六字”方针规范党委工作，规范成员言行，集体把方向，集体作决策，集体解难题，集体抓落实。干部队伍保持良好的政治意识、服从意识、奉献意识和自律意识。严格落实党管武装的基本制度，政委参加区委常委会，部长参加区长办公会，向区领导汇报上级关于加强国防后备力量建设的指导精神，在重大项目建设上，争取区委、区政府的支持。

【思想政治建设】 持续抓好当代革命军人核心价值观培育，努力做好军事训练中政治工作，扎实开展形势战备教育。推进部机关学习型党组织建设，加深对科学发展观在民兵预备役建设中的指导价值、丰富内涵和精神实质的理解把握，研究解决制约发展的问题，以科学的理念、思路和举措推动民兵预备役建设发展。学习党在新时期关于加强改进党的建设的重要论述，认真学习贯彻新修订的《军队党委工作条例》，集中开展“加强党性修养、锤炼思想作风”学习活动，推动部机关的廉政建设。

【军事训练】 依据军分区战备训练计划，制定训练方案，提高战备工作经常化、规范化水平。6月底~7月初，区人武部代表济宁军分区参加为期半个月的远程训练和考核，考核结果良好。始终坚持把军事训练作为推进民兵预备役建设的中心任务常抓不懈，把抓好民兵应急分队训练作为重中之重。5~6月，先后3次派民兵教练员到上级单位和兄弟单位学习业务知识和业务技能，提高民兵教练员的教学水平。以民兵新训大纲为依据，按照上级下达的年度训练任务，采取统一计划、分片组织、集中验收、科目观摩的方式，紧抓民兵应急分队、专业技术分队的训练，以军分区开展全区民兵教练员“四会”训练比武为契机，狠抓民兵应急分队建设。6月下旬~7月上旬，集中两周的时间，对应急分队的盾牌操及高炮分队的操炮规范科目进行集中训练。7月14日，参训人员参加军分区的集中考核，成绩为优秀。6月中旬~9月中旬，以“救大灾、防大汛”为目标，及时修订完善以防汛抗洪为主要内容的各类战备方案。通过军事训练，强化能力建设，为完成使命任务，提供物质力量保证。

【征兵工作】 组织人员进学校、进社区调查访问，写出针对性极强的调研报告。3~4月，摸清适龄青年的底数，调查分析即

10月13日，全区征兵工作会议召开

将毕业的初高中学生的去向、服役愿望等情况，在此基础上，对部分适龄青年进行兵役登记。采取分片包干的办法，适时了解、记录适龄青年的情况，签定责任书，确保动员工作及时到位。以上级关于征兵工作的一系列指示精神为依据，精心筹划、科学安排、严密组织，加大政策学习、征兵宣传力度，协调出台有关征兵优惠政策。10月13日，全区征兵工作会议在区人武部召开，区人武部政委林华主持会议并讲话，各相关单位负责人参加。会上，区人武部副部长杨兵传达冬季征兵政策，人武部部长杨凯总结2010年征兵工作情况，部署2011年冬季征兵工作任务，区人武部和各相关单位签订征兵工作目标责任书。12月，年度征兵工作圆满完成。

【基层建设】 着眼全面建设、整体提高，以达标建设为牵引，不断夯实民兵预备役发展的基础。8月上旬，在李营、接庄街道召开达标建设任务部署会，组织示范观摩、明确标准、突击督导、逐条细化、统一规范，突出抓好基层武装部和民兵连达标建设，8个基层武装部7个达标。落实区委、区政府出台的《关于加强民兵基层正规化建设的意见》《基层正规化建设达标细则》等规范性文件。组织二十里铺、接庄街道高标准地搞好基层达标试点任务，利用民兵整组、迎接上级检查等机会，加强基层正规化建设督导。承办省军区政治工作现场会的任务，5~10月，认真布置、精心装修民兵“三战”分队的办公室、库室，新建娱乐室、电子阅览室、棋牌室等，绿化、美化营区，营造安心、舒心的工作训练环境，受到省军区表彰。

【国防教育】 8~10月，按照军分区指示要求，开展国防动员潜力调查，重新调查核实数据，充实完善动员潜力综合数据库；对区内军事设施进行登记造册，制定保护措施。在全区初中、高中、职业技术学院，对入学新生进行军训和国防教育。9月，区人武部协助军分区在市体育馆举行全市国防教育启动仪式，区国防教育办公室制定下发活动实施意见，在辖区主要街道悬挂宣传横幅、张贴宣传标语，电视台播放军事题材影视片，各镇（街道）出动宣传车进行宣传，营造良好的拥军爱国氛围，激发干部群众关心国防和军队建设的热情。在建军节、国庆节，采取录像授课、成果展示、轻武器射击等形式，组织区、镇（街道）领导开展军事日活动，强化各级领导的国防观念。在预备役登记、国防生报名、政治考核过程中，适时进行国防宣传和教育。

【后勤保障】 扎实开展“学法规、用法规、守法规”活动，形成依法开展工作、人人争当先锋的良好格局。针对人员八小时以外管理难度大、车辆动用随意性大、网络安全保密系数增大的实际情况，以“六项整治”（人、车、枪、弹、密、财）活动为契机，认真抓好安全管理工作的落实，完善《加强八小时以外人员管理的措施》《营院管理规定》《器材物品管理规定》《涉密载体使用管理规定》《车辆动用管理规定》等10多项制度规定，实行上下班签到与定期、不定期巡查制度，较好地解决倾向性问题。着眼训练需求，加强后勤建设，强化科学管理，提高保障质量。严格落实经费预算制度，做到年初有预算、半年有调整、年终有决算。注重抓好后勤经常性管理，严格执行联审汇签制度，深入开展“四节”（节约一度电、节约一滴水、节约一张纸、节约一滴油）活动，增强干部职工节约意识，提高经费利用效率。

【拥政爱民】 坚持以全区发展为已任，把围绕中心、服务大局的思想贯穿融入到民兵工作的方方面面。积极参加社会主义新农村建设，认真贯彻新时期民兵工作指导方针，动员民兵预备役人员在参与地方建设上打头阵、做模范。着眼维护社会稳定的需要，组织民兵预备役人员积极参加“平安任城”“和谐任城”建设，结合整组工作，采取基层武装部自建、与镇（街道）派出所联建和企业合建的形式，在镇（街道）建立民兵应急分队，日常参加地方性工作任务，关键时刻担负处突维稳、应急抢险。派出专武干部常年“蹲点”帮扶，年内帮扶的对象是南张街道南白村。工作组进村后深入到田间地头、农户家中，走访座谈，摸透村情，了解民意，针对该村产业结构单一，农田水利设施严重老化等问题，积极协助新一届村“两委”理思路、谋发展。建设养猪场1处、苗圃1处，协助村“两委”成立嘉璐物业公司，开展环境卫生整治活动，清理垃圾堆256个，种植观赏树300株，铺设路沿石1000米。带头参加社会公益事业，积极参与植树绿化、抗旱抢险。带头富民兴济，开发扶贫，开展民兵带建“科技示范园”和“双促双带”活动。

【维护军人军属合法权益】 积极协调地方党委、政府开展政策拥军，切实落实《关于进一步加强优抚工作的通知》《关于做好军人子女入学工作的意见》《关于开展军人军属法律援助工作的意见》《关于现役军人免费游览名胜古迹的通知》等政策规定。针对军转干部安置、随军家属就业、优抚政策落实遇到的新情况、新问题，主动配合地方政府做工作、抓落实。2011年，按照区委部署，190名军转干部和退役士兵通过区人社局、区委组织部的考录程序，其中46人安排到行政事业单位，144人安排到各大企业。与法院、法庭携手成立维护军人军属合法权益领导小组和县级法律咨询站，在8个镇（街道）设立法律咨询站，配备兼职法律咨询员20人，聘请律师6人，军人陪审员3人，全面构建“一组一庭一站”法律服务网络。（王祥波）

政法工作

【概况】 区委政法委（区综治办）设人秘科、执法督查科、综合科3个科室，辖区矛盾信息处理中心和区流动人口管理办公室2个正科级单位，编制6人，设书记1人、副书记2人。协调指导区法院、区检察院、区公安分局、区司法局、区民政局等部门的工作。2011年，全区刑事立案、非正常上访、安全事故等主要稳定指标低位运行，社会政治大局继续保持稳定。春节、“十一”长假，全国、全省“两会”期间，各级各有关部门及早行动，周密部署，扎实工作，没有发生重大恶性刑事案件、重大群体性事件、重大安全责任事故，较好地完成区委、区政府交给的各项工作任务。

【社会治安防控】 *治安技防体系建设* 全区“平安任城”视频监控系统于2010年竣工，包括区公安分局主控中心1个，南张街道、长沟镇、金城街道、接庄街道等（镇街）派出所分控中心7个，村级监控室56个。安装摄像机801台，配置视频对讲系统7套，耗资3000余万元。偏远镇（街道）的49个村完成与分控中心联网，顺利通过验收，开展图像上传工作。通过三级视频监控网络，全区预防可防性案件83起，提供涉案线索126条、编发预警信息148条，抓获现行违法犯罪嫌疑人19名。大力实施“警铃入户，十户联防”工程，（以村为单位，把就近的十户家庭编为一个组，在每户家庭中安装警铃和联防报警器，可通过有线或无线等方式，与村监控平台、派出所监控中心、市公安局指挥中心联网，一户报警，三级接警，可向用户本人、村治保人员手机发送报警短信），积极推广区域联网报警服务，确保农村群防群治工作有效开展。年底，全区“警铃入户”覆盖率60%以上。

优化发展环境 不断加大对涉税犯罪、合同诈骗等经济犯罪的打击力度，集中开展惩治商业贿赂犯罪专项工作，大力加强警企共建活动，为企业发展保驾护航。查办职务犯罪，立查贪污、受贿、挪用公款等案件11件25人，渎职侵权案件3件5人，为国家和集体挽回经济损失300余万元。区法院受理各类案件4719件，结案率96%，为全区经济发展提供强有力的司法保障和司法服务。

开展群防群治 坚持专群结合，在充分发挥政法队伍主力军作用的同时，广泛发动群众搞好群防群治。各村普遍成立村级治安巡逻队，经济条件较好的村庄，实行有偿巡逻、治安承包或招聘保安；经济条件较差的村庄，组织村民义务巡逻。年底，区、镇（街道）、村（社区）“三级巡防”“专群结合”的治安模式和格局基本形成。

【基层基础工作】 *设立镇（街道）党（工）委政法委，进一步夯实社会稳定根基* 年初，区委、区政府制定下发《关于进一步加强社会治安综合治理基层基础建设的意见》（济任发〔2011〕8号），明确要求在镇（街道）党委设立党委政法委，作为当地党委领导政法综治和维稳工作的常设机构。设书记1人，由镇（街道）党（工）委副书记或党（工）委委员担任，兼任镇（街道）综治办主任、综治维稳工作中心主任；政法委员会委员由综治办、派出所、法庭、司法所、群工部、安监站等部门主要负责人担任，配备3~5名工作人员。镇（街道）政法委成立后，改变基层政法队伍“条块分割、各自为阵、各行其事”的现状，大量可能影响稳定的有关信息及时上报、超前预警，变被动调解为主动预防，真正维护好当地的社会治安，保证稳定的工作大局。

成立保稳定工作领导小组，确保社会和谐稳定 3月，村“两委”换届选举保稳定工作组成立，由区委政法委各位副书记和政法系统主要负责人任组长，配备316名政法干警对各村进行包保，全力维护基层社会稳定。做到“一村一警”，确保换届选举工作顺利进行。

【矛盾纠纷排查调处】 *村级综治工作档案* 6月，在原有平安档案、治安档案、和谐档案三本村级综治档案的基础上，建立民生档案。进一步完善村级综治工作档案，探索建立村级民生档案。组织专门人员深入实地进行调查研究，多次召开工作座谈会，掌握具体情况，听取多方意见完善提升档案内容，制定切实可行的工作措施，探索建立村级民生档案。村级民生档案主要包括村（社区）低保对象登记表、涉军人员情况登记表、困难群众大病救助登记表、民情分析表等21项内容。依据村情对档案实行分级管理，注重发挥档案实效。通过档案动态管理，把村庄的周情、月情、季情直至年情，及时录入档案，确保档案鲜活、实用、管用。在李营、南张街道试点的基础上，各镇（街道）民生档案全部建立。全区四类档案涉及近100项内容，包括综治、公安、司法和人民群众权益保障等各类基础性工作信息和隐蔽战线情况。4月20日，中央综治办主

4月20日，中央综治办主任陈冀平（右三）到任城区检查指导

任陈冀平到任城区专题调研，题词“小档案促大平安”。省委副书记刘伟、省政法委书记柏继民多次批示，要求在全省推广村级综合工作档案建设做法，并将其纳入《2011年山东省社会治安综合治理工作要点》。

矛盾纠纷信息网络建设 在全区构建综治线、公安线、司法线、民政线“四条线”和区综治委成员单位、镇（街道）综治成员单位“两个面”。“四条线”指以区、镇（街道）、村（社区）三级综治办为纵轴形成综治线，以村（社区）治保会、派出所、区公安分局为纵轴形成公安线，以村（社区）调解主任、镇（街道）司法所、区司法局为纵轴形成司法线，以村（社区）民政主任（会计）、镇（街道）民政办、区民政局为纵轴形成民政线，每条线都明确责任领导、信息员和工作分工。“两个面”指区和镇（街道）分别整合综治部门资源，形成两条综治工作面。区一级由区综治办牵头，负责收集区综治委成员单位有关信息。镇（街道）一级，由镇（街道）综治办牵头，建立综治工作中心，负责收集镇（街道）综治委成员单位上报信息的综治信息网。投资90余万元，开发覆盖全区综治单位和镇（街道）的网络软件系统，设立信息预警点167处，明确综治信息预警员456名，建立一支一专多能的综治信息联络员队伍，形成纵到底、横到边的立体信息网络，确保信息报送渠道及时、畅通、有效。区、镇（街道）综治维稳信息处理中心和综治委有关成员单位形成日报送、周研判、月分析的长效工作机制。维稳信息每天下午5点前汇总报送至区级有关部门，便于领导及时准确地掌握了解基层矛盾纠纷和不稳定因素。全年收集整理全区各类矛盾信息8000余条，印发区级稳定信息12期，主要领导批示5条，督办案件5起，预警突发性、群体性事件37起。

建立平安任城月报制度 6月，区委政法委在山东省率先实施平安任城月报制度。由区综治维稳信息处理中心每月实时统计汇总，将全区的社会治安发案、社会矛盾纠纷、社会稳定风险、安全生产事故、群众来信来访等11项涉及社会稳定的数据，制作成平安月报表进行通报，分别报送区委、区政府班子领导和各镇（街道）党（工）委书记、镇长（主任）及相关部门的主要领导，使各镇（街道）了解到辖区刑事发案等各项指标在全区的位次，更加有针对性开展工作。全年平安任城月报发行7期。

矛盾纠纷的调处与化解 “四线两面”信息网络的有效运转，获取大量源头性、预警性信息，各镇（街道）、综治委各成员单位主要负责人在第一时间了解本区域存在的不稳定情况和信息，为及时调处与化解不稳定隐患赢得时间，确保“小事不出村，大事不出镇”。随着全区城区改造和新农村建设拆迁工作的开展，不稳定因素逐渐增多，由于信息获取及时，处理得当，绝大部分矛盾纠纷都化解在基层。2011年，综治部门排查化解各类矛盾纠纷1900多起，成功调处非正常死亡事件38起，防止民转刑案件19起，防止群体性上访事件11起。

【平安创建】 区级领导高度重视，多次在呈送的文件、信息上作出重要批示，经常性深入基层慰问看望政法干警和综治干部。把“平安建设”摆在突出的位置，层层签订责任状，严格落实领导责任制，形成一级抓一级、层层抓落实的工作体系。坚持每季度召开一次综治委成员会，及时召开五部门联席会议，分析形势，部署任务，统筹协调，推进工作，先后组织督导检查5次，召开工作调度会10余次，有力地促进基层综治和平安建设工作。通过广播、电视等媒体和悬挂宣传标语、发放宣传材料等形式，积极宣传平安任城建设取得的成效，营造出浓厚的舆论氛围。

【专项整治】 *严打整治斗争* 继续深入开展“服务‘三重’工作、优化平安环境”专项整治活动，始终坚持严打方针不动摇，充分发挥政法机关职能作用，保持对各类刑事犯罪活动的高压态势，严厉打击一批影响群众生命财产安全的刑事犯罪、破坏发展和建设环境的霸恶团伙犯罪。全年破获各类刑事案件993起，逮捕犯罪嫌疑人252人，抓获网上逃犯93人，打掉违法犯罪团伙18个；查处治安案件6518起，处理行政违法人员5841人，驾驭社会治安局势的能力明显提高，维护社会大局持续稳定发展。

社会治安乱点安全隐患排查 有效开展对治安乱点综合治理工作，区综治委组织20多个部门，专门成立校园周边治安综合整治工作领导小组，多次召开工作会议，集中调查摸底城乡结合部、城中村及校园周边治安乱点的流动人口、违规建设、社会治安等情况。2~4月，会同区公安分局、区住建局、区综合执法分局、区计生局、区统计局等11家部门联合行动，抽调近200名干部，集中调查摸底苗营村社会治安、流动人口、违规建设等情况。通过开展集中排查行动，找出存在问题，制定整改措施，及时发现和化解突出矛盾纠纷，各项工作稳步推进。开展城乡治安乱点排查和打击盗窃破坏电力通信设施、非法传销、非法经营烟草专卖品行为等一系列专项行动，排查整治治安乱点64个。

【社会管理创新与服务】 *签署联合调研课题协议，全区社会管理创新理论水平提升* 7月，省委政法委、省委党校联合成立社会管理创新工作调研课题组，对全区社会管理的做法提出意见和建议，指导全区社会管理创新工作深入开展，提高全区社会管理创新水平，进一步提升和完善综治工作档案制度，使全区在社会管理创新上提高档次，通过课题组调查研究，形成《基层社会管理科学化的任城探索》和《建立群众权益指数，推进社会管理综合治理考核》等多篇调研报告，在《人民日报》、省委办公厅主办的《工作情况交流》上发表。

流动人口、重点人员服务与管理工作扎实推进 10月，区委下发专门文件，成立流动人口服务与管理办公室，对试点社区进行网格化管理，筹建流动人口与出租房屋管理信息平台，构建覆盖区、镇（街道）、村（社区）三级流动人口管理服务机构的流动人口和出租房屋管理信息网络。金城街道经过试点，探索出一条适合社情区情管理的新路子。区委政法委通过召开工作推进会，向全区推广经验。积极构筑社会大救助体系，保障城乡低保对象3732户、8772人，发放低保资金727.6万余元。

【开展执法监督】 认真贯彻落实《涉法涉诉案件、案件评查及案件查处责任查究查处办法》《案件评查工作暂行规定》等文件规定。4月，全区开展“百起案件评查”活动，抽调专业人员组成案件评查小组，对公、检、法三部门2010年办结案件，从案件事实、办案程序、适用法律、案卷规范等四个方面进行抽查评查。

【舆论宣传】 高度重视舆论宣传工作。积极开展社会治安综合治理宣传月活动，广泛动员发动社会各界和人民群众积极参与平安建设。增加在多级媒体上的发稿量，提高综治工作的理论宣传影响力，在《人民日报》《山东维稳工作》《济宁政法简报》等国家、省、市级以上媒体上发表稿件10余篇，编发简报35期、起草各类文件23份，有力地推进全区平安综治创建工作。充分发挥法制宣讲团的作用，组织政法界离退休老干部举办报告会50余次，继续实施法律进万家、法律进单位、法律进学校等活动，切实增强广大群众遵纪守法的自觉性。组织新闻记者深入一线采访报道，大张旗鼓地宣传政法工作中的先进典型、先进做法，以正确的舆论导向鼓舞士气、弘扬正气，营造良好的舆论氛围。

【政法队伍建设】 4月，在全区政法系统内开展为期一年的“发扬传统、坚定信念、执法为民”主题教育实践活动。活动期间，全区政法系统明确领导干部联系点36个，党员干警基层帮扶对象316名。编发简报12期，印制宣传资料600余份，查找问题126条，完成整改120条，整改率95%。围绕容易发生执法问题的重点岗位和环节建立起比较完善的执法规范化体系，建立起经常化的干警培训体系，基本实现执法办案的信息化。重点建立干警执法档案制度、执法质量考评制度；探索建立政法各部门执法质量信息网络；健全完善执法质量考核机制，把执法质量和执法水平作为衡量工作、考核班子、检验队伍的主要指标。（张　昊）

公 安

【概况】 济宁市公安局任城区分局（简称区公安分局）为副处级行政单位，设国内安全保卫大队、刑事警察大队、巡逻与应急警察大队、治安警察大队、经济犯罪侦查大队、指挥中心（办公室）、政治工作室、警务保障室，辖石桥、古柳、接庄、三贾、李营、二十里铺、南张、长沟、红星西路、常青路和共青团路等11个派出所，均为正科级单位，编制398人，设局长1人、政委1人、副局长4人、纪委书记1人。2011年，全区公安机关以提高群众安全感和满意度为目标，凝心聚力，务实创新，忠实履行“保平安、保稳定、保民生”重大责任。牢记维稳第一责任，致力社会和谐，大力加强隐蔽战线斗争，扎实开展矛盾纠纷排查，妥善处置各类群体性事件，圆满完成重大警卫保卫任务206次，维稳能力跨越提升。严厉打击突出犯罪，先后组织“安民、亮剑、清网、打四黑除四害、治爆缉枪”等专项斗争和治安整治行动，破获各类刑事案件1029起，查处治安案件6326起，打掉犯罪团伙14个，人民群众安全感提升。唱响民生公安主题，警民和谐一家亲。着力推进积极警务战略，广泛开展“全警走访、创满争先”活动，建立起“民意”为导向的公安工作机制，总结推出社区警务“五心”工作法、实有人口社会化管理等一大批特色经验和亮点，先后有106个集体、243名民警立功受奖，区公安分局被评为市级文明单位。

【安全保卫】 在党和国家领导人温家宝、贾庆林、李克强、周永康等视察济宁和中国文化遗产日主场城市活动、孔子文化节活动中执行一级警卫任务7次。全年执行二级警卫任务19次，三级警卫任务21次。在全省转方式调结构现场观摩会、全省农村住房建设与危房改造工作现场观摩会、全市科学发展现场观摩会等重要会议召开期间，执行安全保卫任务23次。在第三届全球华人杯羽毛球比赛、全国青年篮球联赛等国家级大型体育比赛活动期间，执行安全保卫任务5次。在鲁西南地区自行车比赛、山东省第一届全民健身武术比赛、全市市长主席杯乒乓球比赛、全市元宵节文艺晚会、全区建党90周年文艺演出、齐鲁晚报春秋季车展等各类活动中，执行安全保卫任务196次。

【严打整治】 相继开展“冬春季”严打整治行动、“打击防范两抢一盗”大会战、“打黑恶、反盗抢”安民行动等一系列专项行动，保持对各类犯罪活动的高压态势。按照公安部《重点地区公安反恐怖专门队伍装备基本配备标准》加强反恐怖装备建设，成立任城区反恐怖工作协调小组，做好处置暴力恐怖事件的准备工作和应急预案建设。全年刑事案件立案1136起，破获1029起，刑事拘留230人，逮捕146人，劳教45人，摧毁各类犯罪团伙14个。

【命案侦破】 以贯彻落实《山东省公安机关侦破命案工作机制》为契机，落实“一长双责制”，建立命案快速反应机制。全年先后快速破获“2·05”贾某某持刀杀人案、“9·17”洪某某故意杀人案、“10·30”赵某某故意杀人案3起命案，实现全案全结。

【区域整治】 把区域整治工作纳入社会管理创新的重要内容，向区委、区政府作专题汇报，提出“整合部门合力，实施综合治理”纳入社会治安综合治理的建议。2月16日，区委副书记、区长许风伦，区委常委、政法委书记张玉泉，副区长范德元、胡钦召集综治、公安、建设、安监、综合执法、消防、法制办、计生、组织等部门负责人，研究制定综合治理工作措施，成立区委、区政府分管负责人挂帅的综合治理领导小组。5月，抽调区公安分局60名民警，联合建设、安监、综合执法、消防、法制办、计生、组织等部门46名工作人员对苗营片区进行为期1月的联合集中清理整顿，先后登记暂住人口6315人、出租房屋292家、小旅馆30家、“九小场所”262家，建立重点人口档案83个，苗营及周边区域治安环境得到改善，群众的安全感和满意度得到大幅提升。

【巡逻防控】 按照上级指示精

神，着力加强“巡防工程”建设，构建社会治安动态防控体系，妥善处置一批群体性、突发性事件，巡警职能和队伍正规化建设得到强化和推进，出动巡逻警力9600余人次，处置群体性、突发性事件93起，执行安全保卫任务和应急处置工作111次，协助相关单位抓获各类嫌疑人36人。

巡防机制建设　1月，市综治委下发《关于严密防范两抢一盗违法犯罪，深入推进社会治安防控体系建设的意见》，区公安分局按照“总体规划、优先发展、统筹使用、优势互补”的原则，构建5分钟治安巡防控制线。制定《关于进一步加强城区治安巡逻和110接处警工作实施方案的通知》，将辖区划分为第七巡区、第八巡区两个巡区，“六纵两横”和“四纵六横”18条巡防线。将巡逻民警划分三个巡组，每组25人，5辆巡逻车，布置于各重点路段和区域，按照“三班三运转”和错时工作制，实行24小时不间断动态巡防，联动巡控。建立联勤联防工作机制。按照城乡一体化防控体系建设要求，实施区域联动、联勤联防工作机制，协同辖区派出所治安巡逻队在重要节假日、专项行动期间和案件高发区域、重点区域开展联勤联防，通过车巡、步巡、设置临时卡点等方式开展集中巡逻盘查活动，打击和震慑城区“两抢一盗”等违法犯罪活动。

巡防队伍建设　强化队伍管理，开展执法为民主题教育实践活动，教育民警树立正确的人生观、价值观，全面实施岗位练兵活动，将培训内容着眼于执法、执勤和实战需要，坚持日常体能、技能和战术训练，开展法律知识业务讲座、警务平台应用技能培训以及“如何做好群众工作”专题辅导等活动，进行群体性、突发性事件的处置演练。强化辅警队伍建设，面向社会公开招聘80名城区巡防队员。9月，组织全体队员在武警教导队进行为期1月的岗前培训，学习执勤所需的各项业务知识和技能。在全部配齐单警装备的基础上，增加配备防刺服50件、防暴服40套、防暴头盔100顶、防暴盾牌100个、反光背心30件、指挥车1辆、巡逻车8辆，其中3辆巡逻车安装GPS定位系统、车载电话、车载摄像头。

【治安管理】　治安防控六大工程　把“巡防、天网、居安、固本、清源、封边”六大工程作为重点工程和民生工程，争取区委、区政府的重视和支持，形成“党委政府领导、公安机关推动、有关部门支持、社会各界参与”的建设格局。投入建设资金2300万元，建立“零发案”创建、城乡一体化巡防、全方位技防覆盖、双实人口管理创新、阵地源头管控有力、点面结合动态控制六张网络建设。创建零发案社区15个，村庄50个，企事业单位57个，布设监控探头948个，专职巡逻防控警力300余人、义务巡逻力量2万余人，科学设立巡区13个和巡防点16个，实现5分钟巡防控制圈，登记管理暂住人口22149人，出租房屋2783户，高危人员1742人，分层级管理网吧128家。

社区警务　加强社区民警考核，开发社区民警网上考核系统。制订《居安星级评定实施办法和标准》及《“两抢一盗”可防性案件分级（分色）预警处置工作规范》，落实《社区和农村警务室建设规范》，规范化警务室32处，全部实现外观形象、标识标牌、内务设置、装备配备、规章制度、警务台帐的“六统一”。按照《山东省公安机关社区警务室等级化管理办法（试行）》，在创建金牌警务室的基础上，将警务室分为四个等级，实现各级管理。全区有一级警务室2处，三级警务室30处。

场所管理　建立场所、特行经营备案、从业人员实名登记、分级管理动态升降等制度，全年登记备案娱乐服务场所22家，开展场所治安检查112次，督促整改隐患43处；取缔无证和违规经营的娱乐场所7家；组织旅馆业整治行动，清理检查1443次，取缔违法旅馆21家，消除旅馆内部隐患562处，在全区225家旅馆和留宿洗浴场所安装信息系统，旅客信息上传率95%。

枪爆剧毒等危险物品管控　全面落实检查督导责任，每月对全区7家涉爆单位，6家公务用枪单位，6家涉毒企业，5家放射性物品的单位进行检查，消除安全隐患7处；开展治爆缉枪专项行动和涉枪涉爆地区隐患排查整治工作。全年收缴子弹475发，枪支4支，管制刀具31把；非法烟花2209件，爆竹3553万头，礼花弹11个，捣毁非法储存烟花爆竹窝点4个，抓获违法人员14人。

【消防管理】 济宁市公安消防支队任城区大队（简称区消防大队）为武警正营职现役建制，辖消防中队，营区面积7004.5平方米，营房面积3630平方米。

消防装备建设 装备消防专用执勤车辆7部，其中水罐车3部，泡沫车1部，举高喷射消防车1部，抢险救援消防车1部，战勤保障车1部，总载水量50吨，车载泡沫液量2吨。

灭火救援 承担火灾扑救及各类抢险救援任务。全年接警436次，出动消防车辆829辆次，出动消防人员3848人次，其中火灾357次，抢险救援72次，社会救助7次。抢救被困人员105人，挽回经济损失3900余万元。

消防监督执法 履行对辖区内单位进行监督抽查、对举报投诉的消防违法行为检查、消防行政许可职能，开展火灾调查处理、消防安全宣传及消防安全知识培训活动。检查企事业单位8656家次，发现火灾隐患9381处，整改火灾隐患8278处，下发责令改正通知书4666份，提请区政府挂牌督办重大火灾隐患场所15家，依法临时查封5家，责令关停4家，办理处罚案件42起，拘留违法储存经营易燃易爆品16人次，开展消防知识培训62家，开展灭火疏散演习35家，受培训人员1000多人。

【户政管理】 开展户口清理整顿工作，纠正错误项目746条。其中姓名错误321条、性别错误5条、出生日期变更60人次、出生未落户330人、补落户口30余人次。开展同名同号核查清理和照片补报工作，同名同号104人；开展16周岁以上人员照片补报工作，补报照片5226人。创新流动人口、出租房屋、高危人员管理模式，在金城街道进行实有人口全覆盖社会化管理模式试点工作。全年摸排高危人员1653人，重点人口1302人、监管对象371人，登记暂住人口21372人，出租房屋2783户。

【网络安全管理】 建立24小时不间断网上巡查工作制度，上报互联网监控信息385期，上报有害信息7414条，其中一类信息（公安部指令巡查政治领域内信息）5945条，二类信息（公安部指令巡查危害治安管理信息）1466条。开展互联网IP地址分配信息采集工作，采集固定IP地址用户251条，为10家宾馆酒店、4家重点联网单位、3家高等学校、1家电子阅览室安装上网审计软件。落实各项安全技术措施，网吧实名上网系统在线率100%、监控率98%以上。检查网吧500余次，对127家违规网吧进行行政处罚。分局网络安全保卫队自办刑事案件1起，抓获犯罪嫌疑人6人；主侦刑事案件49起，抓获犯罪嫌疑人52人；配侦刑事案件61起，抓获犯罪嫌疑人89人，抓获CCIC（网上逃犯）20人。

【专项行动】 **打击“黄赌毒”违法活动** 开展扫黄专项整治行动，抓获卖淫嫖娼人员17人。组织开展“打四黑除四害”专项行动攻坚战，收缴赌博机158台，赌资1000余元。加大对涉毒案件动态控制和情报信息研判，实行动态跟踪，长期经营，伺机抓捕，全年侦破涉毒案件11起，查获吸毒人员58人，缴获冰毒1300余克，麻古120余粒。

网上追逃 5月26日，公安部在公安机关组织开展网上追逃专项督察“清网行动”。区公安分局把“清网行动”列入“一把手”工程，制定《网上追逃专项督察“清网行动”实施方案》，建立起“定领导、定人员、定措施、定时限、定奖惩、包抓获”的“五定一包”常态工作机制，出台量化考核奖惩办法、领导分包督导意见、专项督察实施意见等制度，筹措专项奖励资金50万元，形成一级抓一级，层层抓落实的工作体系；创新追逃模式，将102名网上逃犯统一挂牌，实施“一逃一组”“一逃一长”“一逃一策”“一逃一奖”四项举措，形成“纪委牵头、捆绑作业、多警作战”的追逃格局；印制《敦促在逃人员投案自首的公告》1万份，分局主要负责人在区电视台发表追逃电视讲话，开展高频率、全覆盖的追逃劝逃，全年抓获网上逃犯134人。

打黑恶反盗抢安民行动 按照省公安厅、市公安局的统一部署，在全区范围内开展“打黑恶反盗抢安民行动”，先后破获孙某某被抢案、徐某某轿车被抢案，抓获各类“两抢”、盗窃违法犯罪嫌疑人120人，逮捕52人，劳动教养36人，打掉犯罪团伙7个，为人民群众挽回经济损失100余万元。

【信息化建设】 做好情报信息预警研判、110接处警规范化建设、科技强警、机要档案、秘书宣传、警综平台和办公自动化应用、公安服务在线等工作，发挥桥梁、参谋、服务、协调等职能作用。在坚持网上110接处警、落实电子派单制度的基础上，推行接处警全程录音录像，实行110接处警电话回访制度，每周排名通报。开发专门情报信息网页和电子系统，构建网上预警研判平台，提升工作效能和信息化水平。汇总报送每日警情260期，整理编发《动态维稳信息》92期，《预警信息》128期，《每周研判报告》48期，《每月警情研判》11期。加强公安网络管理和一机两用的监管，实名注册全局每个单位的计算机，IP注册率100%，所有接入公安网的计算机均安装、运行杀毒软件，对网络信息安全和病毒传播情况实时监控。加强机要档案工作和涉密文电的管理，每月定期进行保密宣传教育，收接省市公安机关和党政机关的各类文件、传真、简报和资料3000余份。先后筹备全市审计现场会、全市警卫现场会、全市网安现场会等各类会议100余次，“政务信息公开“和“公安服务在线”“公安微博”功能完善和高效运转工作。在各级新闻单位发表稿件1183篇，其中国家级10篇，省级372篇，市级801篇。

【执法规范化建设】 建立动态监督内务管理、执法办案、巡逻防范等警务活动制度。开展“发扬传统、坚定信念、执法为民”主题实践活动，开展全员培训和执法办案专题培训，突出基本技能训练和岗位练兵。建立法制文化长廊，制作《忠诚之路》宣传画册和《扬帆正逢风劲时》专题片。专题片涵盖执法理念、执法主体、执法监督、信息支撑、强化保障五大方面，成为全市公安机关执法规范化建设的亮点。针对执法各个重点环节，进一步完善执法标准和程序规定，坚持110接处警的电子派单制度，规范接处警工作，实行全程录音录像。在巩固功能分区建设的基础上，落实讯问等重要执法环节同步录音录像制度，一线执法执勤民警全部配齐执法记录仪等装备。建立专门的涉案财物管理中心，开展涉案财物专项治理。推行“说理执法”和案件回访制度，建立刑事案件受案、移交及破案情况“三回告”制度，确保群众的知情权、参与权和监督权。

【大走访活动】 在全区公安机关和公安民警中，开展“大走访开门评警”活动，建立单位主要负责人对党委成员负责，走访民警对单位负责人负责的责任制，成立“创人民群众满意”办公室。组织民警开展“户户进门、人人交谈”活动，普遍走访79233户；开展“化解矛盾、解决问题、宣传法律、融合感情、密切关系”活动，重点走访3001户；电话抽访1万多户；委托市社情民意调查中心，对走访成效进行检验，满意率达98%

6月29日，开展普法教育宣传活动

以上。发放《向人民报告画册》2万册、《安全防范手册》5万册、公安宣传年历9.8万份、台历12万份、大走访防范宣传图版50张、“致辖区群众一封信”4万封、小礼品3万件，为群众办实事305件，开展警民互动活动317场，收到意见建议315条，落实整改236条。（任鸿雁）

检　察

【概况】 区人民检察院（简称区检察院）为副处级国家法律监督机关，设办公室、政治处、侦查监督科、公诉科、监所检察科、民事行政检察科、控告申诉检察科（举报中心）、职务犯罪预防科、信息与技术科、法律政策研究室、法警大队、监察科、督察科、检察联络员办公室、工会、案件管理中心等16个科室，辖反贪污贿赂局、反渎职侵权局，编制94人，设检察长1人、副检察长3人、纪检组长1人。认真贯彻落实科学发展观，围绕全区经济建设中心，服务社会和谐稳定大局，扎实工作，全面履行法律监督职责，积极推进社会矛盾化解、社会管理创新、公正廉洁执法三项重点工作，检察业务工作取得新进展，检务保障和队伍建设显著提高，执法公信力和社会形象大幅度提升。2011年，先后被评为全省政法系统先进集体、全省卫生工作先进单位、市级文明单位、全市政法系统先进基层党组织、全市普法依法治理工作先进单位。

【民事行政检察】 加大办案力度，充分履行民事行政检察职能。全年接待来访法律咨询200余人次，受理并审查各类民事行政申诉案件39件，立案27件，息诉和解12件。通过审查，提请民事抗诉案件8件，民事建议提请抗诉案件13件，民事建议不提请抗诉案件2件，行政建议提请抗诉案件1件，提出再审检察建议1件，终止审查2件，法院改判10件。成功办理执行监督案件2件，调解监督案件2件，弱势群体支持起诉案件15件，开展诉讼违法调查案件8件，行政执法检察监督案件3件。探索和完善检察机关参与社会管理的新机制，制定试行《区人民检察院行政执法检察监督工作规定》，针对“地沟油”、餐饮餐具卫生和校车安全等10多个社会热点问题，向区药监局、区教体局等部门发出《检察建议书》，敦促开展相关领域专项整治。相关部门联合执法，捣毁粗加工“地沟油”黑窝点7处，查获收缴“地沟油”初级产品1380公斤。

【控告申诉检察】 牢固树立服务意识，打造文明窗口单位，建立“阳光控申”服务品牌。全力化解涉检信访积案，提高息诉罢访率，做好初信初访工作，提高初信初访的办理质量、效率和结服率。受理来信来访72件，全部及时进行分流处理；接待来访300余人次，化解信访积案3件。积极开展三下乡、举报宣传周、下访巡防、联合接访、“124普法”等宣传活动。全年组织宣传活动6次，发放宣传材料1500余份。加大办理刑事申诉案件力度，全年办理刑事申诉案件4件，向法院提出检察建议2件，移送公诉科抗诉1件，审查结案1件。

【监所检察】 开展社区矫正罪犯监督考察工作。认真监督考察全区325名社区服刑人员（其中缓刑276人、假释29人、管制3人、剥夺政治权利11人、保外就医6人），发现脱管6人、未采取监管措施2人、去向不明2人，连续3个月未到社区矫正管理机关报到的6人，对监管工作中存在的问题及时提出改进建议，书面纠正各类违法9件9人。审查起诉犯罪案件5案5人，法院均作出有罪判决。依法对看守所开展法律监督工作。全年协助城郊院审查监督提请、裁定决定减刑、假释、暂予监外执行案件120余件；协助城郊院对减刑、假释、暂予监外执行案件报请或裁定、决定或批准不当的监督，纠正减刑不当案件4件；配合市院监所处对看守所安全检查10次，进行个别教育30余人次；调查案件线索3件，转发有关材料5份。

【公诉工作】 依法打击刑事犯罪，维护社会稳定。全年受理移送审查起诉案件295件435人，比上年分别增加10.9%和12.1%；依法提起公诉231件320人，存疑不诉2件3人，提起公诉的案件中法院有罪判决率100%。强化审判监督工作。提出刑事抗诉案件7

件9人，提请抗诉1件1人，法院改判4件5人，追诉漏犯9人，追诉漏罪10起。全面推进量刑建议工作，提升审判监督能力。依法规范量刑建议的提出程序，细化量刑标准，对量刑实施细则中的十五种罪名全部提出书面量刑建议，对95%的案件提出明确的量刑建议。

【职务犯罪侦查与预防】 依法查办职务犯罪，推进反腐倡廉建设。针对群众反映强烈的突出问题，着力查办重点工程建设、征地拆迁、招商引资等多个领域的职务犯罪，全年立查职务犯罪案件14件30人，其中经济犯罪类案件11件25人，渎职侵权案件3件5人，为国家和集体挽回经济损失300余万元，职务犯罪案件查办数同比增长20%。坚持“标本兼治、综合治理、惩防并举、注重预防”的工作方针，积极开展预防职务犯罪工作。全年开展预防调查36次，形成调查报告27篇，向案发单位提出预防检察建议17件，帮助建章立制80条；开展警示教育125场次，教育20000余人次；围绕惠农资金使用、新农村建设、征地拆迁等内容开展预防调查36项，参加招投标监督26次，受理行贿犯罪档案查询203次，有效预防和减少职务犯罪的发生。

【侦查监督】 充分发挥审查逮捕职能，严厉打击严重刑事犯罪。全年受理各类提请审查批捕案件253件354人，同比增长4.6%，其中批准逮捕185件266人，不予批准逮捕67件88人。创新工作机制，保护未成年人合法权益，制定《审查逮捕期间保障未成年犯罪嫌疑人诉讼权利办法（试行）》，配套制作未成年犯罪嫌疑人办案告知卡、未成年犯罪嫌疑人监护人办案告知卡，确保未成年人犯罪嫌疑人的合法权利。全年办理未成年人犯罪案件9件13人，不捕9人，不捕率69.2%，其中无逮捕必要不捕的6人，占不捕人数的66.7%。准确把握宽严相济的刑事政策，对主观性较小、情节轻微的刑事案件、婚姻家庭、邻里纠纷引发的轻微刑事案件、交通肇事达成赔偿的案件，依法不予批准逮捕29件37人。

【司法服务和保障】 不断提高检察工作服务经济社会科学发展的能力和水平，积极探索服务群众、保障民生的途径，创新服务方式，开展检力下沉。根据高检院和省院“检力下沉、延伸服务”的要求设立的，11月，区检察院设立派驻经济开发区检察室，编制5人，主任由院副检察长兼任，副主任分别由正、副科级检察员担任，设法律监督岗、预防服务岗和矛盾化解岗3个岗位。在镇（街道）、学校、企业、医院建立检察工作联络站28个，设置民生检察服务信箱14个，在10个驻区国有企业设置检察长信箱。全年受理群众申诉和控告信函16封，接听群众诉求电话28个，化解基层矛盾5起。联合区司法局制定实行《关于律师介入检察机关信访工作的暂行办法》，对符合条件的民事申诉人实施法律援助6件6人，收到良好的社会效果。围绕村“两委”换届提供法律服务，拍摄法制宣传教育专题片，联合区有关部门对8个镇（街道）的2000余名新任村官进行预防职务犯罪警示教育。深入开展“社情民意”大调研活动，针对教育、就业、社保、医疗卫

11月11日，区检察院派驻经济开发区检察室启用

生、征地拆迁等民生问题，先后9次深入镇（街道）、村（社区）、企业走访调研，形成一批高质量的调研报告，其中被区委、区政府主要领导签批转发6篇。《征地拆迁中的职务犯罪问题研究》获省院检察预防理论研讨论文二等奖，《检察机关适应社会管理创新应当以人为本》在高检院检察理论研究所组织召开的检察工作与社会管理创新研讨会上作为交流材料。积极开展“一名党员联系一个帮扶对象，一个支部联系一个社区”活动，认真落实刑事被害人救助制度，出资6000元救助刑事被害人家庭2个。（刘菲菲）

审　判

【概况】　区人民法院（简称区法院）为副处级司法机关，设办公室、政治处、立案庭、刑事审判庭、民事审判庭、行政审判庭、少年刑事审判法庭、审判监督庭、法警大队、研究室、技术室、纪检监察室、信访科等13个科室，辖李营、南张、许庄、矿区基层人民法庭4处和执行局，编制118人，设院长1人、副院长3人、工会主席1人、纪检组长1人。全年受理各类案件4294件，审执结4142件，结案率96%，涉案标的额3.5亿元，其中以调解和撤诉方式结案2687件，调撤率65%，为辖区的社会和谐稳定、经济平稳较快发展提供有力的司法保障。李营法庭“礼让调解”工作经验，得到省委政法委的充分肯定和高度评价，9月19日，在《人民法院报》整版宣传报道。

【刑事审判】　坚持宽严相济刑事政策，维护社会秩序稳定。认真贯彻全市打黑除恶工作会议安排部署，严格落实宽严相济的刑事审判政策，全面发挥刑罚的惩治、教育、改造和震慑功能，全年审结各类刑事案件253件298人。坚持严打方针与辖区社会治安形势相结合，对86名实施抢劫、强奸、故意伤害等严重危害群众人身和财产安全的罪犯依法从重、从严惩处。加大对矿区治安秩序的整治力度，开展打击涉矿犯罪专项行动，依法从重、从快审结盗窃、寻衅滋事等案件46件。坚持审判工作与机制改革相结合，积极开展量刑规范化改革工作，全年举办观摩庭审4次。探索实行缓刑庭前调查制度，对594名被告人依法适用缓刑或其他从轻、减轻处罚。坚持刑事审判与社会治安综合治理相结合。4月28日、9月30日分别在石桥镇、李营街道召开集中宣判大会，公开宣判15案23人。坚持职能发挥与青少年维权工作相结合。完善未成年人社会调查员制度，开展“法制进校园”“法庭开放日”和“模拟法庭”等活动，让学生学法、懂法、守法，走进法院、了解法院。

【民事审判】　坚持和谐司法，着力化解矛盾纠纷，促进社会关系和谐。全年审结婚姻家庭、损害赔偿、劳动争议等案件2283件。充分发挥多元化纠纷解决机制作用，与交警部门、劳动仲裁部门等建立工作协调机制，将工作关口前移，把矛盾化解在萌芽状态。做好调解工作，坚持“调解优先、调判结合”的工作原则，加大案件调解力度，化解矛盾、定纷止争，全年调解结案2428件，调解率75%。

【商事审判】　坚持能动司法，围绕转方式调结构主线，依法调节经济关系，维护经济秩序，推动经济又好又快发展。全年审结借款、买卖、银行贷款、房地产、建设工程等合同案件955件，涉案标的额2.6亿元，为维护公平诚信的交易秩序、促进全区重大项目攻坚行动、营造和优化良好的投资软环境，提供有力的司法保障。9月27日，召开全区重点企业座谈会、律师与法律工作者座谈会、公检法联席会，征求意见建议，制定《关于开展服务“三重”工作，优化发展环境专项整治活动的十二条实施意见》《法律联系点制度》等规范性文件，增强服务的主动性、针对性、实效性。建立涉重大项目攻坚案件“绿色通道”，对涉重大项目的案件快立、快审、快执、快结。针对经济运行中的多发性问题，提出司法建议2条，规范市场主体行为，服务全区经济健康发展。

【行政审判】　坚持维护与监督并重，推进社会管理创新。全年审结行政处罚、行政裁决等行政诉讼案件205件，审查、执结非诉执行案件432件。通过依法裁决“民告官”案件，监督、支持行政机关依法行政，依法保护行政相对人合法权益，推动社会管理水平提高。积极参与和谐城乡建设行动，在城乡环境综合整治、新农村建设等问题上加大与行政机关的沟通协调，统一认识，形成合力，为推进和谐城乡建设提供法律服务。创新实施行政案件圆桌式审判、行政首长出庭应诉、行政审判协调等做法，规范行政案件审理程序，促进社会管理创新。

【执行工作】 实行执行工作“管案、管事、管人”三统一体制改革，实施执行裁决权、财产调查控制权、财产评估拍卖权、交付分配权四权分离的“分段集约执行”工作机制，完善快速反应机制和节点流程管理，规范执行行为，做到理性平和文明规范执法。加大执行工作力度，根据当事人自身情况和居住地域特点,对案件分类、分步骤、分区域执行，努力实现胜诉当事人的合法权益。积极开展“无执行积案先进法院”争创和清理积案活动，成立2个执行小组，抽调30余名干警分组包案，执结各类案件873件，执行标的额4700万元，一批积案、骨头案得到执结，实现执行收结案良性循环。

【审判监督】 充分发挥审判监督职能作用，确保每起案件办成“精品案”“和谐案”，定期召开季度案件质量分析会、发改案件逐案分析、卷宗评查通报，召开特约监督员会议等，以内部自查和外部监督为手段，提高案件质量，卷宗质量在2011年全市法院系统评比中取得第一名的好成绩。案件上诉率同比下降8.5%，二审发改率同比下降12.6%，案件质量、效率明显提高。

【涉诉信访】 高度重视涉诉信访工作，坚持领导干部接访、法官带案下访、巡回接访等做法，努力做到诉求合理的解决到位，诉求无理的教育到位，生活困难的帮扶到位。切实做好初信初访工作，实行首问负责制和包案责任制，减少重信重访和越级上访。认真做好敏感时期的信访稳控工作，引导群众理性合法地表达利益诉求，减少越级上访事件发生。开展涉诉信访积案清理工作，着重在“事要解决”上下功夫，化解2件上访老户案件，案件服判息诉率同比增长12.5%，申诉上访率同比下降6.7%。

【队伍建设】 按照全面提高队伍的思想政治素质、司法能力、司法作风和公正廉洁执法水平的要求，加强党建工作，丰富法院文化，完善培训机制，推行规范化管理，全方位提高干警素质。加强规范化建设，修订《党组会、院长办公会、审判委员会议事规则》，规范决策行为，提高决策水平。制定《关于进一步加强财务管理的暂行规定》《关于进一步加强车辆管理的暂行规定》《关于进一步加强安全保卫工作的有关规定》等制度10余项，实现队伍和行政管理精细化。加强党性教育，围绕“抓党建，促审判”思路，深入开展“人民法官为人民”“发扬传统、坚定信念、执法为民”“社会主义法治理念再学习再教育”等主题教育实践活动，组织全院中层干部到延安接受革命传统教育，提高政治素养，坚定理想信念。开展创先争优和争创“五个好”党支部、“党员先锋岗”活动。加强廉政建设，全面推行岗位目标管理和党风廉政建设责任制，严格执行最高法院“五个严禁”和《人民法院工作人员处分条例》，层层签订《廉政建设责任书》，落实“一岗双责”，推行挂牌上岗制度和廉政承诺制度，聘任15名执法执纪监督员，加强对重点岗位、重要环节和廉政节点的日常监督。通过丰富廉政教育方式，坚持开展廉政警示教育和纪律教育，大力树立“公正、廉洁、为民”的司法核心价值观，营造风清气正的工作氛围。积极参与文明共建活动，开展慈善一日捐、义务献血献爱心等活动，激励干警牢记社会责任，积极奉献社会，陶冶干警情操，提高职业道德修养。

【基层基础建设】 全年配备电脑33台、车辆8部，有效管理整合现有资产，完成机关办公楼的主体装修工程，为审判工作提供物资保障。加大审判工作信息化投入，先后投入200多万元建成法院信息管理系统，实现与省市法院和镇（街道）人民法庭的四级联网。加强庭审安保工作，配置安检门1套，安检X光机1台，监控设备2套，实行一班三岗，对进院人员做到“每人必查，每物必查”，全面提高预警防突能力，切实保障人身安全，确保审判安全“零事故”。（田遵浩）

司法行政

【概况】　区司法局为正科级行政单位，设人秘科、法制宣传教育科、基层工作科、社区矫正安置帮教科和律师管理科等5个科室，辖基层司法所8个、法律援助中心1个、管理指导律师事务所7个、法律服务所11个，编制50人，其中局机关编制28人，镇（街道）司法编制22人，设局长1人、副局长3人、纪检组长1人。围绕区委、区政府中心工作，深入贯彻落实科学发展观，紧抓“社会矛盾化解、社会管理创新、公正廉洁执法”三项重点工作，广泛开展以“发扬传统、坚定信念、执法（业）为民”为主题的教育实践活动，开拓进取，扎实工作，较好地完成上级部门和区委、区政府交给的各项任务。2011年，区司法局机关党支部被省委政法委评为全省政法系统先进基层党组织，区司法局被省司法厅评为全省司法行政系统先进集体，李营司法所被司法部评为全国模范司法所。

【法律知识宣传】　*春节、两会期间送法律下乡活动*　深化“法治任城”创建和“法律六进”工作（进机关、进乡村、进社区、进学校、进企业、进单位），提高公民法律素质和社会法治化管理水平，推进全区经济社会发展，加快“法治任城”建设，区普法办印发《关于在全区开展送法下乡、法律进社区等宣传活动的通知》，在春节和两会期间组织司法、行政执法系统开展“送法入户”活动，积极开展法律知识宣传活动，收到良好的社会效果。

村“两委”换届选举工作期间的普法宣传活动　在全区村“两委”换届选举期间，广泛开展法制宣传教育活动。3月，印发《关于在全区第十届村“两委”换届选举期间加强法制宣传教育工作的通知》。详细说明宣传内容、宣传方式，提出工作要求，对促进和保障换届选举工作的顺利进行，发挥积极作用。

“12·4”普法宣传活动　开展“12·4”全国法制宣传日系列宣传活动，印发《关于开展2011年12•4全国法制宣传日系列宣传活动的通知》。12月4日，组织部分区直部门及8个镇（街道）在运河城广场举办以“深入学习宣传宪法，大力弘扬法治精神”为主题的大型法律宣传咨询活动。发放普法知识宣传读本、普法环保方便袋600余套。

送法律知识一百知活动　加强法制宣传教育，深入宣传宪法，广泛传播法律知识，教育全区公民自觉学法律，讲权利、讲义务、讲责任，努力营造学法守法用法的良好氛围，提高全区公民的法律素质，引导公民依法维权，维护社会和谐稳定。5~12月，开展送法律知识进万家活动。针对公民在经济活动、社会活动和家庭生活中经常遇到的一般性、常识性法律问题，从《宪法》《村民委员会组织法》《居民委员会组织法》等76部法律、法规和地方性法规中，选摘100条法律、法规，编写《公民法律知识一百知》小资料，印刷6000

12月4日，市委常委、政法委书记步士金(左二)到任城区检查指导

余本，发放到全区机关单位、村（社区）、企业、学校等，有效解决广大群众日常工作、生产、生活中遇到的常识性法律问题。

青少年法制宣传教育工作 加强对青少年法制教育，促进青少年学法、懂法、用法。坚持将法制宣传与建党90周年相结合，与学党史、颂党恩、跟党走三项活动相结合，与学校、家庭、社会教育相结合，与“六五”普法的任务目标相结合。收集制作与青少年法制宣传教育有关的资料，积极为全区37所中小学开展法制教育40余场次，受教育青少年2万多人次。

法治文化建设 加强全区法治文化建设，构建具有时代特征、任城特点的法治文化区，年初，印发《关于加强全区法治文化建设的意见》，制作各类法治文化宣传牌200余块，开展法制文化宣传，维护社会和谐稳定，营造良好法治环境。

【司法调解】 各镇（街道）司法所（调解中心）坚持每半月展开一次协调会议。落实人民调解三项经费8万元，其中年初发放“以案定补”资金3万余元。评选示范性案卷256件，制作宣传栏8个，发放宣传手册500余份，新建社区人民调解工作室4个、普法文化广场2个，制作宣传栏版120余平方米。3月，按照市局要求，统一印制新式《人民调解卷宗》5000余份，下发到各调委会，全区90%以上的调委会达到“五有、六统一”标准（有办公场所、有组织体系、有规章制度、有工作报酬、有工作标识和统一标牌、统一印章、统一文书、统一标识、统一制度、统一程序）。各调委会按照新《卷宗》要求，整理出《人民调解卷宗》460余份。相应调整各镇（街道）、村（社区）人民调解委员会组成人员，选聘1103名专兼职人民调解员。7月8日，在长沟镇举行全区骨干调解员暨千名人民调解员培训班。各镇（街道）相继举办培训活动，培训调解员1000余人。全区调解各类矛盾纠纷1269起。

【社区矫正】 成立由区委分管副书记任组长的社区矫正工作领导小组，矫正专职人员3人。各镇（街道）成立相应的组织机构，落实办公场所842平方米。5月18~24日，区法院、区检察院、区公安分局和区司法局抽调6人组成考察组，全面考察全区在册的社区服刑人员，对部分社区服刑人员进行谈话教育。选聘由村干部、老党员、老教师组成的694名社会志愿者队伍，开展帮助教育工作，成立社区服刑人员教育基地，教育培训社区服刑人员153人，开办社区矫正检察官讲堂，由区检察院检察官进行巡回法制教育。与区人社局、区民政局联合印发文件，将符合最低生活保障条件的13名社区服刑人员纳入最低生活保障范围，为30名社区服刑人员（其中2名为未成年人）进行技能培训。坚持人性化管理，举办集中法制教育80多场次，发送法制书籍、普法手册、宣传资料5600多本（册）。9月6~7日，走访慰问全区6名特困社区服刑人员和2名特困安置帮教对象，送去米面油等生活用品。接收社区服刑人员676人，解除379人，在册社区服刑人员297人。

【安置帮教】 认真贯彻落实中央、省、市关于加强刑释解教人员安置帮教工作的一系列指导精神，具体工作中，做到“三个强化、三个确保”（强化档案管理，确保底子清，情况明，信息灵；强化帮教措施，确保人员、责任、目标三落实；强化打击力度，确保低重新犯罪率），建立健全刑释解教人员档案，全区571名帮教对象每人一档，一档一盒。把刑释解教人员档案信息纳入村级综治工作档案，做到信息资源共享。采取多种形式对刑释解教人员进行法制教育，增强法制意识，举办集中法制教育20多场次，发送法制书籍、普法手册、宣传资料600多本（册）。对刑释解教人员进行人性化教育、全方位帮扶，实行提前介入制度，定期组织两劳人员亲属到狱所看望，加强亲情、友情、人情教育。解决刑释解教人员的切实困难，对农村籍的“三无”刑释解教人员帮助，解决责任田和宅基地；对原有固定工作的，积极争取原单位接收；对没有一技之长的刑释解教人员进行技能培训。创立各类安置帮教经济实体

5处，安置270人就业。

【法律服务】　全区有注册法律服务所11家，定期不定期组织基层法律服务工作者开展业务活动，进行相关管理、培训、服务等。加强培训力度，努力提高基层法律服务队伍的素质。4~5月，开展大规模的以基层法律服务为主要内容的业务培训2次，有47名法律服务工作者参加培训学习。全区基层法律服务工作者担任法律顾问52人次，代理民事和刑事案件899件，为当事人挽回经济损失2200余万元。

【法律援助】　法律援助中心紧紧围绕总体工作计划，以“应援尽援，构建和谐社会”为目标，努力开拓法律援助工作新局面。建立健全各项工作制度，上墙公布法律援助的受理程序、工作纪律等，完善法律援助各类工作台帐，建立法律援助信息管理系统，实行法律援助案件网上受理、网上指派、网上实时监控，对案件实现动态监督管理。在300个行政村和16个社区重新聘任法律援助信息员，实现一镇（街道）一站、一村一员。先后与区妇联等10个单位联合设立法律援助联络中心，村级法律援助信息员308人，社会法律援助志愿者180人，形成区、镇（街道）、村（社区）三级法律援助网络。全年受理各类法律援助案件231件（民事案件224件，刑事案件7件），结案204件；解答法律咨询380人次，代写法律文书143份。区司法局积极与财政部门沟通协调，争取财力保障。区政府加大对法律援助经费的投入，法律援助工作经费预算5万元，实际拨付6万元。提高办案补贴标准，每件由400元增加到500元，补贴每半年发放一次。全年结案204件，发放办案补贴58400元。

【律师管理】　开展“百名律师进千家企业”活动，指导律师所组建2~3人律师服务小团队走进企业，为企业经济合同签订、规章制度制定、经济纠纷调解、诉讼提供高效法律服务。全年担任各类法律顾问130余次，调解和参与诉讼1167起；参与义务法律咨询1743余人次，代理民事案件971余件、刑事诉讼案件137件、行政诉讼案件13件，提供法律援助180余件，咨询代写法律文书1673人次；参与非诉讼调解14件、庭前调解29件、庭审中调解3件，接访30人次。加强律师队伍教育工作，不断提高律师的整体素质。强化监督，深入开展案件评查活动，严格规范律师的执业行为，检查律师事务所5家，抽查案件60起。　（姜守绅）

综合经济管理

发展与改革

【概况】 区发展和改革局（简称区发改局）为正科级行政单位，设人秘科、综合科、投资科、农业科、信息科等5个科室，编制31人，设局长1人、副局长3人、纪检组长1人。在制定发展规划、加强政策研究、推动项目建设等方面做出大量深入细致而富有成效的工作。2011年，被评为区级五好班子、区级机关作风建设先进单位。

【经济形势分析】 针对国内复杂多变的经济形势，围绕经济社会发展中的热点、难点问题，深入基层调研，及时发现全区经济社会发展中的新情况、新问题，形成一季度、上半年、三季度及全年经济形势分析，为区委、区政府经济工作决策提供重要依据。按月对主要经济指标的运行情况进行监测，定期上报市发改委。加强与各相关经济部门、上级部门及兄弟县市区发改部门的联系，加大对苗头性、倾向性问题的分析研究，完成市发改委牵头组织的发展高铁经济等调研课题，提出针对性较强的政策建议。

【规划编制】 做好规划编制工作。聘请高层次的专家学者协助编制相关规划，编制完成《任城区“十二五”规划》《运河生态经济区规划》《任城区四个百亿产业发展规划》《任城区新兴战略规划》，从内容到形式都进行创新，注重各专项规划与总体规划的衔接。9月，区发改局起草《规划纲要任务目标分解落实意见》，顺利通过市发改委检查组的检查，有力推动任城区“十二五”规划的顺利实施。加强专项规划的编制，编制完成14个重点专项规划的大部分内容。科学合理制定计划。加大调查研究力度，全面分析国内外宏观经济环境和市场走势，总结和预测国民经济和社会发展计划的执行情况，提出下一年度全区经济工作的指导思想、任务目标和对策措施的建议报告，提请区长办公会议研究，起草年度国民经济和社会发展计划报告，提交区人代会审议。在计划实施过程中，及时组织有关科室，调度分析计划执行情况，向区人大常委会报告上半年全区国民经济和社会发展计划执行情况，提出下半年工作建议和措施，确保计划顺利实施。

【“十二五”规划纲要进展情况评估】 从2011年经济社会发展主要指标实现情况看，任城区“十二五”规划纲要确定的主要指标大多数达到预期进度要求，总体进展情况良好。转型发展成效明显。全区三次产业比例调整为9.09：55.85：35.06。农村经济稳定发展。实现农业增加值21.09亿元，比上年增长7.5%。农业生产平稳运行，全年粮食播种面积54.2万亩，单产488公斤，总产量达到26.44万吨；肉、蛋、奶产量分别达到2.9万吨、3.5万吨、1.6万吨；水产品产量达到2.16万吨；新建完善林网0.35万亩。都市农业成效初显，农村“六大重点工程”全面启动，市级以上重点农业龙头企业发展到15家，合作经济组织发展到146个，“三品”认证农产品25个。工业经济提质增速。规模以上工业企业发展到116家，完成工业总产值280.76亿元，增长12.28%；实现利税51.67亿元，比上年增长30.6%。机械制造、精细化工、食品医药三大主导产业占规模以上工业总产值的50%。加大新兴产业培植力度，编制战略性新兴产业规划，运作碳素沥青基碳纤维、碳碳复合材料、博特精工关键滚动功能部件等一批重点项目。科技创新能力不断增强，高新技术产业产值占规模以上产业产值的13.2%。现代服务业加速崛起。实现服务业增加值81.29亿元，比上年增长12.6%。服务业项目建设不断升级，陆续引进建设和储备亿丰时代广场、东方文博城、大唐电信、新中德以及太平洋商业广场等一批大项目、好项目。物流园区和物流中心发展迅猛。商贸、房地产业稳步推进。金宇商贸、金宇汽配城等商贸龙头企业提档升级，在建中的薛口社区二期工程、人文家园等项目成为新的亮点。新兴服务业不断拓展，金融保险态势良好，全市第一家儒商村镇银行获批待建。综合实力显著增强。全年实现地区生产总值231.89亿元，比上年增长11%。其中第一产业增加值21.09亿元，比上年增长2.8%；第二产业增加值129.51亿元，比上年增长11.4%；第三产业增加值81.29亿元，比上年增长12.6%。地方财政收入完成18.7亿元，比上年增长18.2%。固定资产投资完成107.89亿元，比上年增长20.3%。社会消费品零售总额完成86.8亿元，比上年增长14.98%。实现进出口总额2.22亿美元，比上年增长19.9%，实际利用外资910万美元，比上年下降54.5%。城镇居民人均可支配收入21747元，比上年增长12.19%，农民人均纯收入9322元，比上年增长11.7%。城乡面貌明显改观。全区城市建成区面积达到24.63平方公里，城镇化率提高到52.4%。坚持规划先行，高标准编制完成各级各类规划80余部，形成较为完善的规划体系。大力整治城乡环境，不断加强基础设施建设，新建改建城区道路及综合管网21.5公里，105国道、济邹路以及城市出入口升级改造基本完成，新增绿化面积265万平方米。民生水平持续改善。就业水平不断提升，城镇新增就业2.2万人，转移农村劳动力4.4万人，城镇登记失业率控制在2.85%以内。社会保障体系日趋完善，五大保险参保人数86.8万人次，新型城乡居民社会养老保险实现全覆盖。教育事业再上新台阶，教育教学质量持续提高，省市规范化学校占比达到44%。医疗卫生事业快速发展，医药卫生体制改革稳步推进，国家基本药物制度全面实施，规范化卫生室建设通过省级验收，新农合参合率99.8%。人口和计划生育工作深入扎实，文化基础设施不断完善，群众文化活动丰富多彩。广播、电视、体育、老龄等工作也取得新的成绩。生态环境不断改善，相继实施湖口生态湿地、截污导流、污水处理厂建设及采煤塌陷地治理等重点生态项目，全面完成“十一五”节能减排目标，顺利通过“迎淮治污”项目验收。

规划实施面临的困难和制约因素。国内外经济环境的复杂性和不确定性，对以后几年规划实施形成严峻的挑战，规划的实施也面临一些不容忽视的矛盾和问题，主要表现为外部环境变化带来的压力加大。从国际上看，国际金融危机深层次影响持续显现，全球经济增长放缓，欧债危机日益恶化，金融市场持续动荡，新兴经济体通胀压力较大。从国内看，经济发展中不平衡、不协调、不可持续的问题依然突出，一些领域风险隐患逐步显现，经济增长存在下行压力。从全区来看，经济结构性矛盾比较突出，煤电产业占比较大，资源依赖没有打破；产业竞争优势不够明显，缺乏具有支撑带动作用的大企业、大集团；现代服务业和新兴产业成长不快；城市建设起步较晚，功能还不完善，经营管理体制机制还不健全，加快推进新型城镇化进程的力度还需进一步加大。经济增长受土地、环境、人才、资金等发展瓶颈的严重制约。

【加强固定资产投资项目管理】 做好投资项目审批、核准、备案和上报工作。全年审批农村公路建设等5个项目，核准百丰商务楼、金塔花园等5个项目，备案山东国鸿润滑油有限公司润滑油等19个项目，上报市发改委审批、核准和备案明苑小区经济适用住房、华任尚品住宅小区等16个项目。加强规模以上固定资产投资项目协调管理和调度工作。按月调度总投资500万元以上在建项目、3000万元以上拟建、在谈项目进展情况，调度全区总投资5000万元及以上拟建固定资产投资项目信息，并上报市发改委，按季度起草任城区固定资产投资运行情况分析报告。编制2011年固定资产投资指导计划大本。全年实施500万元以上固定资产投资项目105个，总投资238.95亿元，计划投资102.67亿元。其中续建项目42个，投资规模91.05亿元，计划投资41.19亿元；新开工项目63个，投资规模147.9亿元，计划投资61.49亿元。承接7个市级重点项目和22个区级领导包保项目的调度工作。向市发改委呈报东方文博城、卡松科技生物可降解液压油项目等9个项目，申请列入2012年省市重点项目。圆满完成2011年度济宁市对任城区经济社会和六项重点经济指标（固定资产投资、招商引资、税收收入、大项目加分、农村六大重点工程、规模以上企业个数）的考核迎查工作，配合区督考办做好对镇（街道）的六项经济指标的考核及结果落实工作。

【多渠道筹措建设资金】 争取国家和省建设扶持资金成效显著。充分利用国家实施积极的财政政策和适度宽松的货币政策，按照国家2011年投资方向，积极筛选提报项目，及时做好项目前期工作，提高资金争取的成功率。全年争取中央、省预算内投资项目4个；国家和省各类资金1077万元，中央预算内资金718万元，省预算内资金359万元。积极搭建新平台，促进银企合作。积极参与济宁市2011年银企合作促进会。积极推介重点项目，充分发挥职能，做好项目单位与各金融机构的对接工作。

【围绕投资管理工作组织各类活动】 建立项目评审论证制度。成立区评审论证工作领导小组，建立项目评审论证制度，评审论证社会投资3000万元以上的项目。主要从产业政策、环境影响评价、城市规划、土地利用规划、效益评估、节能评估、清洁生产、安全评价等诸多环节进行科学、全面的评估和论证，避免盲目建设、低水平重复建设等，为区委、区政府科学决策提供可靠的参考依据。做好全区保障性住房年度投资计划编制、办理立项手续及调度督导工作。按照市政府下达的2011年保障性住房建设任务，编制完成2011年任城区保障性安居工程项目年度投资计划及协调办理立项手续；定期督导调度明苑小区经济适用住房、时星御德新城、红西佳苑等保障性住房项目，做好信息汇总并上报市发改委、市统计局。做好地方政法基础设施建设“十二五”规划编报工作。根据省市要求，会同区编办、区法院、区检察院、区公安分局、区司法局等有关部门编制完成《任城区政法基础设施建设“十二五”规划》，上报至市发改委，进一步推进全区政法系统基础设施建设步伐。

（牛秋姝　孙天周）

民营经济管理

【概况】 区中小企业局为正科级全额预算管理事业单位，设规划发展科、政策法规科、科技科、企业科、财务科、人秘科和信息科等7个科室，编制36人，设局长1人、副局长2人。年底，民营企业3989家，比上年增长16.9%，个体工商户23200户，比上年增长12.7%；民营经济从业人员21万人，比上年新增2.1万人，占全区新增就业人员9.1%以上，其中民营企业10.9万人，比上年增长10.7%，个体工商户10.1万人，比上年增长5.7%；民营经济注册资金106.71亿元，比上年增长15.7%，其中民营企业注册资金70.8亿元，比上年增长24.1%，个体工商户注册资金35.91亿元，比上年增长15.3%；全年民营经济营业收入613.93亿元，比上年增长1.5%；实现增加值198.37亿元，比上年增长10.1%，占GDP的85.3%；纳税额23.19亿元，比上年增长2.6%，其中民营企业纳税额16.7亿元，比上年增长46.6%，个体工商户纳税额6.49亿元，比上年增长45.1%；全区营业收入过5000万元以上民营企业58家，比上年增长32.1%，营业收入过亿元民营企业27家，比上年增长30.1%。2011年，任城区被命名为工程机械制造产业集群（任城）。

【中小企业发展】 深入开展“十百千”工程活动。抓10个中型企业向大型企业跨进，抓100个规模企业向中型企业跨进，抓1000个小型企业向规模企业跨进。将“十百千”工程活动的任务目标层层分解，层层明确责任，跟踪抓落实。积极争取省财政扶持。经过努力争取，列入省政府扶持计划的成长型企业23家。积极争取国家、省级中小企业扶持资金，争取扶持资金117万元。加强企业管理人员的培训力度。年内组织培训班3期，培训人员50多人次。加大民营企业家发展理念和管理方式的转变力度。组织部分民营企业家赴浙江大学学习考察，进一步拓展民营企业家的眼界和思路。积极推进中小企业国内外交流，帮助企业开拓市场。组织企业参加各种展销会、展示会、洽谈会、博览会，开拓国内外市场，加大市场营销力度，提高产品市场占有率。9月，副区长李晓彤率任城参展团一行20余人参加在广州国际会展中心举办的第八届中国国际中小企业博览会暨中泰中小企业博览会，组织全区15家中小企业进行参展、招商，签订合同项目14个，意向投资总额20亿元，招商成果显著。

【科技创新】 将提高科技创新能力作为实现民营经济持续发展的强大动力，制定出台《关于促进高新技术产业又好又快发展的意见》和《专利资助与奖励暂行办法》等政策措施，加大资金投入，鼓励企业科技创新。组建企业技术研发中心35家，其中国家级实验室2家，省级工程技术中心3家，省级企业技术中心2家，市级企业技术中心7家。全区规模以上企业的研发经费占销售收入的3.6%。充分利用产学研相结合体系，提高中小企业的核心竞争力，与中国工程院、清华大学、湖南大学、山东大学等50多所科研院校建立技术合作关系，引进人才670多名，引进先进技术200多项，引进高新技术成果62项。其中山东博特精工股份有限公司依托省级工程技术中心，先后研发出行星滚柱丝杠副等20多个新产品，成功申报国家支撑计划“高速精密重载滚珠丝杠及直线导轨”项目，获得科技部扶持资金500万元。年底，全区高新技术企业发展到46家，涉及行业15个，其中国家级高新技术企业2家，省级高新技术企业16家；创建中国驰名商标1个，山东省著名商标4个，省级以上名牌产品3个；实现高新技术产业产值100亿元，占规模以上工业总产值的32.6%；任城区被评为全省知识产权示范区。

【服务体系建设】 随着中小企业的持续发展，区机械制造行业呈现出企业多、分布广、关联性强的特点，形成以济宁博特精密丝杠、山东沃尔华集团等现代机械制造骨干企业为龙头的产业体系。针对机械制造产业的特点，任城区按照“政府推动、市场运作、自主经营、有偿服务”的原则，以沃尔华集团为载体，组建任城区机械制造技术服务中心。该中心具备研发设计、检验监测、新技术推广、产学研合作和管理咨询等基本服务功能。重点扶植壮大济宁碳素集团有限公司，发挥其龙头带动作用，实现煤化产业链条的全面发展；联合巨能、邦达、长兴等煤炭企业，整合相关资源，建设集煤、电、化于一体的现代煤化工产业链条；依托云天化集团，对利特、大山农实施联合重组，形成复合肥、生物工程；依托国鸿石化、同孚石化，实现强强联合，打造润滑油行业新品牌；依托鲁西煤矿、葛亭煤矿煤化工产业链条，联合济北工业品配送中心、宏旭物流、运通运输等物流企业，形成现代化煤化产品运输体系；引进中石化、中石油等战略投资者，与煤炭企业联合，建设甲醇制烯烃项目和煤制天然气项目，培育新型煤化工企业。济北高新技术产业园建设成集绿色、低碳、循环经济等于一体的煤化工精品园区，实现集约发展。

为缓解中小企业贷款难的问题，建立以担保公司为主体、联保体为保障、小额贷款公司为补充的多层次融资担保体系。年底，任城区信用担保机构发展到8家，注册资金2.5亿元；组建连保体15个，吸纳保证金9000万元；贯彻落实《国务院关于鼓励和引导民间投资健康发展的若干意见》和《关于促进全省民营经济加快发展的意见》精神，成立2个投资中心和2家小额贷款公司，广泛吸纳民间资本，任城区全社会固定资产投资中，来自民间资本投资比例达60%以上；抓住中小企业创业板开市交易的有利时机，重点扶持济宁碳素集团有限公司、博特精工股份有限公司上市，融资渠道进一步拓宽。

突出行业协会在沟通、协调方面的优势，注册成立任城区机械行业人才协会、任城区医药协会、任城区创业联合会，为中小企业发布技术、项目信息360余条，提供法律政策服务和管理咨询、技术检测60余次。完善中小企业网络平台建设，为中小企业提供政策、市场信息、咨询等服务。充分利用中小企业山东任城网，深入宣传《中小企业促进法》《中小企业促进条例》以及国家和省市关于促进中小企业、民营经济发展的政策措施，继续在全区上下营造中小企业、民营经济发展的良好氛围。中小企业信息化体验户数扩大到212家。

建立起圣程教育培训基地为载体，以企业家素质提升、财务管理、成本管理为内容的培训体系，着力解决任城区中小企业中存在的企业主素质不高、内部管理不健全、成功控制能力差等问题。2011年，在完成省级、市级培训计划的基础上，联合3家咨询公司开展各类人才培训、创业辅导16次，参训人员1500人。12月，联合学习型中国论坛组委会、学习型中国促进会、全国工商业联合会、山东圣程企业管理咨询有限公司成功举办2011年学习型中国—儒商企业家高峰论坛，全市1200多家企业参会。

（梁卫华　蔡高坡）

国土资源管理

【概况】 济宁市国土资源局任城区分局（简称区国土资源分局）为济宁市国土资源局派出机构，正科级行政单位，设办公室、财务科、土地利用科、地籍管理科、矿产资源管理科、地质环境勘查科、监察信访科、国土资源规划科等8个科室，辖土地勘测规划站、土地监察执法大队、地租征收办公室、南张国土资源管理所、接庄国土资源管理所、李营国土资源管理所、石桥国土资源管理所、长沟国土资源管理所、金城国土资源管理所、任城经济开发区国土资源管理所、二十里铺国土资源管理所等11个全额拨款事业单位和土地开发整理中心、地产交易所2个自收自支事业单位，行政编制17人，全额拨款事业编制69人，自收自支事业编制15人，设局长1人、副局长3人、纪检组长1人。区国土资源分局坚持保护与利用、服务与管理并举，紧紧围绕市区工作部署，认真落实耕地保护基本国策，积极主动服务，严格执法监管，国土资源各项工作都取得新的成效。核查整改，上下协调，顺利通过土地例行督察检查、卫片执法检查；通过实施整治挖潜（增减挂钩和置换）项目，增加耕地面积620亩。2011年，被评为全市采煤塌陷地治理先进单位、全市国土测绘科技应用先进单位、全市第六次人口普查先进集体、全区综合考核先进单位、全区招商引资先进单位、全区2011年度规范行政执法示范单位、全区2011年度行政执法案卷评查先进单位。任城区土地开发整理中心承担编制的《济宁市城区城镇潜力分析与调查》项目，获得山东省第六届国土资源科学技术奖一等奖。

【耕地保护】 按照省市要求，修改完善区、镇（街道）两级土地利用总体规划，使基本农田和建设用地布局进一步优化，结合修改完善成果，进行土地规划数据库更新建设工作。落实最严格的耕地保护制度，严格落实耕地占补平衡制度，层层签订耕地保护目标责任书，明确各级政府负责人为第一责任人，确保耕地应保尽保，确保耕地保有量不低于40.56万亩。全面做好基本农田补划工作，确保基本农田保护面积不低于34.9万亩，顺利通过省级耕地保护责任目标检查。

【用地保障工作】 通过向省市协调，用地报批和供地工作实现突破，全年上报征地报件6个批次和单独选址项目5个。占用的1768亩耕地全部纳入耕地储备库的复垦整理项目进行补充（其中，占用本辖区补充耕地768亩，异地补充耕地1000亩），达到耕地占补平衡，涉及用地单位14家，包括市民政局社会救助中心、警校培训基地、市精神病院、水利机械公司等市级项目和金宇变电站、区民政局殡仪馆等区级项目；办理或转报建设项目用地预审9个，涉及东方文博城一期工程、省道338济董线一期工程等重点建设项目，以及红星佳苑经济适用房、时星御德保障房项目等。全面完成南水北调东线一期南四湖至东平湖段输水和航运结合工程梁济运河工程（任城区段）、长沟泵站工程征地组卷工作。在市级下达任城区新增建设用地指标400亩的基础上，为确保建设项目占用耕地占一补一，积极协调其他县区，与泗水县达成1000亩补充耕地指标购买协议，实现易地占补平衡，确保体育场馆项目、市民政局救助中心、康泉食品厂等项目用地指标的及时到位。严格按照国家、省政策供地，对禁止和限制供地的项目从严把关，严格执行《山东省建设用地集约利用控制标准》，对建设项目的投资强度、建筑密度、容积率、绿地率等控制指标严格把关，严格控制增量，把节约、合理用地放在审查工作的首位，对4类经营性用地一律实行招拍挂方式供地。全年完成供地2806亩，其中出让土地20宗，面积1601亩，划拨基础设施用地1205亩，涉及任城信用联社、电信大楼、防爆电机厂、济宁碳素集团有限公司等重点工程，实现政府收益16.2亿元，供地率大幅提高。

【土地开发整理与塌陷地治理】以提高农业综合生产能力为出发点，坚持补充耕地数量、质量、生态相统一的土地开发整理新思路，坚持种植、养殖、加工、旅游科学布局，根据项目区不同的塌陷类型，采用疏排法开发非积水区、抬田式超前抢土治理预塌土地、挖深垫浅改造积水坑、围堰法开发大水面积水区、充填式造地复垦等方式，增加有效耕地面积。全年完成二十里铺街道吕庄村、李营街道何岗村等6村3个市级整理复垦项目，总规模2531亩，新增耕地662.3亩；积极协调南阳湖农场，治理采煤塌陷地4000余亩，新增耕地1900亩，占全市治理任务的90%。

【农村土地综合整治与复垦置换】接庄街道南集二村窑厂、接庄镇窑厂（厂名）市级复垦置换项目竣工并顺利通过省市验收，总规模456亩，新增耕地438亩。该项目的实施，填补任城区无农村建设用地复垦置换指标的空白。实施完成二十里铺街道葛亭社区（I）项目区的回迁安置和旧村复垦，通过区级自验，新增耕地182亩。根据省厅意见和区政府的安排部署，对难以实施的任城区石桥社区（I）项目区高庄、朱庄安置区位置进行调整，由原安置区石桥镇驻地西北角的后石村、苏庄村土地，调整至石桥镇驻地南的前石村、张东村。

【地籍管理】依据土地登记办法做好辖区内国有土地使用权登记、土地使用权抵押、个人国有土地使用权登记等前期审查上报工作，依照审批流程进行初审转报。受理转报审查土地登记791宗，其中国有土地使用权登记（含变更、换发证书登记）156宗，房改房分割登记214宗，商品房分割登记403宗，抵押登记18宗；受理农村宅基地更正登记114宗。切实加强地籍管理规范化建设，严格土地登记人员职责，维护土地登记的严肃性和权威性，做好各类土地登记资料的收集、整理、汇总、归档工作，建立健全农村集体土地登记工作流程、窗口受理、土地登记初审、土地登记会审、档案管理及土地登记监管等相关制度，建立土地登记簿、归户卡、土地登记台帐，顺利通过山东省土地登记规范化和土地权属争议调处工作检查。

【土地专项执法监察】扎实开展违法违规用地清理整顿、土地例行督察整改、土地矿产卫片执法检查工作等专项执法行动，对耕地保护、建设用地审批登记、土地执法检查、土地供应利用、土地政策执行、税费收缴使用等方面进行全面自查整改，有效降低违法用地比例。全年拆除建筑物面积1.2万余平方米，收缴罚款311.9万元，给予党政纪处分16人，移送司法机关3人，有效遏制违法用地高发态势。高度重视执法监察长效机制建设，重新修订下发《国土所动态巡查制度》《关于加强秋季动态巡查的通知》等制度，开展国土执法动态巡查工作，形成动态巡查的日志、台帐、立案、制止、报告等一系列制度性工作规定，实现违法用地早发现、早制止、早报告，力求将违法行为处理在萌芽状态，减少群众损失，降低行政成本。全年查处各类违法违规案件17宗，维护了正常的国土资源管理秩序。

【矿政管理和地质灾害防治】 对全区8家煤矿进行年度检查和安全生产大检查，对发现的个别矿采厚弃薄、采易弃难、存在的安全隐患等情况及时提出整改意见，召开全区加强矿产资源开发监督管理工作会议，认真落实省市关于加强科技管矿的工作要求。组织执法人员配合镇（街道）严厉打击破坏耕地、非法采砂的行为。按照疏堵结合的思路，排查摸底全区地砂资源，积极探索研究地砂资源合理有序开采的办法。摸清全区采煤塌陷地情况，有针对性地制发《地质灾害防治预案》，组建应急反应队伍，签订地质灾害责任状，及时发放工作明白卡和避险明白卡，防灾基础工作进一步筑牢。

【测绘管理】 全面做好测量标志点的摸底和维护工作，建立测量标志管护网络与责任体系，健全测量标志管理档案，每个测量标志点都有完整的管理档案，详细记载每个测量标志点的点名、点号、标志种类和标志周围环境等信息，有效保护测量标志。全年维护可利用的测量标志点37个，其中二等三角点8个，三等三角点5个，一等水准点1个，二等水准点4个，三等水准点3个，GPS、C级水准共用点16个。任城区有测绘单位3家，其中乙级资质1家，丙级资质1家，丁级资质1家。

【国土资源管理所规范化建设】 全年投入资金300余万元，改造面积940平方米，配齐计算机、电话机、照相机、饮水机等办公设备，配备办公桌椅、档案柜、文件橱100余套，完成李营、接庄、南张、二十里铺、石桥国土资源管理所办公场所的升级改造。加强国土资源管理所规范化建设，充分发挥国土资源所的基础性作用，夯实国土资源管理的前沿阵地。

【依法行政和宣传工作】 认真执行国土资源信访工作条例，建立信访工作制度和首问负责制度，认真处理受理的信访事项，逐一调查核实，及时反馈和回复调查情况和处理结果，耐心细致地做好法规政策的宣传和解释工作。全年受理各种人民群众来信来访34件，回复率100%。积极参与行政复议4起、行政应诉6起，维护率98%以上。在“4·22世界地球日”“6·25全国土地日”期间，采取在城区设立咨询台、发放宣传资料、接受群众咨询、悬挂宣传标语等形式，广泛宣传《土地管理法》《矿产资源法》等法律法规，真正使国土资源法律法规深入人心。

（周　澎　杨成兵）

工商行政管理

【概况】 济宁市工商行政管理局任城分局（简称区工商分局）为正科级行政单位，设商广科、法制科、监察室、消保科、办公室、人事科、财务科等7个科室，辖直属局3个、工商所10个和协会2个，编制133人，设局长1人、副局长3人、纪检组长1人。全局以开展“学习型工商建设年”活动为契机，坚持不懈狠抓队伍建设，努力优化内部管理格局和社会管理格局，倾心尽力服务地方经济发展，恪尽职守加强市场监管执法，各项工作较快发展。2011年，局党支部被省局党组评为齐鲁红盾先锋党支部、被济宁市委评为济宁市先进基层党组织，区工商分局被济宁市政府评为济宁市推进实施商标战略工作先进集体。

【公平交易管理】 以查处制售假冒伪劣商品行为、涉嫌传销、虚假宣传、无照经营、商标侵权等为办案重点，加大公平交易执法工作力度。开展查处制售假冒伪劣商品行为专项治理活动。在打假保春耕专项治理中，检查204家，查处无照经营11家，经抽检有5家不合格；在食品安全专项治理活动中，检查食品经营户2036家，查处无照经营15家、制售假冒伪劣商品案件6起。开展创建“无传销镇（街道）、村

■ 春节期间，执法人员检查市场食品安全　（郭怀清　摄）

（社区）”活动。与公安部门配合，严厉打击各类传销和变相传销行为。

【注册登记管理】 提升登记服务水平，严格执行国家有关市场准入的法律法规和产业政策，将企业前置审批是否完备作为登记把关的关键，对应提交的前置审批文件、证件，认真查验核对，确保输入合格的市场主体。全年办理内资企业登记677家，比上年增长17%；办理个体工商户开业登记1472户，拥有个体工商户14666户，比上年增长8.6%；新登记各类商品交易市场2个，拥有在册商品交易市场41个；办理动产抵押登记17件；新增国内注册商标130余件，拥有国内注册商标826件；新增驰名商标1件、省著名商标4件，累计拥有驰名商标3件、省著名商标19件。在年检验照过程中，与规范登记注册工作相结合，认真做好书式审查和实地检查工作，重点加强化工、食品等涉及公共安全、人身健康安全等领域市场主体的监管；对不适宜继续经营或不具备继续经营条件的，不予年检，根据情况建议办理注销登记。全年年检各类企业2315家、个体工商户12026户。

【市场合同管理】 开展企业“守合同、重信用”，动产抵押，合同监管等工作。在服务和促进地方经济发展、强化合同监管与服务等方面做出积极的贡献。采取上门宣传法规、上门提供信息、上门规范指导的方式，有针对性地对各企业合同管理中存在的问题进行重点指导，帮助100多个单位、企业完善各项合同制度、规范购销合同文本890余份。全年申报济宁市“守合同、重信用”企业3家，有29家企业获得市级“守合同、重信用”企业称号，有9家企业获得省级“守合同、重信用”企业称号。主动与资金周转困难、信誉较好的企业取得联系，了解企业的生产经营和资金运营情况，将情况及时反馈给银行。先后办理动产抵押17件，抵押总价值15940万元，抵押贷款3664万元。加强合同执法和监督检查，促进监管职能到位。年内一方面加强对重点领域、重点行业的监督检查；另一方面加强对格式合同的监督检查，严厉查处合同违法行为，加强对格式合同条款的监管力度，对格式合同中存在的不平等条款及时予以查处和纠正。

【商标广告管理】 充分调动企业商标注册的积极性，引导企业实行融商标商号、基地标志、企业信用、企业文化为一体的品牌运作方式，对重点企业和技术含量高、市场容量大的产品的研发，按照“一企一策、一品一法”的原则，给予重点培育、重点扶持。组织20家企业参加全市驰名商标和著名商标申办工作动员会，组织15家企业参加在接庄街道召开的驰名商标和著名商标工作座谈会，进一步激发全区企业申报驰名商标和著名商标的热情。年底，全区拥有驰名商标3件，居全市第二位，山东省著名商标19件，居全市第一位。开展打击侵犯知识产权和制售假冒伪劣商品专项活动。结合食品安全和节日市场以及农资市场专项整治工作，重点加强对印刷单位的专项检查。全年出动执法人员360人次，检查经营户21家，查处商标侵权案件4件。结合创建文明城市活动，广泛宣传《户外广告登记管理规定》，开展广告诚信自律活动，进一步完善“政府监管、行业自律、舆论监督、群众参与”的广告监管机制。全年监测广告186条次，查处广告违法案件14件，下达行政告诫书27份。

【消费者协会】 认真受理消费者投诉，维护消费者合法权益。设立消费者投诉箱10个，公布投诉电话。全年接待消费者咨询500余人次，受理消费者投诉76件，解决76件，解决率100%，为消费者挽回经济损失16.14万元。认真开展“3·15”国际消费者权益日宣传活动。3月15日，在金宇广场设立主会场，宣传《中华人民共和国消费者权益保护法》，开展保护消费者合法权益法律法规咨询服务，当场接受咨询180余人次，现场受理投诉9人次，散发宣传资料2000余份。加大市场巡查力度，营造和谐消费环境，保护消费者安全权利。全年开展各类市场检查260多次，检查经营户1280余家，节假日期间，重点加强对食品市场的专项检查；积极开展消费警示发布工作，提高广大消费者的防范意识。加大宣传报道力度。各消费者协会分会向济宁红盾信息网投稿56篇，刊登在市级以上媒体稿件24篇，编发简报2期。

【区个体私营企业协会】 在各工商所办证厅设立服务网点，认真配合各基层工商所做好辖区个体户年检、验照工作，为会员提供各种无偿、便捷的服务。构筑政企交流平台，畅通信息传递渠道。坚持从服务个体私营经济发展出发，进一步拓展宣传功能，利用手机短信更好更快地为会员提供各种信息资讯，更好地服务会员。3月中旬，区个私协会召开专题报告会，共同学习《国务院关于鼓励支持和引导个体私营等非公有制经济发展的若干意见》，提高会员经营、发展个私经济的信心。5月上旬，对如何完善《个协分会规范化建设目标责任制》的制定、如何抓好基层分会规范化建设等问题进行专题调研，根据调研情况对《个协分会规范化建设目标责任制》做出修订，制定相应考核方案。

（李祥思　郭怀清）

物价管理

【概况】 区物价局为正科级行政单位，设办公室、收费管理科、价格管理科、价格认证中心、成本调查监审科等5个科室，辖价格监督检查局、价格调节基金办公室2个副科级单位，编制52人，设局长1人、副局长3人、纪检组长1人。认真履行价格监管职能，规范市场价格行为，价格工作做到预警及时、调控适度、监管有力、服务到位。落实国家价格宏观调控监管政策，及时将成品油、天然气调价，节能减排，基本药物制度等贯彻到有关单位；加强物业服务企业收费监管，落实价格收费公示制度；全面清理行政性、事业性收费项目，完成收费年审和《收费许可证》换发工作；围绕政府关注、群众关心的敏感价格问题，开展农资价格、医药卫生服务、教育收费、节日市场价格、明码标价等专项检查，受理群众价格举报和咨询19件，办结率100%；做好7大类110种商品常规监测和各项农产品成本常规调查、专题调查，积极开展抗旱物资、节日期间粮油副食品、食盐等生活必需品价格应急监测和“长沟葡萄”等特色农产品成本调查；完成区政府交办的拆迁补偿认证任务。2011年，被评为全国物价系统依法行政先进单位、全省农产品成本调查先进集体，区价格认证中心被山东省物价局评为2009~2011年度省级规范化价格认证机构。

【价格调控】 针对2011年物价上涨过快的情况，区物价局密切跟踪市场价格变动趋势，及时进行分析预警，先后启动柴油化肥水泵等抗旱物资、节假日粮油副食品等生活必需品价格的应急监测。3月，食盐价格出现异常波动，区物价局第一时间将有关情况上报区政府和上级物价部门，采取了相应的应急措施，食盐抢购风波很快得到平息。积极开展成品油、药品等价格专题调研，分析价格行情，预测价格走势，先后撰写30余篇价格分析报告，有10余篇被上级政府采用，其中《基层反应成品油价格上调对交通运输行业影响较大》《济宁市反映近日部分单独定价药品零售价格大幅下调》2篇分析报告被市政府办公室、省政府办公厅采用，上报国务院办公厅。全年编写《任城区价格监测》简报33期，印发5000余份，通过单位网站及时将群众关心的价格信息向社会公布，引导消费者理性消费。加强价格调节基金工作。2月，区政府办公室牵头，成立由物价、煤炭、地税等相关部门组成的督导催缴工作组，深入全区8个矿井进行督导催缴。4月，全区价格调节基金征收工作回归常态。年底，全区价格调节基金入库1.75亿元，居全市第一位。

【收费管理】 开展收费年审及《收费许可证》的换发工作。全年审验并换发《收费许可证》270个，换发收费员证370个，审验总额5000余万元，审验率100%，注销《收费许可证》8个，减轻群众和企业负担1000万元。完善行政事业性收费统计报告制度。指定专人负责收费统计报告工作，审验一个单位，上报一个单位。统计出全区行政事业性收费项目72项，其中行政性收费项目32项、事业性收费项目40项。清费治乱、规范收费行为。依据《山东省中小学服务性收费和代收费标准》制定学生装价格，小学每套75元、初中每套95元、高中每套100元。规范医院注射费，规定收取注射费后，不得增收观察、消毒、垃圾处理、取暖（空调）、座椅等其他费用。完成区政府交办的区税源普查工作。审核全区行政事业性收费项目、标准、依据，严格把关，整理汇总，于每季度终了后15日内上报国税、地税、财政部门。

【价格监督检查】 开展节假日市场价格监管。根据节假日市场价格变化，加大“春节”“五一”“十一”等重大节日期间市场巡查力度，重点检查和监控粮、油、肉、蛋等主要副食品价格，依法严厉查处恶意囤积、哄抬价格、串通涨价、变相涨价等价格违法行为。开展专项检查，规范涉农涉医和旅游市场价费行为。3月，专项检查全区内的化肥农膜等农业生产资料价格。7~8月专项检查全区40个卫生医疗机构、药店的药品价格和医疗服务收费情况，查出药品零售加价率、二类疫苗价格、一次性卫生材料购入单价超出标准3项违规行为。应对突发事件，维护市场稳定。3月17日，受日本地震影响，任城区开始出现食盐抢购现象，致使食盐脱销、断档。18日，区物价局组织执法人员督促检查超市、商店等经销网点，及时向市物价局和区政府汇报，采取措施做好市场稳定工作，发放食盐价格提醒函和零售价格表2000份，警告并处罚检查中发现的个别零售商户涨价行为，稳定了食盐价格，平息了抢购风波。推进明码标价活动。开展“诚实规范标价，制止价格欺诈”的主题活动，组织人员集中检查全区明码标价和价格收费公示情况。做好《商品房明码标价规定》的贯彻实施工作，落实“一房一标价”制度。全区设立价格公示栏（牌）110块。开展价格咨询、价格举报、价格政策宣传活动。在社区和广场悬挂“12358”价格举报电话开通10周年宣传条幅；在街头进行现场咨询和价格政策宣传活动，将“价格维权掌中宝”手册，发放到居民手中，让广大居民增强价格维权意识。全年区物价局受理群众价格举报和咨询19件，结案率100%。

5月8日，执法人员到开泰花园检查商品房明码标价 （官学磊 摄）

【价格服务】 做好涉案物品价格鉴证工作。协助公、检、法等司法机关办理涉案物品价格鉴定案件119起，标的额574.2万元。认证李营街道的姜楼、中杨庄、肖汪庄及心酒厂职工宿舍楼房屋和相关地面附着物拆迁补偿价格；认证任城开发区废弃窑场土地复垦中地面附着物补偿价格；受任城区检察院、李营街道等单位委托，认证黄金价格、土方基准运价、街道驻地房屋等标的物价格。开展成本调查监审工作。完成小麦、生猪、长沟葡萄成本收益调查，进行农户种植意向、农户存粮、农户购买农资3项专题调研；调查、测算、审核洸河花园幼儿园教育培养定价成本、任城区中小学秋季学生装生产成本；审核葛亭社区一户一表工程设计图纸、材料账簿；监审区供电公司供电配套设施费成本。开展"价格服务进万家"活动。通过价格服务进农户、进社区、进企业、进学校、进医院、进商场、进景区活动，让价格服务延伸到最基层，建立覆盖全社会的价格监督服务网络，提高全社会的价格参与度。

（刘胜军　张慧娟）

质量技术监督

【概况】 济宁市质量技术监督局任城分局（简称区质监分局）为正科级行政单位，设办公室、食品特种设备监察科、综合业务科和监督与法制科等4个科室，辖稽查队1个。局机关编制9人，稽查队编制10人，设局长1人、副局长3人、纪检组长1人。围绕国家质检总局提出的"抓质量、保安全、促发展、强质检"方针，坚持以质取胜，创先争优，质量、计量、标准化、名牌、行政执法以及食品和特种设备安全监管等工作迈上新的台阶。2011年，被评为市级安全生产先进单位、区级安全生产先进单位、区级文明单位。

价格服务进万家情况一览表

表1

类别	服务数量（个）	上年同期服务数量（个）	增减（+/-%）
企业	36	33	9.09
社区	25	22	13.64
医院	19	19	0
商场	12	10	20.00
景点	2	2	0
学校	33	65	-49.23
农户	400	350	14.29
其他	12	10	20.00
合计	539	511	5. 48

【标准化管理】 结合区内企业生产规模、管理水平、技术力量等实际情况，制定2011年度标准化工作计划。帮扶山东博特精工股份有限公司和山东鲁亚医药有限公司申报标准化良好行为AAAA级和AAA级认定；组织众和医院、顺通旅行社、通成物流3家企业申报服务标准化示范点；指导金宇商贸有限公司建设服务标准化试点项目和制定服务标准体系；推进"长沟葡萄"和"长沟葡萄生产技术规程"2个企业标准升级为山东省地方标准。

【计量监督管理】 本着建设资源节约型和环境友好型社会的工作原则，充分发挥职能优势，强化能源计量工作，全面实施计量节能服务工程、民生计量节能降耗工程和计量校准创新工程，打好节能降耗攻坚战。调查摸底全区重点用能企业能源计量状况，帮扶企业全面推行GB17167-2006《用能单位能源计量器具配备和管理通则》，开展全区年耗能5000吨标准煤以上企业的能源计量检查；在贯彻落实《节约能源法》和《能源计量监督管理办法》的基础上，加大能源计量的执法力度，重点对能源计量管理组织机构建立情况、能源计量器具的配备和检定、能源计量数据管理、能源计量信息平台的使用和更新情况进行检查。

【质量监督管理】 全面启动和推进"质量兴区"和"名牌带动"战略，不断提升全区产品、企业、产业和区域的竞争力。

认真开展名牌推动质量发展专题调研工作，先后组织有关人员到济南、杭州、武汉等地市学习交流，采取企业为主、质监为辅、政府推动、社会联动等措施，推进名牌的培育和推荐工作。山东山矿机械有限公司、山东源根石油化工有限公司2家企业获得济宁市市长质量奖提名奖；济宁联迪漆业有限公司、山东源根石油化工有限公司、卡松科技有限公司3家企业的3个产品成功申得山东名牌产品；山东通成集装箱运输有限公司、山东省济宁交通运输集团有限公司济宁汽车北站2家企业成功申得山东省服务名牌。年底，全区拥有地理标志保护产品1个，山东名牌产品11个，山东省服务名牌5个。以食品质量安全市场准入制度为依托，积极为企业提供办证咨询服务。先后帮助50家企业完成换发证工作。按照省市局安排，对乳制品、含乳制品加大抽样送检工作力度，全年抽检生产企业产品86个批次，出具报告86份。

【认证认可】 发挥认证认可工作技术支撑和服务保障作用，深入开展“提升认证质量，服务质量强区”和“规范检测管理，提升检测质量”活动，组织认证机构开展行业自律活动。全年引导4家企业办理质量管理体系认证，2家企业职业健康体系认证；组织1家企业办理HACCP认证；规范10家有资质实验室。企业管理体系运行有效性得到增强，企业管理水平得到有力提升。

【生产环节食品安全监管】 全面推行履责报告制度，督促企业落实质量主体责任，先后召开2次全区食品生产企业法人履责报告会。31家食品生产企业法人作履责报告，获证食品生产企业签订《落实质量安全主体责任承诺书》，切实做到全区食品企业质量安全主体责任落实到位。全面实施食品质量安全市场准入制度，争取食品安全监督检验经费5万元，全年抽检食品73批次，合格72批次，合格率98.6%。全年新增食品生产许可证4张。做好食品生产许可证年审工作，加强获证食品生产企业后续监管。按照《关于全国乳制品企业换发食品生产许可证的通知》的要求，开展乳制品企业审核换证工作。全区44家食品生产企业获得食品生产许可证。开展食品安全专项整治工作，排查全区食品生产加工企业及场所，严把原料使用关、生产过程控制关和成品检验关，建立食品生产加工小作坊质量安全信用档案。深入开展食品安全整顿工作，严厉查处滥用食品添加剂和使用非食品原料生产加工食品等违法行为。

【特种设备安全管理】 强化特种设备使用单位安全主体责任。召开全面落实企业特种设备主体责任动员会，与企业负责人签订《特种设备使用安全主体责任承诺书》，切实做到特种设备企业主体责任落实。先后举办4期特种设备从业人员培训班，培训学员300人。提高全区特种设备安全应急救援能力，开展电梯应急救援演练2次，压力容器应急救援演练1次。利用山东省金质特种设备管理系统的预报警功能，督促企业按照规定对在用设备进行申报检验。定检率持续稳定在98%以上。加强重点时期、重点设备安全监察工作，先后开展“两节”“两会”“安全月”等

2011年任城区新增山东名牌产品一览表

表2

企业名称	产品名称	品牌
济宁联迪漆业有限公司	油漆	联迪
山东源根石油化工有限公司	润滑油	源根
卡松科技有限公司	润滑油（齿轮油）	卡松

2011年任城区新增山东省服务名牌一览表

表3

企业名称	服务品牌	服务项目
山东通成集装箱运输有限公司	通城服务，安全无忧	现代物流
山东省济宁交通运输集团有限公司济宁汽车北站	温馨旅途，情满北站	客运

安全大检查、危险化学品从业单位专项检查以及重点场所锅炉安全专项检查等活动10次。全年出动安全监察和行政执法人员360人次，检查锅炉、压力容器、电梯、起重机械等特种设备使用单位139家，特种设备563台，发现未注册登记的特种设备58台，下达安全监察指令书23份。

【行政执法】　坚持打假治劣与扶优扶强并举，在重点行业和重点区域大力开展各项专项整治，严厉查处生产假冒伪劣产品的违法行为。结合“双打”行动（打击侵犯知识产权和制售假冒伪劣商品专项行动），先后开展农资、建材、地沟油、饮用桶装水、农村食品、非法添加及滥用食品添加剂等专项执法行动，出动执法人员1000余人次，检查生产加工企业400次，立案查处案件106件。全年受理投诉举报电话43起，办结率100%。

（李庆响　玄海星）

安全生产监督管理

【概况】　区安全生产监督管理局(简称区安监局)为正科级行政单位，设办公室、综合科、危险化学品监督管理科、工商贸监督管理科、政策法规科等5个科室，辖区安全生产监察大队1个副科级直属事业单位，编制11人，设局长1人、副局长3人、纪检组长1人。区安监局狠抓打非治违，深化专项整治，严格查处安全管理上存在的突出问题，有效防范和遏制各类事故的发生。全区事故起数和直接经济损失比上年分别下降52%、96.3%；工商贸企业未发生生产安全责任事故。全区安全生产形势保持平稳态势。2011年，被评为全市安全生产先进单位。

【安全生产责任目标管理】3月，全区安全生产工作会议召开，全面动员部署2011年工作任务。区政府分别与各镇（街道）和区直有关部门分别签订《济宁市任城区二〇一一年度安全生产目标责任书》《安全生产管理责任承诺书》，进一步明确基层安全监管职责，强化属地管理和行业管理的原则，强化行政主要负责人的第一责任和班子成员的一岗双责，对安全生产工作严格落实一票否决制。设立安全生产专项资金10万元，用于安全生产工作。

【宣传教育培训】　5月31日，以“安全责任、重在落实”为主题的全国第10个“安全生产月”活动动员会议召开，全面部署全区的安全生产宣传教育培训工作，利用“安全生产月”电视讲话、百万职工安全生产法律法规知识答题、短信、横幅等形式加大宣传力度，向群众发放安全生产宣传单20000份。督促企业严格落实以从业人员厂矿、车间、班组“三级培训”为重点的全员安全教育培训工作，重点加强对企业班组安全建设工作的支持和指导。以安全生产培训中心为依托，加强对全区企业主要负责人、安全管理人员和特种作业人员的教育培训，全年举办安全生产管理人员专题培训班9期，培训人员1800人次。

【安全生产专项整治】　抽调安监、公安、消防、住建、质监、交通、煤炭、工商等部门主要负责人成立联合执法行动领导小组，制定《任城区2011年“安全生产基层基础深化年”集中行动方案》，结合安全生产基层基础深化年开展集中行动4次、打非治违联合执法集中行动9次，检查生产经营单位589家次，发现隐患1966处，出具各类执法文书319份，不断加强重点行业、重点领域、重点单位的隐患排查治理力度。

非煤矿山　3月，组织公安、国土、安监等有关部门对辖区的非煤矿山企业进行安全生产大检查，排查整治隐患48处。排查出接庄街道砖瓦厂、李营街道建筑材料厂2家不具备安全生产条件又无力整改的企业，令其退出市场。

煤矿　7月，开展煤矿企业安全生产专项整治活动，全面检查辖区内煤矿企业的从业人员持证上岗、生产安全事故应急救援预案的备案演练、领导下井带班制度落实等安全生产工作情况，查出安全隐患115处，立即整改62处，不能立即整改的下达限期整改指令书，实行挂牌跟踪督导整改。

危险化学品　1~6月，审查济宁市益民化工厂磷化铝及除

草剂农药配套装置建设、长兴化工有限公司邻苯二甲酸二辛酯及无水醋酸钠项目建设等7家企业新建、改建和扩建工程项目的安全设施“三同时”（生产经营单位新建、改建、扩建工程项目的安全设施，必须与主体工程同时设计、同时施工、同时投入生产和使用）情况；完成汇泉煤化5万吨/年粗苯加工技改项目安全验收工作；拉网式排查危险化学品生产、存储、使用单位和加油站，消除隐患88处。11月，抽调安监、质监等部门人员，邀请市危险化学品领域专家，共同组成督导检查组，到全区危化品生产企业开展安全会诊，重点检查企业生产设备、装置和安全措施设置、维护、运行情况，整治隐患113处。

烟花爆竹　制订下发《关于进一步加强烟花爆竹安全管理，开展严厉打击非法生产经营专项行动的通知》，与8个镇(街道)签订《烟花爆竹安全管理责任书》。8月，检查喜乐烟花爆竹公司仓库和常年零售商仓库15个，收缴、销毁非法储存烟花爆竹50箱，礼花弹30余个。10月，治理市区及周边区域违规燃放烟花爆竹行为，张贴《济宁市城区限制燃放烟花爆竹的规定》和《关于严禁城区违规燃放烟花爆竹的通告》。11月，开展打击非法销售烟花爆竹行为专项行动，没收烟花75组，礼花弹300余个，有效规范了烟花爆竹市场。

【安全生产标准化工作】　开展以岗位达标、专业达标和企业达标为内容的安全生产标准化创建活动。在原有12家达标企业的基础上，又有济宁汇泉煤化有限公司、济宁联迪漆业有限公司2家企业通过三级以上标准化验收，达标率87.5%；济宁辰光杰科特煤化有限公司和济宁协力特种气体有限公司2家企业通过省二级标准化验收。12月，对全区工商贸企业安全标准化工作开展摸底，确定首批完成标准化建设的8家工商贸企业名单。

【应急救援管理体系建设】　加强应急救援预案体系建设，按照“分类管理、分级负责、属地为主”的原则，督导企业开展应急救援预案编制、修订和备案登记工作。企业的应急预案和政府应急预案相互衔接，形成应急联动机制。加强应急演练，部署开展“演练周”活动，组织大型综合演练1场，专项演练16场，不断提高应急预案的针对性和可操作性，增强企业自身应急响应和处置能力。健全自然灾害预警发布流程，先后6次发布恶劣天气预警信息。

【职业健康监管】　6月上旬，抽调骨干力量组成5个督导组，在全区开展专题调研和督导检查活动，摸清全区职业危害因素的种类、行业及地区分布、接触人数、防护设施的配备和职业健康管理状况等基本情况，建立起职业健康信息档案，做到一企一档。10月，全区职业健康监管工作会议召开，对全区职业健康监管工作进行详细部署，启动作业场所职业危害申报工作。年底，全区有171家企业主动开展作业场所职业危害申报工作，包括非煤矿山企业17家、危化品企业35家、粉尘及其他工商贸企业119家。　　（徐守英　张　彤）

审计工作

【概况】　区审计局为正科级行政单位，设人秘科、财金行政事业审计科、经济贸易审计科、法制复核审理科和审计结果执行科等5个科室，辖经济责任审计办公室、政府投资审计中心2个正科级单位，编制35人，设局长1人、副局长3人。全年完成审计项目87个，其中财政预算执行审计2项、领导干部经济责任审计16项、固定资产投资审计47项、专项资金审计调查22项。审计查处违规资金4870万元，管理不规范资金3793万元、损失浪费资金4854.34万元。提出审计建议96条；报送各类信息44篇，采用20篇，其中国家审计署采用1篇，山东省审计厅采用3篇，市审计局采用8篇，区领导签批7篇。2011年，被评为全市审计工作十佳集体、全区机关作风建设先进单位、全区党建工作先进单位、全区招商引资工作先进单位。

【政府投资审计】　建立政府投资审计中介机构库，出台中介机构库使用管理办法，有效规范政府投资项目委托审计行为，降低审计风险。积极推行计算机辅助审计，购置胜通建设工程造价管理系统和建设工程量消耗定额系统，实现对投资审计项目的统一管理和信息共享，提高了工作效率。探索“分类审计”，即对工程内容简单、工程量小的投资项目，开展工程结算审计；对投资涉及面广、程序复杂的中等投资项目，开展竣工决算审计；对投资量大、建设周期长的重大建设项目，开展从开工建设到竣工决算的全过程跟踪审计。年底，区政府投资审计中心完成森林公园招标控制价编制，汇翠园A区AB组团招标控制价编制，古槐路、济安桥路、共青团路北延工程审计，任兴路西延工程审计等47个项目，审减、节约财政资金4851.34万元，审减率10.68%；在审项目8个，预算投资约40563万元；跟踪审计项目7个，预算投资约19.85亿元。

【财政预算执行审计】 以财政支出审计为重点，以促进增强预算的约束力，促进公共财政框架体系和财税管理的完善为目标，开展全区财政收支真实性审计调查、全区农村危房改造建设情况审计调查、全区中小学校舍安全工程建设跟踪审计和审计调查、全区抗旱救灾资金专项审计和审计调查，延伸审计区人力资源和社会保障局所属的机关事业保险处等5个二级预算部门和山东山矿机械有限公司等7家企业，核对人员1000余人，入户调查27个村、64户，涉及6个镇（街道）、16个部门，查出违规资金2888.97万元，提出审计建议4条。

【经济责任审计】 严格按照中办、国办关于《党政主要领导干部和国有企业领导人员经济责任审计规定》要求，完善审计内容，重点关注被审计单位的财政财务收支行为，尤其是债权债务清理、工资发放、养老医疗保险缴纳等事项。在审计过程中，做到“三个结合”，即经济责任审计与财政财务收支审计相结合、离任审计与任职期间审计相结合、国家审计与内部审计相结合，着力提高经济责任审计的效率和水平。全年完成经济责任审计项目16个，查出违规资金120万元，管理不规范资金3793万元。针对存在的问题，依法进行处理处罚，并提出加强管理、完善制度的改进建议。

【民生审计】 围绕促进各项惠民政策的落实，进一步深化民生审计，全力以赴开展对新型农村社会养老保险，农村公共安全饮水试点，美国白蛾、杨小舟蛾防控，公办中心幼儿园建设试点，中小学校舍安全等民生项目的审计，集中人员，先后审计和延伸审计石桥、二十里铺、金城、仙营4个镇（街道），财政、教育、林业、水务等10个区直部门，审计资金8595万元，确保各项政策措施收到预期效果。

【审计信息化建设】 制定《任城区审计局关于深入推进审计信息化建设的实施方案》，建立健全审计管理、审计作业两大平台，构建基础支撑、安全运行、人才支持和制度保障等四大体系的信息化建设总体目标。把改善基础设施和设备配置作为切入点，逐步完成计算机设备的更新换代，实现审计实施信息化和AO—OA系统的互通互联，确保“金审工程”的正常运转。加强人员培训，组织8人参加全省审计系统AO培训考试，为开展计算机审计打下基础。

【新农村帮扶工作】 扎实推进新农村帮扶工作，局主要负责人带领班子成员驻村调研，深入田间地头，了解农业生产状况，帮助群众解决生产生活中遇到的实际困难，拉近与基层群众的距离。为帮助群众增产增收，区审计局党组多方筹集资金，为接庄街道八里营村购买5000斤高产一埯多株玉米良种和优质复合肥，并从农机部门租用3台玉米一埯多株专用播种机，免费播种农业示范田120亩，得到群众的欢迎。 （王香莲　左兴兵）

统计管理

【概况】 区统计局为正科级行政单位，设办公室、国民经济综合核算科、服务业统计科、社会科技统计科4个科室，辖区社会经济综合调查大队、区普查中心2个副科级事业单位，编制40人，设局长1人、副局长3人。2011年，区统计局在统计专项调查、统计服务、统计基层基础建设等方面取得可喜成绩。区第六次人口普查领导小组办公室被省统计局、省人力资源和社会保障厅授予山东省第六次人口普查先进集体荣誉称号，区统计局在山东省第二次R&D资源清查调查和山东省工业抽样调查工作考核评比中，分别被山东省第二次R&D资源清查领导小组办公室和国家统计局山东调查总队、山东省统计局评为省级先进集体单位。在全市统计专业考核评比中，工业、城镇住户专业调查工作被市统计局评为一等奖。

【统计专项调查】 扎实完成全区第六次人口普查后续工作。按照市第六次人口普查办公室的安排，集中处理、科学调度，完成全区第六次人口普查的长、短表扫描，逻辑审核及数据汇总工作以及先进集体和先进个人事迹的上报工作。高质量完成抽样调查任务。组织基层普查人员开展城镇居民出行情况调查、非公有制企业人才资源状况抽样调查、限额以上服务业企业个数摸底、规模以下工业抽样调查、保障房调查等调查工作。高质量完成2011年度城乡划分工作和第二次R&D资源清查工作。

【统计服务】 通过《任城统计年鉴》《任城统计月报》等多种载体提供信息服务，全年编印《任城统计月报》12期。加强对宏观经济运行的监测，每月与区发改局、区经信局等部门联合召开经济运行情况座谈会，围绕领导关注的焦点、群众关心的热点、经济发展的难点，做好经济运行分析，为领导决策提供可靠依据。积极为《政府工作报告》《“十二五”规划报告》的起草和文明城市创建、回眸“十一五”展览、展望“十二五”展览等工作提供有价值的数据资料。成功举办第二届统计开放日系列活动。系列活动以“走向规范统一的中国统计”为主题，以“开放”为宗旨，着力向社会公众宣传统计职能、统计人风采、统计工作流程以及有关统计知识。根据区委、区政府的中心工作，深入基层开展调查研究，撰写统计分析、论文24篇。其中申报《山东统计》学术专刊分析论文16篇，刊登5篇；申报第八届山东省统计科研优秀成果奖，入选4篇。撰写各类工作信息100余条，被上级部门采用90余条。

【基本单位名录库建设】 以第二次经济普查取得的基本资料为基础，加强与工商、民政、税务、质监和编办等行政登记部门的协调，及时收集基本单位信息的行政记录资料，每季度对新增、变更、注销单位进行全面的维护更新，在日常工作中对单位出现的新变化及时维护处理。严格执行“先有库、再有数”的统计原则，确保库内企业不重不漏、真实准确。全区有基本单位5911个，其中法人单位4648个，产业活动单位1263个。全区基本单位名录库维护，延伸到镇（街道）统计站，逐步朝着规范化目标迈进。

【企业一套表试点工作】 做好前期准备工作。全市“四大工程”暨企业一套表试点工作开始后，5月，区统计局采用走访的形式，对全区“三上”企业（规模以上工业企业、限额以上批发零售住宿餐饮企业、资质以内的建筑业企业和房地产开发企业）的统计人员、硬件设备、网络环境等情况进行一次全面细致地摸底，与企业法人签订《统计工作规范化承诺书》，为企业一套表的顺利开展奠定坚实基础。多措并举，做好企业一套表培训工作。8月上旬，分4个批次对全区规模以上工业企业、限额以上批发零售住宿餐饮企业、资质以内的建筑业企业和房地产开发企业300家企业的统计人员进行综合业务及数据处理软件的培训。企业统计人员实地进行上机操作练习，上机参训率90%以上。保证质量，认真做好企业一套表数据上报工作。第一批次数据法人单位信息表数据报送率96.5%，第二批次法人单位信息表数据报送率100%，圆满完成两批次的数据上报任务。

【统计基层基础规范化建设】 按照省市统计局加强统计基层基础规范化建设的要求，8个镇（街道）的统计站全部接入光缆专线网络，达到10兆速度，彻底解决以往接入统计专网程序繁琐、速度慢、安全没有保障的问题，实现真正意义上的国家、省、市、县（区）、镇（街道）五级专线联网的目标。在接庄、仙营和金城街道办事处设立镇（街道）中心统计站，由局副科级干部任站长，负责本辖区内的统计业务工作。石桥镇统计站被山东省统计局评为山东省乡镇统计站规范化建设示范单位。加强业务指导和培训。加大对部门统计工作的业务指导，强化对部门统计人员的培训力度。年底，全区68人获得统计从业资格证书，73人参加统计专业技术人员继续教育。（吴成彬　高　磊）

农　业

综　述

【概况】 区农业局为正科级行政单位，设办公室、新农村建设办公室、产业化办公室、农产品质量安全办公室、人事科、调查研究科、生产指导科、财务科、科技教育科、政策法规科、市场信息科、生态农业科、植保站、农技站、土肥站、环保站、农经站、能源站、农业执法大队等19个科室，辖农业技术推广中心、农业广播学校、减轻农民负担办公室3个副科级单位，编制159人，设局长1人、副局长5人、纪检组长1人。按照统筹城乡发展的总体要求，以加快发展都市农业为主攻方向，着力构筑以种植业、养殖业、园艺业、观光农业四大主导产业为主的都市农业产业体系，加快规划建设四大观光园区，巩固提升四大特色基地，培植新亮点，构造新优势，加速推进产业融合，大力推动全区由传统农业向现代农业的转变。2011年，全区高效特色农业和生态循环农业实现双发展，农业产业化经营和农产品出口实现双跨越，农产品质量安全水平和农业产出效益实现双提高，农业科技和农村经营体制创新实现双推进，强农惠农政策落实和农民权益维护实现双有力。全区农林牧渔及服务业实现总产值42.47亿元，比2010年增长8.7%。农林牧渔及服务业实现增加值21.09亿元，比2010年增长2.8%。

【农产品质量安全监管】 严把经营主体的经营许可关。规范经营人员资格、经营场所、准入备案记录、经营销售记录、仓储管理制度、质量管理制度、经营安全防护制度及相关的法律、法规、规章、管理制度。严把农资产品市场准入关。对农药等农业投入品实行严格的备案审查，对审核不合格的，签发评审不合格通知，令其退出市场。严把农产品生产环节关。印发《任城区农产品质量安全整治活动实施方案》《任城区瓜菜果食用菌2010~2012年标准化建设规划》。加大对生产者的生产技术培训和指导力度。坚决杜绝禁限用农药的使用，要求严格按照农药安全间隔期进行操作。形成农产品质量检测体系。全区形成以

5月12日，农业专家到田间地头指导用药

区质监中心为核心，镇（街道）检测点为基础，大型农产品批发市场、农产品基地速测点为补充的农产品质量检测体系。加大农业执法力度。区农业局执法大队按照《2011年任城区农资打假行动实施方案》要求，3月，摸底排查全区农资市场及农资企业；4月，对全区农资市场进行专项集中执法行动；6月，对全区农药经营网点进行农药经营许可证的换发；8月，清理整治全区小麦市场。全年出动执法人员410人次，执法车辆92车次，检查企业9个，检查经营网点120个，查处案件9起，查处违规农药130公斤、种子1.25万公斤、劣质肥料36吨。检验小麦繁育基地1.2万余亩，抽检种子、农药、肥料产品20份，抽检合格率85%以上，对不合格农资提出整改措施并进行处罚。

【农业产业基地建设】 园区基地初具规模。石桥镇香樟园正式运营，中水水库和湖口湿地建设全面开展。李营水木童话园林种植红枫800亩，颐和生态农业高科园300亩，李营生态园苗木面积2.8万亩。长沟葡萄园高标准建设绿色长廊3000米和观光亭150套，被评为省级休闲观光园区；南韩蔬菜基地的基础设施配套建设项目投资2200万元，开工建设。二十里铺街道千户蔬菜基地新增面积300亩，发展到1200亩。李营街道大成肉鸡养殖场、任城经济开发区（接庄街道）众和肉鸭养殖示范场完成建设投产。全年新增瓜菜3100亩，新增苗木8062亩、经济林964亩、花卉5000亩，新增肉类总产量2.9万吨，水产品总产量2.16万吨。

【农业产业化初具规模】 积极壮大农业龙头企业规模。全区年销售收入500万元以上的农业龙头企业51家，比上年新增2家，其中省级重点龙头企业2家，市级重点龙头企业15家。全区农业龙头企业资产总额17.69亿元，固定资产总值8.7亿元，销售总收入42.88亿元，其中年销售收入上亿元的龙头企业12家。全区龙头企业带动农户数3.6万户，促进农民增收2.64亿元。积极帮助企业申请省市级贴息、财政扶持。按照省财政厅《关于组织申报2011年度财政支持农民专业合作组织项目的通知》要求，全区上报农民专业合作社5家，获得财政扶持资金35万元。4月，华正油脂有限公司被省农业厅等确定为农业产业化龙头企业贷款贴息企业，其贷款金额1500万元所产生的利息均予以补贴。李营街道的颐和生态园，被评为市级农业精品园区，获得市“以奖代补”奖励资金20万元。12月，推荐4家市级龙头企业申报贷款贴息项目，合计贷款金额4500万元，每个企业可享受贷款贴息50万元。农民专业合作社进一步规范完善。年底，全区农民专业合作社发展到146家，新增32家。全区参加农民专业合作社的总户数1.75万户，带动农户增收0.96亿元。“一村一品”特色种植有新发展。全区加大产业结构调整力度，形成“一镇一业（多业）、一村一品”的现代农业格局。设施农业、特色农业和旅游观光农业成为新特征，形成各具特色的专业镇2个，专业村95个。

【农业标准化建设】 推进农产品质量安全示范区建设。发展标准化农业和品牌农业，对于重点农产品质量安全示范区实行统一标准化管理，统一技术培训，统一组织化肥、农药等重点农资供应管理、统一产品检测、统一组织认证的“五统一”管理，推动基地建设向特色化、规模化、优质化发展。开展“三品”认证工作。年底，有机农产品认证2个，绿色农产品认证3个，无公害农产品认证20个，长沟葡萄被国家质量监督检验检疫总局授予“中华人民共和国地理标志保护产品”称号。整治“三品”认证基地。按照《任城区农产品安全2011年整治方案》要求，对全区“三品”认证农产品生产基地进行标牌设计管理，逐一审查标识使用、档案纪录和质量管理制度的落实，对达不到要求的提出整治措施和限期整改的意见。开展农业标准化技术推广工作。选派农业专业技术人员深入各镇（街道），配合镇（街道）农技站，采取插标立牌、分片包干的办法，进行农业标准化技术推广和指导。在瓜、果、菜、食用菌种植区全面实施农产品质量安全建设工程。

【社会化服务体系】 农业社会化服务组织有较大发展。年底，全区农作物专业机防队发展到9个，新增3个；动物疫病防控专业队1个；渔业服务组织6个；农机化服务组织25个。开展农民创业培训。7月，区委组织部、区农业局联合在济宁农校，对农村基层党员进行为期20天的创业培训，培训30人。10月，组织50名农民专业合作社负责人到潍坊参加省农业厅、财政厅举办的新型农民创业培训班。区农业局联合六四农场、任城监狱举办蔬菜大棚、果树栽培、畜牧养殖、计算机应用等四个绿色证书培训班，培训600余人，发放绿色证书533份；举办农艺工技能鉴定培训班，发放农艺工初级证书138份。农业技术推广与服务采用新模式。开设12316（2361916）“三农”服务热线和任城农业局网站在线咨询，提供农业技术咨询，受理举报投诉。

【农村经营管理】 深入宣传《中华人民共和国土地承包法》，做好农村土地经营权流转工作。全区农村土地流转面积7.5万亩，占耕地面积的21%，涉及农户2万多户。李营街道协调流转土地2000多亩，用于发展苗木产业和水木童话园林；二十里铺街道流转土地600多亩，用于千户特菜基地扩大规模和圣泰圣景生态观光园建设。强农惠农政策得到有效落实。全区农民享受各级强农惠农转移支付资金6184.67万元，其中种粮补贴3146万元，良种补贴558.58万元。农村集体“三资”（农村集体资金、农村集体资产、农村集体资源）网络监管新模式。2011年，全区8个镇（街道）、316个村（社区）全部实行“三资”委托代理，代理资金总额2.3亿元、资产总额3500万元、资源总数达465宗。新补增合同107份，拒付超限额资金16.5万元，拒付不合理开支8.5万元。因农村集体“三资”问题引发的群众上访事件16件，比2010年减少31.25%。

【农业科技推广与示范】 在石桥镇、长沟镇、接庄街道、二十里铺街道和南张街道等5个主要农作物种植镇（街道）实施“双晚技术”（玉米适当晚收、小麦适当晚播实用技术，不增加生产成本即可有效促进增产增收）入户工程；全区选培“双晚技术”示范户200个，每个示范户带动20个农户。全面推广小麦控旺防冻技术、小麦氮肥后移技术等，有效减轻小麦连年遭受的冻害，小麦实现高产稳产。全区病虫草害发生面积472.9万亩次，病虫草害防治面积472.9万亩次。全区农技推广机构23个，从事农技推广工作的专业技术人员223人，有涉农民营科研组织8个、专业协会84个、专业合作社12个。全年推广农业新技术、新成果128项，增加社会农产品供给量1.32亿公斤，取得社会经济效益4.8亿元。 （王兆民 贾思亮）

农业综合开发

【概况】 区农业综合开发办公室为正科级全额预算管理事业单位，设人秘科、综合科、项目管理科3个科室，编制11人，设主任1人、副主任2人。2011年，承担国家农业综合开发项目3个，总投资1930万元，其中土地治理项目2个，改造中低产田1.9万亩；产业化经营财政补助项目1个，扶持任城区继发蜂业专业合作社引进原生态蜂箱及原生态养蜂技术项目。

【项目建设】 全年完成1.9万亩中低产田改造项目，投资1800万元，其中财政资金1546万元、自筹资金254万元，建设1.8万亩二十里铺粮食生产基地和0.1万亩长沟优质葡萄生产基地。开挖整修排水沟131千米，开挖土方35万立方，新建桥涵780座，砖砌检查井43个，新打机电井199眼，新增配套水泵318眼，新建井房303间，铺设PVC节水管道105千米，埋设地下电缆70千米，整修机耕路65千米，硬化路面23万平方米，沿梁济公路两侧建设葡萄长廊2千米，硬化葡萄长廊4000平方米，新增农田防护面积1.8万亩。按照“一路四行”的种植模式种植107杨树7.2万株、速生法桐5万株。农业综合开发产业化经营财政补助项目投资130万元，其中财政投资52.5万元，合作社自筹资金77.5万元。任城区继发蜂业专业合作

■ 农业综合开发二十里铺项目区　　（汪　飞　摄）

社承担实施，引进原生态蜂箱6000套，推广原生态蜂箱养蜂新技术。5~12月，完成6000套原生态蜂箱的购进、安装、发放工作，进行技术培训7期，培训300人次。

【项目效益】　加大土地治理项目建设力度，全年新增和改善灌溉面积1.9万亩，新增和改善除涝面积1.9万亩，新增节水灌溉面积1.9万亩，新增农田防护面积1.9万亩，形成200亩左右的林网方田80个。年新增粮食90万公斤，种植业总产值增加760万元，项目区直接受益人口1.6万人，受益农民年人均纯收入增加475元。推广蜜蜂授粉技术，覆盖面积2万余亩，促使农作物种植户增收20%以上。

【项目争取】　全年争取农业综合开发项目3个。土地治理项目1个，投资规模1280万元，实施长沟万亩高标准农田建设示范工程项目。产业化经营项目2个，投资规模638万元，其中财政补贴项目投资规模600万元的千亩北美红枫种植基地建设项目由任城区北城苗木种植专业合作社承担建设；为济宁奥星甜菊制品有限公司1000万元的流动资金争取到中央财政无偿贴息38万元。

（孔凡标　焦　华）

种植业

【概况】　全年实现种植业产值27.9亿元，占农业总产值的65.71%，比上年减少3.69%，产值增加0.78亿元。种植业产值中粮食作物产值7.13亿元，占种植业产值的25.57%，比上年增长2.88%，产值增加0.98亿元；经济作物产值14.35亿元，占种植业产值的51.41%，比上年减少5.2%。全区农作物播种面积71.65万亩，比上年增长0.77%，其中粮食播种面积54.18万亩，比上年增加1.27万亩；油料作物播种面积0.35万亩，与上年持平；蔬菜瓜果面积14.46万亩，增加0.31万亩。全年粮食总产量26.44万吨，比增长5%；全年棉花产量188.6吨，比上年增长5.1%；油料产量1079吨，比上年增长0.8%；蔬菜（含瓜类）产量47.99万吨，比上年增长8.1%。全年造林面积0.35万亩，育苗面积发展到9.18万亩，森林覆盖率24.4%。

【粮食直补政策】　结合任城区实际，加大政策宣传力度，制定工作方案，周密安排，确保全区小麦种植面积核实、公示、统计上报工作的顺利进行，圆满完成小麦种植面积的核定工作。全区粮食直补小麦折实面积31.95万亩，每亩农资综合补贴84.45元，加上粮食直补每亩14元，全区小麦平均每亩财政补贴资金98.45元。2月15日，全区补贴资金以“财政涉农资金一本通”形式直接发放到农民手中，兑付率100%。

【良种推广补贴项目】　2011年，小麦、玉米、水稻良种补贴实行全覆盖。全区6个镇（街道）完成小麦良种补贴项目25.67万亩，补贴农户32493户，补贴供种179.69万公斤，补贴资金256.7万元；玉米良种补贴项目核定面积30.29万亩，补贴农户66158户，补贴资金302.9万元；水稻良种补贴面积402.3亩，补贴农户308户，补贴资金6034.5元。

【瓜果种植】　长沟葡萄　长沟

■ 长沟万亩葡萄园

葡萄有个大、色艳、皮薄、肉厚、酸甜可口等特点，是中华人民共和国地理标志保护产品。为扩大种植规模，提高种植水平，注册100万元资金，成立济农葡萄种植联合社。2011年，长沟葡萄种植面积1万亩，产量2万吨，销售额1亿多元。其中种植早熟葡萄600亩，亩产2000公斤，每亩销售收入24000元。

泗河崖西瓜　泗河崖西瓜主要分布在石桥镇、接庄街道境内泗河滩西岸。在沙壤土质里种植的西瓜含糖量高，沙瓤脆甜，口感好，深受人们喜爱。泗河崖西瓜种植历史悠久，据历史记载可上溯到唐代。改革开放后，任城区大力推进农业产业结构调整，泗河崖西瓜种植面积高峰时达5000多亩，石桥镇政府申请注册石桥牌商标和无公害瓜菜生产基地。但是随着多数农民进城打工，种植面积不断减少。2011年，泗河崖西瓜种植面积仅600亩。

【蔬菜种植】　石桥莲藕　池藕种植面积5000亩，主要品种有南斯拉夫雪藕、鄂莲4号、鄂莲5号（3735）、武植2号、白泡子等。石桥莲藕通过农业部池藕无公害食品质量安全的审定和省农业厅池藕无公害食品产地的审定。注册“连心桥”牌商标，成立金荷藕业合作社。池藕亩产量2500~4000斤，收益5000~8000元。

接庄萝卜　接庄无公害红心萝卜肉质根椭圆形，出土部分浅绿色，入土部分白色，外形美观，个头均匀，肉色鲜红，味甜质脆，富含碳水化合物、维生素及磷、硫等无机盐类。红心萝卜易栽培、产量高、耐贮藏，可全年供应。红心萝卜耐高温，适宜温度为25~30℃，不耐旱，如过于干燥与炎热，辣味增强，品质差；如水分供应不匀，肉质根易开裂。它要求在湿润而富含腐殖质、排水好而深厚的土壤中生长，曾发展到1500多亩。2011年，种植面积500余亩，亩产量7000~8000斤，收益5000~7000元。

孟营西红柿　“孟营牌”西红柿基地是国家认证的“绿色”食品生产基地，也是任城区农业“四大园区四大基地”之一，以孟营村为中心，辐射周边师王营、潘王营、十里铺等10多个村庄，种植面积2000多亩。先后引进国色、冬帅、中研988、抗黄化曲叶病毒的瑞星2号和荷兰

■ 孟营西红柿

8号等20多个国内外优良品种。以简易日光温室为主，栽培上推广“绿色食品”蔬菜栽培技术、无土育苗技术、测土配方施肥与控释肥技术等。孟营西红柿以个大、果实圆润、色泽粉红艳丽、果肉厚而硬实、酸甜适中、口感风味好，远销新疆、黑龙江、辽宁、河北、湖南、北京、云南等地，部分产品转销到日本、韩国及东南亚。亩产量超过1000公斤，纯收益超过1万元。

二十里铺黑木耳　大力发展林下黑木耳种植，实现资源共享、优势互补。林下充足的水分，为黑木耳的生长提供条件，实现水分的共享，降低生产、管理成本，合理利用空间，节约了土地资源，实现生态与经济双丰收。林间套种黑木耳500亩，黑木耳每亩可收入9000多元。采用“公司+基地+农户”的方式，发挥基地示范作用，进一步扩大基地的种植面积，自主研发黑木耳菌包生产线，年增加经济效益450万元。

南张特菜　投资600多万元，建有高标准日光冬暖式大棚30个，占地300余亩，种植蔬菜30多个品种。蔬菜品种全部从以色列、荷兰等国引进。蔬菜全部施用有机肥料，病虫害采用人工、生物防治技术，达到绿色食品标准。注册“永特”牌商标。南张特菜年销售收入240万元。辐射带动周边20多个村庄，提高了菜农种植的积极性，增加了经济收入。　　（李长河　艾永刚）

林　业

【概况】　区林业局为正科级全额预算管理事业单位，设办公室、人事科、科技科、法制科、林政科、财务科、林业站、种苗站、森保站、果树站、花卉站等11个科室，编制124人，设局长1人、副局长3人、工会主席1人。全区以建设生态林业、碳汇林业、民生林业、文化林业、和谐林业为着力点，加快转变林业发展方式，全年完成成片造林面积3489亩，义务植树30万株，平均成活率98%，全面完成年度计划任务。林业有害生物防控成效显著，完成省林业局下达的“四率”指标，林业有害生物成灾率控制在2.7‰以内，无公害防治率100%，测报准确率95%，种苗产地检疫率100%，实现“有虫不成灾”。2011年，任城区被评为山东苗木示范区、山东法桐苗木示范基地，区林业局被评为全省林木种苗花卉工作先进单位。

【植树造林】　继续实施林业六大重点工程（封山育林、绿色通道、果品质量安全示范区、苗木花卉、湿地保护与恢复、绿化示范村镇）；新增造林面积3489亩，其中防护林826亩，用材林1084亩，经济林170亩，特用林1409亩；新增育苗8085亩；义务植树30万株；长沟、李营、二十里铺3个镇（街道）栽植法桐9万株，补植、完善日兰高速公路绿色通道14公里；二十里铺街道新建农田林网5500亩，完善农田林网4500亩。

【苗木花卉生产】　全区苗木种植10万余亩，形成以李营街道为中心，以法桐为品牌，连片规模达14万亩的区域化、规模化苗木基地。苗木种植从业人员5万余人，年销售额4.5亿元。济宁市万花苑盆景花卉市场有限公司是集生产、物流为一体的生态花卉基地，位于南张街道境内，于

■ 南张街道红掌育苗基地　　（邵全梅　摄）

2006年初开始筹建。散户种养的小规模花卉生产基地主要集中在接庄街道十里营村，以种植仙人球、蟹爪兰等多肉植物为主。全区育苗10.62万亩，新增育苗0.81万亩、花卉0.56万亩；苗木产量12412万株，花卉571万株；苗木出圃量10760万株，销售量9000万株，销售额65000万元；花卉销售量140万株，销售额1500万元。

【有害生物防治】　成立林业有害生物防治工作领导小组，以林业有害生物越冬前（后）调查为基础，全程监控全区主要林业有害生物，及时发布预测预报，根据全区林业有害生物发生新特点，及时采取有效防治措施。重点对美国白蛾、杨扇舟蛾、杨小舟蛾、光肩星天牛、杨树溃疡病进行监控、防治。5月11日~6月1日，飞机喷洒农药防治第一代美国白蛾，飞防50架次，防治面积55万亩，防治费用467.5万元。10月，投资85万元，飞机喷洒农药防治第三代美国白蛾，防治面积10万亩，防治费用490万元。

【林业科技】　4月，聘请山东省果科所葡萄专家作葡萄生产管理和病虫害防护技术讲座。组织科技下乡活动3次，发放《林业病虫害防治手册》《集体林权制度改革资料》和《美国白蛾防治技术》3万份。与省种苗协会、济宁市林科所制定并起草法桐苗木生产标准。全年申报省级科技项目1个，区级科研项目2个。“美国白蛾防控技术研究与推广”获省林业科技贡献三等奖；“有机葡萄优质高产栽培模式研究与推广”获区级科学技术二等奖。

【林政管理】　严格林地占用审批程序，依法上报上级林业主管部门征占用林地手续2宗。做好森林植物检疫证、林木种苗许可证、林木种苗生产经营许可证的签发办理工作，全年签发森林植物检疫证5000份，办理林木种苗许可证和林木种苗生产经营许可证16份。严格遵守林木限额凭证采伐制度，按照有关法规、条例的规定，审批、发放林木采伐许可证280份，采伐木材15000立方。做好木材运输证的发放工作，对木材来源进行认真审查，严格审批程序，全年办理木材运输证4650份。严格实行木材经营加工许可证制度，新办木材经营加工许可证8份，换发木材经营加工许可证1份。

利用飞机喷洒农药防治美国白蛾　　（王作斌　摄）

【林业执法】　10月，成立济宁市森林公安局任城区分局森林警察大队，副科级行政单位，编制5人，实行林业和公安部门双重领导体制，负责森林资源保护，打击偷伐、滥伐，森林防火等工作。全年开展以保护森林资源为主要内容的各项专项整治行动2次，查处涉及破坏森林和野生动物资源的违法犯罪案件150起，刑事拘留7人，行政拘留3人，教育群众300人次，有效遏制了破坏森林和野生动物资源的违法犯罪行为的发生。

【集体林权制度改革】　3月，全区林权制度改革迎查会议召开。5月底，完成集体林权制度主体改革工作任务，通过省市两级验收。全区完成林改面积2.09万亩。新签、完善合同1140份、内部协议10880份，发放林权证书961本。根据市政府《关于2011年全市林业改革发展工作的意见》文件的要求，组织集体林权制度配套改革工作，重点做好林权抵押贷款、林业专业合作社

建设等工作。（段启旺 李雪敏）

畜牧业

【概况】 区畜牧兽医局（简称区畜牧局）为正科级全额预算管理事业单位，设办公室、人秘科、综合科、动物卫生监督科、财务科、畜牧兽医站等10个科室（站、所），辖济宁原种猪场、兽医院、畜禽良种推广站和动物卫生监督所等4个单位。设局长1人、副局长2人。紧紧把握国家扶持畜牧业发展惠农政策的机遇，结合自身实际，积极实施产业结构调整，进行养殖示范场建设，通过大胆创新、树立典型、狠抓落实，促进畜牧生产又好又快发展。全区各类规模养殖场（户）1200多个，养殖小区6个，生猪、蛋鸡、肉鸡的规模饲养的比重分别达到80%、98%、95%。全区有济宁市鲁鹏畜牧养殖有限公司、任城区鸿顺养殖场等20余个生猪标准化规模养殖场。家禽养殖的规模化程度不断提高，与六和、绿源、呱呱鸭等集团签订订单养殖。奶牛养殖小区建设走在全市前列，有任城区汇源奶牛场、任城区幸福奶牛场、王回庄奶牛养殖小区等奶牛养殖小区。全年生猪存栏16.92万头，出栏30.1万头；家禽存栏340.4万只，出栏439.7万只；奶牛存栏0.66万头。畜牧业产值占农业总产值的40%。2011年，被区委、区政府评为招商引资先进单位、精神文明建设先进单位。

【重大动物疫病防控】 按照全区重大动物疫病防控工作的总体安排和部署，认真做好重大动物疫病防控工作，实现全区无重大动物疫情目标。加强基层动物防疫队伍建设，按照《任城区村级动物防疫员考核办法》和末位淘汰原则，每年对全区村级动物防疫员队伍调整充实，形成全区基层动物防疫网络。组织村级动物防疫员逐村逐户进行强制免疫，全区购买猪瘟疫苗32万头份、猪蓝耳疫苗32万毫升、口蹄疫疫苗68万毫升、禽流感疫苗360万毫升。实施重大动物疫病集中免疫工作。3月和9月，分别实施春季和秋季重大动物疫病集中免疫工作。对存栏畜禽进行牲畜口蹄疫、猪蓝耳病、猪瘟和高致病性禽流感全覆盖免疫接种。免疫密度、免疫持证率、耳标佩戴率100%。加强监测，掌握疫情动态。集中免疫结束后，对免疫畜禽采集血清样品进行抗体检测。随机抽检猪血清467份，牛血清284份，羊血清120份，禽血清800余份，抗体合格率均在75%以上。向省市动物疫病控制中心送检血清150份，棉拭子420份。

【动物卫生监督】 积极开展以产地检疫为主的动物检疫工作，坚持做到严把关、堵疫源，对全区规模饲养场(区)开展检查，建立养殖监管档案。加强对销售、运输的活畜进行现场检疫；加强对超市、农贸市场、外调的畜禽产品进行检疫检验，确保食品安全；加强对非法调运病死畜禽的执法检查，不定期监督检查养殖场（区）、农贸市场，查处病害动物40头、病害肉品200公斤。

【兽药饲料管理】 积极推进兽药GSP认证工作，规范兽药经营行为。全程监管兽药饲料生产、经营、使用环节，把责任层层细化量化，把任务分解到科室、责任具体到人。区畜牧兽医局与企业签订《产品质量安全责任书》，与局执法人员签订《监管责任书》，做到场场户户挂牌监管、专人监管。全年开展兽药饲料集中检查4次，查处经营假冒、不合格兽药违法案件6起，案值3万元。年底，全区有12家经营企业通过省畜牧兽医局的验收。

【“瘦肉精”专项整治】 成立专项活动领导小组，下发《任城区畜牧兽医局关于在全区开展严厉打击非法使用违禁药品专项整治行动的通知》《任城区畜牧兽医局“瘦肉精”专项整治实施方案》，全面安排部署“瘦肉精”专项整治行动。组织全区规模养猪场进行集中培训，发放明白纸，广泛宣传“瘦肉精”等违禁药物的社会危害性以及相关法律法规和政策措施。与养殖场户、生猪经纪人签订承诺书，明确非法添加“瘦肉精”的法律责任，签订承诺书36份。全面开展养殖环节抽检工作。按照“快、宽、严、实”的要求，对全区存栏的生猪，按照不低于存栏量2%的比例，分别用盐酸克伦特罗、莱克多巴胺、沙丁胺醇等试剂

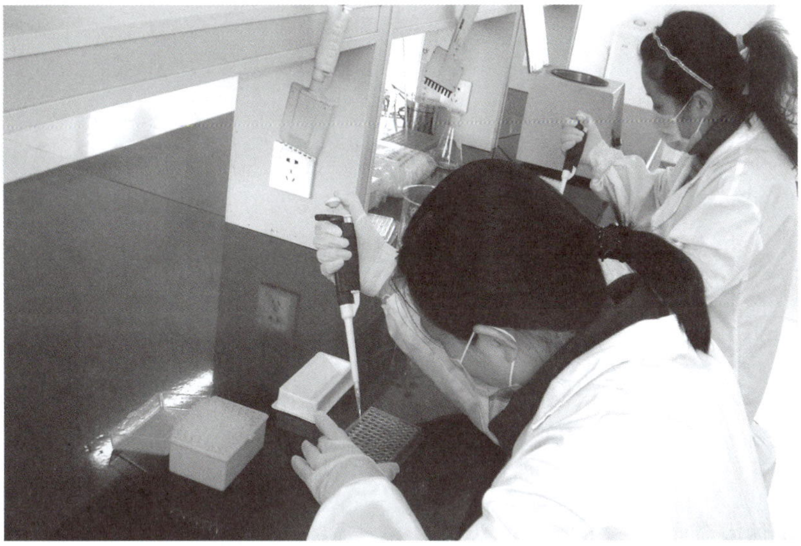

■ 工作人员开展“瘦肉精”检测

盒抽检。排查规模养殖场100余场次，抽检尿样1300个批次。“瘦肉精”检测全部呈阴性。开展兽药饲料市场大检查。重点排查全区的兽药饲料生产、经营企业（兽医诊疗单位），出动执法人员120余人次，检查兽药饲料生产企业4个，检查中未发现含“瘦肉精”的饲料。

【推广服务】 派出业务骨干深入生产一线对全区62个养殖大户进行技术指导，帮助制定各项技术规范，有针对性地加强技术培训，提高养殖户的科技素质和饲养、防疫等技术的实际运用能力。在调整优化产业结构过程中，全面加快奶牛业发展步伐，实现存栏总数和单产水平大幅增长。结合国家对奶牛良种补贴的政策，在市畜牧部门的组织协调下，山东奥克斯生物技术有限公司、北京奶牛中心、上海奶牛中心、宁夏四正生物工程技术研究中心为任城区奶牛养殖提供优质冷冻精液6000支，奶牛生产性能得到提高。全区有原种猪场1处，二级畜禽良种扩繁场8处，其中父母代种禽场1个，父母代种猪场7个，年供优质种畜5万头、优质商品仔猪20万头。生猪、蛋鸡良种覆盖率分别达到95%、100%。

【惠民政策落实】 做好项目实施方案的撰写、申报和惠农资金的发放等工作，落实各项惠农政策。积极申报市级养殖示范场建设项目。全区有4家养殖场被评为市级养殖示范场。全年先后3次申报生猪标准化规模养殖场（区）建设项目。全区11家规模化生猪养殖场获得国家财政扶持资金220万元。认真落实能繁母猪补贴政策，深入各村进行能繁母猪入户调查，核实能繁母猪18666头，发放补贴资金186.66万元。改造镇（街道）畜牧兽医站，投资20万元用于改善动物防疫基础设施，进一步增强镇（街道）兽医站防御处置动物疫病疫情的能力。 （刘玉玺 李建军）

水产业

【概况】 区水产局为正科级全额预算管理事业单位，设办公室、生产科、水产品市场与监管科、政策法规科、水产技术推广站、渔政监督管理站、水生动物疫病防治站等7个科室，编制78人，设局长1人、副局长3人。全区水产养殖面积4.25万亩，比上年增加0.2万亩，其中池塘养殖面积1.7万亩，塌陷地水域1.35万亩，湖泊养殖面积1.2万亩。淡水养殖产量2.16万吨，比上年增长4.85%。渔业总产值3.38亿元，比上年增长9.5%，其中休闲渔业产值5203万元。2011年，被评为市渔业系统先进集体、区规范行政执法示范单位。

【淡水养殖】 农民致富工程 全年繁育鲢鱼、鳙鱼、鲤鱼、鲂鱼、草鱼等5个品种，繁育苗种数量0.9亿尾。全区鱼苗、鱼种收入增加，全年水产苗种产值1810万元，水产品产量21600吨，渔业经济总产值3.38亿元，增加值1.32亿元。自4月27日，每月3次向市渔业局上报农民致富工程的进展情况，把典型经验做法和主要指标完成情况进度表报送市直相关部门。

渔业节能减排 全区推广生态滤食性鱼类品种2个和低耗能水产品养殖基地2.2万亩，投放花鲢、白鲢鱼种42万公斤，减少投食性鱼种的投放量，减轻水质的污染。

产业结构调整　名优水产品养殖面积发展到12000亩，其中鳜鱼8000亩，乌鳢3500亩，泥鳅500亩。投放鱼种60万公斤。调整任城区渔业养殖品种结构，改变以“四大家鱼”为主的养殖模式。

渔业统计规范化　按照省市渔业统计规范化工作创建的要求，抽调8名有经验的统计人员，汇集整理5年的统计资料，完成相关数据整理工作，录入统计数据1524页，照片30多幅。

养殖证办理　按照农业部《水域滩涂养殖发证登记办法》的要求，根据养殖户申请，先后到接庄街道、南张街道实地勘察，严格审批程序，确认在上报的5份申请中1份符合办证条件，并为其办理养殖证。

【淡水捕捞】　区境内淡水捕捞作业区为南阳湖近湖、大型河道和地下沟等水域，以南阳湖水域捕捞为主。渔获物大多数为湖泊定居性杂鱼类，少数为河湖洄游性、半洄游性鱼类。全年坚持“以养殖为主、捕捞为辅”的原则，捕捞产量逐年减少。全年渔业捕捞产量1360吨。

渔民　区内传统意义上的渔民在逐年减少，从事专业捕捞的渔民大多捕捞、养殖、运输业兼营。渔业生产由过去以捕为主，实现养捕结合、以养为主的转变。2011年，渔业户564户，从业人员2927人，其中专业人员1372人。

渔船　渔船分为非机动渔船和机动渔船2种，非机动渔船分为划子、撇子、溜子、座船等，多为传统的平头长方底型木制船；机动渔船，始为木船采用挂浆机驱动，后发展为机动水泥船、机动钢质船，动力由12马力，逐渐发展为20~60马力不等。全区非机动船375艘，935吨；机动渔船205艘，2441.1千瓦。

【休闲渔业】　2011年，新增1处高标准渔业休闲基地—任城区石桥镇香樟园，集养殖、垂钓、餐饮、休闲、娱乐、观光于一体，总面积621亩，水域面积410亩，安排就业100多人，年收入500万元。全区有休闲渔业51处。全年以休闲渔业、水产品流通、仓储运输等为重点的渔业服务业产值6518万元，占渔业产值的20%。

【水产科技】　区水产技术推广站有技术人员33人，其中高级工程师3人。2011年，在开展技术培训、科技试验、技术服务等方面成效显著，有力促进了水产养殖整体水平的提升。

技术培训　区水产技术推广站编写《北方池塘养殖技术》教材，以及《科学用药》《春季鱼种放养技术》等技术资料，分发给广大养殖户，在重点水产养殖集中区域，举办养殖技术培训班，培训人员220人次。培训内容，包括无公害水产品养殖技术、科学防病治病技术、湖泊大水面网围养殖技术和颗粒饵料投喂技术。

鱼病测报　任城区是农业部草鱼病害测报点，为做好草鱼病害测报工作，选定石桥镇辛庄村名优养殖厂、新城渔业专业合作社、王振善渔场3处养殖企业（厂）作为测报单位，测报面积453亩，专门确定2名技术业务骨干为测报员。每年4~11月进行草鱼病害测报，每月25日向市渔业局报送测报情况。任城区也是农业部鲤春病毒监测点，监测点分别是石桥镇辛店村的邓绪杰养殖场和任城区华兴养殖专业合作社，每年春季、冬季分别进行样品采集，从2个点采集样品6个、360尾鲤鱼种。

水产品质量检测　严厉打击违禁鱼药、饲料、添加剂的非法经营和使用，重点开展“三品一标”(无公害食品、绿色食品、有机食品、地理标志产品)保真打假专项活动，积极开展水产品药残检测工作。全年完成农业部药残抽检4例，抽检结果均为合格。

科技试验　在石桥镇辛店村名优养殖场，开展池塘鳜鱼高产养殖试验，试验面积12亩，投放鳜鱼种3000尾，收获鳜鱼2760公斤。平均亩产230公斤，每亩纯收入6200元。

技术服务　全年30余次组织技术人员深入到全区重点养殖户和养殖基地，积极帮助养殖户解决在生产中遇到的各类技术和难题，提供产前、产中、产后服务，开展鱼病咨询诊治1500

余次。做好鱼药、渔饲料等投入品的管理，印制宣传单和小册子2000余份，及时发放到广大养殖户手中。

【惠渔政策】 6月30日，全面完成2010年度全区机动渔船燃油补贴发放工作。补贴标准0.27万元/吨，发放渔用燃油补贴资金101.7万元，其中捕捞渔船201艘，2403.70千瓦，发放渔用燃油补贴资金99.5万元；养殖渔船4艘，37.4千瓦，发放渔用燃油补贴资金2.2万元。全区205艘机动渔船全部加入“渔民人身平安”保险，入保率100%，人均入保额超过8万元。抓好渔政执法人员“内陆团体险”的入保工作，“渔民人身平安保险”和“内陆团体险”展业量达到7.97万元。

【渔政管理】 贯彻落实国家惠渔政策，规范渔业生产秩序，实施捕捞许可制度，打击以“电、炸、毒”鱼为主的违法捕捞行为，增殖保护渔业资源，查处渔业污染案件。加强渔船管理，确保渔业生产安全和水产品质量安全，保护濒危珍稀水生野生动物和重要水生植物等。

普法活动 结合全国“五五”普法、“12·4”全国法制宣传日和百日禁渔期等活动，利用广播、电视、报纸等新闻媒体，做好渔业法律法规和禁渔意义的宣传工作。扎制宣传车、船、快艇，组织执法人员深入湖区、河道等生产一线，广泛宣传渔业法律法规，全年出动宣传车、船、快艇10次。

■ 执法人员在石桥镇新闸村宣传渔业法律法规

禁渔工作 3月14日，区水产局组织召开全区捕捞渔船安全生产暨禁渔工作会议，传达市政府和区政府2011年禁渔工作的通知精神。加强对湖区、河道等渔业水域的执法巡查，出动执法船、快艇50人次，严厉打击炸鱼、毒鱼、电鱼和禁渔期捕捞等各种违法捕捞行为。严格执行农业部、省、市有关违规渔船油价补贴扣减规定，对禁渔期违规从事捕捞作业的渔船，扣减或不予发放油价补贴。全年印制下发《任城区2011年禁渔工作的通知》200份，使广大渔业生产者逐步树立自觉保护渔业资源的意识。

渔政执法 围绕全市“护渔2011”执法行动，加强巡查，严厉打击各种渔业违法违规行为，全年查处渔业违法、违规案件24起，收缴渔业资源损失赔偿费67.68万元。严格落实捕捞许可制度，审核捕捞许可证201件，征收渔业资源增殖保护费3.17万元。做好水产品质量安全执法工作，抽调执法人员配合其他科站对农贸市场水产品无公害标志使用情况检查1次，监督无公害水产品抽样工作2次。调查处理石桥镇辛店村洸府河网箱养殖死鱼事件，及时向市局和区政府上报，做好上访者的思想工作，稳定养殖户的情绪。

渔业安全生产 成立以渔政执法船为主的应急救援船队，制定应急预案，负责实施应急措施。制定安全生产规章制度、24小时值班制度、安全监督检查制度、事故上报制度、安全责任追究制度等各项渔业安全生产制度，随时掌握湖区、河道、坑塘等水域渔业生产动态，督促养殖、捕捞生产者做好堤坝、网具等设施的加固和维护工作。加强对渔业安全生产重要性的宣传，发放《渔业安全生产十必须十严禁》明白纸600份，全面贯彻《中华人民共和国安全生产法》

等法律法规，使广大渔民克服麻痹思想，逐步建立起渔业安全生产文化。积极宣传参加渔业互保的重要意义，逐项逐条解释渔业互保条款，使广大渔业生产者自愿参加渔业保险，参保率100%。做好安全生产巡查工作，检查渔船适航状态、持证情况、安全生产法律法规和规章制度落实情况，要求水上作业人员必须着救生衣，做到人手一只救生圈，杜绝渔船载客，注意用火、用电、用气安全，逐步推广钢质、玻璃钢质船体。抓好水产品质量安全监管，投入健康无伤残的水产苗种，从源头上堵塞水产品质量安全漏洞，严格落实“五项制度、两项记录”（原料监控制度、水域环境监控制度、产品标签制度、科学用药制度、生产日志制度，用药记录、养殖生产日志），改善产地环境，严禁投入有毒有害饵料、渔药，执行休药期制度。　（李文全　张金生）

水　利

【概况】 区水务局为正科级全额预算管理事业单位，设人秘科、发展规划科、水资源与行政许可科、农村水利科、水政科和防汛抗旱指挥部办公室等6个科室，编制164人，设局长1人、副局长3人、纪检组长1人。立足服务大局，不断加强水务管理、水务建设工作，充分发挥水利工程防洪、除涝、灌溉、供水、改善生态环境等综合效益，为全区经济社会可持续发展提供强有力的水务保障。2011年，被评为省级文明单位、市级水资源管理先进集体，农村水利科被评为全市水利系统先进集体。

【重点工程建设】 全区筹集各类水利建设资金1.15亿元。其中争取区外资金0.89亿元，自筹资金0.26亿元。水利建设资金的筹措，有力保障了水利工程施工。

南水北调工程　完成《南水北调两湖段（南四湖—东平湖）长沟泵站枢纽工程》和《南水北调两湖段梁济运河工程》的编修工作，上报省南调局。完成临时用地复垦设计4200亩。基本完成土地报卷、林地使用手续办理工作。落实永久征地区片价补偿配套资金，兑付永久征地及附着物补偿资金3000万元。

全省小型农田水利重点县项目建设　项目总投入资金2720万元，其中中央投入800万元，省财政投入800万元，市财政配套320万元，区财政配套800万元。完成二十里铺中北部、南张南部2处3.34万亩小型农田水利工程。建设高效节水灌溉工程2处，铺设PVC管道3.05万亩，新建小型水源工程158处，新建小型排涝工程2处，改善灌溉面积3.05万亩，年新增供水能力200万立方。

农村饮水安全工程　把农村饮水安全工程列为为民办十件实事之一，总投资1794万元，其中中央投资598万元、省投资359万元、区级配套837万元，用于自来水厂建设。自来水厂设在二十里铺街道，是任城区第一个规模水厂。完成水厂主体工程、蓄水池和二级加压泵房建设，投入机械350余台次，投劳1.06万工日，新打水源井2眼，铺设PE主管道2100米，完成土石方0.53万立方，解决农村饮水安全人口3.68万。编制完成《农村饮水安全工程“十二五”规划》，按照“先建厂、后联网”的总体思路，从2011年开始，力争通过三到五年的努力，全面实现农村供水城市化、城乡供水一体化，全面解决农村饮水安全问题。

【防汛抗旱】 完善《防汛值班工作制度》《带班工作制度》《防汛信息（天气预报、雨、水、险、灾情）请示报告制度》等10个规章制度。修订完善梁济运河、泗河等大中型河道防洪预案及《任城区防汛抗旱应急预案》。编制蓼沟河、南跃进沟等小型重点河道防洪预案，细化落实当遇超标准洪水时，防、抢、撤的措施。编制《济宁市任城区防汛手册》。该手册涵盖任城区河道基本情况、包保责任制度、联系方式及洪水到来时的各项措施，确保险情发生后能立即紧张有序的组织开展抢险救灾工作。新购置75kw移动式发电机组一台、37kw潜水电泵2台、启动柜2台、10米钢橡胶管2根，铁丝1.2吨。区成立60人的防汛分队；各镇（街道）成立防汛抢险队伍，其中常备队181人、抢险队4530人、预备队46750人；区工矿企业组成2550人防汛抢险队伍。全年境内降雨减少，气温偏高，蒸发量大，土壤失墒严重，大部分镇（街道）出现不同程度旱情，致使农作物受旱面积32万亩。针对逐步加剧的旱情和严峻的抗旱形势，修复水毁工程17处，完成清淤渠道86.5千米，新增节水灌溉面积0.43万亩，新建小型水源工程133处，维修机井1136眼，完成土石方24.91万立方，累计投入776.84万元，确保全区小麦在大旱之年取得大丰收。

【水资源管理与行政执法】 认真落实最严格的水资源管理制度，严控用水总量，切实加强水资源论证和取水许可管理工作，出台节水限水实施意见和“十二五”节水型社会建设规划。调整完善水环境监测网络，切实强化入河排污口管理。开展超计划用水累进加价征收水资源费试点工作，对淄博矿业集团有限公司岱庄煤矿电厂等8家用水企业实行超计划用水累进加价制度，累进加价征收40多万元水资源费，全年征收水利规费2305万元，为节约用水、减少浪费和保护水资源，起到一定的积极作用。加大南四湖非法采砂的打击力度，区政府成立河道采砂专项整治行动领导小组，组织三次大的联合执法行动，摧毁非法采砂船只300余艘，爆破沉没50余艘，保障了南四湖的防汛安全、航运安全、生态安全以及附近国有煤矿企业的生产安全。

（杜西松　聂遵海）

农业机械管理

【概况】 区农业机械管理局（简称区农机局）为正科级全额预算管理事业单位，设办公室、财务科、农机管理科（农机质量监督投诉科）3个科室，辖农机安全监理站、农机化技术推广服务站、农业机械化学校、农机协会，编制108人，设局长1人、副局长2人、工会主席1人、纪检组长1人。深入贯彻落实科学发展观，坚持“立足大农业，发展大农机，服务新农村”的战略思想，统筹谋划，强化措施，扎实推进，农机装备总量稳步增长，农机化水平显著提高。全区农机总动力54.9万千瓦，农机总值3.85亿元，主要农作物生产综合机械化水平达到90.6%，推动农业和农村经济的快速发展，跨入农机化发展的高级阶段。2011年，被评为山东省农机化推广工作先进单位、济宁市农机化工作先进单位、任城区依法行政示范单位，全区农机化综合指标位居全市前列。

【农机技术推广】 重视农机化发展与强农惠农政策的结合，充分发挥农机购置补贴、农机作业补贴的导向作用。全年落实上级农机购置补贴资金1090万元，区财政配套资金60万元，带动农民投入3300余万元，补贴机具1041台，其中拖拉机233台、玉米收获机22台、免耕播种机5台、深松机283台，受惠农户344户。通过实施农机购置补贴、农机作业补贴政策，全区农机装备结构进一步优化。全区大中型拖拉机保有量达到2602台，小麦、玉米联合收获机达2204台，免耕播种机143台，秸秆还田机795台，深松整地机283台，动力机械与作业机械配套比达1：1.79。通过举办培训班、召开现场会、组织观摩活动、建立示范基地，加快玉米收获保护性耕作机械化技术的推广步伐。9月22日，召开全区玉米机收保护性耕作现场会，大力推广小麦免耕播种技术，积极推行玉米机收—秸秆粉碎—小麦免耕播种“一条龙”作业，做到组合实施、整体推进，以玉米收获机械化的大发展，带动保护性耕作机械化的新突破，全区玉米机收率84%，秸秆还田率98%，小麦免耕播种面积8.7万亩。

【农机维修管理】 加强对农机维修网点的动态管理，审核维修网点、销售门市部19个，新开办农机维修网点2家，创建一星级文明农机维修网点4家，二星级文明农机维修网点1家。农忙时节，联合工商、质监等部门开展农机打假专项整治活动，对全区农机经营修配网点、农机拼装市场等进行“拉网式”排查，取缔非法经营农机维修网点3家，查处假冒伪劣农机配件130件。7~8月，开展农业机械报废更新制度调研，发放调查表格500份，形成适合任城区农机报废更新现状的调研报告。9月，到长沟、石桥、接庄、南张、二十里铺等5

镇（街道），调研405个地块农机适用性影响因素，帮助机手选择先进实用的农业机械。“三夏”“三秋”期间，对机手机械作业质量进行严格把关，制定《任城区农业机械作业标准》，印制成“明白纸”，发放到农机操作人员手中，促进机械作业质量的提升。

【农机安全监理】 围绕“平安任城”建设，紧密结合农机工作实际，认真落实农机安全生产责任制，3月，区政府与镇(街道)签订安全生产责任书6份，各村与机手签订安全生产责任书5360份，签订率90%以上。扎实有效地开展农机“一十百千”平安创建活动，创建农机安全示范镇（街道）2个，累计创建农机安全示范镇（街道）6个，农机安全示范村203个，农机安全示范户728户。在牌证办理、年检年审、行政执法等方面，努力为农机手提供便捷周到的服务，做到行政执法服务化，服务行为规范化，提高办事效率和行政效能。坚持到镇(街道)集中年检年审、到农户上门补审的做法，全年检验合格拖拉机5831台次，登记注册403台；检验联合收割机589台次，新注册64台；考核颁发拖拉机驾驶证306本。大力开展“农机安全百日整治活动”，检查隐患排查单位73个，其中检查单位49家、作业场所24个，确定治理隐患11个，治理率100%。治理黑车5台，治理违章73起。

【农机深松作业】 1月，全区启动农机深松作业工程，任城区是全市唯一的“全省35个深松整地作业试点项目县区”。3月17日，济宁市农机深松整地作业现场会在二十里铺街道召开。5月，召开全区农机深松工作会议，区政府下发《济宁市任城区农机深松整地作业实施方案》，区长与各镇（街道）主要负责人签订任务目标责任书。全年完成农机深松作业21.3万亩，占全区宜深松作业面积的70%，涉及全区6个镇(街道)的271个村，上阵深松机械2527台次，引进跨区作业深松机械244台次，超额完成省市下达的20万亩农机深松作业任务。

■ 农机深松作业

【农机教育培训】 根据现代农业发展和新农村建设的需求，不断创新培训方式，完善工作机制，在实践中积极探索适合本地特点的农机化培训新路子，推动培训水平不断提高。开展农机教育培训大行动，对农机化管理、技术服务、驾驶操作、营销、维修服务和农业设施操作人员等开展培训，重点开展经济作物机械化生产技术、玉米机收保护性耕作技术培训和农机驾驶操作培训，全年举办培训班36次，现场演示39次，培训拖拉机、联合收获机驾驶员400人；职业技能鉴定576人；培训农机技术人员580人次；培训农机操作人员4380人次。在“三夏”“三秋”大忙季节，区农机局选调农机技术骨干组成农机科技巡讲小分队，进村入社担任群众科技特派员，由农户根据需要“点菜”，科技人员因需施教，照单“做菜”，现场示范解答，引导农民群众学科技、用科技。

【农机社会化服务】 积极推进农机服务市场化、专业化、社会化、产业化，大力培育发展农机服务组织和农机大户，开展农机作业服务。2011年，在区工商部门新注册农机专业合作社4

个，入户社员40人，入户机械135台（套），服务农户584户。年底，全区在工商部门注册的农机专业合作社25个，注册资金3312.5万元，入社社员208户，入户机械751台（套），服务农户4655户。农机合作社经营收入2637万元。“三夏”作业高峰期上阵作业机械1600余台，确保小麦机收顺利完成。“三秋”期间，引进玉米收获机300余台、秸秆还田机200余台，作业面积9万余亩，促进秋季农业生产顺利进行。“三秋”结束后，组织6个跨区作业队，400余台玉米收割机、秸秆还田机到淄博市、潍坊市等地及周边地区进行跨区作业，作业面积4万余亩，实现收入400余万元。

【农机项目建设】 根据农业机械化发展实际需要，成立农机项目管理办公室，争取和实施保护性耕作、设施农业机械化技术创新示范和农机深松整地作业推广等14个项目，参与项目建设的专业技术人员118人次。争取国家、省、市项目资金1054万元，其中国家1000万元、市级54万元。推广铡草机、挤奶机、冷藏罐、卷帘机、微耕机、增氧机、耕水机、饲料颗粒加工机、田园管理机等机械112台，加快全区经济作物、特色农业的机械化发展步伐，为任城区都市农业机械化发展，起到良好的示范带动作用。（姜东宝　崔志国）

济宁中基钢业有限公司

JI NING ZHONG JI GANG YE YOU XIAN GONG SI

董事长：姜广来

济宁中基钢业有限公司，位于济北高新技术产业园，注册资金2300万元，固定资产5000万元，是一家专业从事高频焊管、异型管材的现代高科技企业。

公司坚持“诚信为本，信誉兴业”经营理念，遵循“诚心经营、规范管理”原则，竭诚为客户提供优质服务，企业规模不断壮大。以带钢为原料，通过开卷、对焊、成型、焊接、调直、检验等工序，生产不同型号的方管、圆管。拥有三条制管线，年生产异型管材17万吨，产值6.5亿元，利税4700万元。产品主要用于民用建筑、钢架结构厂房、汽车制造支架、船舶、电机、纺机起重机设备等方面，销往天津、辽宁、上海、南京、广东、厦门等地。

生产车间

办公楼外景

卡松科技有限公司

KA SONG KE JI YOU XIAN GONG SI

董事长：赵之玉

卡松科技有限公司，成立于2005年，是致力于高效、节能、环保型高端特种润滑油脂研发、生产与销售的国家高新技术企业。2011年，公司固定资产1.15亿元，员工148人，年生产特种润滑油8万吨，销售收入5.04亿元，实现利税4718万元。

公司以科研创新为动力，以“建设战略新兴产业”为指针，恪守“科学技术是第一生产力”的信条，以“倾力打造中国特油第一品牌”为目标，不断加大技术改造和科研投入，完善企业技术中心的建设，提高产品开发水平和研发速度；重视新技术新材料的研究和开发，以“政、产、学、研、金”为依托，不断加强自主创新能力、提高新材料新产品研发和应用水平，产品覆盖石化领域20多个系列、1000余个品种。拥有国家级实验室、中科院—卡松科技联合科研中心、省院士工作站、省工程技术研究中心、省鲁南工研院润滑材料分院、省企业技术中心等高端平台。多次承担国家火炬计划、国家重点新产品等重大科研项目的研发、攻关和建设。公司采用国际最高标准生产，获国家标准委授权使用国家采标标志，是山东省润滑技术标准主要起草单位，先后获得ISO9000、ISO14000、OHSAS18000、欧盟SGS、国家煤安标志等认证。

全国政协原副主席何鲁丽（左二）到企视察

2011年科技活动周

区委书记王宝海（前排左一）到企指导

区长岳根才（右一）到企调研

生产车间

产品展厅

济宁碳素集团有限公司

JI NING TAN SU JI TUAN YOU XIAN GONG SI

党委书记：官　振

济宁碳素集团有限公司，成立于1987年，是国内最大的铝电解用商品碳阳极生产企业和煤化行业领军企业，涉足冶金、化工、热电、地产、金融、机械加工等行业，辖11家参、控股及全资子公司。2011年，公司资产32亿元，职工2800人，产量突破100万吨、实现销售收入36亿元、上缴税金1.2亿元。济宁碳素商标为中国驰名商标。

公司坚持“碳素产品做精做大做强，煤化产品做深做透做长”发展方略，高端发展碳纤维、泡沫碳、氧化纺丝沥青等高附加值新型碳材料，拉长产品产业链条。其主导产品铝电解用碳阳极，产能50万吨，出口22个国家及地区，产品享誉国内外；煤化加工产能60万吨，居国内行业第一。建有国家级碳素研究所、国家级煤化研发中心、省级技术中心和武汉科技大学博士后科研实践基地。弘扬“发展企业，丰富自我、贡献社会”企业精神，积极参与社会公益活动。四川汶川“5.12”大地震，赈灾捐款224万元；甘肃舟曲特大泥石流，赈灾捐款55万元；捐资350万元建设希望小学、建桥修路、牵手莘莘学子等，真情回报社会。

厂　区

原市委书记张振川（右）到企视察

晨阳庄园

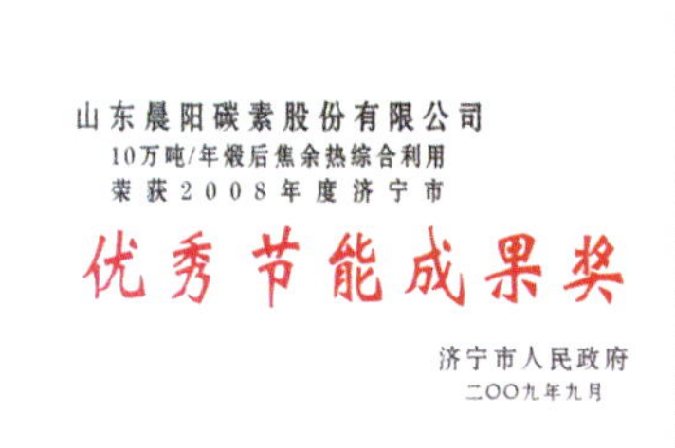

区长岳根才主持新型碳材料项目开工仪式

厂区夜景

山东济宁心心酒业有限公司

SHAN DONG JI NING XIN XIN JIU YE YOU XIAN GONG SI

董事长：韩法轩

山东济宁心心酒业有限公司，始建于1970年，是鲁西南地区最大的酿酒企业，年产白酒1.6万吨，占地面积10万平方米，固定资产1.2亿元，员工1240人。公司是鲁西南地区最早取得ISO19001《质量管理体系》和GB/T22000《食品安全管理体系》双认证的白酒企业。“心”牌注册商标连续12年被认定为“山东省著名商标”。

公司以科学发展观为指导，以引领市场需求为导向，不断优化产品升级，完善销售网络，加大技术改造，升级生产设备，经济效益连年增长，2011年上缴税金突破1000万元。公司“心”牌系列白酒形成浓香、兼香、芝麻香三大系列百余个品种，中国红心酒、青花瓷心酒、金水晶心酒等深受消费者喜爱，成为济宁城区政务商务接待、结婚庆典、宴请嘉宾的首选用酒，被广大消费者公认为济宁市的市酒。

公司以打造“百年心酒，基业常青”为文化核心，大力弘扬“忠心、诚心、孝心、爱心尽在心酒中”企业文化经营理念，坚守“以礼待人、以诚感人、以信取人、以惠让人、以新超人”行为文化，积极参与社会公益活动。先后举办“重阳节向高寿老人献心酒”活动、老年人书画比赛、济宁市第四届老年人门球比赛，开展“心酒献爱心、助学济贫困”捐赠活动，资助贫困学生100余名。

“再圆学子梦”爱心捐助

“感恩济宁感恩心酒”助学金发放

坛装中国红心酒

坛装景泰蓝心酒

传统酿酒工艺

圣都宴心酒（红）

圣都宴心酒（蓝）

金皇帝心酒

金皇后心酒

贵宾金水晶心酒

经典心酒

山东兴唐房地产开发有限公司

SHAN DONG XING TANG FANG DI CHAN KAI FA YOU XIAN GONG SI

董事长：李秀森

山东兴唐房地产开发有限公司，成立于2001年11月22日，国家二级房地产开发资质，注册资金5086万元，职工106人。

十余年来，公司始终秉承“利他、共赢、循环、永续”经营理念，坚持弘扬“安全、低碳、健康、节能”开发理念，实施差异化、品牌化战略，紧紧围绕“居住健康、饮食健康和心灵健康”三大主题，科学发展，规范运营，构筑集房地产开发、物业管理、装饰工程、文化教育等产业为一体的综合企业模式。开发的“兴唐·经典”小区以环保、节能、抗震等特点荣获“山东省CL建筑结构体系技术应用示范小区”称号；建设的“兴唐大厦”是鲁南规模最大、配套设施层次最高、服务功能最全的甲级商务楼，荣获建设部颁发的“2005年度中国城市新地标10大名盘”称号；开发建设的“兴唐·国翠城”以恒温、恒湿、健康、舒适、低碳的突出优势，被评为全国第一批绿色建筑和低能耗“双百”示范工程。2011年5月22日，“兴唐·国翠华府”隆重奠基。

兴唐·经典

原市委书记孙守刚（左二）到企视察

原市长张振川（左三）到企视察

“国家级青年文明号”揭牌

兴唐基金会成立

兴唐·国翠华府奠基

任城区供电公司

REN CHENG QU GONG DIAN GONG SI

任城区供电公司，是山东电力集团公司上划管理的国有中二型企业，承担城区10个镇（街道）、562个行政村的电力供应任务。公司设11个职能部室、10个乡镇供电所和1个操作队。拥有110千伏变电站3座，35千伏变电站6座，主变总容量343.6兆伏安，管辖10千伏及以上线路78条、1344.68千米，全年供电总量9.79亿千瓦时，实现利税2717万元。

近年来，公司始终坚持以“三个代表”重要思想为指导，全面贯彻落实科学发展观，坚定不移地执行国家电网建设“一强三优”现代公司的总体战略，大力弘扬“努力超越，追求卓越”企业精神，坚持“三抓一创”总体工作思路，以电网建设为基础，以强化管理为核心，以优质服务为共荣，以电力经营为支柱，团结一致，励精图治，奋力拼搏，与时俱进，公司发展一年一个新台阶，企业核心竞争力显著提升。

副省长郭兆信（前排左三）到公司视察

山东电力集团公司原总经理韩君（左一）到公司视察

济宁供电公司原总经理徐峰（中）到公司调研

平安任城创建

国家电网彩虹共产党员服务队宣誓

服务大厅

红外测温设备巡视

中国农业银行济宁任城支行

ZHONG GUO NONG YE YIN HANG JI NING REN CHENG ZHI HANG

行　长：王继东

中国农业银行济宁任城支行，辖1个营业部、10个基层综合营业网点，职工131人。2011年，各项存款余额38.38亿元，各项贷款余额18.23亿元，实现利税1.32亿元。

坚持以科学发展观为指导，积极实施国家“十二五”发展规划，贯彻落实国家产业政策，以“转方式调结构”为经营主基调，深入实施经营战略转型。在政策性粮棉收购资金供应的基础上，进一步调整信贷结构，加大对农村基础设施建设、农业综合开发、农业产业化龙头企业、特色农产品生产加工等项目信贷投入力度，全力支持经济社会科学、和谐、健康、快速发展。

中国农业银行人力资源部领导到行视察

网点开业庆典

职工晨会

服务大厅

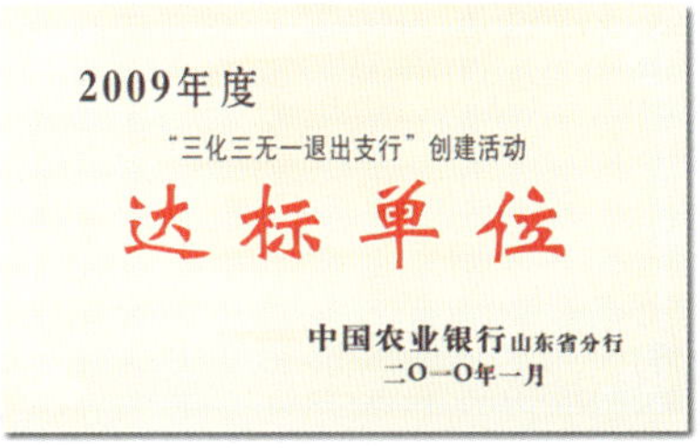

2009年度

“三化三无一退出支行”创建活动

达标单位

中国农业银行山东省分行

二〇一〇年一月

市级

文明单位

中共济宁市委

济宁市人民政府

任城区农村信用合作联社

REN CHENG QU NONG CUN XIN YONG HE ZUO LIAN SHE

任城区农村信用合作联社，辖1个营业部、11个基层信用社，4个储蓄所，22个分社，网点遍布任城区、市中区及下辖镇（街道）。2011年，各项存款余额50.2亿元，各项贷款余额37.1亿元，上缴税金3000万元。

近年来，坚持“立足农村，服务三农”办社宗旨和“诚信、务实、高效、创新”经营理念，按照面向“三农”、面向社区、面向中小企业、面向区域经济的市场定位，始终以服务全区经济发展、服务城乡居民为己任，积极开展网点规范化服务规整，简化贷款手续，提高服务效率，强化支农服务职能，合理配置信贷资源，形成干事创业、奋勇争先、和谐发展的良好氛围，各项业务进展顺利，为全区农村经济快速健康发展提供有力支持。

省银监局副局长谢晓非（左二）到联社视察

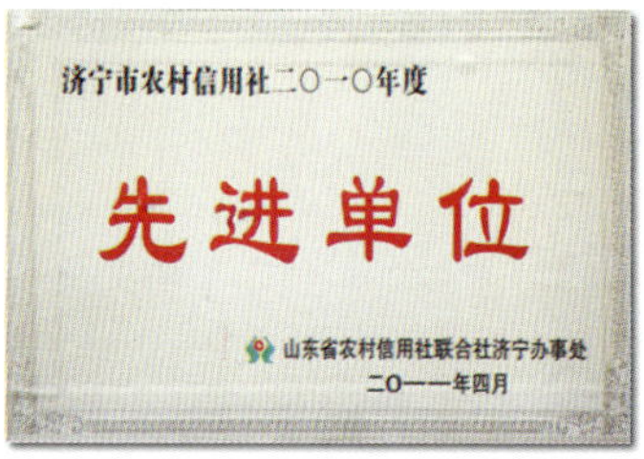

山东鲁亚制药有限公司

SHAN DONG LU YA ZHI YAO YOU XIAN GONG SI

总经理：王成华

山东鲁亚制药有限公司，为香港盈天医药集团控股全资子公司，占地1.79万平方米，建筑面积1.2万平方米，注册资本2452.93万元，固定资产5030万元，员工121人。2011年，销售收入1亿元，实现利税5000万元。

公司坚持以“诚信做人，用心做事，乐于感恩，勇于担当”为价值取向，以“精益求精钻工艺，一丝不苟做好药”为质量管理理念，积极发展医药健康事业，为社会和病患者提供“优质、安全、高效”的药品。注射用产品有头孢哌酮钠、头孢噻肟钠、头孢他啶、头孢地嗪钠、头孢哌酮钠舒巴坦钠、头孢尼西钠、A群链球菌、羟喜树碱、异环磷酰胺等。

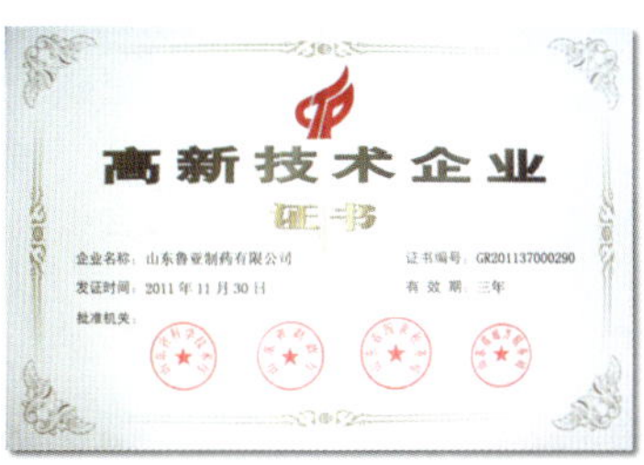

高新技术企业
证书

企业名称：山东鲁亚制药有限公司 证书编号：GR201137000290

发证时间：2011年11月30日 有效期：三年

批准机关：

著名商标证书

山东鲁亚制药有限公司：

经审定，你单位使用在针剂上注册证号为1132674的“鲁亚”商标为山东省著名商标，有效期三年。

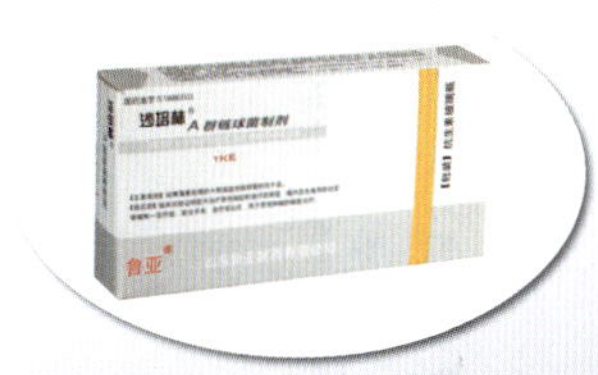

厂 区

济宁华润燃气有限公司成立揭牌

市委书记马平昌（左一）到企视察

市长梅永红（右一)到企调研

天然气输配现场

工程施工现场

义务维修燃气灶

区委书记王宝海（右二）到企视察

国药集团原总经理刘存州（左二）到企视察

药品实验室

粉针制剂分装

粉针制剂轧盖

济宁市信德光能科技有限公司

JI NING SHI XIN DE GUANG NENG KE JI YOU XIAN GONG SI

董事长：赵文波

诚信为本 厚德载物

济宁市信德光能科技有限公司，是一家以建筑节能、智能建筑、楼宇自控、新技术研发和服务为先的高新科技企业，注册资金1000万元，高级管理人员20人，主要从事智能化建筑节能管理，承接各种楼宇节能改造工程。

公司与上海龙创自控集团和西门子集团上海总部签订深度战略合作协议，共同开发山东业务。全体员工解放思想、开拓创新、扎实工作、顽强拼搏，始终遵循“专、精、特”企业发展战略，全力追求施工专业化、质量精细化、产品特色化，公司创新能力持续提升，企业规模不断壮大。陆续实施一系列具有代表性智能化建筑节能和节能改造项目，主要包括医疗行业节能改造项目—济宁市医学院附属医院太阳能工程；小区居民楼宇改造项目、任城区水务局宿舍、市中区教育局宿舍、育才中学宿舍、益民西区、梦圆小区、西孟社区等；公共建筑节能改造项目—兖州市行政办公中心、济宁市工商行政管理大楼等，总施工面积8.5万平方米。其中兖州市行政办公中心节能改造工程，开创济宁市引入合同能源管理新模

市长梅永红（左二）到公司视察

建设部领导到公司视察

服务大厅

式。楼宇施工质量过硬，节能效果显著，得到市委、市政府充分肯定和大力支持。2011年12月，公司顺利通过国家第四批节能公司备案审核，成为济宁市合同能源管理施工和管理的中坚企业，为国家节能减排作出积极贡献。

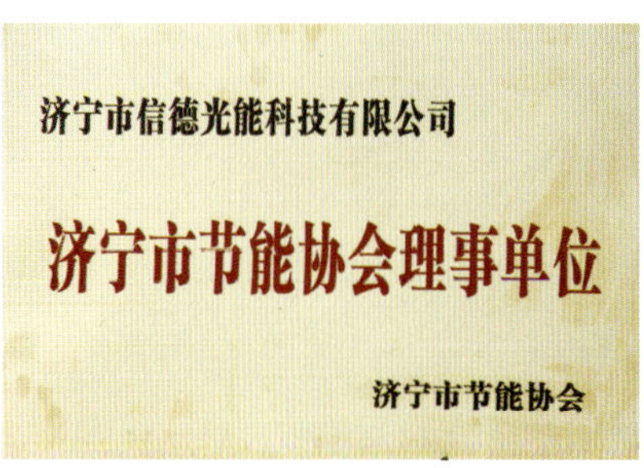

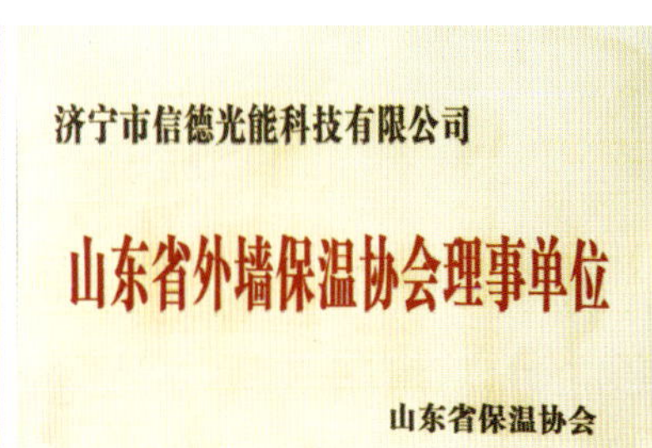

山东北城集团

SHAN DONG BEI CHENG JI TUAN

总　裁：陈　涛

山东北城集团由中国青年企业家协会会员、济宁市民建委员陈涛创办。集团旗下拥有济宁市北城机动车驾驶员培训有限公司、济宁龙凯天然气投资有限公司、山东辰龙置业有限公司、济宁市任城区德利小额贷款公司、国际速8酒店济宁浣笔泉连锁店、济宁北城出租汽车有限责任公司、陈涛文武学校跆拳道俱乐部等7家公司。

集团为社会培训驾驶员18万人，武校为全国各地输送人才17600人，安排就业人员1000人。2011年5月，北城集团筹资1000万元，在任城区慈善总会成立陈涛慈善基金，全年对长沟镇10余位贫困学生进行爱心捐助。北城集团逐步形成组织结构集团化、生产经营集约化、产业结构多元化经营格局。2011年上缴税收2600万元，企业累计实现税收1亿元。

陈涛慈善基金成立

陈涛被聘为世界杰出华商协会副会长

《相信自己，终能创造奇迹》首发式

世界杰出华商协会财富济宁行合影留念

跆拳道俱乐部	北城汽车出租
速8酒店	北城驾校

薛口社区

XUE KOU SHE QU

党委书记：薛恩波

薛口社区，位于李营街道南部。社区345户，1246人，党员40人。近年来，社区党支部认真落实科学发展观，深入开展创先争优活动，注重党员队伍建设，带领群众发展经济、建设社区，村容村貌发生显著变化，群众生活水平逐年提高。

社区组建的建材大市场以钢材经营为主导，集瓷砖销售、装饰材料、铝合金加工于一体。2011年，销售总额35亿元，实现利税2400万元。社区成立的济宁开元房地产开发公司，全年建设住宅楼及商品房40万平方米，上缴税金2200万元。社区筹建的搅拌站采用改组经营措施，拥有两套90型电脑控制操作的高科技生产线，全年上缴税收50万元。

社区拥有省级幼儿园1处，可容纳300名儿童入院；高标准老年公寓1处，可容纳200位老人入住。村民生活保障金增加10%，老年退休人员月补助提高到400元，入学儿童年补助6000元，新入学大学生年补助10000元。

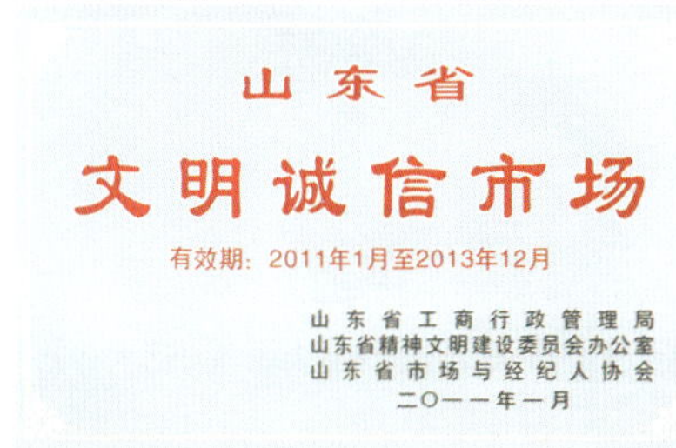

省长姜大明（左二）到社区视察

薛口家园

健身小广场

建材大市场

开元房地产施工

济宁华正油脂有限公司

JI NING HUA ZHENG YOU ZHI YOU XIAN GONG SI

济宁华正油脂有限公司，位于二十里铺街道，注册资金2200万元，固定资产4360万元，以国产优质大豆为原料，生产加工高蛋白食用豆粕和食用豆油。2011年，实现销售收入10亿元。

在董事长姜广来的领导下，公司秉承“质量是企业发展和生存的根本”经营理念，不断坚持科技创新，壮大企业规模，顺利通过国家食品生产许可验收。拥有两条大豆油生产加工线，年可加工大豆35万吨，年生产高蛋白豆粕10万吨，普通豆粕15万吨，食用大豆油5万吨。2010年，被评为山东省产业化龙头企业。2011年，通过HACCP质量安全认证和ISO9000国际质量体系认证。公司主导产品“民信”牌大豆油深受客户信赖，产品销售网络覆盖山东省，远销广东、江苏、河南、安徽、河北等地。

花园式厂区

生产车间

葛亭煤矿

GE TING MEI KUANG

矿　长：黄书祥

党委书记：张远征

葛亭煤矿，隶属于山东能源淄博矿业集团有限责任公司，矿井获国家煤炭行业“太阳杯”工程奖。井田面积20.8平方公里，地质储量1.1亿吨，核定年生产能力120万吨，员工1872人。至2011年底，生产原煤1400万吨，销售收入51.42亿元，实现利税17.68亿元，连续安全生产8年。配套建设年入洗能力100万吨洗煤厂一座。

近年来，矿井大力实施“以人为本、科技兴矿”发展战略，树立“细节决定成败，精细创造精品”核心理念，建立“无处不精细，无处不精彩”共同愿景，推行“双十确认”安全管理体系，运行“菜单式”安全管理确认制，顺利通过ISO9001质量管理体系和ISO14001环境管理体系评审认证。

办公区

济宁二号煤矿

JI NING ER HAO MEI KUANG

矿　长：贾　民

党委书记：张志信

济宁二号煤矿，隶属于兖州煤业股份有限公司，是国家“八五”重点建设项目，矿井获国家建筑行业“鲁班奖”。井田面积90平方公里，地质储量8.55亿吨，可采储量3.47亿吨，设计年生产能力400万吨，核定年生产能力500万吨。至2011年底，生产原煤5700余万吨。

矿井以科学发展观为指导，坚持高标准起步、高质量发展，确立“采撷光明、传承文明”企业使命，构建“‘特而强，优而美’的现代化文明矿井”企业愿景，树立“珍惜有限，挑战无限”核心价值观，实施“文化建矿，人才兴矿，科技强矿”战略方针，顺利通过质量、环境、职业安全健康、测量“四体系”认证，在较短时间内实现年产原煤400万吨、500万吨、600万吨的三大历史性跨越，走出一条安全生产、生态优美、人际和谐的现代化文明矿井发展之路。

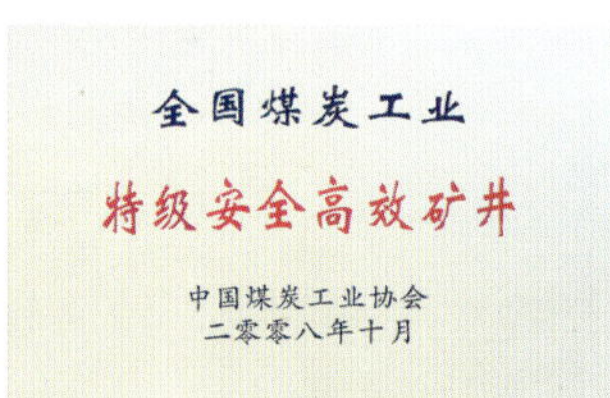

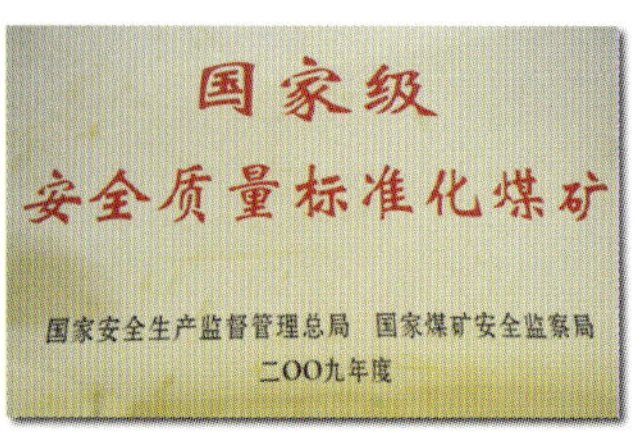

奉献

重奖科技创新

煤矿领导指导生产

青工安全知识抢答赛

赈灾捐款

工人岗前训练

济宁三号煤矿

JI NING SAN HAO MEI KUANG

矿　长：吴向前

党委书记：盛春海

济宁三号煤矿，隶属于兖州煤业股份有限公司，是国家“八五”重点建设项目，矿井获得国家建筑行业“鲁班奖”、国家煤炭行业“太阳杯”工程奖。井田面积110平方公里，地质储量8.8亿吨，可采储量5.3亿吨，核定年生产能力700万吨，设计服务年限81年。2003年，矿井生产原煤1008万吨，成为世界上第一座年产千万吨的立井煤矿，载入大世界基尼斯纪录。至2011年底，生产原煤7800余万吨，销售收入300亿元，实现利税166亿元。配套建设大型洗煤厂、装机容量27万千瓦的煤矸石热电厂、年吞吐量500万吨的济宁泗河口煤港，是国内第一座集煤、电、港于一体的特大型现代化立井煤矿。

矿井深入学习实践科学发展观，紧紧围绕“科学发展、平安富美”发展主题，立足“深精特优”发展思路，全面推进“独具特色、安全高效、生态文明”现代化矿井建设，顺利通过质量、环境、职业安全健康、测量“四体系”认证，综合实力不断增强，生产效益不断增长。

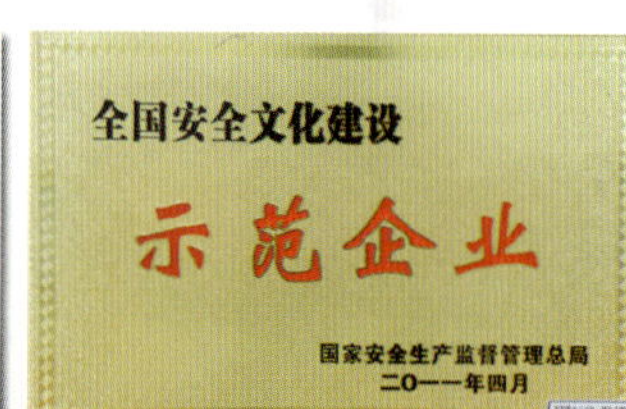

济三电厂

全国最大的内河航运码头——泗河口煤港

原中共中央政治局委员、国务院副总理吴邦国（右三）到矿视察

中共中央政治局委员、国务院副总理张德江（左四）到矿视察

现代化的采煤工作面

一流的调度指挥系统

泗河口煤港煤炭装运

山东唐口煤业有限公司

SHAN DONG TANG KOU MEI YE YOU XIAN GONG SI

总经理、党委书记：刘文宝

山东唐口煤业有限公司，隶属于山东能源淄博矿业集团有限责任公司，井田面积77平方公里，地质储量7.35亿吨，可采储量1.36亿吨，设计年生产能力300万吨，核定年生产能力500万吨，职工2936人。采用立井开拓，是国内唯一在同一工业广场内布置主、副、风三个超千米立井的矿井，建有跳汰和重介“双系统”选煤厂、装机容量6000千瓦的矿井降温系统。至2011年底，生产原煤2098万吨，销售收入108.93亿元，实现税收47.4亿元。

公司坚持“以人为本、文化引领”发展理念，围绕“转方式、调结构、促转型”发展思路，不断深化“双基建设”，全面推行“五精”管理，积极开展新型班组创建活动，大力实施素质提升工程，着力打造本质安全型矿井，企业安全基础不断巩固，环境面貌整体提高，经济效益稳步增长，精神文明建设和民主法制建设全面加强，呈现出文明、和谐、蓬勃发展的良好局面。

办公区

总装机容量为6000KW的冰制冷矿井降温系统地面制冷机房

安全生产调度指挥中心

现代化的大采高综采工作面

应急电源系统揭彩仪式

中国EAP服务中心员工帮助计划示范基地揭牌

淄矿集团董事长张寿利（左二）到井下指导

山东里能鲁西矿业有限公司

SHAN DONG LI NENG LU XI KUANG YE YOU XIAN GONG SI

董事长、党委书记：王文杰

山东里能鲁西矿业有限公司，是省属国有独资煤矿，井田面积54.4平方公里，地质储量1.9亿吨，可采储量6595万吨，可采煤层4层，平均厚度6.09米，设计年生产能力45万吨，核定年生产能力87万吨，设计服务年限50年，职工650人。至2011年底，生产原煤636万吨，销售收入25.92亿元，实现利税13.45亿元。

近年来，公司领导班子坚持以科学发展观为指导，以“平安、和谐、人本、务实、高效”为总基调，全面实现“以质求生存、以质求发展”，取得煤矿生产和经济效益双丰收。公司先后投资三千余万元用于塌陷地补偿和改造，投资二亿元用于压煤村庄搬迁，彻底改善二十里铺街道河东、于白两村的村民生活条件，为全区经济社会跨越发展做出积极贡献。

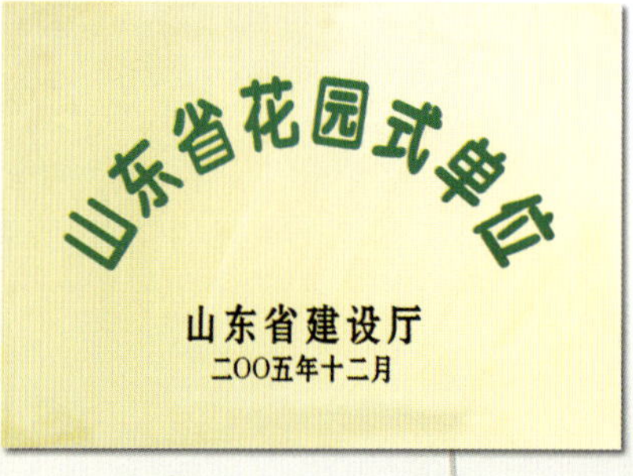

生产工艺论证会

签订村庄搬迁补偿协议

行政办公大楼

山东济宁运河煤矿有限责任公司

SHAN DONG JI NING YUN HE MEI KUANG YOU XIAN ZE REN GONG SI

矿　长：高立群

党委书记：柴同义

山东济宁运河煤矿有限责任公司，隶属于济宁能源发展集团有限公司，井田面积12.4平方公里，地质储量13293万吨，可采储量2093万吨，核定年生产能力110万吨，配套建设年入洗能力60万吨的现代化洗煤厂一座，职工1960人。至2011年底，生产原煤1574万吨，销售收入64.6亿元，实现利税36.9亿元。

坚持以“科学发展观”为指导，强化安全生产与经营管理，实施“科技兴安”“科技增效”“科技强企”三大战略，打造“三层五环”式安全愿景，开创“六六”安全管理模式。矿井独创的“以降本增效为导向的内部控制体系”和“煤矿安全风险预控管理”模式分别荣获第十六届、第十八届国家级企业管理现代化创新成果二等奖，连续8年荣获煤矿安全承度评估A级矿井。

工业　信息产业

综　述

【概况】　区经济和信息化局为正科级行政单位，设人秘科、经济运行科、科技技改科、企业管理科、信息科、行政许可科、工业办公室、能源管理科、电力科等9个科室，辖节约能源办公室1个正科级全额预算管理事业单位，编制15人，设局长1人、副局长3人。全区经信部门面对复杂多变的宏观经济形势，抢抓机遇，努力克服市场形势变化、各项费用上升等不利因素的影响，不断强化降耗节支措施，坚持市场多元化，抢抓订单，跟踪市场需求变化，优化产品结构，全区规模以上工业经济保持稳步增长，运行效益水平进一步提升。全区规模以上工业企业116家，实现产品销售收入278.42亿元，比上年增长11.76%；利税51.67亿元，比上年增长30.6%；利润35.25亿元，比上年增长34.9%。2011年，被评为山东省淘汰落后产能工作先进单位、济宁市"十一五"节能突出贡献单位。

【三大百亿产业】　任城区重点培育打造的装备制造、精细化工和医药食品三大百亿产业，在全国机械行业整体增速放缓、煤化产品价格波动较大及国家医药政策调整等大环境下，通过多元化发展，继续保持平稳运行态势。三大百亿产业规模以上工业企业76家，实现销售收入、利税、利润分别为162.9亿元、14.9亿元、10.1亿元，比上年分别增长12.7%、15.9%和9.3%，三项指标占全区总量的比重分别为58.5%、33.1%和35.1%。其中装备制造产业，规模以上企业户数42家，实现销售收入49.1亿元，比上年减少2.2%，利税5.4亿元，比上年增长31.5%，利润3.5亿元，比上年增长24.9%；精细化工产业，规模以上企业户数22家，实现销售收入94.4亿元，比上年增长28.7%，利税7.0亿元，比上年增长11.4%，利润4.7亿元，比上年增长3.6%；医药食品产业，规模以上企业户数12家，实现销售收入19.4亿元，比上年减少7.5%，利税2.5亿元，比上年增长1.2%，利润1.9亿元，比上年减少0.2%。

【新兴产业发展】　任城区规模以上新兴产业（新医药、新能源、新信息、新材料）工业企业38家，全年实现销售收入、利税、利润分别为69.3亿元、6.9亿元、4.5亿元，比上年分别增长28.2%、34.1%和19.4%，三项指标占全区总量的比重分别为24.9%、15.3%和15.7%，占比平稳提升。

【资金争取】　全年争取技术改造和技术创新专项扶持资金687万元。争取2011年山东省新兴产业和重点行业发展专项资金210万元，其中山东博特精工股份有限公司的国家科技重大专项产品产业化项目40万元、山东晨阳碳素股份有限公司的1000吨/年中间相沥青＆100吨/年沥青基碳纤维＆泡沫碳＆碳碳复合材料重大建设项目80万元、山东卡松科技有限公司的醚酯型合成齿轮油项目40万元、济宁市同创工矿设备有限公司的JYC系列矿用移动式救生舱项目50万元。为济宁市同创工矿设备有限公司的JYC系列矿用移动式救生舱项目争取2011年度山东省重点领域首台（套）

技术装备专项扶持资金10万元。为山东博特精工股份有限公司的工业设计中心争取2011年企业技术创新能力建设专项资金50万元。争取济宁市2011年工业和信息化发展专项资金传统产业改造提升重点项目扶持资金167万元，其中山东源根石油化工有限公司的G-TMT节能环保润滑油生产线技术改造项目47万元、济宁市宁润文正锻造有限公司的湿地工程机械履带板技术改造项目38万元、山东沃尔华工程机械有限公司的挖掘机整机装配自动化生产线技术改造项目47万元、山东山推胜方工程机械有限公司的推土机关键零部件技术改造项目35万元。争取济宁市2011年度战略性新兴产业发展专项资金项目专项资金140万元，其中山东晨阳碳素股份有限公司的1000吨/年中间相沥青＆100吨/年沥青基碳纤维＆泡沫碳＆碳碳复合材料重大建设项目100万元、济宁科尔森液压有限公司的OMS摆线液压马达生产线技术改造项目40万元。争取2011年济宁市技术创新项目专项资金110万元，其中山东卡松科技有限公司的3万吨/年水基润滑油项目70万元、山东方健制药有限公司的二仙膏的二次开发项目40万元。

【技术改造与创新】 全区完成工业固定资产投资41.3亿元，完成技改投入26.6亿元；达到投产条件的重点项目29个。全年18家企业的33个项目列入省技术创新项目计划，其中6家企业的14项新产品新技术完成并通过省经信委专家鉴定委员会的鉴定验收。全区企业技术中心19家，其中省级企业技术中心8家，市级11家。重点项目进展顺利。山东博特精工股份有限公司的国家科技重大专项产品产业化项目、山东晨阳碳素股份有限公司的1000吨/年中间相沥青＆100吨/年沥青基碳纤维＆泡沫碳＆碳碳复合材料重大建设项目、山东卡松科技有限公司的醚酯型合成齿轮油项目、济宁市同创工矿设备有限公司的JYC系列矿用移动式救生舱项目等都是省重点扶持的低能耗、高新技术类项目，各项目单体投资大、科技含量高、生产效益好，进展顺利。

（张涛　李宏）

煤　炭

【概况】 区煤炭局为正科级全额预算管理事业单位，设办公室、压煤搬迁科和综合协调科3个科室，编制16人，设局长1人、副局长2人。境内有五大矿业集团八对矿井，即兖矿集团的济宁二号煤矿、济宁三号煤矿，淄矿集团的岱庄煤矿、唐口煤矿、葛亭煤矿，里能集团的鲁西矿业，枣矿集团的何岗煤矿，济矿集团的运河煤矿。年设计总产量1545万吨，实际年产量在2000万吨左右，煤炭产量占全市总产量的四分之一以上。区煤炭局认真做好全区煤炭工业发展战略、行业规划和政策的制订。统筹规划和合理开发全区煤炭资源，促进行业结构调整，引导行业合理布局，壮大煤电化工产业，拉长煤化工产业链条。监督管理煤炭生产经营，指导煤炭行业的节能、环保、安全生产等工作，依法监督检查全区煤炭行业执行法律、法规，协调地矿关系，综合协调和组织实施压煤搬迁村庄和单位规划建设。2011年，区煤炭局被济宁市压煤村庄搬迁办公室评为全市压煤村庄搬迁工作先进集体。

【地矿协调】 积极协调处理因采煤造成的房屋斑裂和塌陷地补偿问题。淄矿集团唐口煤矿因采煤造成南张街道南张中心中学的斑裂问题，经区煤炭局协调，由唐口煤矿出资，重新选址建设南张中心中学，从根本上解决学校的安全隐患。对南白村商业街经营房因唐口煤矿采煤造成房屋斑裂的问题，区煤炭局配合南张街道办事处和唐口煤矿进行协调，与群众对话，现场勘察，研究补偿方案，稳定群众情绪，解除了安全隐患和群众的后顾之忧。

【压煤村庄搬迁】 积极做好压煤村庄搬迁工作，接庄街道十里营新村建设全面竣工。新村总投资近2亿元，其中房屋建设约1.4亿元，基础设施建设约6000万元，建筑面积21万平方米。建设后的新村配套设施完备，学校和社区工程，通过验收，并交付使用。二十里铺街道河东村、于白村新村建设，一期工程654套房屋建设全面完工，二期工程296套楼房在建中。

十里营新村

根据省、市搬迁办的要求，区煤炭局积极开展编制压煤村庄搬迁中长期规划工作。组织有关部门、镇（街道）、煤矿企业开展调查摸底工作。对煤炭企业指定的压煤村庄，摸清农户数量、宅基地院落、房屋数量和结构等，依据煤炭企业开采情况，逐步确定搬迁村庄。5月底，全面完成全区压煤村庄搬迁“十二五”及中长期规划编制工作。

（朱 青　左海宁　刘 宝）

【积极处理群众来信来访】及时解决李营街道何岗村，接庄街道十里营村、大屯村村民反映的因塌陷造成土地补偿，石桥镇辛店村、长沟镇钱海村村民反映的房屋斑裂补偿等问题。全年处理解决群众反映问题12件、信访案件2件，办理人大代表和政协委员议案、提案3件。群众来信来访等问题的解决，营造了村企和谐发展的良好局面。

【编制压煤搬迁中长期规划】

电　业

【概况】　区供电公司是山东电力集团公司上划管理的国有中二型企业，设办公室、监察审计部、工会、思想政治工作部、人力资源部、发展策划部、财务

2010年和2011年任城区煤矿产销统计一览表

表4

矿　名	生产（万吨）		销售（万吨）		销售收入（万元）		年利税总额（万元）	
	2010年	2011年	2010年	2011年	2010年	2011年	2010年	2011年
济二煤矿	415	437						
济三煤矿	613.97	604						
岱庄煤矿	227.99	235	227.99	235	141994	153601	42068	59197
唐口煤矿	374	500	350	373	231067	306752	108038	200407
鲁西煤矿	76.51	79.26	76.51	79.26	38455.18	51700	13055.83	36000
运河煤矿	139.88	110	139.88	110	86483.07	92250	48394.76	51140
何岗煤矿	43.63	44.98	43.46	44.9	27513.84	27571.1	14891.61	11705.26
葛亭煤矿	120	120	120	120	68953	77574	45896	36709
合　计	2010.98	2130.24	957.84	962.16	594466.09	709448.1	272344.2	395158.26

资产部、安监保卫部、生产技术部、营销部和乡镇电管部等11个部室，辖调度所、检修工区、物流服务中心3个二级单位，二十里铺供电所、南张供电所、接庄供电所等10个供电所和1个操作队，职工273人，农电工352人。承担17.9万余客户生产、生活用电的供应、管理、服务和电力基础设施的规划、建设任务。拥有110千伏变电站3座，总容量174.5兆伏安；35千伏变电站6座，总容量169.1兆伏安；35千伏及以上输电线路21条，184.4千米；10千伏配电线路57条，1160.28千米。全年供电量9.79亿千瓦时，比上年增长7.84%；公司售电量完成9.35亿千瓦时，比上年增长5.78%。7月24日，任城电网单日最高负荷16.87万千瓦，单日最高供电量327万千瓦时，双双刷新历史最高记录。平均电价完成669.47元/千千瓦时（含基金），比上年增加14.35元/千千瓦时。上缴税金2717万元。2011年，区供电公司被评为国家电网公司农电设备运行维护管理标杆单位、山东省价格诚信单位、山东省“十一五”普法依法治理先进单位、山东电力集团公司农电技术进步示范单位、山东电力集团公司农电综合管理标杆单位、济宁市“十一五”节能贡献企业，客户服务室荣获济宁市“五一”劳动奖状、济宁市“五一”巾帼奖。

■ 全省农电系统首座110千伏数字化变电站——李营变电站

【电网建设】 完成220千伏金宇变电站选址工作，110千伏任东变电站、110千伏任西变电站立项及可行性研究，1座35千伏变电站升级改造任务，建设改造35千伏线路6条，新建改造10千伏线路10条。10千伏线路加装柱上智能开关终端，配电台区加装智能配电台区采集终端，新区10千伏主干线路安装智能环网柜采集终端。实施农网改造升级，投资1230万元完成农网改造工程，完成4条覆盖11个村的10千伏线路的改造升级工程。自筹资金1484万元，改造低压台区34个，新建改造低压线路47.2千米。自筹资金1308万元，完成2条10千伏线路、60个台区、11061户的电网改造升级工作。加快推进新农村电气化建设，新建新农村电气化村60个。全年配合任城区各项城建重点项目实施，已建、在建各类线路迁改工程投资规模1400万元。北外环路输配电线路迁改工程快速推进，日菏高速迎宾大道路灯工程全面完成。石桥镇专线工程10千伏岂岭线建成投运。济北高新技术产业园10千伏双回线建设工程全面竣工。10千伏孙庄线、江庄线下地改造工程竣工投运，确保任城新区供电可靠性。

【安全生产】 针对电网工程点多面广、生产任务繁重的实际情况，严格落实各级安全生产责任制，深入开展“三个不发生”（不发生电网大面积停电事故、不发生人身伤亡事故、不发生恶性误操作事故）百日安全活动、“两抓一建”（抓执行、抓过程、建机制）和安全大检查活动，加强隐患排查治理。全年开展电网设备隐患排查专项治理，完成安全隐患治理286项。克服工期紧、任务重等困难，完成应急指挥中心建设，建立应急预案体系，圆满完成春秋季电网检修工作和“彩虹春雨”抗旱、迎峰度夏保电大会战等重大活动保电任务。实现连续安全生产13周年，连续安全生产4957天。

【营销服务】 在全市农电系统首批实现95598系统割接上线，用电信息数据采集率先纳入市公司主站管理，首批实现计量检定市级集约。服务客户用电，推行“阳光业扩”，优化业扩流程，严格时限考核，加快报装接电速度，完成港宁纸业用电增容和变电设备升级，改造升级运河煤矿35千伏运河II线。服务改善民生，推出手机缴费、POS机交费、社会化代收、自助终端等多种电费缴纳方式，与区邮政局建立“四到户”联网运行模式，实现电费实时代收代扣。服务社会和谐，组织“迎峰度夏保电大会战”，完善应急预案12项，建立24小时应急大值班制度体系，实现应急指挥中心与省市公司的联网联调。迎峰度夏期间，任城区没有出现拉闸限电，确保电网安全稳定运行和全区电力可靠有序供应。

【科技培训】 自动化系统全面覆盖35千伏及以上变电站，资产全寿命周期管理体系初步构建，任城电网在VQC基础上实现全网AVC自动运行。网络版配网地理信息系统运行良好，应用GPS定位技术建立准确、完整的电网基础数据资料库，实现对配电线路巡检、设备维护的全过程管理，为电网规划、调配一体化系统运行提供强有力的技术支撑。10千伏线路安装智能故障速隔断路器，实现线路故障分支快速切除。推广应用电压监测无线传输系统，在10千伏线路安装短信式电压检测装置，电压监测信息化网络平台通过短信传输方式对监测点采集数据，实现电压实时监测和数据自动统计。推广智能台区建设，应用非金合晶变压器，安装低压智能补偿器，实现调压调容、遥控遥测。智能型直流电源采用率100%。实行内外网物理隔离，实施移动存储设备策略认证，安装网络入侵防御系统（NIPS），桌面管理系统注册率100%。坚持人才兴企战略，重视人才的培养及职工的教育培训，公司初级及以上职称员工的比率为43.8%；在兖州市马青社区建立培训基地，在公司南楼四楼建设实训室，全员培训率82.7%。

（岳卫国　吴　磊）

节能降耗

【概况】 把节能降耗作为转方式调结构的重要着力点和主攻方向，进一步健全完善政府主导、企业主体、市场驱动、全社会参与的节能长效机制，努力控制能耗总量，切实降低单位能耗，确保完成“十二五”时期省、市下达的万元GDP能耗目标任务。全区万元GDP能耗1.19吨标准煤，比上年降低3.78%，主要工业固体废弃物综合利用率89%，推广高效节能照明产品12000只。

【节能工作全面展开】 根据济宁市政府办公室《关于下达2011年万元GDP能耗降低目标的通知》的要求，区人民政府与各镇人民政府、街道办事处、区经济开发区管委会签订节能目标责任书，分解节能目标任务，在12月22~25日对镇（街道）、开发区进行节能目标考核。完成4家重点用能企业的能源审计、16家能耗3000吨以上重点用能企业的能源管理负责人的备案申报和9家重点用能企业的能源检测，组织11家企业进行清洁生产审核。加大节能降耗宣传力度。6月11~17日，根据《关于2011年济宁市节能宣传周活动安排意见的通知》要求，全区组织以“节能我行动、低碳新生活”为主题的节能宣传周活动，制作展板60多块，发放宣传单3000多张，悬挂宣传条幅200多条，制作节能专题栏目进行报道。组织全区16家重点用能企业的24名能源管理人员参加省组织的能源管理师学习，其中20人取得能源管理师资格证书。

【资金争取和奖励】 全年争取奖励节能突出企业资金1070万元。为济宁张山水泥厂争取淘汰落后产能中央财政奖励资金550万元、区财政奖励资金400万元；为山东卡力特科技有限公司争取节能技术产业化及技术改造财政奖励资金50万元，争取市级节能奖励专项资金50万元；为济宁润文正锻造有限公司争取市级节能奖励专项资金10万元；为济宁市信慧化工科技有限公司争取市级节能奖励专项资金10万元。

【淘汰落后产能】 贯彻落实省经信委、省财政厅《关于编制提报2012年度关闭小企业计划的通知》精神，组织申报济宁运河染化有限公司2012年关闭小企业计划。8月，提前完成2011年市政府下达的淘汰落后产能任务，分别淘汰嫩黄、菲汀、电镀等化工生产线，淘汰落后产能1430吨。

【科学发展循环经济】 贯彻落实国家资源综合利用的鼓励和扶持政策，提高资源利用效率，鼓励企业开展资源综合利用，建设节约型社会。在中秋、国庆以及春节等节假日前，联合质监、工商、国税、地税、物价等部门开展治理商品过度包装的专项监察行动；11月初，组织山东康泉食品有限公司和济宁心心酒业有限公司两家企业与市政府签订抵制过度包装自愿协议。立足全区煤矿较多的实际，积极发展资源综合利用产业，以工业"三废"的固体废弃物煤矸石、锅炉炉渣和粉煤灰为重点，积极推广综合利用技术。全区综合利用企业发展到21家，年回收利用工业固体废弃物、再生资源336.4万吨，实现产值11.06亿元，主要工业固体废弃物利用率89%。

【清洁生产逐步展开】 全区工业是以煤炭和煤化工为主的工业结构。大力推行清洁生产，成为提高资源利用效率，实现经济社会可持续发展的迫切需要。结合节能减排工作的实际情况，逐步以点带面的开展清洁生产审核工作。年内组织张山水泥厂等11家企业实施清洁生产审核，其中6家企业通过验收。张山水泥厂在方案实施后年节电202.65万千瓦时，济宁佳旺建材有限公司通过锅炉改造年节约标准煤4285.8吨。10人参加省清洁生产审核师培训班，全部取得清洁生产审核师资格证书。

食　品

【概况】 全区食品工业规模以上工业企业11家。总资产5.49亿元，全年平均从业人数2600人。2011年，完成主营业务收入18.65亿元，完成出口交货值0.1亿元，实现利税2.2亿元，利润1.73亿元。

【企业简介】 济宁市康泉食品有限公司 成立于1983年，总资产3500万元，全年从业人员年平均人数80人。年内完成主营业务收入3300万元，实现利税65万元，利润50万元。康泉月饼连续3年在中国月饼节被评为优质月饼。

山东华仙甜菊股份有限公司 成立于1985年，企业拥有总资产1.3亿元，全年平均从业人数103人。年内完成主营业务收入2亿元，完成出口交货值0.9亿元，实现利税0.3亿元，利润0.22亿元。2011年，企业取得美国有机食品认证、欧盟有机食品认证。自立研发的RA甜菊糖、酶转化甜菊糖、三力甜甜菊糖被列入国家级重点火炬计划项目。

济宁耐特食品有限公司 成立于2000年，总资产4778万元，全年平均从业人数256人。年内完成主营业务收入1亿元，出口交货值13.2万元，实现利税2146万元，利润1200万元。被山东省科技厅认定为高新技术企业，被济宁市人民政府评为百强民营企业。天博商标被山东省工商行政管理局认定为山东省著名商标。固定化酶制备蛋白水解液技术、易溶姜油微胶囊新产品分别为2011年山东省第三批、第四批技术创新项目，经鉴定达到国内领先水平。

医　药

【概况】 全区医药工业规模以上工业企业3家。其中化学药品原药制造企业1家，中药饮片加工企业1家，卫生材料及医药用品制造企业1家。总资产1.45亿元，全年平均从业人数300人。2011年，完成主营业务收入2.41亿元，实现利税0.54亿元，利润0.32亿元。

【企业简介】 山东鲁抗舍里乐药业有限公司 是山东鲁抗医药股份有限公司的全资子公司，总资产2.46亿元，全年平均从业人数723人。2011年，实现主营业务收入5.1亿元，完成出口交货值2.5亿元，实现利税4200万元，利润3200万元，全年科研经费投入1300万元，新产品开发步伐进一步加快。申报发明专利1项（一种制备泰拉霉素的新方法），进入实质审查阶段；申报实用新型4项（用于饲料预混颗粒剂生产的一体化装置、生物发酵接种装置、一种沸腾制粒塔喷枪雾化器、一种环喷好氧发酵装置），获得专利证书3个；承担省级科技发展计划项目1项（动物专用抗生素—泰拉霉素原料药研制）；省技术创新项目2项（泰乐菌素菌种遗传改造技术的研发、新型动物专用抗生素泰拉霉素的研究开发）。被评为任城区技术创新示范企业、任城区突出贡献企业。

信息化建设

【概况】　软件和信息服务业实现销售收入1.14亿元，比上年增长37.3%，实现利税3900万元，比上年增长31.9%；电子信息制造业实现销售收入3.8亿元，比上年增长2.4%，实现利税1900万元。全区通信设施投入1300万元，比上年增长65.6%，互联网总出口带宽100G，移动电话用户37万户，比上年增长16.5%，互联网宽带用户3.8万户，比上年增长26%。电子信息产品制造企业5家：济宁智能工程机械有限公司、济宁市同创矿用设备有限公司、济宁远征蓄电池有限公司、济宁鲁科检测器材有限公司、济宁市科电检测有限公司；软件和信息服务业企业5家：金蝶软件（中国）有限公司济宁分公司、用友软件股份有限公司济宁分公司、山东亿维信息科技有限公司、山东学同信息科技有限公司、山东鸿信电子科技有限公司。

【信息产业聚集区】　仙营3C商圈集聚区位于济宁市城区中心地带，建设北路和吴泰闸路交汇处周边，主要有亿维数码广场、万通科技市场、仙营数码商城、华冠万通数码城等具备一定规模的电子城、IT卖场及周边多家硬件经营公司和软件开发公司。3C商圈营业面积3.2万平方米；商圈内企业主要从事IT软、硬件的生产、开发、代理、销售和数字音响、网络游戏、办公耗材等；经营商400多家，其中过10亿元的信息服务企业1家，过亿元的信息服务企业3家；年营业收入总额18亿元；全年平均从业人数3000人。该3C商圈成为济宁市规模最大、人气最旺、效益最好的集聚区，初步成为鲁南地区信息产业基地。

【信息化与工业化融合】　突出“两化”（信息化、工业化）融合，大力推进传统产业升级。做好信息化示范工程，支持部分信息化基础较好的中小企业进行“两化”融合试点示范，让更多的企业能够分享到信息化发展成果，把信息化技术成果运用到生产和管理中去。促进传统产业结构调整，进一步提升全区经济运行质量。积极组织企业做好“四个一百工程”（在信息技术推广、数字化装备制造、供应链信息化管理和能源监测自动化控制等四个领域，实施信息化与工业化融合）“两化融合安全生产”“两化融合先进实用技术和装备”等项目的申报以及电子商务企业认定工作。以全市“企业全面信息化管理”峰会为契机，加大对工业企业信息化宣传力度，增强企业信息化应用意识。组织企业负责人参加全市企业信息化培训班学习，引导企业重视并加强信息化建设。借助济宁市利税千万元企业信息化改造提升工程，引导企业积极申请济宁市信息化专项扶持资金，加快企业信息化建设步伐。

【农村信息化】　全年联通任城分公司实施三期“光进铜退”（中国电信和中国联通为逐步实现光纤接入，用光纤代替铜缆的一项工程，解决电缆防盗与远距离上网能力不足的问题）工程，增加2500户左右的容量，光纤到村基本完成，下一步将逐步实现光纤到户。全区行政村光纤宽带覆盖率80%左右。通信运营商推出涵盖农村市场所有用户群的“交宽带费送3G手机”系列优惠活动。其中联通任城分公司重点推出适合农村特点的服务产品“沃家庭”A、B计划，“沃家庭”家庭成员间可享本地通话全部免费等优惠共享政策。8月份以来，联通任城分公司在长沟镇开展“十户联防”试点工程，进一步提升农村信息化应用水平。

（张　涛　李　宏）

【中国移动任城分公司】　遵循“精于筹划、长于执行、能打硬仗、敢为人先”的工作方针以及“快、活、细、实”的工作作风，着力推进任城信息化建设和物联网产业发展，不断研发物联网等新技术应用项目，继续保持良好的发展态势。在社会上树立良好的口碑，涌现出一批先进共产党员、巾帼示范岗明星、省级服务明星等优秀模范员工。2011年，被评为济宁市消费者满意单位、任城区发展经济先进企业、区级文明单位等。

发挥优势，优化结构，创新发展。积极应用新技术，满足社会和消费者多样化、个性化、差异化的消费需求。公司针对个人、家庭和集团三类客户，全力推动产品创新，全区移动用户突破30万户，占全区人口的50%以上，基站数量220多个，年上缴利税近600万元，为地方社会经济发展作出突出贡献。

关注社会化需求，做好信息化应用。树立移动通信在服务社会发展和经济建设中的信息专家形象，为落实国家“两化融合”等信息化建设战略思想，受区委区政府委托，在“无线城市、智慧任城”项目建设中，把无线政务、智能交通、无线能源、无线金融、无线商贸变成现实，任城区成为济宁地区首个“三网融合”(TD-SCDMA、WLAN、GSM三种技术融合)的无线县区。开发建设城市路灯管理控制系统、计划生育管理系统等。建设网上营业厅，开展电子化服务；积极实施营业前台服务监督卡制度，加大服务明察暗访力度，开展“金牌服务、满意100”大型服务竞赛活动，提升营业前台服务水平和能力。

加强管理与培训，提高服务水平。通过业务学习提高员工素质。重点加强全员的基础业务素质和新业务营销等方面的培训；固定每周五晚上进行全体人员的业务培训，提高前台人员的业务素质；每月进行一次业务考试，采用末位淘汰制，提高员工学习的积极性和动力。配合省公司的“投诉改善双百”活动，深入落实“五心”服务，细化营业部门服务考核，从源头减少客户投诉数量。着眼业务流程深层次问题的解决，积极开展流程穿越活动，从部门分工、代办管理、营销方式到流程控制方面，提升公司基础管理水平。将各营业厅明查暗访成绩与综合排名列入月度考核，促进服务质量的持续改善。2011年，城区营业厅暗访平均成绩均在95分以上，镇(街道)营业厅明查暗访平均成绩保持在90分以上。（王维世　杨志强）

【中国联通任城分公司】 公司贯穿“沃·腾飞”主题，以更加贴近客户的产品为先导，以诚信优质服务为基础，不断增强社会责任感，实现经济效益和社会效益双丰收。全年业务收入完成年计划的97.66%，位列全市第九名，其中3G收入完成590万元，完成年度计划的98.15%，位列全市第五名；全年累计上缴利税236万元。2011年，被评为区级服务社会先进企业、区级经济效益先进企业。

业务经营　秉承“以客户为中心、以服务促发展”的理念，不断创新服务内容，做“信息生活的创新服务领导者”。公司提出打造“光网城市、智慧济宁”目标，推出“光纤宽带”项目，为三网融合奠定基础。WCDMA3G业务呈现高速发展态势，为客户提供高、中、低多种套餐选择，“沃·3G”成为客户的3G业务首选品牌。联通和网通融合后，新联通成为全业务运营商，以固话、宽带、手机业务为基础的“沃·家庭”“沃·商务”融合业务，使客户得到实实在在的优惠。

服务工作　将提升人员素质作为抓好服务工作的基础。2011年，着重开展“营业员和线务员素质提升”活动，4名营业员晋升为高级，7名营业员晋升为中级，在窗口人员中形成比学赶超的氛围。前台营业开展创先争优活动，中心营业厅强化基础管理，服务品牌得到客户认可。

社会效益　联合区政法委开展“十户联防”工作。8月，成立工作组，由分管副总带队进驻长沟镇，进行组织协调、业务宣传和受理。为推动“十户联防”项目开展，专门推出“三无四免”的优惠政策（“三无”是政府零投资，村委零投资，村民零支出；“四免”是免费安装电话，免固话月租费，全镇网内电话互打免费、新装固话免费送手机卡政策）。月底，“十户联防”工作在长沟镇召开的现场会上得到市区两级政法委领导的肯定，并在全区推广。年底，开展“十户联防”的村58个，加入“十户联防”系统用户10352户，取得良好的社会效益。

网络建设 光缆网络覆盖任城区所有村庄，固话、宽带实现村村通，GSM网络日趋完善，WCDMA网络覆盖到8个镇（街道）。2011年，升级改造传输网络，提高网络质量性能。打造“宽带信息专家”品牌，公开作出“宽带障碍查修城镇4小时、农村8小时”限时服务承诺，设立9600169宽带专家热线。加快推进宽带接入光纤化应用，着力在新兴市场、竞争区域和ADSL上网感知度差的区域推广FTTH、FTTB+LAN宽带，市场占有率90%以上。全年完成25个村的AD改LAN工作,完成三期“光进铜退”项目。

综合管理 贯彻落实市委和市联通公司作风建设总体部署，将作风建设作为抓好一切工作的前提。对内严格劳动纪律、工作纪律，完善各种管理制度，细化考核办法，实施关键指标责任人制度等，从细、从实抓基础管理工作。落实安全千分制考评，加强工程割接期间夜间值班，减少电缆被盗案件发生。组织各类培训159期，培训人员1507人次，增强员工素质。积极参加各类社会公益活动，树立联通公司的良好形象。

精神文明 各级领导干部率先垂范，带头干、冲在前，加班加点，以实实在在的工作作风带动员工；注重对工作业绩突出的员工的推优表彰；开展自行车骑行、沂水旅游、文艺汇演等活动，丰富员工业余文化生活；大力宣传企业文化，以积极向上的思想引导员工；尽最大努力解决困难职工实际难题。

（张　溪　王如光）

招商引资　经济园区

招商引资

【概况】 区经济合作局为正科级全额预算管理事业单位，设人事秘书科、投资管理科、投资信息科、投资促进一科、投资促进二科和投资促进三科等6个科室，编制18人，设局长1人、副局长2人。2011年，全区在建招商引资项目341项，引资规模243.6亿元，到位资金81.4亿，同比增长24.8%，占年度工作任务的101.8%，其中1亿元以上项目10个，5亿元、10亿元以上项目各2个。区经济合作局被评为区级文明单位、区级招商引资先进单位、平安任城建设先进单位。

【招商活动】 积极参与大型招商活动。5月，参加世界杰出华商财富济宁行活动，与杰出华商企业初步达成合作意向项目10个，拟投资额35亿元。认真筛选招商项目，通过信函、电话、上门拜访等多种方式，提前邀商对接项目，提高招商实效。召开招商推介活动。分别在北京等经济发达地区多次召开招商推介活动，其中在北京“高铁时代，走进济宁”投资环境说明会上，成功签约中德商务区建设和国鸿润滑油生产项目2个，总投资18.3亿元。

【创新招商方式】 在传统外出招商方式的基础上，积极采取产业招商、园区招商、以企招商、专题招商等多种招商方式，建立项目包保和帮办机制，对外商投资企业实行全程跟踪服务。

产业招商　在工业经济发展上，重点培育战略性新兴产业，确定把新能源、新医药、新材料等有一定产业基础、高成长性的行业作为主攻方向；在现代服务业发展上，按照“城内大商贸、城外大物流”的思路，积极引进商贸物流、金融信息、休闲旅游和房地产等高端服务业项目；在都市农业发展上，紧扣“四大园区、四大基地”建设，积极引进高档设施农业和休闲体验项目。

园区招商　把园区发展作为加快产业集聚的重要平台，加快重点园区建设，增强自主创新能力，园区承载力日益增强。任城经济开发区“九通一平”面积20平方公里，济北高新技术产业园“四路两桥一景观”全部竣工，南张物流园区立足打造现代商贸物流产业高地，长沟森达美跃进港建成运营。

以企招商　充分发挥企业招商的主导作用，把企业推向招商引资的主战场。鼓励企业进行强强联合；鼓励企业抓住产业链条上的关键环节，引进能够拉长产业链上的相关企业；鼓励企业加强与高校、科研院所的联合与合作，为企业的持续发展提供智力支持和人才保障。港宁纸业与香港百龄国际合资的铜板原纸项目、济宁碳素集团有限公司与美国卡博特及日本杰克特的合作等都是以企招商的好例子。

专题招商　结合全区产业发展规划，围绕全区优势产业项目，开展精细化工专案招商、机械制造专案招商、现代物流专案招商、生态农业专案招商、资源股权专案招商等五大专题专案招商活动，以新思维、新举措、新方式，努力开创招商引资工作新局面。

【一站式服务】 凡在任城区投

资兴办的各类企业，由项目引荐单位和项目所在地共同办理各种证照手续，实行“一站式”服务。名称预约3个工作日办结，工商注册和组织机构代码证均是5个工作日办结。投资新建项目，从立项、审批到开工建设，行政事业性收费按国家、省规定的下限征收。工商注册按注册资本总额的0.8‰缴纳，领取《营业执照》的，设立登记费300元，变更登记事项的，变更登记费100元。全年为300家企业办理一站式服务。

（王晓峰　向　东）

■ 蓼沟河景观

任城经济开发区

【概况】　2005年12月，任城经济开发区经国家发改委审核通过确立为省级经济开发区，位于区境东部，总面积85平方公里。2011年，任城经济开发区围绕“崛起工业新城、打造‘千亿园区’、争创国家级开发区”目标，深入开展招大引强、集中突破项目建设、强势壮大产业集群，做大做强骨干企业，区域经济总量快速攀升、产业项目集中聚集、功能配套日趋完善。全年完成固定资产投资56.5亿元，比上年增长41.6%；营业总收入225.2亿元，比上年增长25.6%；完成地方财政收入1.2亿元，比上年增长25%；高新技术产业产值81.7亿元，占工业总产值的35.2%。

【基础设施建设】　利用指挥部体制，全力推动开发区“八路三桥一景观”基础设施建设工程。“八路”工程包括海川路、德源路、山博路、开源路、同济路、山博西路、太行山路、鸿广路，总长18公里；“三桥”工程包括蓼沟河开源路景观桥、蓼沟河山博路景观桥和鸿广路泥沟河桥，建筑面积6000平方米；“一景观”工程包括蓼沟河济邹路至山博路景观桥段的河道开挖和排污截流整治工程，道路、路灯和广场设施建设等，总长1.6公里，整治面积72万平方米。年底，“八路三桥一景观”基础设施建设工程全部竣工，总投资14亿元。实施济邹路升级改造绿化工程。该工程西起洸府河，东到泗河大堤，全长13公里，总绿化面积26万平方米，铺设管网26公里，填土32万立方。主要是对部分村庄沿路建筑物实施立面升级改造，对济邹路两侧拓宽10米，进行立体绿化美化。实施开发区老区改造工程。该工程包括开发区开源路、远兴路、山博路、接贾路4条道路绿化升级改造工程，主要道路平交道口、交通港湾升级改造工程。实施污水处理厂建造工程，投资6300余万元的污水处理厂一期工程年内完工并投入使用。加大专业园区建设，全力推进孔圣健康产业园、外商投资产业园、创业园等专项园区建设。

【支柱产业】　坚持产业集群化、基地化发展方向，积极推动优势产业由大变强，扶持新兴产业由小变大，呈现出主导产业高端化、传统产业品牌化、新兴产业规模化的局面，形成区域特色突出、功能定位明确的高端高质高效产业聚集区。突出装备制造、医药健康、现代服务、新材料新能源四大主导产业的培植壮大，其中机械装备制造、医药健康两大主导产业聚优成势。在机械装备制造业方面，年内各类机械加工企业发展到近百家，产品涉及近千个品种，实现产值115亿元，利税16.8亿元，被命名为山东省新型工业化产业示范基地。在医药健康产业方面，集中打造孔圣医药健康产业基地。成功承办中国健康产业儒商高峰论坛；一期总投资5亿元的方健制药、3亿元的天博食品等项目年内全部建成；医药物流园区加速发展，物流园拥有济宁市医药物流90%以上和苏鲁豫皖周边地区20%以上的市场份额。高度重视战略性新兴产业的培育和发展，远征电源、华瀚18兆瓦光伏电站、广州杰威迅LED、东方文博城等一批战略性新兴产业项目蓬勃发展。

【现代物流业】 大力扶持产业结构优化、发展方式转变的重点现代物流企业。以医药物流园区建设为中心，高标准发展现代医药物流业。医药物流园占地520亩。先后投入10亿元，采用最新医药批发仓储认证标准，新设商务信息、电子结算、仓储质保、物流配送、品牌宣传、融资信贷六大服务中心，形成生产、仓储、物流、销售全链条的产业模式，建立起规范化、统一化、标准化、数字化的现代医药公共物流平台。物流园吸引瑞中医药、国药济宁、健桥药业等15家医药物流企业入驻。销售规模跃居鲁西南第一、全省第三的先进位次，全年实现销售收入72亿元，利税5.4亿元。医药物流园获批为省级重点服务业项目。根据世界物流运输业发展趋势，积极引进第三方物流企业入驻园区。发展中邮物流、通成集装箱等一批标准的第三方物流项目。1月，总投资1.5亿元的中邮物流项目正式运营，年完成运输吞吐量100万吨，实现营业收入3.2亿元，利税2000万元；山东通成集装箱运输有限公司年货物仓储能力达到80000吨，周转能力达到80000吨。

【出口加工业】 坚持“以市场为导向，以效益为中心”的原则，大力发展加工贸易，扩大出口，开拓国际市场。利用外资保持较好增长。全年新批外资项目5个，增资项目2个，合同总投资6500万美元。实际利用外资1495万美元，超额完成任务的15%。对外贸易稳步提高。全年开发区企业完成进出口2400万美元，超额完成任务的20%，其中出口2191万美元。外贸主体进一步加强。有6家外贸企业进行对外贸易经营者备案登记，对外贸易企业由8家发展到14家。圆满完成劳务派遣工作，对外派遣劳务人员60人，对外劳务合同额220万美元。

【产业培植】 按照“壮大优势产业、打造核心企业、延伸产业链条、培育产业集群”的思路，实施“大项目—产业链—产业集群—产业基地”的发展战略，努力培植壮大优势主导产业。全力突破高端装备产业。积极扶持企业由产业链低端向高端发展、由零部件加工向高端装备制造发展，引进和培植产业链高端核心项目，年内涌现出沃尔华集团等一批骨干企业。总投资16亿元的山矿机重型矿山机械制造基地等3家成套装备项目年内成功签约。高标准发展现代服务业。2011年，医药物流园总体销售规模位列全省前三名；积极发展中邮物流、通成集装箱等一批标准的第三方物流项目。积极推进医药产业化。一期总投资5亿元的方健制药、投资3亿元的天博食品等项目年内全部建成。总投

■ 国内最大最先进自动分拣线—瑞中医药自动分拣线

■ 沃尔华现代化生产车间

资5.3亿元的鲁抗医药集团医药制剂专业生产园迁建项目、投资1.5亿元的方健制药和韩国利发株式会社合作的保健品项目达成初步协议。科学谋划新能源新材料产业。加大专业园区基础设施建设，编制产业发展长期规划。在优惠政策的激励下，帝豪高分子材料、杰威迅LED等一批战略性新兴产业项目蓬勃发展。大力发展文化产业。年底，一期总投资35亿元的东方文博城项目破土动工。

【科技创新】 大力实施“科技兴园”战略，高新技术产业产值占工业总产值的40%。营造科技事业发展好环境。年内拿出100多万元，重奖涌现出的科技创新企业、功勋企业、支柱企业。搭建“产、学、研”相结合的平台。鼓励和引导企业加强与大专院校、科研单位及国家行业协会的联姻，推动高精端技术及科研成果与企业的有效对接。涌现出与北大、山大技术对接的博特精工，吸引山东农业大学在企业建立的科研实践基地美生物公司等一批科技型骨干企业。大力招引高新技术产业大项目。拥有国家发明专利42项的金佰特机械年内投产、达产，国内唯一拥有生产管道检测设备的雷神公司、拥有专利7项的同创公司以及天博食品等一批投资规模大、科技含量高、市场前景好的大项目好项目加紧建设。积极引导企业自主创新。培植壮大博特精工、远征电源、信慧化工、智能机械、鲁科电子、同创工矿等一大批高新技术企业，科技贡献率大幅提升。全年申报科技发展项目10个。科技三项经费占同级财政预算支出的1.31%以上，辖区内规模以上企业技术研发经费占企业年销售收入的2.2%，通成集装箱被评为山东省服务名牌，联迪漆业被评为山东名牌产品。

【招商引资】 始终把招商引资作为“一号工程”和首要任务，牢固树立“开放先导”理念，以承接产业转移为突破口，组织专业招商人员、骨干企业，采取全员招商、亲情招商、以商招商、网上招商、代理招商、蹲点招商等多种形式，积极参加知名企业家齐鲁行，京津塘、长三角、珠三角招商推介会，西洽会，乌洽会，香港、台湾、韩国招商推介会，全国新能源产业园区展示推介会，中国500强企业竞争指数发布会等大型招商活动。做好主导产业产业集群专项招商、项目跟踪服务等工作。围绕主导产业专业化、规模化、国际化目标，策划、筛选、储备一批延伸机械产业链的重大项目。采取“延伸链条引项目、填补空白找老板”的办法，加快与国内外大企业、大财团、大商社等战略投资者的对接合作，积极引进一批龙头型项目和产业链上的关键项目，推动产品向大型、成套装备方向发展，拉长加粗产业链条。年内先后组织外出招商活动30余人次，洽谈项目80余个，达成投资意向20个，新签约项目15个，到位资金28亿元。

【企业简介】 山东博特精工股份有限公司 成立于1996年，国家高新技术企业，国内关键功能部件行业专业化生产厂，是中国机床工具工业协会滚动功能部件分会理事长单位、秘书长单位，国家滚珠丝杠副标准工作组组长单位。公司注册资本6060万元，总资产3亿元，在职员工789人，各类专业技术人员186人，拥有各类关键加工设备850台，多台设备为国内少有的“精、大、稀”设备。拥有中国机械工业联合会认定的机械工业滚动功能部件工程实验室，公司被国家科技部认定为火炬计划国家级高新技术企业，公司产品“高速精密电主轴”被国家科技部认定为国家级火炬计划重点新产品，“博特”商标被山东省工商局认定为山东省著名商标，产品“博特BT牌”“滚珠丝杠副”被山东省质量技术监督局认定为山东省名牌产品。1月6日，公司在天津股权交易所科技创新板挂牌上市。投资5000万建设公司二期厂房8000余平方米，引进国际国内先进设备18台套。2011年，完成工业总产值1.94亿元，比上年增长34.59%。

山东源根石油化工有限公司 成立于2002年，是国内大型润滑油生产型企业。公司总占地150亩，基础油储存能力2.5万吨以上，产成品油储存能力1万多吨，拥有国内先进的自动生产流水线20条。公司被中国工程机械工业协会指定为中国工程机械工业用油品生产基地。先后被评为国家标准化良好行为AAA级企业、国家级高新技术企业、中国专利山东明星企业、山东省企业技术中心、山东省计量保证确认合格企业。2011年，公司经济运行持续加速、项目建设集中突破、企业不断做大做强，全年实现销售收入8.68亿元、利税3083万元。继续加大续建力度。公司二期工程建设完成并投入生产；投资150万元对老厂区的设备进行改造；投资800万元新建技术研发中心大楼。创新能力不断增强。全年完成30个新产品的研制，其中省级以上项目5项，市级以上科技计划项目8项，获得任城科技进步一等奖1项；申请发明专利4项，新产品立项28项，其中省级以上项目3项。锐意打造企业品牌。公司“KOE多效能抗磨液压油”的研发与应用，荣获2011年全国工商联科学技术奖；“小松”润滑油荣获中国润滑油行业最具影响力品牌称号。

山推奥特工程机械有限公司 成立于2008年12月，占地106亩，拥有产品研发工程师和技术人员10多名，具有较强的设计和制造能力，技术力量雄厚。主要从事工程机械配件、工矿配件的加工、制造与销售。2011年，投资6000万元完成公司二期工程，建设新厂房12220平方米、仓库4000平方米、职工宿舍1000平方米，企业年内实现工业总产值8000万元。投入1500万元购买火焰数控切割机、等离子切割机、压力机、加工中心及焊接机器人等设备。研发的新产品“台车架”获得市区科技部门颁发的科技成果奖；研制成功新产品“SD42涨紧导头”。

山东得亚利高分子有限公司 成立于2009年，隶属于得亚利集团，是一家以计算机软件，工程塑料研发、生产加工、销售及化工产品交易中心为一体的综合性台资独资企业。公司占地500亩，总投资5亿元。公司遵循“开拓绿色能源，发展环保产业，创办现代企业”的指导思想，建设DYL工程塑料和台湾化工园区。2011年，公司圆满完成一期主体生产厂房的配套工程建设、主动力配电工程建设及部分绿化工程建设等项目。全部安装完成后，公司将拥有国际领先的单、双螺杆塑料颗粒挤出生产设备20台套，台湾产全自动成型生产线等精密生产设备20余台套。

(王宪同　王保国 姜海珍)

济北高新技术产业园

【概况】 2009年，济北高新技术产业园经济宁市人民政府批准成立，位于二十里铺街道北部，是在济北工业园的基础上扩容扩建的，是市委、市政府确定的全市六大化工产业园之一，起步区规划占地4.3平方公里。产业园由新加坡邦城规划顾问公司科学规划。发展定位：以先进的煤化工、生物化工为基础，以可持续发展为目标，发展高附加值、高技术含量的煤化工产业，精细化工产业，生物和制药产业及相关支持性产业的世界级水准的科技产业园区。产业园预储备土地2800余亩，建成7公里4路2桥1景观渠、污水处理厂1座，实施规划的工程项目有11万伏变电站、天然气入园、仓储物流等。

【支柱产业】 精细化工产业是产业园支柱产业，产品种类涉及煤焦油深加工系列、碳阳极系列、医药中间体、工业苯、润滑油、复合肥等多个领域。年底，产业园精细化工企业10家，实现年产值54.6亿元，比上年增长32%，占二十里铺街道的73.6%；实缴税金1.56亿元，比上年增长28%，占二十里铺街道的76.7%。

【现代服务业】 把加快发展现代服务业作为转方式、调结构的重要手段，产业园形成以服务机构、融资担保、物流配送、信息平台、餐饮娱乐等功能于一体的现代服务业体系。济北高新技术产业园投资开发公司承担产业园基础设施、配套设施等工程的实施工作，作为产业园的投资主体、招商主体，负责招商项目的洽谈审核，建设项目的推进工作。有融资担保公司1家，济宁大友投资担保有限公司。该公司成立于2008年，注册资本3000万元，以专业化担保为运作主体，以商业银行为依托，为产业园企业提供担保服务，年上缴税金32万元。有物流公司4家：济宁济北工业品配送中心、济宁宏旭物流有限公司、济宁运通运输有限公司、济宁北都物流有限公司。有酒店80余家，年上缴税金200余万元，其中较大规模的有济宁北都美食城和规划建设中的济宁杏临岛生态农业观光园。

【出口加工业】 重点培植壮大出口创汇型企业，鼓励支持企业积极开拓海外市场，全年实现出口额6904万美元，比上年增长18%；新建区内首家外商独资企业，总投资额100万美元。济宁碳素集团有限公司铝电解用碳阳极50%以上出口到欧洲、北美、印度、俄罗斯等22个国家和地区，年出口产品15万吨；迅大公司管道防腐胶带等产品60%以上出口中东国家和地区，年出口各类胶带产品5000吨。

【产业培植】 加大主导产业和骨干企业培植力度，产业规模不断膨胀扩大。依托济宁碳素集团有限公司，联合巨能、邦达、长兴等企业，形成集煤、电、化于一体的现代精细化工产业链条；依托云天化集团，对利特、大山农实施联合重组，形成复合肥、生物工程产业链条；依托国鸿石化、同孚石化，实现强强联合，打造润滑油行业新品牌；依托园区、矿区，联合济北工业品配送中心、宏旭物流、运通运输等物流企业，构建化工品物流运输体系；引进中石化、中石油等战略投资者，培育新型精细化工企业。

【科技创新】 产业园的发展定位和发展方向本着科技先行的原则，着力打造科技创新型高新技术产业园区。园区企业不断加强产学研合作，加大科研投入，消化吸收国际先进技术，引进国内外精细化工尖端人才，实现高附加值高科技产品的科技转化，增强竞争能力。产业园有国家级实验室1家，省级高新技术企业1家，市级高新技术企业2家，研发机构2个，高新技术产业产值36亿元，增长27%。济宁碳素集团有限公司建立国内首家碳素研究所，是国内第一家获得国家级实验室认可、第一家获得瑞士R&D公司实验室认可的碳素研究所，成功晋级省级技术中心，年内申报国家级技术中心，获国家级专利7项，取得省级科技成果2项，济宁碳素集团有限公司被评为山东省高新技术企业；圣科公司获6项实用新型专利认证，被山东省科技厅、山东省知识产权局授予专利明星企业称号。落后产能和设备的淘汰进度不断加快，节能减排取得实效，实现节能减排、优化组合、综合利用的发展要求，万元GDP能耗降低3.8%，其中济宁碳素集团有限公司煅烧炉余热综合利用技术的采用，年可节能5万吨标准煤。

【招商引资】 济宁济北高新技术产业园投资开发公司于2010年3月成立，是园区的投资主体、招商主体和建设主体。综合考虑资源优势、区位优势、产业规划和发展方向，遵循“洽谈—考察—初审—专家评审”的程序，确保招商引资项目质量。济宁碳素集团有限公司、山东鲁抗医药有限公司、云南云天化集团等国内大中型上市企业相继投资建厂，北京晨光、恒晟新能源等集团公司投资项目，选址测绘。年底，产业园引资入驻企业26家。

【企业简介】 **济宁蓝天包装有限公司** 成立于1993年，占地面积78亩，注册资金1000万元，全年平均从业人数280人。是专业生产彩色瓦楞纸箱及彩盒设计印刷的纸制品企业，拥有国际先进的瓦楞纸箱流水生产线2条，日加工能力60万平方米，年产值3亿余元。拥有原纸、纸板、纸箱等全套检验设备。2006年，顺利通过ISO:9001质量管理体系认证和国家商检局颁发的纸箱包装出口免检认证，成为鲁抗辰欣药业、白象食品、伊利乳业、洽洽食品、蒙牛乳业、雨润集团等公司的包装品供应商。公司下辖的迅大管道防腐材料有限公司是国内规模最大、防腐产品最齐全、设备最先进、质量最稳定的综合性防腐、防水材料生产企业，集研发、生产、销售于一体，主导产品有聚乙烯管道防腐胶粘带、热收缩带、管道防腐防水热缩帽等，60%以上出口中东国家和地区。（宋　乾　李代来）

商　业

综　述

【概况】　区商务局为正科级行政单位，设办公室、综合法规科、商贸流通和市场建设科、服务业发展科、对外招商促进和外国投资管理科等5个科室，编制11人，设局长1人、副局长2人、工会主席1人。2011年，全区服务业增加值实现81亿元，同比增长12.6%；社会消费品零售总额实现86.8亿元，同比增长14.98%；批发零售贸易业零售额84.4亿元，同比增长14.77%；住宿餐饮业零售额2.4亿元，同比增长22.23%。新增外贸备案企业16家，完成进出口总额2.28亿美元，同比增长15.1%，其中出口2.22亿美元，同比增长19.9%；进口681万美元，同比降低50.1%。

【推进农产品现代流通体系建设】　以"满意消费惠万家"活动为总抓手，开展"喜迎新春欢乐购物惠民利民"和"农超对接"活动，落实各项惠民政策，健全农村流通网络，拉动居民消费。继续开展"万村千乡"市场工程，建成农村超市680个，覆盖70%以上的行政村，建成物流配送中心7个。抓好市场监测和农贸市场改造工作，强化节假日和"黄金周"期间生活必需品市场监测，确保各商业网点数据更新。土城农贸市场、后刘农贸市场、新华农贸市场的建设改造主体工程全面完工。

【市场体系运行】　按照"保民生、保增长、促稳定"和"搞活流通、扩大消费"的要求，加快流通体系建设，完善市场调节，规范市场秩序。通讯、电器、建材、酒类、成品油等热点商品销售稳中有升，大米、食油、肉品、禽蛋等生活必需品供销两旺。积极落实利民惠民政策，区商务局认真开展家电下乡和以旧换新网点备案、审核及整治，先后对37家"家电下乡"和24家"家电以旧换新"销售网点进行备案，确保备案企业在软硬件上符合要求。在"家电下乡"政策实施中，补贴各类家电下乡产品232676台，补贴金额6342.8万元。

【酒类流通管理】　按照"积极

12月21日，省商务厅酒类流通专项整治工作组到新星商贸检查

稳妥、有序推进”的方针，深入贯彻落实《酒类流通管理办法》，紧密结合自身实际，着眼于规范酒类市场秩序和建立酒类市场管理长效机制，流通管理工作有条不紊的向前推进。12月20日，省商务厅酒类流通专项整治工作组到任城区督导检查酒类流通专项整治工作情况，实地检查全区酒类生产销售部门、酒类批发企业、餐饮企业、酒类专卖店以及进出口酒批发（零售）企业。2011年，全区办理酒类流通备案登记796家，其中酒类批发企业131家，餐饮娱乐企业55家，零售企业610家，发放随附单210本，10500份，酒类流通市场迈入规范化管理轨道。

【利用外资】 全区实际利用外资910万美元。新批外商投资项目4个，巴基斯坦巴斯诺公司独资的济宁巴斯诺进出口有限公司，外资到位20万美元；济宁太阳机械有限公司和香港太阳机械控股集团合资的1万台（套）工程机械底盘生产项目，投资2000万元人民币，注册资本1500万元人民币，其中外资158万美元；山东得亚利高分子有限公司，合同利用外资500万美元，全年外资到位100万美元；在香港注册的十景有限公司与山东济宁杏林岛生态园有限公司合作的济宁杏林生态观光园有限公司，注册资本4050万元人民币，投资10125万元人民币，其中外资4000万元人民币，折合632万美元。

（张忠恋　吕惠敏）

供销合作

【概况】 区供销合作社联合社（简称区供销联社）为正科级事业单位，设办公室、人事科、财务科、安全科、工会、团委、理事会和改革改制办公室等8个职能科室，辖山东金宇商贸有限公司、济宁市天力农业生产资料有限公司、济宁市任城区土产杂品公司、济宁市喜乐烟花爆竹有限公司、济宁市任城区供销批发公司、济宁市联华海联物流有限公司和济宁市天润农资公司等7个公司及6个镇（街道）基层供销社，编制15人，设主任1人、副主任2人、工会主席1人。2011年，区供销社完成商品销售收入16.77亿元，实现利润1799万元，上缴税金1397万元。

【现代流通服务网络】 全力推进农村现代流通服务网络建设，大力实施连锁配送和超市经营，以现代流通方式和新型经营业态对传统的经营网络进行全面升级、改造，初步构建起以区直公司（城区大型购物中心）为龙头，以镇（街道）直营超市为骨干，以村级加盟超市为基础的农村现代日用品流通服务网络体系。新增日用品加盟店150个，农资加盟店80个。加快日用品龙头企业建设。由主导的日用品经营企业承担镇（街道）直营店和村级加盟店建设任务；加快网点下伸，积极推进村级加盟店建设。依托镇（街道）直营超市，组织、带动村级加盟超市的快速发展。村级加盟店覆盖50%以上的村（社区），村级加盟店的商品配送率达40%以上。

【合作经济组织发展】 根据上级有关做好联合会的注册登记、建章立制等精神，加挂济宁市任城区农村合作经济组织联合会的牌子，坚持发展和规范并举，按照市场化运作的模式，结合农业产业化和基层农技服务体系改革的实际情况，积极引导各类农民合作经济组织的发展，不断扩大合作经济组织辐射面。全年先后组建济宁市任城区兴社苗木种植专业合作社、济宁市任城区宏达养殖专业合作社、济宁市任城区鲁任天昊苗木种植专业合作社和济宁市任城区鑫隆花生种植专业合作社等4家专业合作社，经济运行态势良好。

（汪孔刚　张金安）

粮　食

【概况】 区粮食局为正科级行政单位，设办公室、人事科和业务科3个科室，辖区粮食执法大队、区粮食调控监管中心、区粮食收储中心和区粮食收储指导站等4个单位，编制7人，设局长1人、副局长3人、纪委书记1人。2011年，全区粮食收购总量4亿公斤，同比增加2.95亿公斤；销售总量3.9亿公斤，同比增加2.9亿公斤，实现利润2000万元，同比增长180%。被山东省粮食局评为全省粮食系统先进单位。

【加强粮食市场调控】 全年先后5次组织监督检查人员专项检查全区粮食市场收购秩序，积极向收购业户宣讲国家粮食政策，制止不理性粮食市场购销行为，提出合理化建议30余条。夏粮收购中，积极引导收购企业，特别是托市收购库点，采取即购即销、代购代销等灵活多变收购方式，满足农民售粮需求，搞活粮食流通，夏季收购小麦3.32亿公斤。秋粮收购中，结合上半年玉米市场抢购，价格上涨过快的突出问题，注重监控玉米价格，落实省发改委等部门出台的7项玉米调控措施，出动100人次进行粮情调查，向各经营户宣传国家粮食收购政策，较好地稳定玉米市场，购销平稳有序进行。

【政府放心粮油食品工程】 按照市粮食局的部署，区粮食局加大“放心粮油示范店”工程建设力度，调查全区从事粮油食品经营的粮油店，经过层层筛选，严格把关，以城区的粮油食品店为主，向农村粮油食品店延伸辐射，选择条件好、信誉高、工作积极、具有丰富经营经验的粮油店作为发展重点，确定3处粮油食品店作为示范店；与孔府宴食品公司协商，设置4处放心粮油示范亭。年底，济宁华任面业有限公司被评为全省放心粮油进农村进社区先进单位，济宁华正油脂公司生产的“民信”牌大豆油被评为山东省放心粮油。

【农户科学储粮工程】 积极推广新型储粮装具。在二十里铺、长沟、石桥、接庄等4个镇（街道），选择产粮大村进行宣传推广储粮新装具300套。宣传农村储粮新技术，向全区各镇（街道）、村（社区）发放宣传材料2万份，提高农民的科学储粮意识和储粮技术水平，减少粮食在储存环节的损失。

【地方储备粮油管理】 严格按照《济宁市地方储备粮油管理办法》，每月按时编制和报送《地方储备粮油库存情况月报表》《地方储备粮油储藏情况月报表》，认真落实各项仓储规章制度，开展地方储备粮规范化、精细化、科学化管理活动，及时进行粮情监测，达到“一符四无”粮仓标准要求（“一符”指账实相符，即保管账、统计账、会计账及台账与实物数量相符；“四无”指无虫害、无变质、无鼠雀、无事故）。全面检查药剂库、防毒面具、消防器材等配套设施及制度落实等情况。各粮库库存粮油账、卡、物相符，记录规范准确，粮温正常，无霉变、虫害、鼠雀危害。消防器材等配套设施完好，储粮药剂库安全保障措施规范，确保地方储备粮数量真实、质量完好、储存安全，

【社会粮食统计调查】 做好统计台帐和统计报表管理，逐月审核汇总统计报表，准确及时率100%。做好粮油价格监测周报工作，调整全区粮油价格监测点，确定2个面粉企业为面粉出厂价格监测点，5个大的粮食收购站（点）为原粮收购、出库价格监测点，1个油脂价格监测点，2个粮油超市为成品粮油零售价格监测点。全区设立农户粮情固定调查点45户、城镇居民粮情固定调查点23户，全年完成粮油价格监测报告52期。

【粮食产业发展】 大力发展粮油加工基地建设，积极开展粮食物流产业，全力推进“放心粮油”工程建设。全区粮食产业形成四大板块：以济宁华任面业有限公司为龙头的小麦加工板块，济宁华正油脂有限公司为龙头的食用植物油加工板块，以区粮食收储中心为龙头的粮食购销板块，以创建“放心粮油”示范店为突破口的“放心粮油”工程建设板块。依据每个板块特点，区粮食局分类指导，向粮食企业宣传优惠政策，提供便利服务。

【粮食执法】 制定《行政执法公示制度》《粮食行政执法岗位责任制》《粮食行政执法情况报告制度》《行政执法人员“十不准”》《执法人员行为规范》等内部监督制度。5月，利用培训讲座，广播电视媒体，悬挂宣传横幅，发放宣传资料，现场咨询等形式，做好《粮食流通管理条例》《粮食流通监督检查暂行办法》和粮食相关法规的宣传。加强政策学习，严把市场准入关，全面核查全区粮食收购资格审核工作，依法取消不符合条件的经营户的粮食收购资格。全年执法检查5次、出动230人次，检查粮食企业150个(次)，粮食企业的经营行为得到规范，粮食市场秩

序稳定。　（范西同　秦秀婷）

烟草专卖

【概况】　区烟草专卖局（营销部）设综合办公室、专卖监督管理科、营销科、法制科等4个科室，辖1个稽查大队、3个稽查分队（所）和3个稽查中队，有职工95人，其中在职职工41人，聘用职工54人，设局长1人、副局长2人。辖区内有卷烟零售客户3494户。2011年，销售卷烟23850箱，同比增长3.23%；实现销售收入4.48亿元，同比增长30%；实现利税1.34亿元，同比增长41.95%；上缴税金4963.95万元，同比增长43%。全区查处各类涉烟违法案件322起，同比下降42%；案件总值75.33万元，同比下降14.8%。查获违法卷烟245万支，同比增长89%。

【专卖管理】　提高市场净化率和占有率，以“打假破网”为重点，加强与公检法等部门的协作，加大对涉烟违法犯罪的惩处力度，先后组织开展“全面提升市场净化率集中整治活动”、烟草市场集中整治“护航行动”一系列行动，成功破获符合公安部、国家烟草专卖局网络案件标准的“1·15”重大涉烟网络案件。充分发挥专控体系系统的市场监管作用，重点摸查、错时检查和监督举报，不断健全专销协作、一线队所联动和公安、工商、交通多部门联合执法等市场监管机制。注重专项行动中的普法宣传，加强执法过程的行为监督，坚持依法行政、文明柔性执法，保护消费者合法权益，打击涉烟违法行为，有效维护全区烟草市场的稳定秩序。

■ 6月16日，开展全面提升市场净化率集中整治活动

【卷烟销售】　以稳增销量，提升结构为目标，紧紧围绕“532”“461”品牌（“532”是指烟草行业争取用五年或更长的一段时间，在全国范围内着力培育2个年产量500万箱、3个年产量300万箱、5个年产量200万箱以上的重点骨干品牌；“461”是指烟草行业争取到2015年，着力培育12个销售收入超过400亿元的品牌，其中6个超过600亿元、1个超过1000亿元的高价值、高影响力的品牌），开展“建功立业”和“百县泰山联谊”活动，加强与重点工业企业沟通协调，深化婚庆、集团消费市场开发，提升协同营销水平，

■ 8月18日，启动“烟银E通”项目

9月22日，重点零售客户培训会召开

做好精准营销和市场维护工作，重点品牌发展迅速、结构提升明显。加强网络建设，大力推进网上订货，实施网上营销，全区卷烟网上订货覆盖率73.16%、成功率98%以上，网上订货、手机订货、“135”工作法平台应用等方面实现全面突破，工作质量和服务水平大幅提升。深入推进零售户致富工程，建立济宁卷烟零售商协会任城办事处，加大政策争取、扶持和培训力度。全年组织开展零售客户培训8场次2000余人，提高零售户经营盈利水平，开展低保户创业帮扶活动，积极投入创业帮扶资金，建立8户中国烟草爱心店，帮助地方困难户尽快实现脱贫致富。

【基础管理】 以“夯基础、促规范，增效率”为目标，大力开展“基础管理提升年”活动。加强制度建设，强化制度执行，狠抓严格规范，增强自律意识，逐级签订责任状，深入开展自查自纠，加大监管力度，严格规范经营行为。创新公开平台，深入推进党务、政务的办事公开民主管理，健全完善“两项工作”相关制度，切实提高“三个依法”水平。加强国有资产管理，加强招待费等费用控制，开展“小金库”治理，落实全面预算管理和全面审计自查。开展贯标，完善体系文件，实行标准化管理，开展基础对标，加强考核和跟踪督导，深入推进优秀基层单位创建，顺利通过山东省烟草专卖局（公司）的达标验收。加强考核，完善考核细则，加大奖惩力度，调动干部职工工作创新的积极性和主动性。认真落实安全生产责任制，突出抓好交通安全和消防安全两项工作，定期开展安全生产大检查，确保全年安全生产“六零一控”（重大火灾责任事故零起、重大因工伤亡责任事故零起、重大交通责任事故零起、重大设备责任事故零起、重大盗窃责任案件零起、食堂重大中毒案件零起、工伤事故率控制在千分之二以内）目标。

（宋 钰　林 春）

食盐专卖

【概况】 济宁市盐务局任城区分局（盐业分公司），是任城区盐业行政主管机构和行政许可证实施单位，为省属国有独资企业，设办公室、财务科、仓储科、专营科、综合经营科、盐政稽查大队等6个科室，辖物资经营部1个，食盐供应片区3个，在职干部职工42人，设局长1人、副局长2人。全年购进各类食盐10514吨，销售各类盐11150吨，其中大包装食盐计划4250吨，实际销售5229吨，完成年计划的123%；小包装食盐计划1570吨，实际销售1665吨，完成全年计划的106%；小工业盐年计划3260吨，实际销售4256吨，完成计划的130%；实现销售收入1043万元，上缴税金56万元。

【食盐供应】 不断提高专营水平，大力提升防伪能力，全面促进小包装食盐发展。根据辖区实际情况，按照经济、合理、高效的原则，打破现行的盐业销售站的管理体制，全面推行客户经理负责制，以经济区域划分市场，梳理1050个网点，开展对全区食盐零售网点的设置及《食盐零售许可证》的换发工作，切实加强食盐零售网点建设，建立健全用户档案和销售台帐，全面实行一牌、一证、一卡、一簿、一制度管理，为推进食盐流通现代化奠定基础。

【非盐产业】 坚持以“食盐专业保温饱，开拓非盐促发展”的经营方针，克服和解决存在“等靠要”的依赖思想，增加新的经济增长点，寻求发展空间，坚定发展非盐产业的信心和决心。在继续代理天宇圣邦漆的基础上，多次到南方厂家考察，拓展适销对路的酒水、杀虫剂、洗化用品等6个品种。把市局下达的非盐产业目标分解到各科室，责任落实到每位职工，制定详细的奖惩措施，把销售完成情况与业绩考核和奖金发放相挂钩，大大提高职工的主观能动性。加大产品的推介力度，组织职工上门推销，重视客户服务，保证不缺货、不断链，利用公司良好的信誉度和配送网络，赢得客户的忠诚度和回头率，锻造一支经得起市场考验的职工队伍，为公司长效发展奠定良好的基础。年底，非盐产业实现销售收入196万元。

【制度建设】 深化“管理效益年”活动，树立“节约就是效益”理念，压缩各项费用开支，实行会签制度，严格执行请示审批程序，切实把可控成本和费用降到预算之内，同比压缩各项费用近10万元。加强车辆管理，完善车辆管理制度，实行责权利相结合，强化驾驶员责任。加强对货款回收风险的管控，制定一整套责、权、利相结合的奖惩措施，对旧账列出账目清单，集中清欠，减少坏账的发生。实行现款现货，杜绝新的欠账发生。

【盐政宣传】 成立以局长为组长的领导小组，充分利用“3·15消费者权益日”“5·15加碘盐宣传日”等各种相关节日，大力宣传食用碘盐的好处。分管区长在任城电视台作动员讲话，进行碘盐知识宣传；深入乡村农户发放《告全区人民群众的一封信》宣传资料，宣传盐业法律法规，详细讲解碘缺乏病防治措施；在繁华地段设置咨询台，展出食盐妙用小常识、盐业法规等内容的宣传板面；把近年查处劣质私盐造成危害的典型案例作为反面教材，现场教育群众，提高广大人民群众食用合格食盐、抵制私盐的自觉性；公布举报电话，接受广大人民群众的举报、投诉和监督。全年出动宣传车30余台次，发出宣传资料3000余份，接受群众咨询1000余人次，取得明显社会成效。

【盐政执法】 根据市局《关于进一步加强盐政工作的意见》精神，及时抽调4名有稽查经验、责任心强的人员充实到稽查队伍，增加1辆面包车用于市场稽查，稽查队由原来的1个增加到2个，盐政执法力量得到加强。开展夏季盐业市场查堵活动。由区政府召集各有关部门召开联席会议，通报盐政工作情况，特别是加强稽查大队与业务科室的情报信息交流，做好线索协查。11月，分局开展为期20天的冬季盐业市场专项治理整顿活动，实行领导班子成员带班24小时值班制度，白天查市场，重点对食品加工用盐户、餐饮店、厂矿企业和学校食堂进行地毯式检查，夜间堵路口，主要查堵出入任城高速路口和交通要道的运盐车辆，张贴《打击私盐举报有奖》宣传页1000余份。盐政执法查处涉盐案件186起，查获私盐146吨，罚款9.9万元。 （靳汗久　程　超）

专业市场

【概况】 加快建设、培育专业市场，明确目标、任务和重点建设项目，制定三产发展规划，强化规划政策导向，重点支持农产品批发市场和各类专业市场的基础设施建设，培育发展市场主体。坚持以市场为导向，按照市场化运作方式推进规划项目实施，突出区域发展重点和专业化特色，骨干批发市场与产地批发市场、小型集贸市场相结合，统筹规划，分类指导，重点扶持，加快形成专业市场发展新格局。

【企业简介】 济宁薛口建材大市场　2006年初，由李营镇薛口村投资6000多万元开始兴建，2007年正式运营。市场占地20万平方米，主要经营各种型号、各种规格的钢材及特种建筑材料。市场位置优越，水、电、气、通讯等配套设施齐全。2011年，市场坚持“以市场为导向、质量为生命、以达到客户满意为宗旨”的经营方针，全年销售额35亿元，实现利税2400万元。

金宇家居城　山东金宇商贸

有限公司投资1.5亿元，于2001年11月开工建设。2002年建成运营，市场经营面积18万平方米，形成装饰材料城、灯饰橱柜窗帘城、家具城及板材、型材市场、石材精品展厅等一站体验式家居生活商城。2011年，金宇家居入驻商户825户，经营门类50多种、商品万余种，年销售额近20亿元，吸纳社会就业7000余人。

金宇汽车汽配城　位于济宁市327国道和105国道交汇处西南，2009年7月2日，动工建设。2010年3月31日，竣工开业。总建筑面积10.5万平方米，其中汽配城4万平方米，会展中心1.5万平方米，汽车展厅、物流园3.8万平方米，4S店1.7万平方米。汽配城引进商户300余家，引入大众、一汽丰田、东风雪铁龙、北京现代等汽车品牌近40个，成为济宁市乃至鲁西南地区集汽车、零部件、二手车交易，美容装潢、物流等多功能于一体的综合性汽车贸易城。

山东亿维信息科技有限公司　成立于1992年，由山东亿维集团公司投资兴建，注册资金7000万元，主要经营微机、微机配件及耗材、数码产品、通讯终端设备、办公自动化产品及设备、家用电器、电脑组装、系统集成、软件开发及维护、广告策划及设计。经过近二十年的发展，成为山东省乃至全国最具规模和实力的信息产品连锁零售、系统集成、维修服务及分销的集团公司。公司连续多年入选中国IT零售商十强。2011年，公司有职工180余人，实现销售收入9.2亿元，利税1058万元。

（张忠恋　吕惠敏）

物流业

【概况】　全区商贸物流业坚持以科学发展观为指导、以加快发展为主题、以结构调整为重点、以流通现代化为方向，不断创新工作思路，优化发展措施，促进商贸流通经济又好又快发展。2011年，全区社会消费品零售总额约86.8亿元，同比增长14.98%，全年实现服务业增加值81亿元，同比增长12.6%，占GDP比重35.1%，其中批发零售、住宿餐饮实现增加值37.51亿元，占GDP比重16.18%。

【企业简介】　济宁世通物流有限公司　成立于2003年，注册资金5000万元，2005年正式运营。公司是一家集钢材交易、煤炭、仓储、装卸、加工、配送、京杭运河船运、房地产开发等多功能于一体的综合性集团企业。拥有铁路专营线2条、冷藏仓库2500吨、大型装卸运输队1支，有龙门吊3台、120吨地磅2台、大型开平机、切割机2台、自动化煤炭卸载输送与喷淋设备1台，有10万平方米的仓储基地和可存放10万吨钢材的市场，可为用户提供铁路运输、货代及仓储服务。公司是AAA级信用企业，银行授信额度2亿元。2011年，公司拥有职工60人，实现营业收入5072万元，上缴税金69.15万元。

济宁市联华海联物流有限公司　成立于2004年6月，仓储面积5000平方米，固定资产8000万元。公司主要致力于联华超市的拓展及日用品的物流配送，2011年，公司职工1200人，实现销售收入11亿元，利税2000余万元。

山东通成集装箱运输有限公司　位于任城经济开发区接贾路，成立于2007年3月，注册资金700万元。主要经营普通货物道路运输，国内、国际集装箱运输，国际货运代理，代理报关、报检，仓库租赁。2011年，有职工109人，集装箱运输车辆38辆，营业额5000万元，实现利税132万元，被济宁市工商行政管理局评为市级守合同重信用企业。　（张忠恋　吕惠敏）

城乡建设　环境保护

综　述

【概况】　区住房和城乡建设局（简称区住建局）为正科级行政单位，设办公室、财务科、工程建设科、住房保障与房地产管理科、城乡建设科、建设行业发展科等6个科室，辖区住房保障和房屋管理局、区房屋征收办公室、区工程质量监督站3个事业单位，编制67人，设局长1人、副局长3人、纪检组长1人。紧紧围绕“崛起跨越发展”主基调，高点打造中心城区、稳步推进镇村建设两个重点，着力抓好重点项目、住房保障和建筑节能三项工程，大力规范房地产市场、建筑市场秩序，依法加强工程监管，积极转变城乡建设发展理念，超额完成保障性住房建设任务；新型农村社区在规划档次、建设规模、推进力度、工程质量和进度等方面取得重大突破，建设农村住房4889户，改造危房1016户。积极实施新城区北延、老城区改造战略和小城镇建设，全力把新城区做大，老城区做靓；全区建筑业签订承包合同额17.4亿元，完成建筑业总产值15.3亿元，实现税收1亿元。工程公开招标率、住宅建设质量合格率、全区新型墙材使用率均达100%。2011年，先后被评为省级文明单位、省级档案管理先进单位。

【农房建设与危房改造】　坚持“立足实际、统一规划、分类指导、有序推进”方针，全面实施农村住房建设和危房改造工程。2011年，启动南张街道刘堤头，长沟镇范庄，石桥镇石桥，李营街道史行、李营，二十里铺街道葛亭，接庄街道中贾、前后栗等农村住房项目建设。全年建设农村住房4889户，改造危房1016户，建筑住房40万平方米。

【墙改与建筑节能】　加强建筑节能全过程监管，严格按照节能标准实施工程。验收建筑节能工程4项（金宇大厦A、B座，薛口南区2、3号商住楼，薛口南区4号商住楼，薛口北区塔式小高层1、2号楼），建筑面积6.65万平方米，其中6.6万平方米实施太阳能光热一体化应用。

【新区建设】　2011年，完成新区商务中心、疾控中心、金融大厦、汇翠园小区一期、实验初中、展示中心、翠都酒店等续建项目，启动建设中央商务区、电信大厦、信用联社大楼、汇翠园小区二期和实验小学、中心医院等项目。

【安置房建设】　2011年，市政府下达保障性住房建设1460套的任务，其中经济适用房820套，廉租房270套，公租房370套，建筑面积约8万平方米。全年完成明苑小区经济适用房项目（火炬路以东，长虹路以西，史行村以南，任城大道以北，占地46.5亩）、时星·御德新城保障性住房项目（洸河路以南，电化路以东，红星路以北，经济适用房624户，4.83万平方米；廉租房273户，1.54万平方米）、红西佳苑小区项目（红星西路以北，济安桥路以西，经济适用房200户，1.58万平方米；公租房400户，2.81万平方米）的建设。

【旧村改造】　按照村镇体系规划，全区316个村（社区），实

二十里铺街道葛亭社区—和谐家园

现规划全覆盖。二十里铺街道葛亭社区，李营街道骆楼社区、薛口社区回迁入住；李营街道黎寨社区、南刘庄社区、曹庙社区，金城街道常青社区主体工程完成；金城街道新华社区、接庄街道中贾社区、二十里铺街道二十里铺社区在建中。 （赵宜广）

城乡规划

【概况】 济宁市城乡规划局任城区分局（简称区规划分局）为副处级全额预算管理事业单位，设综合科、用地科、建设科3个科室，辖规划服务中心1个副科级事业单位，编制12人，设局长1人、副局长1人。2011年，接受报建项目229个，其中《建设项目选址意见书》35件，用地面积325万平方米；《建设用地规划许可证》19件，规划用地面积106.19万平方米；《建设工程规划许可证》44件，建筑面积117.28万平方米。核发《建设工程竣工规划验收合格证》14件，建筑面积13.46万平方米；受理审核施工图纸117份，审核面积138.16万平方米，查处违法建筑14处。

【完善规划体系，引领城乡统筹发展】 村镇规划编制 结合2010年度编制完成的《村镇体系规划》，指导全区8个镇（街道）进行总体规划编制，完善村镇产业、基础设施和公共服务建设布局。年底，全区8个镇（街道）基本编制完成总体（分区）规划。金城、仙营街道打造引领服务业发展的时尚街区、精品城区；李营、南张街道加速融入主城区；接庄街道坚持产城融合，统筹产业聚集与新兴城镇化，高标准开发洸府河以东片区和蓼沟河片区，打造东部工业新城；二十里铺街道依托济北高新技术产业园，加快镇驻地改造，建设生态工业新城；长沟镇发挥区位优势，打造交通枢纽型、产业带动型的省级中心名镇、运河物流重镇；石桥镇北接工业新城，西连北湖新城，形成具有湿地特色的滨湖生态城镇。

新型农村社区规划 通过对新农村规划管理模式的探索，区规划分局加大对村镇规划特别是新型农村社区的规划指导力度，结合各镇（街道）总体规划，提出针对合村并居试点社区规划建设建议。按照安置用地面积的10%~15%留出村集体发展用地；根据合村并居地理位置的不同，在房层数安置的选择上采取不同的方式；对合村并居新社区的土地进行出让，使集体建设用地变成国有建设用地。按照“生产发展、生活宽裕、乡风文明、村容整洁、民主管理”的总体要求，坚持政府引导、村（社区）为主体、市场运作、先建后拆原则，编制具备启动条件的城郊村、园中村、驻地村、压煤搬迁村改造规划。

新区控制性详细规划 6月，《济宁市任城新区控制性详细规划》通过市政府批复。规划范围南起金宇路，北至仁兴路，西临外环路，东达火炬北路，规划面积约9.67平方公里，规划人口容量10万人。在新区建设用地中，居住用地占39.0%、公共设施用地占22.1%、道路广场用地占18.5%、绿地占14.9%。

任城主城区西部控制性详细规划 启动金宇路以南，太白楼路以北，济安桥路以西，西外环以东，占地6.59平方公里的任城主城区西部控制性规划编制工作，以建筑密度较低的滨河新区周围为依托，对现有空间进行开发利用、统一规划，着力改善老城区内生产和生活混杂，硬件设施落后，大量工业厂房集聚现状。5月，编制完成初步的控制大纲。

城市色彩规划　城市色彩包括城市公共空间中所有裸露物体外部被感知的色彩总和，主要包括土地、植被等自然环境色彩，生活的常用色彩等人文色彩，以及建筑物、广告、交通工具等人工色彩。区规划分局委托中国美术学院国艺城市设计研究院，在任城新区核心区东至洸府河，西至105国道，南到金宇路，北至岱庄煤矿铁路专用线，总面积约23.2平方公里范围内，组织实施城市色彩规划设计，对城市色彩构成因素统一进行分析规划，确定主色、辅色系统，用城市色彩来表达城市功能分区及建筑类型与性质。任城新区核心区域色彩定位：时尚、生态、宜居、文化、和谐。（张　蕾）

城乡管理

【概况】　济宁市城市管理综合执法局任城区分局（简称区综合执法分局）为副处级全额预算事业单位，设办公室、执法督查协调科、政工科、财务装备科等4个科室，辖执法大队5个和环境卫生管理处1个，编制103人，设局长1人、副局长2人、纪检组长1人。负责集中行使市容环境卫生管理、城市规划管理、城市绿化管理、市政管理方面的全部及环境保护管理、工商行政管理、公安交通管理、城市河道管理方面的部分监督检查和行政处罚。2011年，区综合执法分局被评为全区规范行政执法示范单位、全区城乡文明结对共建工作先进单位；第一执法大队被共青团山东省委评为山东省青年文明号；女子执法中队被共青团济宁市委评为济宁市青年文明号。

【道路绿化】　城区道路绿化建设　4月，先后进行城区琵琶山路、古槐路、建设路等7条主要道路春季绿化补植，栽植雪松、龙柏等苗木2000余株，补植草坪800余平方米。6月，完成城区济安桥路北延、古槐路北延、共青团路北延、任兴路西段等4条道路绿化建设，实现新增道路绿化面积6万平方米。栽植各类乔灌木1200余株。

任城大道景观建设　3月，任城大道景观绿化开工建设。区市容管理局抽调精干力量靠在工程一线进行协调服务，配合施工企业抢抓工程进度，解决施工难题，栽植白蜡、大叶女贞、雪松各类苗木2万余株，种植草皮30万平方米。

【道路亮化】　全面升级城区洸河路、任城大道、古槐路北延等新建、升级改造道路路灯，安装路灯487杆，安装变压器8个，修复变压器12个。积极开展城区道路路灯的日常巡查，先后修复济安桥路、新华路等路段损坏路灯680余杆，修复路灯电缆1800余米，全面提升道路亮化水平。

【道路管理】　维修养护城区洸河路、环城西路、古槐路、琵琶山路等13条主要城市道路，先后修换混凝土雨水井670座，检查井87个，疏通雨水井7000余米，外运污泥800余立方，维修路面960平方米，修整盲道口13处，城区道路设施功能显著增强，路面质量明显提升。推进任城大道排水工程建设，建设雨水管道2500米，污水管道1万米，完善道路排水系统。

【城市防汛】　制订下发《济宁市任城区城市防汛应急预案》及《任城区2011年城区防洪排涝方案》，明确各级各部门的防汛责任，完善预警、信息发布、抢险救灾等防汛机制，确保城区防汛工作高效有序运行。各级各部门组建3400人的防汛抢险队伍，分为8个防汛抢险常备队实行24小时值班制度。配备运输车、推土机、挖掘机、装载机及编织袋、木桩、应急灯等防汛抢险物资。全年汛期发布气象预警12次，消除城区积水点5个，修复雨水井69个，疏通下水井30余次，有效排除汛期隐患，城区平稳渡汛。

【创建国家园林城市】　将创城工作作为提升城乡环境，改善生态质量的战略性举措。4月，制订下发《任城区创建国家园林城市效能督察实施方案》，区监察局、区创城办及区政府督查室定期督查，及时反馈整改意见，通报检查结果。区委、区政府把创城工作纳入各级各部门和领导班子的绩效考核体系，表彰行动积极、贡献突出的单位，通报批评行动迟缓、影响整体进度的单位。5月，根据城乡环境卫生管理网格化、一体化的要求，下发《关于加强城乡环境卫生管理的工作意见》，初步构建起“区、镇（街道）、村（社区）”三级环境卫生管理网络。投资3000万元建成液压式垃圾中转站16个、地卧式垃圾坑200个，配备垃圾运输车16辆、清扫车4辆、果皮箱500个、城区公厕14座。以任城新区、任城经济开发区绿化建设为突破口，先后完成湿地公园、森林公园和蓼沟河湿地公园建设，新增绿地面积88.2公顷。以完善服务设施、强化服务功能为重点，对洸河绿地、仙营绿地进行植物配置调整，栽植各类乔灌木1200余株。大力宣传绿化城市、美化家园的重要意义，充分调动社会各界支持绿化、参与绿化、爱绿护绿的积极性，形成各方支持、全民参与的浓厚氛围，城区新增单位小区绿化147公顷，金城街道、任城经济开发区等单位完成屋顶绿化2.7万平方米，打造出长安花园、新天地花园、薛口社区等一批特色鲜明、风格独特的单位庭院精品工程。全年城市绿地率31.8%，绿化覆盖率36.5%，人均公园绿地10.4平方米。城市园林生态保护、市政设施等指标均达到或超过国家园林城市标准。

【城区市容环境整治】 专项整治城区市容环境存在的薄弱环节，实现城乡共进，以城促乡的良好局面。全年清理乱贴乱画5600余处，粉刷主次街道墙面，取缔各类夜市摊点、占道经营、超门头经营8300处，专项整治南岱市场、仙营绿地早市和后刘市场。按照减量、美观、规范的原则，整治不合标准的户外广告，拆除各类广告牌匾近60多块，规范门头牌匾700余块，整治大型单立柱广告13处，户外大型高炮广告牌20余块和工地围墙广告、标语30余处。本着“主导道路取缔，重要位置疏导”的原则，专项治理辖区内冷饮亭、报亭、奶亭、早餐亭，取缔主要道路冷饮亭10个，疏导早餐亭、奶亭11个，专项整治济宁市第十三中学、区财政局等10个停车点位。

【农村环境整治】 针对城乡结合部和主要道路沿线乱倒垃圾严重的问题，开展夜间执法，强化源头管理，加大查处力度，有效遏制乱倒垃圾行为。绿化升级改造济梁线、日东高速18号连接线、105国道任城段和327国道东南环，综合整治济梁路沿线南张街道驻地、长沟镇驻地和105国道沿线二十里铺街道驻地，改造沿街立面，构筑绿色通道，清理占道堆积物。高标准提挡升级改造小郝转盘、刘堤头转盘。开展农村环境卫生示范创建活动。以“五化”“六净八无”为标准，创建32条示范路（街道）和32个示范村。印发《关于对城乡环境综合整治进行包保分工的通知》，建立区级领导包镇（街道），部门分片包村，干部包户的分级负责体制。

【农村生态建设工程】 进一步明确推进各成员单位的任务目标，形成推进全区生态建设的全方位、立体式格局。以推广农作物秸秆综合利用技术为总抓手，重点做好“五项技术”推

环卫工人清洁路面

广应用，农作物秸秆还田率达到95%，综合利用率达到100%。通过实施“两清一建”（清理淤泥，疏通水系；清理垃圾，改善环境；建立长效管理制度，巩固成果），不断改善河道水质，恢复和强化河道功能。加快任城新区、任城经济开发区、济北高新技术产业园污水处理厂建设和洸府河入湖口人工湿地水质净化工程建设。按照“一镇一品”发展思路，积极打造生态景观农业、城郊型特色农业、休闲农业、观光农业、特产农业等特色生态农业品牌。在巩固、提高现有农田林网的基础上，结合农业综合开发、农田水利基本建设，加大植树造林力度，新增造林面积5000亩，建设平原高标准农田防护屏障。按照减量化、资源化、再利用的发展理念，积极推行畜禽养殖“退村进区”工程和畜禽养殖标准化示范创建活动，有效治理畜牧业面源污染。在农村启动“健康任城行”，大力开展健康教育工作、健康促进工作和“健康知识五进活动”，中小学健康教育开课率100%；结合“一池三改”项目，积极推广普及农村改厕工作。

【规划执法】 专项治理排查2010年以来的立项、在建和竣工的工程建设项目，涉及各类建设项目94个，通过本次摸底，全面掌握全区工程建设领域存在的突出问题。重点清理整治主次道路沿线的沙场、货场、煤场及各类有碍观瞻的建筑物和构筑物，拆除各类乱搭乱建9780平方米。全面落实“五个一”进工地制度，推行建筑工地施工现场标准化管理，按照在建工程管理的有关标准，重点检查施工单位是否存在移位、扩建、改建的行为，严厉查处车辆抛洒滴漏、带泥上路及施工扰民行为。对纳入市区开发计划的在建工程提供有力执法保障，凡涉及“三重”项目，全部纳入重点服务保障范围，通过排查问题、集中执法、跟踪服务、联合联动等形式，有效解决建设过程中涉及的综合执法问题，全力打造“绿色通道”。

【环卫队伍建设】 以环卫一体化和执法一体化的“两个一体化”建设为重点，进行积极探索创新，促进工作开展，收到良好成效。按照“精简、统一、效能”的原则，健全镇（街道）环卫管理机构，完善镇（街道）、村（社区）保洁队伍。2011年，环卫管理队伍到位146人，村（社区）保洁员到位703人。区委、区政府出台《关于开展综合执法队伍派驻辖区镇（街道）工作的实施意见》，各执法大队与对应镇（街道）联合联动。

【环卫工作】 全年完成环卫基础设施投资2104.2万元，在各镇（街道）建设地卧式垃圾台77个，液压式垃圾台9个，购买地卧式垃圾台箱91个，各类专用垃圾运输车18辆，新建公厕30座。各镇（街道）建成垃圾池439个，村垃圾箱11367个，装备垃圾清运车500辆（包括人力车辆和机动车辆），“村（社区）收集、镇（街道）清运、市区处理”的垃圾治理体系初步形成，农村环卫服务承载能力得到较大提高。明确任务分工，由区环卫处负责城市18条主要道路的保洁工作，城区其他路段按照“属地管理，守土有责”的原则，由各街道办事处负责。积极引入市场化运作机制，将任城大道、仁兴路等城区9条路段和城区乱贴乱画的治理工作承包给各专业保洁公司。各镇（街道）将辖区主要路段和垃圾收集运输等工作交给专业保洁公司打理。基本形成环卫专业化保洁、公司市场化保洁、镇（街道）村（社区）责任保洁的新体系。

【专项整治】 全方位整治日东高速16号、17号、18号出口等窗口部位，集中清理各类乱搭乱建等建筑物、构筑物，拆除沿线违章建筑1.2万平方米。加大济嘉公路、济梁公路、济邹路、105国道等治理脏乱差的力度，清理垃圾5万余方，粉刷国省道沿线墙体立面、机井房2.9万平方米。专项整治蓼沟河、泥沟河、泗河和洸府河，疏通沟渠河道8千米，清掏污泥2500余立方米，打捞、清运河面漂浮物50吨，清理污水、集水坑60个。

（侯宪国　韩　凌）

房地产业

【房地产开发建设】 全区房地

产业在自我发展和宏观调控中不断发展壮大，呈现出持续、稳定、快速发展的态势，成为推动全区国民经济和社会发展新的增长点。2011年，全区房地产开发企业32个，其中二级开发资质企业3个（汇源房产、鸿顺房产、人文置业），三级开发资质企业5个（工腾置业、万佳置业、金城房产、大地房产、金世家园）。全年房地产开发完成投资29.14亿元，商品房销售面积20.71万平方米，其中商品住宅销售面积16.07万平方米，增长0.58%，完成罗马假日小区、晨阳庄园B区、济宁市新城豪庭、人文嘉园等开发项目。

【物业管理】 全区有济宁兴唐物业管理咨询有限公司、济宁鸿顺物业管理有限公司、九巨龙物业公司和置城国际物业公司等18家具有实力的物业管理公司。各物业公司不断完善服务设施，提高服务水平，为居民提供良好服务。各物业公司经济宁市住建局审批，日常管理归各镇（街道）。 （赵宜广）

建筑业

【概况】 全区有建筑企业55家，其中总承包企业有济宁明珠建筑工程有限公司、济宁利民建筑工程有限公司等16家，专业承包企业有济宁圣科钢彩瓦有限公司等34家，劳务企业有济宁市任城区迎新建筑公司等5家。2011年，区建筑业施工面积212万平方米，签订承包合同额18亿元，完成建筑业总产值19亿元，利润9347万元，税收5375万元。

【工程勘察设计】 2011年，工程勘察建筑面积约92万平方米，建设投资13亿元。全年完成工程勘察设计的项目有时星·御德新城1号、2号楼，建筑面积4.93万平方米，由临沂市建筑设计研究院设计；全民健身广场东片区1~5号楼，建筑面积5.6万平方米，由济宁市规划设计院设计；任兴家园住宅小区，建筑面积15.42万平方米，由清华大学建筑设计研究院有限公司设计。

【工程质量管理】 加强工程质量监督管理，认真落实质量安全责任制，积极开展质量通病治理、安全专项治理和安全隐患排查。对晨阳庄园B区7~10号楼，济宁市北关中心小学办公楼、综合楼，新城豪庭1~5号楼，翠都国际商务中心办公楼及商务公寓，人文嘉园二期9~14号、17号、21号楼，三期的7、8、13、15、18、20、22号楼等进行工程监督，未发生重大质量安全事故。

【招投标监督管理】 严格按照《中华人民共和国建筑法》和《招标投标法》要求，凡是符合招标要求的工程必须进入济宁市建设工程交易中心进行依法招标。全年全区招标投标工程25项，中标工程造价11.99亿元，中标工程总面积95.45万平方米，应招标工程招标率、招标项目招标代理率均为100%。全年较大的招投标项目主要有济宁亿丰时代广场一期，面积16.53万平方米，中标造价2.26亿元，招标方式为邀请，开标时间4月13日；济宁北关小学教学综合楼、办公楼项目，面积1.02万平方米，中标造价1146.75万元，招标方式为公开，开标时间4月21日；罗马假日小区7号9号15号楼及车库，面积4.1万平方米，中标造价5923.74万元，招标方式为邀请，开标时间6月8日。

【整顿和规范建设市场秩序】 坚持以行政执法监督为手段，以查处违法行为、建立长效监管机制和规范行政执法为主线，深入开展整顿和规范建筑市场工作。强化工程建设程序管理，施工图审查、招标投标、质量安全监督、建筑节能、建设监理、施工许可、竣工验收及备案等法定程序和制度。全面开放建筑市场，严格市场准入和清出制度，健全和完善市场准入清出机制，实现建筑企业在区内自由流动、自主投标。严格落实招投标制度，所有工程交易全部进入市招标投标中心，工程建设招投标全面推行工程量清单计价招投标，清单计价招投标覆盖率100%。严把施工许可关，凡未按照基本建设程序办理各项手续的，不予颁发施工许可证。加强对备案工程各项资料的审查，严格审查工程实体质量及质量保证资料，加强竣工结算审查，对不进行竣工验收备案的工程禁止投入使用。4月，开展安全生产“百日专项整治活动”。5月，开展打击非法违法生产经营建设行为专项行动，整顿治理、关闭取缔非法违法和不符合安全生产条件的生产经营建设单位。（赵宜广）

环境保护

【概况】 区环境保护局（简称区环保局）为正科级行政单位，设办公室、污染控制科、环境影响评价科、自然生态保护科、总量控制办公室等5个科室，辖环境监察大队和环境保护监测站，编制100人，设局长1人、副局长3人。深入贯彻落实科学发展观，认真落实“十一五”期间主要污染物总量削减目标和《2011年度环保主要任务目标责任书》，全面推进污染物减排工作，全区水环境质量持续改善，主要河流接近三类水质，空气质量得到进一步好转，优良天数330天。2011年，区环保局被省人社厅和省环保厅联合评为山东省“十一五”主要污染物减排目标考核先进单位，环境监察大队被评为2011年度任城区“十佳”文明窗口。

【环境监测】 积极开展各项监督性监测工作，全年出具监测数据4500多条。完成省厅组织的环境监测人员持证上岗考核。做好在线设备的运行管理，国控、省控、市控重点废水、废气污染源在线监控设备的监控、比对、数据有效性审核，洸府河东石佛、泗河张桥两个水质自动监测站的管理工作。24小时全天候监控全区重点监管企业，及时发现企业排污异常状况，预防污染事故的发生。

【环境宣传】 不断创新宣传活动方式，通过网络、报纸、电视、广播、高炮宣传展牌、宣传标语和过路横幅等形式，宣传迎淮治污工作亮点。编辑制作《任城区淮河流域水污染治污迎查工作简报》10多期；制作大型高炮宣传展板20余处，粉刷永久性宣传标语200多条，悬挂横幅400多条，大型喷绘30余处。迎查期间，每天在区电视台、区广

2011年任城区地表水监测情况一览表

表5

河流名称	采样点位	监测项目		
		CODcr (mg/L)	NH3-N (mg/L)	CODmn (mg/L)
洸府河	东石佛	28.1	5.93	7.98
蓼沟河	济邹公路桥	44.9	1.27	/
	入洸府河口	16.1	2.07	/
泗河	入湖口	23.3	0.466	6.28
泥沟河	济邹公路桥	37.1	6.90	/
	三贾办事处东	21.8	3.99	/
引水入城渠	十三中桥	34.9	2.19	/
	林屯桥	35.0	0.312	/
	金宇市场东	18.5	0.435	/
	滨河大道	17.7	1.89	/
天宝寺沟	滨河大道	13.4	0.631	/

2011年任城区废水监测情况一览表

表6

企业名称	监测项目		
	CODcr mg/L	NH3-N mg/L	挥发性酚 mg/L
济三煤矿	28.0	1.74	/
济东新村污水处理厂	28.0	1.74	/
济二煤矿	38.5	1.32	/
中银电化	213	24.0	0.066
葛亭煤矿	9.78	0.243	/
鲁抗医药南厂	183	7.54	/
鲁抗医药北厂	382	8.15	/
岱庄煤矿	≤5	0.367	/
运河煤矿	38.2	0.098	/
鲁西煤矿	28.7	0.320	/
何岗煤矿	23.8	0.295	/
杰科特煤化公司	32.9	3.78	0.36
唐口煤矿	15.5	0.239	/

2011年任城区废气监测情况一览表

表7

企业名称	烟气流量 Nm3/h	SO2		NOx		烟尘	
		排放浓度 mg/Nm3	排放量 kg/h	排放浓度 mg/Nm4	排放量 kg/h	排放浓度 mg/Nm5	排放量 kg/h
岱庄热电厂	170091	61.4	10.55	386	16.1	184	7.67
华聚能源济二分公司	175890	309	30.9	278	27.7	165	16.5
科奥铝业济三电厂	408630	231	96.3	200	80.5	189	76
济东新村热电厂1号炉	82759	402	29.4	310	22.7	207	15.2
运河电厂1、2号炉	917530	209	169.7	132	107.3	196	159.6
运河电厂4号炉	409570	246	97.1	194	76.5	191	75.3
运河电厂6号炉	1025300	217	216.3	198	197.8	193	192.7
辰光热电厂	67930	673	28.1	386	16.1	184	7.67
鲁抗医药	81957	726	33.8	329	15.3	165	7.7

播电台滚动播出迎淮治污专题新闻。“六·五”世界环境日宣传活动，区环保局积极参加全市环境保护工作成就图片展，参展图片100余幅，发放环境宣传彩页1万余份，现场回答群众提问20余个。创办济宁任城环保网站，做好网站更新维护工作，向山东环境网、济宁环境网、中国任城网投稿130篇，采用93篇，其中《济宁环保工作信息》采用10多篇；区电视台播放环保工作动态47条；《中国环境报》《济宁日报》采用5篇，进一步塑造区环保局的良好外部形象。全年编辑《任城环保简报》30期。9月，济宁兖矿集团三号煤矿顺利通过省环保厅省级环境教育基地验收。石桥镇中心中学、济东新村第二小学、李营街道中心小学和洸河路小学等4所学校通过市级绿色学校验收。

【环境治理】 辖区内所有排放污水企业均实现零排放，达到地表水功能区划标准和南水北调水质安全要求。泗河入湖口、洸府河东石佛、天宝寺沟入河口的河流断面COD和氨氮浓度由“十五”末的60mg/L和10mg/L，下降到25mg/L和1mg/L，接近三类水质，符合南水北调水质标准。重点加强污染物减排工作。1月，山东华聚能源股份公司济二矿电厂1号、2号、3号机组烟气脱硫工程和山东能源淄博矿业集团有限责任公司岱庄煤矿热电厂1号、2号烟气脱硫工程，全部完成并发挥减排效益。全年组织开展大型执法检查活动4次，出动执法人员1225人（次）。2011年，全区取缔关闭水污染严重的企业160家。严把审批项目关，从源头上制止和控制污染。全年审批各类项目164个，报市局审批各类建设项目13个，否决污染及不符合产业政策项目10个，查处违法建设项目2个，三同时（设计、施工、投产）执行率98%以上。

【环境监察】 全区排污收费到位金额810余万元，签订排污一费制704万元，为企业治污减排提供可靠的资金保障。贯彻落实“四个办法”，加强治污设施监管。对全区重点企业每周至少一次、对污水处理厂实行每天一次的现场监察，及时将现场勘验笔录整理归档。监督检查重点企业700余家次，有效地保证污染治理设施正常运转。深入开展整治违法排污，保障群众健康环保专项行动。健全完善由环保、公安、工商、质检、发改、纪委、供电等部门组成的环保专项行动联席制度，定期联合执法，及时消除环境安全隐患，确保环境安全。认真查处信访案件，维护群众环境权益。全年接待来访群众3批16人次；接到投诉信件2件；接听投诉电话35个；上级转办案件131件，其中省厅转办案件14件次、市长公开电话22个、市长

6月7日，全区三夏生产秸秆禁烧暨防汛工作会议召开 （孟 峰 摄）

信箱7件，接访率100%，处结率98%。做好各类环境监察报表、统计报表上报工作。做好农作物秸秆禁烧工作，全年出动200余人次，有效制止农作物秸秆禁烧，做到发现火情及时上报处理，及时消除隐患。

【企业治污】 实施点源建设，提高水质净化工作水平。区环保局把确保环境安全作为全区水污染防治工作的前提和基础。对重点企业设置车间排放口应急阀、污水处理厂和总排污口设置事故应急蓄水池，下游河道建设应急拦河闸坝，完善环境预警监测制度和事故应急预案，搞好应急技术和物资储备，定期开展环保应急演练。全区环保水质自动监测站24小时全程监控，具备对重金属和剧毒污染物质的快速监测能力。狠抓电厂脱硫工作。建立脱硫工作调度制度，实施“一月一调度，一月一通报”制度，完成济二电厂、岱庄煤矿等火电厂燃煤锅炉脱硫设施技改工程。对工业企业内部的物料贮存场所、运输装卸、基建施工等环节提出严格的扬尘控制要求。

【生态建设】 以接庄街道为示范点，制定资料收集清单，多次召开镇（街道）负责人生态乡镇创建工作会议，明确工作时限，做好基础指标和各项考核指标的材料收集及汇编工作。全年完成接庄街道国家级生态乡镇申报档案资料上报工作，组织长沟镇、李营街道、南张街道、二十里铺街道4个镇（街道）申报省级生态乡镇，通过省厅核查。自然生态和农村环境保护调查工作。详细调查农村生活污水状况、生活垃圾产生及处置情况、畜禽养殖、种植业状况、秸秆综合利用状况和农村环境保护工作管理等6个方面，进一步摸清农村环境状况，为下步农村环保治理打下基础。 （孟 峰）

交通　邮政

交　通

【概况】　区交通运输和港航局（简称区交航局）为正科级行政单位，设人秘科、建设管理科、运输管理科、财务审计科和港航管理科等5个科，辖县乡公路管理处、交通监察大队、客运管理所、汽车维修行业管理所、公路运输管理所、城区交通管理所、二十里铺交通管理所、李营交通管理所、接庄交通管理所、石桥交通管理所、长沟交通管理所、南张交通管理所等12个自收自支事业单位，编制267人，设局长1人、副局长3人。大力推进交通基础设施建设，提前完成年度农村公路建设任务，农村公路好路率明显提升；大力加强交通运输行业管理，持续开展源头治超工作；大力加强交通行业精神文明建设，全力打造“服务六个不让、确保安全畅通”品牌。2011年，先后被评为全省交通运输系统“十一五”依法行政示范单位、全省交通运输系统“十一五”精神文明建设先进单位、全市交通运输工作先进单位。

【交通基础设施建设】　开展农村基础设施建设工程，实施“村村通”向“网络化”“村内通”延伸。投入750万元新建、改建农村公路12条12.9公里，新建战备路1条3公里。其中有接庄街道境内的蒋屯—八里营路、贾庄—矿外路、北辛—矿外路、三贾—太白路，长沟镇境内的南田—济梁路、长沟—二十里铺路，李营街道境内的孙营—仁兴路，二十里铺街道境内的付庙—共建路、刘门口—于白社区路、105国道—吕庄路，石桥镇境内的前石—姜庄和秦庄战备路。在工程建设中，做到保进度抓质量，先后召开现场调度会7次，把好工程开工关、施工关、竣工关，所有工程项目均通过市局检查验收，工程合格率100%，工程优良率97%。全力抓好省道338、济董线西张庄至前王村段改建工程省级立项工作。

【农村公路管理与养护】　日常性的县道养护　投入养护资金278.2万元，对53.4公里县道（包括济阳线、拾张线、长沟—二十里铺、接石线、济戴线、济阳线分支、共建路）实施科学化、规范化的管理养护工作。其中投入54万余元，修补路面1.71万平方米，整修路肩边坡34.2公里，疏通边沟18.3公里，更换里程碑、百米桩45个，粉刷行道树3896棵，维修更新标志牌10块；投入100.7万元，完成济阳线耿北路段2公里的大修改造工程；投入80.3万元，完成拾张线新、老105国道之间950米及岱庄医院至共建路362米的罩面工程；投入43.2万元，完成共建路洒油4.24万平方米。

乡村道路养护　投入20余万元，对基层各交管所实施“四位一体”建设，在各镇（街道）成立农村公路管理养护办公室，明确办公室成员职责。各镇（街道）均按照每3公里配备1名养护人员的标准，养护和管理全区413.4公里的乡村道路。实施农村公路安保工程。投入20余万元，补齐公路标示牌、警示桩，更换里程碑、百米桩23个。开展公路占道经营集中整治10次，制止非法占道48处，保证全区公路安全畅通。

【交通运输行业管理】 6~8月，开展城区客运市场秩序集中整治活动，围绕汽车北站、金宇市场等人流量大的重点区域，重点查处无证出租车、机动及人力三轮车，打好城区客运市场集中整治“攻坚战”，查处非法营运车辆130余辆。规范行政许可审批事项，新增货运企业19家，审批营运车辆1526辆。开展汽车维修市场清理整顿及质量信誉考核，给予许可29家，取缔9家。完成全区3家一类维修企业、24家二类维修企业、75家三类维修企业的质量信誉考核。优化全区公交布局，开通63路、301路、29路支线，延伸62路、11路、101路等公交线路。

【超限超载车辆治理】 落实源头管理责任，与辖区内的8家煤矿及在货运源头单位承运的货物运输公司，分别签订源头管理责任书。坚持路面高强度执法，对任城大道、滨湖大道、省道337、省道338线等重点路段实行24小时不间断巡查。通过严把车源头、人源头、路源头和货源头等“四个源头”，构建网格化、全覆盖、无缝隙治超监控格局。全年出动执法人员3500多人次，检查车辆3.7万辆，查处违章车辆2890辆，卸货1.68万吨，车辆超限超载率控制在0.5%以下。

【交通行业精神文明建设】 把“四化管理铸文明、两保两树促发展”（“四化”指标准化、规范化、集约化、人本化，“两保两树”指保畅通、保安全，树品牌、树形象）作为牵动全局的基础工程来抓，制定活动实施方案，细化活动步骤，对重点任务、工作目标，进行责任分解，确保四化管理活动高起点定位、高标准实施。深化为民服务创先争优活动，全力打造“服务六个不让、确保安全畅通”品牌。推行一站式办公、“人性化”执法，开展延时服务、预约服务和上门服务。倡树严禁细致的工作作风，把每一件事做扎实，做到位，做到不让工作延误、不让程序走样、不让差错发生、不让服务对象冷落、不让不正之风出现、不让交通形象受损，交通服务工作得到社会各界的充分肯定，审批窗口被评为全区“十佳”服务窗口。

【交通行业生产安全】 认真落实安全生产责任制，与各单位签定安全生产责任状；有关科室与危险品运输公司签定责任书；汇通公司与其所属车辆逐一签定责任状。以旅客运输和危险品运输为重点，严把市场准入关、经营资格关和车辆技术状况关，不断加大安全生产监督检查力度，在“十一”“春运”期间加强安全宣传，印发宣传单1万份。专门培训和考核安全管理人员，组织有关客运企业、危险品运输企业开展安全事故应急处置演练活动。6月，圣达公司开展以煤焦油突然泄露为主题的安全演练。9月，恒信公司开展一次消防安全演练。 （常　伟）

水上运输

【概况】 2010年5月，任城区航运管理局更名为任城区航运服务中心，为正科级全额预算管理事业单位，设综合科、水路运输管理科、安全监督管理科、工程科等4个科室，编制12人，设主任1人、副主任2人。作为区政府主管全区水路运输工作的部门，编制全区水路运输行业发展规划，负责全区水路交通运输管理和监督，协调辖区港航基础设施调度等工作。

【港航基础项目建设】 配合济北高新技术产业园指挥部做好化工码头立项审批工作。组织人员力量多方搜集跃进沟航道及其附近地容地貌数据、资料，济北高新技术产业园化工企业分布状况、产品种类，利用网络、电话联系相关科研院所，咨询码头审批立项程序。10月，江苏省交通规划设计院完成《化工码头建设工程可行性研究报告》编制。积极配合市航运局等部门，与区国土资源分局、长沟镇及时沟通协调，做好长沟船闸建设前的土地预审、土地征用、地上附着物清理补偿、施工环境优化等各项准备工作，确保长沟船闸工程建设顺利进行。

【港航企业发展】 积极向社会各界宣传任城区特殊的区位优势，丰富的资源优势，发达的交通优势等宜于航运发展的优越条件，吸引更多的港航企业到任

■ 京杭运河上的货运船队

城投资兴业，安家落户。不断优化服务环境，简化办事程序，提高办事效率，树立航运管理人员良好形象。主动与有关镇（街道）、区工商分局、区地税分局建立良性的互动机制，对到任城区投资的港航企业实行全天候、无缝隙服务，杜绝因工作不力而耽误企业手续办理情况的发生。千方百计为企业服务，着力拓宽港航企业投资融资渠道。9月7日，由区航运服务中心牵头，召开济宁市邮储银行、全区19家港航企业参加的“银企对接、共筑多赢”座谈会。年底，全区港口（码头）作业区4处，航运公司19家，船舶1200艘，货运吞吐量1200万吨，运输收入3亿多元，上缴税金700余万元。

【水上交通安全】 按照《济宁市任城区人民政府关于加强水上交通安全管理工作的实施意见》要求，坚决贯彻“安全第一、预防为主、综合治理”和“谁主管、谁负责”的方针，不断规范水上交通安全管理工作。严格落实安全生产责任制。区、镇（街道）、村（社区）层层签订水上安全管理责任书，明确安全管理责任目标。加大水上安全管理的宣传力度，将安全生产常识印制装订成册进行发放。强化对水上安全监管重点部位、关键环节的督查力度。在春播夏收时节，联合济宁市地方海事局，多次深入渡运较为繁忙的张山、水牛陈浮桥检查，制止超载、安全设施缺失等违章现象，有效预防各类安全事故的发生。

【水路运输市场管理】 严把市场准入关和证照办理关。逐步完善船舶新建、年审等程序，实行经办人签字问责和分管领导签字负责制。牢牢把握公司年审这一契机，加大对公司经营资质保持情况的审查力度。大力进行运力结构调整，提高船舶质量，控制船舶数量。与济宁航管处、石桥镇政府、石桥镇派出所、长沟镇政府、长沟镇派出所联合行动，清理泗河口煤港进港航道非法设置的网箱网箔，拆除京杭运河主航道张山段非法搭建的小码头，制止航道泊船非法采砂等行为，保障航道畅通无阻。

【森达美港】 森达美跃进港区是由世界500强之一的马来西亚森达美集团于2008年7月投资兴建，2009年10月建成运营。港

■ 现代化森达美港

区占地760亩，投资3.2亿元，是济宁运河港口建设的重要工程，主城港区的重要组成部分。森达美跃进港区港池长630米，宽150米，水深5米，可承载2000吨级船舶作业，港区码头设有6个千吨级泊位，设计年吞吐能力1200万吨。2011年，港口完成吞吐量600万吨。

（伊成涛 熊继刚）

公路建设与管理

【概况】 区公路局为正科级事业单位，隶属济宁市公路管理局管理，设办公室、安全办公室、战备物资管理办公室、政工科、财务科、养护管理处、路政大队、路面队等8个科室，辖北郊公路站、东郊公路站、机料管理处和刘堤头超限检测站，干部职工234人，设局长1人、副局长3人、工会主席1人。承担184.2公里（国道61.2公里）的公路管理养护任务。2011年，区公路局被济宁市委、市政府评为市级文明单位，创建省级青年文明号一处，市级青年文明号二处。

【公路养护】 全年公路养护里程184.2公里，实现优良路里程180公里，综合优良率96.1%。在公路日常养护工作中，转变管理思路，重视检查考核，细化养路员的责任路段划分，明确现场操作具体内容，针对各个路段提出具体的清扫方案及落实保障措施并严格考核，对日常养护工作形成层层考核的工作模式，分管领导每周至少一次考核，养护科每周至少两次考核，公路站天天考核。每月的考核结果由养护科汇总并予以公示。不断加大机械化养护力度。新配备大型现代化清扫车1辆，实施人机清扫分离，中央隔离带路段每天机扫1遍。明确规划清扫车工作路线，有效增加清扫车工作时间，提升机扫里程和效率。购置标准化环卫三轮车200余辆，配发全线养路员。公路应急抢险保畅通和安全防范，对辖区内42座桥梁每月进行1次经常性检查。对3座四类以下危桥实施重点监控，为所有中桥以上桥梁设置“四个一”责任牌。做好桥梁涵洞的清淤工作，定期粉刷桥梁。在公路防汛中，对公铁立交泵房等重点防汛设施实行24小时值班，安排养护技术人员、安全员认真调查管养公路，确保出现大暴雨等灾害天气及时上路、排除隐患。全面检修排水设施及电器线路，维修许厂泵房、小店泵房水泵9台。全力做好105线济北立交、连接线许厂立交排水工作，做到及时、迅速、无隐患。

【路政管理】 在超限超载治理执法工作中，认真履行公路管理职能，加大执法力度，切实维护路产路权。加强公路路域环境综合整治，查处路政案件43起，查处超限车辆841辆，卸载货物8500吨，路政案件查处率95%以上。10~11月，以“一周一变样，三周大变样，四周一个样”为主题，开展路政专项整治活动，重点对辖区内非公路标志标牌，实施广告画面拆除和架体拆除；清理公路用地及监控区范围内违法建筑、堆积物、擅自设置平交道口等违法行为。

【公路管养新模式】 按照“执法工作重心前移，路政中队派驻公路站”精神，明确公路站为区公路局派出的公路管理单位，代表区公路局行使所辖路段公路日常养护管理、路政管理及应急处置、交通量调查等职能，逐步引导公路站由原来的基层养护执行单位转变为管养合一的管理单位。局机关各科室对公路站实行业务指导和监督检查。基层公路站管理模式实行站长负责制，设站长1人、副站长2人。另设路政管理员、养护管理员、桥梁管理员、安全员、考勤员和统计员等岗位，明确岗位职责。公路站人员由站长直接管理，不再下设二级机构。每个公路站设路政员4~6名，养护员6~9名，每个公路站11~15人不等，配备路政巡查车1辆。按照标准化要求给各公路站更新办公桌椅，配备笔记本电脑、打印复印一体机、照相机、空调、净水器等办公设备。

【严格管理制度】 按照“四化管理”要求，以构筑科学合理、规范有序、运转高效的行业管理体系为目标，实现高效管理、优质服务。1月，区公路局与济宁鲁南公路工程公司实施划转分离。按照市局关于经营性单位改革重组工作要求，区公路局积极履行职责，扎实做好与鲁南公路工程公司人、财、物转接工作，有针对性地对原公司人员进行转岗培训，充实到养护、路政、治超等一线部门，实现人心不散、队伍不乱、平稳过渡的目标。修订完善《任城公路局劳动纪律》等一系列规章制度。健全完善安全生产管理“四项体系”，签订《安全生产责任书》，围绕安全生产年度目标，落实安全责任，深化专项整治，强化监督管理。严格资金使用管理，全面清查盘点和查实资产，彻底摸清“家底”，真正做到账实相符、账证相符、账物相符。（李　蕊）

邮　政

【概况】　区邮政局隶属济宁市邮政局管理，设综合部、市场部、分销业务局、金融保险业务局、函件广告局、集邮报刊业务组，辖农村支局网点16个和代办所1个，编制133人，设局长1人、副局长2人、工会主席1人。区邮政局注重抓好三支队伍（支局长队伍、分局营销队伍、营投队伍）建设；加强业务培训、营销培训，突出实际操作和营销实战技能提升，在分局开展兼职营销对抗赛，形成月月有竞赛，人人有目标、人人有项目的发展氛围。在支局收入规模、余额规模、保险、物流等业务上，试行职能帮扶结对走访等活动，月月进行支局排位，形成良好的竞争激励机制。2011年，完成收入2308万元，完成年计划的101%，同比增长27%。

【服务区域经济发展】　发挥邮政储蓄点多面广、业务广泛、营业时间长的优势，为全区提供方便及时的金融服务。区邮政局代收中国联通、中国电信及中国移动的话费，代收居民电费，代发农村低保金，代发退休职工养老金，代发企业职工工资。按照国家对邮政服务“三农”的要求，打造标准“三农”服务站，为广大农户提供优质价廉的放心农资，提供送货上门服务，方便农民群众的生产生活。开展技能培训和服务竞赛活动，不断更新服务设施，加强服务流程指引，逐步加大便民力度。

【电子商务业务】　在发展代办电信业务上立足当地，大力进行业务宣传，积极与通信运营商谈政策，成功开启社会代理渠道，短信业务用户11224户。启动南张、接庄、长沟、李营、二十里铺等5个邮政支局农电费项目，督促通讯运营商及区供电公司成立农电费项目组，加办农电费短信6055条。

【物流速递类业务】　在农资销售上，深度开发农村市场，积极抓好直营店建设及秋季肥料的销售工作。在春节、中秋节期间，利用心酒“淡雅醇香”及“天赋高贵”系列项目营销活动，实现心酒营销1.2万箱、其他酒水1万余箱。年底，实现物流收入256万元、速递收入64万元。

【邮务类业务】　在函件类业务上，发挥大客户的营销作用，加强机械加工行业商函、酒店商函、汽车销售行业商函的开发力度。与银行发放商函3万封，与酒店及汽车销售行业发放商函12万封，出版中邮30多期，邮政编码拍招商达600余块，完成函件收入188万元。集邮品的销售，重点以企业个性化年册、钱币册、“生肖金砖”为主，拓宽客户开发及营业厅销售渠道。结合各种畅销类报刊进社区、学校宣传营销，细化投递段道客户量，确保老客户收订增量，发展新客户。2011年，报刊收订流转额466万元。

【内部管理】　加强内部管理建设，重点规范管理经营网点、投递能力，着力解决制约发展的瓶颈。建立健全规章制度，加强监督检查，保障经营安全，下发文件70余份。设立兼职检查员，定期对营业服务、制度执行、经营台账等事项进行监督检查。认真贯彻落实市局下发的安全生产责任书，对每个支局签订安全生产责任书，支局局长为安全第一责任人，层层落实分解，实行安全生产一票否决制。加强财务管理，控制成本费用，建节约型企业。按照市局规范要求，在各个支局成立3人理财小组，明确其职、权、利，实行帐务公开。对邮品、肥料、农药等物品实行动态管理，月末填报进、销、存情况动态报表，明晰存货现状，便于经营调度。（刘　波）

财政　税务

财　政

【概况】　区财政局为正科级行政单位，设办公室、财政监督办公室、预算科、行财科、社会保障科、农业科、经济建设科、会计科和政府采购监管科等9个职能科室，辖非税收入管理局、农业税收征收管理局、国有资产和投资项目管理局、财政集中支付中心、财政投资评审中心、综合治税办公室等6个事业单位，编制20人，设局长1人、副局长3人。紧紧围绕全年收入任务目标，谋发展，拓财源，强保障，

2011年任城区一般预算收支汇总表

表8　　　　单位：万元

收入预算科目		决算数	支出预算科目	决算数
税收收入 165，305	增值税	51,935	一般公共服务	29,691
	营业税	30,914	国防	264
	企业所得税	10,329	公共安全	4,526
	个人所得税	5,609	教育	54,251
	资源税	7,756	科学技术	2,004
	城市维护建设税	20,579	文化体育与传媒	1,303
	房产税	3,071	社会保障和就业	10,662
	印花税	2,628	医疗卫生	15,018
	城镇土地使用税	6,743	节能环保	1,512
	土地增值税	6,725	城乡社区事务	10,292
	车船税	1,331	农林水事务	18,591
	耕地占用税	14,041	交通运输	2,574
	契税	3,644	资源勘探电力信息等事务	3,300
非税收入 21,394	专项收入	10,703	商业服务业等事务	5,155
	行政事业性收费	2,776	金融监管等事务	10
			国土资源气象等事务	148
	罚没	2,357	住房保障	1,340
	国有资本经营	162	粮油物资管理事务	414
	国有资源(资产)有偿使用	5,235	储备事务	20
			国债还本付息	32
	其他收入	161	其他支出	1,472
年度合计	收入	186,699	支出	162,579

抓征管，促进财政收入平稳较快增长，民生改善等各项重点支出得到较好保障，财政工作持续稳定健康发展。全区一般预算收入完成18.67亿元，增长18%。一般预算收入加中央税收返还及各项补助，减各项上解，全区可用财力为16.26亿元（其中地方可用财力13.48亿元）。全区一般预算支出完成16.26亿元（其中地方财政支出13.48亿元），增长20.28%。收支相抵，当年结余8万元。2011年，被评为省级文明单位。

【财源建设】 围绕年初确定的收入预算目标，督促各镇（街道）及财税部门将任务层层分解，严格实行奖惩责任制，增强镇（街道）、财税部门加大关心、支持财税工作的力度。全面深化社会综合治税工作，对外部税源全力协调，对内部税源全面开展财政税收检查，对重点税源集中督导攻坚，加快二三产业分离，全力助推财政增收。全区运用综合治税手段征收耕地占用税1.4亿元，办理企业迁入手续46户，完成企业二三产业分离6户，采集地方税收保障信息20216条，通过对信息筛选利用，入库税款8796万元，新增税款6075万元。强化非税收入征管，最大限度增加财政收入。不断加强票据和账户管理，全面清理非税收入项目，拓宽财政收入来源渠道。年底，非税收入完成1.51亿元，超额完成全年收入任务，全年争取上级各类资金2.3亿元，包括教育、医疗卫生、农业、企业扶持等专项资金。

【税源普查】 由区地方税收保障工作领导小组牵头，区工商分局、区国税局、区地税分局等部门配合，着重普查专业市场、楼宇经济、工商个体户，全面掌握全区税源底数、税源结构以及税源分布、变化情况，针对无证业户、区外纳税业户、非任城工商营业执照业户，认真分析原因，提出整治意见。年底，辖区内的无证经营业户由1037家（含冻结区城内843户）下降到872家，下降16%；非任城工商营业执照业户由原来的212户下降到84户，下降60%；区外纳税由原来的145户下降到57户，下降60.6%。

【财政资金管理】 扎实开展财政投资评审工作，积极探索建立资金及项目管理机制，有效促进财政资金效益最大化，取得较好效果。全年完成投资评审项目38个，送审金额3.91亿元，审定金额2.83亿元，审减金额1.08亿元，审减率27.6%。深化部门预算和支付制度改革，完善会计集中核算与国库集中支付“双集中”的管理模式，将部门预算与国库集中支付、国有资产管理、财政投资评审有机结合，健全预算编制、执行和评价体系，提高预算管理水平，实现财政资金全过程监督管理，提高财政资金使用效益。区集中支付中心拒付不合理支出187笔，拒付金额177万元。稳步推行涉企收费“一费制”改革，按照“健全完善、规范管理、巩固提高、强化监管”的原则，建立健全长效机制，逐步把涉企“一费制”改革向纵深推进，扩大改革覆盖面。建立纪检监察、财政、物价等部门共同参与的联席工作制度，定期通报情况。从根本上规范收费行为，全年有128户企业签订协议，涉企收费2150.8万元。创新国有资产管理手段，促进国有资产保值增值。充分利用全省联网

6月29日，全区“小金库”检查工作会议召开

的资产管理信息系统，及时掌握行政事业单位资产规模、分布和使用状况，研究创新行政事业单位资产监管手段、改进管理模式和管理方法。实行公开招租、拍卖，处置收入严格按“收支两条线”要求收缴至国库，全过程跟踪监督。扎实开展“小金库”专项治理工作。通过走访企业、个体户等，了解执收、执罚权相对集中的部门和单位的收费情况，重点查处使用假发票、自制票据和白条报账情况，查处设立“小金库”的违规行为。结合规范津贴补贴、规范行政事业单位经营性资产管理、节约和控制行政成本支出、加强银行账户监管、行政事业单位票据管理检查，推进“小金库”专项治理工作。

【财政支出】 坚持“量入为出、量财办事”的原则，合理安排支出，不断优化支出结构，优先保障农科教等法定支出和“三重”需要，确保全区工资及时足额发放和通讯补贴发放等增资政策的兑现。全区一般预算支出完成16.26亿元，占预算121.34%，增长20.28%。坚持民生优先，安排7400万元用于为民办十件实事，确保新型农村社会养老保险工程的顺利启动，公办幼儿园建设、便民公共卫生设施建设等民生项目稳步推进，新农合补助标准进一步提高。集中财力支持教育优先发展，教育教学条件逐步改善。集中财力支持和服务“三农”，认真落实各项奖励补贴政策，全年拨付粮食直补3146万元，补贴小麦面积31.95万亩，补贴农户7万户；兑付补贴资金6500万元，用于补贴家电下乡、家电以旧换新产品24万多台（件），补贴汽车摩托车下乡9000多辆，农民群众的生活水平得到很大提高。

【会计管理】 认真做好《会计从业资格证书》的申请、办证、变更、调转等工作。全区会计管理信息系统中管理会计从业资格人员4660人，其中中级以上职称156人，占3.4%。会计人员继续教育工作首次采用网上学习的方式，学员能根据自身的需要灵活安排学习时间，提高学习效率。认真组织会计专业技术资格报名考试，严格审核考生的报名信息，初中级网上报名776人，实际确认638人；鼓励先进，树立楷模，评选区级会计管理工作先进集体6个，区级先进会计工作者33名。 （张德安　师　建）

国有资产监督管理

【概况】 突出抓好全区国有资产普查、国资监管信息化建设和国有资产收益集中清缴活动，强力推进重点国企改革改制、闲置国有资产处置变现工作，完善国有资产管理体制，推进企业战略性重组，完成区供电公司资产上划工作，由地方国有企业变更为中央国有企业，全区国资监管工作取得明显成效。

【国资监管基础工作】 完善国有资产管理信息系统，按照山东省财政厅统一部署和“金财工程”建设总体规划要求，依据横向“财政部门—主管部门—行政部门”，纵向“省—市—县—乡”的框架设计，实现财政与部门单位的网络连接，大力提高工作效率，增强财政工作透明度；充分发挥国有资产的融资功能，实现国有资产收益最大化，积极推进闲置国有资产处置变现工作，调查摸底区直部分行政事业单位土地资产和房屋构筑物，土地面积约162亩，建筑面积86743平方米。 （张德安　师　建）

国　税

【概况】 区国家税务局（简称区国税局）为正科级行政单位，设办公室、政策法规科、税政管理科、收入核算科、纳税服务科、征收管理科、人事教育科、税源管理科和监察室等9个科室，辖稽查局和信息中心以及城区、开发区、南张、李营、许庄、金城、仙营等7个税务分局，编制141人，设局长1人、副局长3人。坚持以组织收入为中心，全力推进税收征管、内控预防、纳税服务、国税文化、人力资源管理和内部行政管理等“六个体系”建设，打造为国聚财、为民收税、真诚服务、和谐共赢的“仁之城、和谐税”国税文化品牌，创设Horizon（夯实基础）、Heart（用心执法）、Highlight（突出重点）、Height（提高质效）、Harmony（外部协作）、Harvest

10月13日，市、区领导观摩“六个体系”建设 （刘 涛 摄）

（展现亮点）等“6H”税收征管品牌、“真情服务”纳税服务品牌和学习倡廉、风险控廉、制度保廉、评议考廉、追究警廉等“五廉”内控预防品牌。全年完成国内税收收入24.86亿元，增收税款1.12亿元；完成任城区级收入24.38亿元，增收税款1.45亿元；任城地方级收入完成6.09亿元，增收0.29亿元，税收收入再创历史新高，居全市第2位。2011年，被评为省级文明单位、省减免税调查工作先进单位，各分局均被评为省、市级青年文明号、市级文明单位。

【征收管理】 构建税收征管体系，创树“6H”税收征管品牌。开展税源专业化管理，强化对重点税源的控管，集中管理大企业重点税源，专业化管理集贸市场。先后制定《任城区国税局大企业管理制度》《任城区国税局专业市场管理办法》《任城区国税局“四位一体”互动管理办法》等制度办法，加强管理非正常户，开展普通发票检查，堵塞税收漏洞；建立《任城区国税局农产品收购发票管理办法》《任城区国税局非正常户管理办法》等制度办法，促进税收征管质量和效率的提高。强化纳税评估工作和税务稽查力度，依托税收预警评估系统，丰富完善纳税评估方法体系，积极探索主要行业的纳税评估模型，逐步建立健全覆盖全局4个行业的评估模板，其中利用出口退税行业模板评估山东求是纸业有限公司，入库税款280.28万元；煤炭零售行业模板评估山东顺航电力燃料有限公司，入库税款83.33万元；板材加工行业模板评估济宁兴达木业有限公司，入库税款22.19万元；煤炭采掘行业模板评估岱庄煤矿，入库税款386.18万元。充分依托税收分析预警和纳税评估两个系统平台，有针对性地强化对重点、难点和薄弱环节的检查，加大税务检查力度，查补入库税款、罚款、滞纳金2717万元。强化日常监控管理，利用外部信息应用系统和组织机构代码信息系统，加强与工商、地税、质检等部门的联系，不定期收集各部门的相关登记信息，分配组织机构代码信息共享系统信息14432条，外部信息系统信息924条。加强漏征漏管的清理，清理漏征漏管户118户，罚款8420元，入库税款33532元。

【税收优惠】 根据国家相继出台的多项税收优惠政策，特别是一系列结构性减税政策，多渠道、多方式开展税收宣传，力争第一时间将税收政策传达给纳税人，引导帮助企业加快发展。全局落实增值税优惠政策减免税额11422万元，其中征前减免10719万元；企业所得税减免税额1800万元；办理出口退税6802万元，免抵调库1837万元。扶持重点产业发展，继续实施并调整完善支持软件产业和集成电路产业发展，加大节能减排的税收引导力度，进行增值税等起征点调整增强经济发展后劲。

【信息管税】 8月，区国税局组织全区纳税人进行电子申报系统培训，不断加强信息化建设，提升纳税服务质量，方便纳税人报税。运行电子申报系统，方便纳税人办理纳税申报，提高办税效率，降低纳税成本。实现税收征管、增值税专用发票管理、增值税普通发票管理、税务稽查以及纳税申报于一体的信息化管理平台，建立起一个立体交叉、覆盖全区的综合信息化网络，实现与省市局、各分局的联网和无纸化办公。

【纳税服务】 积极推进纳税服务体系建设，形成以纳税服务理论为基础，制度建设、业务规范、平台建设、组织保障、考核评价为主要内容的纳税服务体系框架。税法宣传纳税咨询更加有效，以纳税知识、税收政策和征纳沟通渠道作为宣传重点，印发《纳税指南》《热点问题解答》《警示案例》等。规范办税服务，完成办税服务厅标准化建设，重组办税窗口，推行办税电子标签、“一站式”服务、远程抄报税、自助办税等服务新举措，提高办税效率，减轻纳税人负担。全面落实纳税服务承诺制度，建立健全信息公开制度，及时公开纳税人办理涉税事项的环节、手续和涉及纳税人利益的重大事项，权益保护制度更加健全。解读《纳税人权利与义务公告》，促进税收管理和执法的规范，增强纳税人维护自身权益的能力。畅通纳税人诉求征集渠道，强化需求分析，针对性地提出改进措施，不断提高纳税服务质效。

【廉政建设】 坚持廉政风险教育，深入开展廉政文化进机关、进基层、进家庭“三进”活动。定期编发《廉政文化教育读本》，开展经常性读书思廉活动，组织干部职工到任城监狱听取服刑人员忏悔报告，聘请市检察院、市委党校等单位的专家教授开展预防职务犯罪教育专题讲座，教育引导广大干部职工牢固树立岗位风险意识。形成一套科学明晰、配套可行、实用有效的风险防控体系。建立责任明确、约束有力的内部岗责体系。排查评估风险，查找出318个风险点。分解监控事项，制定岗位权力运行流程图62个。健全民主议事决策机制，制定领导班子工作制度和党组会、局长办公会议事规则，重大事项坚持集体研究，严格按照规则和程序办事，并由纪检监察部门全程监控。制定《任城区国税局民主监督制度》和《任城区国税局外部监督制度》，主动接受全体干部职工、纳税人和社会各界的监督。签订《党风廉政建设责任书》和《勤政廉政保证书》，把廉政风险防控建设纳入系统目标管理考核。召开税检联席会议，参加行风热线，聘请特邀监察员，向纳税人发放调查问卷，提高考核评议的公开性和全面性。坚持人机结合，充分运用各类系统软件提供的信息为实施防控提供依据，实现对税收执法权和行政管理权运行的适时监督控制。

【队伍建设】 开展纪念建党90周年活动，发挥国税文化的辐射、引导、激励作用，全力建设政治合格、业务精湛的国税干部队伍。加强党员教育，在全体党员和干部职工中开展党史教育、红歌演唱、主题演讲比赛等活动，坚定理想信念，激发投身国税工作的热情。强化业务培训，遵循“统一管理、分级组织”的原则，以税收政策、财会知识、计算机操作应用为主要内容，提高全局中青年干部的综合素质和胜任岗位工作的能力。开展创先争优活动，起草《任城区国家税务局关于开展党员“亮身份、亮承诺、亮形象”、争创群众满意窗口活动的实施方案》和《任城区国家税务局“为民服务创先争优”活动实施方案》，开展丰富多彩的主体实践活动。创建“仁

■ 6月15日，开展建党90周年红歌演唱活动 （刘 涛 摄）

之城·和谐税—真情服务”服务品牌。通过采取教育引导、岗位培训、规范管理等措施，提升干部素质，强化服务意识，提高工作效率。树立“品牌国税、创新国税、人本国税、和谐国税”良好形象。（赵　宏　常文强）

地　税

【概况】　济宁市地税局任城分局（简称区地税分局）为正科级行政单位，设办公室、纪检监察室、人事政工科、会计统计科、征收管理科、政策法规科、税源管理科和纳税服务中心等8个科室，辖直属分局、稽查局2个直属单位和三贾、李营、南张、金城、接庄5个基层中心税务所，编制120人，设局长1人、副局长3人、纪检组长1人。2011年，组织入库地方各税15.8亿元，剔除契税和耕地占用税，组织入库地方各税14.06亿元，增收3.5亿元，增长33.3%。其中区级财力完成11.6亿元，剔除契税和耕地占用税，区级财力完成9.87亿元，增收2.3亿元，增长31.2%。全年征收煤炭价格调节基金1.7亿元。区地税分局被评为省廉政文化示范点、省地税系统党建工作先进集体，办税服务大厅被评为全国巾帼文明岗。

【征收管理】　加强重大建设项目监控管理，监控大项目56个，入库税款5.08亿元。加强矿区车辆综合治理。管理8个矿井600辆车，入库税款545万元。加强社区税收管理，清查城区出租房，管理出租户1023户，代征税款634万元，增长32%。加大二、三产业分离工作力度，新剥离企业9户，入库税款154.26万元。加强民间借贷税收管理。清查纳税户3200户，入库税款503万元。加强企业所得税管理，推广应用汇算通软件，管理所得税户数300户，入库企业所得税1511万元。加强个人所得税管理，做好高收入个人全员全额明细申报工作，高收入个人申报完成1336人，入库个人所得税8000万元。加强煤炭企业塌陷地税收管理，组织清理塌陷地税收，入库耕地占用税1.37亿元，入库土地使用税1304万元。加强纳税评估工作，评估企业98户，入库税款780万元。加大税务稽查工作力度，重点开展专查房地产业、医药行业、机械制造业等行业，入库税款746万元。

【税源管理】　探索建立税源一体化管理新模式，建立一体化管理工作机制，健全统筹兼顾、分工协作、优势互补的职责分工体系，制定联席会议、工作通报、情况反馈等制度，凝聚税源管理合力。结合基层税源特点和人员素质等因素，优化人力组合，充实业务骨干到重点税源管理部门和基层一线。深化税源分类管理，打破地域管理限制，扩大重点税源监控范围，集中部分镇（街道）房地产业、建筑业等重点行业到直属分局、三贾中心税务所进行管理，提高重点税源集中管理效能。对中小税源，实行试点核定征收；对零星税源，推行委托代征方式。建立多位一体的运行模式，在纵向上划分区局与分局、中心所的监控职责范围，在横向上由区局具有税源监控职能的相关科室和稽查局，采取税源管理工作互动，业务事项分流、信息共享的方式，实现税源管理工作从单一的部门化逐步向综合的一体化方向转变。

【纳税服务】　不断改进纳税

4月8日，认真开展局长接待日活动

服务方式，深入开展“擦亮窗口”、服务纳税人和集中企业服务发展活动，独立管理城区办税服务厅，保留农村中心所征收点，最大限度方便纳税人，提升工作效率。依托纳税服务QQ群、短信平台、税企互动邮箱，加强与纳税人的互动交流。认真开展局长接待日活动，接待77人次，回答纳税人提出问题99个。坚持每月开展纳税人培训活动，培训人数达5000多人次。认真开展税收宣传月活动，印制宣传图册2万余份，制作专题片2期，深入开展税收宣传，提高纳税人的税法遵从度。加大对纳税服务工作的明察暗访、定期检查评比纳税服务工作，严格实施奖惩，促进纳税服务质效不断提高。

【基层建设】 围绕“强基层、上水平、促发展”的总体基调，加大基层硬件建设投入，在基层中心税务所全部配备取暖设施，完善小食堂、小菜园、小浴室、小公寓、小活动室、小阅览室、小会议室、小荣誉室等“八小”建设，基本满足基层干部求知、健身、娱乐等需求。改造办税服务厅，统一办税标识，统一格式布局。加强基层软件建设，将党建工作、廉政建设、精神文明建设和基层建设工作紧密融合，开展创建学习型党组织、创建党建示范点、争创党员示范岗活动，不断提高基层党建水平和党员素质。大力开展文化倡廉活动，建立廉政文化走廊，开设廉政课堂，举办廉政文化书画展等活动，大力营造以廉为荣、以贪为耻的良好氛围。深入推进精神文明建设工作，广泛开展丰富多彩的群众活动，营造和谐的工作生活氛围。

【队伍建设】 围绕提高基层干部队伍素质，结合基层税源状况和人员素质结构，优化调整基层人员。新提拔任用基层分局（所）负责人2名、正股级干部11名和副股级干部3名，调整中层干部17名和一般人员岗位18名，中层干部年龄结构由42岁下降到38岁，干部队伍知识结构进一步改善。从提高队伍综合素质入手，与济宁市财政学校、泰安科技大学联合举办4期业务脱产培训班，不断提升基层干部适应岗位的能力。加大教育培训创新力度，开展“结对子、促学习”活动，充分发挥传帮带优良传统，干部之间相互取长补短，共同进步，地税队伍整体素质全面提高。

【办税服务大厅获全国“巾帼文明岗”荣誉称号】 办税服务大厅有税务干部10人，均为女性。大厅设8个办税服务窗口，担负城区3000多户纳税单位税费的征收、税务登记等业务受理工作。坚持“始于纳税人需求，基于纳税人满意，终于纳税人遵从”的服务理念，积极创新服务载体，完善办税公开、首问责任、一次性告知、全程服务、限时服务、延时服务、预约服务、“三语服务”和提醒服务等服务机制，创新“短信服务平台+电邮税企通＋QQ群”服务渠道，拓展网上申报、双委托等多元化申报方式，不断提高办税效能。全年办理正常业户税务登记1200多户，发售发票5000余户次，400多万份，代开发票近3万份，年征收各项税费近10亿元。2011年，被中华全国妇女联合会评为巾帼文明岗。（王福军　杨燕青）

5月13日，全国“巾帼文明岗”授牌仪式

金　融

金融工作

【概况】　区金融工作办公室（简称区金融办）为正科级全额预算管理事业单位，编制4人，设主任1人、副主任1人。全区金融工作紧紧围绕“转方式、调结构、促发展”主旋律，大力推进企业上市，加强对融资性担保公司及小额贷款公司的规范管理，会同有关部门制定发展金融服务业优惠政策，积极引进金融机构落户任城。全区银行、保险行业蓬勃发展，各项收入稳步增长。有银行6家，存款余额137.68亿元，同比增加7.59亿元，增长5.8%；贷款余额89.70亿元，同比减少0.52亿元，下降4.2%。有保险公司16家，其中财险公司9家、寿险公司7家，实现保费收入3.42亿元，同比增长20%，给赔付额1.21亿元。2011年，获山东省金融生态环境建设模范奖。

【建设金融生态环境】　建立由区金融办、区发改局、区经济合作局、区工商分局、区财政局、区中小企业局、区公安分局及金融机构等部门负责人参加的联席会议制度，统筹协调政府、金融监管部门、金融企业，形成齐抓共管、高效协调、密切配合的金融协调监管工作机制。重点加快中小企业和个人信用体系建设步伐，逐步健全完善中小企业及个人信用档案体系，系统、全面、准确地收集和整理企业及个人有关信用方面的资料和情况。加大对逃废银行债务行为的打击力度，净化全区社会信用环境。开展“诚信光荣、失信可耻”的宣传教育活动和“信用工程”创建活动，营造人人争当“诚信模范”的浓厚氛围。建立金融企业风险预警制度，实现金融风险防范工作制度化；建立金融企业重大事项报告制度，从源头上控制风险；建立金融风险处理应急制度，排查金融风险隐患并进行及时、合理的处置。督促金融企业逐步完善内控管理制度，提高防范风险意识，树立审慎经营理念。

【推动企业上市】　把博特精工、晨阳碳素、卡松科技等10家优质企业纳入上市资源后备库，进行重点培育。组织对优质后备上市资源企业进行考察摸底，座谈调研，聘请专家对企业进行上市培训辅导，组织企业高管人员进行上市研修，联系券商及投行公司与后备上市资源企业对接，有效解决企业上市过程中的各种难题。以优质企业为着力点，加强宣传企业充分利用多层次资本市场的融资，加大后备上市企业的培育力度，建立和完善上市后备资源数据库，抓住企业上市的关键环节，引导企业正确选择上市渠道，出台对企业上市的扶持政策，建立企业上市绿色通道。1月6日，博特精工股份在天津股权交易所科技创新板正式挂牌交易，完成融资2600万元。

【小额贷款公司发展】　区金融办始终保持1名工作人员作小额贷款公司的主监管员，作为公司合规经营、风险防范的直接监管责任人。建立信息披露制度。公司及时向主管、监管部门报送相关业务经营和融资数据信息、统计报表及其它资料，加强收集与传报小额贷款公司日常监管信息，全面评估和预测可能发生风险的预警信息，制定小额贷款公司风险突发事件处置预案。全区有济宁市任城区融通小额贷款有限公司和济宁市任城区德利小额贷款有限公司，注册资金均5000万元。全年贷款发生额16568万元，其中“三农”贷款8331万元，占比50.3%，中小企业贷款8237万元，占比49.7%。营业收入1119万元，营业利润756万元，上缴税收258万元。

（邵兆前　常　斐）

金融机构

【中国银行任城支行】 设营业部和业务发展部，在职职工26人，设行长1人、副行长2人。坚持以客户为中心、以市场为导向，强化发展意识，树立“创新发展，转型发展，跨境发展”的思想，以山东中行“百年历史，百亿利润”为目标，深化“三大管理”（有效的战略管理、科学的绩效管理、严格的精细化管理），落实“三大任务”（加强客户群建设、推动网点转型、拓展公司核心存款），推进“三大发展”（创新发展、转型发展、跨境发展），积极为全区经济建设和广大公私客户提供优质金融服务。年底，各项存款余额82688万元，同比增加8957万元；各项贷款余额9089万元，同比减少3470万元。2011年，被评为济宁市中行内控合规先进单位。

存款　坚持将核心存款增长作为推动业务工作的主抓手，实施行政事业存款“一把手”工程，整合各类资源，坚持高层营销带动，围绕企业资金的运行特点和供应链，对核心客户的上下游企业，开展清单式营销和企业结算链延伸营销。树立“广义负债”理念，做到个人金融产品销售与储蓄存款的增长相互促进。发展代发薪金业务，科学利用理财产品，争揽中高端客户，持续营销拆迁补偿款、片区开发资金。加强客户分层管理，深化储蓄存款与理财业务、中间业务、资产业务、银行卡业务的交叉销售。年底，各项存款余额82688万元，同比增加8957万元，其中企业存款余额52473万元，同比增加10424万元，完成市行计划的104.24%；储蓄存款余额（含表内理财）34474万元，同比增加2792万元，完成市行计划的126.89%，在济宁市综合性支行排名第一位。

贷款　积极开展“营销楼盘竞赛”活动，做大一手房按揭贷款业务，做强抵质押循环贷款业务，做好二手房按揭贷款和信用贷款业务，根据宏观政策和市场运行规律，提升议价能力，增加利息收入。大力拓展卡分期及商户分期业务，细分客户，锁定目标，重点营销太白路商圈的家电、手机、金店、珠宝等卖场。对公贷款主要为济宁市公路局项目贷款，由于国家政策调整，公路贷款改由国家开发银行统一授信，年内，济宁市公路局将项目贷款全部还清。年底，各项贷款余额9089万元，同比减少3470万元，其中项目贷款余额4650万元，同比减少3650万元，消费贷款余额4439万元，同比增加180万元。

助推地方经济发展　响应国家“服务地方经济、支持中小企业发展”的号召，秉承“以客户为中心，以市场为导向，强化公司治理，服务大众民生”的宗旨，实施“走出去营销，名单式营销”发展策略，主动联系地方政府、政协、税务、财政等单位，全方位、多渠道拓展与企业沟通平台，全面掌握企业资金、授信需求，为企业量身定制金融方案；制订出台存货质押、应收账款质押等新授信产品方案，针对区内机械加工配套企业制定应收账款质押、龙头企业供应链上游客户的快捷融资等符合任城区实际的授信方案；按照中国银行中小企业发展新模式，加大对中小企业的授信支持力度，开通小企业授信绿色通道，中小企业授信条件、审批效率，服务质量再上新台阶，为任城区地方经济的发展提供高品质、全方位金融服务。全年为山东东宇工程机械有限公司、山东兴鑫能源有限责任公司、济宁科信机电焊切设备有限公司等企业发放中小企业流动资金贷款6000万元。

中间业务　坚持效益优先的发展思路，依托产品与服务创新，强化利润导向，在授信规模极为紧张的形势下，优先支持收益高的中小企业贸易融资，提升

整体收益水平。加强板块及条线联动，依托产品发展及创新，寻求中间业务收入新的增长点。充分发挥零售贷款对中间业务的带动作用，重点通过大力推广个人网上银行、“出国留学一站式服务”等品牌业务，带动借记卡年费收入、结售汇收入等中间业务收入的增长。在继续做好理财产品、贵金属销售工作的基础上，加大基金和保险产品的销售。加强中银保险产品销售，提高中间业务贡献度。全年实现中间业务净收入388万元，理财产品销售3238万元，表内理财余额1499万元，寿险销售410万元，三方存管新增153户，个人网银用户新增5403户，企业网银用户新增153户，手机银行用户新增3964户，新增代发工资单位3260家，中银信用卡有效卡增发1782张。

风险管理　坚持从严治行不动摇，加强内控体系建设，推进内控精细化管理，严格落实案件防控责任制，强化三道防线联动，以风险管理和内控防案为重点，落实各项风险管控措施，确保业务健康持续发展。强化内控工作，坚持“内控防案是硬任务”不动摇，在内控工作中做到“三个决不放松”（内控合规在任何时候、任何单位、任何环节都决不放松；内控风险防范优先的原则在任何时候、任何单位、任何业务都决不放松；对员工的内控教育在任何时候都决不放松），将防范案件作为内控工作的首要目标，创新形式，推进业务合规和操作风险管理体系建设，深入持久开展案件防范和治理工作，加大风险隐患排查和管控力度，实现零案件、零事故的目标。

企业文化建设　坚持“以人为本”“人才兴行”的理念，完善“有为有位”的选人用人机制，深入实施文化管理，增强企业发展软实力。坚持“业务推介、品牌塑造、精神展示、文化建设”的有机统一，做好“百年行庆”系列活动的策划、组织、宣传工作。开展“和谐任城”创建活动，关心员工工作生活；开展文体活动，增进员工身心健康。弘扬企业作风和企业精神，将低层次的银行礼仪升华为高层次的服务文化，将服务文化的理念化为自觉的行为，不断超越服务的表面，延伸服务的内涵，搭建全新服务平台。坚持用事业造就人，用环境凝聚人、用机制激励人，倾听员工的意见和建议，为员工创造良好的工作环境和发展空间，激发广大员工的责任感、使命感，提升全行的品牌形象、市场地位，增加文化底蕴。

（张伟涛　杨　宁）

【农业银行任城支行】　设综合管理部、财会运营部、个人金融业务部、公司业务部等4个部室，辖基层综合营业网点10个，员工131人，设行长1人、副行长3人。坚持贯彻落实科学发展观，积极实施国家“十二五”发展规划，立足全区社会经济发展实际，扎实开展创先争优活动，以加快发展、提高质量作为“兴行第一要务”，以“同业争排头、系统创一流”为目标，以锐意营销、跨越发展为抓手，以“转方式调结构”为经营主基调，深入实施经营战略转型，强化内部管控，各项经营业绩持续高速增长，全行各项存款余额38.38亿元，同比增加4.06亿元；各项贷款余额18.23亿元，同比增加2.13亿元；实现利润1.23亿元，同比增加0.49亿元；实现税收906万元，同比增加240万元。2011年，先后被评为中国银行业文明规范化服务千佳示范单位、山东省三化三无一退出验收达标单位、市级文明单位、济宁市银行系统四好领导班子创建先进集体。

存款　坚持存款是立行之本的理念，不断强化存款市场份额竞争意识，全力抓好存款业务，巩固提高负债业务市场竞争能力。密切关注市场、研究市场、开发存款市场，积极拓展营销优质高效客户，努力提高新客户市场份额和贡献度。强化资金组织引导，夯实全行经营基础，提高核心竞争力，增强市场竞争意识，做好核心客户存款营销工作，加大大项目、重点客户拓展力度。及时把握上级政策导向，加强负债管理，保持存款稳定持续增长，降低存款成本，缓解利差收窄对经营效益的不利影响。年底，各项存款余额28.38亿元，其中个人存款余额23.55亿元，同比增加2.59亿元；人民币

对公存款余额14.84亿元，同比增加1.58亿元。

贷款　认真按照国家宏观经济“转方式调结构”的目标要求，不断加大对“三农”经济和实体经济的扶持力度，坚持重点扶持与一般扶持相结合的信贷扶持原则，将信贷资金重点投向事关推动全区经济社会健康发展的重点客户，严格信贷“三查”，确保信贷业务稳健快速发展。积极调整信贷结构，提高优质个人客户、优质法人客户的占比份额，实现科学投放、科学调整结构，提升高附加值、高价值回报的资产业务份额，提高实体经济和三农经济的贷款投放占比。年底，发放实体经济贷款7.82亿元，有效覆盖130多家实体经济客户，实体经济和三农经济贷款占总贷款规模的63%和17%。贷款行业投向趋于合理，信贷客户结构进一步优化。全行认真践行“有保有压，有所为有所不为”的经营理念，新增贷款主要投向AA+级以上优良客户，各项信贷有效投放持续增速，贷款质量明显提高。各项贷款余额18.23亿元，同比增加2.13亿元，其中对公贷款余额（含贴现）12.67亿元，同比增长0.56%；个人贷款余额5.56亿元，同比增加1.37亿元，同比增长11.78%，完成市行年度计划的91%，综合绩效考评居全市农行系统第一位。

助推地方经济发展　坚持服务三农市场定位不动摇，以服务三农经济发展为根本，严格按照国家产业政策和金融政策，持续推进三农事业部制改革，金融业务范围、经营领域不断扩大，信贷资金投向从流动资金贷款扩大到固定资产贷款、外汇贷款和技术改造贷款。坚持不断扩大区内信贷服务，有效投放辖区内中小企业，支持多种经济成分和个人贷款，渗透非物资生活领域，将支持民营企业、煤炭运销企业、种养大户、农产品加工龙头企业、出口创汇企业等作为信贷支持重点。加大对三农经济的信贷扶持力度。制定支持全区“三农”经济发展的具体方法和步骤，组建“三农”服务团队，划定服务区域，分片包干，对专业村、专业户，实行专人负责，制定目标责任考核制，以村“两委”为依托，紧密配合“两委”班子，积极考查筛选符合贷款条件的“三农”经营业者、种植大户、养殖企业，发放三户联保农户小额贷款、农户助业贷款，同比增发各类农户贷款3100万元。立足全区发展大局和可持续发展实际，本着“有保有压”、择优扶持、重点扶持和一般扶持并重的信贷政策，大力支持新农保、社保、社会主义新农村建设等，努力探索区内重点项目支持的新途径，实现社会效益和自身效益的共同提高，有力推动全区经济社会的快速发展。

中间业务　不断强化各项考核激励办法，充分调动全员营销中间业务的积极性，制定完善《电子银行产品考核办法》《信用卡营销考核办法》《产品计价考核办法》等考核办法。努力开辟中间业务渠道，加大新兴中间业务营销。举办有关汽车分期付款、贷记卡、惠农卡、网上银行等13场中间业务知识讲座，开展大型中间业务综合营销活动6场。实行中间业务精细化管理，节约中间业务成本开支。全年全行实现中间业务收入4218万元，同比增加2065万元，居全市农行系统第一位。其中实现投资银行业务收入1210万元；实现第三方存管业务867万元，完成计划的108%；代理保险费手续费收入405万元，完成计划的138%。全年实现拨备后利润同比增盈4938万元，完成市行利润计划的100%。

不良贷款清收　面对不良贷款前清后增的实际，不断强化治理清收，严格防控信用风险，加大考核奖惩力度，控制贷款形态下迁徙。年底，不良贷款余额310万元，对新形成的不良贷款，严格责任清收，责成责任人限期收回，清收不良贷款、信用卡透支6.8万元。

风险管理　持续加强内部风险管理，有效遏制经营风险，组织开展“学规章强素质严管理控风险”合规文化教育活动，努力培养全体员工“合规出效益、合规促发展、合规塑形象”的合规文化理念；开展“财会精细化管理年”活动，强化规范从业行为教育，严格以制度约束业务操作，以会计“三铁”创建为激励，促进柜员“一日三碰库”制度落实，加强对印、押（机）、证分管分用管理，规范重要空白凭证的登记及帐务核算，财会运营实现严格管理、严格操作、精打细算、严控风险；组织开展“信贷新规执行年”活动，强化学习信贷风险相关界定标准以及十二级分类，严格信贷准入门槛，严格贷款“三查”，每月召开一次信贷风险分析例会，严格考核信贷从业人员，加强职业道德职业操守教育，对关键信贷岗位人员定期竞争上岗，严防信用风险，坚决杜绝道德风险；开展以“强化内控管理、全员防控案件”为目标的案件风险大排查活动，全面落实案件防范责任制和领导包保网点责任制，明确包保工作的主要责任人和包保内容，强化安全及案件事故防范责任到岗到人，全行整体案防形势明显好转，案防手段明显进步，顺利实现连续8年安全运营无事故。

企业文化建设 坚持“客户至上、始终如一”的服务理念，大力提高文明服务水平，制定《文明规范化服务守则》《文明规范化服务考核办法》等规章制度，强化文明规范化、服务制度化建设，开展“文明标准服务月”“文明标准服务季”“创先争优”“春天行动”“扬五四精神、展青春风采”综合业务知识竞赛等形式多样的文明规范化服务竞赛活动，教育全员牢固树立服务出效益、服务是生产力的理念，以服务带营销、以服务谋发展，全面增强农行综合竞争实力，有效提升业务市场份额，取得显著效果；先后举办新年联欢晚会、青年员工登山比赛、庆三八茶话会、高端客户联谊会、唱红歌、庆祝建党九十周年征文比赛、乒乓球比赛、赴西安参观学习、平安夜联欢会等活动，坚持为员工生日送鲜花、蛋糕活动，有效调动员工投身工作的主动性和积极性；大力开展网点美化亮化工程。全年改造装修网点6处，更新和增添ATM等机器设备23台（套），网点基础设施和内外部形象焕然一新。

（穆庆礼　刘吉民）

5月4日，开展“扬五四精神、展青春风采”综合业务知识竞赛

【工商银行任城支行】 设个人客户营销部、公司客户营销部和风险管理部3个部室，辖营业室1个、二级支行5个（建南支行、建设路支行、新天地支行、红星东路支行和太白支行）、分理处2个（济东矿区分理处和东郊分理处）、储蓄所2个（车轮厂储蓄所和供销路储蓄所）等10个营业网点。营业网点中，有理财中心4个、省行级贵宾理财中心3个、金融便利店2个。在职员工138人，设行长1人、副行长2人、纪委书记1人。2011年，全行实现利润1.71亿元，同比增长1.25%，超额完成全年经营目标；实现中间业务收入0.55亿元，同比增长25%，再创历史新高，信贷结构、收入结构、客户结构得到明显优化，为全行长期健康可持续发展奠定坚实基础。

存款 存款业务主要有公司存款、机构存款、同业存款、储蓄存款。优化结算手段，完善网上银行业务平台，从客户需求的多样化出发，大力推广代发工资、代理基金、代理保险、代理缴费、个人理财产品、对公理财产品、贵金属、投资银行、资产托管、企业年金、现金管理等业务。做好现金供应服务工作，掌握现金收付规律，科学预测现金需求，保证基本客户、重点客户及大额取现客户现金需求，为

不同层次的广大群众提供安全快捷、丰富多样的银行服务。年底，各项存款余额34.62亿元，同比增加3.62万元，其中公司存款5.22亿元，同比增加1.39亿元；储蓄存款余额27.12亿元，同比增长2.59亿元；同业存款0.78亿元，同比减少0.93亿元；机构存款1.5亿元，同比增长0.57亿元。

贷款　贷款业务主要有公司流动资金贷款、中小企业贷款、住房开发贷款、项目贷款、贸易融资贷款、个人住房贷款、个人消费贷款、个人经营性贷款。全年各项贷款余额30.56亿元，同比增加1.98亿元，其中法人客户流动资金贷款、贸易融资和小企业贷款12.4亿元，同比增加4.9亿元；公司法人客户项目贷款和政府融资平台贷款2.94亿元，同比减少1.56亿元；房地产开发贷款4亿元，同比减少3.33亿元；个人住房贷款7.26亿元，同比增长1.29亿元；个人消费贷款2.63亿元，同比增长0.47亿元；个人经营性贷款1.33亿元，同比增长0.21亿元。

助推地方经济发展　按照国民经济发展规划和地方经济发展要求，适时调整信贷政策，大力支持地方重点企业、重点项目资金需求，积极处理好行业信贷政策与小企业信贷政策的关系，着力加强对小企业支持力度，全面推进“绿色信贷”工作，对高污染、高耗能、产能过剩的“两高一剩”企业和产能落后、经营状况有劣化趋势的企业，及时下调客户分类，限制新增融资；对节能减排情况好、技术装备先进、经营状况良好、发展前景看好的企业，及时上调客户分类。全年发放各类贷款15.8亿元，重点支持区龙头企业济宁碳素集团有限公司，发放贷款1.6亿元，其中技改项目贷款0.38亿元，用于支持企业20万吨煤焦油深加工项目，提升产品质量，增强企业核心竞争力；为中基钢业有限公司增加各类融资4000万元，其中发放贷款1000万元，办理银行承兑汇票3000万元，有力保证企业资金供给；积极扶持中小企业发展，新增镇（街道）中小企业22户，发放贷款1.2亿元，通过资金支持，满足企业生产经营需求，大力促进地方经济发展。

中间业务　不断完善各项服务措施，实现中间业务收入高位增长。创新发展人民币结算、国际结算、代理对公及个人理财、银行卡、投资银行、担保保理、资产托管、企业年金等业务，积极开拓中间业务增长源。巩固发展网上银行、手机银行等电子银行支付手段，积极拓展银行卡分期付款，大力发展POS特约商户。加强宣传，强化营销，通过开展《商友俱乐部联谊会》《国美电器之夜有奖刷卡》等促销活动，推进中间业务发展。全年实现中间业务收入0.51亿元，同比增长24%。

不良贷款清收　加强贷款风险控制和不良贷款清收工作，建立不良贷款监控平台，实现贷款风险控制和清收进度的时实监控。在贷款五级分类管理的基础上，实行风险贷款十二级分类，细化风险等级，强化对不良贷款的预警机制。开展不良贷款专项清收活动，集中人力物力，对历史遗留不良贷款进行专项清收处置。采取电话催收、短信提醒、上门催收和法律诉讼等手段进行清收，不良贷款减少184万元，不良贷款率由0.53%降至0.52%，资产质量明显提升。

风险管理　加强风险管理工作，全面推行《员工违规处理管理办法》，从制度上，为风险管理工作提供保障。根据《固定资产管理暂行办法》《流动资金贷款管理暂行办法》《个人贷款管理暂行办法》《项目融资业务指引》，遵循依法合规、审慎经营、平等自愿、公平诚信的原则，做好贷款风险管理工作。加强对结算账户的风险管理，全面推行人民币结算账户管理系统，在账户管理中，凭借系统内反洗钱监测系统及柜面人工识别手段，认真做好大额交易和可疑交易的管理、客户身份识别和客户身份资料及交易记录保存管理、反洗钱风险分类等工作，坚持遵守和维护金融机构结算纪律。

企业文化建设　全年继续深入开展企业文化建设，秉承“工于至诚，行以至远”的企业价值观，积极探索企业文化建设新举措，组织企业文化宣讲团下基层，推广普及企业文化知识，积极开展体育比赛、职业道德演讲比赛、优质文明服务演讲比赛，创建职工之家等，通过多种形式的宣传活动，努力将企业理念自觉转化为全行员工的共同价值追求，使企业文化逐步融入到全行经营管理工作和员工行为之中，有效促进各项工作开展。

（李建成　张　东）

【建设银行任城支行】　设营业室、业务部、个人金融部、综合部等4个部室，员工32人，设行长1人、副行长3人、工会主席1人。认真贯彻落实省市行工作会议精神，把握市场变化，推进结构性调整，重视基础管理工作，加强精细化管理，严格案件防控，实施抓户工程，增强服务水平，推进业务改革发展，各项存款余额8.60亿元，同比减少1.67亿元；各项贷款余额6.36亿元，同比减少0.61亿元，整体工作稳健发展。2011年，先后被评为山东省“心系客户，真情回报”百家网点，获得济宁市五一劳动奖状。

存款　突出抓户战略，明确营销重点，提高营销效率。重点抓基本户、抓优质潜力户、抓客户群体链的源头户。巩固长期合作关系户，积极挖掘和培育潜在优质公司、机构客户。吸纳有前途的小企业客户，探索长期培育和长远合作途径。年底，一般性存款余额8.60亿元，其中对公存款余额4.11亿元，个人存款余额4.49亿元，同比增加1321万元。

贷款　推进抓户工程，做好现有存量客户的挖潜和项目储备工作，将工作做深、做细、做透，努力提高客户综合收益水平。加强联动营销，积极推进其他产品的全面发展，充分挖掘行内及联盟伙伴优质客户资源，有效组织岗位间交叉联动，广泛开展理财客户、代发工资客户、公积金客户、电子银行、信用卡的交叉销售，抓好产品覆盖，提升联动和交叉营销能力。以信贷业务为突破口，积极营销建行战略性产品，加大个人住房贷款的营销力度。年底，对公类贷款余额6.07亿元，新发放贷款2.19亿元。

助推地方经济发展　坚持服务地方经济发展为第一要务，分别为山东菱花味精股份有限公司、济宁申科汽车销售服务有限公司、山东营养卫士食品有限公司办理卓越卡，发卡150余张。签约企业年金托管客户8户；签约POS商户汽车分期客户4户。个人信用卡业务指标，完成进件267张，弹屏100户；POS商户签约4户；CTS客户新增93户；个人网银全口径客户新增1191户；个人网银用户签约842户，口令卡用户207户；企业短信用户9户；电话银行用户827户；个人短信用户778户；手机银行签约用户575户；新增代发工资单位7家。电子银行账务性交易渠道占比51%。个人产品签约同步率49.12%。代理人寿保险趸交257.9万元、期交72.88万元；代理基金销售698.5万元；个人结售汇完成275万美元。理财中心成效显著，为高端客户办理理财卡243户，获得市行单项奖励1000元。新增对公企业网银简版31户，高级版网银39户，销售支付密码器+单位通兑150户，电子回单柜33户，结算卡25户，开立现金结算系统2户，对公一户通开立4户，开立基本结算户14户，一般结算户14户，各种验资户8户。与区金融办、区中小企业局等政府职能部门配合，为全区中小企业开展信贷业务，助推全区地方经济发展，提升区域市场竞争力。

风险管理　加强信用风险管理。密切关注市场变化，重视贷后管理工作，对“借款人”资金流向、资金链加强监测，严防新的不良贷款产生；把个人贷款作为风险防范的重点，加大不良资产处置和回收力度，合理利用各种手段，提高不良资产处置效率和现金回收率。加强案件防控工作，继续打好案件防控攻坚战，强化防范操作风险“三道防线”建设，积极构建案防的长效机制；认真做好各类承诺书的签署，完善员工行为排查机制，加强违规失职惩戒、违规积分管理，规范员工从业行为；突出抓好问题整改，严肃处理应改未改、整改不彻底、报送虚假整改报告、屡查屡犯等问题。坚持依法合规经营，强化合规管理，加强合规文化建设，提高全行的合规意识；强化事前防范风险、事中控制风险和事后化解风险的意识教育；强化基础管理，提高内控等级，继续做好星级网点创建和星级柜员评定工作；高度重视反洗钱工作，强化宣传培训，明确职责分工，做好大额和可疑交易的识别和上报工作，保证总行可疑交易系统的顺畅运行。深入开展“平安建行”创建工作，加强思想政治工作，营造安全稳定的发展环境；加强安全教育，全面提升员工安全防范意识与能力；加强重点部位、重点环节的安全检查防范，规范各项业务操作。

企业文化建设　紧紧围绕省市行党委提出的“强化基础、均衡发展、特色突出、真抓实干”十六字方针，以文化建设为主线，以强化管理为基础，以加快发展为宗旨，以提升服务为重点，做好各项基础管理工作，从合规操作和风险防控入手，组织全行员工学习《员工行为规范》《员工职业操守》《员工合规手册》《员工从业禁止若干规定》，对员工进行持续不断的风险警示教育，确保各项业务合规健康发展；加强员工思想政治教育，深入开展创先争优活动，增强创先争优活动的实效性，把创先争优的实际行动落实在推动科学发展、服务科学发展上；努力打造高素质干部队伍，突出抓好作风建设，强化责任意识、服务意识和担当意识；认真落实职代会各项决议，关注员工薪酬待遇，提高员工收入水平，完善员工绩效考评体系和薪酬分配机制，充分调动和发挥员工的工作积极性，实现公平和效率的有机统一；倡导“快乐工作，健康生活”的生活方式。5月1日，召开全体员工参加的体育运动会；7月1日，组织党员到台儿庄进行爱国主义教育；9月，组织员工到北京参观旅游，引导、帮助员工学会用科学的方法自我调节、自我解压，塑造阳光心态。

（王元杰　姚　林）

【邮政储蓄银行任城支行】　设综合管理部、综合业务部、公司业务部、信贷部等4个部室，辖自营一类支行4个，负责审核邮政局二类代理网点3个、邮政代理网点12个的账务与后台支撑。员工94人，设行长1人、副行长2人、工会主席1人。紧紧围绕科学发展观，与时俱进，大力实行网点建设，创新经营模式，优化业务结构，推进业务稳健发展，以客户为中心积极推进“客户提升工程”，狠抓客户维护、拓展工作，为城乡居民作好金融服务支撑；加强各业务条线“整合营销”、“交叉营销”和“联动营销”意识，部门协同作战，多样化营销，扎扎实实做市场，锻炼队伍、提升能力，实现“员工、银行、客户”的有效发展、质量发展、和谐发展，全力打造品牌银行形象。2011年，先后被评为济宁市先进支行、市劳动和谐企业、市工人先锋号，获得市五一劳动奖状。金城支行被评为济宁市分行十佳支行、服务明星支行，被省行评为建功立业先进支行，被总行评为服务明星支行。

存款　以转型促发展，坚持优化客户结构，持续引导个人业务从“产品导向”向“客户导向”的转变。抢抓优质市场，加大目标客户营销投放力度，形成有序的市场调研、项目决策、产品跟进工作流程。强化联动营销。加强信贷业务与个人业务联动，积极培育高端客户群体。作好项目营销，加强与区财政局、区社会保障局、学校等单位的沟通合作，借助补偿款、破产清算款和新农保发放，幼儿园学费、热力公司暖气费、网通公司营业款等资金归集，优化存款结构，拉动余额增长。通过举办署期大客户见面会、理财沙龙和开展“三进”等营销活动推进业务快速发展。年底，个人储蓄存款5.22亿元，同比增加0.7亿元，公司存款余额2.5亿元，同比增加1.1亿元。

贷款　突出信贷业务的战略地位，以活动造势、强化营销、产品创新为重点，以深化管理、风险管控为保障，致力推动信贷业务稳健快速发展。11月16日，召开中介机构座谈会，拓展客户归集渠道，借助中介机构平台实现双方业务互推互惠互利。全年发放贷款2.31亿元，贷款余额2.45亿元，同比增加1.27亿元。其中发放小额贷款5772万元，结余3994.32万元；发放房屋贷款2847.5万元，结余7902.75万元，同比增加2283.32万元；发放商务贷款1.12亿元，结余9298.05万元，同比增加5854.23

万元；发放小企业贷款3337万元，结余3337万元，同比增加2937万元。

助推地方经济发展　坚持服务城乡大众、支持“三农”的零售银行定位，践行社会责任，作好非税代收工作，加大信贷投放力度，持续提供优质的金融服务。努力助推新型农村社会养老保险制度的实施，承担全区8个镇（街道）和北湖新区的新农保发放工作。加强信贷公司联动营销模式，实现整合交叉销售。6月14日，召开薛口市场客户见面会，为钢材市场提供良好的融资渠道。大力支持小企业发展，发放小企业贷款11笔，其中东源汽车销售服务公司金额500万元，欧亚玛工程机械有限公司500万元，军丰农产品有限公司450万元，雅正印刷有限公司400万元，瑞杰商贸有限公司350万元，天桥物质有限公司300万元，金瑞达汽车销售有限公司300万元。全年发放各类贷款2.31亿元，有力助推全区经济建设发展。

中间业务　以结算业务和理财业务为抓手，推动全面发展。以商贸市场和网络型客户开发为重点，充分发挥网络优势，整合推广商易通和POS收单业务，把基金理财业务作为服务中高端客户的抓手，利用邮储银行特色理财品种“日日升、月月升”等系列产品，依托网点转型，积极开展整合营销、交叉营销，全面促进基金理财和代理保险业务发展。立足战略定位，全力跟进农村支付环境建设工作，拉动农村结算业务发展，拓展挖潜农村市场，提升农村市场贡献度，积极推进移动代理商资金归集项目。全年代收保费2400万元，销售理财产品1.06亿元，发放各类借记卡1.5万张，每月代发工资5000多万元。

不良贷款清收　区别对待、严格管理，采取切实措施依法催收逾期贷款，努力盘活不良资产。针对目前贷款本息的回收率普遍较低、不良贷款比例高的问题，制定有效措施，加强依法收贷。摸清底数，对症施治。准确掌握贷款占用形态，针对不同情况采取经济、行政、法律等手段，逐户逐笔组织清收。完善盘活不良贷款监测考核机制，实行“新老划段，分类管理，双线考核”，根据不同时段，分清责任。严格执行贷款责任制度，实行由行长负责的不良资产目标责任制，层层分解，明确目标，将盘活不良资产的责任落实到部门、岗位及个人，设立专门的资产保全人员明确职责，严格考核、奖罚分明。与信贷部门审计部加强联动，通过短信提醒、电话催收、上门蹲点等方式催收不良贷款，及时作好不良资产的移交与责任认定，加强不良逾期的综合考评。

风险管理　加强内控建设，增强内控意识、合规意识、风险意识。全面贯彻落实《强化全面风险管理体系，提升风险合规管理水平》，牢固树立“控风险、增效益”的观念。建立健全内控管理制度和操作流程，防止操作风险的发生。加大各业务条线检查力度与频次，奖惩分明，建立员工个人违规积分台帐，利用市行各级风险提示对员工警示与风险培训，定期进行防抢案件预演，提高员工安全防范技能。加强账户管理和上门对账服务，提高风险防控能力。培育风险合规管理的企业文化，加强各级风险委员会和反洗钱成员的履职能力，提高各级风险信息联络员的风险敏感性，积极报送高质量的风险可疑报告，提高员工合规能力，增强员工合规意识和风险识别能力，了解自己在操作中的风险点，将合规理念贯穿到业务操作每一个环节和所办理每笔业务中，在经营发展上杜绝违规行为。

企业文化建设　积极构建和谐向上的企业文化，作好网点职工之家建设，为网点配备电冰箱、微波炉、电饭堡和娱乐休闲文化用品。开展职工文化生活，积极为职工谋福利，每月为员工发放电影票和鸡蛋票，定期组织职工进行健康查体。6月，召开“让客户快乐”服务文化培育工作启动会，行长、部室经理与支行负责人、员工层层签定服务承诺责任书，明确各级员工服务职责。定期开展培训和行内业务技能比武，奖优罚劣，形成比学赶超的学习氛围。12月，举行第一届服务礼仪、情景演练比赛，提

12月20日，第一届服务礼仪、情景演练比赛举办

升整体服务意识，邮储银行优质服务形象彰显。在济宁市分行组织的三届服务礼仪比赛中二次获得团体第一，被济宁市分行评为优秀服务组织单位。

（李红玲　田　伟）

【任城区农村信用合作联社】

设综合部、财务会计部、审计部、资产经营中心、市场拓展部、风险管理部、信贷管理部、公司业务部、放款中心、科技部、监察保卫部和基建办公室等12个部室，辖营业部1个、基层信用社11个、信用分社22个、储蓄所4个，有营业网点38个，职工525人，设理事长1人、主任1人、专职党委副书记1人、监事长1人、副主任2人。积极克服经济形势、政策、外部竞争等不利因素，不断提高经营管理水平和风险控制能力，努力摆脱业务发展被动局面，各项存款余额达50.2亿元，同比增加3.14亿元；各项贷款余额37.1亿元，同比增加2.22亿元。2011年，被评为省级文明服务单位。

存款　树立存款立社理念，高度重视资金组织工作。强化激励措施。通过设置专项奖励基金、实行基层社约见谈话制度和班子成员重点帮扶制度等措施，充分调动全员揽储的积极性，解决落后社发展困难，缓解各营业单位之间发展不平衡、不协调的问题。加大公关力度，积极开办各项代理业务。拿出专项费用拓展代理非税收入、农副产品采购、电费、烟草、代发工资等业务。借助先进手段，拓展市场空间。把资金组织工作同拓展银行卡和电子银行业务结合起来，开展银行卡、网上银行、pos机、财富在手卡综合营销，为客户提供一揽子全方位的金融服务，发卡56772张。加快协理员转型升级，加速配备自助服务终端，配备农民自助终端58台。年底，各项存款突破50亿元大关。

贷款　合理开展贷款营销，力促贷款高质、高量投放。大力推进信用工程建设，优化农村信用环境。联社集中评级授信村庄350个，信用评定覆盖率63%，评定信用户14448户，发放贷款证14448个，授信总额18.96亿元。狠抓信用联盟建设。组建完成信用联盟53个，其中农户信用联盟46个，商户信用联盟6个，企业信用联盟1个，授信总额度4.13亿元，用信额度2.99亿元，用信率72.4%。积极支持中小企业贷款，建立新型信贷组织架构，集中管理中小企业，组织开展银企对接活动，以理顺信贷组织架构为抓手，精细信贷管理。5月，建立新型信贷组织架构，多次梳理信贷组织架构，通过召开中层干部座谈会，梳理细化信贷部室制度规则、人员分工，加强贷后检查中心建设，在已有的信贷专管员、信贷部室人员、客户经理中明确1名专职、8名兼职检查人员。自查信贷架构规范化，加快制定严格的贷款责任移交制度、不良贷款责任认定和追究制度，继续充实调整客户经理队伍，积极探索信贷专管员集中化管理新模式，推动联社信贷工作的精细化管理。

助推地方经济发展　始终坚持服务“三农”的宗旨，为全区农村经济发展起到积极的促进作用。组织大学生客户经理开展“信贷需求调查”和“走乡入企”系列调查活动，切实了解农户和企业需求。在农村开展集中信用评定工作，积极进行“农

9月23日，任城联社不良贷款成因剖析会议召开

户信用联盟、商户信用联盟、中小企业信用联盟”三大联盟建设，建立科学的差别利率和授权授信机制，为农户和中小企业提供利率优惠，开办农户住房贷款、“大联保体”贷款等优惠贷款形式。年底，贷款余额37.11亿元，同比增加2.22亿元，其中农业贷款余额18.96亿元，占比51.09%。区内李营街道苗木基地、长沟镇葡萄生产、石桥街道皮毛加工和万亩荷塘养殖等特色农业的发展资金得到保障，特色农业基地建设初具规模。

中间业务 不断完善各项措施，确保中间业务收入大幅增加。积极创新，开展分红保险业务。以泰山卡、网上银行、手机银行等业务的开通为契机，积极拓展银行卡及POS特约商户。强化激励，制定《银行卡考核办法》《三八妇女节员工有奖刷卡活动》等考核激励办法。大力开展银行间货币市场业务及票据业务。

不良贷款清收 大力攻坚，切实提高资产质量。加大新增逾期贷款清收力度，逐笔梳理每月新增的不良贷款。6月，开展表外不良贷款专项清收活动，实行信用社主任、信贷专管员、客户经理及包社人员包保认领，有力促进不良贷款的清收。9月，联合区公安分局召开依法打击骗贷行为专项活动工作会议，建立专项考核办法。

风险管理 不断加强风险管理，防范风险能力显著提高。持续开展“深化内控和案防制度执行年”活动、信息科技风险专项治理活动，抓好业务条线风险点控制，做好舆情监测，及时将风险隐患消灭在萌芽状态。不断规范财务行为，加强会计管理。一方面严格费用审批流程，进一步压缩机关费用，新增费用全部向业务拓展方面倾斜。另一方面强化会计检查辅导工作，提高账款质量。全面开展所辖38个营业网点的现金、业务印章及重要空白凭证管理检查辅导工作，网点检查辅导覆盖面100%。

企业文化建设 树立“以客户为中心”的服务理念，践行“服务三农”的宗旨，开展“送金融知识下乡”活动，为广大客户提供最贴心的金融服务，树立良好的企业文化形象，打造优质的企业品牌。不断加强硬件建设，提高服务水平。成功安装26台自助终端，农村金融自助服务正式驶入快车道。进行网点规划

9月13日，任城联社网点服务提升项目启动大会召开

建设，迁址网点1处，撤并网点2处，升级改造营业网点3处，提高全社外部服务形象。继续优化人力资源管理，积极打造和谐企业。加强队伍建设，完成全年度中层干部竞聘工作，选拔中层干部7人。9月，在济宁市率先启动网点规范化服务提升项目，聘请专业人员，正规化、全方位培训及辅导员工；推行晨会制度，大大提升全区各营业网点工作人员的文明服务水平，树立联社优质文明服务形象。继续推行人力资源薪酬改革。充分听取员工建议，修订改革后柜员、客户经理考核办法4次，注重发挥考核办法的激励作用。营造温暖人心的企业氛围，让干部职工充分享受改革发展的成果。继续实行员工救助基金制度、奖励基金制度、员工学习卡制度；举办春节联欢晚会、职工趣味运动会、有奖刷卡活动，为员工营造丰富多彩的业余生活；充实联社内部报刊，为员工提供学法规、学业务的知识乐园。（赵　峰　高菲菲）

【人保财险任城支公司】 设办公室、营业室、财务室和统计室等4个职能科室，辖营销部室9个，员工52人，其中直销员工11人，营销员工41人，设经理1人、副经理2人。2011年，发挥人才、技术、资金、管理的优势，认真履行“人民保险为人民”的庄严承诺，以优势的服务致力于全区改革开放和经济发展，全年收取保费3045万元，其中车险保费2818万元，非车险保费225万元，综合赔付率66%，实现利税218万元。

经营范围及开办险种　在售产品包括机动车辆险、财产险、船舶货运险、责任信用险、意外健康险、农村保险等非寿险各个业务领域，发展保障型险种2000多个，主要有保证险、船舶险、机车险、企财险、人身意外险、工程险、农业种植险、农业养殖险、治安保险、家财险、健康险、信用险、货运险和责任险等14大类。

理赔情况　全年赔款金额1619万元，其中机动车赔款1573件，赔款金额1373万元；非车险赔款35件，赔款金额246万元。公司向社会公开郑重承诺：车险万元以下赔案，手续齐全24小时之内赔付，超时一天赔偿客户损失100元，为客户提供优质高效理赔服务。开通24小时服务热线，随时随地为客户提供快、优、全、广的咨询、投诉、回访、救援、预约投保等多功能、个性化服务。

内部管理　加强基层公司建设，建立现代化企业管理制度，确保公司合法合规健康持续发展。先后制订《公司经营绩效考核办法》《内部管理考核办法》《考勤制度管理办法》《卫生及照明管理制度考核办法》《营业室管理规定》《2011年度业务考核办法》等，强化基层公司激励与约束机制，约束和监督员工行为。加强业务学习，提升服务水平。采取物质奖励和精神奖励相结合的办法，充分调动员工积极性，维护员工切身利益。

（陈伟力　王晓青）

【中国人寿任城支公司】 设办公室、个人业务部、团体业务部、银行业务部和客户服务部等5个部室，辖营销服务部11个，在职员工21人，聘用营销人员387人，设经理1人、副经理1人、经理助理1人。2011年，秉持“成己为人，成人达己”的“双成”理念，倡导“求真务实、规范严谨、令行禁止、艰苦奋斗、创新争先”的工作作风，积极推进“外塑形象、内树精神”的文化建设工程，实现保费收入1.98亿元，其中新单保费收入1.24亿元，短期险保费收入853万元，续期保费收入6547万元，实现利税131万元。

经营范围及开办险种　为个人提供个人养老、补充医疗、意外伤害、个人理财、个人重大疾病、个人意外风险保障等各类人身保险业务，全年保费规模过亿元；为企业提供企业员工意外保险、员工福利计划、企业年金、企业补充医疗基金、小额贷款、建筑工程保险等人身保险业务；与任城区政府联合承办银龄安康、妇女安康、计生节育险、学生保险等政策性业务，业务辐射全区8个镇（街道），年保费规模近千万，每年提供保障15万余人次，提供的保障金额达43亿元。

理赔情况　全年处理各类理赔案件2722件，支付赔款762万余元，其中因意外或疾病身故理

赔案件31件，支付赔款322万余元；因意外或疾病产生医疗费用理赔案件2691件，支付赔款440万余元。

内部管理 规范销售行为，依法合规经营，防范经营风险，维护保险市场的经营秩序和客户的合法权益。坚持每日晨会，加强员工的职业道德和职业纪律教育，使员工做到廉洁从业，服务热情、行为规范，坚决杜绝虚假宣传等损害客户利益的违纪违规问题。严格按照规定承保，认真履行承保手续，消除可能导致保险纠纷的隐患。保险理赔（给付）做到及时、主动、准确、合规。所有理赔案件进行实效跟踪限期结案，对于简易案件提供快速理赔通道，客户3日内便可领取理赔款项。加大回访力度，防止业务人员截留保费和推迟交费现象的发生，规避客户的资金风险。实行一把手问责制，通过优化公司人力配置来增强公司活力、提升公司竞争力，实现公司健康、稳健、和谐的发展。

（田　力　荣庆岩）

科学技术

科技工作

【概况】 区科技局为正科级行政单位，设人秘科、工业科技科和农业社会发展科3个科室，编制11人，设局长1人、副局长3人。全面实施“科教兴区”和“人才强区”战略，紧紧围绕“加速转型、跨越发展”目标要求，突出科技创新，大力推进产业优化升级，不断提高科技综合实力和自主创新能力，科技进步对经济发展贡献率55%。2011年，任城区连续五次被科技部评为全国科技进步先进区，被济宁市委、市政府评为全市高新技术产业发展先进区。

【科技创新体系建设】 形成科学的分配体系。围绕全区中心工作，推进科技经济一体化进程，鼓励科研人员直接到社会中选课题、搞服务，通过技术入股、管理入股、员工持股等多种形式，建立符合新时期科技工作特点，有利于知识产权保护的分配制度和经营制度。加强企业技术创新体系建设。全区规模以上工业企业普遍建立技术开发机构，其中国家级实验室5家，省级工程技术研究中心3家，省级企业技术中心8家，省级院士工作站1家，市级院士工作站2家。全区有中国驰名商标3个，山东省著名商标19个，山东省名牌产品10个，单独或参与制定国家和行业标准的企业10家。

6月20日，市科技进步考核组到任城区考核指导

【科技创新能力】 全年申报市级以上科技计划36项，列入各级科技计划33项，获得无偿补助资金800万元。山东博特精工有限公司申报的滚珠丝杠材料、热处理精确控制技术及工艺规范，被科技部列为国家重大支撑计划，获得500万元无偿补助资金。鲁科检测公司申报的钢丝绳芯强力胶带检测系统，被列入山东省中小企业创新基金项目，获得无偿资金40万元。济宁碳素集团有限公司申报的中间相沥青、沥青基碳纤维、泡沫碳、碳复合材料重大开发项目和卡松科技公司申报的节能环，抗氧多效柴油、机油项目，被列入济宁市引导转型自主创新成果转化重大专项，分别获得80万元和60万元无偿补助资金。按照政府引导、企业主体、市场运作、多元集聚的工作思

路，加大工作力度，创新工作方式，整合科技金融资源，推进科技与金融的深度融合。5月，济宁卡松科技有限公司与以色列英菲尼迪投资集团经过洽谈，正式签订合作意项；12月，风投资金到位5000万元。年底，济宁联民电子有限公司透明发电板实用新型专利，在北京完成专利价值评估，该项专利评估价值1.08亿元。

【高新技术产业】 围绕机械制造、精细化工和医药食品等三大主导产业规模化、集群化发展，重点培养博特丝杠、碳素集团、源根石化、卡松科技等企业，帮助企业拉长链条，壮大规模，提升高新技术产业的聚集度和贡献率。加大化工助剂、食品添加剂两大主导产业研发力度，形成一批拥有自主知识产权、主业突出、核心竞争力强的高新技术产业。广泛运用自动控制和生物技术等30项高新技术和先进适用技术，改造提升食品加工、机电、建材、造纸等传统产业，着力解决重大技术难题，促进传统产业加速升级；加大重点企业、重大技改及技术创新项目实施力度，推进技术标准化建设；抓好产品研发、生产、营销、管理等环节的信息技术改造，提高制造业信息化管理、设计、制造水平。把高新技术、专利产品项目作为招商引资的重点，围绕重点领域、行业和企业开展科技招商，新上原创型高新技术项目10项。全区规模以上工业企业116家，其中高新技术企业49家，国家高新技术企业14家，新口径纳入高新技术企业15家。山东省第二批创新型试点企业2家，市级创新型试点企业15家。高新技术产业产值60.01亿元，占规模以上工业总产值的21.74%。

【民生科技】 结合全区实际，立足任城区“四大园区”（石桥生态农业文化园、李营生态园、长沟葡萄园、南张花卉园）“四大基地”（苗木基地、蔬菜基地、畜禽基地、水产基地），实施科技特派员、农业科技示范园区建设、农业良种推广、先进实用技术引进和农业加工龙头企业培育等“五大工程”，加大政策引导、科技扶持，积极发展“四大园区”，打造任城特色观光农业发展载体。全年引进农业优良品种20个，推广农业新技术16项，农业优良品种覆盖率和农业新技术普及率分别达99%和100%，科技对农业贡献率达46%。以节能减排、变废为宝为重点，积极用高新技术嫁接改造传统产业，在提升企业发展能力、拓展生存空间的同时，发展低碳经济，改善生态环境；在农村，大力发展节水农业、有机农业和生态农业，加快采煤塌陷地综合治理，实施“绿色证书”创建机制，引导农民发展无公害产品、绿色产品、有机产品产业。

【科技宣传】 大力宣传科技法律法规。在“4·26”知识产权宣传周、济宁市科技活动周、纪念汶川大地震期间，认真组织科技知识和防震减灾知识宣传。积极参与区委组织的“回眸‘十一五’，展望‘十二五’”大型会展，获得最高奖项。《任城科技时讯》根据农业时节和农业生产需要，及时发布服务信息160余条。组织农业科技专家，根据小麦病虫害防治、畜禽防疫、甜叶菊种植等方面出现的各种问题，不定期深入田间地头，及时解决农民各种技术难题，《任城科苑》成功录播22期。适时举办各类科技培训，利用区、镇（街道）、村（社区）和企业培训基地，有计划、有针对性的对中青年农民、企业职工、科技人员进行培训和继续教育，积极参加上级业务部门举办的培训班。大力开展送科技下乡活动，组织有关专家在南张街道、石桥镇等开展送科技下乡活动，发放书籍2000余册、明白纸5000余份，解决农民在农业生产中的技术难题120个。

【科技投入】 区政府高度重视科技工作，加大对科技工作的投入。全年全区科技投入1804万元（其中300万元用于高科技人才引进与培训），占全年财政决算支出的1.25%。积极争取上级业务部门资金扶持，全年争取无偿扶持资金800万元。在区级科研项目的安排和管理上，坚持扶优扶强、高科技大规模的原则，按照承担单位申报、实地考察、专家论证评审等一系列严格步骤，从申报的123个项目中，筛选出31个项目给予扶持，扶持资金

■ 6月15日，全区科学技术奖励大会召开

502万元。继续鼓励与支持企事业单位和科技人才创新。2月，全区干部大会召开，兑现科技进步奖金370万元。6月15日，全区科技技术奖励大会召开，隆重表彰和奖励全区科技工作先进单位、先进集体、先进个人、技术创新示范企业，31家单位获得区级科学技术进步奖，颁发奖金17.8万元。

【科技成果】　全年全区取得科技成果41项，其中省级科技进步奖1项，市级科技进步奖9项，区级科技进步奖31项，纳入市级以上推广项目8项。

（刘元宁　刘庆运）

地震工作

【概况】　区地震局为正科级全额预算管理事业单位，编制4人，设局长1人、副局长1人。2011年，区地震局紧紧围绕全区中心工作，积极发挥职能作用，努力推进全区防震减灾工作再上新台阶。地震应急工作逐步走向协调、健康发展道路，为保障人民财产安全、促进经济社会协调发展发挥积极作用。

【地震监测和群测群防工作】　牢固树立“震情第一”观念，增

2011年任城区获市级科技进步奖一览表

表9

项 目 名 称	承担单位	奖次
醚脂型合成齿轮油新工艺技术	卡松科技有限公司	一等奖
单炉双塔常减压工业萘蒸馏新工艺	济宁碳素集团有限公司	一等奖
新型港口散状物料输送系统成套设备	山东山矿机械有限公司	二等奖
液压颚式破碎机	山东山矿机械有限公司	三等奖
2BJP螺旋型孔免耕精密排种播种机的广泛应用	任城区宏伟机械技术研发中心	三等奖
保护地蔬菜绿色控害技术研究	济宁市任城区农业局	三等奖
左卡尼汀对心率变异性的影响	济宁市第二人民医院	三等奖
济宁市医疗卫生机构实验室生物安全管理现况调查研究	任城区皮防站	三等奖
产冻干Vero细胞狂犬病疫苗小剂量皮内多点接种法的免疫效果评价	济宁市第二人民医院	三等奖

强忧患意识，加强地震监测台、站监测预报和运行管理。探索地震观测新技术和地震预报新方法，为震情分析研究、震情会商，提供科学依据。严格执行地震短临跟踪方案，密切跟踪判定本地区震情动态，迅速落实异常情况。逐一核查全区26个宏观监测点，明确责任人。GSD-2型数字化地震电磁信息观测仪及配套设施运行正常，全天24时观测记录电磁数据，每周按时向济宁市地震局上报记录数据。

【队伍建设】　按照山东省地震局要求，分别于3月和9月下旬，组织有关人员参加全省地震行政审批服务窗口工作人员培训班，工作人员的业务素质得到较大提高。全区成立地震救援志愿者队伍8支，235人。严格选拔程序，规范注册登记制度，注重吸收责任心强、专业素质和服务水平高的青年骨干，充实队伍，充分发挥成员服务社会的积极性，为地震应急救援工作，积聚重要力量。

【地震应急救援体系建设】　按照《山东省防震减灾条例》《山东省地震应急预案》《济宁市地震应急预案》的要求，制定《任城区破坏性地震应急预案》，积极与各相关部门协调，制定区、镇（街道）、村（社区）三级应急预案体制，成立组织机构，明确工作职责，增强抗震设防能力。金城街道建成太白西路绿地、全民健身广场、乔羽小学广场等13个应急避难场所，面积16.7万平方米。仙营街道建有洸河路小学、仙营绿地、市妇幼保健院等7个应急避难场所，面积10.5万平方米。统计社区位置、人口以及社区内学校、医院个数，根据区内总体规划和人口居住特点，制定科学高效的疏散路线。

【防震减灾知识宣传】　在全区范围内，因地制宜开展宣传教育活动，广泛宣传《防震减灾法》《地震安全性评价管理条例》《地震预报管理条例》《破坏性地震应急条例》等法律法规。在李营中学、接庄中学分别建立省、市、区三级地震科普教育示范基地，面向中小学生大力开展防震减灾知识宣传教育。在《防震减灾法》颁布实施纪念日和唐山地震纪念日，任城电视台《任城科苑》栏目定期播放地震科普知识、防震减灾知识以及地震法律法规，全面提高人民群众的防震减灾意识和自救互救能力。镇（街道）利用“科普村村通”组织开展宣传活动，通过制作宣传展板、悬挂布标、播放录音录像、发放宣传资料进行广泛宣传，把《防震减灾法》纳入普法教育内容。（刘元宁　刘庆运）

知识产权工作

【概况】　区知识产权局为正科级全额预算管理事业单位，编制4人，设局长1人、副局长1人。紧紧围绕全区经济社会发展总体目标，坚持以“山东省知识产权试点区”建设为契机，以支撑“转方式调结构”为主导，大力实施知识产权战略，着力提升知识产权创造、运用、保护和管理水平，有效发挥知识产权对经济社会发展的支撑和引领作用，在引领“任城制造”向“任城创造”跨越迈出新步伐。全年申报专利1008件，其中发明专利申请101件，专利申请总量在山东省居第34位、在济宁市居第2位，首次突破千件大关；授权专利732项，实施409项，承担市级以上科研项目33项，安排区级科研项目31项，落实经费2604万元，其中发明专利授权18件，专利授权量在山东省居第24位、在济宁市居第2位。2011年，被山东省知识产权局评为全省知识产权管理系统先进单位。

【知识产权管理体系建设】　围绕“转方式调结构”，将知识产权工作纳入全区《经济社会发展规划和全区中长期科技发展纲要》（2006~2020年），制定完善《济宁市任城区专利资助与奖励办法》《关于贯彻落实<山东省知识产权促进条列的意见>》等优惠政策，完善知识产权办公会议和联席会议制度，定期通报和分析知识产权工作形势，强化对知识产权工作的统筹协调和日常管理。明确部门职责，强化协调配合，知识产权工作体系日益完善，宏观管理能力大幅提升。设立区技术创新奖，表彰和奖励积极申请专利、实施专利的先进单位和个人。将获得专利和自主知识产权作为区科学技术奖励项目评审的主要依据之一，同等条件下，优先安排并积极申报省市级科技计划创新项目。

【专利资助与政策落实】 贯彻落实国家和省、市关于鼓励科技创新型企业发展的税收和资金扶持政策，从鼓励自主创新，发挥企业技术创新主体地位入手，大力提高企业的原始创新能力、集成创新能力和引进消化吸收再创新能力。在全区规模以上工业企业中，连续5年开展申请和保护专利专项奖励活动。盈利的规模以上工业企业发生的专利技术开发费用比上年实际增长10%以上，按当年实际发生额的50%，抵扣当年应税所得额。选择专利工作突出的20家企业给予资金扶持，扶持资金118万元，加快企业开发专利产品速度，提高企业的市场竞争能力。重视专利人才，落实“一奖两酬”政策。改进完善“一奖两酬”等奖励政策和分配制度，鼓励专利权人技术入股、管理入股，完善以专利技术为生产要素的分配制度，调动科技人员的积极性、创造性。全年受理授权专利资助申请299项（发明专利5项、实用新型专利281项、外观设计专利13项），资助金额14.94万元，其中发明专利每项予以资助1000元，实用新型专利每项予以资助500元，外观设计专利每项予以资助300元。

【知识产权保护与执法】 制定《查处假冒他人专利和冒充专利行为行政执法工作规程》《调处专利纠纷工作规程》等规定。建立侵犯知识产权行为举报、知识产权保护巡查、案件集体讨论等制度，及时查处侵犯知识产权行为，注重办案实效。加强队伍建设，提高知识产权执法水平，组织4人参加省市专利行政执法培训班，3人取得专利执法证书，立案查处知识产权侵权案件5起，结案5起，有力维护知识产权管理秩序和专利权人的合法权益。 （刘元宁　刘庆运）

教育　体育

教　育

【概况】　区教育体育局（简称区教体局）为正科级行政单位，设办公室、教育督导室人事科、财务审计科、教育科、体育科等6个行政科室，招生办公室、教学研究中心、电化教育中心、后勤和安全管理科、财务集中核算中心、教师培训科、规划建设科等7个事业科室，设局长1人、副局长3人、纪委书记1人。全区有小学42所，在校生21177人；初中14所（民办1所），在校生18095人；高中3所（民办1所），在校生6717人；职业学校2所，在校生2475人；特殊教育学校1所，在校生61人。全区有省级规范化学校8所、市级规范化学校21所、区级规范化学校20所，教职工3688人。2011年，中考全市前10名、50名、100名、500名等各高分段人数均居全市前列，特别是前10名任城区占一半；全区中考总分及格率上限分数线、优秀率上限分数线、平均分分别较上年提高45分、33分、52分。任城区综合排名进入全市第1方阵，连续多年被评为济宁市教育工作先进区。

【教育投入与办学条件】　认真落实市教育局、市财政局《关于加强城市中小学财务管理的意见》，全面提高义务教育阶段中小学免杂费及公用经费生均基本标准，小学生均600元，初中生均800元。按照省市统一部署，提高特殊教育学校公用经费标准生均3000元。补助农村教学点公用经费，公用经费按标准上浮30%。全年拨付义务教育公用经费2694.69万元。中小学校舍安全工程扎实推进。制定《关于改善农村小学教学点办学条件的实施意见》，全面实施农村小学教学点办学条件改造工程。全区6所农村小学教学点更换课桌凳937套，更换门窗850.6平方米。全年有34个校舍工程建设项目竣工。“211”工程建设再攀新高。投入资金211.34万元，改造厕所7处，建筑面积1307.62平方米，全区中心中小学全部使用水冲式厕所；投入资金127.97万元，完成取暖设施配备项目14个，购置空调591台，提高农村中小学取暖质量；投入资金79.54万元，为42所中小学配备饮水机97台。教学设施不断加强，投入716.29万元，购置计算机920台、多媒体365套，所有中小学一线教师人手一机，部分学校实现“班班多媒体”；投入资金124.73万元，更新7所学校图书配备；投入资金120万元，完善19所学校体卫艺器材配备。学生资助体系全面完善。完善学生资助管理政策，健全从小学到大学的资助管理体系，实现家庭经济困难学生资助全覆盖。义务教育阶段家庭经济困难学生资助。提高农村中小学贫困家庭寄宿生生活补助费标准，小学每生每年750元、初中每生每年1000元。补助729名农村贫困家庭寄宿生生活费74.08万元，补助率10.16%。免费为549名城市低保家庭学生提供教科书资金9.42万元，补助率6.5%。高中困难学生资助。拨付104.18万元资金用于资助家庭经济困难学生完成高中学业。中等职业学校学生资助。中等职业学校农村家庭经济困难学生实施国家助学金及免学费政策。拨付中职助学金192.30万元，兑现免学费资金23.08万元。生源地助学贷款。落实资助政策，做好生源地信用助学贷款工作，为全区224名大学生办理申贷业务，申贷金额124万元。

【编制中长期教育改革和发展规划】 5月，区委、区政府启动全区教育事业发展规划的编制工作，规划部署10年内特别是5年内任城区教育改革和发展的战略目标和重点工作。9月9日，区委、区政府印发《济宁市任城区中长期教育改革和发展规划纲要（2011~2020年）》。规划纲要10章38条，全文2万余字。序言，从"十一五"期间全区教育事业取得的历史性成就、存在的不足、面临的形势等方面分析在新起点上全面推进教育改革与发展的重要意义；第一章，发展战略，科学提出全区教育事业改革和发展的总体思路与目标；第二章~第九章，改革发展任务，按照国家完善现代国民教育体系、形成终身教育体系的要求，细化、分解教育事业发展的指标，明确基础教育、职业教育、继续教育、素质教育等8项改革发展任务；第十章，保障措施，从加强组织领导、依法治教、重点工程建设、经费保障等4个方面提出具体措施，确保教育事业发展各项指标的落实。

【教育科研】 加强教科研规范化管理。制定《关于加强教科研工作的意见》，出台《关于加强网络教研工作的实施意见》，下发《关于任城区"十二五"教育科学规划课题立项的通知》，把60项课题列入任城区"十二五"教育科学规划课题，全面规范全区教育科研工作。启动全区"十二五"电教课题研究工作，承担山东省教育科学规划领导小组办公室"十二五"课题《初中语文网络课程资源开发与应用研究》，该课题研究周期为三年。全区申报电教课题类国家级课题子课题3项，省级课题8项。深化课堂教学改革。倡导"学案—导学"课堂教学模式，把济宁市第十四中学作为全区教学改革的试点，通过召开初中课堂教学改革现场会、专题研讨会、专家会诊会等各种形式的课堂观摩研讨活动，打造"学—展—测"高效课堂教学模式，在全区推广。开展形式多样的教研活动。开展初中学校"课堂教学开放周"活动。济宁市第十三中学所有文化学科向全区初中教师开放，发挥示范、引领作用。开展"课堂教学开放日"活动。定期召开家长会，组织家长观摩课堂教学，让家长全面了解学校教学工作。开展"同课异构"活动。一个课题由不同的教师同时执教，让教师在比较中前进，在交流中提升。开展"送课到校"活动。选拔一些省市优质课执教者或教学能手送课到校，促进师资薄弱学校教师专业水平提升。全区有27人在山东省教学研讨活动上执教公开课或在优质课、基本功评选中获奖，66人在全市优质课或基本功比赛中获奖，300余名教师被评为区级教学能手，400名优质课执教者或基本功参赛者获区级荣誉称号，200余人次在市、区教学研讨会上执教公开课。

【教育督导评估】 3月1日，市政府教育督导评估团督导评估全区教育，抽查石桥、长沟两个镇的中小学校。4月7~11日，省督导评估团采取随机抽样验证的方法，重点抽查二十里铺街道、李营街道的6所学校（幼儿园），

■ 5月26日，任城区初中课堂教学改革现场会召开 （张春英 摄）

3月1日，市政府教育督导评估团到任城区检查指导 （刘 超 摄）

实地查看教师配备与培训、义务教育管理、仪器图书和计算机配备、学校安全、幼儿园建设等情况，并到区财政局、区国税局、区地税分局、区教体局等部门查看相关账表和档案资料。根据反馈意见，督导团高度评价全区教育工作。10月，调整明确7个督导责任区，每个督导责任区实行目标责任制，由区级教育督学组成团队，区教体局确立1名局领导作为各督导责任区的第一责任人，教体局机关人员分别包保全区各镇（街道）所有小学和注册幼儿园，定期调度、检查、指导所包学校（幼儿园）安全、教育教学等工作。10月13~16日，在任城区教师进修学校进行为期4天的督导业务培训，120余人参加培训。建立督查通报和领导约谈制度，定期进行督查通报，对存在问题整改不及时不彻底3次以上的学校（幼儿园），由所在镇（街道）教办主任带领学校校长（幼儿园园长）接受局领导谈话。全年开展17次教育督导巡查工作，督导巡查132所学校（幼儿园），印发督导巡查通报17期1800余份。开展督导理论研究活动，全区8篇论文获得省级优秀奖，《新形势下教育督查工作的探索》被列为省级重点课题，督导理论研究工作走在全市前列。

【语言文字规范化管理】 以迎接国家语言文字工作二类城市评估工作为契机，加强教育领域的语言文字规范化、标准化、信息化工作。先后召开语言文字工作会议6次，与相关部门联系对接100余次，制定出台30余项规章制度，编发语言文字工作简报，在《任城教育网》开设“加强全区语言文字工作、净化语言文字环境、创建文明任城”语言文字专栏，制订上传内容100多篇。济宁市洸河路小学作为济宁市学校代表接受评估验收，省验收组给予高度评价。组织学校积极参加“中华诵·经典诵读”活动(1人进入决赛)、规范汉字书写大赛活动(征集200余幅，上报30幅)、城区机关事业单位演讲比赛活动(上报5人)等。区教体局被山东省语言文字工作委员会、山东省教育厅评为山东省普通话推广先进集体。

【教师队伍管理】 教师管理。加强名师、名专家培养和推荐工作，受市人社局委托，区人社局和区教体局组成考核组对济宁市第二批、第三批有突出贡献的中青年专家刘煜宁、王汉岭进行考核。加大对第四批有突出贡献的中青年专家刘煜宁、侯代平、刘洪霞的跟踪培养。3月，从李营中心小学等5所学校选拔6名优秀教师，到新疆喀什地区英吉沙县进行为期半年的援疆支教工作。7~8月，公开招聘123名未就业的优秀大学生、研究生，充实到全区各中小学教学一线。教师交流活动。10月21日~12月27日，根据市教育局安排，新疆英吉沙县17名骨干教师在济宁市第九中学、济宁市第十四中学、任城区实验小学挂职培训。教师资格认定。全区1127人参加教师资格认定申请，经过《教育学》《教育心理学》两科考试、普通话测试、教育教学能力测试等程序，有162人获得教师资格，其中幼儿园教师资格100人，小学教师资格28人，初中教师资格34人。职称评审。10~12月，组织初级、中级、高级职称的评审申报工作。师德师风建设。制定《关于开展师德师风建设系列活动实

■ 11月21日，英吉沙县骨干教师到任城区挂职锻炼欢迎仪式举行

施方案》，印发《济宁市任城区师德师风考核办法（试行）》，以镇（街道）、学校为单位开展师德建设活动。全区开展大型活动2次，整理教师先进事迹材料39份，表彰区师德师风先进个人60人，参加济宁市师德师风演讲比赛2人(2人均进入决赛)，参加名师大讲堂演讲5人；组织300多名教师代表参加“教师职业倦怠与教师职业幸福感”专题讲座。

【教师继续教育】 落实培训经费。4月12日，区教体局印发《任城区义务教育阶段教师培训经费管理暂行办法》，把义务教育阶段学校年度拨付公用经费的8%，作为教师培训专项费用，其中5%由区教体局设立专账，专款专用，集中管理，统筹安排；3%由学校管理，作为学校教师培训经费。投入资金151.38万元用于教师培训，促进教师专业成长。扩大合作交流。4月13日，区教体局与中国人才研究会教育人才专业委员会签订初中英语全员培训项目，整个项目为期1年，分三个阶段进行，其中调研诊断阶段、挂职训练阶段完成。教师培训。建立中小学班主任岗位培训制度，实施班主任全员培训。3月18~20日，组织100名班主任参加全国班主任教学管理与德育创新高级研修班；25~27日，举办全区骨干班主任专业素质提高培训班，培训300多人次。7月20~24日，在区教师进修学校进行小学英语教师口语全员培训，培训67人次；10月28日，在济宁市第十三中学举办语文高效阅读培训会，全区500名语文教师参训；11月13日，在济宁市实验中学举办教师专业成长培训会，培训1500人次。依托山东省教师教育网组织教师远程研修。4月，全区小学194名班主任参加远程研修。6月，完成第三期中小学校长远程培训工作，全区参训53人，其中优秀38人，良好13人，优良率96%。经过三期中小学校长远程培训综合评比，任城区被市地方培训中心评为远程培训先进县区。6~7月，全区高中全部教师387名、初中6个学科（政治、历史、地理、音乐、体育、美术）教师436名、小学3个学科（语文、数学、英语）教师909名参加远程培训。教育技术培训。12月13~23日，组织全区117名教师参加教育信息技术能力培训。全面贯彻执行中小学校

■ 11月13日，全区教师专业成长培训会举办 （秦朝黎 摄）

长持证上岗制度和在职提高培训制度。9名初中校长参加济宁市第六期初中校长任职资格培训，1名高中校长参加山东省第79期高中校长任职资格培训，2名高中校长参加山东省高中校长专题培训，12名初中校长参加济宁市第七期初中校长提高培训，8名校长、幼儿园长和县级教师培训基地负责人参加省万名骨干教师培训工程，3名济宁市首批名校长到南京参加为期十天的高级研修班；12月8日，举办“全区校长素质提升大讲堂”，参训175人；12月9~12日，举办“全区小学校长培训班”，参训72名。

【学校管理】 体制改革。继续推行校长负责制、教师聘任制、岗位责任制，加大工资改革力度，实行绩效工资，激发教育活力。8月，根据区教体局《关于调整义务教育学校领导岗位和工作机构设置的通知》（济任教字〔2010〕41号），经学校组织推荐和区教体局考察，调整学校中层干部128人，提拔46人，交流20人，待岗另行安排工作12人，配齐配强学校领导班子。教育干部的平均年龄下降8岁，大学文化程度比提高15个百分点，大专文化程度比提高18个百分点，知识结构、年龄结构明显改善。后勤与安全管理。认真贯彻落实省市学校后勤与安全管理工作会议精神，按照“统一领导、集中管理、分工负责、全责结合”的原则，不断推动全区学校后勤与安全精细化管理水平提档升级，实现学校后勤与安全管理制度化、制度管理过程化、过程管理细节化、细节管理规范化、为教育教学提供优质服务、为学校的发展保驾护航。中小学标准化建设工程扎实推进，以校舍安全工程为重点，实施城乡学校重点建设项目8个、农村中小学校舍加固项目5个，其中规划投资926万元的石桥中心小学餐厅和报告厅建设工程、李营中心小学教学楼、南张中心小学综合教学楼、区实验小学200米标准运动场建成使用；北关小学征地8667平方米、规划投资1500万元（2011年到位741万元），新建教学综合楼10681平方米，主体工程已完工。区教体局与各学校签订《济宁市任城区学校安全工作责任书》，明确职责，强化责任。深入贯彻省市安全生产会议精神，切实加大学校周边治安综合整治工作力度，确保学校安全，制订《济宁市任城区2011年度学校安全工作方案》，明确各科室安全工作分工。培训全区中小学校长、幼儿园园长及学校安全管理人员安全知识，强化安全意识。9月21日，市教育局、市安监局、市交通局等部门组成联合检查组，专项检查全区学校（幼儿园）的安全工作。10月24~25日，区工商分局、区药监局、区卫生局、区教体局组成联合督查组，专项检查任城区学校（幼儿园）的食品卫生安全工作。12月，为各中小学幼儿园食堂配备价值86.3万元的高质量、高标准餐饮设备。在全市创建“后勤管理示范化学校”活动中，济宁市实验中学、长沟中心中学、石桥中心中学、石桥中心小学被评为全市首批后勤管理示范化学校，7人被评为全市学校后勤工作先进个人。

【学生管理】 加强学生政治思想教育，激发学生爱国热情，增强学生法制观念，弘扬中华传统美德，使学生养成文明守纪、诚实守信、崇尚科学的行为习惯。小学建立少先队，中学成立学生会，学生参与学校管理。落实《中小学生守则》，加强学生日常行为规范的养成教育。建立学生健康心理咨询室，进行学生心理健康教育。建立学生学籍档案，小学学籍档案实行校、镇（街道）、区三级管理，初中学籍档案实行校、区、市三级管理，高中学籍档案实行校、区、市、省四级管理。

【招生考试】 认真组织义务教育阶段学校招生和高中招生。义务阶段学校按区域招生，就近免试入学，高中学校严格“三限”政策。全年有3225人参加中考，8074人参加初中学业水平考试，7月和12月参加高中学业水平考试分别为2111人、11216科次和4507人、11026科次。普通高考报名2880人，同比减少405人；对口高职报名57人，同比减少9人。普通高考考生有文史类745人，理工类1521人，艺术文465人，艺术理81人，体育类68人。成人高考网上报名6045人，现场采集信息考生4470人，同比增加644人。高等教育自学考试三次报名1241科、612人次，同比减少25科、321人次。书画艺术等级考试749人，同比增加726人。办理毕业手续考生48人，同比增加10人。

【学前教育】 全区有幼儿园138所，其中公办幼儿园18所，民办幼儿园120所；省级实验幼儿园1所、省级示范幼儿园4所、市级一类幼儿园12所。幼儿教师1578名，其中公办教师179名。学前三年幼儿17200人，在园幼儿14800人，入园率86%，同比增长16%，形成以中心幼儿园为骨干，村（社区）和学校办园为主体，个人办园为补充的学前教育发展格局。3月22日，区政府启动学前教育三年行动计划，下发《关于印发济宁市任城区学前教育三年行动计划（2011~2013年）的通知》，分析全区学前教育现状，确定学前教育三年发展目标，提出园舍建设具体要求，制定奖励标准和保障措施。5月19日，济宁市政府督查组督查学前教育重点工程项目进展情况。6月21~24日，区教体局对全区登记注册的34所幼儿园进行年检，针对各园存在的问题，分别下发年检整改意见通知书，复验合格后发放办园许可证。7~8月，在全区教师公开招聘中，首次设置公办幼儿教师岗位，充实学前教育师资力量。9月27日，济宁市学前教育工程督查团实地视察全区学前教育工程建设。10月26日，区政协视察公办幼儿园。11月22日，区政府督查组督查公办中心幼儿园建设工程。12月16日，市政府督查组专项督查学前教育建设工程推进情况。12月26日，石桥镇中心幼儿园被济宁市教育局评为第十九批市级一类幼儿园。

【九年义务教育】 全区有小学42所，全年招生5074人，在校生21177人，小学适龄儿童入学率100%；初中14所，全年招生4896人，在校生18095人，小学毕业生升入初中段学校比率100%。把德育教育由课本知识回归社会，让科普知识融入生活，以课堂为主阵地，充分发挥少先队、团委、班主任和任课教师育人职能，利用各种社团组织，加强科普知识普及。全年申报山东省科普实验基地1处、山东省青少年活动实践基地1处、山东省科普示范学校2处。1月，石桥希望小学、石桥中心中学、济东中学被认定为省级规范化学校。

【普通高中教育】 全区有普通高中3所，其中公办学校2所，民办学校1所。2011年，招生2222人，在校生6717人，全区初中毕业生升入高中段学校的比率达100%。

【职业教育】 全区有职业学校2所。2011年，通过召开职业学校招生工作会议、毕业班学生和家长会议等措施，宣传国家大力发展职业教育的政策，引导初中毕业生踊跃报考职业学校，招生1047人。争取职业学校教育教学经费7万元，促进职业教育发展。实行中职学生助学金制度，发放助学金276.9万元。职业学校毕业生就业率达95%以上。

【特殊教育】 全区有聋童学校1所，创建于1995年，占地面积5622平方米，建筑面积2028平方米。有9个年级、9个教学班，其中一至六年级是小学阶段，七至九年级是初中阶段；在校生61人，在职在岗教职工29人。2011年，学校全面贯彻国家特殊教育方针，大力实施素质教育和九年义务教育，全区适龄听力残疾儿童少年入学率98%，学校管理水平和教育教学质量均走在全市同类学校的前列。学校被评为山东省二级科技事业单位档案管理单位。学生舞蹈《山村的小姑娘》《藤枝叶》《书香剑气》等先后荣获山东省残疾人艺术汇演三等奖和优秀节目奖；书画作品获国家、省市一、二、三等奖等50人次；在省市残疾人运动会中获奖牌26人次。1人获山东省特教优质课执教者称号，1人获省优秀教师称号，15人获市级教学能手称号，2人获市优秀教师称号，2人获市骨干教师称号，1人获济宁市十佳教师称号。9月9日，区委常委、常务副区长郭庆林、区委宣传部部长汪金厚、区政协副主席王万川等到学校进行教师节走访慰问。

【民办教育】 规范办学行为。组成民办学校办学行为督查组，检查民办学校的教育教学管理、财务管理、安全管理等方面，对查出的问题下达整改通知书，限期整改。重点跟踪监管。核实财政拨付的免杂费资金、政府助学金和中职免学费资金的使用与发放。争取政策支持。按规定，免除中职家庭贫困学生学费标准为每生每年1900元，经过与区财政局协调，最终确定全额免除的政策。加强民办学校注册管理。通过现场查看、核实相关资质及档案资料等形式，查验申请注册的6处培训机构，为符合条件的民办学校办理办学许可证。

【任城区实验小学】 始建于1949年，占地面积18650平方米，建筑面积7582平方米，绿化面积3600平方米，有教学班28个，学生2067人；附属幼儿园有班级20个，幼儿991人。在编教师85人，其中中学高级教师9人，小学高级教师40人；省特级教师、优秀教师3人，市、区特级教师、优秀教师39人；省市骨干教师12人，区学科带头人、骨干教师20人；国家级优质课执教者2人，省教学能手2人，省优质课执教者11人，市教学能手15人，区教学能手38人。学校坚持“教学有特点、学生有特长、学校有特色”的办学理念，开展教师素质提高工程，深化课堂教学改革，强化科研兴教战略，教育教学质量和办学水平显著提高。加大校园环境建设力度，投资30多万元，建设文化石和“思苑”景点；投资10万元，教学楼顶建设1000平方米的“空中花园”。推进课改立教、科研兴教战略，开展“六课一反思”和观课议课活动；实现课程改革与教研发展相结合，面向全区举行课堂教学开放日暨课堂观察式教研活动。实施青蓝工程、读书工程、专家引领工程，举行《卡尔维特全书》和《致青年教师》读书会，2名教师获市级教学能手，1名教师获省级教学能手；3名教师在市优质课评活动比中获奖，3名教师在全省网络课程优秀课例征集评比活动中获奖。学校网站凸显宣传、教育作用，编辑印刷《“芳草地”校报创刊十周年合订本》。少儿革命歌曲大联唱获全市“红歌”比赛二等奖，获全区庆祝建党九十周年文艺汇演第一名。2011年，学校被评为山东省体育传统特色项目学校、济宁市文明单位、任城区教育教学管理先进单位，获中央电视台组织的“佳音杯”希望之星英语大赛优秀组织奖。

11月22日，全区小学语文阅读教学现场会举办 （张红秀 摄）

【济宁市第十三中学】 始建于1975年，占地面积14877平方米，建筑面积12788平方米，有教学班55个，学生4380人，教职工216人，专业教师178人，其中高级教师31人、国家级优秀教师2人、省市特级教师2人、省优秀教师2人、省教学能手5人、市杏坛名师2人、市区教学能手53人，任课教师学历合格率100%。学校秉承“关爱每一个学生，服务每一个家庭，帮每一个学生成才，助每一个家庭成功”的办学理念，贯彻“依法治校、以德治校、以研治校、以诚治校”的办学方略，以“营造师生共同发展的精神家园”为办学目标，坚持“培养‘德艺双全、文理兼通、学创俱能、身心两健’‘会做人、会学习、会健身、会实践、会创新’全面发展的人”为培养目标，形成理念领先、管理领先、科研领先、求真求善、和谐发展的办学特色，教育教学质量和办学水平显著提高。学校加大校园环境安全建设，投入30余万元，配置校园安全监控系统。开辟以严格的要求规范学生，以优良的校风影响学生，以高尚的师德感染学生，以优美的环境陶冶学生，以先进的典型激励学生，以扎实的教学发展学生，以丰富的活动提高学生，以现代的理念武装学生的多种育人途径，全面实施素质教育，积极进行课程改革，根据新课程实施方案和学校实际，构建以文化课为主体、实践活动课和艺术课为两翼的“一主两翼”整体课程结构，形成学校课程、活动课程、环境课程和校本课程相互交融、交互促进的课程体系。坚持科研兴校、科研促教的治校方略，有国家级课题实验2个，省级课题实验5个，市级课题9个，区级课题8个。学校进行的省级“十五”规划课题《分类施教，全面提高学生素质》、全国教育科学和“十一五”规划重点课题子课题“人生设计行计划”为学生多彩人生导航的实验，通过省级鉴定。学校德育优良率多年保持100%，每年中考成绩均有五科以上达全区各初中之首，升入重点高中的学生达43%~45%，在全区初中学校中升学比率最高。各级各类学科竞赛取得优异成绩，获奖人数居全区之冠。校园文化建设丰富多彩，学生体育达标率保持98%以上。2011年，先后被评为全国群众体育活动先进单位、省首批规范化学校、省创新教育实验基地、市校本培训示范校。

参加山东省素质教育论坛　10月16~17日，由山东省教育厅、山东省教育协会主办，济宁市教育局、青岛出版社协办的2011年山东素质教育论坛在兖州举行。校长刘煜宁结合“八五”“十五”和“十一五”省级课题研究成果，作题为《千名家长上讲台，让课堂充满精彩》的报告，全面介绍学校开展社会大课堂的情况及家校联合共建的开门办学特色。

全国双拥模范城检查组到校检查工作　6月17日，全国双拥办副主任、总政群工办副主任李辉率全国双拥模范城检查组，在山东省民政厅副厅长李光杰、山东省双拥办主任张魁中、市委副书记张术平等领导的陪同下，检查考核双拥工作，重点考察学校国防教育工作开展情况。检查组高度评价学校先进的办学理念及取得的成就，充分肯定学校开展国防教育的成功做法。济宁第十三中学是山东省教育部门唯一被考查的单位。

【济宁市实验中学】　始建于1985年，是一所寄宿式、省级规范化高级中学。位于济宁市建设路北首，占地191980平方米，建筑面积82068平方米，有教学班90个，在校生5040人，教职工475人，其中在职教职工408人，专任教师313人，全国模范教师1人，全国优秀教师6人，山东省特级教师1人，齐鲁名师1人，市区优秀教师、优秀教育工作者、学科带头人、骨干教师、教学能手等120多人。学校坚持“强师德修养，育优秀人才”的办学方略，落实“规范化、科学化、精细化”的管理理念，践行“尚真务实，养德厚生”的办学宗旨，以“创办现代齐鲁名校”为办学目标，全面推进素质教育，严格规范办学行为，积极深化课堂改革，办学水平不断提升，教学成绩不断提高，办学实力不断增强，各项事业快速发展。学校把课堂教学改革作为学校发展的重

6月17日，全国双拥办副主任李辉（右三）到校视察国防教育

中之重，提出构建高效课堂的思路，确立1+4课堂教学模式，从高一年级开始实施。把教学管理作为提高教育教学质量的重要措施。教学常规常抓不懈，坚持每月一检查每月一张榜，每学期两次学生评教，每年一届学校教学能手评选，每周一次教研活动、集体备课，青年教师拜师制，领导听课制度，先进教研室、先进备课组的评选，增强老师的比学赶超意识。任课教师自习坐班制，使教师的备课、批改作业的时间得到保障。把教师队伍作为学校发展的中坚力量，大力鼓舞教师提升业务素质，组织、支持教师参加全国、省、市、区各类教学教研活动、业务培训进修、参观学习等800多人次，培训经费60多万元；组织教师内部提高，开展基本功比赛、教学能手评选等活动，有近百人受到省、市、区表彰奖励。把党的建设作为学校发展的保障。不断加强班子自身建设，充分发挥党委中心组的作用，定期组织理论学习，提高政治觉悟和理论素养。利用假期，校党委组织为期三天的理论学习读书会，举办庆祝建党90周年大型红色经典唱诵会，组织全体党员前往革命圣地参观，举行“创先争优铸师魂，我与祖国共奋进”活动，推动学校各项工作的积极开展。把师生安全作为学校工作的第一道防线。坚持“预防为主，防治结合，加强教育，群防群治”的综合治理原则，通过课堂、广播、板报和各种宣传阵地，教育学生远离危险，确保安全。学校与部门、年级分别签订安全责任书，定期更新各种安全设备，对特殊场合、部位做好自查，加强日常管理和节日值班值宿，确保学校安全有序。把创建教育特色作为提高办学品位的重要手段。开展“除陋习，树新风”活动、“希望之星”英语风采大赛、“庆‘五四’，迎‘七一’”红色经典音乐汇、优秀诗文朗诵会等活动，举办第一届远足活动、第一届体育节和第三届艺术节，以活动为载体，促进学生养成教育，打造教育特色品牌。学校美术教师黄凤斌在济宁市博物馆成功举办花鸟画作品展，受到社会各界一致好评。2011年，学校被评为全市普法依法治理工作先进单位，顺利通过省级文明单位复查验收。

3月2日，宾州圣文森大学博士Gary Quinlivan,Ph.D.到校参观

美国圣文森大学管理学院院长Gary 博士一行到校友好访问 3月2日，美国宾州圣文森大学经济、商业和政府管理学院院长Gary Quinlivan, Ph.D.博士、美国英迪高中校长John到校参观访问。客人观看学校专题片《希望在这里孕育，梦想在这里腾飞》，高度评价学校先进的办学理念和显著的办学成果；参观校园，与部分教师、学生友好交流、合影留念。

举办首届远足活动和第一届体育节活动 10月7日，首届远足活动拉开帷幕。本次活动以“欢度国庆，拥抱自然，走出校园，贴近生活”为主题，历时8个小时，行程25公里。10月10日，第一届体育节开幕式在学校操场隆重举行。本届体育节10月31日结束，历时22天，设拔河、篮球、羽毛球、乒乓球、跳绳、踢毽子等12个项目。

体 育

【概况】 2011年，体育工作全面发展。做好二十三届省运会场

10月1日，任城区中老年人健身展演 （夏岩森 摄）

馆建设规划工作。根据市体育局安排，任城区将承办二十三届省运会青少年举重、古典式摔跤、击剑3个项目的比赛，需投入1.59亿元，建设1所规模4000座、建筑面积48300平方米的体育馆。区委、区政府第54次办公会综合各方面因素，研究决定将体育馆建在任城新区。1200万元启动资金在年初到位，规划选址、环评、可研报告、立项、土地报件等工作完成。加强基础设施建设，投入28万元，完善社区体育设施。开展群众体育运动。组队参加全市第十三届运动会，取得优异成绩，金牌和总分排名由原来第12名跃居第7名。参加全市全民健身运动会、各项老年人体育健身比赛，体育竞技和全民健身运动蓬勃开展。举办全区第13届中小学田径运动会、首届中小学生田径联赛和城区小学生乒乓球联赛。发展体育产业，全力做好体彩销售工作。即开票提前半年完成省市下达的全年销售任务。

【群众体育】 社会体育指导员队伍建设不断加强，发展社会体育指导员130人，全区社会体育指导员879人，其中有2人分别普升为一级、国家级社会体育指导员。区老年体育活动丰富多彩，成功举办任城区“迎省运，庆五一”第二届老年人太极拳剑比赛暨文体表演、任城区全民健身日活动，任城区健身秧歌、健身腰鼓培训，“庆国庆，迎重阳”大型文体展演；组织参加济宁市健身腰鼓、秧歌培训，济宁市第十三届老年人乒乓球比赛，获男女团体金奖，参加济宁市城区中老年人太极拳、剑、功大扇、健身秧歌、柔力球及济宁市城区中老年人健身成果展演；参加济宁市第九届老年人太极拳剑比赛，获金奖；参加济宁市第三届老年人柔力球比赛，获金奖4项、银奖1项、铜奖1项；参加山东省老年人柔力球比赛等活动，充分展示全区中老年人的运动风采。

【竞技体育】 7月份，在第十三届市运会上，全区青少年组获金牌60.5枚、银牌30枚、铜牌38枚，金牌和总分均居全市第七位。全力备战第二十三届省运会，在全区开展中小学篮球、乒乓球和田径联赛，通过比赛促进训练，通过训练提高各项目的竞技水平。

【学校体育】 高度重视青少年体育工作。区教体局把体育工作列为学校年度督导评估的重要指标，加大计分权重，从领导重视、条件建设、教学科研、培养输送、比赛成绩等方面量化计分，突出青少年训练在学校整体工作中的地位。加强体育教师队伍建设，把体育教师带队训练、兴趣小组辅导、运动员输送、比赛成绩与平时教学工作一起纳入工作量，与年终考核、绩效工资、评先树优挂钩，鼓励广大体育教师积极投身体育教学和青少年训练工作。12月1日，省市体育局领导到任城区调研青少年体育工作，充分肯定全区青少年体育工作取得的成绩。加强体育基础设施建设，投资1000多万元，为中小学校建设塑胶操场，按省级一类标准为学校配齐配足体育器材，大大改善青少年训练条件。在市政府专项督导评估学校体育器材配备工作中，任城区名列全市

12月1日，省市体育局领导到任城区调研青少年体育工作

首位，代表山东省接受全国体育卫生教育工作专项督导，受到领导好评。狠抓学校传统项目建设，形成青少年专项训练的梯次。济宁市第十三中学、济东中学、石桥中学、实验小学被省体育局和教育厅评为传统体育项目学校。开展“学生阳光体育运动”，坚持面向全体、全员参与，实行课内课外、集体个体、兴趣技能、规范特色相结合，以班级为单位开展体育活动和竞赛，鼓励学生课余时间走向操场、走进大自然、走到阳光下，营造“人人有项目、班班有活动、校校有特色”的浓厚氛围，保证每个学生每天锻炼不少于1小时，人人掌握两项以上的体育活动技能。

【全民健身工程】 制定《任城区全民健身实施计划》（2011~2015年）和《任城区青少年体育工作计划》，投资108万元购买健身器材720件（套），建设县级体育公园1处、镇（街道）文体中心2处，社区健身苑11处、行政村健身工程80个，超额完成上级下达的年度任务。参加济宁市第一届全民健身运动会项目比赛15个，获金牌10枚，总分197分，金牌名次居全市第四位，总分名次居全市第七位。参加山东省第一届全民健身运动会的门球、够级、台球、定向、健美、轮滑等项目，其中够级队整建制参加比赛，荣获三等奖；台球比赛个人、全体均获全省三等奖；健美比赛获全省个人第二名；轮滑获全省个人第三名。

【体育彩票】 2011年，全区体彩工作成绩显著。总销量大幅增加。全年销售电彩2000万元，即开票800万元，销量同比增长4倍。即开票销售全面铺开。落实市体彩中心制定的即开票销售政策和促销措施，以大润发卖场为据点，以文化广场为着力点，广泛宣传辐射，有10个户外卖场活跃在济宁城区。利用农村传统古会，分别在石桥、接庄、南张、长沟等镇（街道）设立临时卖场，提高销量。增机扩容迅速推进。充分利用教体部门的人力资源优势，迅速推进增机扩容。全区增机21台，其中5台竞彩机，超额完成市体育局下达的任务。

（赵占坤　秦朝黎）

文化　旅游

文　化

【概况】　区文化广电新闻出版局（简称区文广新局）为正科级行政单位，设办公室、文化艺术科、文化产业科、文化市场与行政许可科、广电新闻管理等5个职能科室，辖广电中心、文化市场综合执法局、文化馆、文物管理所和电影公司等5个事业单位，设局长1人、副局长3人、纪检组长1人。2011年，广播、电视新闻宣传分别获得省广播电视新闻宣传先进集体一等奖，区文化馆被评定为国家一级文化馆，区文化市场综合执法局被评为省文化市场综合执法工作先进单位、市文化工作先进集体，区电影公司被评为市文化工作先进集体、市文化市场文明经营单位，区文广新局被评为中国文化遗产日主场城市活动先进集体。

【文化基础设施建设】　投入资金58万元，新建38处农家书屋，完成2011年农家书屋建设任务。农家书屋统一挂牌，统一制度上墙。开展管理人员业务技术培训，通过承接省中心镜像站数字图书馆工程，具备存储资源播放服务功能。开展对基层终端接收站点的业务指导、上门服务，及时将数字资源传送给全区信息资源基层各服务点。接庄街道、李营街道基层服务点被评为省级标准化示范点，金城街道开泰花园基层服务点被评为省级优秀示范点。6月，区文化馆图书室被济宁市文广新局评为优秀共产党员示范岗；8月，区文化馆通过省级专家的复查验收，被评定为国家一级文化馆。

【文化活动】　1月6日，在石桥镇举办第九届文化艺术节开幕式暨“三下乡”活动启动仪式，送书画、春联、剪纸2000余幅，图书4000余册，发放宣传资料1万余份，文艺汇演30多场，送戏20多场。围绕纪念中国共产党建党90周年，举办“瑞中杯”全国书画大赛、任城—汶上书画联展、“金宇杯”书画展、黄凤斌画展，与职业技术学院联合举办“永远跟党走”文艺演出，组织区直8个代表队进行红歌大赛和全区征文比赛等活动。参加“不文明行为”万人巡防活动、全国第七届“德艺双馨”中国文艺展

1月6日，任城区第九届文化艺术节举办

■ 2月14日，任城区民间艺术展演

示、山东省第二届文化艺术节农民书画展、全省百县千村送书画下乡启动仪式、全区“回眸‘十一五’、展望‘十二五’”大型主题展览活动。举办庄户剧团汇演、民间艺术展演等节庆活动，大范围组织庄户剧团在全区巡演、调演，推选优秀剧团参加市级比赛活动。抽调文艺骨干到基层，指导庄户剧团把党的政策、新风新事编成快板、小品和相声等表演形式，说“庄户话”，演“庄户戏”。庄户剧团日益成为建设文明、和谐新农村的重要力量。

【文艺创作】 组织创作出大批弘扬主旋律、讴歌新时代的文艺作品，歌曲、美术、书法、文学等40余件作品在省市获奖。其中歌曲《运河教会我生活》荣获山东省第二届农村文化艺术节民间器乐、声乐比赛二等奖，国画作品《休闲假日》获山东省第二届农村文化艺术节书画作品展一等奖。建党九十周年，回顾党的光荣历程，讴歌党的丰功伟业，展现全区改革建设成就，展示全区干部群众风采，出版优秀征文集—《红色记忆》。

【文化产业】 2011年，全区有文化产业经营单位300余家，从业人员6000余人，实现产值3.8亿元。按照“整合文化资源，扩大文化景区，提升文化品位，打造文化特色，做大文化产业”的思路，构建以“文物古迹、生态休闲”为主题的旅游景区和景点，形成“一区、二点、三带”

2011年任城区文艺创作一览表

表10

文艺作品	体裁	创作人	获奖情况
运河教会我生活	歌曲	张鲁雅	山东省第二届农村文化艺术节民间器乐、声乐比赛二等奖
新农村新变化	诗歌	张鲁雅	济宁市新创作文艺汇演二等奖
休闲假日	国画	苏丽萍	山东省文化厅一等奖，发表于《齐鲁晚报》
荷塘倩影	国画	苏丽萍	首届“乔羽”文艺奖三等奖
惬意	国画	杨冬梅	第二届中国女书画家作品展优秀奖
写意花鸟	国画	周月梅	第二届中国女书画家作品展优秀奖
伴	国画	靳贵芳	第二届中国女书画家作品展优秀奖
架筑希望	版画	韩广清	中国版画艺术展优秀奖
福满庭院	版画	韩广清	中国优秀骨干教师美术作品大赛二等奖
事论新语数则	书法	孙明建	全国首届手卷艺术大展艺术奖
加强管理创新 促进文化市场大发展大繁荣	论文	邱 蕊	山东省文化市场综合执法和文化市场繁荣发展主题征文活动二等奖
试论文化市场综合执法规范化建设	论文	邱 蕊	山东省文化艺术科学优秀成果三等奖

文化产业发展格局。即加快推进新城区文化产业配套发展，打造任城文化产业发展核心区；结合文物古迹修复工程和景区开发，以凤凰台遗址、肖汪庄汉墓文化为依托，建设任城区文化产业格局两大支撑点；大力发展西部运河文化产业带、北部休闲农业产业带、东部生态文化产业带。

【文化遗产保护】 3月，在全区开展二次文物补查工作，普查文物点306处，新发现226处，复查67处，消失13处。古遗址普查92处，其中新发现44处，复查48处；近现代重要史迹普查47处，其中新发现46处，复查1处；古建筑普查36处，其中新发现33处，复查3处；古墓葬普查31处，其中新发现21处，复查10处；石刻普查77处，其中新发现72处，复查5处。积极推动大运河申遗工作，把辖区运河河道和申遗点作为环境整治重点，不断改善运河河道及两岸遗产点环境，组织大学生遗产保护志愿行活动。6月，参加文化遗产日主场城市宣传活动，完成对口接待、开幕式节目表演、万人签名等工作任务。完成省道338济董线西张庄至前王段省级立项工作相关任务。建立区非物质文化遗产资料库，组织二鬼摔、泥人唐、吉祥字组画等3项市级非物项目申报省级名录。

【广播电视】 区内有广播电台1处，呼号为“任城人民广播电台”，频率为105.5赫兹，发射功率3000瓦，发射半径60公里。广播新闻在省台发稿50多条，在市台发稿2000多条。有电视台1处，任城电视台先后开办《党务公开专访》《政协委员风采》《任城警务》《走基层》《劳模风采》《创城夺杯》《新农保惠民生》《精彩十一五》《时代先锋》《党旗飘飘》等近40个栏目、5个专题节目，自办节目达到每天40分钟。编发《薛口民主决策富裕生活》《谢营的管理》《调方式、转结构》《借运河黄金水道打造物流业》等重头稿件，电视新闻在中央电视台发稿7条，在山东电视台发稿近200条，在济宁电视台发稿600多条。做好《任城新闻》《人文任城》《周末》节目创优活动。全年投入资金近70万元，购置4辆采访车，结束全区无直播车的历史。

【政风行风热线】 每周一、二、五8：00—8：30首播，同日下午6：00—6：30重播，每期节目时长30分钟，播出频率为FM105.5，全年播放96期。具有传播快捷、覆盖面广、联系方便、互动性强等特点，以“展示部门形象、倾听百姓呼声、接受社会监督、打造阳光政府”为目的，以“汇集民智、反映民生、化解矛盾、服务决策、优化环境”为宗旨，集沟通、服务、监督于一体，主要内容包括政策法规宣传和访谈，上线部门工作职责、办事程序、社会承诺，接受新闻媒体访谈等。栏目的开播，为任城区各级部门、单位与广大群众搭建了一个平等交流、公开对话的平台，实现了干部群众“零距离”接触、“心与心”交流。

【公益电影放映】 购置国家广电总局认可的农村数字电影放映一体机8台，更新新型农村数字电影放映服务器3台，组织放映员培训班2期。投资4万余元购买故事片45部、科教片35部。组织放映队到镇（街道）敬老院、幼儿园开展免费放映活动。配合区公安分局放映15分钟警示专题片，广泛开展警民联系专项宣传活动。全区公益电影放映3792场，完成每月每村一场电影的放映任务。

【市场管理】 全区各类文化市场（新闻出版）经营单位264户，其中音像制品经营7户，出版物经营21户，打字复印经营40户，印刷企业50户，娱乐场所9户，电子游艺娱乐场所8户，互联网上网服务场所（网吧）129户。坚持“一手抓繁荣，一手抓管理”方针，把文化市场平安创建活动纳入全区社会治安综合领导责任制和治理目标管理责任制考核体系，全面做到服务到位、管理到位、执法到位，全区文化市场健康繁荣发展。全年组织大小行动12次，出动检查人员2400人，车辆520部，清查各类文化经营单位1600余家；立案查处非法从事出版物出版民营医院1家，没收非法图书音像制品3200张（册）；查处违规经营网吧28家，警告18家，责令整改6家；责令整改游艺场所1家，责令整改歌舞娱乐场所1家。参加全市“12318”文化市场举报体系集中宣传活动，制作宣传横幅4条、法规宣传展板8块，发放宣传材料3000份。参加全市“远离网吧、健康成长”暨网吧百日集中整治专项行动启动仪式万人签名活动。组织培训班3次，对网吧、娱乐场所、出版物、音像制品、印刷行业经营业进行法律法规培训。开展世界知识产权日宣传活动，音像制品、图书鉴别等法律法规宣传咨询活动，发放宣传资料5000余份。

（张兆琦　师大为）

旅　游

【概况】　区旅游局为正科级全额预算管理事业单位，设办公室、旅游促进与对外联络科、规划发展科和质量安全管理科等4个科室，编制12人，设局长1人、副局长1人。区内有济宁中国旅行社、济宁顺通旅行社、济宁广电旅行社和济宁华宇旅行社等4家旅行社；济宁翰庭太白酒楼、济宁长城商务酒店和济宁金地酒店3家涉旅三星级酒店，达到旅游团队接待标准的客房515间、床位831个；李营金山渔场、长沟凌志休闲垂钓中心2家省级垂钓休闲渔业中心。2011年，全区旅游业年接待游客90万人次，实现旅游收入6000万元，增长42.9%，其中国内旅游收入5780万元，增长45.2%。

【景区景点】　全区有景区景点7处，即济宁三号煤矿工业旅游示范点、凤凰台旅游景区、肖汪庄汉墓、戴庄花园、石桥万亩荷花生态园、李营苗木生态园和长沟葡萄园。

济宁三号煤矿工业旅游示范点　位于石桥镇，2000年12月正式投产。2003年，生产突破1000万吨大关，被列入上海大世界吉尼斯之最。煤矿主要设备由国外引进，矿井采煤综合机械程度达100%。2006年1月，济三煤矿被正式命名为国家级旅游示范点，成为全国煤炭行业首批工业旅游示范点。

凤凰台旅游景区　“凤凰台”又名“风化台”，系远古时期先民祭祀太昊伏羲的地方。其遗址位于南张街道凤凰台村。考古调查发现，在凤凰台遗址上，底层属“龙山文化”遗迹，中层为商周文化遗址。1985年，凤凰台为济宁市重点文物保护单位。1986年，中国社会科学院考古领队培训班，在此进行实地考古发掘，出土近300件文物，存于省考古所内。2006年，被公布为省级重点文物保护单位。2000~2011年，任城区先后投入资金1000余万元，修复并重新建设凤凰台旅游景区。

肖汪庄汉墓　位于李营街道肖汪庄村，俗称“九女堌堆”或“九米堌堆”。考证为汉代任城国诸侯王及其配偶葬墓群。1977年，公布为山东省第一批重点文物保护单位，其中墓葬中的汉碑石刻及墓室石壁上的汉代题记，是国家汉代石刻字的重大发现，对研究中国古文字的演变和书法艺术，具有重要的价值。在全国迄今发掘的东汉王陵中尚属修复开放的首例，而且在已知两汉墓中是出土石刻最多的一座，占全国挖掘总存量的80%。1996年开放后，吸引了大量的中外学者和游客考察和游览。

戴庄花园　原为明末清初著名画家戴鉴（号石坪）的别墅，故名“戴庄”，后转给当地官僚

■ 凤台寺　（朱宏　摄）

■ 苠园一角　　（王作斌　摄）

富豪李澍作花园，改称为“苠园”。曾有“尘世蓬瀛”之雅称，时为济宁八大名园之冠。清光绪五年（1879年），天主教传入济宁，李澍后裔将园林卖给德国传教士安治太和奥地利传教士福若瑟。后来，圣福若瑟神父向社会各界筹募资金，戴庄教堂开始征地扩建。1926年，拥有房舍1000余间，土地数百亩。戴庄花园由教会建筑、苠园、神甫墓地等部分组成。1992年，被公布为省级重点文物保护单位。

石桥万亩荷花生态园　任城区石桥镇濒临南四湖、北湖旅游度假区，北面和西面连接济宁市区，境内采煤塌陷地2万余亩，种植荷藕近5000亩，具有发展旅游观光农业的良好条件和基础。2009年，为综合治理采煤塌陷地，利用塌陷形成的水域发展观光旅游业，石桥镇政府、区旅游部门委托北京大衍致用旅游规划设计院编制《齐鲁遗产农业文化园开发建设规划》。齐鲁遗产农业文化园总体规划11000余亩，其中采煤塌陷地5000多亩，项目核心区占地244.33公顷（3665亩）。核心区具有生态、旅游、文化、餐饮等多种功能，以“主题公园+主体社区”的模式进行建设。建成后，系统展示农业遗产文化，全方位体验农业生产、齐鲁民俗特色，兼具生态环境保护功能。

李营苗木生态园　居全国“十大苗木之乡”第六位，是中国北方最大的落叶乔木生产、销售集散地。2000年以来，李营街道先后实施四期农业综合开发。2008年，区旅游局指导李营苗木基地开展标准化建设工作，指导业户对植物种类进行合理安排，苗木基地的色彩由原来的单一绿色向丰富多彩转变，形成多树种、多色彩、景观丰富的绿化带，顺利通过省旅游局的验收，成功创建成为省级农业旅游示范点。

长沟葡萄园　位于长沟镇境内古运河畔，北邻日东高速公路。长沟葡萄种植，始于1984年，产出的葡萄以个大、汁多、含糖量高、口味纯正、色泽鲜艳而享誉济宁及周边省市。2009年，长沟葡萄园成功创建山东省农业旅游示范点，被国家农业部、财政部评为栽培与质量控制示范基地。

【景点开发与建设】　*人文景观*　在任城新区重点建设湿地公园、森林公园、展示中心等景观，投资8亿元的任城新区五星级酒店项目在建中，“任城大道”全新升级改造，凸显任城新区旅游功能。生态湿地公园，占地230亩，重点建设2大湖面，3大景区，4大广场，20个景点，以孔孟文化和运河文化为主题，是一处集自然体验、生态教育、社区休闲和文化交流于一体的综合性湿地公园。森林公园，位于任城新区的核心位置，汇翠路以东，琵琶山路以西，任兴路以南，任通路以北，规划占地174亩，总投资约5000万元，分为西北入口广场区、外围活动区、山地活动区、滨水活动区、草坪活动区和观赏草坪区等六大功能区，主山高13米。任城展示中心，位于任城新区琵琶山路以东，仁顺路以西，仁和路以南，327国道以北，总占地面积55.1亩，总建筑面积22000余平方米，项目预算总价1.9亿元。该项目集LED、4D展示等多种功能于一体。

生态景观　水木童话园林，位于李营街道双庙村，占地规模1500亩，总投资5000万元。全

石桥镇香樟园

年投资1000万元，一期工程红枫园建成300亩，与之相配套的幼儿种植农场有二十余块土地被认领。长沟葡萄生态园，位于长沟境内京杭大运河北岸、济梁公路两侧，主要包括葡萄观光亭、绿色长廊、观光园、葡萄种植基地等。全年主要完善3千米葡萄长廊，示范推广大棚葡萄种植。依托长沟葡萄品牌，整合千年白果树、长沟泵站、森达美港区等周边景点资源，突出运河特色文化，设计特色旅游线路，引进酿酒葡萄品种，打造以采摘、品酒、农家乐、新农村游、民俗游为主题的农家风情，拉长葡萄产业链。石桥生态农业文化园，位于石桥镇采煤塌陷地。在香樟园建成开放的基础上，以香樟园为中心加大招商引资力度，筹划实施香樟园二期建设，完善餐饮及景观等软硬件设施，凸显湖区文化和良好生态特色。

【管理与服务】 *星级酒店申报* 10月，济宁广电精品酒店申报四星级饭店，上报济宁市旅游局，进入审评程序。

贺年会美陈大赛申报 1月，组织旅游企业开展店里美陈，推荐并申报香江长城商务酒店、翰庭太白酒楼参加全省贺年会美陈大赛。

旅游执法 6月9日，区旅游局组成检查组，全面检查全区旅游星级饭店、旅行社。检查内容包括零负团费、强迫或变相强迫游客消费行为，旅行社业务档案建立情况，整顿治理旅行社挂靠承包经营行为、无许可、无资质经营旅游业务及旅行社擅自招徕赴台游等超范围经营业务行为。按照国家旅游局星级饭店评星标准检查辖区内星级饭店，全面检查梳理饭店软硬件建设及服务质量等。对各旅游企业所存在的问题分别提出整改意见，下发责令改正通知书，要求旅游企业限时整改，跟踪复查。

“行风热线” 7月1日，区旅游局党组书记、局长马文利率领科室相关人员，参加任城区人民广播电台的行风热线节目。在热线节目中，马文利介绍区旅游局“中国旅游日”活动开展情况和都市农业旅游发展情况，围绕高铁开通，就“迎接高铁时代，加快旅游业发展”进行重点介绍。在半小时的节目中，接听和回答热线问题4个，短信平台问题2个。

迎接首届中国旅游日活动 5月19日，是第一个中国旅游日，在凤凰台景区内举行隆重的撞钟祈福活动。任城区旅游局党组书记、局长马文利到景区作导游，向游客介绍凤凰台的历史。在省级农业旅游特色基地长沟葡萄园、李营苗木生态园、石桥万亩荷花园、南张特菜基地组织开展生态休闲活动，周边农家乐推出消费折扣。组织辖区内星级饭店推出特价房、钟点房，与招牌菜、旺销菜、酒水让利等搭配成优惠组合。区电视台深入报道全区旅游日活动开展情况。

迎接高铁时代，加快旅游业发展 7月1日，曲阜高铁开通，区内旅客流量增加。区旅游局积极开展重点旅游产品名录申报工作。参加省旅游局开展的“三项一百”评选活动（“到山东不可不去的100个地方”“到山东不可不吃的100种美食”和“到山东不可不买的100种特色商品”三项评选活动）。推荐长沟葡萄园、李营生态园、南张花卉园、石桥荷花园、凤凰台和肖汪庄汉

墓景区作为“到山东不可不去的100个地方”候选地；推荐李营蜂产品、南张水培花卉、接庄亨瑞香油、长沟葡萄等旅游产品作为“到山东不可不买的100种特色商品”候选产品。开设游客集散中心。5月，以顺通旅游汽车公司、顺通旅行社等为主体的孔孟缘旅游集团成立。作为任城区旅行社行业的龙头企业，顺通旅行社在曲阜东站出站口开设游客集散中心，主营市区及周边一日游、两日游经典线路。组织任城特色旅游，丰富旅游市场。任城区旅游局积极推动辖区内的旅游景区纳入全市旅游大格局，将李营苗木生态园纳入全市重点旅游线路。

国民休闲汇活动　景区优惠活动。活动期间，免费开放凤凰台、肖汪庄汉墓、戴庄花园景区，让市民体验佛教文化、天主教文化和汉文化。健身休闲活动。开展垂钓比赛、摄影家拍荷等活动，所摄图片经过筛选参加省旅游局休闲汇评选。南张特菜采摘、花卉观赏活动。依托特菜种植示范基地，开展采摘游、亲子游、观赏游活动。李营苗木生态园休闲活动。开展以“弘扬生态文明、共建绿色家园”为主题的认养苗木、体验休闲活动。辖区内旅行社、酒店推出特价活动旅游产品活动。

（马文利　朱　宏）

卫　　生

综　述

【概况】　区卫生局为正科级行政单位，设人秘科、规划财务科、卫生法制与监督科、疾病控制科、医药科教科和中医药管理科等6个科室，辖地方病防治办公室、疾病预防控制中心、医疗保健工作委员会办公室、卫生监督所、皮肤病防治站、妇幼保健院和卫生学校等7个单位，行政编制35人，设局长1人、副局长3人、纪委书记1人。全区有各级各类医疗卫生机构331个，其中有市第二人民医院（简称市二院）、市脉管炎医院、区中医院、区妇幼保健院、6个镇（街道）卫生院、5个民营医疗卫生机构、234个村卫生所和77个城区居委卫生所、个体诊所，床位1640张；卫生技术人员3594人，其中执业医师及执业助理医师1087人，注册护士1756人。2011年，任城区被评为全国社区中医药工作先进单位（区），区卫生局被评为省级无烟医疗卫生单位、省卫生系统财务会计先进集体。

【国家基本药物制度全面实施】　全区6个镇（街道）卫生院和众和、鲁抗医院2个非政府办社区卫生服务中心实行药品零差价销售，基本药物全部通过省药品集中采购平台，实行集中采购、统一配送。在国家确定的307种基本药物目录中，全区应用295种；在省确定的216种非目录药品中，全区应用193种。与省药品集中采购中心积极沟通，在全省率先利用采购平台，统一为全区234家一体化管理卫生所和40家城区个体诊所采购药品。年底，区财政拨付实施基本药物补偿资金1078.67万元。

【公共卫生服务体系建设】　全区人均基本公共卫生服务经费标准由15元提高到25元，城市居民健康档案电子化建档率达84%，农村居民健康档案电子化建档率达72%。建立健康档案，登记管理65岁以上老年人34008人，规范管理高血压患者20623人、糖尿病患者6106人、重型精神疾病患者435人，系统化管理0~6岁儿童31459人、孕产妇4880人。为城乡居民免费印发《健康素养66条》《高血压糖尿病预防与保

6月12日，全国基层中医药工作评估组到任城区检查指导

健知识》等健康教育资料，实现健康教育全覆盖。补种乙肝疫苗5113针次，提前三年完成任务。农村妇女孕前和孕早期补服叶酸3789人，补助农村孕产妇住院分娩3470人，完成贫困白内障患者复明手术60例，免费婚检率99%，高于全市平均水平。开展健康任城行动，完善健康服务设施，提高疾病综合防控水平，推动“健康山东行动”各项活动深入开展。全区35~59岁的农村户籍妇女开展“两癌”（乳腺癌、宫颈癌）免费筛查，提高全区农村妇女自我保健意识和健康水平，初步建立农村妇女常见病、多发病早诊断、早治疗的长效工作机制。社区卫生服务中心和镇（街道）卫生院开展卫生监督协管服务，配备专兼职卫生监督人员，协助上级部门开展风险排查和突发事件卫生应急处理，制订应急方案，指定专人报告相关信息。

【公立医院改革】 区委、区政府确定在市二院、市中西医结合医院，开展公立医院综合改革试点，推进医院院务公开、人事制度、绩效考核，开展临床路径管理、信息化建设、二级综合医院预约诊疗服务等单项试点工作。全区二级公立医院，全部实施规范服务、院务公开、绩效考核、优质护理服务、预约诊疗、志愿者服务、出院病人随访、临床路径实施、新农合病人优惠治疗、远程医疗会诊等十项便民惠民措施。创建市级优质护理服务示范

■ 8月16日，区卫生局局长陈守勤向卫生院院长颁发聘书（张 敏 摄）

病房2个；二级以上医院开展临床路径管理病种20个。配备使用基本药物的品种比例81.45%，销售额比例48.68%，降低多种药品价格，减少群众看病费用。

【卫生强基工程】 城市卫生资源向农村转移，农民直接享受城区医院服务。全区3家医疗机构派出12名卫生专业技术人员对口支援，免费接受基层医院进修医生10人，推广适宜卫生技术8项。市二院托管二十里铺街道卫生院，由市二院派驻管理人员、医疗人员进行管理和软硬件建设。九三学社济宁市委与接庄街道卫生院达成合作技术帮扶协议，每月进行1次医务人员技能培训，每月派1名专家到接庄卫生院坐诊，每年进行2~3次医疗服务规范培训，每年进行2次医德行风教育培训，随时通过电话向接庄卫生院进行工作指导。

【卫生行业管理】 推进医疗卫生体制改革，强化“重视基层、强化基础、提升能力、保障健康”目标管理。成立会计核算中心，统一核算镇（街道）卫生院5个、社区服务中心的所有收支项目1个，提高资金的使用效益。建立镇（街道）卫生院院长例会制度，推进全区基层卫生事业共同发展。6月，市二院妇产科、区中医院、长沟镇卫生院和南张街道卫生院，进行“先看病、后付费”就诊模式试点。8月15日起，“先看病、后付费”就诊模式在全区范围内全面推行，有效缓解患者的经济压力。加快信息化建设，与中国电信济宁分公司合作，建成集实施基本药物制度管理、基本和重大公共卫生服务项目、医院管理、乡村卫生服务一体化管理、居民健康档案管理、远程医疗会诊、视频医疗教育为一体的全区卫生信息平台。

【新农村合作医疗】 全区城镇职工基本医疗保险参保人数

3.99万人，城镇居民基本医疗保险参保人数2.59万人，新农合参合人数35.59万人，新农合筹资标准每人每年250元，参合率99.8%，行政村覆盖率100%。城镇居民医保、新农合政策范围内住院费用报销比例同比增长5%；国家基本药物和省增补药物全部纳入新农合报销范围，一级医疗机构补偿比例同比增长15%，报销补偿从最高5万元提高到8万元。全区医疗机构全部开展新农合门诊统筹，报销比例在县级医院达70%，镇（街道）卫生院（社区卫生服务中心）达75%。稳步提高重大疾病保障能力，对农村儿童先天性心脏病、急性白血病和单纯性唇腭裂的限额内诊疗费用，新农合均按不低于70%的比例给予补偿，大大减轻居民就医负担。将重性精神疾病、乳腺癌、宫颈癌等重大疾病纳入试点范围，新农合补偿比例均不低于70%。加强新农合内涵管理，提高服务水平。实现新农合全区"一证通"，区、镇（街道）、村（社区）三级新农合定点医疗机构，全部实行即时结报，参合人员就医时只需支付个人应付部分。

3月17日，"健康任城行动"大型巡诊　（张　敏　摄）

【爱国卫生】　以预防控制疾病，优化卫生环境为目标，开展疾病防制和卫生创建等工作。3月17日，"健康任城行动"在长沟镇启动，举行专家大型巡诊活动，为广大农民朋友提供疾病诊治、慢性病的预防、健康常识的咨询和送医送药等医疗服务，广泛宣传普及健康知识，积极倡导健康生活理念，大力推广健康生活方式，向群众发放健康行动倡议书5万余份，健康知识手册3万余份，义务接受问诊6000余人。定期组织专家到基层开展医疗卫生服务、健康咨询和技术培训活动，在广场、绿地等公共场所设立宣传站，发放宣传单、明白纸，提高群众知晓率。开展病媒生物防治活动，区财政拨付专项灭鼠药款5万元，各镇（街道）筹备灭鼠药款10万余元，购买灭鼠药品。集中培训灭鼠人员，采取专业队伍与群众参与相结合，生物防治和化学药物消杀相结合，精心指导群众科学灭鼠，组织人员消杀蚊蝇、蟑螂等。积极开展省市级卫生创建活动，改善城乡卫生和人居环境，创建省级单位1个，省级街道1个，市级单位3个，市级街道1个，市级村6个。

【食品安全监管】　完善食品安全监管制度，坚持集中治理和日常监管并重，与区药监局、区综合执法分局等部门密切配合，开展食品添加剂、餐厨废弃物、学校食堂及周边食品安全、"地沟油"、桶装饮用水等专项整治活动。创新实施食品安全检测政府购买服务体制，由区食品安全办公室会同区财政局统一考核并分发专项资金；出台《食品安全举报奖励办法》，提升社会公众参与食品安全监督管理的积极性。

（廉月玲　张　琳）

疾病控制

【概况】　区疾病预防控制中心（简称区疾控中心）为正科级全额预算事业单位，设办公室、疾病防制科、疫情信息科、免疫规划科、卫生监测与评价科、检验科、质量控制科、健康教育科、体检科、消毒技术指导科、艾滋病防制科、结核病防制科和生物制品等13个科室，编制100人，设主任1人、副主任3人、工会主席1人。拥有省级评审认证实验室1处，配备原子吸收分光光度仪、气相色谱仪、高灵敏度电子分析天平、751紫外分光光度计、酶标分析仪、200mAX光机、移动x光机、心电图和生化分析仪等先进的检测、诊疗设备。区疾控中心秉承为人民健康服务的宗旨，坚持预防为主的方针，以传染病防治为中心，计划免疫为重点，继承发扬“奉献、求实、创优、争先”的精神，不断加强卫生监测检验、免疫规划和预防保健网络建设，全方位、多层次地开展疾病预防工作，提升应对突发公共卫生事件的能力和水平。2011年，先后被评为省免疫规划工作先进集体、省疾控消毒与医院感染控制先进集体、市卫生局消毒与医院感染控制先进集体。

【健康教育】 针对重点场所、重点人群，开展多种形式的健康教育与健康促进活动，普及健康知识，增强人们的健康意识和自我保健能力，促进全民健康素质提高。继续开展“无烟疾控中心”创建活动，广泛宣传吸烟有害健康；积极开展高危人群行为干预，尤其是艾滋病、高血压、心脑血管疾病、肿瘤等疾病预防控制和保健知识宣传工作。全区发放宣传资料5万余份，张贴宣传画200余幅，制作宣传牌10余块，悬挂横幅20余条。

【应急处置】 建立健全卫生应急工作制度，加强管理全区各网络直报单位，提高疾病预测预警灵敏度。明确应对突发公共卫生事件的处置程序、技术标准和控制措施，实行卫生应急处置工作责任追究制度，科学、规范、准确、及时处置突发公共卫生事件。妥善处置南张街道学生饮用牛奶“事件”、二十里铺街道中心中学食物中毒事件、餐饮单位食物中毒事件2起；及时处置流腮聚集病例2起，应急接种1800余人。年底，及时审核辖区各级各类医疗机构上报的甲、乙、丙类传染病和其它传染性疾病等法定传染病的报告卡片2259张。

【结核病防治】 人员培训 4月13日，区卫生局召开全区结核病防治工作会议，组织区直各医疗卫生单位、各镇（街道）卫生社区卫生服务中心、辖区内民营综合医院负责人及防痨医生等30余人参加会议，制订《2011年济宁市任城区结核病防治工作计划》（济任卫疾控字〔2011〕4号），与各镇（街道）卫生院签定《2011年结防工作目标责任书》。组织人员先后参加山东省“积极应对结核病防治三大挑战”市级骨干培训班、“十二五”规划结核病防治健康促进策略研讨暨培训班。10月22日，参加全省结核病临床诊疗技能大赛，进行交流学习。

组织建设 建立健全区、镇（街道）两级结核病防治领导小组，区、镇（街道）、村（社区）三级防痨网得到全面加强。加大结核病、艾滋病双向筛查力度。根据2011年全省结核病防治工作质量考评方案的要求，建立健全结核病、艾滋病双向筛查领导小组，定期召开工作例会。年底，发现治疗管理艾滋病人2例，对其进行常规结核病筛查，没有发现结核病患者，HIV/AIDS接受结核病筛查率100%。建立涂阴肺结核诊断小组，定期召开例会，提高结核病人诊断质量。

学校结核病防控 区卫生局与区教育体育局联合下发《关于加强学校肺结核病防控工作

11月11日，区卫生局举办乡村医生结核病防治培训班（张亚龙 摄）

的意见》（济任卫字〔2011〕39号），指导开展学校结核病防控工作，努力构建无结核和谐校园。11月，发现1名结核病学生，区疾控中心迅速对发病班级60名师生进行结核菌素实验、X线胸透，发现结核菌素实验阳性学生6名，未发现肺结核患者。

结防督导　根据区结防工作会议精神，区疾控中心每半年考核卫生院、社区卫生服务中心结防工作1次；每月督导全区各卫生院结防工作1次，通过走访村医生督导员和治疗的结核病人，了解病人的治疗情况，对督导中出现的问题进行指导，降低结核病人治疗中断率，提高结核病治愈率及完成疗程率。全年举办6期中央转移支付结核病控制项目村医生培训班，使广大乡村医生了解结核病控制工作的重要性和国家针对结核病的新策略、新措施，增强做好结核病防治工作的责任心和使命感，提升乡村医生结核病预防和治疗水平。

【艾滋病防治】　校园宣传　开设艾滋病防治课程。以市实验中学和石桥镇中心中学为试点，通过开设艾滋病防治课程，举办专题讲座，开展换水游戏、发放健康处方等活动，宣传艾滋病防治和无偿献血知识，提高中学生艾滋病知识知晓率，以微笑支持艾滋病感染者。12月1日，是第24个“世界艾滋病日”，主题是“行动起来，向‘零’艾滋迈进”，副标题是“全面预防，积极治疗，消除歧视”。区疾控中心与市暖心义工协会联合济宁大学团委，开展校园预防艾滋病宣传活动，增强大学生预防艾滋病的意识，遏止艾滋病在大学生中的传播，促进大学生的健康成长与发展。

咨询检测与监管　全区规范化开展自愿咨询检测（VCT）工作，为咨询人员保密。全区有3个自愿咨询检测点，全年完成600人的免费咨询检测任务。按照哨点工作的要求，4~6月，区疾控中心连续监测市安康医院强制戒毒中心的吸毒人群400人，开展艾滋病防治知识讲座，以询问吸毒者调查问卷的形式，了解到吸毒人员入所前的生活行为方式及所吸毒品的类型等，对他们进行采血筛查HIV抗体、梅毒和丙肝的检测，其中发现HIV抗体阳性1例，梅毒阳性者23人，丙肝阳性者6人。筛查的吸毒人群中男性346人，占86.5%；女性54人，占13.5%。通过培训和讲解艾滋病防治知识，使他们了解到吸毒和性乱对健康的危害，远离高危行为，采取健康的生活方式。区疾控中心在监狱、劳教、拘留、强制戒毒等监管场所把艾滋病防治知识纳入被监管人员的常规教育内容，检测被监管人员1800余人，在市看守所检测出艾滋病感染者1人，通过宣传教育活动使羁押人员艾滋病知识知晓率大大提高。

“四免一关怀”政策落实　全区有2名正在接受免费抗病毒治疗的病人，病人服药依从性良好，用药效果明显，病人体重增加近10公斤。按时按要求对病人进行随访、CD4检测，每年对病人进行一次病毒载量和筛查结核等方面的检查，HIV筛查其配偶及家庭主要成员，接受国家免费抗病毒治疗率100%，接受HIV/TB筛查率100%，达到国家抗病毒治疗要求。协调民政部门给予1名艾滋病人遗孤低保照顾，使其生活、上学有保障，体现政府对艾滋病人及其家属的关怀和照顾。

【手足口病防控】　认真落实手足口病防控技术方案的各项措施，加强培训指导和督导检查，提高手足口病防控效果。4月，在辖区内开展手足口病防控知识培训。5月，组织专业人员专项督查辖区医疗卫生单位及各学校、托幼机构的手足口病防控工作，提出整改措施，督导落实。采集手足口病样品26份，处理手足口病聚集性病例2起。

【免疫规划工作】　制订《任城区2011年免疫规划工作意见》，全力争取扩大国家免疫规划各项保障政策和措施的落实。全区9处接种门诊实行日接种制度，各种疫苗接种率、接种质量进一步提高。全年基础免疫中卡介苗应种6306人次，实种6306人次；糖丸应服20132人次，实服20121人次；百白破应接种20700人次，实接种20687人次；麻风应接种7376人次，实接种7373人次；四苗接种率分别达100%、99.93%、99.94%、99.96%。乙肝应接种19646人次，实接种19637人次；

乙脑应接种6894人次，实接种6891人次；流脑应接种12521人次，实接种12514人次；甲肝应接种6891人次，实接种6678人次；麻腮风应接种6230人次，实接种6184人次。加强免疫糖丸应种4567人次，实种4163人次；麻疹应种4669人次，实种4669人次；百白破应种6066人次，实种6063人次；白破二联应种5255人次，实种5252人次；乙脑应种5548人次，实种5545人次；流脑A+C应种10035人次，实种10028人次。鉴于流行性腮腺炎发病增多，有聚集性发病的趋势，区疾控中心及时监测和分析发病趋势，采取以应急接种麻腮二联疫苗为主的综合防控措施，应急接种1800多人次，有效控制疫情的蔓延。全区报告疑似AFP病例9例，经市、区疾控中心流调筛检及时排除8例，1例AFP病例的流调、标本采集送检、病例随访及时率均为100%；报告疑似麻疹病例14例，经麻疹网路实验室确诊4例麻疹、2例风疹、8例其他病例。15岁以下疑似乙肝病例2例，确诊1例。12月8日，区疾控中心麻疹、脊灰强化免疫工作顺利通过省卫生厅督导评估。

【卫生检验检测与健康查体】 实施全面质量管理，建立健全质量体系，大力提升卫生检验检测水平和能力。4月，区疾控中心顺利通过山东省实验室资质认定复审。9月，在二十里铺街道中心中学食物中毒事件中，采集样品7份，从馒头样品中发现大量蜡样芽孢杆菌。此起事件被确定为一起食用馒头引起的蜡样芽孢杆菌食物中毒事件。年底，完成艾滋病防制工作监测1413人，生活饮用水监测118份，餐饮具监测298家，各级各类医疗机构监测192家。3个项目参加省质监部门组织的能力验证1次。深化服务意识，牢固树立全心全意为人民服务的宗旨，树立良好的“窗口”形象，全年全区从业人员预防性健康查体抽血、检验6599人。

【卫生监测评价】 根据区“一费制”办公室统一部署，签订“一费制”服务项目，价值37.75万元，同比增长32.82%。全面检测生活饮用水、餐饮具，监测水质样品118份，其中学校21份、村级托幼机构26份、餐饮行业11份、企业60份，同比增长34%，合格93份，合格率为78.1%；对辖区内9家企业食堂的公用餐具和38家餐饮业进行消毒检测及卫生评价，检测样品数量163份，合格138份，合格率84.66%。9月，受区食品药品监管管理局委托，实施检测辖区内18家餐饮具集中消毒单位91批次。10月，受市食品药品监督管理局委托，检测全市餐饮具集中消毒单位餐饮具消毒效果130批次。年内，处置食品安全事故4起，在事故原因判定中检测样品41种。在职业卫生监测工作中，监测出存在职业危害因素的企业8家；检测粉尘作业点78个，合格66个，合格率84.6%；检测噪声作业点132个，合格114个，合格率86.4%；检测微小气候及一氧化碳、二氧化碳91个作业点，合格91个，合格率100%；检测4家企业的浴室、餐厅、招待所等8个公共场所的空气质量12项指标，合格率100%。

【医院感染控制与消毒工作】 全年检测163个单位的消毒工作，其中医疗机构135家，各种样品1258份，合格1229份，合格率97.69%；托幼机构28家，检测各种数据253份，合格238份，合格率94.07%。开展洗涤机构卫生情况调查和检测工作，疫点疫区消毒3次，面积达1万平方米。

（王兆杰　张国成）

卫生监督

【概况】 区卫生监督所为正科级全额预算管理事业单位，隶属区卫生局领导，编制40人，设所长1人、副所长2人。2011年，区卫生监督所举办卫生知识培训班，卫生监督执法水平不断提高，制定《任城区职业病防治规划》，开展《职业病防治法》和职业卫生专项整治行动，认真做好职业健康监护、预评价和放射卫生监督检查工作，开展打击非法行医和传染病监督检查工作，建立医疗机构监督管理档案。全年监督检查单位998户次，行政处罚54家，下达卫生监督意见书493份，出动卫生监督人员635人次，受理卫生许可申请280份。

【卫生专项整治】 开展公共场所卫生专项整治活动，监督检查辖区内公共场所经营单位122家，从业人员1185人。对存在问题的5家公共场所经营单位，下达卫生监督意见书，要求限期整改；对无健康证明的118名从业人员，调离工作岗位。加强职业卫生专项检查，调查区范围内接触职业病危害因素企业33家，涉及接触职业病危害劳动者3万余人。严厉打击非法行医专项行动，查处无证行医医疗机构47家，取缔10家，立案处罚37家，没收药品近80余箱，医疗器械25台件，涉及罚款约18万元。加大医疗机构监督检查力度，检查医疗卫生单位204家，下达监督意见书200余份，对25家存在不良执业行为的医疗机构，给予3~7分的不良执业记分处理；立案处罚存在使用非卫生技术人员、超范围执业的医疗机构4家和医疗废物处置不符合要求的社区卫生服务中心1家。开展学校卫生专项整治行动，监督检查辖区内学校15所，对存在问题的5所学校，下达卫生监督意见书，要求限期整改。加强传染病监督检查，监督检查辖区内医疗卫生机构200余家，行政处罚医疗废物处置不符要求的医疗机构3家。

（国庆师　杨　涛）

食品药品安全监管

【概况】 区食品药品监督管理局（简称区药监局）为正科级行政单位，设办公室、餐饮服务监管科、保健食品化妆品监管科、药品安全监管科、医疗器械监管科等5个科室，辖区食品药品监督所1个正科级事业单位，编制27人，设局长1人、副局长2人，纪检组长1人。全区有涉药单位435家，其中药品生产企业2家，药品批发企业7家，药品零售（连锁）店138家，医疗机构288家。全区持有餐饮服务许可证的餐饮服务单位598家，其中学校（幼儿园）食堂73家，企业职工食堂22家，饭店（酒店）503家；小型无证餐馆约550家。2011年，区药监局坚持以科学发展观为指导，以人为本，科学监管，以保安全、促发展作为工作的出发点和落脚点，强化措施，狠抓落实，有力保障全区食品药品安全。

【餐饮服务监管】 餐饮服务许可　严把许可准入，规范餐饮服务经营行为，全年受理餐饮服务许可317家，现场审查317家，对不符合申办条件的56家，下达不予许可决定书，责令限期整改；对符合申办条件的261家核发餐饮服务许可证，有大型餐馆7家，中型餐馆35家，小型餐馆169家，学校幼儿园食堂26家，企事业机关食堂15家，建筑工地食堂2家，其他食堂5家，集体配餐单位2家。

餐饮服务监督抽验　5月14日，开展餐饮服务环节食品原辅料、高风险食品抽样检验，采取随机确定被检单位的办法，涵盖大型、中型、小型、集体食堂、集体用餐配送单位、快餐店、饮品店等不同业态的餐饮服务单位。样品涉及凉拌菜（沙拉）、生食水产品、水产类加工产品、生活饮用水、乳制品、小麦粉、盒饭、自制果蔬汁等22个品种，抽检样品103份，送往山东省食品药品监督管理局检测，样品检测全部合格。7~9月，制定《餐饮服务环节使用集中消毒餐饮具专项监督检查工作方案》，成立领导小组和专门工作队伍，重点监督检查餐饮服务单位消毒餐饮具的进货查验、索证索票、进货台账、集中消毒单位、包装标识等情况，严厉打击购进、使用不合格集中消毒餐饮具的违法违规行为，杜绝不符合卫生标准的集中消毒餐饮具进入餐饮单位，抽检18家单位90份样品，其中10家合格，对不合格的8家进行相关处理。

示范创建与分级管理　做好餐饮服务食品安全示范创建和餐饮服务单位量化分级管理工作，推荐7家管理到位、制度健全、设施完善的餐饮服务单位参评市级餐饮服务食品安全示范单位，根据《餐饮服务食品安全监督量化分级管理实施方案》，分级评定辖区内所有持证单位，评定A级4家，B级33家，C级561家。

重大活动安全保障　建立健全餐饮服务食品安全事件应急反应机制，严格执行《重大活动餐饮服务食品安全监督工作预案》《重大活动餐饮服务食品安全事件应急处置预案》，实行重大餐饮服务环节重大食品安全事故报告制度，建立24小时值班制度，向社会公布咨询、举报投诉电话。全程监督保障各项重大活动和节日期间的餐饮服务食品安全,做到事前全面监督,事中全程监督，对检查中发现的问题现场监督整改。食品安全行政执法人员对承接“中国联通杯”2011年CBA全国篮球俱乐部青年联赛济宁站的济宁广电精品酒店和承接济宁市第十三届运动会“体彩杯”排球比赛的济宁市实验中学食堂全程监管，确保比赛顺利举行。

餐饮服务宣传培训　广泛开展餐饮服务食品安全“进学校、进农村、进社区、进机关、进企业”宣传活动，发放《食品安全法》《食品安全知识手册》等宣传材料1万余份。3月13日，在金宇装饰城广场开展法律宣传，现场发放宣传手册、宣传单等材料300余份，接受80多名群众关于食品药品有关问题的咨询，给予详细解答。6月13~17日开展以“人人关心食品安全，家家享受健康生活”为主题的食品安全宣传周活动，组织人员分别到广场、社区、农村、校园等人员密集区开展4次大型食品安全宣传咨询活动，印发各类宣传资料3600份，接待咨询群众500余人次，普及食品安全知识，提高食品安全意识，积极营造良好的食品安全氛围。全年举办“餐饮单位负责人、食品安全管理员、社会监督员”等各类培训班9期，培训餐饮单位负责人、食品安全管理员、社会监督员、餐饮从业人员870人次。

【药品监管】　行政许可与过期药品回收　全年受理药品经营许可初审36家，其中新开办药店24家，变更7家，注销5家。加强GSP认证跟踪检查，跟踪检查药品经营单位64家，其中批发企业4家，连锁药店27家，个体零售药店33家。在全区镇（街道）药店、村（社区）卫生室设立28个固定的过期失效药品回收点，明确专人负责过期失效药品的回收、登记和保管。

不良反应与药品广告监测　成立区药品不良反应监测中心和办公室，明确专职监测人员，全年完成药品不良反应监测报告535例，医疗器械不良事件报告53例。与区工商局、区广播电视中心等部门建立联合办公机制，明确职责，加强药品广告监测工作，对夸大疗效、严重欺骗和误导消费者的违法药品广告，移交工商部门查处，对相关药品依法采取暂停销售等强制措施，全年监测上报药械广告12件。

药品安全宣传培训　全年开展药品安全宣传10次，发放《药品管理法》等宣传材料5000册。扎实推进“安全用药月”活动，制定活动实施方案，成立活动领导小组和办公室，9月1日，在金城社区开展大型户外宣传活动，活动现场悬挂“安全用药、健康生活”横幅，设置展台、展板，设立咨询台，发放安全用药科普宣传资料3000份，接待咨询群众300人次。区电视台播放国家食品药品监督管理局统一制作的6个30秒的食品药品安全公益广告，向社会广泛宣传安全用药科普知识，播放120次。全区药品经营使用单位悬挂“安全用药、健康生活”标语100幅。12月1日，在长城宾馆举办全区食品药品协管员培训班，全区16名食品药品协管员参加培训，培训班上通报全区食品药品监管工作开展情况，就食品药品安全面临的形势及存在的问题，提出做好食品药品安全工作的意见和建议。

基本药物监管　印发《关于对全区经营、配送和使用基本药物的单位进行集中监督检查的通知》，2月28~3月3日，集中监督检查全区经营、配送和使用基本药物的单位，出动检查车辆24辆次，执法人员80人次。主要检查基本药物的购进渠道、贮存条件、验收记录等，抽取基本药物20批，及时送到济宁市药检所进行检验，检验全部合格。

【药械监管检查】　医疗器械监管　开展医疗器械生产企业日常监督，重点监管重点产品及企业的重点环节，制定完善的日常监督检查档案。3月，加强医疗器械生产企业监督管理，掌握全区医疗器械生产企业生产经营状况，开展全区医疗器械生产企业许可证年度检查。加强医疗器械经营企业日常监督检查，按ABC三级进行日常监督评定，对辖区内所有医疗器械经营企业建立完善的企业档案。整顿义齿生产加工企业；开展塑性角膜接触镜及护理液、隐形眼镜及护理液市场专项检查，助听器经营企业专项检查，无违法经营行为。

农村药械监管　5月16~6月30日，开展农村集贸市场违法经营药品医疗器械专项整治，采取划片包干，责任到人的“网格化”模式，整治范围：在农村集贸市场（或城乡结合部）摆摊设点无证经营药品、医疗器械的；借行医、义诊或宣传保健之名，现场或流动兜售药品、医疗器械的；以非药品冒充药品欺骗群众购买的；以个人名义擅自回收过期失效药品等违法行为。全面摸底排查本辖区内的集贸市场经销药品医疗器械问题，加强对“送货下乡”以及在农村举办的“集市、庙会”等各种商品展销会的监管，防止假劣药品医疗器械坑农害农，切实维护农民利益。利用发放明白纸、张贴宣传画，公布举报电话等多种形式，宣传药品、医疗器械法律法规和用药用械安全知识，发动广大群众积极举报，增强群众的自我保护意识，提高群众辨认假冒伪劣药械的能力，形成严打无证经营药械的高压态势。

特药专项检查　4~6月，在全区范围内开展麻醉药品、精神药品的特殊药品专项检查，深入贯彻《麻醉药品和精神药品管理条例》《易制毒化学品管理条例》等有关法规，规范特殊药品生产、经营和使用秩序，主要专项检查麻醉药品、精神药品、药品类易制毒化学品生产、经营企业和使用麻黄素、罂粟壳、咖啡因、巴比妥等重点品种的药品生产企业及医疗机构制剂室。通过专项检查工作，落实对全区特殊药品实施有效监管的具体措施，规范特殊药品生产、经营和使用等环节的秩序，逐步建立起全区特殊药品监管的长效机制。

中药生产专项检查　4~11月，在全区开展中成药、中药饮片生产专项检查，监督检查覆盖企业自中药材、中药饮片采购到成品全过程质量管理。检查分为企业自查、现场检查和督查、收尾总结三个阶段。检查中加大对违法行为的查处力度，凡是未按照药品GMP要求进行供应商审计或未建立健全药材、饮片供应商和购进药材、饮片档案的，一律责成企业立即改正；凡是投料不符合标准规定的，一律责成企业暂停生产，召回上市销售产品，收回《药品GMP证书》；凡是购进药材未经检验或检验不合格且投料使用的，购买使用没有国家标准的提取物、擅自委托加工提取以及弄虚作假、以次充好、以非药材冒充药材、擅自改变处方、违反生产工艺的，依法查处；情节严重的，报请上级部门吊销《药品生产许可证》。

【保健食品、化妆品监管】　搞好调查研究，建立保化品监管档案。11月29日，举办全区保健食品和化妆品档案信息电子监管培训班，详细讲解经营单位的网上建档操作方法和保化品相关知识，各保健食品和化妆品经营单位150余人参加培训。按照“一品一档、一企一档、一店一档”的工作要求，录入山东省保化品档案信息管理系统的保健食品经营单位139家，化妆品经营单位56家。加强监管，搞好专项监督检查。开展保健食品原料、保健食品违法添加剂等专项检查活动6次，检查生产经营单位200余家次，责令整改2家。做好生产企业现场认证核查工作，认证核查辖区内鲁抗三叶开发有限公司和益生堂饮品有限公司两家生产企业，对存在的问题提出监督意见，责令限期整改，督促其严格落实清场制度、设备维护制度、物料管理制度，提高管理水平，确保产品质量。

【食品药品安全专项整治】　全年出动执法人员1000余人次，下达监督意见书300余份，责令整改通知书65份，当场警告35家，立案查处48家，收缴罚款10万余元，有力打击餐饮安全违法行为，全面规范全区餐饮服务市场。

餐饮服务食品安全“百日整顿”　1月14日，区政府召开全区餐饮服务食品安全“百日整顿”动员会议，开展区餐饮服务食品安全“百日整顿”行动，区药监局制定印发《任城区餐饮服务食品安全“百日整顿”行动实施方案》《餐饮服务单位食品安全重要提示》。采取分片包干责任制，将全区8个镇（街道）分成3个责任区，执法人员组成3个工作队，开展拉网式监督检查。重点解决餐饮服务单位和集体食堂无证经营、从业人员无有效健康合格证明上岗、食品采购进货验收制度不健全等存在的突出问题，切实做好春节期间的餐饮服务食品安全和市、区“两会”重大活动保障工作。

学校幼儿园食堂专项整治　3月25~28日，区药监局专门设计《任城区幼儿园餐饮安全监督检查表》，重点对幼儿园的餐饮服务许可、食品安全管理、从业人员健康管理、食品采购索证索票、加工场所卫生状况等情况进行监督检查，检查幼儿园93家，针对存在问题的39家幼儿园，责令限期整改，及时消除食品安全隐患。9月5~20日，集中对全区大中专院校、中学、小学和托幼机构食堂开展专项监督检查活动，重点检查学校、幼儿园食堂是否建立食品安全责任制、是否持有餐饮服务许可证、环境卫生是否整洁、从业人员健康证明是否有效等情况，对存在食品安全隐患的学校、幼儿园食堂提出具体要求，下达监督意见书、责令改正通知书，追踪整改效果。

食品添加剂专项整治　4~7月，在全区开展餐饮服务环节食品非法添加和滥用食品添加剂专项整治，按照标本兼治、着力治本的原则，坚持整顿与规范、监管与自律相结合，严厉打击餐饮服务环节食品非法添加行为，监督检查全区持证餐饮服务单位，拉网式检查辖区内餐饮服务单位，张贴《关于严厉打击餐饮服务环节食品非法添加行为切实加强食品添加剂监管的通告》1200份。规范食品添加剂使用行为，重点加强对提供火锅、自制饮料、自制调味料等服务的餐饮服务单位使用食品添加剂的监管，餐饮服务环节食品非法添加行为得到有效遏制。5月18日，全区餐饮服务环节食品非法添加和滥用食品添加剂专项整治培训会议召开，对全区餐饮服务环节食品非法添加和滥用食品添加剂专项整治进行再动员、再安排、再部署。辖区内各学校、幼儿园、厂矿企业食堂负责人，中型以上餐饮服务单位负责人400人参加会议。印发《食品安全法》《餐饮服务食品安全监督管理办法》和专项整治宣传材料，重点培训餐饮服务环节食品添加剂的管理使用知识和要求，指导餐饮服务单位自觉按照法律法规的要求规范食品添加剂的使用行为，积极配合餐饮服务环节食品非法添加和滥用食品添加剂专项整治活动的深入开展，切实履行好餐饮服务食品安全第一责任人的责任。

“地沟油”专项整治　2月15日，成立专项整治领导小组，在全区餐饮服务环节开展“地沟油”专项整治活动。制定《全区餐饮服务环节地沟油专项整治工作方案》，拉网式检查全区所有餐饮服务单位，详细排查餐饮单位使用的食用油脂情况，要求其提供食用油脂进货查验记录及索证索票记录，按照要求规范保存，以便发现问题及时追踪溯源。督促相关单位负责人加强管理，按时自查，严禁采购来源不明及标签标识不全的食用油脂等食品。要求餐饮单位对产生的餐厨垃圾和废弃油脂处理情况予以登记，规范其处理渠道及流向，防止餐厨垃圾和废弃油脂被重新利用。先后4次与工商、公安、质检、卫生等部门联合开展清理生产、销售地沟油黑窝点的联合执法行动，在南张街道刘前村、接庄街道西贾村，捣毁粗加工“地沟油”黑窝点7处，抓获嫌疑人8名，当场查获收缴“地沟油”初级产品1380公斤。专项整治活动中，出动餐饮监管执法人员550人次,检查餐饮单位、集体食堂1400余家。对检查中存在采购食用油脂未索证索票、未建立健全查验及台账记录的468家餐饮单位，给予警告，下达责令改正通知书。

药械安全专项整治　组织开展非药品冒充药品、中成药非法添加化学物质、抗菌药物等各类药械安全专项整治活动，加大执法查处力度，规范药械市场秩序，出动执法人员2892人次，检查涉药单位963家，立案查处47起，当场处罚114家，责令整改28家，警告79家，有效解决药品安全存在的突出问题，全面提升药品安全水平。

（温敬玉　潘　俊）

医院简介

【济宁市第二人民医院】　设49个科室，在职职工580人，设院长1人、党委书记1人、副院长1人、工会主席1人、纪委书记1

人。先后主办鲁西南骨科新技术论坛、济宁市临床病理学术研讨会、济宁市内分泌代谢疾病研讨会和济宁市康复医学高端论坛等学术活动。全年门诊量29.5万人次，其中急诊30483人次，同比增长13.6%；床位使用率85%，同比增长6.3%；院内感染率0.5%，无菌切口感染率0.1%，甲级病历符合率97.5%。下乡义诊21次，接待患者1万余人次，发放《健康手册》3万余份。健康体检中心健康查体2.1万人次。全年实现业务收入2.01亿元，同比增长35.7%。2011年，被评为省级卫生先进单位、省病理质控工作先进集体、省医院感染控制工作先进单位、省第二次R&D资源清查先进单位、市级优质护理示范病房。

医疗科研与教学　在原有骨科基础上，增设骨关节科，设置床位34张；增设康复医学科，购置康复器械100余万元。骨科、内分泌科、中西医结合康复医学科、呼吸内科、急诊科，通过市卫生局市级重点学科专家组初审，承担市级科研7项、区级科研9项，获得市、区科技进步奖6项，在国家、省、市级发表医学论文30余篇。承担济宁医学院2008级临场本科、专科150名学生的临床理论教学任务，全年接受山东中医药高等专科学校、济宁医学院、济宁卫校等各类医学院334名实习生带教任务，有4名实习生参加济宁医学院“全国医学学生临床实践技能大赛”预选赛，获三等奖。

9月1日，副市长陈颖（左二）到院视察“先看病、后付费”诊疗模式

基础设施建设与人员培训　新建、改建康复训练大厅和康复门诊300平方米，改造医院综合档案室用房70平方米，投资2161万元购置16排CT、DR、CR、彩超、全自动尿分析仪、细菌培养及药敏分析仪等万元以上设备126台件，总数达519台件。邀请区纪委、区检察院等有关部门专家到院对中层以上人员及关键岗位人员作廉洁行医报告。组织人员到济宁监狱金桥监区接受现场警示教育。组织100余名中层以上干部到威高集团学习调研。全年举办各类业务培训60余次，安排外出短期培训150余人次，申办继续教育项目3项，参加总人数300人次。

“先看病、后付费”就诊模式　6月16日，按照市卫生局部署，选定妇产科、儿科、内分泌消化科3个科室，试点推行“先看病、后付费”就诊模式。9月1日，济宁市副市长陈颖到院视察“先看病后付费”诊疗模式。年内，惠及患者432名，垫付资金240万元，医保资金做到及时拨付到位。

急救服务能力增强　在院属7个急救站的基础上，新增加王因、柳行两个一级急救站。积极配合市卫生急救中心参与重大突发事件的医疗抢救活动13次，完成高考、社会服务、扶贫医疗等应急保障任务54次，在全市院前急救工作考核中，4个急救站被评为五星级急救站，2个急救站被评为四星级急救站。

（刘振涛　吕　明）

【任城区中医院】　是一所集中医医、教、研于一体的综合性二级甲等医院。医院占地面积28640平方米，建筑面积17300平方米，其中业务用房面积16800平方米，固定资产3832万元。开放床位500张，门诊量15万人次，全年入院9501人次。设临床科室22个，医技科室11个，职能科室12个，后勤服务部门4个。职工277人，其中在编职工186人，人事代理职工91人，正高级职称1人，副高级职称16人，中级职称92人，专业技术人员占92%，设院长1人、副院长2人。9月1日，济宁市卫生局同意区中医院变更为济宁市中西医结合医院，原隶属关系不变（济卫中医函〔2011〕12号）。医院坚持“以人为本”的服务理念，深入开展“三好两满意”活动，制定医院各项管理制度、服务流程，开展各项科研活动，连续11年被评为市级精神文明单位。

基础设施与信息化建设　9月20日，改造职工3号宿舍楼成病房楼，扩大业务用房5000平方米；购置仪器设备费用940.72万元；新增加业务科室7个，完善医院服务功能。年内，电子病历（EMR）、实验室信息系统（LIS）成功上线，与医院信息系统（HIS）互联互通，规范医护操作流程，提高医护人员工作效率，实现“患者安全目标”；论证全院影像传输存档系统（FULL-PACS）、门诊电子病历系统，深化医院数字化水平，增强领导决策水平，提高患者满意度。

业务发展与科研教学　脑科病区由原来的2个发展为4个，外科病区由原来的1个发展为2个，在心脏介入科的基础上成立心病科，成立针灸病房、肛肠科，增核磁共振影像检查科，购置核磁共振影像诊断系统、数字胃肠、电子胃镜乙状结肠镜，规范建设检验科。山东中医药大学研究生班教学点设在任城区中医院，中医药大学基础研究院党委书记姜建国教授到院授课，讲解中医经典著作《伤寒论》；山东省立医院疼痛科教授宋文阁教授讲解微创技术治疗颈椎、腰椎疾病；医院承担曲阜中医药学校、莱阳中医药学校、菏泽医专医学生的临床教学工作。

中医药工作　区中医院被定为区中医药适宜技术指导基地，长期指导南张街道卫生院、李营街道卫生院、接庄街道卫生院、众合社区卫生服务中心推广中医药适宜技术；协助长沟镇卫生院成立中医科、针灸科，建立中药房、煎药室。5月16日，成立济宁市中医药学会中风病专业委员会。8月，在全市卫生系统中医护理岗位技能大赛中，中医院参赛组荣获团体二等奖。临床研制的杞菊加味丸通过山东省药监局鉴定批文，投入临床应用。10月，成立济宁市中医药学会疼痛专业委员会，召开学术交流大会。11月19日，济宁市中医药学会疼痛专业委员会一届二次会议召开。

医院管理　区中医院在全国中医院管理年活动中居全市第二位。5月18日，在兖州由市卫生局组织召开的全市卫生局局长、医院院长会议上，区卫生局副局长侯宪敏将任城区中医院成功托管长沟镇卫生院的做法，作典型经验介绍。6月27日，在区中医院实行“先看病后付费”诊疗模式，7月4日在长沟分院铺开。12月，市政协副主席戴伟娟、市卫生局局长焦华到院视察中医工作，充分肯定医院取得的成绩。

（韩广瑞　阮守清）

【任城区妇幼保健院】　为全额事业单位，非营利性医疗机构，隶属区卫生局管理，设办公室、社防科、妇女保健科、儿保科、婚检科和中医科等6个科室，有职工47人，设院长1人、副院长2人。医院拥有B超机、听筛仪、麻醉呼吸机、迈瑞监护仪、红外线乳腺诊断仪、全自动血液分析仪、数码电子阴道镜、视力筛选仪、强冷光乳头仪、血凝仪、母婴监护仪等诊疗设备，有床位16张，全年接待病人5万余人。医院秉承“为妇女儿童身体健康提供保健服务”的宗旨，贯彻落实《母婴保健法》《山东妇女发展纲要》《山东儿童发展纲要》等文件精神，以保健为中心，以生殖健康为目标，加强业务技术建设，开拓服务市场，提升服务水准，稳步发展医疗保健业务。2011年，被评为济宁市卫生系统妇幼保健工作先进集体、济宁市免费婚检先进集体、济宁市新生儿听力筛查先进集体、济宁市维护妇女权益先进集体。

婚前保健与妇女儿童保健　医院免费婚检10929人次，婚检率99%。查出各种疾病1582例（其中艾滋病患者1例），发病率14.5%，视其病情予以治疗。全年向全区4142名待孕和早孕妇女免费发放叶酸19566瓶，服用率96.8%。全区农村产妇人数3661人，孕产妇保健覆盖率100%，5次孕检率90%以上，产后访视率95%以上。区各定点助产机构，全面实行农村妇女住院分娩补助即时发放，给予在辖区分娩的农村孕产妇住院分娩补助2983人次，有效提高住院分娩率，确保母婴安全。

新生儿疾病及听力筛查 医院新生儿疾病筛查采血样3579份,查出可疑患儿119人，给予复筛，新生儿血筛率100%。查出甲状腺功能低下7例、葡萄糖6磷酸脱氢酶缺乏症1例。对确诊新生儿及时给予治疗及随访，确保儿童健康成长。区妇幼保健院新生儿听力筛查初筛3506人，复筛303人。重度耳聋7例（其中双耳重度耳聋2例，有2人配戴助听器），中度耳聋10例，轻度耳聋8例，鼓室积液14例。听筛率99.9%以上，复筛率100%。

《出生医学证明》管理 严格按照《<出生医学证明>管理办法》规范运行，按政策要求设专人负责核发《出生医学证明》，继续使用VPN专线，使用网络版办证系统，证章分开，专人管理。全年医院出具《出生医学证明》2899份。

妇女病查治 医院积极参与《任城区农村适龄妇女免费“两癌”筛查实施方案》制订，利用电视专题片、分赴各镇（街道）召开专门会议和举办培训班等形式，进行“两癌”筛查工作及防癌常识宣传，动员健康意识淡薄、不愿查体的妇女进行免费查体。全年免费为妇女健康查体6400人，查出宫颈癌前病变15例，确诊原位癌5例；乳腺疾病2432人，乳腺癌高度可疑病人8例，确诊乳腺癌病人3例；查出妇科疾病3520人。

儿童健康查体 年底，对全区儿童查体1万余人次。查出儿童疾病5166人，其中龋齿4117人，视力异常821人，全部建立儿童健康档案。针对每名儿童，制定反馈信息卡，及时给予家长及幼儿园建议性指导。在全市率先开展0~3岁婴幼儿视力筛查工作，定人定期对全区婴幼儿进行视力筛查。查出先天性失明4例，视力异常45例，给予建议性治疗。 （高树峰 刘健健）

社会生活

民　政

【概况】　区民政局为正科级行政单位，设办公室、优抚科、安置科、救灾科、社会救助科、基层政权和社区建设科、社会事务科等7个科室，辖区婚姻登记处、区双拥办公室、区慈善总会办公室、区民间组织管理局4个全额事业单位和区殡葬管理所1个副科级自收自支事业单位，编制86人，设局长1人、副局长3人。全区民政部门积极履行“保障民生、发展民主、服务社会”的职能，推动民政工作重点领域再上新台阶。2011年，任城区被评为山东省双拥模范区、全省城镇社区老年人日间照料中心建设试点县区，区民政局被评为全国第四批养老服务示范活动示范单位、济宁市爱国拥军先进单位、济宁市第六次人口普查先进集体。

【社会事务管理】　*婚姻登记工作*　开展婚姻登记星级创建活动，提升婚姻登记文明服务水平。婚姻登记实现全省联网在线登记，圆满完成信息化建设阶段性任务。坚持依法办理婚姻登记，登记合格率保持100%。全年办理结婚8240对、离婚1483对、单身证明3616份，补发婚姻证件1253份。

收养登记　依法开展收养登记工作，全年办理收养登记3个，合格率100%。做到手续齐全、资料翔实、档案规范，保障收养当事人的合法权益，维护合法的收养关系。

殡葬管理　落实殡葬救助政策，免除困难群众基本殡葬服务费用。广泛开展移风易俗宣传工作，集中治理乱埋乱葬、立碑问题，做好清明节群众祭扫安全保障工作。济宁殡仪馆改扩建工程项目的立项、可行性报告、土地预审等手续报批完备，由北京清华建筑设计院设计、投资6000万元、建筑面积1.3万平方米。

【基层政权和社区建设】　组织全区298个村按期换届，选举产生943名村委会成员，其中45岁以下的511人，占54%；高中以上文化程度602人，占64%。村委会换届选举工作结束后，及时建立健全村级配套组织，成立村务监督委员会。在市高级职业学校对全区新任村支部书记、村主任集中进行为期7天的培训学习，增强村干部为民服务的本领。在金城街道和仙营街道积极探索，建立系统、科学、规范的社区工作人员管理制度，有效解决工资福利、管理使用、奖惩激励等问题，提升社区管理服务水平，其中在金城街道实行的“一平台四系统”（街道以实有人口管理服务信息平台为依托，通过构建社区服务、安全巡查、民情访谈、民生帮扶四大服务系统，把服务下沉到社区，把巡、访、帮延伸到楼宇）“一社区五组织”（街道充分调动社区内的党组织、自治组织、服务组织、群团组织和民间自发组织等五类组织的力量，形成社区协同、公众参与的社区管理新格局）“一网格六大员”（把社区划分为若干社会管理网格，网格内实现党员、警员、网格员、义务安全员、邻里调解员、志愿者服务员六员分工协作）社会管理服务工作机制，取得阶段性成果。任城区社区建设与管理走在全市前列，得到济宁市民政局的充分肯定。

【双拥优抚安置】 全区双拥创城活动氛围浓厚、工作扎实、成效显著。济宁市第十三中学代表省市接受全国双拥检查验收，其爱国拥军国防教育经验做法得到检查组的充分肯定。提高重点优抚对象抚恤补助标准，全年为1700名优抚对象发放优待抚恤金1200余万元，为定补优抚对象参保参合支付59万元，发放住院医疗补助28.6万元、门诊医疗补助26.7万元。坚持公开透明、实事求是原则，有序稳妥安置2008年度和2009年度退役士兵。对2010年度127名退役士兵和2011年度春季30名转业士官进行职业技能培训，拓展退役士兵安置就业新渠道。

【社会福利】 在金城、仙营街道开展居家养老服务，任城区被列为全省社区老年人日间照料中心建设试点县之一。任城区加快构建多元普惠型社会养老服务体系的做法，被省委副书记、省长姜大明批示并在山东政务信息专版刊发。为全区39名孤儿和15名城镇“三无”人员发放补助金28.7万元。

【社会救助】 城乡低保、农村五保保障标准和规范化程度进一步提高，城市低保标准提高到每人每年3840元，农村低保标准提高到每人每年1700元，全年发放城市低保金629.9万元，农村低保金783.8万元，3758户8829名城乡低保对象得到及时救助。农村五保集中供养和分散供养标准分别提高到每人每年3000元和1800元，全年下拨五保供养经费252万元，877名五保老人生活得到保障。全年支出城乡医疗救助资金301.7万元，资助参保参合、救助困难群众9705人次。救助破产企业困难职工423人，发放救助金45.7万元，发放取暖补贴19.2万元。下拨救灾应急资金10万元，保障了受灾群众的基本生活。资助100户农村低保、残疾人和贫困重点优抚对象实施危房改造，资助金提高到每户2万元，新建住房315间6105平方米，困难群众住房条件得到明显改善。

【民间组织管理】 全年新注册登记3个，注销45个，其中注销民办非企业单位8个、注销社会团体37个。完成民办非企业单位和社会团体年检工作，配合区金融办对2个单位进行集中检查。建立社会组织党员服务中心，开展社会组织“建组织，扩覆盖”活动，实现社会组织党建工作全覆盖，在全市率先完成组建目标任务。成立党支部44个，联合党支部18个，派遣党建指导员24个，年底，全区有社会组织86个，其中社会团体51个，民办非企业单位35个。2个社会团体被评为市先进社会组织，1个民办非企业单位被评为市十佳民非单位，1个社会组织党支部被评为市社会组织先进党支部。

【区划地名工作】 整理1998年勘界档案，查漏补缺。完善2010年中区—任城勘界结束后的档案整理归档工作，移交市局4套档案、中区2套档案。与邹城市、兖州市完成2011年边界线联检工作，及时对位于接庄东贯村缺失的081108820883S号单立三面界桩进行重新埋设和测绘工作。制作《任城区行政区域界线管理示意图》和《任城区行政区域界线管理网络图》，分别与汶上县、兖州市、微山县、嘉祥县签订《行政区域界线管理责任书》和《平安边界睦邻镇、村友好公约》，建立纠纷调处和预警机制，深化平安边界创建活动，打造边界和谐走廊。依据《关于开展平安边界创建示范活动的通知》，制作《任城区行政区域界桩管理员花名册》，为全区14名界桩管理员颁发《行政区域界线管理员聘任书》，全年发放岗位补贴4200元。

（李守然　张　扬）

计划生育

【概况】 区人口和计划生育局（简称区计生局）为正科级行政单位，设人秘科、财务科、规划统计科、宣传教育科、科学技术科、流动人口计划生育管理科、奖励扶助科和区直计划生育办公室等8个科室，编制97人，设局长1人、副局长3人、纪检组长1人。全区人口和计划生育工作，坚持“稳定低生育水平、统筹解决人口问题”一个中心，围绕“合法生育率升上去、出生人口性别比降下来”两个目标，全面贯彻执行国家和省、市人口与计划生育法律法规和方针政策，强化计划生育宣传教育、统计、技术服务、流动人口管理、行政执法和协会等工作。开展“5·29协会活动日”“世界70亿人口日”等大型宣传活动，强化人口基础信息共享平台，加强出生人口性别比失调专项治理，全面落实各项奖励扶助政策。全年全区出生5702人，出生率12.1‰，自然增长率6.1‰。合法生育率97.7%，比2010年提高1.7个百分点。出生婴儿男女性别比为122.2：100，比2010年降低8.4个百分点。2011年，区计生局被市委、市政府授予人口和计划生育工作一等奖。

【宣传教育】 3月，开展春季计划生育集中宣传月活动，扎制宣传车，在全区各镇（街道）巡回宣传计划生育有关方针政策和常识，发放各种宣传品5万余份。每个村（社区）粉刷、书写和张贴宣传标语5条以上。10月，开展迎接“世界70亿人口日”系列宣传活动。联合区电视台拍摄制作计划生育专题栏目《人口与家庭》，每周固定时间播出，全年拍摄制作专题栏目12期。在《中国人口报》《农村大众》《人口导报》和《济宁日报》等报刊发表文章21篇，在各级政府网站和计生部门网站发表文章60余篇。

【计划生育服务】 节育技术服务，实行避孕节育指导和个人自愿相结合的原则，采取保障育龄妇女知情选择和安全有效适宜的避孕节育措施，强化长效节育措施的落实。全年全区有88164人落实避孕节育措施，其中男性绝育7414人，女性绝育20726人，放置宫内节育器55617人，皮下埋植174人，采取其他避孕节育措施4233人。药具发放服务，避孕药具实行免费发放制度，药具由村（社区）计生工作人员发放到育龄夫妇手中。全年发放国家免费提供的避孕套70余万支，口服避孕药500多板，节育器2800套。优生优育服务，以区服务站为主，以镇（街道）服务站为辅，对新婚夫妇及申请生育的对象，免费提供优生优育技术指导，开展婚育、优生、优育和生殖保健知识培训，组织观看优生优育知识录像片，结合图像进行讲解，指导他们选择最佳生育年龄、最佳受孕时期。对持生育计划的育龄夫妇，及时组织优生检测。健康查体服务，全年组织已婚育龄妇女健康查体29万余人次，落实长效节育措施6958例，实施政策外怀孕流引产742例。

【流动人口管理服务】 年底，全区流动人口总数19859人，其中省内流动人口17927人，跨省流动人口1932人。省内流动人口出生68人，其中流入出生60人，流出出生8人；跨省流动人口出生12人。办理流出育龄妇女《流动人口婚育证明》312个，组织流入育龄妇女查体12634人次。开展流动人口清理清查，清理流入无证人口1234人，未验证人口284人，归档建卡，纳入管理与服务。

【建立人口基础信息共享平台】 年初，联合区公安分局户籍科、区民政局婚姻登记处和区卫生局，建立微机信息共享平台，实现联网互通。6月底，人口基础信息共享平台开始试运行。7月，人口基础信息共享平台正式投入运行，人口计生、公安、民政等部门实现人口信息资源共享，计生工作初步形成部门相互配合、齐抓共管、综合治理的工作格局。

【综合治理出生人口性别比】 加强出生人口性别比的综合治理。6月，成立由纪检监察、法院、公安、计生、卫生和药监等部门组成的综合治理出生人口性别比工作领导小组。全年开展4次专项联合执法活动，对8家成人保健品店私自销售流引产药物和3家私人诊所无证经营，私自开展取环、流引产手术等行为进行查处。没收引、流产设备和放取环包各13套，流、引产药物1宗，依法严厉惩处相关责任人。

【落实利益导向政策】 3月4日，全区人口和计划生育工作会议召开，隆重表彰和奖励完成人口和计划生育责任目标的先进镇（街道）8个、人口和计划生育工作模范村（社区）38个和计划生育模范家庭16户，发放奖金41万元。8月，开展“生育关怀、牵手圆梦”慈善助学活动，奖励救助计划生育家庭应届高考本科特困生。副市长陈颖、市人口计生委主任孟昭振等到二十里铺街道郗庄村，给升入大学的贫困学生送去“生育关怀、牵手圆梦”计划生育贫困家庭助学金，救助计划生育家庭贫困大学生4名，发放救助金12000元。全年全区兑现各种计划生育奖励资金630多万元。其中为19932名独生子女和独女户父母发放奖励259.44万元；为1499名享受农村计划生育家庭奖励扶助制度的群众发放奖金117.54万元；为符合放弃二胎一次性奖励制度的91户家庭，发放奖金20.8万元；为符合晚婚晚育奖励制度的2810户家庭，发放奖金70.25万元；救助计划生育贫困家庭3万元；奖励实施绝育措施的双女户50.5万元；兑现计划生育基本技术服务项目资金72万元。

【信访工作】 认真做好计划生育信访工作，建立健全“三项制度”，即领导接访日制度、信访矛盾纠纷排查制度和有奖举报制度。把“超前防范，开展源头治理”作为信访工作的重中之重。4月和8月，相继开展信访问题集中排查化解月活动。印制《计划生育有奖举报公开信》10万份，受理信访案件62件次，优质结案率100%，做到有信必查，有查必果。

【协会活动】 积极推进计划生育村（社区）民自治。全区300多个村（社区）全面完成计划生育村规民约的修订和完善工作。开展5·29协会活动日系列活动。5月25日，区计生局、区计生协会联合区文广新局，在南张街道举办计划生育演讲比赛，组织计生工作人员和各单位开展“人口关爱基金”捐助活动，募集捐款10万余元。在5·29活动期间，其他各镇（街道）也分别开展宣传服务活动，效果良好。

（陈忠勤　宋文波）

劳动和社会保障

【概况】 2011年，区劳动和社会保障工作取得一定成绩。就业工作成效明显，全年新增城镇就业5725人、高校毕业生就业1826人、农村劳动力转移4000余人；各类创业就业培训4515人；设立区创业示范指导中心，建成创业基地13个，李营、二十里铺2个街道被确定为全市创业示范型街道；通过招考招聘，安置高校毕业生到机关事业单位就业140人、公益性岗位就业180人。社会保险覆盖网络基本健全，医疗、工伤、失业保险实现市级统筹，各项保险提前超额完成扩面征缴任务；五项保险参保人数87万人次，基金结余总额8亿多元。全区城乡居民养老保险参保人数21万余人，参保率99.6%，养老金发放率100%；全面实施市级医保“一证通”工程，推行“先看病、后付费”就诊模式，按时足额发放企业退休人员取暖补贴和基本养老金。开展违法用工监督检查和规范人力资源市场秩序等专项行动，检查用工企业456家，涉及人数48817人，追讨工资25.6万元，取缔未经许可和登记的职介机构2户；受理人事仲裁争议案件87件、信访案件375件；全面实施事业单位岗位绩效工资制度，建立企业工资集体协商和农民工工资支付制度，开展最低工资标准执行专项检查。

【就业再就业】 3月3日，联合李营街道举办“搭建劳务对接平台，帮您尽早实现就业”的大型用工招聘会，启动转移城乡富余劳动力、解决企业用工需求的“春风行动”。现场发放“春风卡”、济宁市就业培训服务指南、济宁市就业扶持政策指南等宣传资料2000余份，参会用工单位10家，提供就业岗位1000个，300多名求职者与用工单位达成意向，为农民工进城就业开辟一条绿色通道。3月4日，在美开乐技校为任城农资公司失业职工举办再就业培训班。67名失业人员获得山东省加强就业培训提高就业与创业能力培训项目合格证书。4月，在南张、接庄街道开展“就业政策送万家”活动，制作政策宣传栏，悬挂宣传横幅，提供现场咨询，发放就业政策汇编、任城区就业政策指南等材料5600余份。5月，开展民营企业招聘周活动，组织42家企业参加现场招聘，提供用工岗位1466个。招聘会上达成就业意向285人。继续实施“艳阳培训”工程，举办两期培训班，培训农民工200余人。全年举办创业培训班22期，新创造就业岗位3200余个；办理小额担保贷款8笔，发放贷款40万，直接扶持9人自主创业。

【劳动关系】 3月10日，区政府下发《济宁市任城区人民政府关于公布全区最低工资标准的通知》（济任政发〔2011〕18号），公布调整后的全区月最低工资标准950元，实行小时工资制的单位，小时最低工资标准9.8元/小时。7月25日，区委办公室、区政府办公室转发区总工会、区经济和信息化局、区人力资源和社会保障局《关于推行企业工资集体协商工作的意见》，成立企业工资集体协商工作领导小组，召开全区各类企业单位动员大会。9月13日，区总工会、区人社局联合下发《关于开展工资集体协商要约行动的通知》。10月14日，召开全区推行企业工资集体协商指导员培训班。根据市人社局《关于进一步加强劳动合同管理的意见》《劳动合同指南》的要求，7月初，区人社局劳动关系科与仲裁院，社会事业保险处个人帐户科、就业办就业科、失业科进行沟通、协调，将企业的增员劳动合同、减员解除终止劳动合同、续签合同的审核备案工作交由劳动关系科负责。7月11日，正式开始办理相关手续，10月1日，正式启用劳动合同备案专用章、集体劳动合同备案专用章。12月1日，仲裁院将劳动合同备案工作移交劳动关系科。全年办理306家企业劳动用工备案，涉及职工18838人次；办理解除劳动合同手续1726人次；为新增人员办理劳动用工备案手续3526人次，为企业办理续签劳动合同备案605人次，续签劳动合同1210份。

【劳动保障执法监察】 1月，在全区范围内开展农民工工资支付情况专项检查。2月21日~3月31日，联合区公安分局、区工商分局在全区范围内开展清理整顿人力资源市场秩序专项行动。5月17日~10月30日，联合公安、城市管理综合执法等部门，集中清理整顿市区建设北路非法“马路市场”。全年开展集中清理整顿30次，每天出动执法人员70余人、执法车辆10辆，取缔非法职业介绍机构6家，收缴各种招聘牌匾90多块、招聘小广告2400多份。对全区范围内的各类企业、民办非企业单位、个体经济组织以及与劳动者建立劳动关系的机关、事业单位、社会团体等用人单位进行劳动保障书面审查。审查用人单位396家，其中审查合格及基本合格用人单位275家。向45家单位下达询问通知书，对124家未按时参检单位下达责令整改指令书；进行技术岗位人员职业资格审查鉴定830余人。全年受理各类投诉、举报案件46件，调查结案46件，结案率100%，追发劳动者工资11.8万元，督促缴纳职工社会保险费160余万元，有力地维护了职工的合法权益。建立镇（街道）、村（社区）劳动监察组织，推进劳动保障监察“两网化”建设。开展2011年度社会保险费缴费基数事前稽核工作专项检查，稽核企业259家，稽核12620人。

【劳动人事争议处理】 10月，成立任城区劳动人事争议仲裁院，全年受理案件74件，案件按期结案率100%。其中调解结案51件（含庭外调解11件），调解结案率69%，仲裁结案23件。为当事人挽回各项经济损失205余万元。公开审理不涉及个人隐私和国家机密的争议案件，增强劳动争议处理的透明度。12月1日，根据《转发省厅<关于启用山东省劳动人事争议调解仲裁电子台账指标系统的通知>的通知》（济人社字〔2011〕133号）的要求，启用劳动人事争议调解仲裁电子台账指挥系统，严格按照一案一账，由具体办案人员建立台账，进行每周更新。全区21家重点企业参加济宁市劳动人事争议调解员培训。根据《关于建立劳动人事争议预防调解工作档案的通知》（济人社办发〔2011〕98号）的要求，建立劳动人事争议预防调解工作档案。

【医疗保险】 根据省财政厅、省卫生厅《关于明确2011年新型农村合作医疗省级财政补助标准等有关问题的通知》（鲁财社〔2011〕1号）和《关于明确2011年新型农村合作医疗个人缴费标准及有关问题的通知》（鲁卫农卫发〔2011〕1号）精神，对参合农民的补助标准由每人每年不低于120元提高到200元，个人缴费标准由每人每年不低于30

元提高到50元。2月23日，区政府召开2011年度新型农村合作医疗第二次筹资工作会议。2月25日，区人社局举办全区新农合第二次筹资培训班，及时贯彻落实区第二次筹资工作会议精神，各镇（街道）新农合经办机构负责人和微机操作员1~2人参加培训。全年参加城镇职工医疗保险、城镇居民医疗保险和新型农村合作医疗保险489519人（其中城镇职工39898人，城镇居民52105人，新型农村合作医疗357629人，城镇职工参加大额救助金30486人，公务员补助9401人），享受医疗保险待遇206203人次，其中门诊159310人次，住院46893人次。征缴医疗保险基金14303万元，支出11577万元，结余9105万元。

【基本养老保险】 3月27日，任城区第55次区长办公会审议通过在全区开展新型农村社会养老保险工作的决议。4月2日，全区新型农村社会养老保险试点工作动员大会召开，安排部署全区新型农村社会养老保险试点工作。5月31日，在长沟镇北南田村举行新农保首批养老金发放仪式。7月，人力资源和社会保障部下发《关于批复山东省2011年新型农村和城镇居民社会养老保险试点县名单的通知》（人社部发〔2011〕78号），任城区被列入新型农村社会养老保险国家级试点县和新型城镇居民社会养老保险国家级试点县。8月31日，召开全区城镇居民社会养老保险试点工作动员大会，全面部署新型城镇居民养老保险工作。年底，全区城乡居民养老保险参保人数21.3万人，收缴保费5508万元，参保率99.6%；中央、省、市、区四级财政分别拨付基础养老金827.07万元、413.54万元、165.42万元、667.81万元，发放养老金2231万元，涉及4.8万人，发放率100%。参保率、覆盖率和发放率三项指标全面达标。

【工伤保险】 11月，参加市人社局举办的全市工伤保险培训班，系统学习工伤认定、劳动能力鉴定、待遇支付、行政法复议与诉讼等内容。全年参保36002人，扩面完成532人，完成计划的100.38%（其中农民工参保8202人，完成计划的100.02%）；征缴基金586万元，完成计划的127.39%；受理用人单位和职工个人申报的认定工伤案件101件，不予受理5件，认定工伤案件87起，工伤认定准确率100%，为210人次支付工伤伤残金164万元；受理劳动能力鉴定案件27起，鉴定27人，鉴定准确率100%。

【生育保险】 全年参保15099人，扩面完成981人，完成计划的143.84%。征缴生育基金413万元，完成计划的108.68%。向203人支付生育补偿金91万元。基金累计结余1433万元。

【失业保险】 全年全区失业保险参保2.4万人，收缴失业保险费2075万元。向任城区农资公司73名失业职工和山东唐口煤业有限公司、济宁市任城饲料公司、任城菱花塑编包装有限公司等企业22名失业职工，发放失业保险金每人每月430元。

（熊继梅　卢　平）

老龄工作

【概况】 区老龄工作委员会是区老龄工作的议事协调机构，为正科级全额预算管理事业单位，设人秘科和老年事业科2个科室，设主任1人、副主任1人。各镇(街道)设有老龄办公室，各村（社区）建立老年协会。区、镇(街道)、村（社区）三级老龄工作网络健全。针对全区有60岁以上老年人6.2万人，占人口总数的13.6%，且以年均3%的速度递增的实际情况，区老龄工作委员会紧紧围绕全市经济社会发展大局，突出抓好老年人优待、孝文化建设和养老服务业发展等重点工作，老龄事业发展实现新跨越。2011年，被评为全市老龄工作先进单位。

【保障老年人合法权益】 深入开展老年法律法规进机关、进乡村、进社区、进学校的宣传教育活动，全年发放宣传单5000张，悬挂横幅80条，不断增强全社会维护老年人合法权益的自觉性和主动性。积极组织引导各涉老部门、服务行业为老年人落实政策、提供优惠，在各服务窗口设立“老年人优先”“凭证优惠”等标示牌。区法院成立老年人维权法庭，依法优先维护老年人合法权益。老年人到司法行政部门、律师事务所办理自身涉法事务的，免收咨询费；农村“五保”老人、城镇“三无”人员和其他无能力支付法律服务费用的老年人，在自身合法权益受到侵害时，政府法律援助机构优先给予法律援助，免收法律服务费。

【老年人优待政策】 在完备养老服务设施、强化养老服务功能、丰富养老服务方式的基础上，落实好各项优待政策，优先保障老年人权益。健全养老保障制度。2011年，全区新农保、新城保规定，年满60周岁的老年人不需缴纳保费，就可以按月领取基础养老金（基础养老金标准为每人每月55元，每年660元），养老金全部由区财政承担。全年区财政投入1028万元，为全区49308名60岁以上老年人发放养老保险金。建立老年人养老补贴制度。为全区80岁以上、90岁以上、百岁以上老年人分别按每年360元／人、600元／人、3000元／人的标准发放养老补贴金，全年为7900多名高龄老年人发放补贴金350万元。健全老年医疗保障制度。全年投入125万元为全区19600名70岁以上城乡老人代缴新型合作医疗参合费用。实施“关爱老年人健康爱心工程”，为全区60岁以上老年人每年免费健康查体一次，发放老年人医疗优待证，开通老年人绿色就医通道，建立老年人健康档案。对贫困老年人白内障患者免费实施复明手术。在济宁市第二人民医院设立老年人健康教育基地，定期举办老年人健康教育讲座。实施新型农村养老保险困难老人代缴政策。全年投入12.5万元为360户特困老年人家庭代缴每人100元的养老保险费，确保所有符合参保条件的居民都纳入参保范围。建立被征地农民养老保障制度。实行政府、集体、个人三方共同筹资，为416名失地农民办理被征地农民养老保险，保障了被征地农民的养老权益。保障老年人公益权利。全年免费为全区6000多位老年人办理《山东省老年人优待证》。区内的旅游景点、图书馆等免费对老年人开放，65~69岁老年人乘坐市内公交车实行半价优惠，70岁以上老年人免费。对享受低保老年人或90岁以上老年人免收火化费。银龄安康保障老年人的利益。实施“银龄安康工程”，全区70%以上的村（社区）为60~80岁老年人办理意外伤害保险。为10174名老年人投保，投保金额23.5万元，办结赔付案件81件，赔付金额24.3万元。

【尊老爱老】 开展评先树优活动。树立敬老爱老先进典型，与教育、妇联、关工委等部门联合，在机关事业单位评选孝亲敬老“十佳公务员”，在农村评选“好媳妇、好婆婆”“十星级文明户”敬老模范家庭。把尊老敬老纳入精神文明建设规划，作为公民道德建设和中小学德育教育的主要内容，作为各级党政干部选拔考核的标准。组织关工委宣讲团到中小学校进行敬老传统、孝道文化宣传教育。在区电视台开设《孝星风采》宣传栏目，对尊老敬老先进典型进行宣传。开展孝文化宣传一条街活动，设立固定的敬老标语口号，印制《新二十四孝》宣传展板，悬挂在村（社区）主要干道；印制《新二十四孝》台历5000份，发放到区直各部门、镇（街道）和村（社区），营造浓厚的尊老敬老社会氛围。

【老有所养】 全区有敬老院6处，其中省一级敬老院3处（南张街道敬老院、接庄街道敬老院、石桥镇敬老院），二级敬老院3处。五保户877人，其中集中供养人数785人，年人均供养标准3600元；分散供养92人，年人均供养标准2100元。供养资金311.91万元。

【老人节庆祝活动】 全区有百岁及以上老人10人，其中男性2人，女性8人。老人节期间，区委办公室、区政府办公室联合下发《2011年度庆祝老人节活动的通知》，安排部署开展庆祝活动。区领导带头走访慰问高龄老年人、特困老年人，为他们送去慰问金和礼品；举办全区老年人麻将比赛；开展“庆国庆、迎重阳”大型文艺演出，大力宣传儒孝文化；各级各部门通过座谈会、茶话会、情况通报会、外出参观考察等多种形式开展庆祝活动。（周志华 杨田田）

2011年任城区百岁老人基本情况一览表

表11

序号	姓名	性别	年龄	家庭住址
1	刘新春	女	100	仙营街道
2	王白氏	女	100	二十里铺街道
3	顾岳氏	女	101	石桥镇
4	周继生	男	101	李营街道
5	闫黄氏	女	101	二十里铺街道
6	田长山	男	102	长沟镇
7	范张氏	女	102	长沟镇
8	薛伊氏	女	103	长沟镇
9	冯氏	女	105	接庄街道
10	胡周氏	女	107	金城街道

慈善事业

【区慈善总会】 开展“慈善至美、美在任城”主题宣传活动，宣树任城慈善形象，打造任城慈善文化。开拓善款募集新渠道，从中国侨联募集100万慈善资金。新增慈善冠名基金2000万元，新增村（社区）慈善互助基金18个。开展“慈心一日捐”“鲜花义卖”等善款募集活动。投入40余万元开展“朝阳助学”活动，救助600余名困难学生。（李守然　张　扬）

【区红十字会】 区红十字会是依照《中华人民共和国红十字会法》和《中国红十字会章程》独立自主地开展人道主义工作的社会救助团体，设人秘科、综合业务科、联络科（赈灾救济科）3个科室，编制5人，设主任1人。2011年，区红十字会认真落实科学发展观，不断加大工作力度，积极传播红十字会精神，在社会救助、救护培训等方面做出大量工作，全区红十字会事业继续保持快速、健康、协调发展。

社会救助　年底，区红十字会与济宁市红十字会、济宁市实验中学、区老干部局、区计生局、区妇联、区宗教局等单位联合，开展“新农合”二次救助活动，对学生、老干部、老党员遗属、服刑人员、计划生育特困户等进行专项救助活动，救灾救助款131.48万元，其中困难家庭救助7.21万元，大病救助8.78万元，计生困难户救助0.36万元，春节救助19.65万元，捐助校舍改造0.2万元，卫生事业资助0.5万元，特困生救助0.5万元，向济宁市红十字会上缴雪灾款9.59万元，向济宁市震灾专户上缴汶川地震募捐款68.02万元、青海玉树地震捐赠款16.67万元。在卫生、教育系统募集“慈心一日捐”2.24万元。救助1名白血病患儿接受治疗，救助金3万元（由中国红十字基金会出资救助）。

造血干细胞、遗体捐献　充分利用“5·8世界红十字日”“红十字青少年志愿者服务日”“世界献血日”“12·1艾滋病宣传日”“12·4普法宣传日”等节日，积极开展一系列宣传活动，印发各种宣传材料3万余份。深入开展无偿献血宣传活动，普及血液知识，发放宣传材料3万余份。有组织、有计划的在全区宣传发动造血干细胞及遗体捐献活动，发放宣传材料1万份。2011年，遗体捐献1人，造血干细胞捐献采集血样1000余人，无偿献血6000余人次。

救护培训　成立红十字救护培训中心，配备专职工作人员。建立急救培训网站，开展救护培训进社区、进企业、进学校、进机关活动，举办公益性培训3场，培训红十字救护员50人。

会员、志愿者　区红十字会有会员、志愿者23490人，其中成人会员19583人，青少年会员3907人。基层组织35个，其中团体会员27个，镇（街道）基层红十字会8个。全区70%的村（社区）成立红十字会，由村长(居委主任)任会长，村（社区）专职计生主任任常务副会长，德高望重的人任理事，下设会员小组。（曹景瑞　王永梅）

残疾人事业

【概况】 区残疾人联合会（简称区残联）设办公室、行政科、计财部、组联部、康复部、教就部、宣文部等7个部室，辖区残疾人服务总社，设理事长1人、副理事长2人。区残联紧紧围绕全区残疾人基本需求和年初的各项目标任务，以满足全区残疾人各项需求和提升残疾人生活水平为着眼点，以逐步推进残疾人服务体系和社会保障体系建设为工作重点，积极开展残疾人康复、教育、就业、扶贫、社会保障、宣传维权等工作，全区残疾人各项事业取得显著成绩。2011年，任城区被评为全国白内障无障碍区，区残联被评为全市残联系统宣传工作先进单位。

【康复工作】 实施贫困肢体残疾人康复救助工程，该工程被列为市区两级政府2011年为民办实事项目。4月16日，济宁市贫困肢体残疾人康复救助工程领导小组专家验收济宁市第二人民医院和区中医院，将两所医疗机构审定为区级以上定点康复机构，将李营街道卫生院、接庄街道卫生院、任城鲁抗医院、众和医院审定为区级以下定点康复机构。7月，区政府制定《济宁市任城区贫困肢体残疾人康复救助工程实施方案》（济任政发〔2011〕19号）。9月16~17日，组织专家筛查，建立康复档案。救助209名贫困肢体残疾人，其中安置64名贫困肢体残疾人到区级以上定点机构进行免费康复训练，安置145名肢体残疾人到区级以下定点机构进行免费康复训练。区残联继续巩固白内障无障碍区发展成果，全年有68名白内障患者接受免费复明手术。开展贫困精神残疾人康复救助工程，建立患者档案。全年有115名精神残疾人得到免费救助，其中35名重症精神病患者得到免费住院治疗，80名精神病患者得到免费服药救助。开展0~6岁贫困残疾儿童康复救助工程，做好筛查、训练、评估等工作，摸清贫困残疾儿童底数，严格审查救助对象。3月初，对2010年在定点机构康复的44名残疾儿童进行年审和评估工作，有11名残疾儿童因年龄等原因退出康复机构。7月，对新申请的18名残疾儿童进行筛查评估，筛查出15名残疾儿童符合救助条件，发放救助卡。年底，在训残疾儿童48人。全年建设市级康复服务示范站5处，培训康复技术人员70人，培训康复协调员160人，配发助视器10件，培训低视力儿童家长5人，培训智力残疾儿童家长5人，为5名盲人开展定向行走训练，免费发放轮椅50余辆。

【就业扶贫】 加大残疾人培训力度，积极鼓励残疾人参加省市残联举办的各类培训班，全年组织5名残疾人参加培训。建设区级残疾人扶贫基地9处，安置80名残疾人就业，辐射带动15户贫困残疾人家庭脱贫。春节期间，区五大班子领导走访慰问全区部分贫困残疾人家庭，并送去慰问品和慰问金；区残联拿出资金7万余元向全区8个镇（街道）部分特困残疾人家庭送去慰问品和慰问金。根据区政府《关于开展新型农村社会养老保险试点的实施意见》（济任政发〔2011〕13号）文件精神，积极落实重度残疾人参加新农保政府补贴政策，为农村重度残疾人代缴部分或全部最低标准的养老保险费14.66万元，补贴1466人。

【救助安居】 贯彻落实《关于做好低保重度残疾人生活补贴工作的通知》（济任残字〔2011〕33号）的精神，严格按照规定的条件确定补贴对象，为479名符

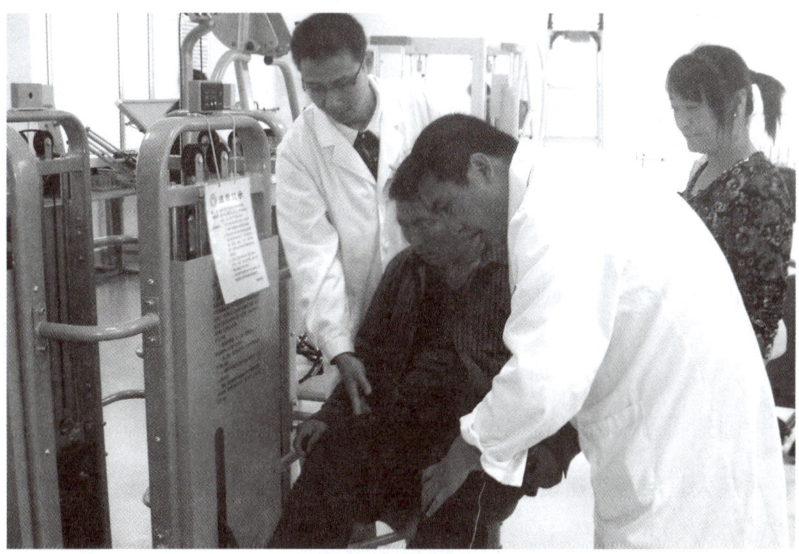

9月16日，市二院康复专家对肢体残疾人进行筛查评估

合救助条件的残疾人发放生活补贴28.74万元，建立低保重度残疾人生活补贴对象基础信息数据库。实施“阳光家园计划”，大力推广居家托养模式，加快推进智力、精神和重度残疾人托养服务工作，投入资金9.6万元。160名残疾人享受到居家托养服务。贯彻残疾人机动轮椅车燃油补贴政策，全年为78名残疾人发放燃油补贴20280元。加快无障碍进家庭步伐。为40户聋人家庭配备多功能电子闪光门铃。投入资金26.4万元，为22户农村贫困残疾人家庭实施危房改造工程。

【文体维权】 对民间残疾艺术人才进行摸底统计，建立残疾人艺术人才库。积极参加市残联组织的“庆祝中国共产党成立90周年济宁市第二届书法展暨爱心书画名家作品集”征集活动，组织4名残疾人参加，其中2人获三等奖、2人获优秀奖。编排、录制2个舞蹈节目参加第三届全市特教学校学生艺术汇演。完善残疾人法律救助体系，在8个镇（街道）建立残疾人法律救助工作站，开通残疾人维权热线电话，使残疾人得到服务内容更多、服务范围更广的法律服务。做好残疾人信访工作，及时转送、交办收到的信访事项，及时归档信访资料，全年区残疾人法律援助中心接待残疾人信访案件1件，指派律师免费为残疾人辩护。

【残疾人基层组织建设】 形成机构健全、队伍稳定、服务完善的区、镇（街道）、村（社区）残疾人组织“三级网络”体系。每个镇（街道）都配备残疾人专职干事，每个村（社区）都配备残疾人专职委员，充分发挥各基层残联组织的作用。加大对镇(街道)残联理事长、专职干事，村专职委员的培训力度，全年举办培训班1期，进一提高基层服务残疾人的工作水平。加大对基层残联专职干事的管理力度，规范用工合同、养老保险、工作职责、工作程序等，积极落实工资福利待遇等。

【社会环境建设】 积极落实包村帮扶任务，区残联与帮扶的村庄制定切实可行的帮扶计划，为帮扶村庄捐赠手摇轮椅车4辆、轮椅1辆、各类图书80余册。围绕全区残疾人事业重点工作和重大活动，利用报纸、电视、网络等新闻媒体，先后在《济宁日报》、任城电视台、任城区政府网站发表信息58条，全方位宣传残疾人事业发展状况，大力宣传党和政府对残疾人的关爱政策，宣传自强不息典型和扶残助残先进事迹，营造扶残助残社会氛围，培育扶残助残文明风尚。

（苗建敏　王守伟）

人民生活

【概况】 2011年，区委、区政府坚持把富民放在第一导向，在谋求经济可持续发展的同时，坚持广覆盖、保基本、多层次，构建覆盖城乡的社会保障体系；从完善政策、健全制度、增加投入入手，积极改善民生，解决关系群众切身利益的实际问题，继续为民办好10件实事，财政累计安排民生支出20.9亿元。

【城乡居民收入稳步提高】 2011年，城市居民人均可支配收入21747元，比上年增长12.19%。工薪收入仍是居民的主要收入来源，占可支配收入的98.63%左右。人均工资性收入21449元，比上年增长11.52%。财产性收入略有增加，城市居民人均财产性收入343.57元，比上年增加36元，比上年增长11.7%。全区农业和农村工作稳步推进，农村经济持续发展，农民收入继续增长，消费结构不断完善，农民生活水平稳步提高，全年农民人均纯收入9322元，比上年增长12.1%。工资性纯收入保持比上年增长，农民人均工资性纯收入4500元，比上年增长36.6%。家庭经营纯收入4166元，比上年增长0.8%，财产性纯收入比上年增长518元，增长18%。

【城乡居民生活质量稳步提升】 2011年，城市居民人均消费性支出12484元，增长11.36%。其中食品类支出4619.12元，增长3.7%，衣着支出2429.24元，基本与上年持平；医疗保健支出602.67元，减少22.1%；交通通讯支出889.43元，增长15.5%；教育文化娱乐服务支出1531.24元，增长10.1%；居住支出915.46元，增长49.33%。农民人均生活消费支出4530元，增长9.2%。人均食品消费支出2100元，增长7.02%。在食品消费支出中蔬菜及制品、肉禽蛋奶及制品、水产品及制品等比重上升；人均衣着消费支出496.7元，增长66.4%；人均居住消费支出505.7元，减少36%；人均家庭设备、用品消费支出235.9元，增长13.3%；人均交通和通讯消费支出385.6元，减少8.94%；人均医疗保健支出164.5元，减少43.3%；人均文化教育、娱乐消费支出557元，增长9.3%。

（吴成彬　高　磊）

社会风尚

【爱心救助病重学生】　济宁市洸河路小学四年级三班学生李淑笛，家庭贫困，父亲患有精神分裂症，不能上班，母亲靠给别人送水打工维持生计。李淑笛患有脑瘤发现较晚，查出时已出现脑积水，需要尽快手术治疗，高昂的手术费用无疑让这个本就多灾多难的家庭雪上加霜。济宁市洸河路小学了解到李淑笛同学的情况后，12月5日，全体师生为其举行爱心捐款仪式。大家纷纷慷慨解囊，捐款15837元。区教体局积极筹措资金，及时划拨爱心救助金10000元。

【“诚阳爱心基金”帮助贫困学子圆求学梦】　二十里铺街道“诚阳爱心基金”成立于2011年6月1日，由街道妇联牵头，王广成、汪洋等爱心人士发起，邀请二十里铺籍的社会爱心人士40余名及一些部门、企业代表，采取灵活多样的形式，积极搭建爱心帮扶平台，旨在扶助街道内贫困妇女、儿童，实施长效帮扶。基金会自成立以来，对低保及困难家庭子女给予及时扶助，对考取大学的困难家庭子女给予1000~3000元的奖励。8月27日，为任城区二十里铺街道9名贫困大学生，每人发放2000元的助学款，圆了他们的大学梦。全年“诚阳爱心基金会”在全街道发放社会扶助金4万多元，扶助困难群众28户。

【常年捐助敬老院不留名】　南张街道黄井村兄弟二人，常年给敬老院老人们捐款1000元，却从不留下姓名。兄弟二人的孝心和爱心，支持了家乡的敬老事业。在其二人的影响下，南张街道争做大孝星、做文明人蔚然成风。

【无私服务30载】　长沟镇路庄村退休干部、共产党员路永康，自愿承担群众的义务宣传员，自费购买100多本有关法律、道德方面的书籍，订阅5种报刊，晚上收集资料，白天抄在黑板上。路永康有理发的手艺，他看到一些孤寡残疾老人头发乱蓬蓬的，好长时间不理一次，就买了一套理发工具。无论刮风下雨，从不间断为村里群众理发。他还是村里的义务调解员，婆媳闹矛盾、弟兄不和谐、邻里闹纠纷，他都会主动上门进行调解，受到全村群众的交口称赞。

【拾金不昧】　5月8日下午，石桥镇后石村村民张计德在石桥联华超市买完东西回家途中，捡到一个钱包。里面有济宁银行、中国农业银行等5张银行卡和1600多元现金。他马上拨通附近几个村党支部书记的电话，寻找失主。归还钱包后，失主拿出300元表示感谢被张计德拒绝了。

【孝顺的好儿媳】　李营街道李堂村村民张广丽的婆婆因急性脑出血，入院治疗，在医院一住就是3个多月，花完了家里的所有积蓄，为了把婆婆的病治好，张广丽卖掉了城里的饭馆。就连医生和家人都想放弃治疗时，她主动要求把婆婆接回家，陪在婆婆身边伺候她，不离不弃。她的动人事迹不但感动了家人，也感动了邻里乡亲，村里人都以她为榜样孝敬老人。

高举邓小平理论和“三个代表”重要思想伟大旗帜，认真践行科学发展观，牢牢把握转方式调结构发展主线，不断强化科技创新、项目带动“两个”支撑，深入实施新型工业化、新型城镇化、农业现代化“三化同步”战略，加快构建现代新城区、产业发达区、生态宜居区、和谐首善区“四区”格局，统筹推进经济、政治、文化、社会和党的建设，全面建设民富区强、文明和谐新任城！

石桥镇

SHI QIAO ZHEN

党委书记：赵红雨

镇　长：樊培涛

位于区境东南部，面积62.4平方公里，辖42个自然村，35个村民委员会，5.12万人。境内坐落“世界立井第一矿”——济三煤矿和年发电量14.85亿千瓦的济三电厂，水、电、煤等资源丰富，皮毛产业特色明显，盛产小麦、玉米等粮食作物以及无公害水产品、蔬菜和瓜果等。2011年，实现地方财政收入3633万元。

镇党委、政府牢牢把握“加速崛起跨越发展”总基调，以打造“活力石桥、绿色石桥、幸福石桥”为目标，团结带领干部群众扎实苦干、锐意进取，不断开创经济社会发展新局面。依托湖区养殖基地、生态农业文化园和农业综合开发项目三大板块，都市农业发展迅速。全镇形成水产面积2.1万亩，瓜菜种植8000亩。招商引资成效显著，项目建设步伐加快。岂岭烽水泥有限公司技改项目完成，源盛包装容器有限公司顺利投产，翔浩工贸完成厂房建设。煤炭运销、航运物流形成规模，兖煤航运、通顺运输、安港物流等企业逐步壮大。着力做好水绿文章，观光旅游业和餐饮服务业再上新水平。香樟园被纳入济宁市重点旅游项目，“古世兴今”休闲观光项目加紧建设中。

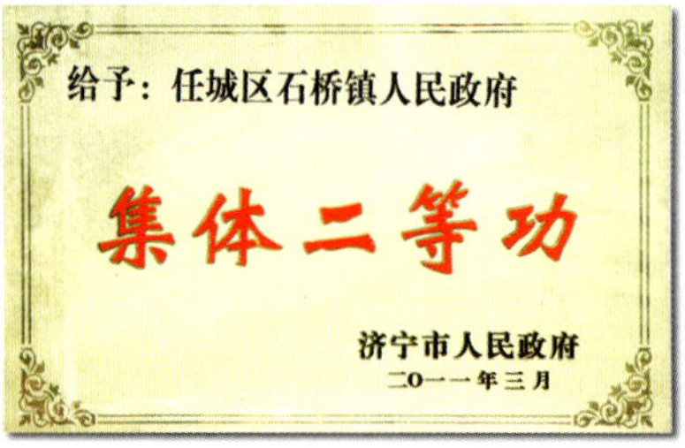

省级规范化学校—石桥镇中心小学

省级规范化学校—石桥镇中心中学

省一级规范化养老服务机构—石桥镇敬老院

泗河口煤港

济三电厂

石桥镇万亩荷花生态园

长沟镇

CHANG GOU ZHEN

党委书记：谢晓华

镇　长：扈友臣

位于区境西北部，面积68.51平方公里，辖52个自然村，52个村民委员会，6.3万人，是山东省中心镇。自古系“水旱码头”“商埠重镇”，素有“葡萄之乡、建材基地、玩具之家、微吊集散中心、造纸包装重埠”之称。日东高速、济徐高速、济梁公路、滨河大道、京杭大运河“四路一河”纵横全境。境内有国家重点工程南水北调长沟泵站、长沟船闸、森达美港、运河电厂。2011年，实现地方财政收入4439万元。

镇党委、政府牢牢把握加速转型跨越发展的总基调，全面实施富民强镇战略。长沟葡萄种植面积1万余亩，总产量达到2000万公斤，产值过亿元，以个大、色艳、皮薄、肉厚、酸甜可口著称，被国家质量监督检验检疫总局评为“中华人民共和国地理标志保护产品”。三韩蔬菜大棚种植面积2000亩，成为济宁市最大的蔬菜生产基地。全镇洽谈、引进项目46个，到位资金3.6亿元，完成外贸出口总额1146万美元。投资500万元全面完成济梁路两侧商业门面房的升级改造，投资300万元实施济梁路长沟段“明沟变暗沟”改造工程和路两侧绿化工程。

长沟葡萄园

“乡村欢乐行”走进接庄

樱桃谷填鸭养殖

目、一期投资6亿元的山矿工业园和总投资5亿元的德林机械小型挖掘机项目。全力推进城镇化建设进程。投资2亿元，完成压煤搬迁村庄十里营新村小康楼及配套设施建设。完成中贾社区10栋住宅楼建设。投资700万元，新建、改建三贾社区服务中心、接庄社区服务中心和南集社区服务中心。

蓼沟河景观

沃尔华集团

李营街道
LI YING JIE DAO

党工委书记：孙兴格

办事处主任：孔晓军

街道综合服务大厅

三尧社区服务中心

位于区境北部，面积73.78平方公里，辖56个自然村，56个村民委员会，6.7万人。随着城市北延发展步伐的加快，李营街道成为济宁城市的次中心，任城区的主城区。2011年，地方财政收入1.27亿元，实现“亿元镇街”目标。

素有“中国苗木之乡”之称，都市农业发展迅速。苗木种植面积6.8万亩，年销量8000万株，销售收入4.7亿元。每年的1月6日为中国（李营）法桐节，李营街道连续成功举办3次。绿化工程公司发展到26家，林下食用菌种

济宁耐特食品有限公司

薛口建材大市场

李营苗木

植培育基地6个。二、三产业发展能力不断增强。过亿元项目29个，规模企业20家，总产值7.12亿元，销售收入7.1亿元。东风日产4S店、薛口建材大市场、金宇物流园等三产项目相继投产，翠都星级酒店、豪格商务酒店、24K连锁酒店等城市产业项目优势明显，人流、物流、信息流、资金流加速聚集。新型农村社区建设快速推进，薛口、桃园、曹东、骆楼、明珠新奥苑五个社区建成使用。

水木童话园林

荩园雪景

计生服务

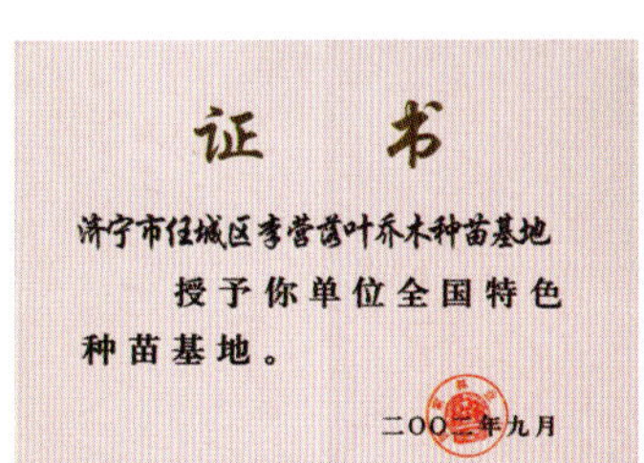

证　书

济宁市任城区李营落叶乔木种苗基地

授予你单位全国特色种苗基地。

二〇〇二年九月

市　级

文明单位

中共济宁市委

济宁市人民政府

二十里铺街道
ER SHI LI PU JIE DAO

党工委书记：陈元强

办事处主任：孙恒民

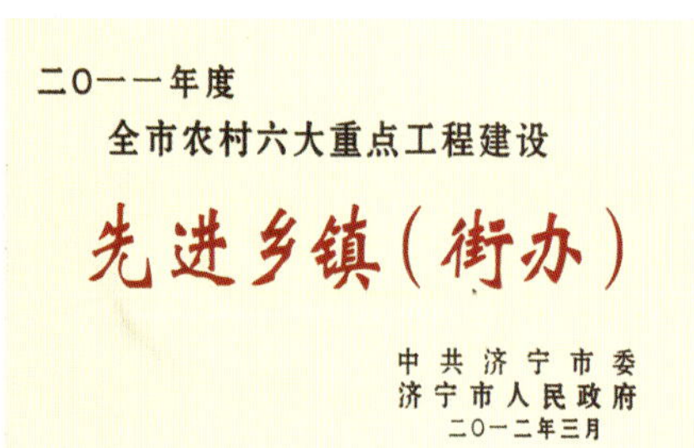

工业园路

位于区境北部，面积70.4平方公里，辖64个自然村，53个村民委员会，5.03万人。105国道贯穿南北，日兰高速公路济宁北出口设在境内，北二环穿境而过。境内煤炭资源丰富，建有葛亭、鲁西两处煤矿。2011年，实现地方财政收入6045万元。

位于街道北部的济北高新技术产业园是全市六大重点煤化工产业基地之一，10平方公里整体规划修订完成，4.3平方公里核心规划区全面建成，各项配套设施全部到位。园内进驻济宁碳素集团、云天化国际、圣科集团等著名企业40多家。现代农业蓬勃发展，扩建孟营西红柿、千户特菜、崔庄黑木耳等三大蔬菜种植基地。全面完

亿元，增长9.8%。全年粮食作物播种面积6830公顷，总产5.05万吨；瓜菜503公顷，总产3.89万吨；棉花20公顷，总产28.5吨；种植业产值3.11亿元。全年造林42公顷，森林覆盖率30.73%，林果总产20422吨；林业产值176万元。年末大牲畜存栏124头，猪存栏1.94万头，羊存栏0.71万只，家禽存栏23.1万只，畜牧业总产值6583万元。水产品总量951吨，渔业总产值958万元。农业机械总动力达89616千瓦。乡镇企业总产值48.1亿元，利税4.78亿元，其中个体私营企业产值20.7亿元、利税1.96亿元。财政收入4439万元。农民人均纯收入9415元，比上年增加1156元。有中学1处，小学9处，在校学生4255人，适龄儿童入学率100%。有医院1处。电话普及率达到每百人86部。2011年，被评为山东省葡萄名镇、山东省农业休闲精品园区、“平安任城”建设先进镇、任城区安全生产先进单位。

【都市型现代化农业初具规模】全省首家跨区域济农葡萄种植专业合作社初见成效，辐射带动能力进一步增强。开展“摘葡萄、品特产、看港口、观运河”长沟一日游，全年接待游客3万多人次，带动旅游及餐饮等收入500余万元，葡萄销售总收入1.5亿元。大力发展三韩蔬菜大棚西红柿种植，基地大棚2100多个、3000多亩，获得山东省农业厅无公害农产品产地认定证书，三韩西红柿获得农业部农产品质量安全中心颁发的无公害农产品证书。畜牧业进一步发展，大牲畜存栏124头，猪存栏1.94万头，羊存栏0.71万只，家禽存栏23.1万只，畜牧业总产值6583万元。全镇有长沟葡萄、三韩蔬菜、后薛粽子、张坊竹编、赵王堂铁编、张山畜牧养殖等各类专业村22个，各类农村经济合作组织18个，有力推动全镇农村经济快速发展。

【招商引资、项目建设扎实推进】 以转方式、调结构为主线，大力推进招商引资和项目建设。全镇洽谈、引进项目32个，在建7个，在谈25个。分别投资5000万元的森华建材矿渣微粉项目和致新砖业加气砌块生产项目投入运营，进一步提升全镇建材业的产业档次。投资5000万元的军兴包装二期技改扩规项目和投资1.24亿元的港宁纸业特种纸生产项目，竣工投产。分别投资5000万元的安石文化用品铅笔生产项目和中兴手套项目、3000万元的四通机械三期扩建项目在建中。投资5000万元的华屹重工起重机生产项目完成迁占工作，该项目将弥补鲁西南地区同行业的空白，为经济的持续发展注入新的活力。

【城镇建设水平稳步提升】 按照“统筹兼顾、优化布局、管理高效、富有特色”的原则，科学规划建设、完善服务管理，中心镇规划水平、建设水平和管理水平得到逐步提高。凸显运河文化，投资500多万元，全面完成济梁路两侧商住房的升级改造。投资300多万元全面实施济梁路长沟段“明沟变暗沟”改造工程和路两侧绿化工作。投资300多万元实施济梁路设施提升工程，铺设路沿石6000多米，修建蘑菇树穴石600多套，栽种高规格法桐600多株，栽种绿化花草4500平方米，济梁路两侧基本达到净化、美化的要求。投入600余万元，对镇驻地及商业街环境卫生集中整治。加大对乱搭乱建现象的查处力度和执法力度，每村选出一条主要街道进行高标准的统一粉刷，配以宣传标语；镇、村投资300多万元，建设垃圾池130多个，清理掩埋垃圾2万多吨，新建排水排污管渠2万多米，清淤沟渠5千多米，清理卫生死角60余处；配备136名镇、村专业卫生保洁员，全镇环境明显改观。

【大力推进各项社会事业】 加强学校基础设施建设，投资800多万元，先后建设和改造长沟镇二中和后陈小学、梁庄小学、大堤头小学、钱海小学、天宝寺小学等，建设教学楼和学生公寓13000多平方米。积极开展镇卫生院、村卫生室规范化建设工作，投资1000万元的卫生院病房楼投入使用。新建、改造村卫生室24处，投资800余万元，高标准完成35公里的道路修筑任务；大力推进农田排灌设施更新改造工程，改造排灌站2处，疏通排水渠3处；先后投资60万元在张山南、张山北、张山东3个村推进“一池三改”工作，建设沼气池632个。认真落实农村低保扩面工作，加大对困难群体的救助力度。发放各种社会保障资金1308万元，发放贫困户危房改造补助资金210万元，改善160余户困难群众的生活居住环境。享受低保人数增加到1149人。新农保参保率100%，新农合参合率100%。

【村（社区）选介】 南薛村 位于运河电厂的北邻，全村有345户，1240人，耕地面积785.11亩，人均纯收入9851元。村内的大型企业有跃进港、运河发电有限公司、鸿达建机械厂、通达化工厂、四通机械厂等。依托运河电厂在该村的位置优势，承揽电厂建设中的运输行业，全村拥有210多辆运输车，农民经济收入大幅度提高，是长沟镇有名的富村强村。2011年，开展“平安村庄”创建工作，成立治安巡逻队。改造村委大院，实施农网改造、路灯安装等工程。积极开展文明一条街创建活动，硬化村内街巷，修建排水沟，粉刷街道两侧的墙壁，在村内设立一条高标准的文明样板街，书写标语20条，绘制法制、文明漫画40余幅。在全村开展“评四户”“好媳妇、好婆婆”“十星级文明户”“净化美化进农家”活动。

孙街村 位于长沟镇驻地，全村有175户，616人，耕地面积196.42亩，人均纯收入11773元，是济宁市远近闻名的葡萄专业村。全村有党员35名，是济宁市党员远程教育示范基地。积极发展葡萄产业，葡萄种植面积发展到400亩。普及科技知识，购买葡萄种植和管理科技光盘700多碟，定期给群众播放专题节目。多次邀请北京农科院专家为群众讲解葡萄的栽培、管理、病虫害防治技术。组织广大葡萄种植户从中国农科院购买生物农药，严格按照有机葡萄的管理方式进行管理。先后投资80多万元，硬化村内街道7600平方米，建设高压线路250米和全方位低压线路1200米，新上50千伏变压器一台，新打机井13眼，购买葡萄管理机械400多台套。对集体土地进行招标租赁，建立规模较大的华联超市。建设农家书屋，购买书籍2400多册。积极开展“十星级文明户”“五好家庭”“好媳妇、好婆婆”等活动。 （程志伟 韩广兴）

接庄街道

【概况】 位于区境东南部，面积85平方公里。辖56个自然村，48个村民委员会，有25167户，89330人，其中女43828人。人口自然增长率6.7‰。

工业总产值146.2亿元，增长20.9%；实现利税17.54亿元，增长61.2%。农林牧渔业总产值5.5亿元，增长18.1%。全年粮食作物播种面积6386公顷，总产4.73万吨；瓜菜4178公顷，总产18.8万吨；棉花4公顷，总产6吨；种植业产值4.55亿元。全年造林48公顷，森林覆盖率30.1%，林果总产2455吨；林业产值160.5万元。年末大牲畜存栏2215头，猪存栏1.38万头，羊存栏0.73万只，家禽存栏7.78万只，畜牧业总产值4604万元。水产品总量4076吨，渔业总产值3298万元。农业机械总动力达90199千瓦。乡镇企业总产值232.1亿元，利税27.85亿元，其中个体私营企业产值34.8亿元、利税4.14亿元。地方财政收入1.16亿元。农民人均纯收入9283元，比上年增加1403元。有中学3处，小学6处，在校学生4785人，适龄儿童入学率100%。有医院1处。新农合参合60716人，参合率100%；办理城镇居民基本养老保险2877人。有老年公寓1处，入住140人，五保老人供养率95%、集中供养率90%。2011年，被评为济宁市农村科普工作先进单位、区级创建全国科技进步先进区先进单位。

【生态建设再上新台阶】 加大环保设施投入，建设液压式垃圾中转站1处、垃圾处理厂3处、地卧式垃圾收贮地坑26处，配齐收贮箱、垃圾清运车辆。开发区污水处理厂一期工程建设完毕，日处理规模2万立方，投入试运营。3月，实施农村环境综合整治“百日会战”攻坚行动。动用挖掘机、推土机250多车次，清运垃圾6000余立方，整平复土1万多平方米；集中清理济邹路两侧的落地广告牌，粉刷树木8万余棵、墙面3万平方米，刷写标语150条；清理占道经营户100余户，拆除违规建筑18处，违规厂房2处；统一规范八里营、小郝等沿街门面和街道驻地摊点。狠抓济邹路环境综合整治项目。升级改造济邹路大型平交道口7处，完成绿化面积18万平方米，安装路灯600余盏；绿化小郝转盘西北角、西南角，调运土方4万方，种植草皮、观赏花卉3700平方米；投资200多万元，完成企业新建绿地面积15公顷；投资70多万元，绿化机关办公楼和企业屋顶，绿化面积5600平方米；投资12万元，较好地完成生态停车场新建和绿化工作。严把企业环评准入关，对所有新建、改建、扩建项目严格开展环境影响评价工作。对未经环保部门进行“三同时”（同时设计、同时施工、同时投入生产和使用）竣工验收和批准的，严禁投入生产或使用；对不符合生态环境规划及污染物排放消减要求、排放不达标、工艺落后的一律不予受理环境影响评价文件。新上项目“环评”执行率、“三同时”执行率100%。67%的企业完成ISO14001环境体系和ISO9000系列质量体系认证。开展创建省级生态文明乡镇活动，获得省级绿化示范镇荣誉称号，文明小康村、生态示范村创建率均高于全市5个百分点以上。

【特色农业优势凸显】 年内突出发展以瓜菜种植、畜牧养殖为主的特色农业，特色农业产值占农业总产值的70%以上，形成“西菜东瓜，南渔北牧”的现代农业新格局。西部蔬菜区大力实施标准化种植，万亩蔬菜基地被市区定为安全种植示范区；东部西瓜年内新增种植面积500亩，其中“福禄寿禧”贴字西瓜200多亩；南部千亩省级淡水养殖示范园和矿区塌陷地网箱养鱼规模不断扩大，展现良好的发展前景；北部以王回庄养牛、高庙养猪为龙头，辐射带动官庄、四村、二村、郑庄养牛业和大屯、前埔、古柳、八里营等养猪业。年底，街道形成2万多亩的无公害蔬菜种植基地、年出栏2000多头的肉牛奶牛养殖基地、年出栏3万多头的生猪养殖基地和5000亩的网箱养殖基地。

【社区建设实现新突破】 全力推动城镇化建设进程。投资2亿多元的压煤搬迁村庄十里营新村小康楼及配套设施建设全面完工，积极推进整体大搬迁。完成中贾社区10栋住宅楼建设，其中入住2栋楼72户群众。投资700多万元，新建、改建三贾社区服务中心、接庄社区服务中心和南集社区服务中心。加快农村危房改造，全面完成15个村28户危房改造。

【创新农村“三资”管理】 接庄街道创新农村集体“三资”（村集体资金、资产、资源）管理机制。成立街道“三资”代理服务中心，设置“三资”管理服务大厅，出台“三资”管理制度规定。年初，专门组织由“三资”代理中心人员、驻村廉政监督员、村“两委”干部、部分村民代表及理财小组人员组成的农村集体“三资”清查小组，集中对各村的“三资”存有状况进行拉网式清查，在服务大厅建立“三资”台账。至年底，代理资金6500余万元，代理资产3600余万元，代理宅基地、荒地等资源7万余亩，办理公章业务3430宗，退回不合理业务40宗。集体“三资”管理工作有效防止村集体资产的流失，有效遏制村干部违规违纪现象的发生。接庄街道“三资”管理工作成为全市、全区的村级工作规范化管理示范点。省纪委把接庄街道作为联系点，先后两次到接庄街道视察调研“三资”管理工作。

【打造综合服务大厅惠民新载体】 投资198.7万元，建起1080平方米的街道综合型服务大厅。服务大厅整合财税、农经、新农合、劳保等职能部门，分类设置便民服务窗口，集中向广大群众提供国家惠民资金的审核发放、土地流转、社会救助等16大类服务项目，为广大人民群众提供优质、高效、便捷的“一站式”服务。全年财政所惠农补贴窗口发放粮食直补及农资综合补贴500万元，涉及街道1.2万农户；下乡补贴窗口发放家电、汽车、摩托车下乡补贴360万元，办理6000余户家电补贴；民政窗口及时向弱势群体发放大病救助金、救灾救济款和各类优抚金1000多万元；新农合、新农保工作扎实推进，农民参合率、参保率均达100%。

【深入推进土地挖潜工作】 接庄街道深入推进土地挖潜工作，投资3500多万元，在南集二村的2处窑场和街道办事处实施复垦置换项目。整平土地456.9亩，新增耕地439亩。其中南集二村窑场整平土地84.9亩，实际增加耕地82亩，新打机井2眼，开挖排水沟1条，修筑涵管桥1座，新修1条240米生产路和1条240米田间道路。街道办事处整平土地372亩，实际增加耕地357亩，新打机井7眼，修筑涵管桥6座，新修1条380米生产路和1条640米田间道路。两项工程建设质量均参照土地开发整理项目要求进行实施，质量全部达到《土地开发整理项目验收规程》的有关规定。

【民生建设扎实有效】 努力保障和改善民生，使广大人民群众共享新型乡镇崛起跨越新成果。高度重视就业保障。大力推进农民向二、三产业转移，全年为企业输送劳动力1000多人次，转移农村劳动力655人，劳动力非农就业率53.6%。大力实施科技兴街、科技兴园战略，科技对经济发展的贡献率达到60%以上，高新技术产业产值比上年增长35%。重视发展教育事业，总投资2000多万元的中小学教学楼、综合楼、学生公寓建设完工；街道学前3年儿童入园率80%以上，适龄儿童入学率100%，初中学生辍学率控制在2%以内。完成村级卫生室规范化改造任务；做好传染病防控工作，辖区未发生手足口病、甲型H1N1流感等传染病；农民新农合参合率100%。文化事业加快发展，街道驻地建有高标准文化活动中心1处，48个村均建起农家书屋、科技文化大院和农民健身广场；有线电视入户率84%，宽带入户率17.5%。积极救助弱势群体，全年投入1000多万元用于辖区大病救助、优抚等。

【村（社区）选介】 大郝村位于接庄街道西部，427户，1695人，耕地面积1500亩，人均纯收入9316元。大郝村是1991年全市首批建立的无公害蔬菜生产基地专业村，是远近闻名的“无粮村”。全村有高标准的蔬菜大棚400多个，小弓棚或土温室1000多个，实现每户一个大棚的发展目标。年内新引进“新、稀、特、优”蔬菜新品种15个，引进以色列大棚滴灌技术、生物防治蔬菜病虫害技术两项，铺设低压节水管道2万米。低压灌溉面积达到1500亩。投资15万元，新建蔬菜批发市场1处，先后扶持2家大型蔬菜批发大户。蔬菜远销10多个省、市地区。先后与北京、上海等地签订球形生菜、七彩椒、羽翼甘蓝等蔬菜生产合同。仅蔬菜一项，全年人均纯收入就达6000多元。创新发展思路，做大集体经济。投资30万元，改善窑场生产条件，吸引客商到窑场投资承包经营。对村北废弃地、旧坑塘进行整修，建成投产水泥制品厂和2家混凝土生产企业。通过对集体资产的盘活经营，有效地促进集体资产的保值增值，全年大郝村集体获得对外承包和租赁经营收入10多万元。发展第三产业。沿济邹公路先后发展起庄稼医院、汽车维修、餐饮服务、铆焊加工等三产户30多家，三产年增加值300多万元。加大新农村建设的投入力度。投资12万元，重建原村“两委”大院；投资48万元，完成全村主干道的硬化、绿化和下水道改造；协调济二煤矿对各生产路进行矸子石铺设；新打机井8眼；新增400KVA变压器一座；统一修缮16家独门独院的老年公寓。2011年，大郝村被区委、区政府评为明星村，村党支部被街道党工委评为五好村党支部。

南集二村 位于接庄街道东北部，356户，1362人，党员34人，耕地面积1680亩，人均纯收入9192元。建设富裕二村。沿济邹路规划建设1公里的“绿色长廊”，连片发展无公害蔬菜500亩，使蔬菜种植户人均增收3000元；10户农民发展起填鸭养殖和多种菌种植项目；依托南集农贸市场和沿济邹路的优势，年内，新增三产户20多家；组织150多名村民外出务工，使人均年增收5万多元；投资530万元完成二村窑场土地复垦项目，复垦良田80多亩。建设文明二村。村集体投资15万元打通南集一村、二村到三村的750米南北大街；投资2万元修建健身小广场；投资2.5万元安装路灯30盏；投资5000元建起村务、财务公开榜；投资5万元建起二村标志性建筑物—功绩牌坊；筹资100多万元新建占地2000多平方米的南集社区服务中心1处；春节期间，拿出2万元邀请河南商丘豫剧团到村演大戏，为广大农民群众送上丰盛的文化大餐。建设平安二村。投资10万元在村内新建高标准的电子监控系统，安装监控探头15个，实现村内电子监控全覆盖。建设和谐二村。坚持党务村务财务张榜公示，成立村民代表和老党员组成的村务财务监督小组；免收全村365户的自来水费；建立中榜大学生奖补制度，拿出专项资金为考上大学的本科生进行资助；协调市供电部门投资80多万元进行电网改造。2011年，南集二村被区委、区政府评为明星村，村党支部被区委评为先进基层党组织、被街道党工委评为五好村党支部。

前苏村　位于接庄街道东北部，192户，745人，耕地1227亩，人均纯收入9238元。大力发展农村经济。9月，村两委配合开发区（接庄街道）做好杰威迅LED、东达矿机、太阳机械、吉华机械加工项目的征地补偿和企业入园工作，转移安排剩余劳动力200多人，新增农民收入200多万元；积极引导种植户发展特色蔬菜种植，新增特色蔬菜种植面积200多亩，成立蔬菜购销队伍；大力发展民营经济，扶持村民新上总投资100多万元的机械加工项目1个。开展环境卫生整治。集体投资15万元，出动劳动力300人次、机械80余台次，粉刷墙壁4万平方米，栽植树木200多棵，为每户发放垃圾桶，按标准配备环卫保洁人员。抓好民心工程。投资近70余万元，硬化村内道路；免收自来水水费；为全村758人代缴新农合保费，为全村16周岁以上的村民每人代缴200元的养老保险费，继续为70岁以上的老人发放200~500元的养老补助金，对符合条件的2个独生子户和3个双女户兑现奖补政策；警铃入户，村民家家联网；投资8万余元，在全村主要街道和路口安装电子监控头16处，实现村内电子监控全方位覆盖。搞好精神文明创建。修建古二十四孝图文化墙；投资近3万元，对村内2处绿地进行修整，新安装健身器材13台；开展“好媳妇”“好婆婆”“五好文明家庭户”等创评活动。

王回庄村　位于接庄街道北部，济邹路北，诗仙路南。曾被国务院命名为“民族团结进步模范村”，是任城区唯一的回民集聚村，198户，876人，党员30人，耕地面积1670亩，人均纯收入9256元。实施“四个一”工程。实施“人均一头牛”工程，在村东建造占地130多亩高水平的养牛场，存栏量860头，实现年收入260万元，投资50万元，建造高标准挤奶大厅，与维维乳业集团签订鲜奶回收合同；实施“人均一亩种子田”工程，充分发挥本村无污染且土杂肥足优势，与市区种子公司常年签订小麦良种繁育合同，成为任城区重要的良种繁育基地；实施“人均一亩速生林”工程，与淄博山明科技集团签订欧美杨回收合同，发展欧美速生杨800多亩；实施“户均一个沼气池”工程，80%的农户建起沼气池。改善环境面貌。村集体投资30多万元，埋设地下电缆8000余米，新增变压器1台，新打机井30眼；多方筹集资金80多万元，实施村内大街小巷道路硬化；投资20万元，建成高标准的村文化大院；为打造平安环境，在村内各个主要路口安装监控探头；成立以党员为首的红白理事小组、民事调解小组和计划生育协会等组织，及时解决群众反映的热点难点问题。做好民生工作。定期召开党支部会、民主生活会和村民代表会，制定村规民约，“三务”公示及时上墙；村里连续5年免收自来水费；3年免收新农合费用；代缴全村每人200元的社会养老保险金；对新录取本科大学生每人奖励2000元；每年过节专访慰问退休老干部、现役军人、家庭困难户。2011年，被区委、区政府评为2011年度平安任城建设先进村、文明小康村。

后粟村　位于接庄街道北部，同济路以东，蓼沟河以西，265户，1072人，党员33人，耕地面积1225亩。调整产业结构，发展村经济。凭借位于开发区境内得天独厚的区位优势，大力发展物流运输、商品销售等商贸经济，从事多种经营的农户占总户数的55%以上，人均纯收入9295元。加强基础设施建设，美化村庄环境。投资15余万元，硬化村内6条道路。成立村级专职卫生保洁队，清理主干街道两侧的地下排水管道，在街道两旁植树500多棵，实行垃圾定点堆放，定时保洁。开展文化活动，促进精神文明建设。村集体出资3万元为村民购买有线电视机顶盒，实施有线电视入户工程，有线电视入户率100%。投资20余万元建起集党员活动室、农家书屋、棋牌室等于一体的文化大院，小康书屋藏书1000余册。2011年，被区委评为先进基层党组织。

（王保国　姜海珍）

李营街道

【概况】 位于区境北部，面积73.78平方公里。辖56个自然村，56个村民委员会，有16781户，67229人，其中女34341人。人口自然增长率9.59‰。

工业总产值47.8亿元；实现利税4.97亿元。农林牧渔业总产值4.42亿元，增长10%。全年粮食作物播种面积4968公顷，总产3.9万吨；瓜菜800公顷，总产4.27万吨；棉花20公顷，总产30吨；种植业产值1.68亿元。全年造林1000公顷，森林覆盖率86.2%，林果总产4039.5吨；林业产值4468万元。年末大牲畜存栏555头，猪存栏4.6万头，羊存栏0.78万只，家禽存栏96万只，畜牧业总产值2.2亿元。水产品总量261吨，渔业总产值301万元。农业机械总动力达62000千瓦。乡镇企业总产值86.9亿元，利税10.55亿元，其中个体私营企业产值15.5亿元，利税1.88亿元。地方财政收入1.27亿元。农民人均纯收入9435元，比上年增加1089元。有中学2处，小学8处，在校学生4032人，适龄儿童入学率100%。有医院4处。新农合参合61203人，参合率99.88%；办理城镇居民基本养老保险117人、基本医疗保险1919人；办理城市低保1人，最低生活标准每人每月95元，月平均发放低保金9.5万元。有老年公寓1处，入住106人，五保老人供养率、集中供养率均达93%。2011年，被评为全省安全生产监督管理系统先进单位、全市民营经济先进单位、全区工会工作先进单位、全区环保工作先进单位。

【社区建设稳步推进】 以“积极稳妥、注重实效”为原则，深入调研，精心策划，强化措施，社区建设工作稳步推进。薛口社区项目总投资6亿元，总建筑面积33万平方米，其中回迁住宅11.4万平方米，商业楼房21.6万平方米。薛口社区建设一期工程14栋楼房13万平方米建设完成，360余户群众回迁上房，3000平方米的社区服务中心及5000平方米的文体活动广场全面投入使用，现代化万人居住小区初具规模。骆楼社区项目总投资3亿元，总建筑面积26.9万平方米，其中用于居民回迁11万平方米，商住开发15.9万平方米，15栋安置楼建设完工，可容纳2100余户。

【苗木产业规模逐步壮大】 把苗木作为农业结构调整的主导产业来抓，因地制宜，因势利导，走出一条以大乔木为品牌，以协会带动苗木发展，以苗木发展促进农民增收的新路子。作为全国十大苗木之乡，苗木面积发展到6.5万亩，苗木畅销全国28个省、市、自治区。2011年，成功承办中国法桐节，销售苗木1.4亿株，营业额达4.7亿元。产业链条逐步延伸。苗木绿化工程公司26家，营业额2.5亿元；林下食用菌种植培育基地6个，种植面积400亩，吸收劳动力3000多人，苗农亩均收入近2万元。生态观光农业初具规模。聘请同济大学编制生态观光旅游业5000亩详规；大力发展观光旅游项目，全街道具备休闲观光能力的种植基地发展到20多个。

【“三线一面”保稳定】 坚持“打防并举，以防为主”的工作方针，探索社会治安综合治理新途径、新方法，精心构筑“三线一面”（综治线、公安线、司法线、党政面）的矛盾纠纷信息收集和调处网络，筑牢维护社会稳定的第一道防线。着力构建“三线联动”的矛盾纠纷“大排查、大调解”机制，促进各类矛盾纠纷就地及时化解，维护社会稳定。相继投入60余万元建设政法大院、司法所办公楼，加强派出所、综治办、法庭硬件建设，实现联合办公，提高工作效率。建立健全村级平安档案、村级治安档案、村级和谐家庭档案，定期排查各类隐患信息，及时上报，联动调处。把矛盾纠纷解决在基层，社会治安环境得到进一步改善。

【“三资五制”促和谐】 加大“三资五制”的实施力度。推行五项制度规范村级集体三资（资金、资产、资源）的管理，有效解决经济发展和城市化进程中农村存在的突出问题，促进社会和谐稳定。农村财务委托代理制度。村级资金账目统一由街道代理，由街道财务委托代理中心按村设立财务账户，集中管理核算。村级印章使用监督管理制度。村党组织印章、村委会印章由街道集中存放，建立印章使用登记簿，工作人员24小时轮流值班，确保业务随到随办。村级重要经济事项招投标制度。村级固定资产处置等重要经济项目，必须经过村民会议或村民代表会议研究决定，由街道招投标办公室组织，严格实施招投标。驻村廉政监督员制度。统一选配56名驻村廉政监督员，具体负责农村村务、财务等问题的监督指导工作，建立驻村廉政监督员档案，为领导决策和工作调度提供依据。村务公开民主管理制度。建立街道村务公开民主管理工作档案，以村为存档单位，以服务区为上报单位，对各村每期村务、财务公开的内容登记备案，保障村集体资金安全运转。

【农村文体事业丰富多彩】 建立健全文化设施。加强文化活动中心、村文化室、图书室等文化设施建设，建成远程教育服务点57个，村村建起农家书屋和文明一条街，形成以街道文化活动中心为龙头，矿企、学校文化活动中心为主体，村文化大院为基础的文化阵地网络。积极开展文体活动。以乡土文化艺术为依托，组建16支民间文艺表演队伍，五里屯的吹打演奏队，夏街、栗乡的唢呐队，岱庄村的腰鼓队、秧歌队等，丰富了人民群众文化生活。文艺人才积极涌现。郝玉良的渔鼓和徐守谦的山东快书《李营苗木走四方》，多次在市区重大活动中表演获奖；曾文莹的唢呐独奏，走进中央电视台七套节目的演播室；退休教师靳云昌创作的《万寿长城图》，入选吉尼斯世界纪录。

【村（社区）选介】 薛口社区 位于李营街道西南部，面积700余亩，全社区345户，1246人，党员40人，人均纯收入9769元。以支部书记薛恩波为首的社区“两委”班子，在发展集体经济、建设新型社区、倾力改善民生等方面做了大量工作。2006年4月，通过土地租赁、联合开发、共同投资的形式，多方筹集资金3000余万元，建成占地240亩、基础设施“九通一平”的薛口建材大市场。薛口建材大市场形成以济宁市为中心，辐射整个鲁西南地区及江苏、河南、安徽等周边省市的销售网络，入驻客商260余家，安置村内外劳动力1000余人，年销售总额35亿元，实现利税2400万元。建材市场带动了运输、餐饮等相关配套产业的迅猛发展，服务建材市场的各种运输车辆230余辆，年可增加群众收入150余万元。2008年，实施旧村改造，建设新型社区。至年底，完成社区建设一期工程，14栋楼房13万平方米，360余户群众回迁上房，规划面积3000平方米的社区服务中心及5000平方米的文体活动广场全面投入使用；完成社区建设二期的主体工程，17栋楼房。全年入库税收2200万元。2011年，被评为李营街道环境卫生综合整治示范村、李营街道服务经济发展先进村，荣获李营街道综合考核一等奖。

岱庄村 位于济宁市北郊，济岱路北端，西邻济北矿区，耕地面积758亩，全村300户，1300人，人均纯收入9402元。村内有山东省安康医院、济宁市研究所等多家企事业单位。充分发挥市农科院、市农业学校坐落在岱庄村的优势，大力实施“科技兴农”战略，加大农业产业结构调整力度，大力引进新品种、新技术，引导村民大力发展苗木、大棚蔬菜、食用菌培植等高效经济作物，增加了村民收入。充分利用临城近矿、紧靠岱庄医院的区位、交通优势，开发建设岱庄商业街、岱庄农贸市场，入驻企业16家，各类工商户30余家，外来暂住人口3000余人。大力发展煤炭运输、汽车维修、冷藏加工、仓储租赁等产业，形成集运输、餐饮、服装、粮油加工等各种行业于一体的商业网点。不断丰富群众物质文化生活。以硬化、绿化村内道路为重点，大力推广沼气池，实施改水、改厕、改圈；开展十星级文明户，十佳好媳妇、好婆婆挂牌评比活动；组建老年腰鼓队、秧歌队等，自编自演群众喜闻乐见的文艺节目；建立健全村综治委员会、调解委员会、治安巡逻队等综治机构，构建起“横到边，竖到底”的防控体系，投资7万余元，在主要路段、重点部位安装监控探头8个。2011年，被评为李营街道环境卫生综合整治示范村、李营街道群众文化活动先进村，荣获李营街道综合考核一等奖。

新村　位于李营街道西部，全村56户，203人，耕地面积289亩，村庄占地面积20亩。2011年，集体收入10万元，人均纯收入9295元。实行村级财务“会签代管”(对村级村务、财务需加盖公章的重要事项，一律经相关服务区主任、包村干部、村支部书记把关签字后，交由街道印章管理中心统一盖章)工作制度。坚持依法治村，严格“四民主、两公开”（四民主：民主选举、民主管理、民主决策、民主监督；两公开：村务公开、财务公开）制度，每月12日定期向村民公开。开展村级“一事一议”工作，重大事项一律通过党员、群众代表大会决定，及时张榜公布。建有文化大院、法治宣传一条街，文化室、阅览室等配套设施齐全。安装中心街路灯，修建水沟1000米、花池10个。严格落实“门前三包”，实行垃圾定点堆放，村容村貌焕然一新。投资1万元，为本村村民购买治安保险；在全村范围内安装电子监控设施，提高社会治安整体防控能力。积极开展“好媳妇、好婆婆”“文明小康户”和“文明小康村”等创评活动。搞好农村公益事业，拿出6000元专项资金对军属、老人、病残困难户进行慰问、扶持。2011年，新村被评为全区新农村建设示范村、全区计划生育先进单位、李营街道环境卫生综合整治示范村，荣获李营街道综合考核一等奖。

（李　涛　闫鸿章）

二十里铺街道

【概况】　位于区境北部，面积70.4平方公里。辖64个自然村，53个村民委员会，有12665户，50292人，其中女24530人。人口自然增长率7‰。

工业总产值67.5亿元，增长28.8%；实现利税7.69亿元，增长9.4%。农林牧渔业总产值4.7亿元，增长9.74%。全年粮食作物播种面积7271公顷，总产5.24万吨；瓜菜1525.2公顷，总产8.93万吨；棉花61.3公顷，总产92吨；种植业产值3.11亿元。全年造林18公顷，森林覆盖率35%，林果总产889吨；林业产值722万元。年末大牲畜存栏422头，猪存栏2.8万头，羊存栏1.75万只，家禽存栏75.97万只，畜牧业总产值1.48亿元。水产品总量790吨，渔业总产值908万元。农业机械总动力达85341千瓦。乡镇企业总产值72.5亿元，利税8.15亿元，其中个体私营企业产值61.6亿元、利税6.92亿元。地方财政收入6100万元。农民人均纯收入9200元，比上年增加938元。有中学1处，小学7处，在校学生3030人，适龄儿童入学率100%。有医院1处。电话普及率达到每百人60部。2011年，被评为省级新农村建设档案工作示范镇、省级特色产业镇、区级村务公开民主管理先进单位、区级科技工作先进单位。

【葛亭社区回迁入住】　葛亭社区位于105国道西侧，是区土地增减挂钩项目之一。在精心组织做好“定位置、定楼层、定户型、定房价”工作的基础上，由山东省城乡规划设计院设计，2010年10月，葛亭社区（Ⅰ）项目区开工建设。2011年7月，竣工验收。9月，上房回迁。社区建设总投资8600万元，建筑面积5.5万平方米，安置576户。

【农业综合开发项目建设顺利进

行】 区2011年度农业综合开发项目位于二十里铺街道东部，投资934万元，治理面积1万亩，涉及王府集、刘门口、后屯、前屯、张马行、付庙、陈庄、后寺等10个村，受益人口8450人。年底，完成项目80%的工程量，其中新修、疏挖排水沟66公里，完成计划的100%；建桥涵400座，完成计划的100%；新打机井72眼，完成计划的90%；铺设PVC节水管道20公里，完成计划的40%；整修机耕路30公里，完成计划的100%；种植法桐3万株，完成计划的60%；科技培训1200人次，完成计划的60%。建设中上阵机械30台套，动用土石方20万方。

【城乡环境整治工作取得新突破】 高度重视城乡环境综合整治工作，成立专门领导小组，研究制定《关于加强村级环境集中整治的实施意见》，先后投入资金320多万元，组织240多人，出动车辆600多辆次，开展城乡环境综合整治活动。对街道重点路段、重点部位，实行分工包保，并通过定期调度、现场观摩等形式集中推进整治活动开展，严格执行村级环境整治补贴奖惩制度，对120名村级清洁队员进行登记造册、集中培训、补贴上岗，建成城乡环卫体系，建立日产日清制度，健全完善城乡环境整治长效机制。

【农友植保专业防治合作社正式运行】 4月20日，区农友植保专业防治合作社成立，办公地点设在街道农业综合服务站。合作社有机防专业服务队3支，3WF-2.6型喷雾机30台。采取市场化运作，共同出资、独立经营、自负盈亏、风险共担，遵守合作社服务公约，与服务方签订协议，提供有偿服务。合作社享受政府的农业政策和资金扶持，由街道办事处统一调度和监管。2011年，与5个村签订合同，服务面积7000亩。

【村（社区）选介】 葛亭社区 位于105国道西侧，是街道制定的“6+1”总体规划确定的新型农村社区项目和2010年区委、区政府确定的8个合村并居土地增减挂钩项目之一，该项目由山东省城乡规划设计院全面设计完成。葛亭社区由原来的葛亭、段街、聂庄、江庙、徐家、崔付、钟海、程街8个村合并而成，2000户、6000人，规划占地472亩，建筑面积26.9万平方米，其中居民楼50栋，建筑面积24万平方米，学校、卫生院、超市等的建筑面积2.9万平方米。葛亭社区服务中心选址在聂庄管区原址，一期工程投资8600万元，14栋居民楼，576户。2011年7月，竣工验收，9月，上房回迁。葛亭社区配套设施齐全，服务功能完善，居住环境优美，是全区新型农村社区建设的示范工程、精品工程。2011年，被评为区级文明小康村(社区)、“平安任城”建设先进村(社区)。

崔庄村 位于二十里铺街道东部，共建路两侧，辖3个自然村，280户，1030人，党员40人，耕地面积1760亩。村“两委”大力发展都市农业，积极引导群众推行土地流转，建立560亩苗菌立体种植示范基地、200亩济宁园林绿化基地、60亩中药材种植基地及葡萄基地，扩大土地规模经营，安置就业村民150多名，每年为群众增加收入130多万元。食用菌基地“爱客多多”黑木耳，通过绿色食品认证，产品供不应求。村集体投资500万元新建新型节能砖厂2处，投资300万元建立深井管厂，用工60余人，年收入60万元，形成具有地方特色的产业集群。100多户村民加入生猪养殖协会，常年参加协会活动。村集体年收入100多万元，年增长率9%，农民人均纯收入8500元，农民劳动力就业培训率85%。崔庄社区服务中心建成投入使用，其中村“两委”办公场所10间，400多平方米。新建科技文化大院，占地面积990平方米。注重村级基层基础建设，“四民主、两公开”制度健全，定期开展“好媳妇、好婆婆”等群众性精神文明创建活动，群众安居乐业。2011年，荣获街道村级综合考核一等奖。

大屯村 位于二十里铺街道东北部，东部与兖州毗邻，北部与汶上接壤，是典型的三县交界地。全村218户，747人，党员20人，耕地面积1377亩，养殖户突破50家，法桐、紫叶李等苗木种植面积400多亩。2011年，

“两委”班子带领广大党员群众，积极开展村内卫生综合整治，筹措资金42万元，硬化全村所有路面，修建下水道2580米，建造过街牌坊一座，在村内道路和街巷两旁栽植法桐、紫叶李等绿化苗木3000多株。民心工程深入人心，村内建有社区医院，方便村民就医。投资5万元加固维修、拓宽村出口过路桥，协调62路公交车延伸到村头。筹资15万元进行危房改造，盖福利性房屋10间，解决5家低保户的居住问题。建设2000平方米的文化活动广场，配置乒乓球台、扭腰器、太空漫步机等10种室外健身器材。新建农家书屋1处，各种实用书籍1000多册。2011年，被评为区级文明小康村。

陈庄村　位于二十里铺街道东侧，全村171户，631人，党员25人，耕地面积840亩。村庄规划整齐，常年保持整洁卫生。硬化2条主要干道10500平方米，修排水沟3200米，栽植绿化树木700株，新安装路灯36盏，建成沼气池90个。投资2000万元、建筑面积2万平方米的怡园小区全部完工入住。连年开展“好媳妇、好婆婆”“美在农家”等文明创建评选活动。高度重视计生工作，投入10多万元，新建400多平方米地上两层的服务室，配备必要的计生设施，利用人口学校分期分批对育龄妇女进行“五期”教育，深入开展“婚育新风进万家”和“关爱女孩”活动。以育龄妇女健康查体为主线，大力倡导落实长效节育措施，查体率和长效节育措施落实率均达100%，连续10多年未出现违法生育和私自终止妊娠现象。2011年，被评为省级文明村镇。

孟营村　位于二十里铺街道南部，全村268户，1049人，党员41人，耕地面积1100亩。村“两委”注重人才培养与现代农业技术引进，打造农业品牌，培植发展以西红柿大棚为主的现代特色农业。发展温室大棚1100多个，新建恒温育苗室1处。注册“孟营”牌西红柿商标。与山东农业大学、济宁农校、济宁市农科所联系，培训懂技术、会经营的科技型农民，600余名村民拿到绿色证书。大力推广滴灌、配方施肥、西红柿换头整枝连续结果等新技术，西红柿亩产量突破1万公斤。投资68万元，建设大型蔬菜批发市场，投资50万元，修建1公里的主干道，投资10万元加入全国“菜篮子信息网”，与10多个省、市、区的30多家蔬菜大客商建立业务联系，部分产品还转销到日本和韩国，年销售蔬菜1000多万公斤。2011年，荣获街道村级综合考核一等奖。

（宋　乾　李代来）

南张街道

【概况】　位于区境西部，面积55.5平方公里。辖53个自然村，53个村民委员会，有13554户，52935人，其中女26257人。人口自然增长率10.84‰。

工业总产值40.7亿元，增长15%；实现利税1.72亿元，增长40%。农林牧渔业总产值4.65亿元，增长6%。全年粮食作物播种面积3791公顷，总产2.7万吨；瓜菜1415公顷，总产6.5万吨；种植业产值2.52亿元。全年造林16公顷，森林覆盖率25.6%，林果总产3411吨；林业产值817万元。年末大牲畜存栏1264头，猪存栏1.8万头，羊存栏0.2万只，家禽存栏38万只，畜牧业总产值1.86亿元。水产品总量810吨，渔业总产值865万元。农业机械总动力达76592千瓦。乡镇企业总产值54.1亿元，利税2.55亿元。地方财政收入1.14亿元。农民人均纯收入9363元，比上年增加1100元。有中学1处，小学7处，在校学生3406人，适龄儿童入学率100%。有医院5处。新农合参合48722人，参合率达98%；办理城镇基本养老保险62人、基本医疗保险333人、失业保险53人、工伤保险52人；办理城市低保153人，最低生活标准每人每月204元，月平均发放低保金3.1万元。有老年公寓1处，入住163人，五保老人供养率、集中供养率均达100%。2011年，被评为省级文明镇街、全省社会治安综合治理先进街道，荣获区经济社会发展综合考核一等奖和区五项经济指标考核一等奖。

【温馨家园经济适用房建成使用】　温馨家园经济适用房位于吴庄村，属于中央预算内投资的第五批拉动内需项目，是市级领导包保的重点项目、民生工程。该项目占地53.8亩，建筑面积5.84万平方米，投资9800万元。其中经济适用住宅楼13幢，4.48万平方米，638套。配套建设廉租房住宅楼5幢，1.26万平方米，252套，可容纳896户低收入家庭的居住。该项目严格按照国家规定设计建设，室内装修一次到位，水、电、暖、燃均实行分户计量。9月，建成投入使用。

10月16日，卡松科技院士工作站揭牌仪式

【可生物降解绿色环保液压油技术达到国际领先水平】 可生物降解绿色环保液压油项目，为卡松石化有限公司与中国科学院兰州化学物理研究所联合研发项目。以纯天然油脂及混合物作为基础油，配以可生物降解、无毒害作用的添加剂，采用DCS控制和专利智能脉冲调和装置制备而成。产品具有可生物降解、可替代石油、节能降耗等优异特质，性能远高于矿物型液压油。3月，被列入山东省技术创新项目（编号：201210308008）；7月，通过山东省科技情报研究所（国家一级查新机构）国内国外查新证明（编号：201037b2801262），具有全球新颖性，技术达到国际领先水平。

【卡松科技院士工作站被认定为山东省院士工作站】 10月16日，卡松科技院士工作站成立。该工作站是全国行业内首家，也是国内唯一一家润滑材料领域的院士工作站。院士团队成员中的首席院士薛群基是中国工程院院士、国际摩擦学会主席、中国材料摩擦学“第一人”。其他成员由来自中国科学院、上海交通大学等国内外知名院校和国家相关重点实验室的权威专家组成。依托院士工作站，卡松科技有效整合国内最强有力的润滑技术资源，为参与国际品牌竞争奠定坚实的基础。12月，卡松科技院士工作站被山东省委组织部、山东省科学技术厅、山东省财政厅、山东省人力资源和社会保障厅、山东省科学技术协会共同认定为山东省院士工作站。

【亿丰时代广场二期项目开工建设】 亿丰时代广场是新兴的城市商业综合体，一期工程占地约100亩，投资9亿元，建筑面积50万平方米。5月15日，二期项目开工奠基，占地约200亩，投资25亿元，包括4万平方米的银座商城、6万平方米的一线二线高端品牌市场、2.2万平方米的豪华影院和18万平方米的配套住宅，可新增就业1.2万人。二期项目能满足“一站式服务”的多种需要，将带动人流、物流、信息流及配套基础设施建设，促进商贸服务业等相关产业的发展。

【村（社区）选介】 满庄村位于南张街道东部，310户，1550人，耕地395亩，人均纯收入9300元。驻地有亿丰时代广场、振宇蔬菜批发市场、振宇茶叶市场、济宁心酒厂等。满庄村抢抓城北片区建设机遇，结合区位优势，确立以建设现代市场、发展商贸物流产业和打造新型社区为工作重点，加快城市化建设步伐，实现由农村向城市社区的转变。积极招商引资。5月15日，亿丰时代广场二期项目开工建设，占地约200亩，总投资25亿元；12月，一期工程竣工，占地约100亩，总投资9亿元。投资3000万元，建设占地120亩的振宇茶叶市场，吸引众多商家入驻，增加村集体收入，为村民提供众多的就业岗位。加强新型社区建设。满庄村建设26栋居民回迁楼，建筑面积15.2万平方米，社区服务中心3000平方米。2011年，满庄村被评为全市民营经济先进村、“平安任城”建设先进村。

西刘社区　位于南张街道东南部，开泰花园南邻，洸河西路南侧，全社区530户，1500人，人均纯收入9200元。西刘社区是在拆除后的西刘村原址上重建的，规划总用地面积235.5亩，建筑面积31万平方米。年底，建筑面积4.2万平方米的居民回迁楼投入使用，用水、用气、供电、供暖等公共配套设施一应俱全，垃圾处理、污水处理均纳入市政管理。社区服务中心占地面积3200平方米，拥有服务大厅、图书室、会议室、老年人活动中心、便民超市、社区医疗卫生服务站等公共设施。2011年，西刘社区被评为省级文明村庄。

（潘　震　孙敬涛）

仙营街道

【概况】　位于区境南部，面积2.5平方公里，辖4个社区，1个行政村，有15979户，58897人，其中女25742人，人口自然增长率4.5‰。

财政总收入1.27亿元，占全年任务的105.28%，其中实现地方财政收入7462万元，占全年任务的105.28%；完成招商引资3.34亿元，占全年任务的139.3%；引进项目22个，其中投资过亿元项目1个、过千万元项目12个，固定资产投资完成4.4亿元，占全年任务的100%；新上限额服务企业24家。人均纯收入22000元，比上年增加4329元。有中学2处，小学1处，在校学生6210人，适龄儿童入学率100%。有医院4处。新农合参合人数923人，参合率100%；办理城镇居民基本养老保险1420人、基本医疗保险3300人；办理城市低保258人，最低生活标准每人每月210元，月平均发放低保金5.7万元。有老年公寓1处，入住25人，五保老人供养率、集中供养率均达100%。2011年，被评为山东省人口普查先进集体、济宁市人口普查先进集体、济宁市语言文字工作先进集体、市级经济跨越发展乡镇、市级文明单位。

【新型社区建设成绩显著】　谢营社区投资4000万元，建设高标准不锈钢大市场、地下停车场，建筑面积4万平方米，全年增加集体收入1000万元。秦庄社区投入360万元，建设1500平方米的综合服务大楼。引进资金2.6亿元，积极打造济宁王府景高档商住楼3栋，建筑面积6万平方米。仙营社区投资350多万元，建成2000平方米的社区服务中心，设立社区服务大厅、档案室、会议室、警务室、健身室等机构，建立“345”服务工作体系，即建立民情畅通机制、社区救助机制、党组织和党员承诺机制“三项机制”，完善医疗保障、文化体育、治安防范、家政中介“四项服务”和创建文化型、服务型、创新型、数字型、安全型“五型社区”，为居民提供全方位服务。

【环境综合整治成效明显】　顺利完成淮河流域治污迎查、文明城市创建、全国双拥模范城验收等阶段性工作。以“创城夺杯”“百日会战”“2011年中国文化遗产日主场城市活动环境综合整治”活动为契机，积极开展环境综合整治活动。投资100余万元，清理垃圾200余吨，粉刷立面近2万平方米，粉刷小广告3万余条；取缔违章占道经营、乱摆摊点约3562处；规范户外广告牌、店招店牌约300个，更换门头70个，拆除违规设置的广告牌、店招牌50多个；设置围挡6500平方米；绿化楼顶1500平方米，绿化地面3.4万平方米；完成4处高标准公厕的建设改造。积极稳妥推进环卫作业专业化、市场化、社会化和规范化改革，在村（社区）成立城管办公室，建立“政府主导、市场运作、公众参与”的环卫管理新格局。街道社区、居民小区与15家保洁公司签订物业管理合同。

【综合治理方法不断创新】　街道在仙营社区积极开展实有人口网格化管理服务工作，按照“街巷定界、规模适度、无缝覆盖、动态调整”的原则，将仙营社区划分为9个网格，招录社区网格管理员9名，实行“一格一员”，以社区网格为基本单元，开展人口信息采集录入。在都市豪庭小区构建起人防、物防、技防互为补充的治安防范网络。该小区是全市零案发小区之一，成为全市居安工程示范点。2011年，辖区内没有出现恶性治安、刑事案件和越级集体访事件。

【组织建设持续深入，基础工作稳步开展】 7月10日，秦庄社区成立社区党委，初步破解党建工作协调沟通难、服务资源优势互补难、在职党员在社区作用发挥难三大难题。23日，新世纪花园小区成立社区党支部，成立仙营街道首个社区党员服务站，扩大党组织的服务范围。全街道圆满完成村（社区）“两委”换届工作。换届选举中，党员参荐率和参选率分别达到94.3%和93.8%，居民代表参与率96.7%，实现5个村（社区）一次换届成功、全过程零上访两个目标。

【村（社区）选介】 谢营社区　位于仙营街道北部，建设北路与金宇路交汇处，面积1.6平方公里，社区4332户，11994人，参与集体分配的股民1100多人，人均纯收入23598元，驻辖区企事业单位20家。加大招商引资和房屋租赁力度，重点培植圣科钢结构彩瓦有限公司、济宁环保锅炉厂等民营大户，努力实现民营经济的新跨越；加大固定资产投入，寻求培植新的经济增长点，拆迁凯佳日化，在原址建成谢营装饰城和不锈钢大市场，实行周边辐射，谢营经济驶入一条独具特色的发展快车道。全年经济纯收入达2000万元，入库税金735万元。深入开展“五爱教育”“五星级文明户”“好婆媳”等评选活动，积极参与“手牵手、邻帮邻、共建和谐大家庭”“爱心暖任城”等志愿者服务活动。成立社区创建文明城市志愿团和市民巡防小组。社区投资近20万元建设高标准的社区服务中心，设立物业管理办公室，建设高规格的社区监控室，实行“前台一口受理，后台协同办理”的一站式服务机制。建有1000平方米高标准的老年公寓1处。2011年，被评为省级文明社区、省级节能示范社区、市级文明社区、市级农村基层党风廉政建设示范村、区级文明单位。

仙营社区　位于仙营街道北部，建设北路和吴泰闸路交汇处，面积0.35平方公里，社区4076户，12126人，参与集体分配的股民924人，人均纯收入21762元，驻辖区企事业单位17家。社区依托产业和地理优势，大力发展楼宇经济，全面融入仙营街道T型经济区建设。山东亿维信息科技有限公司、济宁同飞科技有限公司等100多家企业相继落户仙营社区，以3C电子城为龙头的高新技术产业园初露端倪。投资350多万元建成社区服务中心，设立社区服务大厅、档案室、流动党员服务站等机构，成立财务监督小组、治保委员会、计生协会等组织，为小区居民提供相关服务。利用“万家乐”戏曲团、精神文明建设专栏、特色文化墙等加大社区宣传力度，弘扬先进文化。建立“345”服务工作体系，即建立民情畅通机制、社区救助机制、党组织和党员承诺机制“三项机制”，完善医疗保障、文化体育、治安防范、家政中介“四项服务”和创建文化型、服务型、创新型、数字型、安全型“五型社区”，为居民提供全方位服务，实现“十不出社区”，打造社区特色服务品牌。2011年，被评为国家级综合减灾示范社区、区级文明社区。

秦庄社区　位于仙营街道西部，面积0.5平方公里，社区1956户，6850人，人均纯收入21612元。7月，秦庄社区连同辖区内的济宁市第13中学、共青团路派出所，成立秦庄社区党委，党委下设6个党支部，党员147名，设社区党员服务中心1处。投入360万元，建设1500平方米的综合服务大楼。引资2.6亿元，打造济宁王府景高档商住楼。规划秦庄小商品市场升级改造工程，打造50000平方米的集餐饮、娱乐、办公于一体的高档商务楼。积极协调济宁学院附小南片区旧村改造工程，规划建设高层住宅3栋。健全养老体系。全社区146名60岁以上老年人，每人每月领取退休金460~890元，中秋节、老年节、春节，每人领取福利1000元。连续25年，每年“五一”期间社区组织老年人外出旅游，初步实现老有所养、老有所乐。2011年，被评为省级文明社区、市级文明社区、区级文明单位。

（邵小雷 李 勇）

金城街道

【概况】 位于区境西南部，面积4.75平方公里，辖11个社区，3个行政村，有23613户，8.76万人。人口自然增长率4.7‰。

2011年，实现地方财政收入1.38亿元，总量位于全区第一位，占全年任务的100.1%；完成招商引资4.90亿元，占全年任务的136%；引进项目63个，其中投资过亿元项目22个、过千万元项目41个，固定资产投资完成10.78亿元，占全年任务的102%；新增限额服务企业32家。有中学1处，小学2处，在校学生2011人，适龄儿童入学率100%。有医院3处。办理城镇居民基本养老保险5483人、基本医疗保险8373人；办理城市低保1056人，最低生活标准每人每月320元，月平均发放低保金22.56万元。有老年公寓3处，入住150人。2011年，被评为创建全国科技进步先进区先进单位、山东省和谐社区建设先进街道、山东省城市社区建设示范街道、山东省城市体育工作先进单位、山东省第六次全国人口普查先进单位、济宁市社区建设示范街道、济宁市体育工作先进单位、济宁市信访稳定先进街道、济宁市安全生产先进单位、区“平安建设”先进镇（街道）、区综治维稳信息工作先进单位、区党风廉政建设先进单位、区文化工作先进单位，荣获区群众（信访）工作一等奖、任城区综合考核二等奖。

【产业结构持续优化】 把发展城市经济作为产业结构调整的主攻方向，大力发展商贸流通、餐饮名店、休闲娱乐等传统服务业，加快传统商贸业提档升级。合理布局美食购物、休闲娱乐服务业项目，打造以红星西路便民商贸、洸河路品牌经营、常青路美食餐饮、济安桥北路综合商业为主导的特色商业街4条，形成现代服务业经济长廊。优先发展金融保险、证券担保等现代服务业，力促济宁儒商村镇银行尽快开业运营；大力发展商业地产、大型城市综合体，做大做强总部经济、楼宇经济等新型服务业态，继续推进开泰花园沿街商务楼、百丰置业红星西路商务楼项目建设，快速崛起中心城区西部新商圈，打造服务业发展新高地。年底，新增规模以上服务业企业32家，总量69家。

【城市建设加速推进】 老城区改造进度不断加快，城市经济新载体初步形成。重点推进的丝杠厂东西片区、博雅佳苑、长安花园三期、阳光花园三期、九九花园星级酒店、蓝天锅炉厂片区等项目进展顺利，现代城市框架逐步拉开。投入500余万元，开展迎淮治污检查、环境卫生综合整治“百日会战”、环境优美社区创建、“创城夺杯”等活动，有效保持了主干道洁净、次干道卫生。集中整治长安路、体育馆西路、港宁路、兴东西路、新华路、牛市街、玄帝庙街等背街小巷。积极开展“环境优美社区、单位”创建活动，率先将街道办公楼、乔羽小学、后刘商贸城等建成楼顶绿化示范工程。着力培植开泰花园、洸河花园、阳光花园、古槐家园、九九花园、梦圆小区、长安小区、锦绣前城小区等一批“花园式小区”。

【社会管理创新突破】 全面启动《社会建设三年行动计划》，街道、社区两级社区服务大厅建成使用，49名专职社区工作者队伍整合到位，公共服务向基层延伸。以流动人口和出租房屋管理服务为重点，结合城区社会治安综合治理、安全生产、计生管理等难点，组建实有人口与出租房屋管理服务办公室，建立起配套管理制度，普查人口6415户，18009人。街道未发生市级以上集体访和有影响的个体访，辖区社会治安形势良好，人口计划生育管理目标圆满完成。

【民生水平不断提高】 坚持“民生问题优先研究、民生工作优先保障、民生政策优先落实”的原则，不断提升居民群众的幸福指数。认真抓好城市低保管理和资金发放工作，规范工作程序，实现管理和服务信息化、资金发放社会化，做好动态管理下的“应保尽保”。定期走访慰问孤寡老人、困难群众、下岗职工、残疾人等弱势群体，建立健全民生档案，达到一居（村）一档、一户一档的要求。按照“全面覆盖、保基本”的原则，深入实施新农保、新城保，每月为60岁以上的老人发放养老金55元。

【党的建设全面加强】 2月，开展为期一个月的“支部整顿党风、机关整顿作风”活动，把2011年确定为执行力建设年，大力倡树“人人健康向上，个个奋勇争先”的金城执行文化。开展以“全员聘用、竞争上岗、双向选择、奖励绩效”为内容的干部使用制度改革，设立党群工作部门6个、综合服务中心5个，竞争上岗中层正职、副职31个。全员完成选岗并签订为期2年的聘用书。5月，精心组织村（社区）换届，委托审计事务所开展村（社区）三年任期经济责任审计，为“两委”换届营造风清气正的环境。10月，创办街道党性教育基地暨党员莲心社，开展党建文化、廉政文化教育活动。支部党员创先争优实绩档案管理工作稳步推进，全年建档200余份。

【村（社区）选介】 常青社区 位于金城街道东部，原名三官庙村。2007年，设立常青社区，顺利完成居村集体经济股份制改革，设立董事会、监事会，股民1443人。2011年4月，顺利完成“两委”换届选举工作，产生新一届社区两委成员5名。辖区总面积1500亩，2026户，6860人，人均纯收入7500元，辖区机关、企事业单位19个。大力推进招商引资，芭提雅、比比肯等项目成功落地，重点推进投资12亿元的蓝天置业片区。出资为股份合作社的老年人缴纳城镇居民医疗保险及意外伤害保险，为辖区内生活困难户办理低保，为住房困难户申请经济适用房或廉租房，向民政部门申请大病救助、困难优抚等民心工程，定期走访慰问困难群众。完成社区80周岁以上老年人享受养老补贴金信息登记工作，把社区360名退休人员纳入管理。在社区主要路口及小区内安装监控设备，社会治安综合治理工作稳定。2011年，被评为金城街道税收贡献先进单位。

兴东社区 位于金城街道西部，原名东刘村，面积2000亩。2007年，兴东社区顺利完成村（社区）集体经济股份制改革，股民933人。2011年，人均纯收入8000元。社区投资近60万元，建成集党员服务、劳动保障、低保救助、计生服务、物业管理、政府代办服务项目等于一体的一站式便民服务大厅。社区始终坚持“以民为本、服务于民、高效廉洁、务实勤政”的理念，着眼于提高居民生活质量、居民文明素质和社区文明程度，努力营造“居民居住放心、环境优美舒心、文化活跃开心、邻里和睦欢心、服务方便称心”的“五心”社区大家庭，促进了社区和谐。2011年，被评为山东省城市社区建设示范社区、省级文明社区。

东孟村 位于金城街道北部，属旧村改造后的“城中村”，面积472.5亩，1598户，4530余人，人均纯收入8000元。投资180多万元新建文化中心，建筑面积2750平方米；投资15万元建成可容纳100人村民学校；投资3万元建起图书室和阅览室；投资4万元建起文化宣传长廊和村务公开栏；筹资16万元，完成村内道路面硬化和道路灯亮化工程。采取“招聘制”和“选派制”相结合的办法，将一批优秀年轻干部充实到村委工作队伍，注重优化干部队伍结构，加大学习培训力度，提升队伍素质。成立志愿者协会，重点发展志愿者队伍，注册志愿者100多名，参加各类志愿服务活动50人次。组建梦圆锣鼓队、老年腰鼓队、健身队和太极拳队，丰富了居民文化生活。建立警务室，成立义务巡逻队，全面推行警民联防联治活动。2011年，被评为省级文明村。 （郑志成 张 珣）

1984年7月参加工作，1987年3月入党。历任济宁市郊区职教办办事员，济宁市郊区人事局调配编制股副股长、编办副主任，济宁市郊区编办主任，济宁市任城区人事局副局长、党组成员、编办副主任，济宁市任城区二十里铺镇党委副书记、镇长，济宁市任城区委统战部副部长，济宁市任城区许庄镇党委副书记、镇长，济宁市任城区安居镇党委书记，济宁市任城区政府副区长、区政府党组成员、北湖旅游度假区管委会主任。

胡　钦

济宁市任城区政府副区长、党组成员。男，汉族，1964年6月出生，山东济宁人，省委党校研究生，1982年7月参加工作，1994年6月入党。历任济宁市郊区李营镇曹营联中教师，济宁市郊区教委工作人员，济宁市任城区政府办公室科员、科长、副科级秘书，济宁市任城区政府办公室副主任、党组成员，济宁市任城区政府办公室副主任、党组成员、政研室主任，济宁市任城区政府办公室副主任、党组成员，济宁市任城区政府办公室主任、党组成员，济宁市任城区政府党组成员、区政府办公室主任、区政府办公室党组书记，济宁市任城区政府区长助理、区政府党组成员、区政府办公室主任、区政府办公室党组书记，济宁市任城区政府副区长、区政府党组成员、区政府办公室主任、区政府办公室党组书记。

刘　刚

济宁市任城区政府副区长、党组成员。男，汉族，1975年6月出生，山东济宁人，省委党校大学，1995年7月参加工作，2000年7月入党。历任济宁市市中区政府办公室机要科副科长、科长，济宁市市中区政府办公室督查室副主任，济宁市市中区政府办公室副主任，济宁市市中区政府办公室副主任、主任科员，济宁市市中区金城街道党工委副书记、办事处主任，济宁市市中区金城街道党工委书记，济宁市任城区金城街道党工委书记，济宁市任城区金城街道党工委书记、人大代表工作室主任，济宁市任城区政府党组成员。

【政协济宁市任城区委员会】

郑艳秋

济宁市任城区政协主席、党组书记。女，汉族，1956年10月出生，山东微山人，省委党校研究生，1975年9月参加工作，1975年7月入党。历任微山县昭阳公社南庄管区党总支书记、公社党委常委，微山县韩庄公社团委书记、夏镇公社团委书记，微山县夏镇副镇长，微山县夏镇党委副书记，微山县夏镇党委副书记、镇长，微山县夏镇党委书记、人大主席，泗水县政府副县长，中共任城区区委常委、组织部部长，中共任城区委副书记，中共任城区委副书记、区政协主席。

刘鹭威

济宁市任城区政协副主席，济宁市亚泰实业有限公司董事长。男，汉族，1961年2月出生，山东荣成人，大学，1977年8月参加工作，非党。历任鱼台县相里公社知青，济宁轴承厂职工，济宁市棉纺织厂职工，济宁市市中区物资局职工，济宁市任城区广播电视局广播电视物资总公司经理，济宁市亚泰实业有限公司董事长。

李云峰

济宁市任城区政协副主席。男，汉族，1958年12月出生，山东济宁人，大学，1982年1月参加工作，非党。历任济宁市郊区石桥乡畜牧兽医站兽医，济宁市郊区畜牧兽医站副站长，济宁市任城区畜牧局副局长，济宁市任城区工商业联合会会长，济宁市任城区政协副主席、区工商业联合会会长。

任卫华

济宁市任城区政协副主席、党组副书记。男，汉族，1963年8月出生，山东济宁人，省委党校研究生，1981年7月参加工作，1984年7月入党。历任济宁市郊区接庄镇团委干事、书记、党委办公室主任，济宁市郊区团委常委，济宁市郊区区委组织部干审科科员、科长，济宁市任城区长沟镇党委副书记，济宁市任城区长沟镇党委副书记、纪委书记，济宁市任城区接庄镇党委副书记、镇长，济宁市任城区接庄镇党委书记，济宁市任城区政府区长助理、区经贸局局长、党组书记，济宁市任城区政府区长助理、区外经贸局局长、党组书记、区招商局局长，济宁市任城区政府区长助理、区外经贸局局长、党组书记、区招商局局长、区政协党组成员，济宁市任城区政协副主席、党组成员、区政府区长助理、区外经贸局局长、党组书记、区招商局局长。

王万川

济宁市任城区政协副主席、党组成员、区总工会主席。男，汉族，1962年6月出生，山东济宁人，省委党校研究生，1981年7月参加工作，1986年1月入党。历任济宁县安居公社西五里营联中教师，济宁县安居公社团委干事、副书记，济宁市郊区团委工农部部长、团委副书记、团委书记，济宁市郊区宣传部副部长，济宁市任城区接庄镇党委书记、人大主席，济宁市任城区交通局局长、党组书记，济宁市任城区唐口镇党委书记，济宁市任城区政府区长助理、山东任城经济技术开发区管理办公室党总支书记、主任，济宁市任城区政府区长助理，山东任城经济开发区党工委副书记、管委会副主任，济宁市任城区政府区长助理、山东任城经济开发区党工委副书记、管委会副主任、三贾街道党工委书记，济宁市任城区人民政府区长助理、山东任城经济开发区党工委副书记、管委会副主任、三贾街道党工委书记、区政协党组成员，济宁市任城区政协副主席、党组成员、区长助理、山东任城经济开发区党工委副书记、管委会副主任、三贾街道党工委书记。

王正军

济宁市任城区政协副主席，区工商业联合会主席。男，汉族，1963年2月出生，山东沂南人，大专，1979年6月参加工作，2005年12月加入中国民主建国会。历任济宁县外贸局干部，济宁一中教师，济宁市郊区体委教练，济宁市郊区体委副主任，济宁市任城区广播电视服务中心副主任，济宁市任城区广播电视局副局长、电视台副台长，济宁市任城区文体局副局长，济宁市任城区政协副主席。

朱　玉

济宁市任城区政协副主席、党组成员，区人力资源和社会保障局局长、党组书记，区委编办主任。男，汉族，1962年7月出生，山东济宁人，大学，1983年7月参加工作，1985年5月入党。历任济宁市第五中学教师、团委书记，济宁市郊区团委学少部部长、团委副书记、团委书记，济宁市任城区喻屯乡党委副书记、乡长，济宁市任城区喻屯乡党委书记，济宁市任城区劳动和社会保障局局长、党组书记，济宁市任城区人事局局长、党组书记、区编办主任，济宁市任城区委组织部副部长、区人事局局长、党组书记、区编办主任，济宁市任城区委组织部副部长、区人力资源和社会保障局局长、党组书记、区委编办主任。

先进人物

【省部级先进人物】

姜香菊 任城区科技局党组书记、局长。女，汉族，1965年11月出生，山东金乡人，中共党员，大学学历。坚持科学发展观为指导，带头学习政治理论和现代科技管理知识，提高驾驭科技工作的能力和水平；坚持民主集中制，增强班子的凝聚力和战斗力，形成一心一意谋发展、齐心协力干事业的良好工作局面。在工作中以加快创新型任城建设为目标，以推进自主创新为主线，坚持科技经济一体化，实施科技创新驱动，促进产业结构调整和经济增长方式转变，努力实现自主创新能力新提升、高新技术产业新跨越、技术创新平台建设新发展、农业和民生科技工作新突破。2011年11月，被国家科技部授予“全国县市科技进步考核先进个人”称号。

屈盛君 任城区统计局党组书记、局长。男，汉族，1958年6月出生，山东嘉祥人，中共党员，大学学历。从事统计工作三十多年，积累了丰富的统计工作经验。组织实施历次大型农普、经普、人口普查，完成各年度数据调查收集、发布工作，撰写理论文章几十篇，取得了丰富的统计数据成果。夯实统计基层基础建设，充实机关统计队伍力量，建成实体型统计站，实现统计办公现代化、数据上报网络化。建立规范化操作流程，强化统计法制工作，确保数据上报及时、准确。2011年6月，被国家统计局、国务院第六次人口普查领导小组办公室授予“第六次全国人口普查先进个人”称号。

郝占存 任城区物价局党组成员，副局长。男，汉族，1971年1月出生，山东济宁人，中共党员，大专学历。勤于学习，在思想、政治、行动上始终与党中央保持高度一致。团结同志，尊重领导，作风严谨，纪律严明。在工作岗位上，按照“一切工作具体化”“零差错”的工作标准，严要求，出精品，认真履职，扎实工作，廉洁自律，各项工作取得新成就。2011年，被国家发改委和中国经济导报社评为“全国价格宣传工作先进个人”。

苏丽萍 任城区文化馆副馆长、副研究馆员。女，汉族，1967年10月出生，山东济宁人，中国民主同盟会盟员，中国艺术研究院研究生。紧紧围绕区委、区政府中心工作，宣传党的路线、方针和政策，组织开展丰富多彩、形式多样的群众文化活动，丰富城乡群众文化生活。注重政治理论学习，不断提高自己的思想觉悟和理论素养，潜心钻研业务，创作出大量的美术作品，分别在国家、省、市级美术展览中获奖。为汶川和玉树灾区捐赠价值一万余元的书画作品，为山东省公安厅捐赠多幅绘画作品，开展送书画、剪纸进社区、学校、企业等活动。热心民盟工作，积极参加省、市、区民盟举办的公益活动，多次受到民盟济宁市委表彰。2011年，在全国第七届《德艺双馨》中国文艺展示评选中被评为“优秀辅导老师”。

谢福收 济宁市城市管理综合执法局任城区分局一大队副中队长。男，汉族，1977年6月出生，山东济宁人，中共党员，大专学历。2010年8月30日晚22时许，谢福收下班骑车回家，途经越河北岸中心闸段和欣家园，突然听见一落水女孩呼喊救命。他毫不犹豫跳入河中，在黑暗中冒着生命危险多次潜入满是淤泥的水底，竭尽全力将女孩托上岸。上岸后，谢福收利用在部队所学的急救知识，对奄奄一息的女孩进行紧急施救，为抢救女孩生命赢得第一时间。经及时赶到的110、120人员救助，女孩脱离生命危险。谢福收救人后没留姓名悄然离开，以自己的行动践行一名党员的先进性，谱写了一曲英雄赞歌。2011年5月4日，被共青团济宁市委、济宁市青年联合会授予“济宁市五四杰出青年”称号。6月30日，被中共山东省委授予“山东省优秀共产党员”称号。

于利彦 任城区劳动就业办公室企管科科长。男，汉族，1968年11月出生，山东微山人，中共党员，大学学历。在平凡的岗位上始终如一，严谨求实、勤奋刻苦、兢兢业业。始终以共产党员的标准要求自己，积极发挥党员的先锋模范作用，圆满完成各项任务。6月，被中国就业培训技术指导中心授予“二〇一一年度人力资源社会保障系统质量管理小组活动优秀推进者”称号。

马　慧　邮政储蓄银行任城区支行营业部理财经理。女，汉族，1984年8月出生，山东济宁人，大学学历。坚持“客户至上”的经营理念，爱岗敬业、勇于创新，紧跟支行领导班子步伐，围绕支行工作重点，圆满完成各项工作任务。加强业务知识学习，提高专业技能水平，热情服务客户，赢得客户信赖与赞赏，销售业绩不断提升。2011年，分别被邮政储蓄银行总行和山东省分行授予“服务明星个人”称号。

【市级先进人物】

郑艳秋　任城区政协党组书记、主席。女，汉族，1956年10月出生，山东微山人，中共党员，省委党校研究生。在中共济宁市任城区委的领导下，团结带领区政协党组成员和主席会议成员，全力服务经济发展第一要务，牢牢把握团结和民主两大主题，认真履行政治协商、民主监督、参政议政职能，调研视察活动扎实有效，提案工作成果显著。以政协“六个一”活动为载体，创新协商议政载体和监督方式，活跃主体参政议政，健全完善政协委员述职制度，创新开展政府序列部门向政协常委会议报告工作制度，注重加强与区级民主党派、无党派人士和新兴阶层的联系沟通，广泛增进在共同政治基础上的合作共事。2011年，获市委、市政府嘉奖。

贾存琰　任城区人大常委会第一副主任（正县级）、党组副书记。男，汉族，1963年8月出生，山东梁山人，中共党员，省委党校大学。紧紧围绕科学发展主题，把握转方式、调结构主线，坚持把保障和改善民生作为根本出发点和落脚点，切实履行宪法和法律赋予的职责，推动全区经济社会科学发展新跨越。高度关注“三农”问题，听取区政府关于都市农业发展、建设用地挖潜整治、农田水利基础设施建设等专项工作报告。切实保障人民的根本利益，高度关注食品药品安全、就业、物价、住房、社会保障、教育等民生问题，提出合理化意见建议。召开镇（街道）人大经验交流座谈会，加强基层人大阵地建设，指导和支持镇（街道）人大依法履职。在工作岗位上，认真履职，扎实工作，廉洁自律，圆满完成各项工作任务。2011年，获市委、市政府嘉奖。

李功川　中共任城区委常委、组织部部长。男，汉族，1970年11月出生，山东肥城人，中共党员，省委党校研究生。思想、政治、行动上始终与各级党委保持高度一致，常年坚持自学，撰写理论文章十余篇，先后在《山东组织工作》《领导科学报》等报刊杂志发表。定期举办领导干部素质提升大讲堂，建立一线干部工作实绩档案，组织广大党员干部群众认真学习贯彻四项监督制度，创先争优活动取得扎实推进。基层组织建设和党员队伍建设实现新突破，对“书记项目”进行观摩评议，实施农村党员创业带富工程，对2008年选聘的94名到村任职大学生进行妥善安置，推行农村党员分层次量化考核管理制度。2011年，获市委、市政府嘉奖。

刘　刚　任城区政府副区长。男，汉族，1975年6月出生，山东济宁人，中共党员，大学学历。任金城街道党工委书记期间，周密部署人口普查工作，落实物资、协调动员、选调人员、培训宣传。在人口普查期间每天加班到凌晨一、二点，认真核对全街道的人口普查数据，真正做到统计资料的准确无误。坚持以身作则，充分调动普查人员的积极性，高标准、高质量地完成街道人口普查各项工作。2011年，被山东省人力资源和社会保障厅、山东省统计局授予“山东省第六次人口普查工作先进个人”称号，记二等功。

秦　明　中共任城区委组织部副部长。男，汉族，1970年7月出生，山东济宁人，中共党员，大学学历。多年来养成自学的习惯，有20多本理论学习笔记、10多万字的学习记录。按照“一切工作要具体化”“零差错”的工作标准，严要求、出精品，各项工作成绩突出。基层党建工作方面，抓基础、抓创新、抓保障，基层党建科学化水平显著提升，在全市2009年、2010年基层党建标准化考核中均取得第二名。在人才工作方面，牵头成立工作机构，编制《中长期人才发展规划》，出台《关于引进高层次人才的实施意见》，到各重点院校举办人才招聘活动，积极争取财政每年300万元专项资金。在创先争优工作方面，牵头制定《实施方案》及《配档表》，从全区工作大局谋划创先争优工作，将活动内容条目化、具体化，分时段进行推进，取得明显成效。2011年6月，被济宁市委授予“优秀党务工作者”称号。

赵晓华 中共任城区委党校党委委员、副校长，高级讲师。女，汉族，1965年12月出生，山东济宁人，中共党员，大学学历。从事党校教学工作26年，认真学习党的历次重要会议精神，精心准备教学专题，是中国特色社会主义理论的深入学习者、坚定信仰者和积极传播者。积极研究探索党校教育规律和干部成长规律，更新教育观念，创新教学方式方法，是党校教学改革的实践者。修身立德，身正为范，爱岗敬业，乐于奉献，为党的干部教育事业做出突出贡献。2011年11月，荣获“中共山东省委党校系统优秀教师”称号。

李龙涛 区档案局局长、档案馆馆长。男，汉族，1962年4月出生，山东金乡人，中共党员，大学学历。在科学推进全区档案事业发展中，敢于创新，大胆改革，推进档案现代化、信息化进程，全区档案事业实现又好又快发展。年底，全区8个镇（街道）和84家区直机关、事业单位档案管理工作全部达到省级档案管理规范化水平；6个镇（街道）、68个村（社区）分别创建为新农村建设档案工作示范镇(街道)、示范村（社区）；新领域和社区、家庭、民生等档案工作取得积极成效。被山东省人力资源和社会保障厅、山东省档案局联合记三等功。

杨晓春 任城区财政局党组书记、局长。女，汉族，1965年2月出生，山东荣成人，中共党员，省委党校研究生。认真学习贯彻落实“三个代表”重要思想，坚持以人为本、为民理财的理念，在财政支出制度实施上坚持民生为重，重点支持社会保障体系建设、公共就业体系建设、教育体制改革和公共卫生体制改革。坚持把创新作为推动财政工作的重要手段，不断探索财政改革的新路子，连续数年全区财政事业保持旺盛的活力。2011年，被山东省财政厅评为“全省财政系统先进个人”，被山东省妇联评为“三八红旗手”。

祝自稳 中共任城区委宣传部副部长，区文广新局党组书记、局长，区广电中心主任。男，汉族，1963年8月出生，山东金乡人，中共党员，大学学历。坚持以科学发展观为指导，深入贯彻落实党的十七届六中全会精神，团结带领全体干部职工紧紧围绕“加速转型、跨越发展”总基调，把握正确的舆论导向，弘扬主旋律，加大基层文化基础设施建设，广泛开展群众文化活动，挖掘整理历史文化资源，大力培育发展文化产业，开拓创新、真抓实干，全力推进文化、广播电视和新闻事业的发展。2011年，被市委、市政府评为“中国文化遗产日主场城市活动先进个人”。

赵红雨 石桥镇党委书记。男，汉族，1976年8月出生，山东济宁人，中共党员，大学学历。第六次全国人口普查，任石桥镇人口普查领导小组组长。认真学习人口普查相关法规政策，周密部署人口普查工作，落实物资、协调动员、选调人员、培训宣传。保持高度的责任感和使命感，认真核对全镇人口普查数据，审核每一份报表，真正做到统计资料准确无误。2011年，被省人口普查办公室授予“山东省人口普查先进个人”称号。

陈允杰 任城区煤炭局党组书记、局长。男，汉族，1966年12月出生，山东济宁人，中共党员，大学学历。团结带领全局成员，认真履职，扎实工作，严格按照法律法规要求开展工作，编制压煤村庄搬迁中长期规划，稳步推进压煤村庄搬迁，和谐高效促进地矿关系协调，积极处理群众来信来访，维护人民群众的切身利益，促使煤矿企业持续生产，较好完成各项工作任务。2011年，被山东省人民政府压煤村庄搬迁办公室授予“全省压煤村庄搬迁工作先进个人”称号。

李来玉 任城区经济和信息化局党组成员、任城区节能办公室主任。男，汉族，1970年3月出生，山东济宁人，中共党员，大学学历。扎实工作，奋力开拓，不断开创任城区节能工作新局面。与各镇（街道）签订节能目标责任书，层层落实节能目标任务，形成有效的责任目标考核体系。对全区17家重点用能企业开展日常节能监察和专项监察，保证企业能耗水平持续降低。大力淘汰落后产能，在全市率先爆破张山水泥厂4条落后立窑水泥生产线。积极为企业争取各类资金支持687万元。2011年，获“山东省‘十一五’淘汰落后工作先进个人”称号。

孟庆田 任城区林业局林业站副站长，工程师。男，汉族，1972年8月出生，山东济宁人，大学学历。系统学习林业科技推广、森林培育和经营、园林绿化、病虫害防治和林业政策法规等知识，专业理论根底深厚，实践经验丰富。工作扎实，积极主动，始终战斗在林业生产、林业科技教育推广第一线。主持任城区第七次、第八次森林资源连续清查，各项调查指标全部符合国家一类调查有关《技术细则》要求，被评为山东省第七次森林连查工作先进个人。参与制定《济宁市任城区水系林业生态保护带建设规划》《山东省济宁市任城区林地保护利用规划》，均被评为山东省林业优秀设计二等奖。

刘 芳 任城区编办综合科科长。女，汉族，1975年1月出生，山东济宁人，大学学历。从事机构编制工作以来，尽职尽责，甘于奉献，具有较强的政治意识、大局意识、责任意识、服务意识，工作讲程序，办事守规矩，严格遵守工作纪律，扎实做好各项工作。连续多年在年度考核中被评为优秀等次。2011年，获全省“机构编制宣传工作先进个人”称号。

王国华 任城区地方史志办公室副主任。男，汉族，1978年1月出生，山东济宁人，中共党员，大学学历。2001年起，从事地方史志工作。2005年，创办“任城区情网”。2010年4月，启动《任城区志》续修工作。2011年9月，启动任城区第一部《任城年鉴》编纂工作。从事地方史志工作十余年来，不畏艰苦、不辞辛苦、甘于清苦、无私奉献，扎实推进“志、鉴、库、馆、开发服务”五业并举、科学协调发展，走出了任城史志工作的新路子。2005年，被评为山东省史志工作先进个人；2011年，被省政府办公厅评为“齐鲁新方志奖”先进个人，区地方史志办公室被评为读志用志先进单位，改版升级的“任城区情网”荣获山东省“八个一”优秀网站入围奖。

葛玉慧 石桥镇统计站站长。女，汉族，1976年10月出生，山东济宁人，中共党员，大学学历。在第六次全国人口普查中，时刻保持高度的责任感和使命感，积极与村“两委”成员、公安进行沟通协调。宣传人口普查知识，在村里选出一名熟悉本村情况的小组长配合普查员工作，督促工作进度，提高工作质量，高标准的完成全镇人口普查工作。2011年，被省人口普查办公室授予“山东省人口普查先进个人”称号。

张成书 区档案局（馆）副研究馆员。男，汉族，1968年6月出生，山东济宁人，中共党员，大学学历。认真贯彻执行党的路线方针政策，坚持科学发展观，不断钻研档案业务，为全区档案工作做出积极贡献。坚持依法治档，提高规范化水平，组织开展档案法律法规宣传活动，深入机关、企事业、社区、农村进行指导、考核，有25个单位晋升省二级以上先进单位。加强档案资源建设，接收各类档案7095卷（盒）。深入镇（街道）、村（社区）开展新农村建设和家庭建档工作，6处镇（街道）获省、市新农村建设档案工作示范镇称号，70个村（社区）获市级示范村（社区）称号。民生档案开展顺利，促进社会和谐。完成16项省档案信息资源成果奖。连续5年考核优秀，受区委、区政府表彰4次，受市局表彰2次。2011年，被市委、市政府授予“档案工作先进个人”称号。

王如景 区档案局（馆）人秘科科长、副研究馆员。男，汉族，1969年12月生，山东济宁人，中共党员，大学学历。具有较高的政治业务素质，作风严谨，勤奋务实，爱岗敬业，甘于奉献，在全区档案基础业务建设、规范化建设、信息化建设和区档案馆争创省特级、国家二级馆工作中发挥了积极作用。政策理论水平较高，档案宣传、编研、学术成果丰富，先后在国家、省、市等各级报刊杂志上发表档案学术及理论文章70余篇，获得山东省档案信息资源开发成果28项。4次受到市委、市政府表彰，并被评为任城区第二届优秀青年科技人才。2011年，被市委、市政府授予“档案工作先进个人”称号。

高继业　任城区文化市场综合执法局副局长。男，汉族，1971年10月出生，山东嘉祥人，中共党员，大学学历。团结带领全体干部职工，牢牢把握“加速转型，跨越发展”总基调，狠抓作风建设，坚持依法行政，强化执法规范，建立“人防”“技防”结合和社会监管机制，加强文化市场日常巡查管理、执法工作，积极开展咨询展览立体宣传，营造强大舆论氛围。全区文化市场健康繁荣有序。2011年，被山东省委宣传部授予“全省‘网络共享’专项治理行动暨创建无‘小耳朵’县（市区）活动先进个人”称号。

丁　辉　任城区妇幼保健院副院长。女，汉族，1962年5月出生，山东济宁人，中共党员，大专学历。认真学习新知识、新技术、新疗法，熟练掌握专业基本理论、基本操作、基本技能，了解妇幼学科疾病发展的新动态，积累新经验，带领全区妇幼保健工作人员以保障全区广大妇女、儿童健康为宗旨，以提高孕产妇、儿童两个系统管理率和降低孕产妇、婴儿以及5岁以下儿童死亡率为重点，不断提高技术水平，完善服务功能，规范服务程序，突出具有妇幼保健特色的服务，开创妇幼保健工作新局面，全区妇幼保健工作步入科学化、系统化轨道，妇幼保健水平明显提高。2011年，被山东省妇女儿童工作委员会评为“山东省妇女儿童工作先进个人”。

闫香革　任城区科技局副局长。男，汉族，1973年11月出生，山东济宁人，九三学社济宁市任城区支社主委，大学学历。积极做好知识产权工作，全区知识产权的创造、运用、管理和保护能力不断提升，专利申请量、授权量连续3年保持40%以上增幅，70%以上的专利得到较好的实施转化。努力做好九三学社任城支社工作，围绕全区中心工作积极建言献策，多篇提案被列为重要或重点提案。2011年8月，被山东省知识产权局授予“打击假冒伪劣商品和侵犯专利权行为先进个人”称号。

孟　伟　任城区科技局工业科科长、知识产权局综合科科长。男，汉族，1972年9月出生，山东济宁人，中共党员，大学学历。认真学习业务知识，熟练掌握工作政策法规，积极协助分管局长做好全区高新技术企业的申报与复审、工业科技计划项目的申报与审核等工作，认真抓好全区企事业单位知识产权的创造、运用、管理和保护，多次组织知识产权执法人员进行知识产权执法活动，立案查处知识产权侵权案件5起，结案5起，有力维护知识产权管理秩序和专利权人的合法权益。2011年9月，被山东省科技厅评为“全省R&D资源清查工作先进个人”；12月，被山东省知识产权局授予“全省知识产权管理系统先进个人”称号。

程　鑫　任城区科技局农业社会发展科科长。男，汉族，1982年9月出生，山东兖州人，中共党员，大学学历。加强业务知识学习，不断提高业务水平和工作能力，积极协助分管局长做好全区农业及社会发展科技工作，认真做好任城科技网站的管理与维护，紧紧抓住科技创新活动和机关建设等各类有价值的重要信息，及时报送整理稿件，先后有60余篇科技信息被省科技厅、市政府、市科技局网站选用，撰写、编辑、印发《任城科技》12期，与区电视台联合拍摄《任城科苑》12期。2011年1月，被山东省科技厅评为“全省科技系统政务信息工作先进个人”称号。

徐光焱　济宁市地方税务局任城分局三贾中心税务所所长。女，汉族，1963年10月出生，山东济宁人，中共党员，大学学历。始终牢记“聚财为国，执法为民”的宗旨，依法治税、从严带队，大力推进税收管理创新，率先在全市地税系统进行税源专业化管理改革，打破地域管理限制，对重点税源实行集中管理，大大提高重点税源管理质效，为推动全区经济和社会各项事业的发展做出突出贡献。在纳税服务方面，始终秉承服务经济、服务社会、服务纳税人的理念，整合服务资源，简化服务流程，拓展服务平台，创新服务形式，赢得社会各界和广大纳税人的广泛好评。2011年6月，被济宁市委授予“优秀共产党员”称号。

孙立秋　邮政储蓄银行任城区支行党委书记、行长。男，汉族，1975年8月出生，山东济宁人，中共党员，大学学历。带头践行“三个代表”重要思想，以科学发展观为指导，发挥党员的先锋模范和党组织的战斗堡垒作用，努力实现支部工作与生产经营工作的有机结合，全面提高行内战斗力、凝聚力和创造力，以加快支行有效发展为主题，以服务三农和回馈社会为己任。积极推进企业文化建设，营造和谐氛围，加强综合营销，强化内部管理，狠抓网点服务与风险防控，树立银行良好社会形象，大力支持城区经济发展。2011年，荣获济宁市“五一”劳动奖章。

郭　伟　济宁市地方税务局任城分局征管科科长。男，汉族，1974年11月出生，山东嘉祥人，中共党员，大学学历。认真学习各类政策、法律法规，熟练掌握各类办公软件，严格遵守各项规章制度，努力提高自身素质，增强服务意识和责任意识。坚持依法行政，认真履行职责，在服务中执法，在执法中服务，执法工作中严格遵循公平、公正、公开原则，做到不分企业性质、企业规模，平等对待纳税人，做到执法程序透明、执法措施得当。2011年，被山东省地税局授予“执法先进工作者”称号。

秦　崇　邮政储蓄银行任城区支行金城支行客户经理。男，汉族，1985年6月出生，山东金乡人，共青团员，大学学历。坚持一切以工作为主，兢兢业业，任劳任怨，认真学习各项工作制度，加强风险防范，提高个人综合素质。全年发放贷款109笔，4934万元，结余5827.55万元，逾期率一直为0，加权后结余余额在全市个人排名第四。2011年，被中国邮政储蓄银行山东省分行授予“‘贷动发展、赚动未来’活动先进个人”称号。

翁　鑫　邮政储蓄银行任城区支行金城支行客户经理、AFP持证人。女，汉族，1983年6月出生，山东济宁人，大学学历。贯彻落实中央经济工作会议、经济金融方针政策，认真学习业务知识和操作流程，不断提高业务水平和工作能力，代收付单位7户，每月代发金额289万；商易通开通34户；成功办理有效信用卡549张、银保产品32万、理财产品154万、基金定投89户。2011年，被中国邮政储蓄银行山东省分行授予“金雁奖优秀客户经理”称号。

刘煜宁　济宁市第十三中学党支部书记、校长。女，汉族，1959年3月出生，山东济宁人，中共党员，大学学历。坚持以科学发展观为指导，自觉学习现代教育理论，认真执行党的教育方针，全面实施素质教育，积极推进课程改革，大力提高课堂教学效率，创建以“分层施教、自主合作”为核心主题的各具学科特点的有效教学模式，构建以文化课为主体、实践活动课和艺术课为两翼的“一主两翼”整体课程结构，形成学校课程、活动课程和校本课程相互交融、交互促进的课程体系，塑造师生共同发展的生命课堂。2011年，荣获济宁市“五一”劳动奖章。

王允彦　济宁市第二人民医院骨三科主任。男，汉族，1963年3月出生，山东汶上人，中共党员，大学学历。牢固树立全心全意为人民服务的信念，努力钻研各类专业技术知识，积极学习新技术、新理论，系统掌握先进的骨科、手外科理论和技术，全年救治危重病人50余人次，完成手外科、显微外科手术1500余例，完成复杂手术300余例。2011年，荣获济宁市“五一”劳动奖章。

薛政民　济宁市第二人民医院脊柱外科主任。男，汉族，1965年4月出生，山东济宁人，中共党员，大学学历。2010年，创建脊柱外科，带领科室全体医护人员，积极探索学科新技术，努力提高专业业务水平，开展颈椎前后路手术、腰椎管狭窄减压椎间融合手术、胸腰椎骨折脱位复位固定手术、脊柱肿瘤切除重建手术、经皮椎体成形手术等多项新手术，填补医院空白。获市级科研成果3项、国家专利3项，在国内核心学术期刊发表学术论文10余篇。2011年，荣获济宁市“五一”劳动奖章。

刘德响 任城区统计局综合核算科科长。男，汉族，1981年2月出生，济宁市中区人，中共党员，大学学历。认真学习马克思列宁主义、毛泽东思想、邓小平理论和“三个代表”重要思想，深入贯彻落实科学发展观，认真执行党的路线、方针和政策，热爱统计事业，自觉遵守统计职业道德规范，立足本职，较好地完成岗位工作。2011年，被国家统计局山东调查总队评为先进个人。

李成慧 邮政储蓄银行任城区支行城市零售贷款产品线经理。男，汉族，1986年3月出生，共青团员，山东济宁人，大学学历。认真履行“从我做起、向我看齐、对我监督”的承诺，爱岗敬业、勤奋工作，认真学习各项业务规章制度，熟练掌握各种业务操作，努力开拓市场、把控风险、营销客户，积极要求进步，全年发放贷款390笔，6527.6万元；结余297笔，结余金额5047.31万元。2011年，被中国邮政储蓄银行山东省分行授予“金雁奖优秀客户经理”称号。

李瑞红 济宁市公安局任城区分局主管会计。女，汉族，1972年10月出生，山东济宁人，中共党员，大学学历。认真贯彻党的方针、路线和政策，严格遵守国家财经法律、法规和有关政策，求真务实，开拓创新，先后制定出台《分局财务管理暂行规定》《关于规范派出所财务管理暂行办法》等规章制度，严格执行开支审批制度，控制开支标准及范围，合理安排各项支出，提高资金使用效益。认真整理各类账目，做到清晰明了，受到上级财务和审计部门的一致好评。2011年，荣获济宁市“五一”劳动奖章。

宫　瑞 济宁碳素集团有限公司工会主席、人力资源处处长。男，汉族，1985年9月出生，山东济宁人，大学学历。紧紧围绕公司中心工作，求真务实、锐意进取，创新工作思路，制定公司科技体制改革办法、公司“四无”奖金考核办法等一系列规章制度，增强企业效益，维护员工合法权利。强化民主管理，整合组织资源，提高企业管理工作的公正性、公平性和透明度，着力构建和谐企业。坚持科学维权观，实施源头参与和监督，将依法维权落到实处。重视队伍建设，坚持依靠员工办工会，依靠员工促发展，丰富员工文化生活，提高员工综合素质。2011年，荣获济宁市“五一”劳动奖章。

励　忠 济宁世纪联华商业有限公司总经理。男，汉族，1969年7月出生，浙江慈溪人，大专学历。紧紧围绕公司“发展、转型、提升”六字方针，以门店业绩为主线，以规范服务为基础，以星级服务为抓手，以满足顾客一站式购物需求为目标，健全和完善星级服务标准化管理，带领全体员工奋力进取，团结拼搏，树立济宁店超市品牌窗口形象。注重员工日常管理，加强星级团队建设；丰富员工文化生活，加强企业文化建设；严格执行相关法律法规，维护消费者合法利益，做好售前、售中、售后全程服务。2011年，荣获济宁市“五一”劳动奖章。

李　建 济宁港宁纸业有限公司总经理。男，汉族，1973年10月出生，山东枣庄人，中共党员，大专学历。坚持以科学发展观为指导，不断加强业务学习和自身修养，严于律己，以身作则，勤奋务实，拼搏进取，以一个共产党员高度的责任感和拼搏精神，带领全体干部职工跨入由包装用纸向特种纸领域转变的发展期，自觉服务地方经济发展，为民族高端纸种造纸工业发展做出贡献。筹资200万元，在任城区慈善总会设立港宁慈善基金。2011年，荣获济宁市“五一”劳动奖章。

张守桥 任城区统计局信息科科长。男，汉族，1976年10月出生，山东济宁人，中共党员，大学学历。历年来从事统计信息化工作，配合市统计局为各镇（街道）建成10M光纤专网，成功实现统计系统五级专网互联。设计完成区、镇（街道）统计内网网站，上传各类统计资料信息300余条。开展统计四大工程基础性技术工作，为企业“一套表”的顺利实施提供技术支持。担任历次大型普查的数据处理与资料开发工作。2011年7月，被省第六次人口普查领导小组办公室授予“山东省第六次人口普查先进个人”称号。

李允强 任城区煤炭局压煤搬迁科科长。男，汉族，1969年4月出生，山东济宁人，中共党员，大学学历。按照区压煤搬迁指挥部的要求，以服务地矿经济发展为宗旨，强化服务意识，不断提高思想政治素质和业务知识水平，稳步推进河东村、于白村的压煤搬迁，在工作中不断强化督导、检查措施，严把工程质量，狠抓进度管理，加强沟通与协调，确保施工环境优良和现场安全，确保各项工程按时间节点顺利完工。2011年，被山东省人民政府压煤村庄搬迁办公室授予“全省压煤村庄搬迁工作先进个人”称号。

杨兆兵 任城区水务局农田水利科科长、工程师。男，汉族，1973年1月出生，山东省济宁人，中共党员，省委党校大学学历。在区委、区政府的领导下，认真贯彻执行党和国家的方针政策，遵纪守法，爱岗敬业、努力学习业务知识。参与编制2011~2013年全国小农水重点县建设方案，获得第三批全国小农水重点县建设资格。参与完成2011年度实施方案、工程设计、招投标和工程施工，工程被省验收组评定为优秀工程。圆满完成农村饮水安全工程、自来水入室入户改造工程、全区水利工作统计年报等工作。研制的机井节水灌溉射频控制保护系统获得区科技局二等奖。2011年，被省水利厅评为“全省农田水利基本建设先进个人”。

曹书端 任城区统计局工会主席。男，汉族，1960年7月出生，山东嘉祥人，中共党员，大学学历。坚持政治理论学习和业务知识学习，提高做好统计工作及工会工作的领导能力、驾驭能力和发展能力。具体抓好统计业务工作、机关工会和精神文明创建工作，善于做群众职工思想工作，较好的履行岗位工作职责，创造和谐的机关工作氛围。2009~2011年，协助做好人口普查工作，带领全体普查办工作人员，顺利完成“两员”培训、宣传发动、综合试点、清查摸底、入户普查登记、输入汇总等各阶段工作。2011年7月，被省人力资源和社会保障厅、省统计局授予“山东省第六次人口普查先进个人”称号，记二等功。

刘庆新 任城区林业局林政科副科长。男，汉族，1971年6月出生，山东微山人，中共党员，大学学历。按照省市统一部署，扎实推进集体林权制度改革，全面完成集体林权制度改革任务。积极协调邮政储蓄银行开展林权抵押担保贷款业务。2011年，被市委、市政府授予“全市集体林权制度改革工作先进个人”称号。

马光春 任城区林业局林保站站长。男，汉族，1963年11月出生，山东济宁人，中共党员，大专学历。1984年参加工作以来，一直从事林业森保工作。在美国白蛾防治期间，积极投身防控工作，制定防控方案。加强美国白蛾监测队伍建设，在全区设立监测点，预报虫情态势。到各镇（街道）举办美国白蛾防控技术培训班，向农林技术人员、专业户、苗木协会会员、森防员及广大基层干部群众传授美国白蛾防治知识。在飞机防治美国白蛾等林业有害生物工作中，采取机场监督、现场监测的工作方法，飞防效果十分明显。2011年，获“山东省林业有害生物防治先进工作者”称号。

高　磊 任城区统计局政策法规科副科长。男，汉族，1978年12月出生，山东金乡人，大学学历。自参加工作以来，勤于学习，在省市刊物上发表多篇统计分析调研文章。工作扎实负责，遵守各项规章制度，团结帮助同志，较好地完成局领导安排的各项工作任务。在人口普查工作期间，服从安排，扎实做好各类文件起草、领导讲话、汇报总结等文秘工作。2011年7月，被省第六次人口普查领导小组办公室授予“山东省第六次人口普查先进个人”称号。

李　璇　任城区统计局工业科副科长。女，汉族，1986年6月出生，山东济宁人，大学学历。从事统计工作以来，自觉践行统计职业道德规范，积极发扬忠诚统计、求实创新、科学严谨、服务社会的优良传统和作风，工作任劳任怨、勤勤恳恳，注重加强基层统计工作，较好的完成规模以上工业统计、规模以下工业抽样调查统计、工业品价格调查工作，确保统计数据质量和统计工作有序进行。积极主动做好统计分析，为领导决策提供依据。2011年10月，被国家统计局山东调查总队、山东省统计局评为“山东省工业抽样调查工作先进个人”。

李雪梅　石桥镇统计站副站长。女，汉族，1978年10月出生，山东济宁人，中共党员，大学学历。2010年5月，调入统计站，在全国第六次人口普查工作中，始终以高度的工作责任心和工作热情，严格执行《统计法》和《第六次全国人口普查条例》，恪守统计职业道德，认真践行全心全意为人民服务的宗旨。针对实际情况，定期组织普查指导员召开业务知识研讨会，及时解决在普查时遇到的业务问题和其他疑难问题，圆满完成第六次人口普查的各项工作。2011年，被省人口普查办公室授予“山东省人口普查先进个人”称号。

陈　莉　任城区物价局价格举报中心副主任。女，汉族，1980年10月出生，济宁市中区人，中共党员，大学学历。参加工作以来，认真学习党的路线、方针和政策，在思想上、政治上与党中央保持高度一致。努力学习业务知识，不断提高自己的理论水平和业务技能。在工作中，热情耐心接待群众，作好接听、受理、登记、办结反馈、存档等各个环节的工作，任劳任怨、兢兢业业，尽力做好每一项工作。2011年，获全省“价格举报工作先进个人”称号。

张　强　任城区林业局林政科科员，工程师。男，汉族，1976年11月出生，山东兖州人，大学学历。积极参加集体林权制度改革工作，认真学习集体林权制度改革的相关政策法规，熟练掌握操作规程，深入村庄、田间地头，围绕合同审查、方案表决、外业勘界、登记发证、档案管理等关键环节，严格按照法定程序、方法步骤和工作流程组织实施集体林权制度改革工作。有林改任务的207个村全部完成集体林权制度改革的主体任务，村级实施方案民主表决通过率100%，合同签订完善率100%。2011年，被市委、市政府授予“全市集体林权制度改革工作先进个人”称号。

宫学磊　任城区物价局价格监督检查科副科长。女，汉族，1975年12月出生，山东济宁人，中共党员，大学学历。认真学习党的各项路线、方针和政策，在思想上、政治上、行动上始终与党中央保持高度一致。认真学习物价检查工作的基本知识、法律法规、案件审理程序与文书格式以及财务、法律知识等，在各种综合性检查、专项检查中发挥骨干带头作用。工作中任劳任怨、兢兢业业，认真完成上级交办的各项工作任务，敢于坚持原则、秉公执法，努力做好价格监督检查工作。2011年，被山东省物价局授予“全省价格监督检查工作先进个人”称号。

崔长际　任城区林业局种苗站站长，山东省林木种苗协会会员，高级工程师。男，1961年7月生，山东济宁人，中共党员，大专学历。按照省、市、区委关于加快振兴苗木花卉产业的要求，认真贯彻执行任城区《苗木花卉产业振兴规划》，做大做强苗木产业，深入苗木重点区域李营街道、二十里铺街道等地，指导苗木种植，积极引进速生白腊、速生国槐、北美红枫、海棠系列等苗木新品种10多个，研究白蜡扦插、法桐大干扦插等新技术。积极协调银行、信用社开展苗木大户联合担保贷款业务，解决苗木种植发展资金短缺问题。参与李营苗木大市场建设，为建成全国最大北方苗木集散中心做出积极贡献。2011年，被山东省林木种苗协会授予“先进工作者”称号。

王吉中　任城区物价检查所副所长、价格举报中心主任。

男，汉族，1968年2月出生，山东济南人，大学学历。认真学习党的方针、政策和各项物价法律、法规。坚持理论联系实际，出版著作1部，在国家级、省级以上刊物发表专业论文16篇。圆满完成各项物价检查工作，为整顿和规范市场价格秩序作出贡献。在物价检查工作中，坚持严格执法、依法行政，坚决抵制不正之风，做到程序严格、查账深入、定性恰当，切实制止乱涨价、乱收费行为。多次受到山东省、济宁市物价系统的表彰。2011，被山东物价局评为“全省价格研究工作先进个人”。

谢勇乐　任城区林业局林政科科员，助理工程师。男，汉族，1981年10月出生，山东济宁人，中共党员，大学学历。在林改工作中，认真学习相关政策法规，积极参加市林业局组织的技术培训，熟练掌握操作规程。扎实工作，廉洁自律。从大局出发，不计个人得失。对林地及林木资源，逐地块、逐路进行详细调查摸底，制定出林地及林木资源台帐，绘制资源状况图，做到图、表、帐、册一致，人、地、证相符。利用GPS定位仪逐村、逐地块进行勘查，确保定位精度，做到四至清楚，面积准确、产权清晰，林权证全部发放到位。2011年，被市委、市政府授予“全市集体林权制度改革工作先进个人”称号。

崔续平　任城区安全生产监督管理局工商贸监督管理科科长。男，汉族，1969年3月出生，中共党员，大专学历。认真贯彻执行党的路线、方针和政策，坚持“安全第一、预防为主、综合治理”的方针，切实履行安全监管职责。建立非煤矿山、烟花爆竹领域生产经营企业管理档案，到企业摸底，对每个企业的安全状况、隐患情况都熟记于心，对重点监控对象，坚持每月必查一次，做到管理有的放矢。在安全检查中，认真分析查找存在的事故隐患和薄弱环节，帮助企业制定整改方案，消除安全隐患。2011年，被山东省安全生产监督管理局评为“全省安全生产监督管理系统先进个人”，记三等功。

徐晓光　任城区统计局工业科科长。男，汉族，1980年7月出生，山东济宁人，中共党员，大学学历。从事统计工作十几年来，认真完成规模以上工业统计、规模以下工业抽样调查统计，准确编制全区PPI指数（生产者物价指数，亦称工业品出厂价格指数），积极做好统计分析，为核算工业发展速度、进行宏观经济分析和调控、理顺价格体系等提供依据。2011年，在全市统计工作单项考核评比中获工业、交通统计工作一等奖，规模以下工业抽样调查获一等奖。被国家统计局山东调查总队、山东省统计局评为“山东省工业抽样调查工作先进个人”。

郭怀清　济宁市工商局任城分局办公室科员。男，汉族，1975年4月出生，山东济宁人，大学学历，中共党员。紧紧围绕省市工商局确定的信息宣传工作重点，根据分局党组全年工作部署和工作重点，在分局提出的“一二三信息宣传体系”的基础上，突出“三抓一重”，促进工作有序开展。在国家级报刊发表调研文章3篇，在省市级报刊发表新闻稿件78篇，发表政务信息258篇，形成宣传渠道更为拓展、宣传形式丰富多样、宣传氛围更加浓厚、宣传效果显著提高的良好局面。2011年，被省工商局授予“全省工商系统宣传工作先进工作者”称号。

林文静　济宁市工商局任城分局人事科科长。女，汉族，1966年10月出生，山东济宁人，中共党员，大学学历。按照科学理论武装、具有长远眼光、善于把握规律、富有创新精神的要求，把学习型工商建设列入重要议事日程，制定相关规章制度，研究解决相关的重大问题。把基层建设年活动与其他重点工作同部署、同落实、同检查、同考核，使“学习型工商建设年”活动与时代发展同步、与职能任务呼应、与干部思想融合。2011年，被省工商局授予“‘基层建设年’活动先进工作者”称号。

闫卫东　济宁市工商局任城分局仙营工商所所长。男，汉族，1966年3月出生，山东济宁人，中共党员，大学学历。坚持联系实际、学以致用、分类指导、整体推进的原则，按照谋事为重、树人为先的工作理念，紧贴时代发展、紧贴职能任务、紧贴干部实际，以省市局“学习型工商建设年”活动的开展为契机，扎实开展干部培训，着力提升干部素质，不断激发队伍活力，逐步形成一支思想不断解放、能力不断提升、作风不断改进的干大事、干实事的团队，监管效能、执法水平和服务质量进一步提升。2011年，被省工商局授予“‘基层建设年’活动先进工作者”称号。

张凤刚 任城区劳动就业办公室主任。男，汉族，1968年9月出生，山东济宁人，中共党员，大学学历。坚持以人为本、以民为重、以民为先，把科学发展、和谐发展、率先发展的要求贯彻到就业再就业工作中去，全区679名下岗失业人员实现再就业，城镇新增就业人员3780人，帮助困难人员就业138人，城镇登记失业率控制在4%以内。下岗失业人员再就业培训618人，其中创业培训128人，全面完成上级部门下达的各项任务目标，维护全区改革发展稳定大局。2011年，被省人力资源和社会保障厅授予“全省就业工作先进工作者”称号。

赵　霞 任城区统计局政策法规科科长。女，汉族，1978年11月出生，山东鱼台人，中共党员，大学学历。在全区第六次人口普查工作中担任法规组组长，承担法制宣传及普查业务培训工作。普查中，针对不同人群讲解人口普查条例，打消群众的疑虑，争取支持，对拒不配合的单位，依法进行批评教育，为入户登记工作提供保障。精心钻研普查知识，结合任城实际，采用通俗易懂的方式培训普查指导员、普查员。入户登记期间，保证24小时开机，随时解答一线普查员的问题。2011年7月，被省第六次人口普查领导小组办公室授予“山东省第六次人口普查先进个人”称号。

崔艺献 任城区人力资源和社会保障局办公室科员。男，汉族，1974年4月出生，山东济宁人，中共党员，大学学历。紧紧抓住大人才、大就业、大保障等民生工作，充分利用宣传手段，为人社工作宣传造势，在济宁日报、济宁晚报发稿80余篇，在中国劳动保障报发稿10余篇，在中国劳动保障网、中国就业网、中国社会保障网等发稿200余篇。2011年，被省人力资源和社会保障厅授予“全省人力资源社会保障宣传工作、政务信息工作先进个人”称号。

朱银起 任城区林业局林政科科长，工程师。男，汉族，1965年5月出生，山东济宁人，中共党员，中专学历。认真贯彻中央、省、市关于全面推进集体林权制度改革的意见，坚持把“生态受保护、农民得实惠”作为改革的出发点和落脚点，深入开展集体林权制度改革工作。在林改工作中深入基层，以身作则，做到责任落实到位、宣传培训到位、政策程序执行到位、督导调度到位、外业勘界到位、档案管理到位。2011年，被市委、市政府授予“全市集体林权制度改革先进个人”称号。

李　华 任城区人力资源和社会保障局监察监督科。男，汉族，1966年4月出生，山东济宁人，中共党员，大专学历。积极参与组织、协调、检查、督促法制宣传教育和依法治理工作。利用企业年审向企业发放各类宣传材料5000余份。组织举办《社会保险法》培训班，开展《社会保险法》集中宣传活动。在劳动保障书面审查工作中，审查用人单位396家，责令整改124家；专项检查用人单位127家，取缔非法职介6家；接受劳动者咨询330余人次，查处投诉举报案件46件。2011年，被省人力资源和社会保障厅授予“山东省劳动监察工作目标管理考评先进个人”称号。

李红雷 石桥镇陆桥服务区党总支书记、主任。男，汉族，1979年5月出生，山东鱼台人，中共党员，大学学历。在第六次全国人口普查中，立足工作实际、精心组织、扎实工作。在普查中深入一线，放弃休息日，高质量的完成人口普查工作。2011年，被省人口普查办公室授予“山东省人口普查先进个人”称号。

韩建新 任城区劳动就业办公室财务科副科长。男，汉族，1976年4月出生，山东济宁人，中共党员，中专学历。严格执行国家财经政策，认真执行财务制度，遵守财务纪律。爱岗敬业、扎实工作、不怕困难、勇挑重担，热情服务，在本职岗位上发挥出应有的作用。坚持就业是民生之本理念，牢固树立大局意识、创新发展理念，积极贯彻落实各项就业政策，健全服务体系、搭建服务平台，努力推进工作落实，就业再就业工作得到长足发展。2011年11月，被省财政厅、省人力资源和社会保障厅授予“社会保险基金预、决算编报工作先进个人”称号。

刘玉充 任城区劳动就业办公室人秘科科员。男，汉族，1983年10月出生，山东济宁人，中共党员，大学学历。做好各种会议的会前准备、会中服务、会后落实三个环节，全力做好各项重要活动的筹备、布置、落实工作。规范公文处理工作，提高公文处理水平，严格执行领导签字审核制度。形成上报、汇报、总结和调研等方面的文字材料30余万字。2011年12月，被省人力资源和社会保障厅授予“全省就业信息宣传工作先进个人”称号。

张荣伟 济宁市公安局任城区分局刑警大队副大队长，二级警督警衔。男，汉族，1971年10月出生，山东济宁人，中共党员，大学学历。坚持以党性为后盾，以政治责任感为动力，以“党性最强、作风最正、工作出色”为具体要求，始终以忘我的工作精神战斗在刑侦工作第一线，带领全队民警侦破重大案件131起，抓获嫌疑人101人，其中逮捕74人，劳教17人，为全区社会治安的稳定做出突出贡献。2011年6月，被山东省公安厅记二等功。

项友建 济宁市公安局任城区分局治安大队大队长，一级警督警衔。男，汉族，1963年9月出生，山东微山人，中共党员，大学学历。坚持以科学发展观为统领，紧紧围绕治安防控体系建设工作主线，以构建和谐社会为指针，勇于担当，积极履责，带领治安大队全体民警先后破获各类刑事案件143起，抓获各类犯罪嫌疑人302名。积极开展网上追逃“清网行动”，8名网上逃犯全部被缉捕归案。深入推进零发案创建，建立零发案小区12个，村庄121个，单位15个。大力开展治爆缉枪、旅馆业整治、娱乐场所整治、“地沟油”排查等专项行动，收缴各类枪支9支，打掉生产销售地沟油窝点7个。强化实有人口管理，清理暂住人口19265人，出租房屋3954间，管控重点人口287人，人口信息项目平均采集率99%。2011年1月，被山东省公安厅授予“全省优秀公安基层所（队）长”称号。

田遵涛 济宁市公安局任城区分局常青路派出所所长，一级警督警衔。男，汉族，1967年3月出生，山东济宁人，中共党员，大学学历。认真实践“三个代表”重要思想，落实科学发展观和树立社会主义法治理念，采取巡逻、守候、设卡结合等方法，严厉打击各种违法犯罪活动，侦破“7.02”绑架案等重大案件36起，抓获违法犯罪嫌疑人108人，其中逮捕24人，劳教9人，行政拘留68人，抓获逃犯8人。突出“以人为本”的带兵理念，一手抓业务，一手抓队伍，推行每周例会及目标绩效考核制度，严格管理，严格奖惩，锤炼作风优良、纪律严明的民警队伍。2011年1月，被山东省公安厅授予“全省优秀公安基层所（队）长”称号。

蒋永进 任城区交通运输和港航局党组成员、副局长。男，汉族，1973年10月出生，山东济宁人，中共党员、大学学历。在春运中，带领全区运管人员精心组织、努力工作，圆满完成各项任务目标，保障春节期间全区交通通畅。加大对汽车北站和危险品运输企业的检查力度，要求各有关运输公司明确专人负责，认真执行24小时值班制度。在巡查过程中发现安全隐患7处，及时责令企业整改，确保节日期间交通运输安全运行。统筹安排节日期间生产、生活物质的运输工作，积极与辖区内几大煤矿和运输企业联系，派驻人员维护车辆秩序。2011年，被山东省交通厅授予“全省交通运输系统春运工作先进个人”称号。

廉　洁 任城区交通运输和港航局党组成员、纪检组长。男，汉族，1971年11月出生，山东济宁人，中共党员，大学学历。在依法行政和治理公路水路“三乱”工作中，不断强化措施，标本兼治，巩固全区所有公路无“三乱”成果，有力促进任城区交通事业跨越发展。不断完善治乱工作责任制和治超机制，继续实行联合执法，对超限超载车辆严查、非法经营者严罚。加强交通工程廉政建设，在工程建设中严把市场准入关、招投标关、质量管理关和施工现场管理关。规范执法主体和执法行为，依法行政水平明显提高。加强执法监督，对人员管理、廉政勤政等情况进行全方位督导检查，坚持做到问题不澄清不放过，违规违纪处理不到位不放过，整改措施落实不到位不放过，群众对办理结果和态度不满意不放过。2011年，被山东省交通厅授予“全省交通运输系统依法行政先进个人”“全省交通运输系统治理公路水路‘三乱’工作先进个人”称号。

黄以星　任城区林业局副局长，党组成员。男，汉族，1960年12月出生，山东济宁人，中共党员，大学学历。紧紧围绕科学发展主题，把思想和精力放在创新思路、狠抓工作落实上。在林改工作中，把“生态受保护、农民得实惠”作为改革的出发点和落脚点，严格按照规定的程序步骤，环环相扣、步步深入地抓落实、抓推进，提前完成林改任务。2011年7月，获山东省人力资源和社会保障厅、山东省林业局嘉奖。

张启刚　石桥镇党委委员、副镇长、武装部长。男，汉族，1966年6月出生，山东济宁人，中共党员，大学学历。第六次全国人口普查中，任石桥镇人口普查领导小组副组长。在普查工作中，既当指挥员又当战斗员，既要负责全镇普查的业务指导工作，又要深入第一线抓好普查工作。在人口普查实施过程中，全身心投入，真抓实干抢进度，放弃节假日休息，全力以赴完成全镇人口普查工作。2011年，被省人口普查办公室授予“山东省人口普查先进个人”称号。

李胜国　任城区林业局林保站副站长。男，汉族，1974年7月出生，重庆忠县人，大学学历。在区委、区政府和上级业务部门的领导下，不断加强对林业有害生物的调查研究，明确重点，确定监控对象。每年根据病虫害种类不同，及时发布科学性强、准确性高的预测预报，指导防治工作。积极开展全区林业有害生物防治工作，做好虫情的全面监测，及时预报虫情态势。在美国白蛾防治期间，认真做好日报告及周报告工作，深入地块及村庄掌握虫情发生及防治情况，及时向领导汇报，当好领导的参谋。做好森林植物检疫工作，确保苗木质量，同时做好调运检疫和复检工作，严把检疫关，以防止有害生物的人为传播，保护林业生产安全。2011年，获“山东省优秀森防员”称号。

刘伟伟　石桥镇张桥服务区党总支书记、主任。男，汉族，1984年11月出生，山东济宁人，中共党员，大学学历。在第六次全国人口普查中，和广大普查员一同入户、一同绘图、共同研究分析，攻克一个个难题，实行普查人员集中办公，互帮互查，共同研究，加强业务沟通，有效提高工作效率。2011年，被省人口普查办公室授予“山东省人口普查先进个人”称号。

【区级先进人物】

记三等功人员

于永润	马月美	马文利
王　超	王志强	田胜金
付家隆	闫春雷	刘　岭
刘亚丽	刘光福	刘道明
刘煜宁	江新军	孙兴格
孙德祥	李　安	李　兵
李　铮	李长青	李中民
李玉宽	李守俭	李志刚
李志忠	杨建军	杨晓春
邱跃鲁	何　雯	张东元
张成中	张成俊	张学栋
张茂鹏	张洪春	张继伟
陈元强	陈允杰	陈守勤
陈建学	陈桂玲	范永全
范留照	房　强	孟凡璋
孟庆波	赵　岗	赵才文
赵文卫	赵　岗	赵来珠
郝书祥	姜香菊	宫德中
祝自稳	姚兴勇	秦　明
徐炳纪	唐庆民	韩庆鹏
程守全	谢晓华	谭锡祥
樊培涛	薛秀玲	魏永强

考核嘉奖人员

一、科级干部

（一）年度考核

于永润 张秀敏 马月美
房 强 党同义 李 安
陈振冉 姜 算 陈庆民
王志强 田胜金 王 超
范留照 李龙涛 吕秋艳
朱玉娥 李志忠 宫德中
王志鹏 周志华 何 雯
苏玉杰 韩庆鹏 徐 丽
王志勋 王元水 孙宗生
王亚洲 付守华 刘亚丽
程守全 孟庆波 张文海
祝自稳 刘方富 赵来珠
刘 辉 李大新 刘道明
刘利华 李昭军 刘煜宁
盛正民 张新房 邵明真
刘 岭 侯广卫 秦朝宁
周庆余 江新军 熊继梅
路则端 李 兵 李中民
张吉东 姜香菊 陈守勤
侯宪敏 高 航 许长青
张培法 唐庆民 刘元仁
陈桂玲 张学栋 陈允杰
杨晓春 薛秀玲 郝书祥
陈允强 谭锡祥 张洪春
杨建军 李守俭 李长青
陈祖亮 姚兴勇 张继伟
魏 军 付家隆 邵长武
李玉宽 陈建学 徐炳纪
唐国庆 赵 芳 孙 猛
张大陆 李 壮 李 铮
赵体良 魏永强 孙德祥
赵 猛 闫春雷 孙兴格
孔晓军 赵才文 陈元强
宋 乾 张成俊 谢晓华
樊培涛 潘 震 刘 刚
孟凡璋 韩爱芹 赵文卫
赵联华

（二）“三重”工作考核

刘光福 李龙涛 张茂鹏
张苗苗 程守全 侯广卫
姚 箐 江新军 周庆余
张 强 许允鹏 闫香革
马文利 李俊杰 孔令忠
陈允杰 张开斌 闫青阶
伊成涛 杜西松 付家隆
赵 岗

（三）新农村建设帮扶考核

刘相存 于洪光 秦 明
陆 振 刘克江 顾黎明
谢迎秋 赵占坤 张福前
张东元 刘庆运 姚红波
陈安东 李志刚 邱跃鲁
梁卫华 蒋永进 姜景奎
黄以星 张成中 陈德华
宫修清 唐振华 文 坤
侯伟清 孙 勇

二、一般人员

（一）年度考核

廉会青 钟 锟 陈小光
李庆峰 贺宜兵 孙 静
田遵浩 李迎春 张卫东
吴智慧 祝士业 林建军
周新宇 张衍安 王爱云
张建国 赵兴梅 吴治函
刘 慧 刘 涛 高 辉
张新玲 孙桂芳 田培喜
史龙龙 金兴伟 褚福全
刘 芳 黄 静 闫 妍
崔艺献 褚 毅 李 志
王 健 夏 咏 仲昭阳
李 宏 胡秋菊 王 梅
郑延卿 李 丽 陈 强
王宇龙 姜守绅 李木根
李江龙 刘 鹏 史先锋
贾思亮 钟长玲 刘清纯
刘 璐 苏梁辉 陈玉静
陈保东 程建岚 邱 佳
徐利民 赵 鹏 张金生
周长振 蔡洪斌 李 娟
刘 峰 谭冬梅 李艳艳
韩广兴 王 帅 谢春玲
张 昕 李允泉 郭来畅
陈玉宁 董乃东 聂其赛
顾克文 杜向民 高 玥
倪 凯 张文强 国 会
柏立文 高 莉 王留法
刘 笡 焦海华 宁 伟
王 磊 孔甲庆 孙加涛
魏 文 王 丹 张国华
刘德鹏 张 庆 寻长征
王道星 段海泉 梁凤居
赵 健 邢伟英 崔曼黎
张 静 王守伟 李 霞
王海玲 魏 然 李成栋
王国华 赵福祥 郑 鹏
韩传水 王 一 焦海岚
王 浩 尚胜利 王志昆
谢庆波 冯亚卿 吴军海
何 艳 陈 志 唐秀梅
霍 琳 吴德昂 赵芳萃
邵美霞 邓红梅 马素香
李水莲 蔡高坡 王 震
王文友 陈其芝 渠慎亚
邵传革 苏晓华 纪爱萍
吴 凯 张德安 江昌蛟
宋文超 陶树明 王学智
王淑敏 王爱景 魏亚峰
范红梅 张会丽 张庆尧
陈 磊 武海燕 张 勇
李 沁 李秀环 田陆军
吴洪星 赵 洁 韩文坡
杨庆凯 张自力 孟 岩
田利珂 王海玲 于翠翠

魏　平　田照春　朱大鹏　刘冬梅　逯从旭　田建光　程　博　胡桂莲　孙　鹏
袁良然　由兴泳　张文敏　赵小锋　朱述永　张安芝　蔡永梅　孟德生　孙　鲁
田胜奎　韩美丽　王志国　刘媛媛　马　骥　马　勇　李　慧　张桂芝　温向泉
闫曼曼　王昌昆　李　霞　芦　岩　王文莉　苏丽萍　张　欣　胡荣树　张翠翠
钟远锋　杨路燕　赵贤兵　李庆凤　杨冬梅　赵争先　任士虎　孙亚曼　屈凡清
刘传科　谢云锋　刘玉芹　王悦慈　孔海燕　董　宁　郭景红　闫红元　张秋真
李秀丽　张立萍　刘　静　刘恩广　张　旭　张传虎　朱玉松　刘继玉　马丽娟
满卫星　朱　伟　郑福华　魏艳丽　邓冉冉　王　莹　王允彦　张淑真　张宪成
周在强　刘　凯　孟新奇　汪　晨　张伟丽　谢瑞华　李　敏　陈秀真　鞠　燚
黄太德　左建波　李会景　张利平　刘　璇　程梅华　张树杰　申海鸣　李瑞娟
赵　国　赵新伟　常衍雷　孙淑秀　崔　强　李虹辉　王玉珍　陈福令　杨慧萍
廉建华　陆　勇　郑玉荣　徐晓光　巩光耀　李冬青　田树华　王素香　张　燕
谢福峰　吴华军　宋长贤　徐　滔　王树全　时　刚　戈树宇　张春妍　任　梅
高美丽　李　艳　邱　兵　陈永旺　王亚超　赵宜广　赵香琴　刘丽娟　孙　兵
赵晓梅　李　燕　杨兆兵　张红乔　左兴兵　陶乃兵　王艳春　梁　靖　杨永兴
李立新　杨月华　李德华　田根山　刘成刚　高晓霞　张明鹏　樊笑梅　冯　倩
朱小磊　张翔飞　段海涛　史作华　陈　明　于雪美　邹　艳　范锦兰　谭高霞
高化冰　王　伟　田再丰　郭鹏程　肖　岷　董中峰　朱金花　黄燕玲　李　华
聂遵海　张　涛　郭金平　张梅峰　陈　磊　陈　楠　王　品　刘　敏　胡巧玲
孟　辉　刘　朋　张继超　杨培培　刘　娟　余明艳　张　雷　王　岩　刘兆续
王美娥　闫修祥　朱继坤　王　庆　秦秀婷　吕宗志　张少华　马景春　贾从伟
李保军　刘　刚　王　倩　马伟宾　宋　磊　吴　宏　陆卫华　赵北放　周　峰
胡传兵　刘冬梅　高加力　马文艳　张四平　马迎丽　郑新文　苟　涛　刘守政
文连臣　阮庆友　刘　艳　樊　靖　张友春　周升学　姜继东　管运民　杨　超
陈　刚　张建立　吕连启　陈耀亮　杨海峰　秦秀芳　臧家鼎　李　岩　李　敏
张建华　汪爱华　李瑞锋　朱瑞霞　徐凤智　谭德重　刘震宇　王　至　吴　芳
张晓倩　赵　娜　廉晓惠　周文华　邵长敏　戈双启　刘　凯　刘　珊　杨明丽
杨　宁　马东红　钟建昆　随慧彬　崔志国　季桂强　徐　伟　廉立国　侯嵩鹏
徐　骞　王德华　焦　华　苏占培　常庆龙　张　珍　张耀岗　张亚洲　阴志远
张秀英　靳秀云　马　静　丁　虎　高振涛　张建军　焦海明　吴增强　姜元民
汪　娜　王　辉　王光辉　李　峰　谢　宾　刘从梅　郑元志　姜　华　孟红英
艾永刚　张　乐　刘　伟　孙　旭　崔保刚　廉春东　李　玲　陈雪美　刘　强
赵传志　高　红　钱晓燕　郑洪哲　刘志阳　窦冰霞　李　辉　张伟杰　宋传东
姚淑娟　朱银起　刘庆新　张　勇　汪齐海　王　旭　孟庆喜　褚　娆　杨继辉
谢经卫　陈立森　邵全梅　李　宁　荣文栋　尹　寅　宫学如　马献峰　郑广治
周爱民　王国民　廉　蕊　冯春辉　周　磊　张新华　史凯华　吴业凯　吴　涛
张高占　史作勇　陈启友　宋芝芳　孟　琦　李　铮　郭兴建　种　庶　李秀芬
邱　蕊　师大为　张兵趁　闫立桥　王　静　焦海波　谢洪霞　丁庆雨　边加玉

马蓬军	苑建民	王　倩	岳　磊	何延红	李　骋	谢长红	方　芳	孙建媛
仲卫东	张　庆	邵慧芬	闵　翠	郝丽华	王　灿	冯　娟	王思芹	赵　红
朱洪志	李金标	杜　岩	张大伟	李新亚	闫秀兰	仙玉华	胡淑云	杨　敏
付　壮	李广军	李　巍	董龙祥	王程程	苏元元	周广峰	蔡琳琳	李洪伟
龙观光	唐海军	魏德敬	刘川川	张忠坦	于洪奎	邢　军	李卫清	何振娥
岳书宝	张治海	郭玉华	李红军	刘玲玲	鲍　峰	张淑媛	王春华	左兆姣
韩　凌	史作岩	孙海曼	程爱明	王海英	杨爱侠	刘　葵	卢　利	刘秋云
田　辉	张雷贤	赵国朋	白书宽	闫凤娇	李明芹	王艳艳	田冬冬	王宝利
王国庆	朱凤良	周小超	付庆玉	王　慧	刘　青	王红岩	蔡小合	刘玉霞
郭海军	刘宝建	高　波	丁　月	张　俊	蔡莉莉	崔爱华	刘志国	李建设
徐遵刚	王勉平	廉明华	孙明霞	张素珣	张　慧	薛凤翱	孙桂荣	明宝亮
潘永丽	张之宁	杨秋珍	郗震震	何　坤	曹圆圆	陈圣阳	陈漠风	张卫国
杜兆忠	韩道广	汤景元	郑黎黎	寇　霞	李　轩	张承稳	张启运	李　军
房胜涛	张英华	曹学温	金宝昌	方　滨	肖　岩	陈伟利	李春笋	田永强
苗蒙蒙	李　操	李会庆	曹允格	刘春光	殷文静	陈红建	蔡利敏	陈利霞
谢京敏	苏文静	李　敏	郭艳丽	薛四启	吴春节	陈圣来	付　美	韩冬华
李　宁	周传福	曹　原	谢经锋	韩宗顶	周永红	韩继海	季小伟	江英民
刘亚东	李龙环	刘忠锋	杜延芬	徐　浩	阴晓彤	李　峰	李书红	李文周
张　峰	杨现成	王万志	刘明辉	郭　宏	夏　勇	李小红	李瑛齐	孙士萍
陈金红	陈鸿祥	邰长华	骆玉玲	赵晶晶	姜丽华	田圣娟	田圣明	田文昌
杨小娣	赵淑娟	王合民	姚　丽	轩玉刚	肖　旺	王现汤	魏　娜	夏　琳
吴重阳	陈　冲	钱德周	杨瑞峰	杨建美	杨　伟	徐相法	杨传慧	翟明华
隋启林	王英华	王守峰	张云霞	申雁林	王叶倩	张吉磊	张青华	周　娴
魏衍昌	张　超	孙胜田	王立秋	崔丽丽	贾林兰	潘跟红	姜三营	解玉强
韩崇锋	刘友学	刘　坤	孔德星	张　德	闫彩霞	李金涛	廉存义	刘红英
张亚涛	卞明丽	崔华强	李红池	李翠莲	王立群	王　萍	王凤英	王玉娇
李成素	王　晶	朱　景	窦学成	郑兆策	姚　飞	王桂香	张　凯	张　强
赵洪远	盛　雷	任玉荣	黄　攀	夏传玉	贾　隽	张继宽	张秀领	赵立民
孙秀英	闫　芳	赵　冉	张　朋	骆昭朋	崔　红	郑玉玲	韩春燕	李　杰
王永法	张亚萍	王吉昌	廉慧婧	史　萌	滕培梅	李彦伟	王　琳	王希安
魏洪真	廉东星	贾　娟	李　杰	张红秀	胡凤霞	尹洪鲁	王　伟	陈合英
张万勇	张春英	邵长文	张凤娟	孔　哲	梁亚红	张合辉	张　倩	陈　梅
芮　辉	李翠红	刘　振	吕　燕	魏洁琼	吴淑红	刘红红	张　敏	胡文晔
朱久革	吕金呈	孙　喆	汤美英	杜　冰	王连平	高峰炬	谭丽霞	赵华敏
姜计霞	赵桂萍	周长星	张　兰	谷素华	程广志	汪宗实	郑　健	王效荣
何传金	柏立峰	徐　蕾	孟宪柱	王大雁	刘胜利	郑兴鹏	李　健	赵丽君
赵红燕	卢玉玲	胡红岩	张灿光	刘　振	轩辕言堂	李运美	陈建峰	赵秀芳
张成文	李志超	李　冰	韩灵芝	朱林喜	崔玉芝	殷昭侠	戴　峰	徐洪波

焦淑玲 林新敏 王德臣 周长才 崔东玉 焦如丽 安　波 黄淑真 秦爱菊
王爱华 孙灵振 赵相宾 张忠阳 高善军 程莉霞 冯昌平 张　忠 王继业
李　伟 王化光 段起岩 孙兆敏 胡玉静 王秀芝 张宪领 张　辉 刘继国
王淑红 李梅芳 高华沙 曹美玲 李莉霞 王　红 王全昌 田宏伟 张永青
李景栋 伊广坤 吴永修 扈振霏 陈翠萍 郑　燕 谭丽克 张贵元 齐慧芳
朱振宏 开　诚 胡晓辉 高冠红 吴圣青 韩爱霞 吉孟涛 杨然昌 李　刚
付吉艳 程安星 冯　梅 刘兆然 韩巧华 王艳杰 邵　杰 丁　辉 郝　延
康永云 魏延峰 侯贵平 孙　超 刘春梅 臧淑玲 王云霞 徐秀义 王培清
周玉伟 崔衍秀 冯培田 常　伟 常法亮 梁　飞 王合英 郭萌萌 李建俊
李　海 赵传丽 秦秀华 姜元建 李明兰 潘若兰 刘　琳 王　凌 李允荣
陈华英 李庆翠 王兆兰 苑传新 陆士兵 汪　洁 杜清涛 常国才 韦　永
吴美燕 郝洪梅 杨淑贤 梅玉靖 刘华伟 王　超 孙秋菊 黄　震 曲桂荣
赵忠梅 张海霞 任全祥 杨海霞 仇海英 蔡永刚 褚思瑞 杨德坡 张宗年
秦秀旺 丁　珊 邓　彦 刘吉良 曹桐运 刘复霞 王云国 刘红霞 蔡长荣
史衍霞 白忠维 刘春梅 魏　丽 万庆海 胡爱华 段全梅 韩景云 姚　欣
刘真杰 刘瑞芹 孙长霞 张士春 汪孔军 刘建娥 张格英 廉德兰 张阿莉
祁　伟 张立英 张兴明 孟现鑫 刘　璇 刘庆霞 张阿英 刘广志 张兴房
张庆水 张振国 张雅景 张　芬 刘士久 苏红梅 王兴春 邱秀梅 孟凡艳
李兰图 孟凡福 孟晨泽 田芝霞 李双梅 孙永军 李　革 王　燕 杨庆伟
高　梅 寇继振 常者华 赵红丽 蒋瑞敏 孙胜国 李兴然 常庆华 李树光
韩　琪 褚庆梅 赵立功 陈　勇 于　欣 李　然 孙楚利 沈　键 李　洋
李　景 姚秀菊 刘秀环 郑本荣 戈文富 党　灿 刘连河 李长林 王　丽
付美燕 赵潮兵 袁艳艳 郝延银 刘建康 宋士书 徐运荣 徐运景 巫清华
金延荣 曹义利 丁洪利 邵长君 张忆秋 刘祥军 杨启元 李海燕 张秀臣
谷永瑞 郭秋平 郭淑平 朱秀君 柳绪英 刘绪厂 孙文艳 贾义启 赵景华
李　芳 李　凯 马业华 仙友峰 陈炳生 张利华 李东瑞 周广荣 胡长美
马云霞 隋　新 王福生 陈恩军 薛广玉 杨明远 汪书焕 田　明 张百国
王永阳 武　利 徐国玲 陈宏民 姜广刚 杨树林 韩清润 宋海峰 王　科
薛春梅 薛永成 杨家利 徐　坤 刘玉真 唐延成 付　婧 杨　峰 庄　文
杨明霞 杨庆伟 郑文明 刘　星 王德胜 张福强 张　燕 文衍民 任跃胜
郑衍旗 周长清 徐　辉 张荣伟 曹清梅 薛永安 张洪瑞 李　磊 高　杰
卓智勇 董保池 张仕杰 栾　兵 马方明 陈庆水 谢　超 李国强 初俊杰
王振敏 苟尚园 刘　晔 孙茂华 胡建坤 陈红丽 许　彪 刘圣珍 戈　鲁
王丽丽 高　芳 陈美娟 宋文树 张　瑾 王　通 王国民 曹春华 张玉霞
苟尚红 白红霞 臧　国 张绪江 姜广军 史　磊 孙守俭 张跃进 宫儒靖
刘惠娟 袁广峰 王胜军 刘跻臻 顾　峰 李兴坤 李秀芳 蔚红霞 祝　勇
徐　彪 邢建颖 郑营宗 张继争 司豪民 陆志勇 刘思娜 赵华英 韩东晓
张建国 陈海珍 姜　凯 崔中华 骆云星 陈彦秋 李东涛 王胜涛 谷允江

李运峰　阮守清　张方元
黄利媛　刘金涛　陈庆玖
李红星　高　芳　王心光
刘　伟　侯本国　王爱梅
孙培庆　许庆红　耿孝燕
郝　艳　何爱国　许玉涛
张红敏　吴开慧　徐敏旌
谢显孝　王　闯　闫中华
张　健　魏红新　朱玉霞
王　宁　刘庆朋　任存新
王克宪　魏　燕　田建民
刘继同　刘振东　李兵华
王香晶　张　鲁　郭晓芳
路国华　高爱国　蔡美丽
袁守静　史作景　陈德慧
王　红　李永海　张军喜
崔保磊　李红雷　姚俊路
刘伟伟　孟志勇　王培国
陈凡合　李永燕　王　卉
李福壮　李　科　孙古敏
陈　肃　阚显生　杨红芹
李咏莉　吴俊杰　葛玉慧
刘　霞　候庆周　赵防震
陈雪荣　孙　兵　张庆亮
王建军　胥勤文　辛　蕊
周长钦　史作坤　徐大鹏
杨然然　刘兆坡　张海清
李志刚　周凤英　孙名健
闫鸿章　张殿军　李　滨
曹国锋　张巍巍　苗海罗
钱立志　史耀忠　邵　颖
倪红燕　曹翠兰　谷士宾
文胜利　陈雪芹　朱　宁
刘艳丽　杜飞飞　张占良
靳于安　郑传刚　翟建勇
周　斌　李会勇　张振锋
崔保章　王　震　刘国奎
曹井振　张　斌　李玉禄

乔　梁　王　峰　刘　伟
冯秋菊　石大庆　马春雨
吴德涛　赵　纲　刘晓梅
李　勇　尹　静　王淑霞
田新霞　庄维荣　彭　丽
冯艳艳　王　龙　陈　晋
曹洪田　史为民　李凯军
王　宏　魏银滨　谭延华
林燕青　张传刚　武成虎
师合峰　闫顺利　王洪振
马福贵　褚　伟　田文玲
赵庆荣　潘耀勇　韩清秀
张海强　刘绪龙　张申涛
朱小冯　郝　献　杨　涛
崔　莉　朱士伟　李　林
王兆刚

（二）“三重”工作考核

王海龙　李运清　孙天周
唐卫星　常新勇　李允强
刘民强　孟庆田　刘恩广
刘丽霞　吴华军　崔东坡

（三）新农村建设帮扶考核

张　力　冯全斌　郑　敏

重大项目包保帮办兑现奖

唐庆民　仲爱军　尹大卫
李玉宽　杨晓春　郝书祥
陈建学　陈允强　侯成之
胡苏秦　李静波　谭锡祥
姚兴勇　祝自稳　苏梁辉
徐守英　文　坤　李来玉
王秋霞　常英梅　刘恩广
吴华军　陈保东　张开斌
孙天周　胡新轩　时均修
史先锋　刘　振　张　波
孔令琨

政协工作先进个人

一、优秀政协委员

陈瑞军　方红军　宫德忠
周　燕　程秀兰　李传朋
闫香革　朱　梅　郑长建
苏丽萍　陈建学　谭锡祥
王昌昆　李江龙　曹景敏
孙念国　陈祖亮　刘克江
尹淑杰　刘慧青　张　鲁
刘汝义　赵之玉　刘道明
韩广林　田文玲　李志刚
井翠玲　李广阳　李　科
田兴光　侯　军　张吉洋
程士节

二、提案办理工作先进个人

胡连海　姚　箐　王　磊
尚胜利　王兆民　闫青阶
郭省娟　高现恩　丁从场
刘圣珍

优秀共产党员

李　刚　崔保磊　姚俊路
盖庆军　侯庆周　刘华臣
赵加义　马景春　贾从伟
李　岩　邵全波　刘守政
徐　伟　薛恩波　杨玉良
宋凤民　刘兆坡　李卫东
陈建华　徐大鹏　曹洪田
周庆才　钱廷祥　王　宏
陈宏民　田文玲　李凯军
魏洪新　刘继同　王克勇
李宏光　张贵芳　刘利华
张怀森　陈玉宁　董乃东
刘艳丽　曹　虔　王鲁平
张　斌　赵秀强　巩震震
肖龙翠　刘董锋　谢汉真
王淑霞　孟凡涛　刘　辉
谢　兵　刘玉国　苗兴平
李瑞娟　薛政民　周　川
任记军　张　亮　马　宁
侯　艳　赵　林　苗建敏
李庆峰　樊　雷　刘　平

邵慧英　王　丹　杨田田
李迎春　李　超　高现恩
王成良　王安军　赵　鹏
张鲁雅　张　静　谢建波
马文艳　赵宏伟　曹万秀
姚海立　李召娟　钟长玲
封　颖　张金生　杨存群
孙天周　朱　青　陈长瑞
张志安　王秋霞　李振亚
李树立　蒋永进　方正凯
苏宪成　杨然云　兰　天
张德安　田承秋　程　超
陈　明　王　伟　田　辉
秦朝黎　徐　浩　郑振峰
付安龙　姚红波　王合英
张国庆　翟兴众　王振鲁
王　庆　李　娟　杨庆征
李长庆　李燕涛　吴　帆
贺爱英　吴业忠　程文娟
张安雨　田汉中　刘海林

优秀党务工作者

宋　乾　赵　猛　李　涛
臧　东　李雪梅　郑宏强
孟志勇　邢　伟　王志鹏
王吉昌　陈秀利　侯建军
陈　延　胡连海　张兆琦
郭庆社　苏红军　王香莲
朱　庆　刘庆运　杨银轩
孔凡标　鲍秀荣　刘洪波
廉　磊　荏春青　陈玉静
鲍齐新　韩广瑞

招商引资先进个人

高　磊　赵　纲　尚若文
魏宗芹　王现同　陈玉宁
田建民　李玉栋　李均友
朱本强　李　滨　杜延胜
张启刚　张红梅　苏玉好
吴增强　卢全喜　刘书宁
王贻标　陈庆民　张洪春
兰　天　王晓峰　李作伟
张　颖　杨晓春　江昌蛟
李　辉　赵芳萃　王海浪
马升跃　向　东　李玉康
陈宝东　由兴泳　孙念平
张启前　肖　岷　陆　振
刘　兵　刘元仁　谭锡祥
杨建军　马文利　徐利民
王燕利　李征军　韩继生
高加力　孟俊青　杨中革
李建军　张金安　张继伟
李继升　张厚鹏　周平勇
刘元宁　张传喜　王咏梅
张金生　郝书祥　李景祥
邵长武　朱　庆

“平安任城”建设先进个人

于永润　房　强　秦　明
黄　静　张茂鹏　孟繁北
陈德永　张忠恋　孙清华
刘晓东　宋　刚　邵世洋
孙志峰　刘振明　梁　娟
路　佳　王香晶　闫中华
庄　勇　袁守静　刘继同
刘振东　刘　宁　杨传岭
李传水　侯宪国　宋长贤
高加力　卢全喜　李咏莉
李　刚　姚俊路　李红雷
崔保磊　刘伟伟　张军喜
张桂萍　石大庆　杜向民
曹永海　陶少龙　朱　辉
潘　震　宋文娟　杜飞飞
赵秀强　葛长臣　胡绪洋
聂　鑫　谢云雷　李兴福
姜元民　曾兆新　贾瑞麟
郑兆志　王　坡　李广安
张瑞亭　谢华珍　王嫣然
胡宝刚　马庆太　李　涛
穆洪成　谷红丽　吴智慧
贾台建　曹　峰　刘　闯
张福强　左振宇　陈恩震
荏远洋　郝延利　吴治刚
路　杰　田照春　崔宗民
李　刚　王龙水　李龙顺
肖　磊　赵宏伟　张玉岗
马秋书　王安军　李　丽
雷潇潇　张　昊　王程鹏
田文玲　王　宏　王明雷
张海燕　张建国　曹洪田
王　龙　孟庆华　段海泉
侯建伟　王志昆

群众（信访）工作先进个人

路其权　陈　洁　郭　峰
王志强　李　峰　李庆军
张德安　秦朝黎　杨水东
钱道习　李月森　张宪涛
张华利　马　青　黄建顺
张伟丽　扈友良　霍　琳
崔志国　孟翠环　赵宏伟
秦秀婷　廉桂荣　邢衍宁
李国强　邱　佳　李　革
孙昌峰　陈　瑛　王　丹
郑　伟　李卫国　张宝军
张国华　李夫友　孟　艳
闫　坡　王恒悦　张　鹏
李春生　徐　奇　唐浩源
王妍婷　张　迪　高继萌
梁长华　孔晓军　贾台建
王　至　祝存厚　李翠青
郭永庆　李红光　张教新
贾　霞　王洪振　乔善明
孔凡中　王　锋　田代生
潘若尧　高　密

安全生产先进个人

赵士峰　陈延民　黄广亮
贾瑞麟　杨本群　刘义隆

莫国庆 蔡旭艳 靳于安
孙 昕 高 垒 田 磊
张金安 王世友 李来玉
陈兆祥 宁拥军 渠雅雯
晋 明 范西同 孙凤博
皮庆民 刘士强 宋 强
李玉春 李燕涛 鲍齐新
赵宏伟 陈保东 李 澎
左振宇 王昌昆 李冬玲
许 琰 魏明彤 朱申先
陈启友 杨万庆 邵长中
徐 青 赵启斌 黄修河
王 浩 孔 刚 刘汉伟
张 彤 侯 立 田春广
董亚宁 尚 防

人口和计划生育工作先进个人

刘美红 韩 伟 张海伦
杨茂东 汤永宏 夏琳琳
郭玉军 王 政 郭现利
苏春生 张新星 韩迎迎
高 丽 辛 蕊 杨 斐
张井菊 李 静 朱秀娟
程 红 黄延秋 赵 萌
陈 冲 刘吉雷 乔 梁
岳淑青 陈占芳 袁宪霁
王艳红 王建新 吴红敏
文凤芹 范冬梅 赵广芹
汪洪伟 孔令秀 葛传梅
袁婀娜 陈 臣 祝海峰
李 敏 李 莉 杨凤玲
张冬梅 陈天娇 杨爱华
王丽丽 江桂荣 方翠莲
李 霞 吴红波 侯松慧
侯四凤 焦凤玲 刘现羽
张桂林 胡传梅 郭晓红
张 丽 吕 华 于 敏
房 宁 吴 慧 曾庆国
吕浩然 柏德朋 张东亮

胡德英 郭衍芹 李 振
李欣欣 陈志红 时长峰
刘 婷 胡 蕊 杨慧敏
樊 静 翟恩宁 陈殿起
黄 茹 王香兰 邵全波
周长梅 赵红波 徐士苓
王素芳 赵美霞 陈凤娟
李爱娟 张庆云 石增礼
马 科 滕学彩 王 霞
孙丽文 刘亚民 崔 灿
李成坤 李荣海 刘凡运
王解放 刘吉群 徐月霞
郭桂之 戈春苗 刘丽梅
范伟丽 张志勇 张兆鹏
李洪飞 董高飞 罗 曼
王美荣 田中宝 仲亚鲁
蔡志强 王会贤 王 蒙
贾 娟 郭 琰 韩淑贞
崔保如 于 清 文新宇
周长磊 荏远新 刘凌云
艾长云 杨钦军 晋业超
姜 传 臧芬芬 张 玲
刘 伟 陈 超 宋文波
李 强 孟祥真 郑传敏
付庆霞 刘圣珍 刘冬梅
沈雅松 霍 琳 栾 忠
邹 娟 赵春媛 宁 磊
王丽丽 姬长敏 仲冬梅

教育工作先进个人

一、优秀教师

朱 景 张亚涛 卞明丽
王守峰 彭苏华 刘忠锋
陈 辉 蒋玉强 滕 婧
杨小娣 曹学温 李 超
李龙环 苏文静 张红梅
房胜涛 陈 刚 韩际勇
张春英 张玉宾 张美玲
杨 静 张 卫 骆云星

徐 蕾 安 波 秦 静
闫凤娇 李明芹 许从春
阴晓彤 孙淑萍 辛 慧
郑丽华 冯 刚 戴 群
蔡莉莉 张 黎 高成红
姜丽华 孔令爱 王晓霞
范 群 王立群 闫彩霞
庄衍忠 张 辉 孙炳莹
滕培梅 张 营 陈争艳
杨晓丽 张春梅 陈卫锋
张灿光 孙建媛 轩辕言堂
郭印忠 梁 敏 邵 杰
卢 利 李长媛 寇继振
胡信云 张庆水 高 梅
祁 伟 王忠凯 刘真杰
孙新玉 闫士红 杨明霞
徐 辉 夏长芹 孙红霞
郑衍旗 郭淑平 王福生
刘 婷 王玉娇 季向红
刘红英 张秀领 张淑霞
李金涛 苏美红 刘 云
满继荣 崔秀美 陈德香
胡方康 王 凯 高华沙
段启岩 王体卫 杜宪旺
陈宏民 聂吉芬 杨淑贤
刘 伟 艾玉蕾 王富贵
刘娟娟 张敦洲 冯红勋
陈圣阳 明宝亮 何培堂
秦桂生 李桂凯 李书红
张青华 陈利霞 李民永
陈 伟 魏 娜 韩冬华
崔冬梅 潘美香 张 辉
储 梅 孔德果 盛光军
胡艳梅 郑洪华 蔡传军
贺顺新 郑 燕 谢秋芬
吴圣青 扈振霏 孙兆敏
曹美玲 陆士兵 王 超
高留城 刘吉良 梅玉靖

刘义立　陆开民　李贤明
李宪亮　张　芬　刘建娥
侯宏景　杜甲利　潘迪军
徐林峰　刘兰设　张之宁
王敬彬

二、优秀教育工作者

李大新　孟德强　鲍小兵
闫　芳　谭国栋　陈彦秋
陈瑞强　刘玲玲　刘志凤
卢　元　孙国庆　张建强
侯明显　葛福清　刘加平
张贵元　袁桂芹　黄久红
居延军　邵明真　刘　兵
渠　成　薛培军　曹清梅
王希华　王军阳　陈存志
胡秀曼　曹　利　陈洪建
张国华　刘海军　高善军
廉建新　陈　静　姚俊锁
刘元梅　王　峰　杨秋波
宋　磊　徐遵刚　郭海军
朱凤良　廉明华　江文荣
开　诚　王颜颜

三、师德师风先进个人

郭永文　侯玉堂　刘延文
康绪芹　冯周民　孔凡静
周娟华　闫秀兰　王海英
姜明娟　邱继霞　王瑞芳
李永志　申雁林　代晓艳
王立秋　崔　红　吕　燕
张红华　赵　永　刘　利
时宏伟　高　俊　王艳艳
孟晨泽　李兰图　邓　彦
吴庆洲　薛胜利　夏全英
苏　娟　张继宽　王凤英
程志红　马秀丽　蔡绪相
张瑞玲　杨树林　刘志秀
张兆红　张跃富　任全祥
朱丽宽　陈炳生　刘　磊
李文周　刘美华　季宪敬
夏小芹　王金凤　姜开颖
李　绪　吴建清　陈　翠
胡玉静　史　磊　张士春
陈春燕　赵红丽　李红喜

四、优秀班主任

翟祥鸽　丁守峰　孙胜田
张　峰　吴重阳　徐　坡
李会庆　马小宁　宋思磊
彭进才　李新亚　米　娜
马海燕　曾　梅　殷文静
岳　轩　陈振君　杜重阳
张云霞　田　纪　井利朋
史　萌　张　朋　吴晓媛
汤美英　宋　婷　崔　霞
赵　涛　郭秀红　李洪伟
魏冬青　张新秋　张振国
田延勇　李　芳　谢召芬
李伟玲　张　凯　李美华
高峰炬　文雪梅　史作凤
李庆翠　张　伟　孙嘉珞
刘玉霞　王冬霞　伊成琴
王圣建　刘　营　郑培旺
杨丽平　李明兰　郑国芳
王秀芝　汪　洁　于　欣
戈文富　毛安荣　柏立峰

五、优秀少先队辅导员

朱丽霞　李　杰　魏洁琼
徐莎莎　刘　振　韩灵芝
朱玉兰　刘思霞　李　凯
王艳红　杨福稳　曲　艺
陈　彬　李再霞　侯　凯
冯　梅　张思振　田文昌
陈利霞　马连香　王　坡
王艳杰　王印科　高桂莲
刘庆霞　孟现鑫　郝延银

六、优秀少先队工作者

史衍磊　张春杰　张令全
齐慧芳　姜锡红　刘沛华
白兴根　张合辉　徐　坤
宫学广　刘鸿雁　张加国
宋士书

创建“全国科技进步先进区”先进个人

魏中勋　王科学　谷茂利
赵永梅　袁守静　崔兴龙
钱廷祥　赵启波　高　磊
刘来相　孙蓬阁　陈　鹏
郑兆伟　崔冬梅　寻长征
颜建华　李　志　赵　林
张广平　田胜利　孟祥真
郭鹏程　张　玲　李允辉
王红梅　徐红英　孟　伟
程　鑫　刘　璐　郑建伟
陈庆梅　陈　茜　张艳霞
郭省娟　陈德华　任兰臣
王　浩　赵　怡　李　宁
王玉珍　张秀莲　李红丽
葛秋岭　陈耀亮　高振涛
何　爽　靳秀云　费素娥
常　磊　张晓旭　许全都
赵树全　王继发　张宗生
郑　伟　文　苓　张　杰

媒体任城

媒体报道目录

【新华社报道】

日　期	标　　题	作　者
1.30	济宁任城投入资金490多万全面打响抗旱保苗战	侯福战　王世友
1.24	济宁任城关注弱势群体解决看病难看病贵问题	李齐白　崔艺献
1.28	济宁任城警方开展冬春季严打集中清查行动	王　乾　高纪勇
1.30	济宁任城投入资金490多万全面打响抗旱保苗战	侯福战　王世友
2.17	济宁任城经济开发区开展“亮身份争先进”活动	苟守兵
2.22	任城供电公司开展“彩虹春雨”抗旱保电大会战	王　宇　邓承国
3.3	山东济宁任城区首批选拔30名“任城英才”	赵宏伟　崔艺献
3.4	济宁任城：历练干部过硬作风保障跨越发展	侯福战　王世友
3.17	济宁任城警方去年破获各类刑事案件1268起	王　乾　聂上峰
3.23	济宁任城流动电影院分赴各乡村乐了众乡亲	王世友　魏　文
4.8	任城召开动员大会全面铺开新农保试点工作	赵宏伟　崔艺献
4.10	山东济宁任城农行首季中间业务收入花俏枝头	刘吉民
4.17	济宁任城撑起医保“民生伞”农民养老无忧	侯福战　赵瑞一
4.18	济宁任城四个到位确保村“两委”换届质量	胡连海
4.19	济宁任城全方位整治流域水污染改善环境质量	侯福战　王世友
4.21	济宁任城提升“三力”助推组织工作创先争优	侯福战　王世友
6.5	济宁任城经济开发区：唱响“创城”三部曲	赵厚峰　苟守兵

6.14	济宁任城200余万资助100户农村贫困家庭圆梦	山　进　王　梅
6.17	山东济宁任城区畅通人才引进“绿色通道”	赵宏伟　崔艺献
8.15	济宁任城区“1+10+100”人才开发模式助力发展	刘敦亚
8.16	济宁任城坚持科技兴区增强企业科技创新能力	侯福战　王世友
9.14	济宁任城实行就业新措施成功促成5157人就业	邱茂盛
9.20	济宁任城全面推进规划统筹发展迈出新步伐	侯福战　王世友
10.13	济宁任城农贸市场大变样总投资2.15亿元	翟恩敏　张　珣
10.20	济宁任城加快文化创新构建文化产业新格局	王世友　范培倩
10.25	济宁任城新农合报销住院费支付比例不低于70%	赵宏伟　崔艺献
10.26	济宁任城前三季度新增高校毕业生就业1618人	张　明

【《大众日报》报道】

日　期	标　　题	作　者
1.4	三家合作社异地携手种葡萄	王世友　李宗顺
3.9	王玉峰：为百姓平安遮风挡雨	吕光社　李占江
4.1	速生杨价格一年涨了六七倍	侯福战　王世友
4.29	南张街道开展计生“双项练兵活动”	王红云
4.29	南张街道便民服务“闹”古会	王红云
5.20	植保合作社成农民田间保姆	韩清秀　王　静
5.29	李营长出“乔禾王”	丁永宏　侯福战
6.9	济宁任城区：搭好南北苗木“跳板”	王世友　孙　艳
7.13	任城特困家庭毕业生每月补贴100元	吕光社　赵宏伟
7.14	把人民群众当亲人	郭利民　丁永宏
7.26	早熟葡萄效益高	吕光社
9.6	李营街道办事处组织参保农户集中领取	王世友
9.19	矸石回填置换井下煤柱	孙兆福　陈　凯
10.13	任城监狱：探索监管道路的文明新路	陈民华　鲁启祥
10.17	岱庄矿六小让职工省钱又省心	陈　凯　谭启孟
11.1	任城引资投向农业休闲园	王世友　段瑞青
11.7	葛亭矿攻克“双向大倾角”回采难题	蔡东亮　尚文强
11.8	任城区基层党组织有了“孵化器”	吕光社　孟　一

【《齐鲁晚报》报道】

日　期	标　　题	作　者
1.4	老唐今年57，泥塑做了40年	王洪岩
1.5	南张街道南张村爱心救助村民	聂　鑫　张平丽
1.10	李营街道举办第三届法桐节	王世友
2.22	陈秀芝，累并快乐着	王洪岩　于　志
2.24	济宁任城多措抗旱保苗14.8万亩农田喝返青水	王世友　聂遵海
3.1	接庄街道签订承诺书	范少伟
3.1	李营街道召开干部大会奖先进	孙名建　姜淑芬
3.8	济宁市任城区分局局长王玉峰	聂尚峰
3.17	仙营街道“百日会战”搞卫生	魏　兴
4.18	任城屋顶绿化每平米补贴70元	刘守善　韩　凌
5.16	任城地税获全国“巾帼文明岗”称号	韩伟杰
5.26	92个重点招商项目找“婆家”	刘守善　王世友
6.30	任城区仙营街道推行廉政谈话制度	李　勇
6.30	任城区长沟镇妇女查体政府买单	范少伟
8.5	“唱戏迷”拖拉机声当伴奏	张建丽
9.9	任城开通“法纪教育直通车”	钟　锟

【山东卫视《新闻联播》报道】

日　期	新闻标题
1.16	年货储备丰足市场年味渐浓
2.3	玉兔欢腾闹新春　精彩民俗过大年
2.5	力备春灌：抗旱农机市场火爆
2.5	“兔宝宝”扎堆　医生大忙年
2.8	过大年：春节文化活动精彩纷
2.9	全力以赴抗大旱
2.19	构建大服务　惠民慧财政
3.3	大医院博士专家进农村活动启动
3.4	山东各地多措并举保民生
3.8	三八妇女节：爱与被爱同行
3.8	录音新闻：一位女公安局长爱民安民的崇高承诺

3.10	民生新举：济宁为万名残疾人提供康复救助与托养服务
3.12	植树节：环境效益的收益
3.15	各地打假除劣保护消费者权益
3.17	一批民生工程相继投建
4.2	世界儿童读书日：让书香伴我成长
4.3	春日好时光　踏青采摘忙
4.5	民俗清明节：重拾传统别样过清明
4.9	创先激活力　争优促发展
4.11	调节收入分配　“富民”驶向快车道
4.21	“乡村文明行动”全面启动
4.23	美国白蛾防止早部署　早行动
4.25	土地流转助推农村经济发展
4.27	任城经济开发区（接庄街道）创新作风建设　加速崛起跨越
5.2	劳动者坚守岗位　重点工程稳步推进
5.6	购机服务一条龙　农机补贴更贴心
5.13	任城大面积飞机施药防治美国白蛾全面启动
5.14	农机人员指导农民麦田管理
5.14	“差异化”对接市场做强一棵“抗生树”
5.17	济宁开展不文明行为万人巡防大劝阻
5.20	济宁推行“先看病后付费”就诊模式
5.20	中学生营养日：培养健康饮食行为，均衡营养摄入
5.25	济宁薛口社区：民主决策富裕生活
5.26	红歌嘹亮颂党恩
5.29	食品监管变“一头查”为“两头堵”
6.2	济宁任城区：借力“黄金水道”打造运河物流产业带
6.4	多部门联动让市民吃上放心粽子
6.4	运输部门疏导端午客流高峰
6.5	吉祥端午日快乐品粽香
6.6	体验传统文化尽享快乐端午
6.7	传递爱心服务高考
6.8	文化遗产日：文化活动精彩纷呈
6.15	唱响红歌颂党情
6.30	书情画意颂党恩
7.3	多渠道科普培训助农增收

7.5	现代服务业惠及民生
7.8	抓源头控流通　确保畜产品安全
7.9	人性化举措　高温送清凉
7.11	破解土地和资金难题　大力推进保障房建设
7.12	多措并举　加大力度确保汛期安全
7.15	科学谋划促转型　新项目实现新跨越
7.18	巧搭台　为小企业提供资金服务
7.19	济宁向低收入群体发放1000万元临时价格补贴
7.29	庆祝八一节　关爱进军营
8.1	拥军重实效温暖子弟兵
8.5	破除以药养医基层医疗卫生机构探索运营新模式
8.6	济宁免费救助贫困残疾人
8.8	全民健身日：打好群众基础发展全民健身
8.9	1200万元奖励旅游创新
8.10	新举措惠民生
8.19	济宁任城区："村活"招投标"村事"阳光行
8.25	"乡村文明行动"全面启动
8.26	村"两委"换届基本完成"三高三强"型人才担重任
8.26	济宁与7家省级医疗机构实现即时结报
9.3	出台规划抢占文化制高点
9.4	济宁56家企业关停高耗能生产线
9.5	走进群众心　密切群众情
9.25	采摘游　乐趣多
9.25	农家书屋洋溢万家书香
9.26	客运部门积极应对黄金周
10.1	贴心服务　为三秋生产保驾护航
10.2	岗位奉献最光荣
10.7	降一升　结牢医疗保障网
10.9	综合利用技术"吃干榨净"玉米秸秆
10.14	网络技术打造"虚拟图书馆"
10.14	山东补贴1.6亿深松1200万亩地每亩增收超50元
10.26	环卫工人节：靓丽城市　因你而更美
10.28	切实做好冬季电煤供应保障工作
11.1	征兵工作全面展开　适龄青年踊跃应征
11.4	战略性新兴产业领跑工业经济

【其他媒体报道】

媒　体	标　　题	作　者	日　期
商报	巾帼英杰，警徽风采	聂尚峰　刘　云	3.8
山东法制报	山高玉为峰	英芯茳　聂尚峰	3.8
人民网	任城供电公司：吹响春检集结号	刘艳伟　陈新岭	3.16
农民日报	任城120支乡土文艺队伍“舞”活新农村文化	侯福战　王世友	3.19
中国劳动保障报	济宁市任城区倾力打造高层次人才队伍	赵宏伟　崔艺献	5.13
农民日报	李营：探寻苗木产业多元化发展之路	王世友　孙　艳	5.23
中国山东网	济宁市任城区全面启动农村适龄妇女专项健康查体工作	李　斐	6.17
中国经济导报	让现代服务业“扬帆起航”	侯福战　王世友	6.25
中国山东网	济宁市任城区前五个月新增就业3890人	赵宏伟　崔艺献	6.27
农民日报	任城石桥镇健康贺礼情暖夕阳红	侯福战　王世友	7.9
科技日报	济宁综合治理采煤塌陷地	侯福战　王世友	7.14
农民日报	管权管事有制度厚了村级“家底子”	程天赐	7.22
农民日报	任城区综合治理采煤塌陷地1.8万亩	侯福战　王世友	8.25
经济日报	李营苗农大赚技术钱	丁永宏　孙　艳	8.29
国际在线	山东任城招大引强催生发展后劲足	钱　莉	8.30
经济导报	任城工商实现商标战略新突破	郭怀清　陈　勇	9.9
中国产业经济信息网	第二届中国儒商健康产业高峰论坛在山东济宁召开	许顺喜　周长宏	9.28
人民网	任城筑“巢”引“凤”37位高层次人才成功“落户”	徐　鑫　崔艺献	9.28
人民网	任城四部门联合开办培训班全力提升社保服务水平	徐　鑫　崔艺献	9.28
农民日报	任城区对20万亩耕地实施农机深松	侯福战　王世友	10.21
农民日报	任城区文化引领文明和谐新农村建设	侯福战　王世友	11.5
农民日报	任城区都市农业实现集群式发展	侯福战　王世友	11.11
人民日报	人民日报：努力提升理解力执行力公信力	李功川	11.14

典型报道荟萃

【速生杨价格一年涨了六七倍】 3月25日上午，济宁市任城区李营街道庄头村的杨大姐，将一车法桐树苗拉到临近的耿北村交易市场，收购点的老板徐恩兴清点了一下，18棵，每棵80元，这个价格杨大姐很满意。而去年同样规格的苗木不到50元。

今年苗木市场需求旺盛，价格大幅上涨，种植大户、济宁东兴苗木公司的总经理孙树东对此深有体会。“春节后就没有闲下来，天天是订苗子的电话，都接不过来。前几天有客户要订3万棵玉兰苗，我手头上实在没有这么多货，就没接这笔生意。”

据孙树东介绍，一般工程绿化需要的法桐树苗都在10公分以上，以胸径10公分的截干法桐为例，去年春天的价格在80~90元每棵，今年到了130~140元每棵，涨幅将近40%；胸径10公分的白蜡树苗去年在300多元每棵，今年达到500元每棵。

“就连一年的速生杨树苗，也由去年的5毛钱一棵涨到了今年的3~4元一棵。”

苗木价格走高，林农心里自然是乐开了花。耿北村种植户李振社算了一笔账：以培育一年生的法桐苗为例，一亩地可以扦插3500~4000个插条，一年后，最高的苗子能超过3米，这样的苗子每棵能卖到10元，矮的苗子每棵至少也能卖3元，平均下来每棵苗子在5元左右。肥料、浇水、人工等成本不超过3000元。培育一年生扦插苗每亩地每年的收入将近一万元。一年生苗子的收益相对比较低，大规格的苗子和造型法桐苗效益更高。

身为李营苗木协会副会长的孙树东认为，今年苗木价格高涨，与这几年的城市化快速发展有关。“各地都在搞城市化建设，这就需要搞很多绿化工程，老百姓对绿化的要求也越来越高，需求大量增加，苗木价格上涨也就上去了。”

“另外，在2005年到2006年间苗木市场曾经出现过一个低谷时期，不少地方的种植户退出了市场，苗木培育面积和数量减少。致使苗木市场出现供应偏紧的局面，也拉高了苗木价格。”

作为全国十大苗木之乡之一的李营街道，现在有苗木6.3万亩，由于价格走高，今年李营街道和周边地区增加了2万亩苗木。面积扩大了，以后是否会有市场销路的问题？对此，李营街道农委主任宋民说：“李营的苗木起步比较早，种植技术比较成熟，在生产、销售、流通等各方面都已经形成稳定的体系，拥有稳定的市场。同时，李营街道有近20家园林绿化公司，这些公司在施工过程中采用本地苗木，既降低了工程成本，又为当地苗木提供了稳定的市场。所以说，李营的苗木不愁卖。”

省林木种苗站的专家邢广萍认为，在苗木市场红火的时候，像李营这样的全国知名苗木基地，技术和组织化程度都比较高，具有畅通的销售渠道，可以稳步发展。而个体农户在发展苗木时，不要一哄而上，要充分考察市场，分析市场风险和销售市场。　　（侯福战　王世友）

【葛亭矿攻克“双向大倾角”回采难题】 山东能源淄矿集团葛亭煤矿综采队2317工作面近日顺利通过变坡点，进入相对平缓区域，并连续推进37米，日产量保持在4700吨。这标志着该矿顺利攻克“双向大倾角”回采技术难题。

2317工作面位于该矿230采区西翼，工作面可回采长度313米，面宽123米，可采储量28万吨。工作面平均倾角32度，煤层走向最大倾角达49度，是该矿遇到的首个“双向大倾角”俯采工作面。“整个工作面像是被对角翘起的长方体。综采支架不仅要做到防止侧滑，俯采过程中还要克服支架前倾翻到的难题。”该矿综采队队长高峰说。

今年6月份，该矿组织有关技术部门对2317工作面的现场条件进行深入研究，并将可能发生的安全、技术难题一一列出，借鉴以往大倾角回采经验，制定了《2317工作面安全、技术难题解决预案》。

大倾角工作面安全回采的关键环节在于设备的防滑、防倒。随着2317回采工作面倾角逐渐增大，该队对原有防滑技术进行了科学改进。9月初，2317回采工作面成功缩面后，进入条件最为恶劣的地段：工作面倾角达35度，俯采角度达到了49度。

为防止支架侧滑，他们将下端头防倒弧平台加长了15米，增强下端头排头支架的稳定性。工作面倾斜角度越大，采煤机回采过程中下滑的概率便会越大。他们利用采煤机变频器改变牵引电机的牵引动力，控制采煤机的下行速度，有效控制了采煤机的下滑。为保障拉移支架时安全，他们采取了擦顶移架法，坚持少降快移，减少空顶时间，控制好顶板，杜绝了移架中侧滑的事故发生。一系列安全措施的实施，保证了回采过程中的安全。

为充分调动广大干部职工参与安全生产积极性，该队开展了“征集合理化建议”活动，截至目前，共征集合理化建议58条，有16条在现场工作中得到应用。同时，他们还建立了设备专项负责制度，将各类设备的维护、保养等工作细化到人，建立了严格的责任包保制度，保证了设备回采过程中的正常运转。

经过17天的团结奋战，该队安全渡过了条件最困难的55米长的49度大倾角俯采段，成功回采原煤5万吨。目前，2317工作面已顺利回采270多米，回采原煤20多万吨。（蔡东亮　尚文强）

【济宁任城关注弱势群体解决看病难看病贵问题】 从2011年元月开始，山东济宁任城区将全区所有关闭破产集体企业退休人员（截至2009年12月31日之前）纳入城镇职工基本医疗保险。这又是该区医疗保险事业上的一件大事。去年该区已将585名破产国有企业退休人员全部纳入了城镇职工基本医疗保险。此次涉及的10个关闭破产集体企业480名退休人员，参保办法完全参照破产国有企业退休人员的参保办法执行。

近年来，该区高度重视群众医保问题，千方百计解决他们看病难、看病贵问题。全面开展城镇职工医疗保险、新型农村合作医疗、城镇居民医疗保险，将城镇非从业居民及城镇中小学生、少年儿童、老年人、残疾人、低保对象、困难职工等人群纳入基本医疗保险范围，将70岁以上老年人等特殊人群免费纳入基本医疗保险范围。去年全区医疗保险参保参合472308人次，其中城镇职工医疗37111人次，城镇居民医疗51293人次，新型农村合作医疗347146人次。享受医疗保险待遇230378人次，支出9616万元。　（李齐白　崔艺献）

【济宁任城经济开发区开展“亮身份争先进”活动】 近日，山东济宁任城经济开发区（接庄街道）开展了全镇2700多名党员统一佩戴“共产党员”胸徽，做出公开承诺，农村党员户悬挂党牌，企业制作“共产党员模范岗”桌牌，亮出党员身份，树立党员形象，在亮牌示范上争做优秀共产党员标兵的活动。通过此次活动的开展，全镇2700多名党员干部在各自工作岗位上树先进、找差距，坚定理想信念，不断提高党性修养锻炼，充分发挥了共产党员先锋模范作用，在推动科学发展，促进社会和谐，服务人民群众，加强基层党组织的实践中起到了模范带头作用，受到群众欢迎。　（苟守兵）

【济宁任城：历练干部过硬作风保障跨越发展】 山东济宁任城区将干部队伍作风建设作为经济社会发展的生命线，紧紧围绕崛起跨越大局，以“增强为民意识，争做执行表率”为主题，以群众满意、基层满意和市场主体满意为目标，抓住干部作风中存在的突出问题，从严抓作风、“开门”抓作风、从细节抓作风，努力规范行为、提升效能，全力优化发展环境。

以公开促监督优服务。坚持“开门抓作风”，把作风建设的评判权更多地交给群众，通过扩大群众参与来倒逼机关和干部作风转变。组织50个区直部门开展了“提升作风标杆、打造效能任城”公开践诺承诺活动，通过任城电视台、中国任城网公开播放。严格执行《关于对区直机关部分行政事业单位重点岗位人员实施公开监督管理的暂行办法》，在中国任城网设立“任城区重点岗位人员监督台”，面向社会公开公示其姓名、岗位职责、执法证件编号，接受群众监督。开通任城区“政风行风热线”，先后组织区公安分局、区教育体育局、区卫生局、区人力资源和社会保障局等13个单位主要负责人走进直播室，通过热线电话与群众直接交流。现已接听解答群众来电86个，反响良好。

以评议促整改提效能。扎实开展“社会各界代表评机关”和“民主评议政风行风”活动。利用专题座谈、发放征求意见函、设立意见箱、热线电话、电子信箱等多种渠道，广泛征求服务对象的意见，从全区选取50家企业、30个建筑工地、180个个体工商户作为经济发展环境监测点，对各部门依法行政、服务质量、工作效率等情况进行监督评议。今年组织开展“百名科长大评议”活动，从区直部门单位、镇街基层站所拿出100名中层主要负责人，在新闻媒体、基层群众和服务对象中进行公开评议，对排名靠前的优先纳入后备干部管理，作为提拔重用的重要参考；对后几名的，实行待岗培训；对发现有不作为、乱作为甚至违法违纪行为的，要采取组织、纪律措施直至追究法律责任。

以督查促自律转作风。把群众关注的热点问题作为督导重点，实行常态化的明察暗访，做到一检查一通报、一问题一剖析、一案例一曝光。去年责令9个单位的11名工作人员写出书面检查。同时，将暗访资料制作成纪实片，在全区干部作风大会上公开播放，警醒机关人员自觉遵守纪律，提升服务水平。加大问责力度，对因作风问题影响发展环境的，对当事人实行一次查实待岗；对部门存在不作为、乱作为和服务效率低下问题，年终考核一票否决；对在窗口评议中排名后五位的，主要负责人离岗集中培训。在“双评”中排名后两位的，对单位主要负责人进行约谈或诫勉谈话，取消评先树优资格；连续两次评议排名后两位的，对单位主要负责人调整工作岗位或免职，对领导班子给予诫勉。切实通过严格问责，“问”出正气，“问”出干劲，“问”出实实在在的业绩。

（侯福战　王世友）

【济宁任城流动电影院分赴各乡村乐了众乡亲】 流动大棚看电影，农村又多新风景。连日来，山东济宁任城区各镇街乡村群众喜迎“电影盛宴”，该区组织的流动“大棚影院”分赴各乡村，把精美的文化大餐送到农民家门口。流动电影院别出心裁，独具一格，成为一道亮丽的乡村风景。

据了解，任城区先后投入十余万元，成立了专业的任城数字电影流动放映队，购买了长18米，宽10米，高6米的充气式电影大棚。大棚外观时尚漂亮、可挡风遮雨，内部可以容纳300多人同时观看，不受天气影响，进行全天候放映。电影大棚内设最先进的便携式数字电影放映设备，画面清晰、音质震撼，能储备数百部数字影片。新年春节期间，放映队精心筛选了贺岁片、经典戏曲、儿童片、科教短片等数十部优秀电影作品供农民群众观看。

活动开展以来，“电影大鹏”分别在全区8个镇（街道）进行巡回放映，每天一大早从搭起棚子开始，村民们就迫不及待地进入大棚影院内，刚一开播，宽敞的放影棚内就挤了个满满当当，在寒冷的冬季，即使下着雪，乡亲们也丝毫感觉不到凉意。一天长达十多个小时的连续放映，让乡亲们过足了瘾。在长沟镇桥子村进行放映的时候，村民点着头说：“在家门口看电影，忒好啦！这不，我家就在这里，出来门就能看，这真是送到咱家门口来啦！”。

（王世友　魏　文）

【济宁任城全方位整治流域水污染改善环境质量】 近年来，山东济宁任城区高度重视流域水污染防治工作，全面推进工业企业深度治理、城市环境基础设施建设，构建起科学完整的“治、保、防、控”治污体系，确保总量减排任务圆满完成，实现环境质量全面改善。

“治”字当头，深化工业污染源治理。投资近3亿元新建了任城新区、经济开发区、济北工业园区污水处理厂；加大工业结构调整力度，“十一五”期间累计取缔关闭水污染严重的企业（生产线）160家（条）；加强农业面源污染防治工作，建成长沟有机食品等一批基地；兖矿济宁二号矿、三号矿、辰光杰克特等13家企业顺利通过了清洁生产审核工作。辖区内所有排放废水企业均实现零排放或达到地表水功能区划标准，确保了饮用水水质安全。

以“保”促净，建设水质净化生态屏障。建设了济宁市截污导流工程蓼沟河节制闸，将达标排放的中水通过截污导流工程进行拦蓄。投资6600万元高标准建设洸府河入湖口人工湿地水质净化工程，对水中的污染物做深度降解和净化，使出水基本达到地表水Ⅲ类标准。大力开展洸府河清淤工程，加快流域生态恢复进程，确保南水北调东线工程顺利实施。

以“防”除患，构建安全防控体系。投资320万元建成环境在线监控平台建设任务，构建了全覆盖、全天候的环保监测网络，环保工作实现制度化、经常化和数字化。辖区内洸府河、泗河水质自动监测站24小时全程监控，投资160元万元完善对重金属和剧毒污染物质的快速监测能力。坚持攻坚突击与日常工作相结合，强化部门联动协作，完善定期协商、联合办案和环境违法违纪案件移送制度，查隐患、堵漏洞、抓整治，在第一时间发现、第一时间处置各类环境违法行为。

以“控”筛选，严把环境准入。严格落实建设项目环境影响评价和“三同时制度”，把总量控制和环保审批放在建设项目审批的第一位。“十一五”以来，累计对投资10多亿元的20多个高耗能、高污染项目不予受理和审批，“三同时”执行率达到98%以上。淘汰了今日煤化年产20万吨的焦炭生产线和张山水泥厂的4条水泥立窑生产线，关闭了中银电化发电机组，关闭小造纸40余家。通过源头控制、扶优汰劣、减少了污染总量，拓宽了环境容量。（侯福战　王世友）

【任城召开动员大会全面铺开新农保试点工作】 近日，山东省济宁市任城区区委、区政府召开了区、镇、村三级1000余名干部参加的新农保试点动员大会，全面铺开新农保试点工作。凡年满16周岁（不含在校学生）未参加城镇职工基本养老保险的农村居民，均可在户籍所在地自愿参加新农保。新农保基金由个人缴费、集体补助、政府补贴构成。个人缴费标准分为100元、200元、300元、400元、500元、600元、800元、1000元、1500元、2000元共十个档次。

强化领导，健全机构。该区新农保试点工程，年初被确定为区政府为民办实事之一，同时被确定为市级试点县区之一，利用这一有利时机，开展了人社、统计等多部门参与的调研活动，制定出台了新型农村社会养老保险试点《实施意见》和《实施细则》。成立了由区长任组长，分管区长任副组长的新农保试点工作领导小组。各镇（街道）也相继成立了工作机构，每个镇街明确3至5名专职人员，村级配备1至2名协办员。区、镇、村三级层层签定责任书，将各项目标任务细化分解，责任到岗、量化到人。

创新方式，扩大宣传。采取新闻媒体强辐射，多种媒介综合运用的立体式宣传方式。进行横到边、纵到底、全方位、多角度的宣传动员，确保“村不漏户”、“户不漏人”。各镇（街道）、各村悬挂横幅、张贴标语；印发宣传单20万份到千家万户；利用新农保宣传车到全区各个村落巡回广播；在任城电视台、政府网站开辟了“新农保工作专栏”。

健全机制，保障运行。进一步加大信息系统建设投入，强化工作人员专业培训，解决业务经办场所，配备办公设施，建立与服务人群和业务量挂钩的新农保工作经费保障机制。在年初即把运行经费纳入区、镇两级财政年度预算，确保有人办事、有钱办事、有场所办事、能办成事。对村级协办员实行奖励政策，村级协办员所在村每参保1人，区政府对其奖励2元，以提高村级协办员工作积极性，进一步提高参保率。（赵宏伟　崔艺献）

【济宁任城四个到位确保村“两委”换届质量】 为切实抓住村“两委”换届主动权，山东省济宁市任城区强化领导，精心组织，做到四个“到位”，确保换届质量。

强化组织领导，思想到位。成立了由区委书记任组长的区村“两委”换届选举工作领导小组；抽调28名熟悉农村工作的同志成立了领导小组办公室；建立了区委常委联系包保镇街制度；向各镇街派驻督导组，组长由区直部门一把手担任；先后召开两次由镇街分管领导参加的座谈会，共收集意见建议100多条；在全区组织工作会议上，将村“两委”换届列为全年重点工作并进行了安排部署。

超前摸底排查，准备工作到位。区里下发了《关于开展村（社区）“两委”换届工作调查摸底的通知》和调查摸底表，抽调专门人员采取走访、问卷等形式逐村逐户进行调查摸底，及时摸清现任村干部和党员群众的思想动态，特别是现任党组织书记、主任情况和影响换届顺利进行的各种因素。在摸底调查的基础上，逐村进行分析，建立村情档案，并制定选举方案和应急预案。同时，冻结了各村审批事项、财务支出，实行村级公章镇代管，杜绝了选前“乱作为、乱开支”现象。组织开展了村级财务专项审计，算清“家底账”，并进行公示，确保让干部清清白白参选，让群众明明白白投票。

加强骨干培训，法规宣传到位。一是培训层次高，区级领导、镇街党委书记均接受培训。二是培训范围广，区里培训到管区总支书记，镇街培训到村干部和农村党建指导员。三是培训方式活，采取以会代训、考察学习、选举过程模拟等方式培训。四是培训内容新，加大对有关政策规定、工作规程的宣传，特别是对候选人标准条件、妇女参选、户籍不在本村人员的参选政策等内容进行重点培训宣传。

实行“一村一警”，信访稳控到位。为严厉打击宗族、黑恶势力干扰破坏选举和拉票贿选，从区公安分局及基层派出所选派了316名政治素质高、责任心强、熟悉农村基层工作的优秀干警担任村（社区）平安协理员，确保出现问题能够及时快速反应。其中，对排查出的47个治安重点村（社区），选派的“平安协理员”同时担任该村（社区）党组织副书记或委员，在全区村级实现了“一对一、横到边、纵到底”的警力全覆盖。同时，把村级上访情况作为今年基层党建标准化考核重要内容，建立了各镇（街道）换届“贿选”查处联动机制、信访情况定期通报和约谈制度，为稳定选情、顺利选举提供了保障。（胡连海）

【济宁任城区“1+10+100”人才开发模式助力发展】 为更好地贴近人才、服务人才，济宁市任城区不断创新人才服务机制，建立专门的人才服务机构，将人才服务工作延伸到行业人才领域，任城区在卫生、教体系统分别成立了人才服务站，在任城经济开发区成立了区高层次人才服务中心。

通过建立人才服务常设工作机制，该区启动了“搜岗”功能，对驻区规模以上企业人才状况和人才需求展开大规模调查，为发布人才需求目录提供了准确信息。同时，搞好人才与岗位的有效对接，实现高校毕业生最大限度就业；加快推进人才开发服务，通过人才服务站为任城英才及各类高层次人才提供专项服务，兑现人才政策，实现1名任城英才带动10名核心人才、10名核心人才引领100名骨干人才的“1+10+100”人才开发模式，逐步形成既有领军人物又有团队优势的优秀人才群体；推行人事代理、人才派遣、定向打包招聘等中介业务，拓宽人才流向非公有制企业的渠道。（刘敦亚）

【济宁任城全面推进规划统筹发展迈出新步伐】 济宁任城立足济宁组群结构城市、鲁南中心城市的发展定位，按照“三年大建设、三年大变样”目标，城乡规划、基础设施、社会保障一体化全面推进，统筹发展迈出新步伐。

城区形象悄然变化。坚持新区建设与老城改造并举，加速实现对接融合。任城新区拔地而起，老城功能日益完善，工业新城建设加快，“有区无城”成为历史。城区面积扩大到24.6平方公里，城镇人口达到23万，城镇化率达到52%，完成了从依托城市、服务城市到建设城市、经营城市的转变。目前，任城新区湿地公园和森林公园建成使用，实验初中开班办学，商务中心、疾控中心、金融大厦等主体工程已经完工，汇翠园小区、科技中心、翠都酒店等正在加紧建设，“现代、生态、宜居”的新区形象初步展现。同时，实行集中连片、捆绑开发模式，开展新华社区、常青社区、运河北片区等重点片区建设，实施小街巷整治，接续治理小街巷60余条，打造了一批特色街区、示范街区。加大企业“退城进园”和城中村改造力度，进一步疏朗了城市空间、优化了人居环境、方便了市民出行。

城镇建设全面升温。坚持“政府主导、规划先行、市场运作、社会参与”的开发思路，在全面完成镇村规划修编的基础上，启动小城镇改造提升项目，同步展开中心城区——镇街驻地——新型社区基础设施、产业市场、生态环境等一体化发展布局。李营、南张主动接受城市辐射，加速与中心城区对接；接庄、廿里铺坚持镇园一体，建设现代工业新城；长沟、石桥分别突出运河重镇、滨湖生态主题，打造省级中心镇、生态休闲镇。同时，以“农村六大工程”建设为载体，全面提升农村经济社会发展水平，小城镇建设“提升行动”全面升温。桃园、葛亭等建筑面积130万平方米的10个社区建成回迁完毕，十里营、曹刘等建筑面积80万平方米的4个社区主体工程已完工。

城乡面貌日新月异。持续实施城乡环境综合整治攻坚，理清区、镇（街）、村（社区）权责职能，建立市场化、社会化、专业化相结合的管理机制，形成了属地管理、条块结合、层层负责、无缝覆盖的城乡管理新格局。结合“创城夺杯”活动，持续开展城乡环境综合整治，高标准实施济宁大道、金宇路等重点路段、重要部位升级改造。105国道、济邹路、东南外环及刘提头转盘、小郝转盘改造升级工程全面完成。济宁大道建成通车，工业新城“八路三桥一景观”全部竣工，路网框架进一步拉开。同时，加强市容管理，深入推进城乡环境卫生综合整治，建立健全三级环卫设施和专业队伍，消除脏乱差死角，塑造了整洁优美、文明有序的城乡环境，形成了常态长效工作机制。目前，济宁大道、共青团路北延等12条重点道路绿化初步完成，全区新增绿化面积265万平方米，完成屋顶绿化2.2万平方米。

（侯福战　王世友）

【济宁任城新农合报销住院费支付比例不低于70%】 自11月1日起，山东省济宁市任城区将提高全区新农合医疗报销补偿比例，镇（街道）级定点医疗机构住院报销补偿比例由65%调整为75%，实施基本药物制度的镇（街道）卫生院基本药物住院报销比例由80%调整为85%；区级定点医疗机构住院报销补偿比例由55%调整为70%。届时，该区新农合政策范围内住院费用支付比例不低于70%。

据了解，任城区确定了230多家新农合定点医疗机构，建成了区、镇、村三级医疗卫生服务网络。2011年，区、镇（街道）两级经办机构及时更新了新农合信息平台和中心数据库，实现了网络化办公，形成了集信息录入、患者就医、登记备案、系统审核、病案跟踪、报销补偿为一体的网络化办公模式。全面推行了市内就医“一证通”制度，参合农民持《合作医疗证》，无需办理任何手续，便可在市内确定的任何一家定点医疗机构就医，在出院时市区内定点医院直接兑付报销补偿款。　　（崔艺献）

【济宁任城农贸市场大变样总投资2.15亿元】 “现在菜市场变化真大，房子建得漂亮，环境更卫生，菜色品种比以前多，老百姓心里也畅快了！”近日，提着满满一大袋菜的山东省济宁市任城区新华社区居民王大爷高兴地走出新华农贸市场。而就在一年前，这里还是“又脏又破、经营无序”的露天菜摊，当时每天早晨出门上班的居民和买菜的老百姓把道路挤得水泄不通，如遇上雨雪天交通几乎瘫痪。如今，改造后的新华一期、二期农贸市场大大便利了当地居民的生活。

城区农贸市场改造和建设是惠及千家万户的民生工程，共涉及任城区土城农贸市场、后刘农贸市场、新华农贸市场三个项目，总投资2.15亿元，总建筑面积1.85万平方米。一年来，任城区紧扣食品安全、环境卫生、经营业态和功能配套四个重点，与各责任单位签订目标责任书，定期召开推进会议，分时、分段，按质、按时开展改造提升工作。经过努力，投资3500万元的新华农贸市场一期、二期项目已建成使用，投资1.2亿元的土城农贸市场、投资6000万元的后刘农贸市场主体工程均已完工，正在进行内部装修及辅助设施安装，2011年年底前均可投入使用。

（翟恩敏　张　珣）

【努力提升理解力执行力公信力】 打造一支优秀的讲党性、讲学习、讲科学、讲奉献的组工干部队伍，是推进组织工作创新发展的基础和保证。为了打造这样的优秀组工干部队伍，山东省济宁市任城区采取多项措施，要求组工干部重点在提升理解力、执行力、公信力上下功夫，取得了良好效果。

提升理解力，牢牢把握组织工作正确方向。理解力是推进组织工作各项任务落实的前提和基础。提升理解力，要求组工干部能够领会上级决策意图不变味、执行上级政策措施不走样，做到重大局、懂大局、谋大局。其途径主要有三条：一是勤于学习，这是正确领会上级决策意图的根本途径；二是深入调研，没有调查研究就没有发言权；三是认真思考，只有勤思、善思，才能找准党的方针政策与基层实际的对接点，创造性地开展工作。对此，任城区采取了多项措施。例如，以“创学习型机关、做学习型干部”活动为载体，认真学习党的理论和路线方针政策、组织工作政策法规、经济和法律等知识；建立全员下基层制度，以联建村和帮扶村为联系点，组织干部驻村调研，增强组工干部理论联系实际的能力，形成了一批质量较高、操作性较强的研究成果。

提升执行力，全面落实组织工作各项任务。再好的规章制度、再好的决策部署，如果落实不到位，也是纸上谈兵。执行力体现为抓落实的能力、抓推进的作风，是组工干部的一项基本功。组工干部要提升执行力，可以从三个方面入手。一是用科学的方法，以达到举重若轻、事半功倍的效果。二是用创新的举措，使创新成为组织工作出亮点、出品牌、出活力的源泉。三是用完善的机制，为提升执行力提供重要保障。任城区积极从这三个方面入手来提升广大组工干部的执行力。例如，建立区、镇（街道）、村（社区）三级党组织书记履行党建工作责任双向述职制度、人才工作年度目标管理责任制度；对基层党建工作实行“月督查通报”制度，及时发现问题、整改落实；大力整治干部队伍中存在的“不作为、慢作为、乱作为”现象等，有力促进了组工干部执行力的提升。

提升公信力，切实提高组织工作满意度。打铁先得自身硬。组工干部作为“管党员的党员、管干部的干部”，其公信力如何在很大程度上代表着党的形象，这也决定了组工干部的自我要求必须更高更严。为了进一步加强组织部门的公信力建设，把握公道正派这条生命线，任城区多措并举，坚持以正确的导向彰显公信力，以严格的考核落实公信力，以有效的监督保障公信力，以过硬的作风赢得公信力。例如，进一步改进考核方法，细化考核内容，健全体现科学发展观要求的督查考核体系，建立了一线干部工作实绩档案、干部政绩“逆向评估”机制；结合创先争优活动，深化拓展“讲党性、重品行、作表率”活动，引导广大组工干部坚定理想信念、践行党的宗旨、坚持党的原则，牢固树立可信、可靠、可敬、可亲的良好形象。

（李功川）

【让现代服务业“扬帆起航”】 山东省济宁市任城区全面提升传统服务业，大力培育新兴服务业，保持现代服务业发展强劲，服务业对经济增长的贡献率达到42.8%，“城内大商贸、城外大物流”格局逐步形成，先后获“全省重点服务业城区”等荣誉称号。

规划引领，强化招商成效。编制完成了《服务业产业总体思路及策略》及房地产业、旅游休闲产业、商业网点和商贸物流产业发展规划，确立了“一河两区两街”的产业发展规划布局。继续把扩大投资、落实项目作为工作的立足点和出发点，建立服务业招商项目库，大力促进现代物流、金融保险等新兴服务业的快速发展。

明确重点，丰富发展业态。按照“城内大商贸、城外大物流”的思路，着力打造特色鲜明、主业突出、功能完善的现代物流产业集聚区。年吞吐量已达500万吨的济宁港泗河口作业区是目前全省最大的内河港口，南张物流园区已集聚30个物流项目，医药物流园预计今年可实现百亿目标，高起点规划建设特色商业街区和金融走廊，总投资16亿元的亿丰时代广场项目也已开工。同时，扎实推进“万村千乡市场”工程，鼓励企业发展第三方物流，健全完善房地产交易、中介服务、物业管理等服务体系，发展生态旅游业。现代服务业在任城区正“扬帆起航”。

多措并举，加快项目建设。任城区将商贸物流业作为全区四大百亿级产业之一，重点扶持，加快发展。通过组织银企对接活动，建立了银企双方信息互动机制。严格落实“领导包办、部门帮办、干部督办”项目推进机制，形成了项目快速落地、快速推进的“绿色通道”。建筑面积30万平方米的金宇汽车汽配物流园一期工程已正式运营，项目全部完工后，将成为鲁西南规模最大、档次最高的汽配物流航母。

（侯福战　王世友）

【把人民群众当亲人—记全国模范调解员李木根】　走进济宁市任城区李营街道司法所，“李木根调解室”的牌子赫然入目，这是济宁市以个人名字命名的三个司法调解室之一。主持这个调解室的，就是全国调解协会理事、全国模范调解员、李营司法所所长李木根。

20年来，李木根把对司法公正的不懈追求和对父老乡亲们的一片真情融为一体，送法上门，悉心调解，把和谐送到千家万户，当地百姓亲切地称他“调解大师”。7月8日，记者来到李营，听他解说情与法。

融情于法才好开展工作　都说法不容情，可李木根在20年工作实践中，活学活用法律条文，将“情”字融入司法调解中，让法律不再冰冷，人情得到呵护。

一个月前，李营街道栗乡村村民杨某在建筑工地摔伤、医治无效死亡。死者家属要求施工方给予死亡补偿费、医疗费、陪人费等共计40万元，少一分也不行。双方僵持不下，李木根连夜展开调处。

他一方面安抚死者家属情绪，一方面从法律角度与其进行沟通：“这件事放在谁身上，谁也难接受，但我们提要求，要合情合理，更要合法，”根据《人身损害赔偿条例》的规定受害者应得到死亡补偿金、丧葬费、抚养费几项经济补偿，40万元于法确实说不通。李木根拿出法律文本，“按法律规定我计算了一下，咱们大约获赔34万元，不知能不能接受”。李木根用商量的口吻说。

时间一分一秒过去，已到夜里两点多，调解进行了将近6个小时。家属中的大哥开始讲和。他对家人们说：“人家李所长为咱的事费尽了心思，磨破了嘴皮子图啥?人死不能复生，就别固执了，差不多就行了！”最终，死者家属接受了32万元的赔偿金，又主动让出2万元给对方，双方握手言和，签字画押，永无反悔。

“法律条文是个硬杠杠，但如何让当事人接受?关键要融情于法，这样才好开展工作。”李木根说。

设身处地为群众着想　调解工作不是简单地搬动法律动‘嘴皮子’，而是把群众当成自己亲人，设身处地为群众着想，这样才能感动群众，打开局面，解决矛盾。”李木根说。

2008年7月，辖区新农村建设工地进入关键时期，各种利益矛盾纠纷时有发生。有个建设工地上，70岁李大娘的儿媳3年前病逝，和儿子、孙子生活在一块，仅有的3间老屋正好处在规划建设的要冲，有关方面几次做工作搬迁，都没能成功。有人想动硬强拆，恐怕激化矛盾变得不可调解。最后决定调李木根出面调处。

他首先来到李大娘的家中询问、查看，发现这家人生活困难，没有近亲投靠，一旦拆了老屋就没了住处，这是老人最担心和儿孙最害怕的事情。了解到实情后，李木根连夜组织有关各方通报、会商情况。他说：“这是一个特殊的家庭，无依无靠没有经济来源。在我们没有给老人一家找好住所的情况下，对他们不能及时搬离应该理解同情”。

李木根组织各方积极想办法，先为一家人找到了带有院落的住所，筹备些生活必需品，亲自送到老人家里。他深情地对老人说：“大娘，我们开会商量过了，你不愿搬家是有原因的。现在街道上为你安排了新的住处，免费居住直到新房子下来，我来作证和担保”！一席话说得李大娘掉下泪来，她抓着木根的手说：“俺什么也不说了，明天就搬”！

就是在处理这个事件的过程中，李木根80岁的老母亲病重住院，他白天在工地调解，晚上床前尽孝。老人病危时，他正在工作岗位上，家人的电话一遍遍催促他，他赶到医院时，母亲已经撒手人寰。三天后李木根处理完丧事，就又按时回到工作第一线，他说人死不能复生，工作却一刻也不能耽误！

从1994年他当上司法所长起，老李的电话就处于24小时开机状态，不管白天黑夜，无论分内分外，只要乡亲们求助，他都想方设法帮着解决，高峰时，一个晚上能接几十个咨询电话，眼睛熬肿了，嗓子沙哑了，依然无怨无悔。

他把对群众的爱融入到事业中，赢得了十里八乡群众对他的信任，他也声名远播，微山、金乡等地的群众有了纠纷都慕名而来找他调解。他带领的李营司法所去年被评为全国模范基层司法所。　　（郭利民　丁永宏）

【李营长出“乔禾王”】　李营，济宁市任城区北部一个街道办事处，几十年来，因为坚持种树，成了“全国特色种苗基地”，位居全国十大苗木之乡第六位。如今，这里苗木面积达6.3万亩，种植户近9000户，以法桐为主的“乔禾王”苗木已成为该街道的品牌产业，为苗农们带来了无尽财富。5月26日，记者走进李营，一探究竟。

每株驯化苗可赚100元　随着城市进程的加快，一些南方特有的绿化苗木深受北方青睐，但南方苗木要想在北方安家扎根，难免水土不服，需要经过2~3年的“驯化”来适应北方的气候。

李营处于南北方交接地带，是苗木驯化的理想基地。李营人敏锐地把握了这一商机，凭借地理和技术上的优势，把雪松和玉兰作为“驯化苗木”的拳头产品，驯化苗基地达到5000亩的规模，驯化苗每株可净赚100元。

除了驯化苗木，李营人还热衷“造型苗”的种植。刘树松在李营街道最早种植造型法桐，每亩地能赚2万元。在他的法桐林里，任城区农办主任宋凤民告诉记者：“苗农以前追求苗木产量大、卖得多，一亩地种300株~400株苗，现在搞造型追求精品，一亩地只种40株左右，效益却是以前的两倍。苗种购买时是千元左右一株，经过2年左右的造型种植，可卖到3000元。”经过3年推广，造型苗木被苗农认可，种植面积由最初的260亩迅速发展到万余亩。同时，李营推广标准化种植，把各项技术分类编成标准文本，以工业流程化的方式贯穿到苗木生产的各个环节，逐步规范苗木生产技术和质量标准。

通过政策扶持、引领，李营街道不断推动苗木种植散户向大户集中，实现了苗木产业的集约化发展；实行稀疏种植、精细化管理，标准化种植面积达到了5.8万亩，占全街道种植面积的92%。经过多年发展，李营苗木产业做成了大品牌，先后获得“山东省花木强镇”等荣誉称号。2007年，街道成功注册了“乔禾王”商标，并被列入山东省名牌农产品。

法桐树有了“节日”　2009年起，李营人决定每年的1月6日定为“李营法桐节”。

法桐在李营有这么高的“地位”，得益于多年来李营人持之以恒种法桐，更离不开历届党委、政府和苗木协会的支持与引导。

李营过去是出沙的地方，沙质土地，既不保肥，又不蓄水，难长好庄稼。经过多方参观考察和专家论证，任城区委、区政府审时度势，决定在苗木上做文章。他们聘请省农科院的专家对李营地容地貌进行实地勘察，提出了苗木发展规划，先后投资5000多万元对低产田、沟壑坑塘进行改造，规划建设了千亩精品园、万亩示范园。街道(当时为镇)出台了一系列扶持政策，对连片发展到50亩以上的地块，政府统一配套水井、管网。对于为经济发展做出突出贡献的苗木大户，区、街道不仅给予政策扶持。2000年，李营苗木协会成立，为让农民掌握技术，协会与北京林业大学、中国林科院、山东农业大学等大专院校和科研单位建立了长期稳定的技术合作关系。先后举办苗木科技知识培训班8期，培训苗农3000多人次，深入田间地头解答苗农科技咨询管理800多人次。

随着李营以法桐为拳头产品的绿化树种知名度越来越高，“买法桐，到李营”的口号不胫而走，李营苗木开始畅销天津、北京、新疆、黑龙江等全国20多个省、市、自治区，为苗农们带来了滚滚财源。

近年来，随着李营苗木产业的不断发展，筹措资金难成为困扰苗农生产经营的大问题。今年4月16日，苗木协会与李营信用联社共同商议正式成立了苗木协会“商户信用大联盟”，该联盟以大联保体贷款为依托，以苗木协会会员为贷款对象，由苗木种植户50余户共同发起成立。苗木协会每年贷款可达400多万元，由于“商户信用大联盟”推出，仅利息就能节省100多万元。另外，手续简便，贷款利率更加优惠，受到李营苗农的热烈追捧。

李营苗木“绿”新疆　李营苗木种植还带动相关产业壮大，形成链条效应。

随着苗木产业蓬勃发展，李营辖区内及周边土地已不能满足进一步扩大规模的需求。苗木协会及时将眼光放到了市外、省外。在新疆伊犁，协会租地2000余亩发展苗木，复制了另一个李营苗木基地。业内人士告诉记者，今后国家绿化的重点在西部，协会此举瞄准了扩大市场的重心，占领了市场高点。同时，有效降低了苗木种植经营成本，提升了李营苗木竞争力。

带出了一批园林绿化工程公司。眼下，李营街道具备3级以上资质的园林绿化公司达10余家，李营苗木协会会长李卫东说，他所在的东华园林绿化工程公司每年销售收入达到1000万元。

带动运输业快速发展。全街道以种苗配货运输为主的流通企业达10余家，一到销售旺季，每天来李营运销苗木的车辆达200多辆。

带动休闲观光旅游业兴起。苗木种植改善了自然和生态环境，使李营成为济宁市的天然氧吧，每年吸引大量市民来此观光旅游；当地把苗木种植和餐饮、渔业有机结合，休闲垂钓一条街在济北小有名气，年营业额达到3000余万元。

（丁永宏　侯福战）

【三家合作社异地携手种葡萄】

任城区长沟镇孙街村农民盛春照是甜中强葡萄种植专业合作社的社员，种植4亩葡萄，2010年每亩纯收入近1万元。但面对有机肥、农药等农资持续上涨，盛春照担心明年的收益将缩水。好在合作社与曲阜、嘉祥两地葡萄种植合作社成立了葡萄种植联合社，对外联合采购有机肥，这让他放心了许多。

元旦前夕，盛春照高兴地告诉记者：“联合社刚从烟台采购的有机肥每袋65元。比市场上便宜10元，俺这些地一次施肥用12袋，一年施4次肥，能省480元。”

长沟镇有1500余户葡萄种植户，葡萄种植面积达1万多亩。为做大葡萄品牌，增加果农收入，去年6月，镇里组织成立了甜中强葡萄种植专业合作社，7月份，合作社与曲阜鲁风园葡萄种植专业合作社、嘉祥华生祥葡萄种植专业合作社联合成立济农葡萄种植专业联合社。联合社拥有三地会员2300余户，葡萄种植面积1.4万余亩。

济农葡萄联合社理事长许建告诉记者：目前，联合社已向德州金满田公司购买有机肥120吨，向烟台一家公司购买有机肥80吨，两项采购为种植户节省资金6万多元。“如果有机肥、农药、果箱等农资全部采购，每年可为果农省钱200万元。”

联合社成立以后，三家合作社还相互借鉴学习。鲁风园合作社、华生祥合作社借鉴甜中强合作社葡萄延时采摘技术，提升葡萄品质；甜中强合作社引进早熟葡萄品牌，种植反季节大棚葡萄300多亩，并通过鲁风园合作社销售渠道外销葡萄50吨；华生祥合作社扩种中晚熟品种400多亩，解决了品种单一的问题。

许建告诉记者，联合社还将实行“统一技术服务、统一管理规程、统一包装、统一销售”等，打造鲁西南葡萄种植基地。

目前，联合社已与中国农学院、山东葡萄研究所、山农大等科研单位达成了技术转让、科技培训意向。2010年，联合社引进了红地球、摩尔多瓦、泽香等10多个葡萄新品种，并把套袋、避雨设施栽培、诱虫灯等技术成功运用到葡萄栽培管理中。

（王世友　李宗顺）

【济宁任城坚持科技兴区增强企业科技创新能力】 2011年，济宁市任城开发区坚持“科技兴区”“人才强区”战略不动摇，出台扶持政策，努力做靓科技研发平台、打造高新技术产业、集聚科技创新人才，不断增强企业科技自主创新能力。

做靓科技研发平台。积极为企业出谋划策，鼓励企业加大对人才培养和科技投入的力度。要求企业积极内引外联，建立人才发展和科技创新基金，每年的专项的费用不少于职工工资总额的3%。近期，山东农业大学在和美生物工程有限公司成功建立了“教育科研就业实践基地”，吸纳了10余名山农大研究生到开发区搞科研实践。

打造高新技术产业。通过实施重奖激励、名牌战略等，鼓励科技人才不断开拓探索新技术、新产品，积极把科研成果大胆地投放到生产一线和终端市场，打造出一批科技含量高、竞争力强的驰名品牌。截至目前，开发区共拥有国家级高新技术企业6家，省级高新技术企业6家；国家级实验室1个，省级工程技术研发中心2个，省级企业技术研发中心3个；中国驰名商标2个，山东省著名商标9个，山东名牌2个。

集聚科技创新人才。以坚强的领导聚集人才，成立了园区人才工作领导小组，制定出台了一系列人才工作的新政策、新举措。以优越的政策聚集人才，突出政策激励措施，对企业引进高层次人才给予适当奖励，对企业培训员工给予补贴。以秀美的生态环境聚集人才，在完成总投资11.4亿元的开发区“八路三桥一景观”基础设施建设的基础上，聘请新加坡邦城规划顾问有限公司对蓼沟河两岸进行了规划设计，规划把解决企业职工住房纳入“三年大建设，三年大变样”城镇化建设重点工作之中。

【任城筑“巢”引“凤”37位高层次人才成功“落户”】 今年以来，任城区政府设立300万元的人才专项基金，出台《关于加快高层次人才引进的实施意见》等一系列优惠政策，计划打造任城人才高地。1~8月份，引进海外高层次人才7人，其中三领型人才1人；引进国内高层次人才37人，其中博士2人。

营造引智软环境。该区为引进高层次人才提供生活津贴、科研经费和贷款贴息等特别照顾，在社会保险、职务聘任、人事代理、休假疗养及健康查体等方面给予优先照顾。源根石化公司对新引进6名硕士以上研究生在科研经费、研发项目上给予很大支持，对投入生产的研发项目将给予重奖。该区还在区教育、卫生系统、工业园区设立人才服务直通站，为人才做好全方位服务，营造干事创业良好环境。

打造引智新平台。任城区今年来，先后设立2处清华大学博士生实践基地，积极引进清华大学博士生到基地参加社会实践活动。武汉科技大学在济宁碳素集团有限公司设立博士后流动站，先后有10余名博士到站与企业科研人员共同研发新技术，其中1名博士与企业签定了长期聘用合同。到省内外10余家“211工程”重点高校开展专场招聘引智活动，加快引进一批城市规划、建筑设计等新型城市化专业人才。1~8月份，该区引进海外高层次人才7人，引进国内高层次人才37人，招聘引进中小学教师123名、公务员11名、卫生医疗类专业技术人员31人，全部分布在教育、卫生、企业等生产科研一线。

建立引智合作关系。引导鼓励企业与高等院校、科研院所巩固发展合作关系，先后与山东大学、武汉大学、中科院计算机研究所等50多所高等院校、科研院所建立起技术合作关系。目前任城区规模以上企业普遍建立了技术开发机构，其中国家级实验室2家，国家级煤化研发中心1家，省级工程技术中心3家，省级企业技术研发中心6家，市级企业技术中心6家。

（徐鑫　崔艺献）

重要调研报告

任城区资源型城市可持续发展的调查与思考

岳根才

任城区总面积431平方公里，其中含煤面积395.8平方公里，占总面积的91.8%，煤炭储量34.1亿吨。境内煤矿、电厂高度密集，产业结构中煤电占据主导地位，属于典型的资源型县区。区内有8对矿井，最高产量3750万吨。近年来稳定在2500万吨。现有大型电厂6家，总装机容量150万千瓦。丰富的煤炭资源是把“双刃剑”，既奠定了任城的产业基础，完成了产业发展的原始积累，但也带来了产业结构重、能源消耗高、生态压力大、环境容量小等一系列突出矛盾。特殊的区情现状，决定了任城加快转型发展，比其他地方更为重要而紧迫，必须未雨绸缪、远谋近施。

一、推动资源型城市可持续发展的阶段性成效

近年来，我区主动开启转型发展的探索实践，从任城的发展阶段、比较优势、资源禀赋、现实基础出发，积极实施新型工业化、新型城镇化、农村现代化“三化同步”战略，推动由资源拉动向创新驱动、由资源依赖向科技依托、由“以环境换发展”向“以环境促发展”转变，探索走出一条符合任城实际、具有任城特色的转型发展之路，成效正在逐步显现。

（一）以产业发展支撑转型。围绕资源城市转型，把转变经济发展方式作为加速转型的核心任务，把项目建设、招商引资作为产业转型升级的重要举措，积极做好新型工业化与资源优势结合文章，着力改变煤电产业“一业独大”状况，构建以高新技术为先导、先进制造业和现代服务业为支撑的产业发展格局。大力实施传统产业改造升级，积极培育新兴产业，切实以增量优化带动存量调整，实现发展理念、发展模式、发展路径的全面转型。近5年时间，在煤炭产业基本稳定的情况下，经济总量增长了1.8倍，地方财政收入增长了2.81倍，规模以上工业企业发展到87家，限额以上服务业企业发展到199家，精细化工、机械制造、食品医药、商贸物流四大主导产业在产业发展格局中的地位日益突出，其中三大工业主导产业占规模以上工业总产值的50%以上。高新技术产业突破60亿元，占规模以上工业总产值比重达到21.74%，科技对经济增长的贡献率达到55%，对转型发展的支撑更加有力。

（二）以城市化推动转型。把城市建设作为加速转型的重要举措，抓住济宁中心城区“东拓、西跨、南联、北延”的发展机遇，经过区划调整和任城新区建设，打破了以往环绕中区的“同心圆”格局，实现了从“有区无城”到“半城半乡”，从依托城市、服务城市向建设城市、经营城市的历史性转变。城市建成区面积扩大到24.63平方公里，城镇化率提高到52.3%，形成了任城新区、任城经济开发区、济北高新技术产业园区、运河经济带“三区一带”发展格局。任城新区作为任城的主中心和中心城区的重要板块，重点集聚金融保险、高端商务业；任城经济开发区定位为“工业新城、千亿园区”，重点发展装备制造、食品医药、现代物流和新兴产业；济北高新技术产业园区作为全市6大化工园区之一，重点发展高端化、生态化、循环型的精细化工产业；西部运河经济带围绕打造“运河物流”品牌，推动沿运河综合开发，发展港口物流和临港产业。“三区一带”优化了城市布局和产业布局，促进了城市与产业的融合发展，推动了产业发展形态与城市空间形态互融互动，加快了“济兖邹曲嘉”五大板块的“同城化”步伐。小城镇开发建设、新型农村社区建设也取得新的进展。城市化的不断加速，为经济转型注入了强劲动力，打造了有力载体。

（三）以生态建设深化转型。坚持以转型保障生态建设，以生态建设深化转型，积极建设资源节约型、环境友好型社会，努力走出生产发展、生活富裕、生态良好的发展道路。编制了任城生态区建设规划，以建设“生态宜居区”为导向，倡导生

态理念，推动绿色发展，推进“低碳化”、“绿色化”、“无害化”，实施了多项生态工程和生态设施，生态文明建设加快推进，资源环境承载能力显著提高。农业突出打好“有机、绿色、无公害”品牌，通过“三品一标”认证的农产品达到25个，“长沟葡萄”通过国家地理产品标志认证。服务业重点发展休闲观光、金融保险、商贸物流产业，发展低碳、绿色的服务业态，构建节能环保的产业体系。强力推进节能减排，探索出“治用保防控”结合的治污减排新模式，先后实施截污导流中水库、洸府河入湖口人工湿地等重点生态项目。顺利通过淮河流域治污迎查，秸秆禁烧长效机制基本形成。森林覆盖率达到23.32%。万元GDP能耗、COD持续下降，提前完成“十一五”节能降耗目标。同时，在全社会大力开展生态宣传，培育生态文化，使生态文化融入群众生活，改变人们习惯，努力为生态建设营造良好的社会氛围。

二、转型发展工作中存在的突出矛盾和问题

长期的煤炭开采和开发，给任城发展带来了一系列突出的矛盾和问题，形成了不同程度的思想依赖和路径依赖，“因煤而兴、煤竭城衰”的潜在隐忧日益凸显。突出表现在：

（一）资源型产业占比仍然较大。目前来看，虽然我们在转型方面取得了积极进展，但任务仍然艰巨迫切。一方面，结构性矛盾比较突出，资源依赖依然严重。来自煤电产业的收入占地方财政收入比重仍在50%左右。工业依然是我区经济增量提质的严重“短腿”，服务业增加值占比几年来没有明显提升，缺少对转方式、调结构、升级产业、扩大投资有突破性带动作用的重大产业项目，转型跨越缺乏支撑力量。另一方面，煤炭产出正处在鼎盛期，产量相对稳定，服务期限还有20多年。鼎盛时期一旦过去，对地方财政的贡献将逐步回落，届时，如果没有新的接续替代产业，不但经济发展的高速度难以延续，也必然会衍生就业、社保、稳定等一系列社会问题。

（二）地上地下矛盾较为突出。我区的煤炭资源开采区域规划大部分是国家90年代批复的，采矿权人均已投资开采。项目建设、城市建设、压煤村庄搬迁等涉及压覆煤炭资源。我国法律规定，地上建设需压覆地下煤炭资源的，应征得采矿权人同意，否则不予办理用地手续，再加之我区城市规划晚于矿区规划，城市建设用地与采矿权人协调比较困难，造成我区产业项目用地和城市开发建设用地存在较大困难，规划区压煤严重阻碍工业化、城市化进程，地上建设与地下开发的矛盾需要有效克服。

（三）生态治理和社会问题日益凸显。因我区煤田分布与优质农田区域广泛重合，煤层一般厚度3~5米，局部可达9~11米，呈多层分布。煤炭开采后造成大量耕地被毁，大面积常年积水，难以恢复耕种。目前全区塌陷土地7万余亩，其中深层塌陷4万亩，塌陷深度4米以上，并且每年以3000亩的速度增加，复垦治理难度较大，治理资金严重不足。根据《济宁市任城区压煤搬迁中长期规划（2011~2025）》，我区辖区内6个镇街72个村，近10万人涉及压煤村庄搬迁。搬迁村庄需要投入巨大资金，而且关系难以协调，困难重重。这些搬迁农民目前尚能依靠煤矿每年提供的附着物补偿维持生活，一旦资源枯竭、矿去人空，将彻底失去生活来源，从而加剧社会保障压力，影响发展稳定大局。

以上这些问题如不能得到有效解决，不仅影响地区经济发展和社会进步，而且一旦市场环境发生波动，就有可能陷入困境，甚至会面临“矿竭城衰”的危机。因此，加快全面转型，已经成为任城科学发展跨越发展必须解决的重大问题。

三、推动任城区资源型城市转型的对策建议

资源型城市有着“建设—繁荣—衰退—消亡”的一般规律，被称为资源“诅咒”、资源“陷阱”。一般而言，资源型地区的发展阶段可分为成长期、成熟期、衰退期，无论处于哪个时期，都有一个转型、调整、优化和升级的问题，早转早主动，晚转则被动，不转则矿竭城衰。对任城而言，目前正处于转型的关键阶段：一方面，我区已逐步进入煤炭资源开发的中后期，如果现在不抓紧时间，今后转型的难度将会更大；另一方面，我区的煤炭资源仍有较大开采潜力，为推进转型赢得了缓冲空间。更为重要的是，经过多年的努力，我区的机械制造、精细化工、食品医药、商贸物流四大主导产业已具有较好基础，城市开发建设加速推进，在区域竞争格局中的位置比较有利，这些都为加快转型创造了条件。在推进转型中，要针对我区的产业特点和转型需要，更好地统筹地上与地下、生产与生活、当前与长远、发展与保护，坚持地下采煤与地上经济发展、城市建设有机结合，以培育壮大接续替代产业为突破口，调整优化经济结构；以完善城市功能和改善社会民生为重点，统筹城乡建设，逐步降低资源型产业比重，加快推动三大转变，实现资源型产业和非资源型产业、城区与矿区、经济与社会、人与自然的协调发展，走出一条资源型城市主动转型和调整振兴的新路子。

（一）调整优化产业结构，壮大接续替代产业。根据自身比较优势，坚持“地下转地上、采掘转加工、非煤产业转主导产业”的思路，壮大以精细化工为主的接续产业，培育以机械制造、食品医药及现代服务业为主的替代产业，鼓励煤炭企业大力发展非煤产业，改变产业结构单一、煤电“一业独大”的格局，实现传统产业新型化、支柱产业多元化、新兴产业特色化。机械制造产业，重点开发挖掘机、起重机、数控车床等系列主机产品，发展精工机械、装备制造等配套产品产业集群。精细化工产业，以深度开发、高端发展为方向，重点抓好煤焦油精深加工，发展碳块、针状焦、精制苯等精细化工产品，不断填补煤化工产业链条空白点，做强集采煤、洗选、焦化、精细化工为一体的煤炭产业链，打造以煤化工高新项目为主的产业聚集区。食品医药产业，以规模化、品牌化、优质化为发展方向，围绕调味剂、粮油加工、粉针剂、中成药四大类产品，壮大龙头企业，扩大生产规模，提升产品质量，打造绿色、安全的食品医药产业基地。现代服务业按照“发展物流业、提升商贸业、突破新兴服务业”的思路，调整结构、拓展功能、优化空间格局，坚持港区、园区、城区多区联动，建设区域性物流中心，打响“运河物流”品牌；积极引进银行、保险证券、担保抵押、小额贷款公司等金融机构，完善金融服务体系；积极发展科技研发、工业设计、文化创意、中介咨询等新兴服务业态，启动大唐高鸿电信、东方文博城、中科院计算所济宁分所暨山东省物联网技术中心建设，建立与接续替代产业相配套、与城市化进程相契合、与资源环境相协调、与城乡居民生活相适应的现代服务业体系。建设特色农产品基地，推动农业“接二连三”，以葡萄、苗木为重点，依托“四大园区、四大基地”，加速成长具有任城特色的都市农业，实现生产标准化、经营规模化、发展集约化、农民组织化。

（二）大力实施新型城镇化战略，推动城市功能转型。切实搞好城市建设和煤炭产业发展的对接，用战略眼光处理现实问题，实现城市建设和煤炭产业的协调发展。把城市建设作为经济社会转型的载体，统筹城市建设与产业发展、文化特色和生态改善，强力实施“崛起北部、优化东部、突破西部”城市发展战略，进一步完善规划、优化布局、提升形象、齐备功能，实现城市规模扩张与内涵品质的协调提升。任城新区重点突出功能完备和产业成长，按照“行政办公、商务金融、文化休闲、现代物流”四大功能板块规划布局，加快成长新区产业项目，协调推动产业业态提升和城市布局优化。老城区重点突出改造提升与疏朗空间，坚持整体改造、连片开发，协调提升服务功能、城市形象与居住环境。任城经济开发区重点突出打造东部城区重要功能板块，实现产城一体发展。配合中心城区西跨，统筹基础设施、产业布局和景观打造，加速对接运河生态经济区建设。加快道路交通、给排水、供热供气、垃圾处理等城乡基础设施一体化建设，完善教育、卫生、文化、体育等公共服务设施，不断提升城市承载功能。以长沟、南张、二十里铺为节点，强力推进小城镇建设，促进人口、资源、产业集中紧凑发展。

（三）加强生态环保工作，提升区域环境质量。坚持生态优先、环保优先，进一步增强可持续发展能力。大力推进节能降耗。分解落实重点用能单位目标责任，逐步强制淘汰落后产能。积极发展节能环保产业，推广应用节能技术、节能设备、节能工艺、节能材料，组织实施绿色照明、热电联产、炉窑改造等重点节能项目，持续降低能耗水平。强力抓好治污减排。实施治污减排动态管理，对重点排污企业实行污染物浓度和排放总量双重控制，不断加大工业点源、农业面源污染治理力度。综合治理“三尘两气”，改善城区空气质量；加强工业固体废物污染防治、生活垃圾无害化处理和综合利用，进一步提高资源循环利用水平。着力构建生态框架体系，按照“谁破坏、谁治理”和“谁治理、谁受益”的原则，完善塌陷治理，注重生态复原，实施采煤塌陷地水质净化和生态修复，开发森林、绿地、水面等具有经济和观赏价值的城市景观，形成多层次、多功能、立体化、网络化的生态结构。

（四）完善社会保障体系，切实保障改善民生。妥善解决资源型城市在可持续发展中遇到的民生问题，不折不扣地落实各项强农惠农政策，加快农村人口向城镇、园区和非农产业有序转移，多渠道增加农民收入。坚持创业带动就业、市场调节就业、政府促进就业，落实促进就业各项政策。扩大社会保险覆盖范围，把失地农民纳入覆盖范围，解决好因采煤塌陷造成的失地农民的生活补偿和就业安置等问题。充分利用塌陷的宽阔水域及周边区域，建设居民社区和活动广场，打造融商贸、休闲和文化于一体的综合性新社区，改善群众生活条件。

（五）加大政策争取力度，努力推动可持续发展。抓住国家即将启动资源型城市可持续发展试点的机遇，进一步加大对国家、省、市在重点产业政策、财税金融优惠、资源要素保障等方面的争取力度，在发展规划、产业布局、项目审批、资金安排等方面争取倾斜，健全完善资源开发补偿机制和衰退产业援助机制，逐步实现产业多元发展、生态环境良好，推动经济社会步入可持续发展的良性轨道。一是加大产业转型政策争取支持力度，优先把资源型城市的接续替代产业申请纳入省市产业调整振兴规划和重大项目建设，对确定的城市转型项目给予支持；二是加大财税、金融、土地争取支持力度，争取发放资源型城市经济转型专项债券，吸纳社会和民间资本用于经济转型和解决社会问题。争取上级财政专项资金，进行财力性转移支付配套。按一定标准提取可持续发展准备金，专项用于环境恢复和生态补偿、发展接续替代产业和解决历史遗留问题。根据采煤塌陷地的实际数额，相应调减基本农田面积。按照治理修复塌陷地形成的土地面积，相应增加建设用地指标。三是加大采煤压覆协调力度。妥善处理城市建设与采煤压覆的问题，明确城市规划区地上地下统筹、地上建设优先，合理划定禁采区、缓采区，对因城市建设压覆的资源，留待填充开采技术成熟后再行开采，增强城市可持续发展能力。四是加大矿山地质环境保护与恢复治理力度。按照“谁开发谁保护，谁污染谁治理，谁破坏谁恢复”的原则，加强矿山地质环境监督管理，提高矿产资源开发补偿标准。督促采矿权人依法履行矿山地质环境保护和矿区土地复垦义务。坚持防、治结合。煤矿企业一方面尽量采取先进的开采方式，利用填充技术进行开采，避免地上构（建）筑物的损害；另一方面出台先期治理的办法，即在采煤塌陷之前“超前抢土、挖深筑高、种养结合”的模式，防止出现塌陷后一片汪洋、难以治理的局面。

附　　录

2011年区委文件选目

济任发〔2011〕1号　中共济宁市任城区委2011年工作要点

济任发〔2011〕2号　中共济宁市任城区委关于济宁市任城区第十六届人民代表大会第四次会议和政协济宁市任城区第七届委员会第四次会议选举结果的报告

济任发〔2011〕3号　中共济宁市任城区委关于朱玉同志任免的通知

济任发〔2011〕4号　中共济宁市任城区委、济宁市任城区人民政府关于表彰2010年度全区综合考核先进集体、先进个人的决定

济任发〔2011〕5号　中共济宁市任城区委、济宁市任城区人民政府关于表彰2010年度全区机关事业单位考核先进个人的决定

济任发〔2011〕6号　中共济宁市任城区委、济宁市任城区人民政府关于加强城乡环境卫生管理工作的意见

济任发〔2011〕7号　中共济宁市任城区委、济宁市任城区人民政府关于实施六大重点工程加快推进新农村建设的意见

济任发〔2011〕8号　中共济宁市任城区委、济宁市任城区人民政府关于进一步加强社会治安综合治理基层基础建设的意见

济任发〔2011〕9号　中共济宁市任城区委、济宁市任城区人民政府关于进一步加强科学技术普及工作的意见

济任发〔2011〕10号　中共济宁市任城区委、济宁市任城区人民政府关于做好村“两委”换届选举工作的意见

济任发〔2011〕11号　中共济宁市任城区委、济宁市任城区人民政府关于印发《济宁市任城区中长期人才发展规划纲要（2011~2020年）》的通知

济任发〔2011〕12号　中共济宁市任城区委、济宁市任城区人民政府关于加快高层次人才引进的实施意见

济任发〔2011〕13号　中共济宁市任城区委、济宁市任城区人民政府关于在全区开展“增强为民意识、争做执行表率”主题活动的实施意见

济任发〔2011〕14号　中共济宁市任城区委关于实行部门包村干部驻村加快推进新农村建设的意见

济任发〔2011〕15号　中共济宁市任城区委、济宁市任城区人民政府印发《关于2011年全区党风廉政建设和反腐败工作任务分工意见》的通知

济任发〔2011〕16号　中共济宁市任城区委、济宁市任城区人民政府关于印发《济宁市任城区镇（街道）机构改革实施意见》的通知

济任发〔2011〕17号　中共济宁市任城区委关于林华等同志任免的请示

济任发〔2011〕18号　中共济宁市任城区委关于开展中国共产党成立90周年纪念活动的通知

济任发〔2011〕19号　中共济宁市任城区委关于印发《济宁市任城区党政领导干部选拔任用工作操作规程（试行）》等17个干部人事制度改革文件的通知

济任发〔2011〕20号　中共济宁市任城区委关于命名表彰先进基层党组织、优秀共产党员和优秀党务工作者的决定

济任发〔2011〕21号　中共济宁市任城区委关于认真学习贯彻胡锦涛总书记在庆祝中国共产党成立90周年大会上的重要讲话的通知

济任发〔2011〕22号　中共济宁市任城区委、济宁市任城区人民政府关于加快水利改革发展的实施意见

济任发〔2011〕23号　中共济宁市任城区委关于加强和改进新形势下党史工作的意见

济任发〔2011〕24号　中共济宁市任城区委关于印发《济宁市任城区"十二五"期间社会主义精神文明建设规划》的通知

济任发〔2011〕25号　中共济宁市任城区委关于做好镇领导班子换届选举工作的通知》

济任发〔2011〕26号　中共济宁市任城区委、济宁市任城区人民政府关于印发《济宁市任城区中长期教育改革和发展规划纲要（2011~2020年）》的通知

济任发〔2011〕27号　中共济宁市任城区委、济宁市任城区人民政府关于表彰教育工作先进集体和先进个人的决定

济任发〔2011〕28号　中共济宁市任城区委关于建立困难党员帮扶金的意见

济任发〔2011〕29号　中共济宁市任城区委、济宁市任城区人民政府、济宁市任城区人民武装部关于做好新形势下征兵工作的意见

济任发〔2011〕30号　中共济宁市任城区委关于加强人民政协政治协商制度建设的意见

济任发〔2011〕31号　中共济宁市任城区委员会、政协济宁市任城区委员会关于表彰政协工作先进集体和先进个人的决定

济任发〔2011〕32号　中共济宁市任城区委关于做好区镇两级人大换届选举工作的意见

济任发〔2011〕33号　中共济宁市任城区委关于做好济宁市任城区第十三次党代表大会代表选举工作的通知

济任发〔2011〕34号　中共济宁市任城区委转发区委组织部、区委统战部关于区政协换届人事安排工作的意见的通知

济任发〔2011〕35号　中共济宁市任城区委关于同意召开中国共产党石桥镇第十三次代表大会的通知

济任发〔2011〕36号　中共济宁市任城区委关于同意召开中国共产党长沟镇第十二次代表大会的通知

济任发〔2011〕37号　中共济宁市任城区委关于召开中国共产党济宁市任城区第十三次代表大会的通知

济任办发〔2011〕1号　区委办公室、区政府办公室关于对2011年全区重点工程、重大项目、重要事项进行责任分工的通知

济任办发〔2011〕2号　区委办公室、区政府办公室关于对2011年区政府为民十件实事及承办市政府为民十件实事进行责任分工的通知

济任办发〔2011〕3号　区委办公室、区政府办公室关于印发《2011年创建国家园林城市暨争夺"宜居杯"活动实施方案》的通知

济任办发〔2011〕4号　区委办公室、区政府办公室关于印发《2011年城乡环境综合整治"百日会战"实施方案》的通知

济任办发〔2011〕5号　区委办公室、区政府办公室转发《区委组织部、区编办、区人力资源和社会保障局关于镇（街道）、区直部门单位中层干部交流的实施意见》的通知

济任办发〔2011〕6号　区委办公室、区政府办公室关于印发《济宁市任城区深化文明城市创建活动实施方案》的通知

济任办发〔2011〕7号　区委办公室、区政府办公室印发《关于实施"任城英才"工程的意见》的通知

济任办发〔2011〕8号　区委办公室、区政府办公室印发《关于实施人才工作目标责任制考核的意见》的通知

济任办发〔2011〕9号　区委办公室、区政府办公室关于公布首批“任城英才”名单的通知

济任办发〔2011〕10号　区委办公室、区政府办公室印发《关于创新村集体“三资”管理模式的实施意见》的通知

济任办发〔2011〕11号　区委办公室、区政府办公室关于下达2011年度招商引资责任目标的通知

济任办发〔2011〕12号　区委办公室、区政府办公室关于印发《济宁市任城区信访问题集中排查化解月活动实施方案》的通知

济任办发〔2011〕13号　区委办公室、区政府办公室关于开展经济社会发展重点调研活动的通知

济任办发〔2011〕14号　区委办公室、区政府办公室关于印发《济宁市任城区机关公务通讯费用管理改革暂行办法》的通知

济任办发〔2011〕15号　区委办公室、区政府办公室关于印发《济宁市任城区农作物秸秆禁烧及综合利用实施方案》的通知

济任办发〔2011〕16号　区委办公室、区政府办公室关于印发《济宁市任城区迎接2011年全国县（市、区）科技进步考核工作方案》的通知

济任办发〔2011〕17号　区委办公室、区政府办公室转发《区社会治安综合治理委员会关于在全区开展校园及周边安全秩序“六个一”专项整治活动的实施方案》的通知

济任办发〔2011〕18号　区委办公室、区政府办公室关于印发《济宁市任城区2011年新型农村社区建设考核办法》的通知

济任办发〔2011〕19号　区委办公室、区政府办公室转发《区维护社会稳定工作领导小组关于建立社会风险评估机制维护社会稳定的意见》的通知

济任办发〔2011〕20号　区委办公室、区政府办公室关于印发《济宁市任城区城乡环境综合整治提升活动实施方案》的通知

济任办发〔2011〕21号　区委办公室、区政府办公室转发区总工会等三部门《关于推行企业工资集体协商工作的意见》的通知

济任办发〔2011〕22号　中共济宁市任城区委办公室印发《关于在全区党的基层组织实行党务公开的实施意见》的通知

济任办发〔2011〕23号　区委办公室、区政府办公室印发《关于贯彻落实济任发〔2011〕22号文件有关政策措施的分工》的通知

济任办发〔2011〕24号　区委办公室、区政府办公室印发《关于在全区农村实施“乡村文明行动”的实施意见》的通知

济任办发〔2011〕25号　区委办公室、区政府办公室关于印发《济宁市任城区群众到市以上上访接待处理工作考核细则（试行）》的通知

济任办发〔2011〕26号　中共济宁市任城区委办公室转发《区委统战部关于工商联（民间商会）2011年换届工作的实施意见》的通知

济任办发〔2011〕27号　区委办公室、区政府办公室关于印发《济宁市任城区事业单位清理规范工作实施方案》的通知

济任办发〔2011〕28号　区委办公室、区政府办公室关于印发《2011年度全区“双评”活动实施细则》的通知

2011年区政府文件选目

济任政发〔2011〕1号　关于全面推进依法行政加强法治政府建设的意见

济任政发〔2011〕2号　关于成立济宁市任城区全面推进依法行政工作领导小组的通知

济任政发〔2011〕3号　关于成立济宁市任城区人民政府法律咨询委员会的通知

济任政发〔2011〕4号　关于印发2011年重要工作事项责任分工意见的通知

济任政发〔2011〕5号　关于进一步加强和改进政府采购工作的意见

济任政发〔2011〕6号　关于开展综合执法队伍派驻镇（街道）工作的实施意见

济任政发〔2011〕7号　关于印发济宁市任城区国民经济和社会发展第十二个五年规划纲要的通知

济任政发〔2011〕8号　关于区政府领导同志工作分工的通知

济任政发〔2011〕9号　关于加强政府投资项目监督管理工作的意见

济任政发〔2011〕10号　关于印发济宁市任城区学前教育三年行动计划（2011~2013年）的通知

济任政发〔2011〕11号　关于印发全区职业病防治规划（2010~2015年）的通知

济任政发〔2011〕12号　关于提高城乡低保农村五保供养标准的通知

济任政发〔2011〕13号　关于开展新型农村社会养老保险试点的实施意见

济任政发〔2011〕14号　关于进一步调整完善镇（街道）财政管理体制的意见

济任政发〔2011〕15号　关于下达2011年财政收支计划的通知

济任政发〔2011〕16号　关于加快城乡建设用地增减挂钩工作的实施意见

济任政发〔2011〕17号　关于印发济宁市任城区依法行政第五个五年规划（2011~2015年）的通知

济任政发〔2011〕18号　关于公布全区最低工资标准的通知

济任政发〔2011〕19号　关于印发济宁市任城区贫困肢体残疾人康复救助工程实施方案的通知

济任政发〔2011〕20号　关于印发济宁市任城区城乡居民社会养老保险试点实施方案的通知

济任政发〔2011〕21号　关于进一步加强地方税收保障工作的意见

济任政发〔2011〕22号　关于印发济宁市任城区农田水利建设资金整合实施方案的通知

济任政发〔2011〕23号　关于《转发济宁市人民政府关于发布2011年企业工资指导线的通知》的通知

济任政发〔2011〕24号　关于印发济宁市任城区用水总量控制管理办法的通知

济任政发〔2011〕25号　关于印发济宁市任城区“十二五”科学技术发展规划的通知

济任政发〔2011〕27号　关于印发济宁市任城区对企业的奖励办法的通知

济任政发〔2011〕28号　关于今冬明春农田水利基本建设的实施意见

济任政发〔2011〕29号　关于给予李慧莲开除处分的决定

济任政发〔2011〕30号　关于给予李为胜开除处分的决定

济任政办发〔2011〕1号　关于印发任城区违法违规用地清理整顿工作方案的通知

济任政办发〔2011〕2号　关于调整济宁市任城区打击走私综合治理领导小组组成人员的通知

济任政办发〔2011〕3号　关于切实管好用好抗旱补助资金的紧急通知

济任政办发〔2011〕4号　关于加强规范性文件制定和备案审查工作的意见

济任政办发〔2011〕5号　关于调整区全民素质提高工作领导小组的通知

济任政办发〔2011〕6号　关于做好2011年新型农村合作医疗第二次筹资工作的通知

济任政办发〔2011〕7号　关于印发全区镇（街道）中心幼儿园建设意见的通知

济任政办发〔2011〕8号　关于印发济宁市任城区2011年住房和城乡建设工作要点的通知

济任政办发〔2011〕9号　关于印发济宁市任城区2011年城乡规划工作要点的通知

济任政办发〔2011〕10号　关于成立任城区城市管理委员会的通知

济任政办发〔2011〕11号　关于调整消防联席会议成员名单的通知

济任政办发〔2011〕12号　关于印发济宁市任城区新型农村社区消防建设标准的通知

济任政办发〔2011〕13号　关于启用济宁市任城区人民政府城镇居民住宅土地登记专用章的通知

济任政办发〔2011〕14号　关于全面推进消防安全重点单位标准化管理的通知

济任政办发〔2011〕15号　关于印发济宁市任城区中小学校长聘任管理办法的通知

济任政办发〔2011〕16号　关于印发全区地沟油整治和餐厨废弃物管理实施方案的通知

济任政办发〔2011〕17号　关于印发济宁市任城区第十届村民委员会换届选举工作实施方案的通知

济任政办发〔2011〕18号　关于表彰2010年度政务信息工作先进单位和先进个人的通报

济任政办发〔2011〕19号　关于成立济宁市任城区迎接国家二类城市语言文字工作评估领导小组的通知

济任政办发〔2011〕20号　关于印发济宁市任城区财政投资评审管理办法的通知

济任政办发〔2011〕21号　关于印发济宁市任城区政府投资项目管理操作规程的通知

济任政办发〔2011〕22号　关于印发济宁市任城区创建国家级创业型城市宣传活动方案的通知

济任政办发〔2011〕23号　关于成立济宁市任城区新型农村养老保险试点工作领导小组的通知

济任政办发〔2011〕24号　关于印发济宁市任城区新型农村社会养老保险试点工作实施细则的通知

济任政办发〔2011〕25号　关于印发济宁市任城区2011年全区林业改革发展工作意见的通知

济任政办发〔2011〕26号　关于调整济宁市任城区绿化委员会组成人员的通知

济任政办发〔2011〕27号　关于调整济宁市任城区综合治税工作领导小组的通知

济任政办发〔2011〕28号　关于下达2011年度全区外经贸工作任务目标的通知

济任政办发〔2011〕29号　关于组织快速动员演练骨干训练的通知

济任政办发〔2011〕30号　关于事业单位、民间非营利组织工作人员参加工伤保险有关问题的通知

济任政办发〔2011〕31号　关于印发任城区地方史志事业“十二五”发展规划的通知

济任政办发〔2011〕32号　关于表彰2010年度全区行政审批服务工作先进集体和先进个人的决定

济任政办发〔2011〕33号　关于成立济宁市任城区劳动竞赛委员会的通知

济任政办发〔2011〕34号　关于印发济宁市任城区农机深松整地作业实施方案的通知

济任政办发〔2011〕35号　关于印发济宁市任城区政府采购中介机构库使用管理暂行办法等文件的通知

济任政办发〔2011〕36号　关于印发济宁市任城区2011年度整治违法排污企业保障人民健康环保专项行动工作方案的通知

济任政办发〔2011〕37号　关于调整区价格调节基金工作领导小组组成人员的通知

济任政办发〔2011〕38号　关于印发济宁市任城区土地例行督察工作方案的通知

济任政办发〔2011〕39号　关于印发济宁市任城区项目评审论证工作制度的通知

济任政办发〔2011〕40号　关于调整济宁市任城区安全生产委员会组成人员的通知

济任政办发〔2011〕41号　关于认真办理人大代表建议政协委员提案的通知

济任政办发〔2011〕42号　关于印发济宁市任城区酒类流通管理工作实施方案的通知

济任政办发〔2011〕43号　关于印发济宁市任城区2011年度城区整治小型燃煤炉具专项行动工作方案的通知

济任政办发〔2011〕44号　关于贯彻落实山东省知识产权促进条例的意见

济任政办发〔2011〕45号　关于调整济宁市任城区人民政府纠正部门和行业不正之风工作领导小组成员的通知

济任政办发〔2011〕46号　关于转发区政府纠风工作领导小组办公室2011年全区纠风工作要点的通知

济任政办发〔2011〕47号　关于成立任城区和谐城乡建设行动领导小组的通知

济任政办发〔2011〕48号　关于印发济宁市任城区和谐建设行动实施方案的通知

济任政办发〔2011〕49号　关于印发2010年度和谐城乡建设行动考核办法的通知

济任政办发〔2011〕50号　关于调整济宁市任城区人民政府防汛抗旱指挥部组成人员的通知

济任政办发〔2011〕51号　关于成立济宁市任城区城区限制燃放烟花爆竹工作领导小组的通知

济任政办发〔2011〕52号　关于成立济宁市任城区城区养犬管理工作领导小组的通知

济任政办发〔2011〕53号　关于调整济宁市任城区知识产权办公会议成员的通知

济任政办发〔2011〕54号　关于印发济宁市任城区农村适龄妇女专项健康查体工作实施方案的通知

济任政办发〔2011〕55号　关于印发济宁市任城区城区客运市场集中整治工作实施方案的通知

济任政办发〔2011〕56号　关于调整济宁市任城区城市防汛指挥部组成人员的通知

济任政办发〔2011〕57号　关于印发济宁市任城区企业剥离非核心业务工作实施方案的通知

济任政办发〔2011〕58号　关于成立济宁市任城区小型农田水利重点县建设项目工作领导小组的通知

济任政办发〔2011〕59号　关于印发济宁市任城区村级农田水利基本建设一事一议筹资筹劳管理办法的通知

济任政办发〔2011〕60号　关于印发济宁市任城区2011年度农田水利基本建设考核奖惩办法的通知

济任政办发〔2011〕61号　关于印发济宁市任城区小型农田水利工程管护体制机制改革方案的通知

济任政办发〔2011〕62号　关于印发济宁市任城区农业灌溉用水管理办法的通知

济任政办发〔2011〕63号　关于印发济宁市任城区关于建立农田水利建设新机制的意见的通知

济任政办发〔2011〕64号　关于成立济宁市任城区小型农田水利建设资金整合工作领导小组的通知

济任政办发〔2011〕65号　关于印发济宁市任城区小型农田水利工程产权移交方案的通知

济任政办发〔2011〕66号　关于印发济宁市任城区农田水利工程设施管护暂行办法的通知

济任政办发〔2011〕67号　关于印发济宁市任城区关于加强农民用水者协会建设的意见的通知

济任政办发〔2011〕68号　关于印发济宁市任城区小型农田水利重点县工程建设与管理办法的通知

济任政办发〔2011〕69号　转发区教育局区财政局关于改善农村小学教学点办学条件的实施意见的通知

济任政办发〔2011〕70号　关于印发济宁市任城区推进小型农田水利重点县项目建设的实施意见的通知

济任政办发〔2011〕71号　关于印发济宁市任城区推进农田水利工程信息化建设促进现代水利发展的实施意见的通知

济任政办发〔2011〕72号　关于印发济宁市任城区小型农田水利工程农业水价综合改革方案的通知

济任政办发〔2011〕73号　关于成立济宁市任城区小农水重点县建设管理处的通知

济任政办发〔2011〕74号　关于成立济宁亚泰实业（集团）总公司改制领导小组的通知

济任政办发〔2011〕75号　关于成立济宁市任城区促进中小企业发展领导小组的通知

济任政办发〔2011〕76号　关于印发济宁市任城区消防工作“十二五”规划的通知

济任政办发〔2011〕77号　关于开展2011年全区“慈心一日捐”活动的通知

济任政办发〔2011〕78号　关于成立城乡居民社会养老保险试点工作领导小组的通知

济任政办发〔2011〕79号　关于成立北二环工程项目前期工作推进组的通知

济任政办发〔2011〕80号　关于印发济宁市任城区2011年农村贫困家庭危房改造安居工程实施方案的通知

济任政办发〔2011〕81号　关于印发济宁市任城区苗木花卉产业振兴规划的通知

济任政办发〔2011〕82号　关于成立济宁市任城区苗木花卉产业振兴规划工作领导小组的通知

济任政办发〔2011〕83号　关于印发济宁市任城区现代农业生产发展资金苗木花卉产业项目建设资金整合实施方案的通知

济任政办发〔2011〕84号　关于成立现代农业生产发展资金苗木花卉产业项目建设管理办公室的通知

济任政办发〔2011〕85号　关于印发2010年度

土地矿产卫片执法检查工作方案的通知

济任政办发〔2011〕86号　关于转发2011年任城区选聘镇（街道）村居基层公益性岗位人员实施方案的通知

济任政办发〔2011〕87号　关于印发济宁市任城区河道采砂专项整治行动实施方案的通知

济任政办发〔2011〕88号　关于印发任城区国民休闲汇活动实施方案的通知

济任政办发〔2011〕89号　关于印发济宁市任城区普通中小学办学条件标准化建设计划（2011~2013年）的通知

济任政办发〔2011〕90号　关于成立济宁市任城区打四黑除四害专项行动领导小组的通知

济任政办发〔2011〕91号　关于印发济宁市任城区打四黑除四害专项行动实施方案的通知

济任政办发〔2011〕92号　关于印发济宁市任城区深化消防安全五大活动开展清剿火患战役工作方案的通知

济任政办发〔2011〕93号　关于印发济宁市任城区闲置空闲低效用地清理工作方案的通知

济任政办发〔2011〕94号　关于印发济宁市任城区土地例行督察整改方案的通知

济任政办发〔2011〕95号　关于成立大连万达广场商业开发项目任城协调配合领导小组的通知

济任政办发〔2011〕96号　关于开展行政强制清理工作的通知

济任政办发〔2011〕97号　关于开展行政执法案卷评查的通知

济任政办发〔2011〕98号　关于印发济宁市任城区专利资助与奖励办法的通知

济任政办发〔2011〕99号　转发区发展和改革局等部门关于清理化解基层医疗卫生机构债务的实施方案的通知

济任政办发〔2011〕100号　关于印发济宁市任城区2012年度新型农村合作医疗筹资实施方案的通知

济任政办发〔2011〕101号　关于印发济宁市任城区2012年度城镇居民基本医疗保险筹资工作方案的通知

济任政办发〔2011〕102号　关于印发济宁市任城区日兰高速公路绿色通道建设管理实施方案的通知

济任政办发〔2011〕103号　关于成立济宁市任城区体育彩票工作领导小组的通知

济任政办发〔2011〕104号　关于分解下达2011年镇（街道）耕地保护责任目标的通知

济任政办发〔2011〕105号　转发济宁市任城区人力资源和社会保障局等关于义务教育学校绩效考核工资的实施方案的通知

济任政办发〔2011〕106号　关于印发济宁市任城区加强和改进流浪未成年人救助保护工作的实施意见的通知

济任政办发〔2011〕107号　关于贯彻实施《山东省行政程序规定》的意见

济任政办发〔2011〕108号　关于实行规范性文件统一登记统一编号统一公布制度的通知

济宁市任城区国民经济和社会发展第十二个五年规划纲要

“十二五”时期是我国经济社会发展模式转型的关键时期，也是任城区转方式、调结构的重要阶段。面对国家宏观调控的新形势和新任务，必须站在战略高度，调整发展思路，明确主攻方向，突出工作重点，全面贯彻落实国家、省、市的战略部署，全方位推进任城区现代化建设进程。为此，根据《中共任城区委关于编制国民经济和社会发展第十二个五年规划的建议》，编制了《济宁市任城区国民经济和社会发展第十二个五年规划纲要》，对全区经济社会发展的奋斗目标、主要任务进行总体部署，为区政府履行经济调节、市场监管、社会管理和公共服务职能提供科学依据。

第一章　现实基础　面临形势

一、现实基础

“十一五”时期是任城区发展最快、变化最大的时期。全区上下在区委、区政府的坚强领导下，认真落实科学发展观，紧紧围绕建设“现代新城区、工业聚集区、商贸服务区、生态示范区”的目标定位，坚持“全党抓经济，重点抓调整，关键抓招商”主旋律，团结拼搏，高点定位，跨越赶超，有效化解国际金融危机带来的冲击和挑战，国民经济保持快速发展的良好态势，“十一五”规划各项任务目标均超额完成，综合经济实力和自我发展能力不断增强，为“十二五”时期经济社会全面、协调、可持续发展奠定了坚实基础。

综合实力明显提升。2010年全区地区生产总值完成200.8亿元，比2005年翻一番，“十一五”期间年均增长16%，超过年均增长15%的预期目标。其中，第一产业实现增加值19.61亿元，第二产业实现增加值111.48亿元，第三产业实现增加值69.71亿元。人均地区生产总值达到44248元，按照当前汇率折算达到6500美元。地方财政收入达到15.8亿元，是2005年的3.8倍，年均增长30.5%。全社会固定资产投资五年累计完成362.5亿元，是“十五”的2倍,年均增长35%。

结构调整步伐加快。2010年三次产业结构调整到9.8：55.5：34.7，比2005年第一产业、第二产业比重分别下降3.2和1.3个百分点，第三产业比重提高4.5个百分点，结构升级取得明显成效。

——农业和农村经济结构调整向纵深推进。养殖、苗木、蔬菜、林果等特色产业规模进一步扩大，其中养殖业产值占农业总产值比重达到40%。畜牧业初步形成规模优势，全区养殖大户达1200户，形成6个规模化养殖小区。主要农产品向优势产区集中趋势明显，初步形成李营苗木、长沟葡萄、南张特菜、接庄反季节蔬菜、孟营大棚西红柿、南张甜叶菊六大规模化生产基地。农业产业化水平不断提高，全区千万元以上规模龙头企业达到24家，带动农户4.5万户。农业生产经营组织化程度进一步提高，全区专业合作经济组织发展到115个。

——工业结构调整取得新成效。主导产业规模优势突出，机械制造、精细化工、食品医药三个“百亿”产业初具规模，占规模以上工业产值的比重达到49%。高新技术产业快速发展，高新技术企业发展到49家，完成高新技术产业产值126.1亿元，占规模以上工业产值的比重31.8%，比2005年提高6.6个百分点。骨干企业支撑作用明显增强，全区规模以上工业企业发展到306家，其中利税过千万元的72家，分别比2005年增加154家和36家，涌现出济宁碳素、博特精工、沃尔华机械、东宇机械等一批实力突出的骨干龙头企业。品牌建设实现新突破，著名商标和驰名商标发展到17个。工业经济绩效水平保持全市前列，全区规模以上工业企业累计实现销售收入1020.5亿元，是“十五”的3.7倍；累计实现利税127.3亿元，是“十五”的4.3倍；累计实现利润79.2亿元，是“十五”的3.9倍。研发实力得到强化，全区85%的规模以上工业企业建立了技术中心和研发机构，拥有国家级实验室5家，省级工程技术中心9家，研制开发高新技术产品74种。

——服务业整体水平明显提高。抢抓行政区域调整的历史机遇，全区服务业乘势而上，已成为带动经济增长和结构升级的突出亮点。商贸流通业规模不断扩大，涌现出赛宝量贩、世纪联华、海联物流等一批商贸流通骨干企业。市场体系趋于完善，全区发展各类市场22处，初步形成以城区专业市场为龙头、镇（街道）市场为支点、农村集贸市场为节点的市场体系框架，培育出济宁金宇家具装饰城、汽车配件商贸城、济宁型材市场等一批骨干市场载体。新兴服务业发展步伐加快，金融保险、信息咨询、物流、房地产等行业呈现出快速发展势头。

发展动力持续增强。招商引资不断拓展。全区累计实际利用外资6775万美元，引进区外国内资金280亿元，吉利汽车发动机、马来西亚森达美跃进港、瑞中医药物流、博特精工等一批重点项目的成功引进，为全区经济发展注入强大动力。民营经济发展势头迅猛。全区民营经济从业人员达到19万人，民营企业发展到3700家，实现增加值165亿元，占全区地区生产总值比重达到83%，民营经济已成为全区保持高速增长、保障居民就业、促进居民增收的重要推动力量。园区平台更为坚实。任城经济开发区、济北高新技术产业园承载能力明显增强，已成为全区机械制造、现代医药、精细化工等产业规模扩张的主要集聚平台。

基础设施日趋完善。城乡路网系统不断改善，先后建设了开发区路网和济北新区路网，升级改造了105国道、新327国道、洸河路、共青团路等主次干道和区间路，基本形成以高速公路为出口、国道与省道为骨架、县乡公路为联络的内外畅通的路网格局。水运设施建设全面推进，运河通航能力大幅提高，森达美跃进港已投入运营，济宁跃进沟作业区工程顺利实施。市政设施建设取得新进展，实施了一大批水、电、气、热、电讯、广场、绿地、市场等项目建设，城市功能日趋完善。环保设施建设实现新突破，任城经济开发区污水处理厂、任城新区污水处理厂、济北高新技术产业园污水处理厂、洸府河入湖口人工湿地、济宁市南水北调截污导流工程正在实施建设。

城乡面貌焕然一新。新城区建设强势推进，核心区16项重点工程全面启动实施，初步形成一批标志性建筑群，现代化生态宜居新区已具雏形。村镇建设取得新成效，镇区道路、供水、排水等基础设施日趋完善，公共服务能力明显增强；农村新型社区和农村住房建设步伐加快，全面启动了新型农村社区和农村住房建设工程，20个示范点完成建筑面积160万平方米，城乡面貌大为改观。

民生质量稳步提高。城镇居民人均可支配收入和农村居民人均纯收入保持较快增长，2010年达19385元和8315元，分别比2005年增加8645元和3780元，年均增速达到12.5%和12.9%。社会保障覆盖面不断扩大，以养老、失业、医疗、工伤、生育保险为主体的社会保障体系更加完善。优抚政策得到全面落实，社会救助体系初步形成。就业再就业渠道进一步拓宽，5年累计创造就业岗位2.3万个，城镇登记失业率控制在4%以内。

社会事业全面繁荣。“科教兴区”战略稳步推进。科技事业加快发展，自主创新能力明显提高，科技成果转化的渠道进一步拓宽，科技对经济发展的促进作用日益增强，5年完成各类科技计划279项，取得重要科技成果195项，科技成果推广186项，授权专利1245件。各级各类教育协调发展，初步建立融基础教育、职业教育、继续教育为一体的现代高效教育体系。文化事业蓬勃兴旺。三级文化信息资源共享系统初步形成，投资600万元先后实施镇（街道）综合文化站和农村、社区文化大院标准化工程，省级社会文化先进区创建成果得到进一步巩固。公共卫生体系建设取得长足进步。基本形成以2个区级医疗机构为龙头、6个镇（街道）卫生院为支点、3个社区卫生服务中心和194个村卫生室为基础的公共卫生服务网络。人口总量规模得到有效控制。2010年人口自然增长率控制在7‰以内，人口素质进一步提高。生态建设和环境保护力度加大，可持续发展能力提高。政治文明、精神文明和民主法制建设取得新成效，社会保持稳定，人民安居乐业。

“十一五”期间，任城区经济社会得到了长足发展，圆满地完成了各项预期目标，人均GDP、城乡居民收入等核心指标明显超过全国“百强县”平均水平，初步达到全面建设小康社会的目标要求。但是，在经济和社会发展取得重大成就的同时，还存在着一些不容回避的矛盾和问题：结构性矛盾突出。主导产业竞争力不强，发展方式比较粗放，对煤电依赖过重的状况尚未根本扭转。第三产业占比不高，三次产业比重呈“二三一”格局。发展质量不高。经济发展效率偏低，地方财政收入占GDP比重、税收占地方财政收入比重均低于全省平均水平。社会事业发展相对滞后，教育、医疗、文化、体育等社会事业欠账较大，公共服务水平有待提升。科技支撑能力偏弱。企业研发能力不强，高层次人才不足的问题比较突出，经济增长主要依靠投资拉动，尚未进入创新驱动、内生增长轨道。节能减排压力巨大。资源承载能力比较脆弱，资源、环境对发展的瓶颈制约日趋明显。维护稳定、促进和谐的难度加大。随着经济社会结构及其组织形式的深刻变化，各种利益关系格局日趋复杂化，社会矛盾进入凸显期、多发期，社会建设和管理面临一系列新课题。这些矛盾和问题，是我区现阶段经济社会发展内在制约因素，也是我们谋划任城未来发展必须首先破解的重大课题。

二、面临形势

后金融危机时期国际政治经济格局的深度调整、国内发展模式的战略性转型，以及国家区域发展战略重点的空间转移，将共同构成“十二五”时期任城区经济社会发展的宏观背景；山东省以蓝色经济区建设为主体的发展格局，将为任城区经济发展提供具有牵动、引领效应的中观背景；济宁市千亿级产业规划、城市规划、运河生态经济区规划的深入实施，将为任城区经济社会发展奠定具有决定性意义的微观基础背景。综合分析未来发展环境和现实基础，“十二五”时期任城发展既拥有诸多有利机遇，也面临一些突出矛盾和严峻挑战。

（一）发展机遇

——后金融危机时期国际产业转移机遇。随着世界经济格局的深度调整，全球产业转移将重现上升趋势。由于中国抵御金融危机的出色表现，将成为日韩、港台、欧美等发达经济体相关产业转移的重点目标区域。任城区经济基础坚实，园区平台承载能力强，拥有引入世界500强的成功经验，具备承接国际工程机械等资本、技术密集型产业转移的优越条件。能否抓住新一轮国际产业转移的有利机遇，对任城区“十二五”及中长期发展十分关键。

——国家区域发展战略调整机遇。为有效拉动内需，国家已作出深入实施“西部大开发”战略部署，并将“西部大开发”置于国家区域总体发展战略的优先地位。西部大开发的深入实施，将进一步拓展投资类产品的市场需求，从而对任城区煤源产业、工程机械及其他基础原材料工业发展产生直接拉动作用。

——山东省半岛蓝色经济区建设机遇。山东省正在谋划“一区三带”的发展格局，通过海陆统筹，借势海洋经济的大发展，带动内陆腹地的大开发、大开放。“一区三带”格局的全方位推进，将创造出众多的省内产业协作配套机会。任城区作为鲁西南地区和淮海经济区相对发达区域，市场机制相对完善，产业配套基础条件好，将在省域发展机遇获取方面占据先机。

——济宁市“千亿级”产业规划、运河生态经济区规划实施机遇。济宁市“千亿级”产业发展规划将在“十二五”时期全面推进，大运河生态经济区规划建设也将在“十二五”时期全面启动。作为市域经济发展的主要载体之一，两个规划的实施将对任城区发展产生直接拉动效应。

（二）面临挑战

——世界经济复苏进程的复杂性。“十二五”期间正处于世界金融危机复苏期和经济周期的回升期，存在许多不可预见因素。金融危机影响的长期性、后危机时期贸易保护主义倾向，以及欧洲主权债务危机的蔓延态势，都将影响世界经济复苏进程。这将对任城区刚见起色的外向型经济发展带来直接不利影响。

——国家宏观调控的影响与冲击。国家将在“十二五”时期加大产能过剩行业调控力度，出台约束性更强的环境管理政策措施。除装备制造业外，任城区大部分产业均属国家调控对象，也是环境管理政策的主要约束对象，冲击和影响在所难免。

——周边地区的竞争与挤压。济宁市域邹城、兖州相对强势，其他县域也都在积极争抢发展机遇，力求在区域竞争合作格局中占据有利地位。任城区产业发展方向与周边县区存在明显同构化，来自周边县区的竞争与挤压不可避免。如何做足“特色”文章、与周边地区建设起良性的竞争合作关系，是任城区“十二五”时期必须破解的重大课题之一。

——日趋强化的环境政策约束。任城区处于南水北调前沿，生态环境保护任务十分艰巨。由于国家节能减排政策日趋刚性，相关产业布局争取上级环保部门特殊政策许可的可能性越来越小。国家经济发展方式转型和节能减排的高标准、严要求，必然对任城区资源型产业和劳动密集型产业发展带来前所未有的压力。

第二章 总体要求 奋斗目标

一、总体要求

坚持以邓小平理论和“三个代表”重要思想为指导，以科学发展跨越发展为主题，以转方式调结构为主线，以富民强区为主旨，深入实施工业化、城市化“双轮驱动”战略，着力推动资源依赖向创新发展、粗放增长向集约发展、二元结构向一体发展“三大转变”，加速实现产业层次、城市品质、环境质量、民生水平“四个明显提升”，全面构建高端产业区、商贸服务区、生态宜居区、和谐首善区，经济总量、地方财政收入、城乡居民收入五年翻一番，力争济宁率先、鲁南领先、全省争先,为提前全面建成小康社会奠定坚实基础。

二、基本原则

为有效落实上述总体要求，确保“十二五”规划理念先进适用，规划目标、调控措施具有科学性、前瞻性、指导性和可操作性，应坚持以下基本原则：

——坚持科学发展，促进模式转型。按照低碳经济理念，引导任城煤源产业、农副产品加工等资源消耗大的产业部门切实转变生产经营模式，大力发展循环经济，积极采用先进适用技术，提高各类资源利用效率。

——坚持统筹协调，促进区域融合。立足行政区域调整，以促进区域城乡融合、经济增长与社会发展相协调为目标，科学统筹中心城区、小城镇、乡村之间的关系，引导城市基础设施和社会服务网络向小城镇和乡村延伸，构建“以城带乡、以乡促城、城乡互动”的发展格局。

——坚持合理布局，促进空间集聚。树立区域整体观念，按照科学合理的规划指导，强化政府对生产力布局的统一管理职能，引导工业企业实现集中布局，逐步扭转任城区产业布局分散、同类企业空间布局各自为政的不利局面。

——坚持合作开放，促进互惠共赢。把扩大对内、对外开放置于更加重要的位置，大力推动与市域强势县域的内部协作，全方面推进与省域沿海地区的产业对接，积极推进国际产业转移合作，在推进合作共赢中谋求经济发展新优势。

——坚持生态优先，促进环境友好。以科学发展观为指导，按照国家节能减排及清洁生产的相关要求，提高“两高一资”产业准入门槛，逐步缓解经济发展与生态环境保护之间的矛盾。

——坚持以人为本，促进社会和谐。落实收入分配调整政策，切实提高城乡居民收入。加快推进新城区建设和旧城区改造，全力推进社会主义新农村建设，切实改善城乡居民生活条件。完善社会保障体系，努力维护公平正义，打造安居乐业的良好环境。

三、奋斗目标

按照上述总体要求，任城区“十二五”时期国民经济和社会发展的奋斗目标是：模式转型实现突破，经济实力显著增强，城乡建设统筹推进，民生状态持续改善，社会发展全面提速，为提前全面建成小康社会奠定坚实基础。

——模式转型实现突破。三次产业结构调整为5.5：52：42.5，服务业比重提高7.8个百分点；高新技术产业产值占工业总产值比重达到40%，比2010年提高8.2个百分点；单位GDP能耗和生态主要污染物排放总量削减完成市政府下达的任务目标，城镇生活污水处理率达到80%，城镇生活垃圾无害化处理率达到70%。

——经济实力大幅跃升。地区生产总值达到420亿元，年均增长15%，五年实现翻一番；人均地区生产总值达到80000元；地方财政收入达到34.4亿元，年均增长17%，五年实现翻一番；全社会固定资产投资累计完成800亿元。

——城乡建设统筹推进。城镇化进程进一步加快，城区面积达到50平方公里，其中新建面积达到26平方公里，公共服务设施及市政设施基本配套。老城区改造全面推进，服务功能实现提档升级。镇区基础设施趋于完善，公共服务能力得到强化。新型农村社区规划建设基本完成，村容村貌明显改进。推进县乡道路建设，建成城乡一体化的基础设施网络，以及覆盖城乡的公共事业服务网络，实现城乡融合发展。

——民生状态持续改善。城镇集中供热率达到90%，城区居民燃气普及率达到98%以上，集中式饮用水水源水质达标率达到100%；按照新一轮城乡规划进行建设；优化创业环境，鼓励全民创业，积极扩大就业，城镇登记失业率控制在4%，五年新增就业岗位5万个；城镇居民可支配收入达到39000元，年均增长15%，五年实现翻一番；农民人均纯收入达到16600元，年均增长15%，五年实现翻一番。

——社会发展全面提速。积极发展学前教育，促进城乡义务教育均衡发展，实施义务教育学校标准化建设工程，积极发展高中阶段教育、职业教育和继续教育，建立完善的现代国民教育体系；建立以企业为主体的科技创新体系，积极搭建科技创新服务平台，建设10家省级以上工程技术中心、3家国家级实验室、10家产学研工作站；建设一批标志性文化设施，形成“一区二点三带”文化产业格局，构建先进高效的文化服务与创新体系；完善城市社区卫生服务中心和农村三级医疗预防保健网络，镇（街道）卫生院全部达到配套要求，中心卫生室覆盖率达100％，实现城乡基本公共卫生服务均等化；人口素质明显提高，年均人口出生率、自然增长率分别控制在13‰和7‰以内；基本建立多层次、广覆盖、贯穿城乡的社会保障制度，城乡居民最低生活保障率达到100%，新型农村合作医疗覆盖率达到99%以上，全面推进新农保工作。建立比较健全的公共安全维护机制，初步形成可靠的社会安全体系。

第三章 优化空间布局 统筹城乡发展

在空间资源配置上坚持政府引导和市场机制相结合、空间开发强度与区域资源环境承载能力相适应、镇（街道）发展方向与功能定位相衔接，形成功能分工明确、结构合理、优势互补、协调有序、特色突出的城乡统筹发展新格局。

一、统筹城乡总体布局

立足各镇区比较优势及区域路网格局，按照“主体功能清晰、发展导向明确、开发秩序规范、各类要素协调”的空间开发要求，构建“一核牵引、两带集聚、三极支撑”城乡发展总体布局框架。

一核牵引。加快推进新城区建设及旧城区改造进程，改造提升金城、仙营传统服务业，加快培育新城区行政、教育、居住、高端商贸等城市功能，完善城市绿化、路网等基础设施，规划建设一批体现现代城市风貌的生态宜居社区和地标性建筑群，构建引领区域发展的强势核心。

两带集聚。以石桥、接庄、李营、廿里铺为节点，以工业园区、特色种养基地为支撑，加快四镇（街道）交通通道建设，强化与兖州、曲阜、邹城等周边地区合作对接，培育区域东部城镇综合发展带；以京杭大运河为依托，以南张、长沟为支点，以物流园区、临港产业园为载体，着力发展临港型、生态型产业，培育西部运河生态经济发展带。

三极支撑。加快推进任城经济开发区、济北高新技术产业园产业集聚，大力支持南张综合物流园区加快发展，进一步提升园区基础设施建设水平，鼓励发展高端产业，打造支撑区域经济发展的三大强势增长极。

二、统筹城乡产业发展

坚持差别化定位，推进各镇（街道）错位发展，形成功能定位科学合理、比较优势充分发挥、路径模式特色鲜明的镇（街道）经济新格局。仙营街道要以“完善城市功能”为主题，加快提升传统商贸、文化娱乐、医疗服务、旅游服务等城市功能，集中发展大型商业综合体、楼宇经济。金城街道要以“提升城市化”为主题，深入实施“退二进三”战略，着力发展商业地产、城市综合体等服务业，做大做强城市经济。李营街道要以“加快城镇化”为主题，按照中心城区目标，加快推进街区建设，做大做强苗木产业，大力发展特色专业市场。南张街道要以“融入城市”为主题，加快发展以物流、商贸服务、生态景观农业为主导的生态型产业。任城经济开发区（接庄街道）要以“发展低碳型产业”为主题，加快推进港、区联动，促进装备制造业、生物医药、新材料与物流业协同发展。廿里铺街道要以“发展精细煤化工”为主题，加快推进济北高新技术产业园建设，同步发展城郊型特色农业，打造以现代精细煤化工为主导的新型工业城镇。长沟镇要以“建设省级中心名镇”为主题，加快推进“临港产业园”建设，大力发展休闲农业，抓好微吊、造纸、建材等传统产业提档升级。石桥镇要以“建设生态型城镇”为主题，立足临湖临矿优势和特色农业资源优势，加快发展煤炭物流、农副产品商贸物流业和观光农业。

三、统筹城乡基础设施建设

坚持统一规划、适度超前、协同推进，对城乡水、电、气、暖、路、污水和垃圾处理等公共基础设施进行统一规划、统一建设，促进城镇基础设施向乡村延伸。以供水、供热、供电、排水、排污、绿化亮化为重点，加快推进老城区、济北新区、工业新城基础设施建设，改善城区居民生活条件。加大对镇（街道）基础设施建设的支持力度，重点加强镇（街道）路、水、电等设施基础和医疗卫生、教育文化等基本公共服务设施建设，提高镇（街道）人口集聚承载能力。加大对农村基础设施投入力度，集中财力优先安排农民最急需、受益面广、公共性强的农村公共服务设施，切实加强与农民生产生活直接相关的农村道路、水利等中小型基础设施建设，逐步实现城乡基本公共服务均等化。加快城乡环保基础设施建设，切实减轻区域水环境保护压力。

四、统筹村镇规划指导

完善区域村镇体系规划，对村镇发展进行有效指导和科学调控，有序推进村镇发展。调整镇（街道）发展规划。根据国家宏观调控政策和市、区“十二五”规划要求，引导各镇（街道）修改、完善镇（街道）发展总体规划，抓好重点镇（街道）控制性详规。完善村庄建设规划。按照建设社会主义新农村的总体要求，组织城乡建设部门开展村庄规划编制工作，规范农村民居、基础设施和配套公共服务设施建设，近期应以建设新型农村社区为抓手，重点抓好合村并点和中心村发展规划编制工作。

第四章 发展优势产业 增强经济实力

立足任城区资源禀赋、区位条件、产业基础，结合济宁都市圈工业化、城市化快速发展进程，着力发展先进制造业，全面振兴现代服务业，加快发展都市农业，增强经济实力，推动任城区产业层次实现明显提升。

一、调整提升工业经济 打造鲁西南高端产业区

加快推进“工业强区”步伐，强化工业支撑地位。结合济宁市千亿级产业发展规划，加快拓展我区机械制造、现代煤化工、食品医药三个百亿产业。到2015年，规模以上工业实现增加值200亿元，初步建成鲁西南高端产业区。

（一）加快构筑现代制造业体系

1、壮大优势产业

做大做强工程机械及机床配件、现代煤化工两大优势产业，力争到2015年，优势产业实现销售收入500亿元。

——工程机械及机床配件。主打挖掘机、推土机、微型吊车等整机产品，提升工程机械零部件、机床配件行业的技术工艺水平，打造在全国占据重要地位的强势产业集群。力争到2015年，工程机械及机床配件产业实现销售收入200亿元。

拓展工程机械整机生产能力。以沃尔华工程机械、四通工程机械为龙头，联合区内工程机械零部件企业，拓展挖掘机、推土机、微吊产业链。力争到2015年，工程机械整机产业实现销售收入80亿元。

提升工程机械零部件配套能力。以济宁市挖掘机、推土机、微型吊车等整机产品为依托，扩大工程机械零部件生产规模，重点发展零配件、结构件、滚动功能部件等核心产品，拓展高档轿车用免维护蓄电池、高容量动力蓄电池、小型阀控式密闭电池蓄电池系列产品。力争到2015年，工程机械零部件产业实现销售收入80亿元。

扩大机械配件主导产品规模。以博特精工、四方机械、宁润文正等骨干企业为依托，大力调整任城区机床配件行业产品结构，积极研发高级数控系统、高速数控动力刀架、工作台等系列产品。力争到2015年，机床配件产业实现销售收入40亿元。

——现代煤化工产业。延伸煤焦油深加工产业链，开发一批高附加值现代煤化工产品。力争到2015年，煤化工产业实现销售收入300亿元，形成国内具有核心竞争优势的现代煤化工基地。

拓展煤焦油加工产业链。以济宁碳素为龙头，加快引进国内外知名煤化工企业，大力提升煤化工研发能力，加大煤焦油深加工力度，重点开发沥青、苯、中质油三个系列产品，培育开发重质油系列产品，形成电极（高压、超高压）、高品质碳素、可纺沥青与改性沥青等拳头产品，构建多元化、高品质的煤焦油产业集群。“十二五”期间，加快推进济宁碳素碳纤维项目产业化，谋划建设国家高端煤化工示范基地。

2、拓展成长型产业

加快推进食品医药产业、精细化工产业规模扩张，力争到2015年，成长型产业实现销售收入290亿元。

——农副产品加工。以奥星、天博、华任、伟龙等骨干企业为依托，做大做强甜菊糖、食品添加剂、粮食加工、油脂加工和饼干系列产品，形成在国际和国内市场具有较强竞争力的优势产业；以康泉、三强乳业为龙头，加快发展糕点加工、乳品加工产业，形成具有区域性影响力的优势产业；依托任城区周边丰富的畜禽、果蔬及水产品资源，以服务于济宁中心城区市场需求为导向，努力培育畜禽加工、果蔬加工、水产加工产业，形成具有鲜明地方特色的区域性优势产业。力争到2015年，农副加工产业实现销售收入125亿元。

——现代医药。巩固提升以抗生素为主导产品的化学药品原药优势，拓展医药物流的发展规模，积极培育生物医药。以鲁亚制药、济宁鲁源医药化工、汉姆化工、同济化工为依托，加强新型高效抗生素研发，壮大发展特色原料药、医药中间体和药用原料加工，打造化学原料药领域新优势。以济宁市打造国家级生物产业基地为契机，依托鲁抗集团、济宁生力源生科、唐瑞生科、华能生科等龙头企业，积极发展基因工程医药、生化制药、现代中药，培育现代医药新增长点；以瑞中医药为龙头，加快引进国内外、省内外医药物流企业，着力打造医药物流基础信息平台，建设辐射鲁西南地区的医药物流中心。力争到2015年，现代医药产业实现销售收入85亿元。

——精细化工。以源根油脂、卡松石化为依托，以高端特种润滑油脂研发、生产为主攻方向，加快生产研发高效、节能、环保和石油替代等特种润滑油脂产品，重点开发节能、安全、无毒、无污染、可生物降解、可替代矿物油的绿色润滑剂。力争到2015年，精细化工产业实现销售收入80亿元。

3、扶持潜力型产业

围绕国家战略性新兴产业发展规划，积极扶持初具规模的先进制造业和战略性新兴产业，重点培育汽车零部件、新材料、新能源三个潜力型产业，推进任城区工业经济结构实现战略性调整。力争到2015年，潜力型产业实现销售收入60亿元。

——汽车零部件。依托市域重汽集团、山东东岳等整车生产基础，抓住吉利汽车落户济宁的契机，以福林汽车为核心，加快整合近域周边地区汽车零配件企业，打造大企业集团，培育以汽车发动机为主体的汽车零部件产业。力争到2015年，实现销售收入20亿元。

——新能源。以节能型设备的技术研发和规模化生产为重点，以高科新光、杰威逊电子重点项目建设为突破口，打造具有地方特色的新能源产业。力争到2015年，实现销售收入20亿元。

——新材料。以高性能塑料、塑料合金、节能型建材为主攻方向，加大招商引资力度，积极引进国内外高端新材料生产企业，促进新材料产业发展实现新突破。力争到2015年，实现销售收入20亿元。

（二）促进制造业集聚发展

加大政策引导力度，推动各镇（街道）工业企业向园区集聚，打造主导产业规模优势。

调整升级经济开发区。坚持高端定位，科学界定开发区功能分区，大力压缩非生产用地规模，增加工业用地比重。明确开发区产业发展主导方向，突出发展装备制造业，大力发展新材料产业，积极培育现代医药产业，将任城经济开发区建设成济宁市先进制造业集聚平台，加快向国家级经济开发区迈进。

做精做大济北高新技术产业园区。坚持适度超前，高标准配套建设园区基础设施。坚持集约发展，按照循环经济理念，紧紧围绕现代煤化工前沿领域，大力拓展煤油精深加工，重点开发煤化工及下游产品，建设鲁西南现代煤化工集聚平台。

推动镇（街道）工业企业向园区集聚。结合市、区两级政府生态经济区规划，加快南张、长沟两滨河镇（街道）产业结构调整力度，严格限制农副产品加工、电力、建材等传统产业规模，原则上不再新上传统工业项目，引导现有工业企业向两大工业园区迁移。其他镇（街道）原则上不再上工业项目，现有工业企业逐步向区两大工业园区集中。

（三）实施龙头企业和品牌培育工程

加大骨干企业的扶持力度，积极培育、引导一批成长前景好、自主创新能力强的骨干企业。研究制定龙头企业培育规划，精心选择一批重点企业，给足发展空间，给足配套政策，全方位支持骨干企业成长壮大，着力打造一个百亿级企业、两个50亿级企业、八个20亿级企业。推进煤化工骨干企业规模扩张，支持以济宁碳素为龙头组建大型煤化工集团，打造一个百亿级行业龙头企业、两个20亿级企业；支持石化产业重点企业加快发展，形成源根油脂一个50亿级企业，卡松石化一个20亿级企业；推进机械制造重点企业产能扩张，形成博特精工、沃尔华、远征电池三个20亿级企业；支持农副产品加工重点企业壮大规模，将天博食品打造成20亿级企业；支持医药产业重点企业做大做强，形成一个50亿级医药物流企业，一个20亿级新型抗生素企业。

加大新产品开发力度，实施品牌培育工程，发挥品牌的带动效应，扩大任城主导工业产品的市场影响力。“十二五”期间，要以济宁碳素、小松油品、博特精工、卡松石化、天博食品等骨干企业知名品牌为依托，积极开发升级换代产品，确保传统品牌形成新的竞争优势；围绕煤化工、生物医药、农副产品加工等具有区域优势的成长型行业，培育一批名优品牌，打造新兴产业的核心竞争力。到2015年，力争培育5个中国名牌产品、10个山东省名牌产品。

（四）提升技术创新能力

发挥企业在自主创新中的主体作用，引导重点企业加强研发能力建设，鼓励企业与国内外科研机构、著名高校开展科技合作，促进产学研结合，加快研发具有自主知识产权的核心技术和共性技术。到2015年，建成博特精工滚动功能部件、碳素煤化工、天博肉类香精等三个国家级实验室，甜菊糖研发、抗生素研发两个国家级技术中心；形成沃尔华挖掘机、四通微吊、卡松油脂化工等10家省级工程技术中心。新增高新技术企业12家，高新技术产品产值占规模以上工业总产值比重达到40%以上。

二、全面振兴服务业 打造现代商贸服务区

按照“生活性服务业提档、生产性服务业提效、新兴服务业提速”的总体要求，促进生产性服务业集聚化、生活性服务业均衡化，全面提升任城区现代服务业的辐射带动功能，构建以大商贸、大物流为主体的城市经济发展新格局，打造现代商贸服务区。“十二五”期间，服务业增加值年均增幅保持在19%，力争2015年达到175亿元，占GDP比重达到42.5%，就业比重达到50%左右。

（一）快速壮大现代物流业

充分发挥任城综合交通区位优势，整合物流资源，加快推进物流园区、物流中心、物流配送中心网络体系，大力发展产业物流，积极推进运河物流和航空物流，优化城市配送物流，形成以交通运输设施和物流园区为依托、龙头企业为核心、中小企业为辅助的现代物流产业群，打造立足济宁、辐射鲁西南的现代物流基地。力争到2015年，形成两大综合物流园区、四个专业物流中心，培育6-8个营业收入达10亿元以上的物流龙头企业，将物流业培育成百亿级产业。

完善物流基础设施。推进跃进沟港口、泗河口港口、南张文郑桥化工码头等改扩容工作，全面加强城际快速干道修建、县道乡道改造，打造河、公、铁、空相衔接的复合运输网络。扩展、强化运河港口运输网络，积极配合国家南水北调东线工程，加快梁济运河航道疏挖、长沟船闸建设。完善相关物流节点的配套功能，有效发挥任城运河港口、铁路以及高速公路网等交通设施的辐射功能。

打造两大综合物流园区。以京杭运河、日兰高速、济徐高速、105国道和岱庄煤矿铁路专用线为运输通道，建设南张综合物流园区。依托泗河口港区和任城经济开发区，以京杭运河、济东铁路专用线和342省道为运输通道，推进“区港联动”，建设接庄综合物流园区。

建设四大专业物流中心。以森达美跃进港和泗河口港为龙头，依靠区内8大矿区生产企业，加快推进建设运河沿岸码头、仓储服务区，力争到“十二五”末吞吐能力达到2000万吨，建设煤炭运输物流中心。以金宇装饰城和金宇汽配城为依托，加快推进金宇物流园区建设，力争到“十二五”末物流配送量达到 100万吨，建设机械、建材综合运输物流中心。以任城经济开发区医药物流园为龙头，建设区域性医药物流配送中心。依托仙营3C电子商贸城，加快推进升级改造进程，重点发展中转集散物流，打造区域性3C电子物流配送中心。

培育物流龙头企业。推动物流企业运用现代运营理念，整合运输、仓储、配送、货代、批发、零售以及信息服务等行业资源，促进功能整合和服务延伸，支持传统物流企业向现代物流企业转变。推动一批物流企业提速发展，支持物流企业开展业务流程、服务模式、应用技术集成创新，进一步扩大物流市场规模，提高物流组织效率，逐步建立全国营销渠道。积极吸引国内外物流企业落户任城，借力形成一批服务水平高、区域竞争力强的物流骨干企业。

构建物流信息服务平台。利用信息化建设成果，建立以公共信息交换系统为核心，具有供应链管理、业务协同和专业化服务等功能的现代物流公共信息服务平台。不断提高企业物流管理信息化水平，促进先进物流信息系统和装备设施的广泛应用，鼓励企业运用仓储管理系统、运输管理系统、电子订货系统等信息管理平台，进一步提高物流企业运营效率，降低企业物流成本。

（二）大力发展新型商贸业

提升仙营、金城街道原有传统商业区的辐射能力，完善任城新区现代商贸区的综合服务功能，合理调整便民商业网点，鼓励连锁企业向城镇社区和郊区农村延伸，形成核心商业区、次区域商业中心和社区便利商业网点合理布局的商贸流通网络，将任城建设成为新型商贸服务中心。

推进商贸业提档升级。优化仙营、金城街道商业业态，大力引导发展电子商务、连锁经营、特许经营、超大型购物中心等新型商贸业态。结合旧城改造，加快城区批发市场升级改造，逐步提升商贸服务档次。禁止建设新的摊位式小商品市场，综合利用经济、行政手段，逐步升级、关闭各类初级商品集散与交易市场。加大招商引资力度，吸引国内外一流的商贸服务企业落户任城，培育一批能辐射鲁西南地区的大型商贸集团。

完善商贸网络体系。依托仙营、金城街道现有商贸基础，以金宇路、洸河路为主要载体，大力改造升级传统商业服务设施，打造服务大济宁的综合性商贸服务中心。依托任城新区建设，以服务、促进新区人口集聚为导向，高水平规划建设一批新的商业载体，打造济宁市高端商贸服务中心。推进社区商业“双进工程”，加快社区超市、便民店建设，形成网点齐全、功能齐备的社区商业服务体系。大力发展镇、村两级连锁超市，彻底改变农村消费环境，形成便捷、优质的农村商业服务体系。

加强专业化市场建设。依托较为发达的综合交通网络，联动现代物流业与先进制造业，改造提升专业市场，重点发展3C电子产品、工程机械配件、汽车零部件、特色食品、日用百货等大型批发市场。依托农林产品优势和交通优势，以李营为节点规划建设苗木交易中心，以长沟、廿里铺、南张、石桥、接庄为节点改造建设一批有特色的农产品批发市场。

（三）稳步发展房地产业

坚持“以人为本、深度开发、生态优先、内挖外拓”原则，引导房地产业以满足民生需求为导向，逐渐形成以普通住宅为主、中高档住房为辅的市场供给体系。深度挖掘房地产业增长点，积极培育各类产业地产。

完善住房供应体系。依托旧城改造和城中村改造工程，优化商品住宅结构，增加经济适用房、经济租赁房和廉租房供应量，严格限制低密度、大套型住房供应，不断提高商品房科技含量，积极发展健康住宅和绿色环保住宅，逐步形成完善的住房供应体系。

建设宜居社区。依托汇翠园小区、明珠新奥苑等大型房地产项目，打造任城区高端生态型社区品牌。以金城、仙营旧城改造为契机，依托长安花园、蓝天花园、九九花园三期和永鑫、草桥、南岱庄等片区开发，进一步完善中心城区基础设施、生活服务设施，打造一批功能完备、设施齐全、环境优美的适用型生态居住区。推进薛口、西刘、满庄、十里营压覆搬迁，加快周边农民集中居住区规划建设步伐，建设一批新型社区。

积极发展产业地产。推进特色楼宇、特色街区项目建设，带动商务地产、商业地产、金融地产、旅游地产等功能性产业地产。以古槐路为轴线，重点打造以金融保险、投资担保为主题的金融特色楼；以仙营数码城、亿维数码城为依托，建立以电子产品批发、零售、维修、网络服务、应用开发为主题的3C信息广场；以太平洋百货商业步行街、亿丰时代广场、任城新区商务区为依托，建设以经营品牌和时尚精品中高档商业为主题的商业广场；以奥冠文化产业园建设开发为依托，建立以体现健康休闲和文化娱乐为特色的文化产业集聚区。

（四）推进旅游服务业

以运河文化为底蕴，充分融合“孔孟文化、水浒文化”，大力整合任城周边区域景观资源，完善配套服务设施，积极融入区域旅游产业链条，借力发展旅游服务业，将任城建设成为大济宁生态休闲旅游基地、鲁西南地区重要的旅游服务中心之一。

建设区域性旅游集散中心。以服务市域外游客为导向，依托嘉祥机场、济宁火车站、高速公路出口等交通枢纽设施，以仙营和金城街道为主要载体，培育、引进一批高水平旅游服务中介机构，整合济宁市域曲阜市、邹城市、兖州市、梁山县、微山县等周边区域的旅游资源，着力打造几条以任城为“出入口”的经典旅游路线，大力发展旅游集散服务、换乘服务和旅游咨询服务，联动发展餐饮、住宿、购物、娱乐等相关服务业，吸引市外游客在任城住宿、购物、餐饮和娱乐，将任城打造成区域性旅游集散与服务接待中心。

建设大济宁特色观光农业旅游区。以服务大济宁游客为对象，依托长沟葡萄园、石桥生态农业文化园、李营生态园、南张花卉基地等项目，采取“农家乐”、“渔家乐”等经营模式，打造集观光、休闲、体验、娱乐、健身于一体的特色观光农业旅游区。

培育运河旅游景观带。深入挖掘运河文化内涵，以“北方水乡、运河之都”为主题，以运河长沟泵站、森达美跃进港区等航运设施为依托，整合沿岸滨河湿地、长沟葡萄园、凤凰台景区等景观资源，着力提升京杭运河旅游价值，打造京杭运河旅游景观带。

优化旅游业发展环境。加快旅游基础设施建设，重点推进萧王庄汉墓开发、石桥生态农业文化园、凤凰台景区等旅游项目建设，完善旅游业发展的硬件支撑。强化旅游业市场营销，积极运用各种媒体，主打“北方水乡、运河之都”旅游形象，提高任城旅游资源的知名度。提升旅游管理水平，优化旅游从业人员结构，强化旅游管理人员业务培训，提高旅游从业人员素质。

（五）大力扶持新型服务业

以城镇化、工业化为依托，以促进区域服务业结构升级为导向，加大政策扶持与引导力度，加快发展新型服务业，培育现代服务业新增长点。

金融业。增强金融业实力，加快推动金融创新，规范金融市场秩序，完善服务手段，逐步建立功能互补、竞争有序的金融组织体系，提升面向济宁市域的金融服务功能。

中介服务业。以市场化、专业化为导向，积极发展各类知识密集型中介服务机构，培育各类研发、设计中心，引进和培养高素质的中介执业人才，优化中介服务业发展环境。力争到2015年，基本形成种类齐全、分布合理、运作规范的中介服务体系，建立和培育一批知名度高、公信力强、具有较强竞争力的中介服务品牌机构。

社区服务业。坚持“因地制宜、分类指导；政府推动、市场主导；社会兴办、居民助办”的发展方针，以社区公益性服务和经营性服务为主线，不断加大公益性服务业的工作力度，满足社区居民日益增长的物质和精神需求。推进社区服务业市场化、产业化和社会化进程，鼓励各种投资主体兴办社区服务业，完善社区服务设施，拓宽社区服务领域，改善社区服务环境，尽快形成广覆盖、多层次、社会化的社区服务体系。

信息服务业。以仙营数码一条街为依托，转变传统IT卖场的经营模式，以3C为核心产品，建设辐射鲁南地区的信息产业交易中心。以信息网络建设为基础，开发和应用各种信息资源，加快数据宽带网、城市管理信息系统等建设步伐，扩大信息资源的共享范围，推动以数字化、网络化为导向的文化、出版、影视等产业，发展以电子商务平台、物流平台等为切入点的网络增值服务业。

三、加快发展都市农业 全力推进新农村建设

围绕建设社会主义新农村的总体要求，以服务城市生活、保障农副产品供给、改进农民生活质量为导向，以农业生产基地化、农村居落社区化、农民新型化为重点，大力调整农业经济结构，加快发展现代都市型农业，推进新农村建设，促进任城区农业和农村发展实现新跨越。

（一）构建都市农业体系

以农业资源多功能开发为方向，以打造地域品牌为手段，加快建设现代都市型农业生产体系，切实带动农业增效、农民增收与农村发展。力争到2015年，农业增加值实现23亿元，年均递增5.5%；农民人均纯收入16600元，年均递增15%；优质农产品比重达到98%以上，农副产品外销比重达到90%以上。农业综合生产能力全面提高，农业经济基本实现转型发展，初步形成种植业、养殖业、园艺业、观光农业“四位一体”的都市型生产体系。

做精做专种植业。稳定粮食作物播种面积，扩大优质粮食基地规模，到2015年力争达到5万亩，重点发展优质专用小麦和优质饲用玉米。进一步扩大蔬菜果品种植面积，新增种植面积3万亩，巩固西红柿、食用菌等传统农产品的规模优势，大力发展无公害、绿色、有机蔬菜，推进蔬菜产加销一体化，提高蔬菜产业的附加值。

做大做强养殖业。加快优势特色畜牧业和水产业发展步伐，确立养殖业在都市型农业体系中的主导地位。继续加大畜牧业结构调整力度，稳定生猪、家禽规模，大力发展奶牛、羊等草食动物和特色畜禽，到2015年规模经营户1350户，规模化养殖小区8个，优质生猪存栏达到18万头，家禽存栏达到500万只，奶牛存栏达到1万头。积极促进水产养殖标准化、规模化、绿色化，重点发展名优品种，形成生产规模和产品批量，到2015年水产养殖面积发展到5.5万亩，水产健康养殖示范区3-5处，水产品产量达2.75万吨。

加快发展园艺业。围绕苗木、花卉两大主导产品，积极引进名、优、新、特品种，提高产品质量和档次，大力推广标准化、规模化种植，促进产业扩容增量、提档升级。到2015年，苗木花卉面积稳定在16万亩左右，形成具有较大影响力的产品品牌。

大力开发观光农业。立足任城区苗木、花卉、葡萄、特色水产养殖等生态农业资源，结合区域旅游、文化、历史资源开发与景点景区布局，积极拓展都市农业连接第三产业的产业协作功能，大力发展以体验参与为主题，融康体休闲、观光娱乐、农副产品销售为一体的观光农业，配套发展“农家乐”、“渔家乐”等具有地方特色的旅游接待与服务设施，促进观光农业成为任城区都市型农业新亮点。

（二）优化农业生产布局

立足农业生产的区域差异，加大政策引导、扶持力度，进一步优化农业生产布局，促进主要农副产品生产向优势区域集中，形成“四大园区四大基地”总体布局。

规划四大农业园区。延伸都市型农业的服务职能，培育四大农业园区，打造特色观光农业发展载体。以塌陷区的治理改造为基础，以农业文化遗产挖掘、展示为主题，结合石桥镇万亩莲藕基地规划

建设，同步开发池塘垂钓、渔家民俗、湿地观光，建设融文化体验、垂钓休闲、观光康体于一体的石桥生态农业文化园；依托区域特色苗木规模化优势，拓展林下特色养殖，着力开发天然氧吧、租赁农庄、少儿农庄，建设以体验性、参与性为主题的李营生态园；以长沟葡萄品牌为依托，充分整合长沟八大酒馆、城子崖遗址、党崮堆遗址、千年白果树等景点资源，高标准的配套建设观光设施，建设以采摘、品酒、农家乐为特色的长沟葡萄园；以万花苑花卉市场和特菜基地为依托，结合凤凰台人文旅游资源开发，发挥集“运河文化、佛教文化”于一体的文化景观优势，建设花卉观赏、蔬菜采摘、文化体验为主题的南张花卉园。

建设四大特色生产基地。强化都市型农业的供给保障功能，着力提升四大特色农副产品生产基地。以李营苗木、南张花卉产业基础为依托，加快名优品种引进，规划建设苗木花卉交易大市场，加快推进绿化苗木、观赏苗木生产经营实现区域化、规模化，辐射、带动廿里铺、南张苗木产业发展，力争到“十二五”期末形成15万亩规模，建设辐射全国市场的苗木花卉生产基地；依托接庄、廿里铺、南张等镇（街道）蔬菜产业基础，加大新技术、新品种引进推广力度，加快改进设施条件，努力扩大无公害蔬菜生产规模，力争到“十二五”期末蔬菜种植面积突破10万亩，设施蔬菜规模突破5万亩，建设辐射市域及周边市场的绿色蔬菜生产基地；立足各镇（街道）畜禽产业比较优势，充分发挥济宁市原种猪场龙头带动作用，加快推进畜禽生产区域化布局，着力打造奶牛、生猪、家禽生产集中区，建设辐射市域及周边市场的特色畜禽产品生产基地；依托自然水域及塌陷地水域资源，以创建省、市标准化健康养殖示范区为抓手，加大良种的示范、推广力度，重点发展无公害绿色有机水产品养殖，力争“十二五”期末达到5万亩养殖规模，建设辐射市域及周边市场的特色水产品生产基地。

（三）强化农业支撑体系

完善农业科技体系。增强农业科技创新能力，加大先进适用技术推广力度，积极组织农业关键技术攻关，加快推进农业科技成果转化，积极繁育引进优良品种，实施良种产业化工程，力争良种覆盖率达到90%以上。

加强水利设施保障体系。以政府专项资金为引导，加强农田水利工程规划建设，结合农业综合开发项目，加快设施更新改造，形成较为完善的灌排工程体系，增强农业抗灾减灾能力。

拓展农田林网体系。营造高标准农田防护林网，以道路、河流为框架，不断完善带、片、网相结合，新建农田林网584.1公顷，完善林网14554.2公顷，农田林网化面积达25149公顷，真正实现“田成方、林成网”，为提高农村综合生产能力奠定生态基础。

提升农机体系。加强农机社会化服务体系建设，提高农机服务组织化程度，推进土地适度规模化、集约化经营。发挥农机购置补贴的调控作用，有针对性的示范推广农机农艺结合紧密的机型。落实农机购置补贴政策，提高农机装备水平，保证农机具总量增长。力争到2015年，农机总动力发展到65万千瓦，主要粮食作物耕、种、收三项作业综合机械化水平达到98%左右。

（四）全力推进新农村建设

以新型农村社区建设、新型农民培育为抓手，千方百计促进农民增收，强化乡村基础设施建设，大力提升农村公用事业，推动新农村建设再上新台阶。

推进农村新型社区建设。坚持“立足实际、统一规划、分类指导、有序推进”方针，抓好村庄规划和建设，加快城中村、城郊村和园中村改造，努力完成新型农村社区建设任务。

实施新型农民培育工程。加强基层干部业务培训，培养一批新农村建设的带头人。加强农民创业培训，选拔培训一批有一定文化和经济基础的经营大户，有针对性地进行创业指导，努力培养更多的农民企业家和创业者。加强新型农民科技培训，提高农民运用先进实用技术能力。

大力促进农民增收。加大农业经济转型力度，加快发展都市型高效农业，提高农业综合效益。鼓励和支持农村民营经济发展，加快发展农村二、三产业，优化农村经济结构，提高农村经济整体效益。有序引导农业剩余劳动力向二、三产业转移、农村人口向城镇集聚，提高农民非农收入。

提高农村公共服务水平。加快推进农村信息化进程，继续抓好乡村道路、农民饮用水改造和电网改造，全面提升面向农村的基础设施保障水平。完善农村文化、体育及公共卫生设施，提高面向农村居民基本公共服务能力。

第五章 拓展中心城区 建设现代新城

以新城区建设、老城区改造和工业新城建设为抓手，优化城区功能分区，改进基础设施，完善城市功能，建设“宜居、宜业、宜商”的现代新城，推动城市品质实现明显提升。“十二五”期间，城区面积达到50平方公里，其中新建面积达到26平方公里；主城区人口规模达到32万人。

一、拓展中心城区

加快建设新城区。全面推进新城区功能分区建设，推动行政办公、商业服务、文化休闲、现代物流四大中心联动发展，力争“十二五”期间建成任城新区。着力推进商务中心、汇翠园小区等一批基础性、功能性、标志性、公共性重大工程项目，打造一批国内一流、融地方特色与现代特征为一体的标志性精品工程。引进公司总部、商业、保险、金融等部门，以两个商务区为载体，填充商务办公、酒店式公寓等经济载体。完善 “三横六纵”[“三横六纵”：在保持总体规划棋盘式的主干道布局下，疏通断头路、加密道路网，形成“三横六纵”九条主干道结构。“三横”为北外环路、仁兴路、金宇路三条东西向主干路；“六纵”为济安桥路、共青团路、古槐路、建设路、琵琶山路、火炬路六条南北向主干路。]道路体系，高标准建设公交换乘枢纽、公交站场、公共停车场等公共基础设施。

改造提升老城区。加快实施城中村改造，大力引导“工业退城”，全面提升老城区形象。强势推进重点片区改造。以仙营、金城街道为重点，衔接济宁城市总体规划和任城新区规划，加快编制老城区改造详规。重点抓好城中村、棚户区、危旧楼房与平房改造，大力实施“城中村改造计划”，加快仙营、谢营、常青、新华等片区改造，启动一批安置小区，形成新型现代城市社区。

全力推进“退二进三”。鼓励老城区工业企业实施拆迁，关闭、淘汰、转移一批低端企业。结合旧城区改造，适时出台促进商贸流通、金融服务、休闲娱乐等现代服务业发展的引导政策，推动服务业业态升级。

全力打造工业新城。围绕“生态工业新城”定位，深化接庄街道、经济开发区一体化发展。到“十二五”末，工业新城建成区面积达到14平方公里，建成沿蓼沟河中心片区、中心片区两侧工业组团、二号井煤矿生活区配套服务中心，完善配套办公、商业等城市公共服务职能。加快建设覆盖工业新城的信息网络，实现镇区光纤入户。做好园区扩建工作，加快土地总体利用规划修编，拓展后备工业用地。

二、构建优美城市景观

突出“滨水城市”主题，加快推进新城区生态景观系统建设，组织实施老城区“绿色家园”工程，加快实施工业新城景观建设规划，积极开发滨水岸线，建设“绿水交融”的城市景观系统。

推进新城景观建设。统筹推进生态景观和水系规划建设，加快建设新城区睿湖中央公园，实施引洸府河水系入城与小洸河引水工程，连通区内各水系与睿湖中央公园和任城生态湿地公园，布局建设城区街心公园、小游园、沿河滨水绿化廊道、西侧绿化长廊，形成“一湖两廊、三园成组”[“一湖两廊、三园成组”：“一湖”是指任城睿湖中央公园，圆形中央湖面被公园绿地环抱，形成任城新区独有的“智慧之眼”和生态绿心。“两廊”，规划区内设置一条绿廊与一条水廊，形成两条自然生态廊道面，“Y”字型的水廊和绿带向交汇于“智慧之眼”，贯穿整个新区。“三园成组”：绿地系统分为三级：市级、区级、居住区级。此外，结合各个居住小区布置街头绿地、社区公园绿地以及生产防护绿地。]、“十字贯通，水绿交融”[“十字贯通，水绿交融”：“十字贯通”，古槐路南北向城市景观主轴与“弓形”的绿带水系形成的东西向城市景观次轴十字交叉，贯穿整个规划区。“水绿融城”，沿河滨水绿化廊道、连接戴庄与李营苗木基地的绿化廊道、西侧绿化廊道，形成三条生态通道，将区外生态环境引入到城内，展现城之绿、水之蓝的自然环境景观。形成“水绿交融、蓝绿交织”的城市空间环境。]的城市生态景观系统。

实施“绿色家园”工程。坚定以规划为先导，植树为重点，立体绿化为特色，合理配置公共绿地，大力推进居住区绿化、单位绿化，形成生态园林式的城区生态景观网络。加快推进老旧社区的绿色化改造，彻底改善老城区居民居住环境。

打造优美滨水景观。依托大运河、洸府河岸线资源，充分借鉴国内外滨水区开发的成功经验，以形成城市开阔空间为导向，加快推进岸线资源的综合开发利用，着力开发滨水休憩、滨水地产、主题公园等滨水功能区。

三、提升完善市政设施

加快市政设施建设，提升基础设施服务功能。重点完成老城区排水设施改造，排水系统基本实现雨污分流。加快给水工程建设，供水管网与济宁市区主干管网连接，保障新区的水资源供给。推进环保设施建设，新建城区污水处理厂一座。充分利用济宁市东郊热电厂和华能济宁电厂，合理划分服务区域，形成高效率、广覆盖的集中供热网络。加强城区防灾设施建设，重点改善消防、人防、地质灾害、地震等防灾体系设施建设，大力提高防灾减灾能力。

四、创新城区管理机制

创新城市经营模式。深入推进资金筹措多元化、建设行为企业化、资源享用商品化，进一步拓宽社会投资领域，开辟新的投融资渠道，采取产权重组、委托经营、专营权出让等形式盘活城镇资产，增加城建投入。创新城市管理方式。坚持统一领导、协调合作、综合执法，形成城市管理强大合力。加大主要街区各类商业网点的管理力度，引导商户按照城市环境卫生管理标准规范经营；规范城区交通秩序，合理规划城区主干道两侧机动车、非机动车停放点，规范各类车辆停放，确保城市路网顺畅通达。完善社区管理。提高社区服务功能，逐步形成社会福利服务、互助服务和市场有偿服务相结合的多类型、广覆盖的社区服务体系。

第六章 彰显文化底蕴 打造文化名城

深入挖掘历史文化内涵，彰显悠久文化底蕴，塑造现代任城精神，推进文化事业发展，培育特色鲜明、辐射力强的文化产业，打造以“孔孟文化”为底蕴、“运河文化”为主题的城市名片，以文化内涵提升城市品质。

一、弘扬传统历史文化

深入挖掘运河文化、儒家文化资源，充分体现任城文化的多元性、多层次、包容性。注重保护和恢复老京杭运河特色建筑、街巷、路桥、商铺等历史景观、遗址，重塑运河文化。加快抢救和发展濒临失传的各门类优秀文化艺术，重塑民间文化魅力。加强对古遗址、古墓葬、古建筑、石刻、名稀古树等任城历史文化古迹的保护，形成厚重的历史文脉载体。加强与鱼台、嘉祥、汶上、微山等地区合作，共同打造“运河文化”品牌。积极与曲阜市做好衔接配合，加大孔孟文化的宣传与孔孟文化产品的联合开发力度，将任城区打造成济宁市孔孟文化游的重要服务区。

二、塑造现代任城精神

深入挖掘任城特质，积极展示良好风貌，大力倡导、塑造以“崇仁尚诚、开放包容、强毅力行、负重奋争”为主题的现代任城精神，凝聚各界对任城的自豪感、认同感与归属感。

崇仁尚诚。坚守崇仁、尚诚的处世准则，秉持讲信修睦、天地人和的传统观念，宣扬人与人之间互存互助、互信互爱的仁爱精神与诚信品格。

开放包容。地域上不闭塞、思想上不封闭，吸聚海内外的一切可用资源，为开发建设注入不竭动力，充分彰显任城人大气雄浑、纵横捭阖的胆识气魄，突破陈规、超越自我的开放气度。

强毅力行。保持积极进取的精神状态，围绕富民强区目标，继续发扬“领导苦抓、干部苦干、群众苦创”三苦精神，以顽强意志品格争创前所未有的辉煌业绩。

负重奋争。坚决摒弃小成即满、固步自封等不符合科学发展要求的思想和倾向，充分认清在跨越崛起中担负的重大责任，选好标杆、追求卓越、励精图治、砥砺奋进、孜求大成，力争在济宁打造区域发展新高地中跻身前列。

三、构建文化产业新格局

加大文化设施建设力度，构建“一区二点三带”[“一区二点三带”：“一区”即文化产业聚集区。以济北片区为中心，联结李营、仙营、金城街道、任城经济开发区（接庄街道），突出运河文化、汉文化、生态文化、休闲娱乐、体育健身文化，打造任城中东部文化产业聚集区。“二点”即二个文化旅游景点，凤凰台文化旅游旅游景点、萧王庄汉墓文化旅游景点。“三带”即三个重点文化产业带，西部运河文化产业带、北部休闲农业产业带、东部生态文化产业带。]文化产业发展格局。加快推进新城区文化产业配套发展，结合周边地区人文资源开发，重点发展文化创意、文化会展及信息化产业，建设任城文化产业发展核心区。以凤凰台遗址、萧王庄汉墓文化为依托，结合文物古迹修复工程和景区开发，建设任城区文化产业格局二个支撑点。依托运河文化资源、特色农业文化资源和自然景观资源，着力建设西部运河文化产业带、北部休闲农业产业带、东部生态文化产业带。

四、完善文化基础设施

以政府为主导，广泛发动社会力量，多渠道筹集资金，加快更新改造现有的公益性文化基础设施，建设一批高标准的标志性文化设施和一批先进适用的文化设施。全面启动文化馆、影城、城市展览馆、博物馆、图书馆、美术馆等场馆建设，完善三级文化信息资源共享工程，实施公共文化设施覆盖工程，建立覆盖全区、惠及全民的公共文化硬件设施支撑体系。加大农村文化建设投入，推进村镇公共文化服务设施建设，丰富农民群众精神文化生活，形成与经济社会发展水平相适应的公共文化服务体系。

五、发展先进群众文化

高度重视先进群众文化的开展与普及工作，重点建设城区“十五分钟文化圈”和农村“半小时文化圈”，确保城乡群众能够免费享受各种大众性、公益性文化服务。深入开展彩色周末、文化下乡和广场文化、“任城书市”、“任城戏剧节”、“社区文化艺术节”和各类文艺表演比赛等为广大群众喜闻乐见、广泛参与的群众文化活动。鼓励和引导各地创新形式，广泛开展具有地域特色的企业、社区、校园、假日文化和其他主题的文化活动，抓好群众文化活动的阵地、队伍、内容和形式建设。继续实施文化先进镇（街道）创建工程，争取1-2个镇（街道）评为省级文化先进乡镇。

第七章 推进绿色发展 改进生态环境

以建设“生态宜居区”为导向，“低碳化”、“绿色化”、“无害化”为抓手，加快推进生态文明建设，重点抓好资源节约、节能减排和生态环境保护，提高资源环境承载能力，推动任城区生态环境质量实现明显提升。

一、推进低碳发展模式

树立低碳理念，大力推进以生产节能、生活节能、管理节能和新型能源推广应用为标志的低碳发展模式。

培育低碳产业体系。扶持新能源、节能环保、新材料等产业，促进低碳产业逐步成为任城新的经济增长点。把济北高新技术园区建成循环经济示范园区，每年选取2-3家企业实施循环经济试点，建设1-2个生态镇（街道）、生态村，逐步形成“减量化、再利用、资源化”生产方式。大力发展低碳型服务业，重点推进餐饮、商贸、运输等传统服务业的资源节约和节能降耗。

引导居民生活方式转型。坚持舆论导向与行为导向并重，积极创新载体，引导居民树立低碳理念，践行低碳生活方式。强化低碳生活方式的具体指导，大力提倡绿色消费、健康消费模式，引导居民生活简约化，减少“面子消费、奢侈消费”。

推进社会管理模式低碳化。加大低碳管理力度，积极探索农村节能、建筑节能、社区节能、企业节能减排、交通节能减排管理新方式。制定低碳城市发展目标与规划，建设相应的监管制度。大力推进政府部门低碳办公，推广视频会议等绿色办公方式。

二、提高资源利用效率

以建设资源节约型城市为重点，以提高水、土资源利用效率为核心，深入开展节约型城市创建活动。到2015年，重点工业企业用水重复利用率达到85%以上，城镇节水器具普及率达到90%以上，供水管网漏失率控制在10%以下。

优化水资源配置。以水资源优化配置与高效利用为目标，通过行政性节水、工程性节水、科技性节水等手段，实现水资源供需平衡，构建节水型社会。坚持总量控制与定额管理相结合，深度挖掘农业、工业和城市生活用水的节水潜力。对灌区实行节水技术改造，逐步改变灌溉方式；严格限制高耗水、高污染的工业项目，最大限度回用矿井水和中水，提高冷却循环水重复利用率。

加强土地资源高效利用。落实最严格的土地管理制度，合理确定新增建设用地规模、结构和时序，从严控制建设用地总规模。加强建设用地空间管制，划定城乡建设用地扩展边界，控制建设用地无序扩张。引导产业向园区集中、住宅向社区集中，盘活整合闲置土地，千方百计保障基础设施和重点建设项目用地。开发区建设要提高土地投资强度、容积率和建筑密度。企业用地要落实和完善国家行业用地标准，鼓励建设高层标准厂房。

三、提升环境承载能力

提高工业污染防治水平，严格控制主要污染物排放标准和排放总量，有效控制农村面源污染。力争到2015年，单位GDP能耗、主要污染物排放量削减均完成市政府下达的任务目标，城市环境基础设施建设全面完善，环境承载能力得到明显增强。

改善水环境质量。加快污水处理与工业废水治理，确保化学需氧量和氨氮实现减排目标。2012年各河流断面水质稳定达到地表水三类水质目标，确保南水北调水质安全。到2015年，重点镇区都要建设污水处理设施，区域污水处理率达到80%。

强化空气污染防治。重点抓好二氧化硫污染防治，强化总量控制，强力推进燃煤电厂脱硫工程，加强对电厂脱硫设施的运营监管。加快淘汰落后产能，大力推广低氮燃烧技术和脱硝工程，促进氮氧化物减排。抓好城区大气污染综合整治，重点落实“三尘两气”治理，力争城市大气质量优良率提高到80%以上。

缓解农村面源污染。推广科学施用农药、化肥，提高农药、化肥利用效率。推动绿色食品和有机食品基地建设，大力发展节水农业和生态农业。推进农业资源节约和综合利用，大力发展农业循环经济。合理利用秸秆资源，加强集中式畜禽养殖场污水、粪便综合利用和处理，提高农户沼气普及率。

四、强化生态修复与建设

强化三大生态区的保护与修复。继续落实生态区建设规划。北部农林生态发展区积极发展节水农业，防止水土流失，禁止发展污染型的工业项目，加强采煤塌陷地整治和生态恢复。中部城镇生态经济区加强水资源的优化配置、排污口监督管理，抓好荒滩绿化、农田林网、生态村镇和湿地恢复建设。南部滨湖生态区重点发展生态农业，严格控制面源污染，严禁围垦湿地。

全力推进采煤塌陷地的生态治理。依据《济宁市矿区采煤塌陷地治理专项规划》和《压煤村庄搬迁用地挂钩规划》，借鉴外地治理经验，加快治理生态经济区周边塌陷地。重点抓好农业主产区塌陷地治理，加快耕地恢复，增加耕地数量；加强大面积长期积水的塌陷区综合开发利用，采用鱼鸭混养、旅游观光等模式，大力发展特色生态农业；强化城乡接合部的塌陷区治理，采取工程措施将塌陷区改造成建设用地，增加建设用地供给总量。

第八章 提升发展环境 扩大开放合作

建设布局合理、设施先进、功能齐全的基础设施体系，切实增强基础设施网络对区域发展的支撑能力。努力打造服务型政府，把提升发展环境作为“生命线工程”全力推进。树立大开放促大发展的思想，强化区域合作，切实提高任城区开放合作水平，以大开放的格局促进经济社会发展活力的释放。

一、完善基础设施

推进城乡基础设施建设，全面完善以交通、能源、环保等为重点的基础设施网络，增强基础设施对经济社会发展的支撑和引导作用。

（一）交通基础设施

依托现有的公路、运河、铁路、航空等运输方式，注重各种交通方式联络与衔接，以互联互通和网络化为重点，对外形成交通运输大通道，对内提高通达性，构建高效的综合交通运输体系。

完善路网体系。积极协调、配合省市政府加快推进济徐高速任城段、济宁北环、济宁东环南延以及338省道刘堤头至嘉祥界段等主要干线的新建、改造工程，形成对外运输大通道。农村公路以改善路面状况和社区间道路为重点，各行政村全部实现通油路或水泥路，形成连接干线、沟通城乡、通达社区的路网。重点改造县道32.6公里、乡道124.6公里。

推进公共交通均等化。大力推进农村客运网络建设，加快建设城乡一体化公交网络。推动城乡客运协调发展。推动城市周边农村线路公交化改造。推动短途公路客运班车向公交化模式运行转变。加大农村站场建设力度，大力发展农村客运。

加强港航建设。结合“南水北调”东线工程的实施，以航道、港口建设为重点，加快船舶更新改造，积极推行船型标准化示范工程，努力实现内河航道航运畅通、高效运营。

（二）环保基础设施

以污水处理和垃圾无害化处理为重点，全面提升环保基础设施能力。实施雨污分流工程，重点推进新老城区雨污分流系统建设，不断完善市区污水收集管网。扩大污水处理能力，推进现有污水处理厂增容扩建，新建3个污水处理厂，重点推进南张、长沟污水处理厂建设。建设和完善现代化环境监测体系，在流域跨界断面、敏感河流监控断面和饮用水源地保护断面建立自动监测站，安装水质自动监控设施，实现污水处理自动监控系统的联网。利用城市垃圾无害化处理厂，规划建设大型垃圾转运站，确保城镇垃圾集中无害化处理率达到70%。

（三）水利基础设施

加快城东城北水厂建设，形成统一供水网络，实现“农村供水城市化、城乡供水一体化”。加快各类水源工程建设，强化河流治理，完善农田排灌系统，大力建设高效节水工程，全面保障农村生活生产用水，大幅提高水资源利用效率。加快农村饮水安全工程建设，严格执行地下水限采区禁采与控采，保障饮用水源地水质安全。

（四）信息化基础设施

以电子政务网建设作为任城信息化建设的突破口，强化信息基础设施建设。建设以光缆为主，微波为辅的数字化传输网络，实现通信网、计算机网、广播电视网三网合一。加快公用信息基础设施建设，建设集报警、监控、指挥为一体的现代化公共安全系统，构筑现代防控体系。加快建设各行业、企事业单位间信息平台，积极引导电子商务发展，建设数字社区。建设和完善农村信息网，整合信息资源，推动信息化基础设施的共建共享。

二、提升发展环境

努力营造重商、亲商、安商、富商的氛围，进一步清理涉及外商投资的审批事项，最大限度缩小审批、核准范围，最大限度简化办事程序，提高审批、核准透明度。在项目审批、土地供应、金融服务、基础设施配套等方面给予支持，实行全程代办，一站式服务。对国家鼓励外商投资用地集约的重点产业招商项目优先供应土地，切实解决外商投资项目审批和落地的突出问题。抓好招商后续工作落实，切实履行对外洽谈承诺。依法妥善处理外商投诉，积极解决外商投资中遇到的困难和问题。精心制作具有渲染力、吸引力的任城区投资指南，加强对本区产业优势和比较优势的推介力度。

三、扩大对外开放

大力发展开放型经济，切实提高任城区开放水平和国际化水平。“十二五”期间，累计实际利用外资达到1亿美元，进出口总额达到12亿美元。

扩大利用外资规模。创新招商引资方式，积极引导外资参与任城新城区建设和现代服务业重大项目，重点推进物流、商业租赁等生产性服务业项目招商。加大城市基础设施项目利用外资力度，鼓励外商参与园区基础设施、污水处理厂、垃圾处理厂等项目建设，进一步拓宽外资进入领域。

打造引资平台。支持任城经济开发区、济北高新技术产业园区做大做强，大力吸引国内外著名公司和研发机构，积极引进高新技术项目和高层次服务业项目，把任城经济开发区和济北高新技术产业园区建设成为任城对外合作的平台与窗口。

转变外贸增长方式。优化进出口结构，鼓励高附加值产品、服务产品出口，大力支持自主品牌和自主知识产权产品出口。鼓励先进技术装备、关键零部件进口。率先实现加工贸易转型升级，严格执行加工贸易禁止类和限制类产品目录。

实施“走出去”战略。鼓励有条件的企业在区外建立生产基地、营销中心、研发机构，重点支持我区煤电化工、机械制造、医药食品、现代物流等行业的优势企业建设境外营销网络，巩固现有市场份额，开拓新兴市场。支持企业积极开展境外资源开发合作、劳务合作和工程承包。

四、强化区域协作

建立有效的区域互动发展机制，推动任城与周边地市、国内发达地区和发展热点地区的市场互通、产业互补、设施共建、信息共享、环境共保，重点抓好基础设施、能源、经贸、劳务、金融等重点领域的合作，形成多层次、宽领域的区域合作格局。

强化市域内部协作。以济宁市建设“组群结构中心城市”为契机，积极推动与曲阜、兖州、邹城三个强势县域合作，深入落实市政府“城市规划、基础设施、生态建设、产业布局”四个一体化的战略部署，通过强化协作实现借势发展、协同发展；北联汶上、梁山，南携鱼台、金乡，通过辐射、整合带动兄弟县区发展。

推进省域内协作。向南积极接轨日照，借势山东省“一区三带”，抢抓沿海地区产业配套机遇，打通通向“蓝色经济区”的大通道；向北对接济南，主动接受省域中心城市的辐射与带动，承接制造业转移，打通接轨大济南都市圈的战略通道。

提升大区域合作。实施融入“淮海经济区”战略。抓住国家编制《淮海经济区发展规划》的政策机遇，通过规划对接、产业对接、政策对接、基础设施对接，积极谋划与淮海经济区联动发展，拓展任城区经济发展的战略空间。实施对接苏南、苏北战略。抓住苏南地区劳动密集型产业转移的战略机遇，进一步强化引资平台建设，建设联络协商机制，完善投资优惠政策，积极吸引苏南外迁企业落户任城；抓住国家支持苏北沿海地区加快发展的政策机遇，瞄准苏北主导产业，找准结合点，融入产业链，大力发展配套经济。

第九章 强化公共服务 着力改善民生

以建设“和谐首善区”为目标，坚持“以人为本、民生优先”，促进城乡基本公共服务均等化，形成覆盖城乡、功能完善、分布合理、管理有效的基本公共服务体系，推动任城区民生水平实现明显提升。

一、千方百计促进就业

牢固树立就业是民生之本的观念，把就业和再就业工作放在经济社会发展的突出位置，坚持创业带动就业，建立城乡劳动者平等就业的管理和服务制度，逐步实现城乡基本公共就业服务均等化。坚持以创业引领就业，深入推进全民招商、全民创业。

健全公共就业服务体系。建立城乡一体化的公共就业服务体系，促进城乡公共就业服务普惠化。构建劳动力技能培训普惠制度，推进全民技能提升和储备计划，加强就业困难人员的再就业工作，加大高校毕业生就业指导工作力度。

加快农村剩余劳动力转移。以新城区建设、旧城改造、中心城镇建设、工业园区开发为契机，引导农民工就近转移就业。确保失地农民家庭每户至少一人实现就业，每个农村贫困户至少有一名适龄劳动力转移就业。加快转移培训基地和就业基地建设，促进农村剩余劳动力向非农产业、向城镇、向经济发达地区转移。努力扩大劳务输出规模，按照政府参与、城乡统筹、市场调节的工作机制，多措并举促进区内劳动力转移。

调整优化就业结构。改善就业结构，积极发展劳动密集型产业和就业容量大的民营中小企业，大力开发城镇公共卫生、城市管理、社区服务等公益性就业岗位，积极开拓区外就业市场，扩大就业容量。制定支持自主扶持政策，努力推进全民创业。

二、全面推进科技事业

深入实施“科技兴区”战略，加快推进技术创新、科技成果转化和公共科技服务体系建设，努力形成基础设施完善、资源配置合理、创新能力突出、成果转化高效的区域创新体系，争创全国科普示范区。

提高科技支撑能力。增强自主创新能力，提高科技对经济发展的贡献份额。力争“十二五”期间，发明专利申请量达到申请总量的15%，高新技术产品拥有自主知识产权产品比重达到60%，科技进步对经济增长的贡献率达到55%以上。

强化创新服务平台建设。建立产学研紧密结合的创新服务平台，办好中国专利高新技术产品博览会、企业与省内高校科研院所对接活动，建设10家产学研工作站、2家院士（博士）工作站；完善科技信息、咨询、评估等中介服务体系，大力发展科技中介机构，形成以高端装备制造、核心零部件、生物医药等产业孵化基地；加强科技网络信息服务平台建设，扩大科技信息资源，努力提高服务水平；建立科技资源公共服务平台，实现区域科技资源共享。

加大科技创新投入。全社会R&D经费占GDP比重达到2.5%，高新技术企业R&D支出占销售收入比重达到4%以上。加快各类科技人才的培养与引进，全区专业技术人才队伍达到2.5万人以上，从事科技活动人员达到6万人以上。

三、优先发展教育事业

推进公共教育服务均等化进程，实现学前教育低龄化、义务教育均衡化、高中教育普及化，构建义务教育、高中教育、职业教育均衡发展的现代教育体系，创建教育示范区。

积极发展学前教育。加快发展公办与民办幼儿园，新型社区配套建设标准化幼儿园，每个镇（街道）配套1所市级一类以上的标准公办中心幼儿园，80%的村幼儿（园）班基本普及学前一年教育，学前三年毛入学率达到90%。

抓好义务教育和高中教育。完善农村初中寄宿制教育，实施义务教育阶段学校标准化建设工程；推进普通高中内涵式发展，高中毛入学率保持在90%以上。

大力发展继续教育和职业教育。加强成人和社区教育，把继续教育、职业教育作为建设人力资源强区的重要抓手，落实专业技术培训、农民技能培训和市民短期专项培训。

打造高素质的教师队伍。实施“教师教育网络联盟计划”，促进区教育网与省、市教师教育网之间相互衔接与合作。启动“中小学教师教育基地建设计划”，加强教师培训中心建设。实施农村中小学教师素质提升工程，积极推进城镇教师支援农村工作，鼓励教师在农村长期任教，加强城乡之间、区域内学校之间的教师合理流动。改革校长选拔任用制度，培养一批能够引领教育创新和有效实施素质教育的优秀校长。

继续加大经费投入。将教育列入公共财政支出的重点领域，保证财政性教育经费增长幅度明显高于财政性经常收入增长幅度。以政府投入为主，健全对家庭经济困难学生的助学体系，建立普通高中以奖学金、助学金为主的学生资助制度。实施“高中阶段学校化仪器装备工程”，促进普通高中仪器装备达到国家规定标准。全面完成图书更新配备工程，中小学图书馆（室）达到规定标准。推进规范化学校建设进程，每年创省级规范化学校1-3所，创市级规范化学校2-4所，每年3至6所学校创省、市级素质教育示范校。

四、完善社会保障体系

加快推进社会保障体制改革，积极建设普惠型社会保障体系，逐步形成覆盖城乡各类群体的社会保障网络。

加快养老保险制度体系建设。以职工基本养老保险制度为主体，大力推进公职人员养老保险、农民社会养老保险、城镇居民基本养老保险的机制体制创新，逐步形成覆盖城乡、惠及全民的养老保险网络体系。

加快全民医疗保障体系建设。完善职工基本医疗保险与城乡一体的居民医疗保障制度，形成统一规范、运行有序、覆盖城乡、相对公平的全民医疗保障制度体系，逐步提高保障标准，切实缓解城乡居民的后顾之忧。

加快社会救助体系建设。整合城乡最低生活保障制度，根据地方财政增收状况，完善救助标准自然增长机制。结合区域实际情况，完善其他专项救助制度，着力减轻城乡弱势群体的生存压力。

五、积极发展卫生事业

以促进基本医疗卫生服务均等化为目标，加快推进疾病预防控制、妇幼保健、卫生监督、医疗救治四个体系建设，形成覆盖城乡的一体化医疗预防保健网络。完善社区卫生服务体系和农村三级医疗预防保健网络，镇卫生院全部达到房屋、设备、人才技术配套要求，全面实现镇村卫生服务管理一体化。按照国家医改要求，基本药物实行省级网上集中公开招标采购、统一配送，并全部纳入基本医疗保障药品报销目录。“十二五”期间，启动济宁市新区医院和康复治疗中心建设工程，完成区疾病预防控制中心大楼建设，完成南张、接庄、李营中心卫生院转型工作，建设18处中心卫生室。

六、加强人才队伍建设

树立和强化人才是第一资源的理念，统筹推进各类人才队伍建设，突出培养创新型科技人才，大力引进领导型和复合型人才。实施“企业家素质能力提升工程”和“高科技人才培训工程”，积极开展对外培训。围绕用好用活人才，完善政府宏观管理、市场有效配置、单位自主用人、人才自主择业的人才管理体制。完善各类人才薪酬制度，建立健全与工作业绩紧密联系、充分体现人才价值、有利于激发人才活力和维护人才合法权益的激励保障机制。

七、努力提高人口素质

紧紧围绕“稳定低生育水平、遏制违法生育、治理出生性别比失调”这一中心任务，全面完成人口控制计划，突出“育龄妇女查体服务、长效节育措施落实、政策外怀孕补救、孕情跟踪随访服务、利益导向政策兑现”五个重点，逐步建立健全“依法管理、村民自治、优质服务、政策推动、综合治理”的经常性工作机制。到2015年全区年均人口出生率、自然增长率分别控制在13‰和7‰以内。加快妇女儿童权益保护，促进残疾人事业持续发展。

八、营造和谐社会环境

维护良好社会秩序。加强公安队伍建设，推进科技强警，优化警力配置，增强基层警力，提高维护社会稳定、驾驭社会治安局势、处置突发事件能力。完善群体性突发事件的预警和防范机制，对群体性事件实施源头控制。

提高公民素质。以创建全国科普示范区为抓手，抓好科普基地建设，提高全民科学素养。加快体育设施建设，开展全民健身活动，增强人民体质。深入开展文明创建活动，广泛开展创建文明城市、文明村镇、文明社区、文明行业、文明机关、文明家庭活动，加强文明形象建设，增强全民的文明意识，提高文明素质。大力开展社会公德、职业道德、家庭美德教育，加强未成年人思想道德建设，形成良好社会风气。

加强民主法制建设。实施“六五”普法，提高公民法律素质。推进“法治任城”创新活动，提高社会法制化管理水平。健全基层自治组织和民主管理制度，对基层干部实行民主监督，充分调动人民群众依法管理自身事务的积极性、创造性，保证人民群众依法直接行使民主权利。完善农村村民自治，形成村党组织领导的、充满活力的村民自治机制。全面推进城市社区组织建设，形成管理有序、文明祥和的新型社区。

强化安全保障。坚持安全第一、预防为主和综合治理，加强安全生产设施建设，改善交通安全和消防安全状况，落实安全生产责任制。强化企业安全生产责任，健全安全生产监管体制，严格安全执法。全面开展安全避险自救教育，提高全民安全素质。高度重视平安校园建设，加强学校及周边治安综合治理，建立健全学校安全工作责任机制，完善学校应急管理体系。

第十章 完善保障措施 有效实施规划

一、加强组织领导 维护规划权威

本纲要是“十二五”期间任城区经济社会发展的总纲领，经批准后，要认真组织实施。必须加强规划实施的组织领导和协调，建立完善本纲要与专项规划互动实施机制。各级各部门必须统一思想，维护纲要的严肃性和权威性，切实保障纲要对全区经济社会发展的总体指导和调控作用。在规划落实中，要从实际出发，贯彻好本纲要精神，在重大生产力布局、重点项目安排、基础设施建设上，确保与本纲要指导方向相一致。

二、加强技术创新 增强支撑能力

坚持以企业为主体，鼓励和引导骨干企业增加研发投入，突破核心技术。围绕主导产业中的关键领域、关键技术和关键环节，支持企业开展技术攻关。完善人才保障机制。加强与高等院校、科研院所合作，多渠道培养高素质人才。加强职业教育和职业培训，加快培育应用型人才。坚持“不为所有，但为所用”的原则，支持和帮助企业采取多种方式，引进关键领域的拔尖人才和重点学科带头人，为产业发展提供智力保障。强化政策支持。政府设立鼓励科技创新基金，对关键领域、关键技术和关键环节的科技攻关给予资金扶持；对拥有自主知识产权，有利于掌握核心技术的科技成果，给予重奖。

三、强化项目管理 培育发展动力

创新项目管理体制，扎实做好项目管理工作。坚持“一个项目一套班子”制度，明确项目责任单位、责任人和具体工作进度；按照国家投资体制改革的要求，加大重大建设项目前期推进工作，力争做到建成一批、开工一批、申报一批、储备一批。整合现有土地资源，向重点项目倾斜。加大单位用地的投资强度，提高土地利用效率，促进集约用地；进一步明确用地导向，新增用地计划要向重点项目、骨干企业、工业园区和城镇重点工程倾斜；大力培育和引进多元投资主体，不断拓宽融资渠道，扩大投资规模；继续争取国家和省各类资金扶持，积极申请国内金融机构贷款、国际金融组织和外国政府等优惠贷款。

四、强化空间管制 推进有序发展

制定严格的空间管制规划。以坚持科学、合理、有序开发为导向，结合任城区资源环境承载能力的分布格局，合理设置重点开发区域、限制开发区域和禁止开发区域，确保自然保护区、基本农田保护区、生态脆弱区的功能边界受到严格保护。切实保护重要生态敏感区。全方位、多形式开展重要生态功能区系统保护、恢复工作，引导各类企业和园区要避开生态敏感区和人口密集区，避免区域水系等重要生态系统遭受结构性破坏。强化区域城乡发展空间形态的塑造与引导。按照规划纲要确定的总体布局框架，有序推进主城区及主要镇区建设进程，明确区域发展主导轴线和职能分工，构建高效的空间组织形态。

五、完善实施机制 保障规划执行

完善目标管理责任制。区政府有关部门要在各自职责范围内，建立严格的工作责任制，认真贯彻落实规划纲要提出的发展目标和任务，并作为政府目标考核的重要内容，切实加强监督管理。完善评价指标体系。分年度和定期检查规划实施情况，全面分析检查规划实施效果及各项政策措施落实情况，提出评价意见，督促、保证规划目标实现。建立规划实施调整机制。加强重大战略问题的跟踪研究，根据形势变化和规划实施进度，适时调控调节，不断探求解决问题的新思路、新机制、新办法，提出督导意见和建议，为规划的有效实施创造条件。

二〇一一年任城区国民经济和社会发展统计公报

2011年，全区上下在区委、区政府的坚强领导下，认真学习贯彻上级重大决策部署，牢牢把握加速转型跨越发展的总体基调，始终瞄准争先进位目标，矢志不移，团结实干，锐意创新，在加快经济转型，统筹城乡发展，改善生态环境，保障改善民生等方面取得显著成效。经过全区人民的不懈努力，任城经济社会发展呈现出弯道加速、跨越赶超的良好态势，“十二五”发展实现良好开局。

初步核算，全区实现地区生产总值231.89亿元，按可比价格计算，比上年增长11%，其中，第一产业增加值21.09亿元，比上年增长2.8%；第二产业增加值129.51亿元，比上年增长11.4%，其中工业增加值115.7亿元，比上年增长11.2%；第三产业增加值81.29亿元，比上年增长12.6%，三次产业比调整为9.09：55.85：35.06。第三产业成为全区经济加快发展的重要支撑，固定资产投资不断加快，民营经济发展迅速，消费品市场稳中趋旺，外贸出口继续扩大，财政收入较快增长，城乡居民收入稳步增长，生活消费水平进一步提高。

一、农 业

农林牧渔业平稳发展。全区农林牧渔及服务业实现总产值42.47亿元，比上年增长8.7%。农林牧渔及服务业实现增加值21.09亿元，比上年增长2.8%。农、林、牧、渔、服务业增加值比例为71.2:2.2:17.4:5.7:3.5，除农业占比降低3.7个百分点外，其它行业均有不同程度增长。基础设施农业有较快发展，全区塑料大棚发展到3771个，较上年增加了1439个。农民人均纯收入达到9322元，比上年增长12.1%，农民生活质量进一步提高。

粮食种植面积扩大。全年粮食播种面积54.18万亩（不含柳行、许庄），比上年增加1.27万亩。油料作物播种面积0.35万亩，与上年持平，蔬菜瓜果面积达到14.46万亩，增加0.31万亩。

全年粮食总产量26.44万吨，比上年增长5%，其中夏粮产量14.19万吨，比上年增长8.2%；秋粮产量12.25万吨，比上年增长1.6%。全年棉花产量188.6吨，增长5.1%；油料产量1079吨，增长0.8%；蔬菜（含瓜类）产量47.99万吨，增长8.1%。

林业取得新进展。全年造林面积0.35万亩，育苗面积发展到9.18万亩，森林覆盖率达到24.4%。

畜牧业发展趋缓。全区生猪出栏30.1万头，同比增长16%；出栏家禽439.7万只，减少19.1%；出栏牛806头，减少73.2%；出栏羊6.5万只，增长22.1%。生猪存栏16.9万头，增长15.9%；家禽存栏340.4万只，减少8.2%；羊存栏4.5万只，减少3%。肉类总产量2.9万吨，增长10.01%；禽蛋产量3.5万吨，增长24.87%；奶类产量1.6万吨，减少9.4%。

渔业持续稳定增长。全区水产养殖面积达到4.25万亩；水产品总产量2.16万吨，增长4.85%。

农业生产条件进一步改善。年末拥有农业机械总动力46.64万千瓦，增长3.2%。农用拖拉机4156台，农用运输车15718辆，秸秆粉碎还田机764台，联合收获机1975台。农用化肥施用量4.74万吨。农村用电量6420.37万千瓦小时，与上年基本持平。农田有效灌溉面积30.29万亩。机电井累计达到1.04万眼，其中配套1.01万眼，配套率达到97.1%。

二、工业

生产速度进一步提高。全区规模以上工业企业发展到116家，完成工业总产值280.76亿元，增长12.28%。在规模以上工业总产值中，国有企业66.87亿元，增长19.07%；股份制企业132.17亿元，增长11.55%；股份合作制企业25.84亿元，增长4.49%；外商及港澳台商投资企业21.34亿元，增长11.82%；其他经济类型企业33.68亿元，增长8.94%。轻工业总产值39.13亿元，增长0.31%；重工业总产值241.64亿元，增长14.97%。

工业经济运行质量继续改善。全区规模以上工业企业实现产品销售收入278.42亿元，增长11.76%；利税51.67亿元，增长30.6%；利润35.25亿元，增长34.9%。总资产贡献率24.77%，资产负债率63.88%，流动资产周转率2.66次，产品销售率96.27%。

高新技术产业贡献份额加大。全区规模以上工业完成高新技术产业产值60.01亿元，同比增长23.28%，占全区规模以上工业总产值的比重达到21.37%，比上年提高1.14个百分点。

三、固定资产投资和建筑业

固定资产投资突破百亿元。由于投资结构调整力度加大，投资建设步伐加快，固定资产投资运作规范、秩序良好，有效地拉动了全区经济的全面跨越式发展。固定资产投资完成107.89亿元，同比增长20.3%。投资结构进一步优化。第一产业投资2.05亿元，增长157.39%；第二产业投资50.56亿元，增长23.32%，其中工业投资41.28亿元，增长19.51%；第三产业投资55.27亿元，降低6.64%。在建项目180个，新开工建设项目137个，其中亿元以上新开工项目16个；竣工项目153个，其中亿元以上竣工项目24个。

建筑业蓬勃发展。全区资质以上建筑企业49家，完成建筑业总产值36.64亿元，增长19.18%；实现利税3.09亿元，增长43.66%，劳动生产率平均人数25056人。

房地产开发有所减缓。房地产开发完成投资29.14亿元，降低17.33%。全区房屋施工面积205.81万平方米，增长61.86%；房屋竣工面积21.75万平方米，增长80.86%；商品房销售面积20.71万平方米，增长0.05%。其中商品住宅销售面积16.07万平方米，增长0.58%。房屋待售面积5203平方米，增长105%。

四、交通运输和邮政业

交通运输业稳步发展。全区公路运输完成货运量3790万吨，货物周转量83380万吨公里，比上年增长10%；客运量240万人，客运周转量10294万人公里；营业收入38275万元，比上年增长8%。全区航运公司发展到19家，拥有各类营运船舶1216艘，完成货运量1200万吨，货运周转量96亿吨公里，港口、码头作业区已达4处，年完成港口吞吐量1200万吨。

邮政业发展平稳。全区邮电局(所)8处，邮政业务总量2250万元，增长15.96%。固定电话交换机总容量达8.81万门，电话用户累计6.44万部，宽带用户达到6.43万户，移动用户达到38.8万户。

五、国内贸易、民营经济

消费品市场稳中趋旺。全区实现社会消费品零售总额86.8亿元，增长14.98%。其中城镇市场实现消费品零售额76.3亿元，增长16.96%；乡村实现消费品零售额10.3亿元，增长2.33%。批发零售贸易业零售额84.4亿元，住宿餐饮业零售额2.4亿元，分别增长14.77%和22.23%。

民营经济呈现缓步增长。全区民营经济户数27189户，增长1.5%，从业人员达到205728人，增长4.1%；注册资金106.71亿元，增长15.7%；营业收入613.93亿元，增长1.5%；实现增加值198.37亿元，增长10.1%；上缴税金23.19亿元，增长2.6%。

六、对外贸易

对外贸易有增有减。全区完成进出口总额22831万美元，增长15.1%。其中出口22150万美元，增长19.9%；进口681万美元，减少50.1%；实际利用外资910万美元，减少54.5%。

七、财政、金融

财政收入增长较快。全区地方财政收入18.67亿元，比上年增长18%，其中税收收入16.53亿元，比上年增长14.6%，两税收入占GDP的比重达到7.64%；财政支出16.26亿元，其中基本公共管理与服务支出2.95亿元，比上年增长20.33%；教育支出5.42亿元，比上年增长21.62%。

金融运行平稳。金融存贷款规模不断扩大，全区金融机构人民币存款余额达到137.68亿元，比年初增加7.59亿元，其中城乡储蓄余额99.70亿元，比年初增长9.82亿元；金融机构贷款余额89.70亿元，比年初减少0.52亿元，存贷比65.15%，较上年减少4.2个百分点。

八、文化、教育事业

科技事业进展迅速。2011年，全区共取得科技成果41项，其中省级科技进步奖1项，市级科技进步奖9项，区级科技进步奖31项，纳入市以上推广项目8项；申请专利1008项，授权专利732项，实施409项，承担市级以上科研项目33项，安排区级科研项目31项，共落实经费2604万元。

文化事业健康发展。全区共有文化馆1个，文化站8处，城镇村（居）文化大院300个，图书室300个，共藏书80万册，广播电视中心1处。

教育事业全面发展。2011年，普通高中3所，在校生6717人，专任教师423人；初中14所，在校学生18095人，专任教师1426人；小学42所，在校学生21177人，专任教师1161人；幼儿园65所，在园幼儿12911人，专任教师887人；中等职业教育学校2所，在校学生2475人，专任教师152人；特殊教育学校1所，在校学生61人，专任教师25人。

九、人口、居民生活

人口保持继续增长。全区年末户籍总人口461068人，其中女性人口228220人；非农业人口355609人。全年出生人口5537人，死亡人口1996人，人口自然增长率7.4‰。

劳动就业稳定，职工工资水平提高。全区国有和城镇集体及其他经济类型单位从业人员65626人，其中在岗职工55789人；单位从业人员劳动报酬总额242584万元，单位从业人员平均人数66021人，单位从业人员人均劳动报酬36743元；在岗职工工资总额218750万元，在岗职工平均人数55604人，在岗职工人均工资39341元。城镇居民人均可支配收入21747元，增长12.19%。

社会保障进一步加强。全区企业参加养老保险职工21615人，离退休人员3761人，全年支付养老保险金5950万元。全区参加失业保险职工34323人，其中企业参加失业保险职工24000人，事业单位参加失业保险职工10323人。年末城镇登记失业人数1062人，城镇登记失业率2.85%。

注：任城区出生人口数、死亡人口数、人口自然增长率由济宁市任城区人口和计划生育局提供。

“三横六纵”：在保持总体规划棋盘式的主干道布局下，疏通断头路、加密道路网，形成“三横六纵”九条主干道结构。“三横”为北外环路、仁兴路、金宇路三条东西向主干路；“六纵”为济安桥路、共青团路、古槐路、建设路、琵琶山路、火炬路六条南北向主干路。

济宁市任城区鼓励招商引资暂行办法

为鼓励和扶持区外投资者到任城区投资兴业，促进经济社会又好又快发展，根据国家、省、市有关产业政策和规定，结合我区实际，制定本办法。

一、投资服务政策

第一条　凡在任城区投资兴办的企业，一律实行工商登记零收费。

第二条　凡在任城区投资兴办的项目，一律由项目引荐单位或项目所在镇（街道）领办各种证照、手续。

第三条　投资新建项目，从立项、审批到开工建设，行政事业性收费一律按国家、省、市规定的下限征收。

第四条　固定资产投资1亿元以上产业项目、10亿元以上城市建设项目及5000万元以上外资项目、高新技术产业项目、战略性新兴产业项目，实行区级领导包保服务。

第五条　区外投资者在用水、用电、供暖、就医和子女入托、入学等方面，与本区公民享受同等待遇。

二、土地扶持政策

第六条　符合进园入区标准（省级园区每亩投资不低于260万元、每亩上缴税金不少于10万元；其它区域每亩投资不低于160万元、每亩上缴税金不少于5万元）的工业项目，原则上按照区级土地净收益部分全额给予扶持。

第七条　固定资产投资1亿元以上的世界500强、国内100强企业、上市公司独资或控股投资的项目和固定资产投资3亿元以上的工业项目，在土地扶持上实行一企一策、一事一议。

三、鼓励引进工业项目

第八条　新引进固定资产投资1亿元以上3亿元以下或年纳税额区级留成部分150万元以上的工业项目，自纳税之日起，前三年把纳税额区级留成部分的50%奖给企业，后两年把纳税额区级留成部分的30%奖给企业。

第九条　新引进固定资产投资1亿元以上的世界500强、国内100强企业、上市公司独资或控股投资的项目和固定资产投资3亿元以上的工业项目，自纳税之日起，前三年把纳税额区级留成部分的60%奖给企业，后两年把纳税额区级留成部分的40%奖给企业。

四、鼓励现有工业企业以商招商

第十条　区内现有工业企业与区外投资者或企业合资合作新上的工业项目，若区内现有工业企业控股的，自纳税之日起，连续三年把纳税额区级留成部分的15%奖给新上企业；若区外投资者或企业控股的，自纳税之日起，连续三年把纳税额区级留成部分的30%奖给新上企业。对上述新企业优先解决新上项目用地。

第十一条　区外投资者收购或参股（不低于总股本的20%）区内现有工业企业的，自收购或参股之日起，连续三年把纳税额区级留成超出上一年度部分的30%奖给企业。

五、鼓励引进“外、高、新”项目

第十二条　新引进年纳税额区级留成部分100万元以上的外资项目（城市房地产开发建设项目除外）、高新技术产业项目和战略性新兴产业项目，自纳税之日起，前三年把纳税额区级留成部分的60%奖给企业，后两年把纳税额区级留成部分的30%奖给企业。

六、鼓励引进服务业项目

第十三条　新引进年纳税额区级留成部分50万元以上的现代物流（第三、四方物流）、文化创意、服务外包、科技信息、咨询服务等现代服务业项目，自纳税之日起，前三年把纳税额区级留成部分的20%奖给企业，30%奖给企业负责人；后两年把纳税额区级留成部分的30%奖给企业负责人。

第十四条　新引进年纳税额区级留成部分100万元以上的其它服务业项目（城市房地产开发建设项目除外），自纳税之日起，连续五年把纳税额区级留成部分的15%奖给企业负责人。

七、鼓励引进金融类（含银行、保险、证券、投资、担保、金融租赁等）项目

第十五条　新引进年纳税额区级留成部分50万元以上的金融类项目，自纳税之日起，前三年把纳税额区级留成部分的20%奖给企业，30%奖给企业负责人；后两年把纳税额区级留成部分的20%奖给企业负责人。

第十六条　上述引进的金融类项目租赁经营的，给予每平方米50元一次性补贴，其租用期不少于五年；购买办公用房的，给予每平方米100元一次性补贴，十年内不得将房屋产权出让、不得改作它用，否则追回已发放的补贴。上述金融类项目设立的分支机构不再享受本办法。

第十七条　鼓励闲置楼宇房屋引进金融类项目入驻，自出租之日起，连续五年把金融类企业租赁房屋发生的房屋租赁税区级留成部分的70%奖给所在镇（街道），用于鼓励金融类企业发展。

八、鼓励引进城市综合体、楼宇经济、区域总部经济项目

第十八条　新引进的城市综合体项目，总建筑面积超过20万平方米且商业面积10万平方米以上的，自纳税之日起，连续三年把自持商业用房房屋租赁税区级留成部分的30%奖给企业。

第十九条　新建建筑面积1万平方米以上的商务楼宇，自纳税之日起，连续三年把楼宇房屋租赁税区级留成部分的30%奖给楼宇业主。

第二十条　新引进年纳税额区级留成部分200万元以上，且区外的分支机构不少于2个，统一开票或汇总（部分）缴纳税收的区域总部型企业，自纳税之日起，前三年把纳税额区级留成部分的20%奖给企业，20%奖给企业负责人；后两年把纳税额区级留成部分的20%奖给企业负责人。

九、鼓励引进农业产业化项目

第二十一条　新引进年纳税额区级留成部分50万元以上的农业产业化项目，自纳税之日起，前三年把纳税额区级留成部分的50%奖给企业，后两年把纳税额区级留成部分的30%奖给企业。

十、鼓励引荐人引进资金和项目

第二十二条　引进各类社团组织的捐赠资金，争取政策性以外由区财政支配的、用于经济和社会事业发展的无偿资金，按当年实际到位资金额的5%给予引荐单位资金奖励。积极争取国家和省、市下达的项目资金、专项资金、项目贷款及各类政策性、指令性拨款等专项用途资金，按照实际到账区财政的资金额度，给予争取单位一定数额的经费补助。

第二十三条　引荐人新引进的各类项目达到上述对项目奖励标准的，自纳税之日起，第一年按纳税额区级留成部分的10%对引荐人奖励，第二年按纳税额区级留成部分的5%对引荐人奖励。

第二十四条　引荐人引进国外及港、澳、台项目或资金，按照每到位1美元奖励0.02元人民币对引荐人进行一次性奖励。

第二十五条　引荐人引进上述各类项目中，固定资产投资5亿元、10亿元、20亿元以上的重大产业项目（城市房地产开发建设项目除外），造价进度达到70%以上后，分别给予引荐人5万元、10万元、20万元一次性奖励。项目运营达产后，再按有关税收标准奖励。

十一、附则

第二十六条　本办法适用于新引进的区外项目和资金。新引进企业须在任城区办理工商、税务登记，并申报缴纳全部税费。

第二十七条　本办法中税金区级留成部分是指增值税、营业税和所得税的区级留成部分，不含其它税费。纳税额以区财政局、区国税局、区地税局认定为准；税收区级留成部分和引进的专项用途资金以区财政局认定为准。

第二十八条　奖励资金先由区财政统一支付，然后按照“谁受益，谁出资，不重复计奖”的原则，由受益财政按实际受益比例分别负担。项目和资金审核认定及兑现奖励于每年第一季度进行。受奖人应依法缴纳个人所得税。

第二十九条　本办法中工业项目固定资产投资是指厂房、设备投资，不含土地投资。

第三十条　投资方一年内未达到合同中约定的投资强度和进度的，取消享受的优惠政策，追回奖励资金。

第三十一条　对违反本办法骗取奖励的，责成有关部门追回全部奖励资金，并报请有关部门追究直接责任人和有关人员的法律责任。

第三十二条　新引进的项目或企业享受完本办法规定的奖励年限后，符合标准的纳入《关于推动产业加速发展促进经济转型升级的若干意见》，继续享受产业扶持政策。

第三十三条　本办法自发布之日起执行。以前文件与本办法不一致的，以本办法为准。本办法由区招商引资工作领导小组、区经济合作局负责解释。

任城区地方史志事业“十二五”发展规划

“十一五”时期，在区委、区政府的正确领导和社会各界的关心支持下，任城史志事业取得了显著成绩，为经济发展和社会进步起到了服务支持作用。“十二五”时期，是我区经济社会发展的关键时期，也是我区史志事业发展的重要机遇期。为促进任城史志事业实现又好又快发展，根据第四次全国地方志工作会议精神和《山东省地方史志事业“十二五”发展规划》、《济宁市地方史志事业“十二五”发展规划》的要求，结合《济宁市任城区国民经济和社会发展第十二个五年规划纲要》，特制定本规划。

一、指导思想和基本原则

（一）指导思想

坚持以邓小平理论和“三个代表”重要思想为指导，以《地方志工作条例》和《山东省地方史志工作条例》为准绳，以科学发展为主题，以续修新志为抓手，紧紧围绕区委、区政府中心工作，全面推进“志、鉴、库、馆、开发服务”五业协调发展，努力开创史志事业发展新局面，为全区经济社会发展提供精神动力和智力支持。

（二）基本原则

1、坚持党委领导和政府主持。准确把握区委的决策部署，坚持在区委的坚强领导下，在政府的正确主导下开展史志工作，自觉把服务大局作为史志工作的出发点和落脚点。

2、坚持实事求是和改革创新。坚持史志资料的真实性、客观性和权威性，准确记载人文、自然、经济和社会发展状况，坚持改革创新，与时俱进，不断拓展史志发展空间，推动史志工作提质增效。

3、坚持依法修志和质量第一。坚决贯彻落实《地方志工作条例》、《山东省地方史志工作条例》和《地方志书质量规定》，本着对党、对人民、对历史负责的精神，严把政治和质量关口，把精品意识贯穿到修志工作的全过程和各个环节，把第二轮志书修成经世致用的名志佳作。

4、坚持修以致用和修用并举。围绕全区经济建设和社会发展大局，不断拓展史志工作视野，积极研究和开发利用地方志资源，着力开展读志用志工作，自觉将史志成果运用到服务经济发展和社会进步上来。

二、主要任务

（一）推动修志工作深入开展

加强志书质量管理，将编纂“精品志书”作为第一要务。按照《关于第二轮地方志书编纂的若干意见》和《地方志书质量规定》要求，不断完善志书质量管理体系，把志书质量管理措施落实到志书编纂的每一个环节。继续加强对镇（街道）、部门修志工作的监督检查和指导，建立志书审查备案制度，培训修志人员，规范编纂程序，严格审查验收，确保志书质量。加快《任城区志》续修工作，确保保质保量按期完成编修任务。“十二五”期间，支持有条件的镇（街道）、部门、村居、企业开展修志工作，出版各类志书累计20部以上。

（二）积极开展年鉴编纂工作

“十二五”期间，力争编辑出版4部高质量、高水平的精品《任城年鉴》。加大创新力度，着力提高年鉴编纂质量，及时调整年鉴框架和内容，进一步增强年鉴的权威性、实用性、可读性和时效性。加强对行业年鉴、部门专业年鉴编纂的业务指导和出版的监督管理。积极推动年鉴的开发和利用，充分发挥服务社会进步和经济发展的信息载体作用。定期开展业务培训，加强年鉴编辑理论研究与创新，不断提高年鉴编辑人员的业务素质，实现全区年鉴编纂工作规范发展。

（三）加强史志理论研究和信息化建设

鼓励史志工作者撰写理论文章，形成一批有分量、有影响、有实用价值的理论研究成果，为修志工作的深入开展和提高志书质量提供理论支撑。加强信息宣传工作，积极向区内外新闻媒体投稿，大力宣传任城史志事业。完成任城区情网站升级改版工作，进一步加强网站规范化建设，规范网站管理和信息发布，不断充实网站内容，提升网站内涵，在日常信息、重大活动和志书年鉴等资料发布上，做到及时、准确、全面，把任城区情网打造成为全市乃至全省具有较强影响力的优秀网站。

（四）加快方志馆建设步伐

按照省史志办公室《关于加快方志馆建设的若干意见》要求，结合我区史志事业发展需要，高标准筹建300平方米任城方志馆，并于2012年完成0.5万册文献资料入馆工作，以充分发挥方志馆地情教育、国情教育的社会功能，提高史志公共文化服务水平。至2015年，区方志馆藏书总量争取达到1万册。

（五）全面开展读志用志活动

继续采取多种形式，加大志书的宣传推介力度，开展丰富多彩的读志用志活动，努力营造浓厚的读志用志氛围。组织专门力量，加快推进旧志整理工作，为二轮修志提供史料参考。充分发挥史志部门占有地情资料及时、全面和客观的优势，积极开展具有前瞻性和针对性的课题研究，及时为区委、区政府提供决策参考，加快修志成果转化。

三、保障措施

（一）健全组织领导

严格遵循“党委领导、政府主持”原则，按照“一纳入、五到位”的工作要求，进一步健全史志事业发展体制机制，进一步加强对史志事业的组织领导，进一步完善史志事业责任体系，努力争取史志工作纳入地方国民经济和社会发展规划，真正实现“领导到位、机构到位、经费到位、队伍到位、工作条件到位”。

（二）坚持依法修志

牢固树立依法修志的观念，切实提高依法办事能力和水平，认真履行国务院《地方志工作条例》和《山东省地方史志工作条例》赋予的职责，严格按照法律法规开展地方史志的编纂、管理和服务工作。不断推进志书编纂的规范化制度化建设，进一步完善史志工作法制化、制度化体系，为全区史志事业发展提供法律依据和制度保障。适时开展史志执法检查，依法纠正违法行为，保障史志事业健康发展。

（三）加强队伍建设

稳定史志队伍，配齐工作人员，落实工作条件。积极参加上级史志部门举办的各类培训活动，提高史志工作者的政治、业务素质和现代科学知识水平。加强对镇（街道）、区直部门专业人员的培训工作，不断提高征集资料的质量和基层志书的质量。坚持“走出去、请进来”的工作思路，动员和吸收社会各界有关专家、学者广泛参与修志工作，增强史志工作的社会性，提高史志工作的影响力。

（四）强化督导检查

全区各级各部门要认真研究本规划提出的目标和任务，在落实上狠下功夫。各镇（街道）、区直各部门（单位）要与本规划相衔接，制定本单位史志工作及志书编纂的规划、计划，落实具体措施。按照《地方志工作条例》和《山东省地方史志工作条例》的有关规定，加强对各镇（街道）、区直各部门（单位）修志工作的督导、检查和考核，确保史志工作任务目标、各项措施落到实处，努力开创任城史志事业新局面。

任城区地方志工作管理办法

第一条　为规范任城区地方志的编纂、管理，科学、合理地开发利用地方史志资源，服务经济建设和社会发展，根据国务院《地方志工作条例》和《山东省地方史志工作条例》，结合本区实际，制定本办法。

第二条　任城区行政区域内地方志的组织编纂、管理、开发和利用，适用本办法。

第三条　本办法所称地方志，包括地方志书、地方综合年鉴和相关地情文献。

地方志书是指全面客观系统地记述本行政区域内自然、政治、经济、文化、社会等方面的历史与现状的资料性文献。包括本区编纂的任城区地方志、以本行政区划冠名的镇（街道）志和部门志。

地方综合年鉴是指系统记述本行政区域内自然、政治、经济、文化、社会等方面情况的年度资料性文献。包括本区编纂的任城区年鉴、以本行政区划冠名的镇（街道）年鉴和部门年鉴。

相关地情文献是指系统记述本行政区域一定领域情况的资料性文献，包括机关、社会团体、企事业单位及村（社区）编纂的志书、年鉴和其他资料性文献。

第四条　任城区史志办公室（以下简称区史志办）主管本行政区域内的地方志工作，履行下列职责：

（一）贯彻执行地方志工作法律、法规；

（二）组织、指导、督促和检查全区地方志工作；

（三）拟定任城区地方志工作规划和编纂方案；

（四）制定任城区地方志编纂业务规范；

（五）组织编纂任城区地方志、地方综合年鉴、相关地情文献等；

（六）负责本行政区域内各类志书的业务指导、专家评审、审查验收、存档备案等工作；

（七）组织搜集、整理、保存地方志文献和资料；

（八）宣传、推广地方志成果，开展地情研究，建设方志馆、资料库和地情网站，为公众读志用志提供服务；

（九）组织开展地方志学术研究、业务培训；

（十）完成本级人民政府和上级业务部门交办的其他任务。

第五条　从事地方志编纂业务的人员应当具备相关的专业知识和学术水平。任城区地方志、地方综合年鉴和相关地情文献的编纂人员，由区史志办聘任；本行政区域内镇（街道）志、部门志等各类志书的编纂人员，由相关镇（街道）、部门选派熟悉修志业务的人员担任，报区史志办备案。

第六条　编纂地方史志应当做到存真求实、客观公正、忠于史实、确保质量。

任何单位和个人不得要求编纂人员在地方史志等文献中做虚假记述。

第七条　承担任城区地方志书、地方综合年鉴撰稿任务的单位应当明确责任人员，接受区史志办的指导和督促，按照时间和质量要求完成撰稿任务。

第八条　区史志办负责组织相关部门对本级地方志书、地方综合年鉴文稿进行审查，重点审查地方史志文稿的内容是否符合保密、档案等法律、法规的规定。

第九条　编纂任城区地方志，按下列程序进行：

（一）任城区地方志、任城年鉴、任城区相关地情文献由区史志办制定出编纂规划和实施方案报区政府批准后，组织开展编纂工作，定稿报市政府史志工作机构审查，经区政府批准后出版印刷，并报省政府史志工作机构备案。具体程序是：

1、区史志办按照地方志编写年限要求，结合本区实际，提前半年制定出地方志编纂规划和实施方案，上报区政府批准，启动编纂工作。

2、区史志办负责组织编纂人员、业务开展、检查验收、出版发行等工作。所需经费列入同级财政预算。

3、地方志编纂形成定稿后，由区史志办写出报告，报市政府史志工作机构审定，经区政府批准后出版，并报省政府史志工作机构备案。

（二）以本行政区划冠名的镇（街道）志、部门志等各类志书、年鉴、地情文献，由相关镇（街道）和部门在区史志办的指导下组织编纂。具体程序是：

1、各镇（街道）、各部门将地方志编纂方案提前3个月报区史志办审查后组织实施。

2、区史志办负责志书的业务指导、检查督导、审查把关、存档备案等工作。

3、各镇（街道）、各部门按照地方志编写程序，应形成志稿篇目设置、初稿、评审稿、定稿。篇目设置形成后报区史志办审查备案，然后组织开展初稿编写；初稿形成后，报区史志办审查，组织评审，提出修改意见；有关部门和镇（街道）根据评审意见修改、定稿，经区史志办批准后，按照有关规定出版发行。

4、各镇（街道）、各部门应当在地方志出版后30日内向区史志办报送样书和电子文本。

第十条　任城区地方志、任城年鉴、任城区相关地情文献由区史志办按照全区规划组织编纂，其他组织和个人不得擅自编纂出版。

第十一条　有关组织和单位可以自行组织编纂本办法第十条规定以外的志书、年鉴或其他地情文献资料，编纂单位需报区史志办备案。

第十二条　区史志办可以向机关、社会团体、企事业单位和其他组织以及公民征集有关地方志资料，有关单位和公民应当提供支持。地方志资料所有人或者持有人不得故意提供虚假资料。区史志办可以对有关资料进行查阅、摘抄、复制，但涉及国家秘密、商业秘密和个人隐私以及不符合档案开放条件的除外。

第十三条　在地方志编纂过程中收集到的文字资料、图表、照片、音像资料、实物等以及形成的地方志文稿，指定专职人员集中统一管理，妥善保存，不得损毁；修志工作完成后，应当依法移交档案馆保存、管理，个人不得据为己有或者出租、转借。

第十四条　以本行政区划名称冠名的地方志书、地方综合年鉴、地情文献为职务作品，依照《中华人民共和国著作权法》第十六条第二款的规定，其著作权由组织编纂的机构享有，参与编纂的人员享有署名权。

第十五条　地方志工作应为地方经济、社会发展服务。区史志办通过建设方志馆、资料库、网站等方式，积极开展社会读志用志工作。公民、法人和其他组织可以利用上述方志馆、资料库、网站查阅、摘抄地方志资料。

鼓励单位和个人向方志馆捐赠地方史志文献。对具有收藏价值的资料，方志馆应当向捐赠者颁发收藏纪念证书，并给予馆存资料的优先使用权。

第十六条　任城区政府将对在地方志工作中作出突出成绩和贡献的单位、个人，给予表彰和奖励。

地方史志作品可以参加社会科学成果评奖。

第十七条　违反本办法规定，有下列行为之一的，由区史志办按照管理权限责令其停止违法行为，限期整改；逾期不改并且造成重大损失或者恶劣影响的，由其所在单位或有关行政部门依法给予行政处分或纪律处分：

（一）擅自编纂出版以本行政区划冠名的地方志、地方综合年鉴或相关地情文献的；

（二）损毁单位所有或持有的地方史志资料或将其据为己有的；

（三）地方史志资料所有人或持有人故意提供虚假资料的；

（四）未经审查、验收、批准将地方志交付出版或提供地方志内容存在违反宪法、法律、法规的；

（五）无故拖延、拒绝提供地方志资料或拒绝承担编写任务的；

（六）拒绝向区史志办报送地方史志文献的。

第十八条　任何单位和个人有权对违反本办法的行为进行检举。

第十九条　本办法由区地方史志办公室负责解释。

第二十条　本办法自2010年12月1日起施行。

索　　引

A

B

C

D

F

G

H

J

K

L

M

N

Q

R

S

T

W

X

Y

Z